本成果得到教育部新世纪优秀人才支持计划项目“法兰克早期文献的汉译与研究”（NCET-11-0919）和广东省高等学校高层次人才项目珠江学者特聘教授专项“法兰克时代核心历史文献汉译与研究”(2012—2017 年)的资助。

本书获得暨南大学中央高校科研培育与创新基金研究项目“欧洲封建社会的形成与类型研究”(19JNLH02)的资助。

法兰克时代核心历史文献汉译与研究
（陈文海　主持）

圣伯丁年代记

李云飞　译注

人民出版社

责任编辑：杨美艳
封面设计：石笑梦

图书在版编目（CIP）数据

圣伯丁年代记 / 李云飞 译注 . — 北京：人民出版社，2021.8
（法兰克时代核心历史文献汉译与研究 / 陈文海主持）
ISBN 978 – 7 – 01 – 022647 – 7

I. ①圣⋯ II. ①李⋯ III. ①法兰克王国 – 历史 IV. ① K565.3

中国版本图书馆 CIP 数据核字（2020）第 223780 号

圣伯丁年代记
SHENGBODING NIANDAIJI

李云飞 译注

人民出版社 出版发行
（100706 北京市东城区隆福寺街 99 号）

中煤（北京）印务有限公司印刷 新华书店经销

2021 年 8 月第 1 版 2021 年 8 月北京第 1 次印刷
开本：710 毫米 ×1000 毫米 1/16 印张：28.5
字数：422 千字

ISBN 978 – 7 – 01 – 022647 – 7 定价：88.00 元

邮购地址 100706 北京市东城区隆福寺街 99 号
人民东方图书销售中心 电话（010）65250042 65289539

本书中文版根据 Félix Grat, Jaenne Vielliard et Suzanne Clémencet eds., *Annales de Saint-Bertin*, avec une introduction et des notes par Léon Levillain（Paris: Librairie C. Klincksieck，1964）译出，同时参考了 Janet Nelson, translated and annotated, *The Annals of St-Bertin*（Manchester University Press，1991）的译文和注释。

目　录

译注说明：法兰克时代核心历史文献的构成

从国家形态上说，法兰克国家（481—987）经历了一个由王国到帝国再到王国的演变过程，它先后经历两个王朝，即墨洛温王朝（481—751）和加洛林王朝（751—987）。法兰克时代留下的各类文字材料并不算十分稀少，但是，从具有时间连贯性的法兰克通史角度来说，这一时期留下的史学著作却极为有限。

最早对法兰克人及法兰克国家作出较为全面阐述的，是图尔主教格雷戈里（Gregory of Tours，约538—594）所著的《法兰克人史》（拉丁文 *Historia Francorum*，英文 *History of the Franks*），亦称《历史十卷》（拉丁文 *Decem Libri Historiarum*，英文 *Ten Books of Histories*）。该书从“上帝创世”写起，止于591年。作为法兰克国家早期史研究中的核心文献之一，格雷戈里的这部《法兰克人史》已于20世纪80年代由寿纪瑜、戚国淦两位先生联袂译为中文（商务印书馆，1981年）。

从涵盖时段来看，格雷戈里的《法兰克人史》仅涉及墨洛温王朝的早期历史。在此之后的几百年中，法兰克国家又先后出现其他几部续写法兰克历史的世俗史学作品，从而使法兰克国家的历史进程得以较为完整地记录下来。具体而言，在《法兰克人史》之后，居于核心地位的法兰克史著主要包括以下几部。

1.**《弗莱德加编年史》**（拉丁文 *Fredegarii Chronicorum Liber*，英文 *Chronicle of Fredegar*）：7世纪中叶，法兰克王国出现6部互有一定关联的编年史著作。近世学者在中世纪抄本边页中发现“弗莱德加”这样的名字，于是将这6部编年史归在他的名下。这6部编年史被组合为4卷本史书，其中，前3卷(包含5部编年史)基本上是对已有史书的摘录和增补，而第4卷(即第6编年史)则是作者的原创。对于格雷戈里的《法兰克人史》一书，《弗莱德加编年史》的作者只接触到其中的前6卷（写到584年）。因此，《弗莱德加编年史》第4卷从584年开始续编，其最初8年的记载可与《法兰克人史》后4卷相关内容相互印证；至于591年之后约半个世纪的历史，该书所载内容则成为这一时期唯一的“正史”。正因如此，《弗莱德加编年史》第4卷便具备了特殊的史料价值，其涵盖的时间范围是584—642年。后人对墨洛温王朝中期历史的了解，主要有赖于这一著作。

2.**《法兰克人史纪》**（拉丁文 *Liber Historiae Francorum*，英文 *The Book of the History of the Franks*）：该书出现于8世纪前期。从叙史结构上看，《法兰克人史纪》属于“法兰克通史”范畴，从法兰克人的“特洛伊起源”传说一直写到作者所生活的8世纪前期。全书共分53章，从材料来源上说，前42章中，有相当一部分内容取自格雷戈里的《法兰克人史》一书，但亦有一些新材料。从法兰克通史角度来说，真正使得《法兰克人史纪》具有不可替代价值的是第43—53章，这部分内容涉及642—721年间的法兰克史事。正是借助于此书，642年之后数十年的墨洛温王朝史得以补上。该书对墨洛温王朝史的记载止于721年，此时距该王朝正式灭亡尚有30年。

3.**《弗莱德加编年史续编》**：8世纪中叶，以加洛林家族为叙事中心，法兰克史家对法兰克人的历史进行续编，后人将之附在《弗莱德加编年史》之后，故有“弗莱德加编年史续编”之称，其涵盖时段是643—768年。从文本内容的新旧程度来说，这个由54章组成的“续编”可分成两大部分：第1—10章（643—721年）是对已有素材的截取与改造，其材料基本上是依据《法兰克人史纪》一书而来；第11—54章（721—768年）是新编部分，属于“原创”范畴。借由第11—33章，墨洛温王朝最后30年（721—751年）的历史得以补上。第34—54章的内容则涉及加洛林王朝最初18年的历史，从751年矮子丕平加冕、加洛林王朝建立写起，止于768年矮子丕平去世及其两位儿子（查理和卡洛曼）继位。从文本编写的时段划分来看，《弗莱德加编年史续编》大致可分成 3 个部分：第 1—17 章属于第一部分，大约写于 735 年之后的某个时间；第 18—33 章属于第二部分，大约写于 751 年之后的某个时间；第 34—54 章属于第三部分，大约写于 768 年之后的某个时间。

4.**《法兰克王家年代记》**（拉丁文 *Annales regni Francorum*，英文 *Royal Frankish Annals*）：该书大约成书于 9 世纪前期。近代早期，人们依据该文献最早发现地洛尔施修道院（Abbey of Lorsch）以及该文献的叙事对象，而将之称为《洛尔施大年代记》（*Annales Laurissenses maiores*）。鉴于该书具有浓厚的官方色彩以及具有为加洛林王朝歌功颂德之特点，19 世纪德国史家兰克（Ranke）将之改为现名。该书的涵盖时段为 741—829 年。虽然此书涉及墨洛温王朝最后 10 年，但全书并没有论及墨洛温王朝本身，而将叙史焦点全部集中于加洛林家族。在该书中，768 年之前的材料基本上是依据《弗莱德加编年史续编》，而随后 60 余年（768—829 年）的内容则为作者原创。

5.**《富尔达年代记》**（拉丁文 *Annales Fuldenses*，英文 *The Annals of Fulda*）：《凡尔登条约》签订之后，东、西法兰克虽然还有联系，但开始逐渐走上独立发展的道路。《富尔达年代记》即是以东法兰克王国为主体的编年作品，涵盖时段为公元 838—901 年，即，从虔诚者路易统治末期(838 年)写起，一直延续到孩童路易登上王位的后一年（901 年）。虽然该书主要描绘的是东法兰克王国的历史，但书中也多次提到西法兰克王国、洛林、意大利王国等。关于对东法兰克的事件记录，《富尔达年代记》有着明显的国王中心倾向。它同《圣伯丁年代记》一道，构成有关 9 世纪加洛林王朝历史研究的主要材料。

6.**《圣伯丁年代记》**（拉丁文 *Annales Bertinian*，英文 *The Annals of St-Bertin*）：该书是紧接着《法兰克王家年代记》写起的，涵盖时段为公元 830—882 年。虽然它也涉及多个地区的历史，但其叙述重点却是秃头查理时期西法兰克境内所发生的事件，正好与反映东法兰克历史的《富尔达年代记》形成呼应之格局。《圣伯丁年代记》中收录有大量一手资料，其中包括教皇信件和各种会议记录。

加洛林王朝在东、西法兰克的最终结束分别是在10世纪初和10世纪末，但是，在公元888年加洛林皇帝“胖子”查理（881—888年在位）去世之后，法兰克人的国家就再也没有统一，德、法两国从此走上独立发展道路。因此，从基本层面上说，通过上述几部历史文献，已经可以较为完整地勾勒出法兰克国家历史发展进程的基本脉络。

格雷戈里的《法兰克人史》是法兰克时代最为重要的核心历史文献之一，但鉴于该书已有完整的中文译本，因此，本书系不再将之列入其中。另外，《弗莱德加编年史》（第4卷）和《弗莱德加编年史续编》原是两个相互独立的文本，但从中世纪以来，人们习惯于将二者合在一起，本书系亦遵循这一惯例。因此，“法兰克时代核心历史文献汉译与研究书系”由5部史书组成：《弗莱德加编年史》(第4卷及续编)、《法兰克人史纪》、《法兰克王家年代记》、《富尔达年代记》和《圣伯丁年代记》。

本书系的汉译与研究工作得到以下项目的支持：“《弗莱德加编年史》（第4卷及续编）汉译与研究”（国家社科基金一般项目，2011—2014年，已结项）；“法兰克早期文献的汉译与研究”（教育部新世纪优秀人才支持计划项目，2011—2014年，已结项）；“法兰克时代核心历史文献汉译与研究”（广东省高等学校高层次人才项目珠江学者特聘教授专项，2012—2017年，已结项）。在此谨表谢忱。

陈文海

2018年3月于华南师范大学

导　论

《圣伯丁年代记》是《法兰克王家年代记》所记史事于829年中断后出现的数种接续撰述之一。它从830年的史事开始，一直记述到882年的史事。该年代记虽然立足于加洛林帝国的西部，即西法兰克王国，但所记之事往往涵盖了加洛林家族统治的其他疆土，还涉及与之接壤或交往的许多异邦异族。它的记事较为详细、准确、可信，对研究9世纪中后期的历史极为重要。莱昂·勒维延（Léon Levillain）曾评价说，《圣伯丁年代记》构成了“9世纪留给我们的最详细的历史文献，也是最不可或缺的历史文献”。[①]

一、《圣伯丁年代记》的名称

（一）为何是“年代记”

《圣伯丁年代记》的英文名称和拉丁文名称分别是“*The Annals of St.Bertin*”和“*Annales Bertiniani*”。《法兰克王家年代记》的英文名称和拉丁文名称分别是“*Royal Annals of Franks*”和“*Annales Regni Francorum*”。[②]

---

① Félix Grat, Jaenne Vielliard et Suzanne Clémencet eds., *Annales de Saint-Bertin*, avec une introduction et des notes par Léon Levillain, Paris: Librairie C.Klincksieck, 1964, pp.xv–xvi.

② 李隆国以该年代记的拉丁文名称中的“regni”为依据，结合中文语境中“编年体”史书的含义，倾向于将其翻译为《法兰克王国编年史》。王晋新将其翻译为《王室法兰克年代记》。这里接受并沿用陈文海的译名《法兰克王家年代记》。参见李隆国：《外圣内王与中古早期编年史的叙述复兴》，《史学史研究》2019年第3期；王晋新：《〈王室法兰克年代记〉探析》，《史学史研究》2019年第2期；陈文海译注：《法兰克王家年代记》，北京：人民出版社2019年版。

既然《圣伯丁年代记》是接续《法兰克王家年代记》的，那么它自然也应该被称为"年代记"。实际上，问题并非如此简单。

如果我们继续追问，那么有两个问题不可避免。其一，《法兰克王家年代记》和《圣伯丁年代记》在拉丁文中为何被称为"annales"？其二，我们为何将拉丁文中的"annales"或英文中的"annals"翻译为"年代记"？

现代学者往往将欧洲中世纪早期的史学撰述分为四大类。（1）相当于我国古代的编年体，按照时间顺序，逐年记载历史事件的是 annales 或 chronicon。（2）相当于我国古代的纪传体，以人物为中心，记载其生平和事迹的是传记（vita）或事迹、功业记（gesta）①，比如艾因哈德所写的《查理大帝传》、罗马教廷累积起来的《教宗列传》（*Liber Pontificalis*）等。（3）相当于我国古代的纪事本末体，以一段时期特定大事为主题的"历史"（historia），比如尼萨尔记载虔诚者路易三个儿子纷争和内战的《史事四书》（*Libri IV Historiae*）。（4）时空范围更宽广，记载某一族群、某一地区、某一城市、某一修道院、某一主教区，甚至各个地区乃至整个"世界"历史的史书。

在历史撰述的上述类型谱系中，《圣伯丁年代记》无疑属于第一种，即逐年记事的编年体史书。问题在于，为何现代学者将其称为 annales 而非 chronicon？事实上，从欧洲中世纪早期开始，就有史家主张 annales 和 chronicon 是有重要区别的两种不同子类的历史撰述。不过，他们对这二者之间的区别往往有不同的理解。有人主张，annales 往往是匿名的，而 chronicon 则有明确的作者。有人主张，前者是简略的，极少包含作者的评论语句，而后者则更为详细，包含着作者的阐释或评论。还有的人主张，annales 是一年一记，当年记载当年或上一年的史事，而 chronicon 是作者在某一个较短的时间内，甚至可以说在一个时间点上，一次性地撰述了此前较多年份的史事。9 世纪中期瓦拉弗里德·斯特拉波（Walafrid Strabo）

---

① 圣徒传记（hagiogrophy）亦可归入这一类，包括圣徒的生平、事迹、殉道、死后的迁移、显灵和奇迹等，也可以归入传记大类。

为泰甘（Thegan）所著的《皇帝（虔诚者）路易事迹》（*Gesta Hludowici Imperatoris*）就写了简短的导言。他在该导言中说："泰甘生来是法兰克人，担任特里尔教会的副主教，他按照年代记（annales）的习惯，以简洁真实而非典雅优美的方式，撰写了这本小书。"也就是说，他认为"annales"的习惯或特征是"简洁真实而非典雅优美"。[①] 无论是在中世纪早期的史家之中，还是在现代学者中，较为流行的看法是，annales 属于较为原始、简单的历史撰述形式，而 chronicon 则是较为高级和复杂的形式，有时是以 annales 为基础进一步加工而成的。

现代学者们在选择将中世纪早期的编年体史书称为 annales 或者 chronicon 的时候，大多偏重上述差别。比如，《弗莱德加编年史》是逐年记事的，虽然其文本中并未提及作者的名字，但是 16 世纪以来的一些现代学者相信它是一位名叫"Fredegarius"的人所写的，于是便将其称为"chronicon"。[②]9 世纪末 10 世纪初普吕姆修道院院长雷吉诺（Regino）在其所写的编年体史书的一开始，便明言自己姓甚名谁，为谁而写，因此现代学者就将该史书称为"chronicon"。[③] 另外，一些重要的编年体史书的早期编订或出版者在为其取名之后，该名称往往会形成惯例，被沿用下来。比如《盎格鲁—撒克逊编年史》（*Anglo-Saxon Chronicles*），尽管按照上述 annales 和 chronicon 之间的区分，更应该被称为 annales，但学界还是沿用习惯将其

---

① "Hoc opusculum in morem annalium Thegan, natione Francus, Treuerensis ecclesiae chorepiscopus, breviter quidem et vere potius quam lepide composuit." Thegan, *Gesta Hludowici Imperatoris*, *Monumenta Germaniae Historica [abbr. MGH], Scriptores Rerum Germanicarum in Usum Scholarum Separatim Editi,* tomus LXIV, herausgegeben und übersetzt von Ernst Tremp, Hannover: Hahnsche Buchhandlung, 1995, S. 168.

② 陈文海译注：《弗莱德加编年史》，北京：人民出版社 2017 年版，第 8 页。

③ Regino, *Reginonis abbatis Prumiensis Chronicon cum continuatione Treverensi*, edited by Friedrich Kurze, *MGH, Scriptores Rerum Germanicarum in Usum Scholarum Recusi*, Hannover: Hahnsche Buchhandlung, 1890. Simon MacLean translated, *History and Politics in Late Carolingian and Ottonian Europe, The Chronicle of Regino of Prüm and Adalbert of Magdeburg*, Manchester: Manchester University Press, 2009.

称为“chronicles”。①

事实上，对中世纪早期的编年体史书做上述区分是相当困难的。比如，在《法兰克王家年代记》中，788年之前的史事记载应该是一次性的回顾式记载，而796年到829年的史事记载则是一年一记，多年累积而成的即时性记载。②《法兰克王家年代记》进入9世纪以后年度纪事篇幅已有膨胀的趋势，而《圣伯丁年代记》在辛克马接续的部分则年度纪事篇幅和修辞成分大增，丝毫不亚于后来雷吉诺所写的*chronicon*。此外，无论是《圣伯丁年代记》还是同一时期的《富尔达年代记》，在很多年度纪事中都包含着作者对事件的鲜明褒贬之情。

事实上，在9世纪的加洛林帝国，人们在使用annales、chronicon、gesta、vita、historia等语词的时候，往往并没有现代学者的这种类型学区分，或者不太注意它们之间的区分。在9世纪的文献中，《法兰克王家年代记》和《圣伯丁年代记》不一定被称为“annales”。比如，在奥地利国家图书馆的第473号拉丁手稿中，包含着《法兰克王家年代记》和艾因哈德所写的《查理大帝传》，而且这两部史书正好前后相接。在接续之处，该手稿写道：“法兰克人伟大而极其卓越的主上皇帝查理（曼）的事迹（gesta）至此而终，这位元首的传记（vita）由此而始”③。这里，《法兰克王家年代记》就被称为查理曼“gesta”（事迹）。兰斯大主教辛克马在谈及他所接续的，由特鲁瓦主教普鲁登提乌斯所写的那部分年代记时，也将其称为“诸王的事迹”

① Nicholas Brooks, “‘Anglo-Saxon Chronicle(s)’ or ‘Old English Royal Annals’?”, in Susan Reynolds, Susan M. Johns, and Janet L. Nelson eds., *Gender and Historiography Studies in the Earlier Middle Ages in Honour of Pauline Stafford*, London: Institute of Historical Research, 2012, pp.35–48.

② 陈文海译注：《法兰克王家年代记》，北京：人民出版社2019年版，第26—28页。

③ “Finiunt Gesta Domini Karoli Magni et precellentissimi Francorum imperatoris.Incipit Vita eiusdem principis”, David Ganz, “Einhard’s Charlemagne: The Characterisation of Greatness”, in Joanna Story edited, *Charlemagne: Empire and Society*, Manchester: Manchester University Press, 2005, p.41.

(*gesta regum*)。辛克马在 859 年或 860 年谈及“皇帝(虔诚者)路易的年代记(annales)”时,则将其称为“史事”(historia)。

归纳起来,《圣伯丁年代记》之所以被称为 annales,是因为它所接续的《法兰克王家年代记》被称为 annales,是因为它具备时人以及现代学者所理解的 annales 的基本特征,同时也是因为该史书最早的现代编印本将其称为“annales”。

那我们为何要将拉丁文中的 annales 或英文中的 annals 翻译为“年代记”而不是“编年史”呢?陈文海教授在对《法兰克王家年代记》所写的导论中已经较为详细地讨论了这个问题。我在此仅补充一点。既然 annales 和 chronicon 都是编年体的历史记载,既然在中世纪早期人们对二者并不严格区分,那么我们也就没有必要特别纠结于如何用不同的中文名称来对译它们。不过,考虑到我们已经将“*Anglo-Saxon Chronicles*”翻译成了《盎格鲁—撒克逊编年史》,将“*Annales Regni Francorum*”翻译成了《法兰克王家年代记》,倘若我们保持这样一种对译习惯,中文读者就可以从中文译名回溯到相应的拉丁文或英文名称,从而避免不必要的混乱。这有益于国内学者之间以及国内学者与国外学者之间的交流和讨论。

(二)为何是“圣伯丁”年代记

伯丁大约 615 年生于康斯坦茨,卒于 709 年。他早年在吕克瑟伊(Luxeuil)修道院受教于院长圣科伦班(St.Columbanus)。大约 638 年,他与该修道院的两位修士一起到高卢的最北边,协助那里的特鲁阿讷(Thérouanne)主教奥梅尔(Omer)传教。伯丁在当时布满沼泽的莫里尼(Morini)地区(位于今天法国西北部的加来海峡省)建立了一所修道院。该修道院是在主教奥梅尔划拨出来的土地上建立的,因此被称为圣奥梅尔修道院。由于伯丁的才干和学识,该修道院很快发展壮大。得益于这些功绩,伯丁在死后得封圣徒,成为圣伯丁。他所建立的圣奥梅尔修道院在加洛林时期亦颇有影响。不过,到了 11 世纪,该修道院才更名为圣伯丁修道院。该修道院抄写和收藏了不少中世纪早期和盛期的手稿、图书或档案。

《圣伯丁年代记》最早的编辑印刷本所依据的抄本，也是该年代记保留至今的最早抄本，如今保存在圣奥梅尔图书馆（Bibliotheque de St-Omer），编号为第706号抄本。我们采用莱昂·勒维延的方法，按照该抄本收藏地的首字母，将其称为圣伯丁年代记的抄本O。该抄本上有圣伯丁修道院院长的戒指印签。依据产生地、发现地或收藏地为抄本命名，是学界的惯例。因此该年代记最初的编辑出版者将其命名为《圣伯丁年代记》。这一名称为学界广泛接受。不过，我们需要强调的是，除了该抄本曾经收藏在圣伯丁修道院之外，没有任何证据表明该修道院的修士们对《圣伯丁年代记》的编撰有任何贡献，甚至圣奥梅尔图书馆的这份手抄本也不一定是由圣伯丁修道院缮写室的修士们抄写的。

此外，虽然《圣伯丁年代记》是接续《法兰克王家年代记》的，但是在《法兰克王家年代记》的绝大部分抄本中，并不包含《圣伯丁年代记》。所以，学界把《圣伯丁年代记》作为一种独立的年代记，而不是《法兰克王家年代记》的一部分。

二、《圣伯丁年代记》的作者们

基于写作风格、用语习惯、篇幅长度以及其他的一些证据，学界一般认为，《圣伯丁年代记》至少有三位撰述者。830年到835年的年度纪事很可能是由担任虔诚者路易宫廷教长的富尔克（Fulco）或其下属教士撰写的。后来，接替富尔达担任宫廷教长的德罗戈（Drogo）可能主持了年代记的续写工作，不过实际撰写后续年代记的人应该是一位宫廷教士，极有可能就是普鲁登提乌斯。普鲁登提乌斯844年离开宫廷，到特鲁瓦担任主教。他很可能带走了这一年代记，并在特鲁瓦继续撰写，直到861年4月6日去世。随后，兰斯大主教辛克马得到了普鲁登提乌斯所写的年代记，并从861年开始逐年撰写年度纪事，直至882年12月21日离世。在开始分析他们所写的年代记之前，我们首先应该了解一下他们三位的生平，考察有哪些证据表明他们是年代记的作者。

（一）富尔克

富尔克首次出现在史料中，是在827年。这一年6月24日，在虔诚者路易签发的一份状书中，富尔克就已经是普瓦提埃的圣旺德里尔（St-Wandrille）和圣希拉里（St-Hilaire）修道院的院长。①他在830年成为宫廷教长后，还兼任了兰斯的圣雷米(St-Remi）修道院院长。在833年6月的“谎言之地”②，当虔诚者路易遭到三个儿子的背叛、囚禁、废黜的时候，富尔克依然忠于皇帝，并在834年召集兵马支援皇帝。因此，反叛父亲的阿奎丹王丕平将富尔克的圣希拉里修道院院长职务转而授予昂古莱姆主教弗里德伯特(Fridebert)。在834年虔诚者路易复位的过程中，梅斯主教德罗戈立下大功。作为回报，虔诚者路易将富尔克的宫廷教长职位授予德罗戈。而且，虔诚者路易在复位过程中同样得到了阿奎丹王丕平的支持，因此他只得接受丕平将圣希拉里修道院院长职位授予弗里德伯特的结果。不过，作为对富尔克的安慰和补偿，虔诚者路易834年3月剥夺了长子罗退尔的支持者所占据的丰特内尔（Fontenelle）和茹米耶日（Jumièges）两所修道院的院长职位，将其转授予富尔克。这一时期，兰斯大主教埃伯（Ebbo）卷入罗退尔的谋反，主持了逼迫虔诚者路易退位的仪式。虔诚者路易在复位之后，于835年召开会议，迫使埃伯离职，随后安排富尔克为兰斯的圣雷米修道院院长，并以副主教（corepiscopus）身份执掌兰斯大主教区的日常管理。虽然富尔克的政治地位由此大为提升，但他未能成为兰斯大主教。837年，富尔克曾作为皇帝的使者，前去面见罗退尔。838年，富尔克失去了茹米耶日修道院院长职位，不过得到了阿拉斯（Arras）的圣瓦斯特（Vaast）修道院院长职位。当

---

① Léon Levillain ed., *Recueil des actes de Pépin Ier et de Pépin II, rois d'Aquitaine (814–848)*, Paris: Imp. Nationale, Librairie Klincksieck, 1926, no. 7, pp. 21–23.

② 参见本年代记833年的史事记载及注释。

虔诚者路易 840 年 6 月 20 日去世后，富尔克开始失势，其职位几乎丧失殆尽。埃伯作为罗退尔一世的马前卒，则重新获得了兰斯大主教和圣雷米修道院院长职位，很可能还得到了圣瓦斯特修道院。罗退尔的另一位支持者约瑟夫（Joseph）则成为丰特内尔修道院院长。在 841 年 6 月 25 日的丰特努瓦战役中，罗退尔一世遭到惨败，秃头查理逐渐掌控了塞纳河北岸的疆土。不过，富尔克在秃头查理的统治下未能恢复其在虔诚者路易统治时期的地位。他在 843 年之后不久离世。①

大约从 8 世纪末期开始，《法兰克王家年代记》就是在宫廷之中由宫廷教长或作为其下属的一位或几位宫廷教士撰写的。基于这一传统，学者们推测，在 830 年到 835 年担任宫廷教长的富尔克很可能亲自或安排宫廷教士（们）继续撰写年代记。②

有一史料表明，830 年到 835 年的年度纪事在当时或随后在教俗精英中流传着。在 859 年或 860 年，兰斯大主教辛克马针对预定论撰写了第三篇专论。他在该专论中提到了 24 年前（即 835 年）他的前任兰斯大主教埃伯被革职一事。他说："如我所说，此乃真事。谁只要翻看主上皇帝（虔诚者）路易的年代记，翻看主诞以来第 835 年的史事，就可以清楚地读到此事。"③这说明，830 年到 835 年的年度纪事在当时很有可能单独流传着，860 年左右辛克马和很多人都知道它，可以读到它。

---

① 菲利普·格利尔森认为富尔克活到了 845 年，甚至更晚。Philip Grierson, "Abbot Fulco and the Date of the 'Gesta abbatum Fontanellensium'", *The English Historical Review*, vol.55, no.218, 1940, p.282.

② Félix Grat, Jaenne Vielliard et Suzanne Clémencet eds., *Annales de Saint-Bertin*, avec une introduction et des notes par Léon Levillain, p.xii.

③ "Hoc autem ita verum esse ut dicimus; etiam qui Annales domini Ludouici imperatoris, historiam de anno DCCCXXXV dominicae Incarnationis reuoluerit, manifesta lectione comperiet", Jarque Paul Migne ed., *Patrologiae Cursus Completus, Series Latina Prior,* tomus 125, *Hincmari Rhemensis Archiepiscopi Opera Omnia*, Paris: Garnier Fratres, 1879, col.391, p.68. 又见 Félix Grat, Jaenne Vielliard et Suzanne Clémencet eds., *Annales de Saint-Bertin*, avec une introduction et des notes par Léon Levillain, p.xvi.

835 年初，虔诚者路易在复位后任命了与他同父异母的弟弟，即梅斯主教德罗戈担任宫廷教长。德罗戈承担着主教职守，不能常驻宫廷，很可能将编写年代记的任务交给了属下的一位宫廷教士。在抄本 M① 中，包含着《圣伯丁年代记》830 年到 837 年的年度纪事，但在 837 年的年度纪事中却没有记载其他手稿中所记载的，该年冬季皇帝在亚琛召集大会议一事。抄本 M 中的年代记片段 12 世纪还保存在梅斯。学者们依据这些信息推断，梅斯主教德罗戈在担任宫廷教长之后，安排某位宫廷教士将年代记写到 837 年。在这一年冬季大会议之前，该教士将 830 年到 837 年的年代记一起，送交身在梅斯的德罗戈，于是这一年代记片段就在梅斯保存下来。

（二）普鲁登提乌斯

在德罗戈的安排下，撰写年代记的宫廷教士有可能就是普鲁登提乌斯(Prudentius)。

8、9 世纪之交，普鲁登提乌斯出生于西班牙②，原名加林多(Galindo)③。其父母很可能为躲避安达卢斯的战乱和穆斯林的统治，从西班牙翻过比利牛斯山，进入加洛林帝国，在加斯科尼安家落户。随后，普鲁登提乌斯可能进入同样来自西班牙的奥尔良主教提奥多尔夫（Theodulf）的学校，在那里接受教育；也可能是在提奥多尔夫的举荐下，直接进入了虔诚者路易在亚琛的宫廷学校学习。可以肯定的是，他最晚在 821 年就进入了虔诚者路易的宫

---

① 参见本书导言关于《圣伯丁年代记》抄本的叙述。

② 他曾在诗篇中讲述自己的家乡在“Hesperia”。古典时代的希腊人用该词来表示他们在黄昏之星（Hesperus）的指引下，向西航行所到达的地方，因此既可以指意大利，也可以指西班牙，到中世纪早期的时候更多用于指西班牙。

③ 这一名字本身也具有很强的伊比利亚半岛渊源。它在埃布罗河与比利牛斯山之间的地区，即法兰克人设立的西班牙边疆区是比较常见的名字。参见 Jared Gardner Wielfaert, *Prudentius of Troyes (d.861) and the Reception of the Patristic Tradition in the Carolingian Era*, Doctorial Thesis, Department of History, University of Toronto, 2015, p.13.

廷。[1]在宫廷之中，普鲁登提乌斯充当宫廷教士或文书员20多年。在充满纷争和动荡的9世纪30年代，在教俗显贵纷纷卷入加洛林家族父子兄弟纷争的时候，普鲁登提乌斯很可能选择忠于虔诚者路易。也许在宫廷之中，普鲁登提乌斯得到了皇后朱迪斯和秃头查理的信任。840年虔诚者路易去世之后，普鲁登提乌斯可能与其他宫廷教士们一起，随皇后朱迪斯进入秃头查理所分得的阿奎丹，居住在普瓦提埃。[2]他也可能选择了暂时观望。直到841年丰特努瓦战役中罗退尔一世遭到重挫之后，普鲁登提乌斯才明确地站在秃头查理及其母亲朱迪斯一边。843年之后不久，很可能是在844年，普鲁登提乌斯结束了20多年的宫廷生活，在秃头查理的安排下成为特鲁瓦主教。在此之后，普鲁登提乌斯多次以主教身份参加西法兰克王国的教务会议，包括846年到847年之间的巴黎会议、850年的安茹会议、853年的苏瓦松会议和基耶尔济会议、855年的博纳伊（Bonneuil）会议。855年之后，普鲁登提乌斯很可能患了慢性疾病，未再出现在教务会议出席者名单之中。他逝世于861年。对此兰斯大主教辛克马在《圣伯丁年代记》861年的年度纪事中有明确的记载："特鲁瓦的主教普鲁登提乌斯，原名加林多，按出生为西班牙人，学识颇为渊博。他前些年反对持有预定论的戈特沙尔克，但后来在苦难中受了刺激，变为那种异端邪说的一个极其激烈的辩护者，反对那些先前跟他一同反对异端邪说的主教们。他后来去世的时候（仍然）在撰写自相矛盾、违背信仰的东西。就这样，他在长期病痛之后，终结了自己的生命，也终结了自己的著述。"的确，普鲁登提乌斯一生著述颇丰。除了撰写年代记之外，他还写了一些墓志诗篇、圣经诗篇释义、圣经阐释杂论、教父们有关预定论的撰述汇编，以及一些书信。

---

① Jared Gardner Wielfaert, *Prudentius of Troyes (d.861) and the Reception of the Patristic Tradition in the Carolingian Era*, p.21.

② Félix Grat, Jaenne Vielliard et Suzanne Clémencet, eds., *Annales de Saint-Bertin*, avec une introduction et des notes par Léon Levillain, p.xiii.

在20多年的宫廷生活中，普鲁登提乌斯与许多教俗显贵建立了密切的关系。他交好于费里埃尔（Ferrières）修道院的院长卢普斯（Lupus）和桑斯大主教维尼罗（Wenilo）。他接纳瓦拉弗里德·斯特拉波为学生，而后者是秃头查理的教师并在后来担任赖歇瑙（Reichenau）修道院院长。普鲁登提乌斯即使在离开宫廷之后，也能够通过参加教务会议或与友人通信，与主教或修道院院长们保持密切联系，借此获得重要军政和教务信息。这是他撰写年代记的重要条件。

对普鲁登提乌斯从何时接手年代记的撰写工作，学界有不同的观点。勒维延认为，841年5月左右，当秃头查理在马恩河畔的夏龙与母亲朱迪斯相聚的时候，不仅安排尼萨尔为其撰写史书，阐述其在兄弟纷争中的立场和事迹，还安排随行的普鲁登提乌斯续写此前的年代记。他的主要理由是，虔诚者路易去世的那一年即840年的年度纪事颇为简略，而在此后则详细起来，很可能就是因为普鲁登提乌斯的接手。[①] 詹尼特·尼尔森比较宽泛地认为，普鲁登提乌斯在840年之前就接手了年代记的写作。不过，学界一般的观点是，836年的年度纪事就已经是普鲁登提乌斯撰述的了。[②] 这种看法的主要依据是：从836年开始，《圣伯丁年代记》的用语和写作风格就有了一些变化。830年到835年的年度纪事采取了一种相当恭敬和谦卑的态度，在描述皇帝虔诚者路易和皇后朱迪斯的时候，往往采用“主上”（dominus）或“女主”(domina）这样的称呼，并且更倾向于使用时人习惯的地名。836年开始，年度纪事的拉丁文本变得更为典雅，长句和复杂句增多，篇幅也明显加大；更喜欢用“imperator”（皇帝）和“augusta”（奥古斯塔）来称呼虔诚者路易和朱迪斯；更喜欢用古旧的、罗马帝国时期的地名；更倾向于用“hostis”而

---

① Félix Grat, Jaenne Vielliard et Suzanne Clémencet eds., *Annales de Saint-Bertin*, avec une introduction et des notes par Léon Levillain, p. xiii.

② 比如有学者认为，普鲁登提乌斯共撰写了26年的年度纪事。Jared G. Wielfaert, *Prudentius of Troyes (d.861) and the Reception of the Patristic Tradition in the Carolingian Era*, p.78.

非“exercitus”来表示军队。[①] 在缺乏其他证据的情况下，以这种用语差异来推测作者的转换，也是有一定参考价值的。

虽然我们无法确定普鲁登提乌斯接手年代记写作的年份，但是我们可以确定普鲁登提乌斯在接手之后一直撰写到自己去世的前一年，即 861 年的 4 月 6 日。对此，我们有三条证据，其中有两条是辛克马留下的。

其一，辛克马在自己所续写的 861 年的年度纪事中提到，普鲁登提乌斯在 861 年“去世的时候（仍然）在撰写自相矛盾、违背信仰的东西。就这样，他在长期病痛之后，终结了自己的生命，也终结了自己的著述”。虽然辛克马此处主要指的是普鲁登提乌斯在预定论问题上撰写支持戈特沙尔克的论著，没有明确说普鲁登提乌斯撰写年代记，但是除了普鲁登提乌斯之外，辛克马在年代记中没有提及其他主教的著书立说。

其二，866 年，辛克马写给桑斯大主教埃吉尔（Eigil）一封信。这一年，秃头查理欲安排伍尔法（Wulfad）接任布尔日主教，辛克马则极力反对。为此，辛克马写信给即将远赴罗马的桑斯大主教埃吉尔，请他向教宗说情。信中提到，普鲁登提乌斯是戈特沙尔克的支持者，“正如他（普鲁登提乌斯）的著述所表明的”，“他在自己编撰的有关我们的国王的年代记（即《圣伯丁年代记》）中，在其中 859 年的年度纪事中，插入了如下的内容来佐证自己的观点”。辛克马接着谈了该年度纪事所提到的教宗尼古拉的“敕令”。对此，辛克马说：“我们从未听说任何其他人提到它，也从未在其他地方读到过它。因此，鉴于提到此事的年代记如今已经被一批人所接触，你有必要就此跟教宗谈谈，以免由此滋生谣言，祸乱教会。”辛克马还提醒埃吉尔，不必跟教宗提起他自己，因为“据说他（教宗）已对我有了意见，而且一些人正向他告发我”。不过，辛克马推断桑斯大主教埃吉尔本人并没有读过普鲁登提乌斯的年代记，因此辛克马向他解释说：“我跟你说的这些年代记在国王手中。

① Félix Grat, Jaenne Vielliard et Suzanne Clémencet eds., *Annales de Saint-Bertin*, avec une introduction et des notes par Léon Levillain, p. vi.

它就是国王当着你的面交给我的那本，也是当他（国王）将你托付给我的时候，我当着你的面归还国王的那本。”[①] 这里所说的国王将埃吉尔托付给辛克马一事，指的是一年前即865年辛克马为桑斯大主教埃吉尔举行祝圣仪式的事。大概在辛克马将年代记归还国王后，它就开始流传开来。当辛克马在上述信件中提到它的时候，他说这些年代记“最近才”（iam）被一些人所接触。这封信确信无疑地证明，是普鲁登提乌斯将年代记至少续写到859年。

其三，圣伯丁年代记的抄本C是1638年耶稣会士让·博朗依据辛克马《圣伯丁年代记》的稿本抄写出来的。在859年年度纪事谈及尼古拉一世在预定论问题上的立场时，博朗在抄本的旁注中写道：“此处以同样的笔迹写着‘普鲁登提乌斯此处关于尼古拉（一世）的撰述乃是依据自己的意愿所写，因为他所说的并非真事。’”[②] 学界认为，“同样的笔迹”就是指辛克马的笔迹，这意味着辛克马将859年的年度纪事明确归于普鲁登提乌斯的撰写。这是普鲁登提乌斯撰写了年代记的另一有力证据。

基于上述证据，我们完全可以确定普鲁登提乌斯是《圣伯丁年代记》的作者之一。既然辛克马从国王那里借了普鲁登提乌斯的年代记，学者们推断，他很可能抄写了一份。根据学者们的研究，在9世纪除了普鲁登提乌斯的那份原稿和辛克马所抄写的抄本之外，没有资料表明存在其他的抄本。据辛克马的信函，秃头查理在861年4月6日之前，即普鲁登提乌斯去世前，并没有抄录后者所写的年代记，而是在此后才得到了这一年代记。鉴于秃头查理在普鲁登提乌斯去世后，安排了自己的宫廷书吏福尔克里克（Fulcric）

① Ipsum autem annale quod dico, rex habet et ipse est ille liber, quem coram uovis in ecclesia, ubi uos nobis commendauit, coram uovis ab illo mihi praestitum ei reddidi. J.-P. Migne, ed., *Patrologiae Latinae (PL),* tomus 126, *Hincmari Rhemensis Archiepiscopi Opera Omnia*, Paris: Garnier Fratres, 1852, Epistola IX, col. 70.

② “Adscriptum erat ad arginem eadem manu: Hic Prudentius ep(i)s(copus) de Nicolao scripsit quod ut fieret uoluit; sed quia factum fuerit, verum non dixit.” Félix Grat, Jaenne Vielliard et Suzanne Clémencet eds., *Annales de Saint-Bertin*, avec une introduction et des notes par Léon Levillain, p. xix.

担任特鲁瓦主教。我们可以合理地推测，很可能福尔克里克接任特鲁瓦主教后，将前任所写的年代记送给了国王，而国王随后将该年代记公之于众，一些人因此接触了该年代记，其中辛克马则借阅并抄录了一份。

（三）辛克马

辛克马 802 年到 810 年之间出生于法兰克王国北部一个富贵之家，儿童时期就被送入巴黎的圣德尼修道院，随后得到了院长希尔杜因（Hilduin）的器重。819 年到 822 年之间的某一年，希尔杜因被虔诚者路易任命为宫廷教长。辛克马在 822 年 8 月追随希尔杜因，进入虔诚者路易的宫廷，并参加了当年的阿蒂尼大会议。在 830 年阿奎丹王丕平和共治皇帝罗退尔反叛父皇虔诚者路易的过程中，希尔杜因支持罗退尔，因此次年遭到短暂放逐。辛克马或许受到了牵连，返回圣德尼修道院。不过，辛克马积极向虔诚者路易说情，说服皇帝让希尔杜因重获圣德尼修道院院长职位。在833年和834年间，罗退尔、阿奎丹王丕平、日耳曼人路易三位兄弟联手反叛虔诚者路易，将父亲废黜、软禁，迫使其悔罪，但虔诚者路易不久即复位。在此期间，希尔杜因加入叛乱者一方。辛克马虽然选择忠于虔诚者路易，但还是受到了牵连。他再次返回圣德尼修道院，在那里潜心研习和著述。840 年虔诚者路易去世后，他的三个儿子开启了长达三年的争夺。在此期间，辛克马可能采取了观望立场，也可能支持秃头查理。他很可能参与了 843 年的库兰协议和 844 年图卢兹条令的撰写。844 年底他参加了韦尔会议，此次会议很有可能讨论了兰斯大主教的继任者人选。4 个月后，即 845 年 4 月，辛克马在秃头查理的安排下得到了这一长期空缺的重要圣职。

担任兰斯大主教，是一项充满挑战的重任。如前所述，兰斯大主教埃伯在 835 年被迫去职。不过，在 840 年虔诚者路易去世之后，罗退尔便将埃伯复职。复职后的埃伯火速擢升了一批教士，安排他们担任兰斯教会的圣职。但是一年之后，因罗退尔一世在丰特努瓦战役中惨败，埃伯被得胜的秃头查理逐出兰斯。在 843 年凡尔登协议订立之后，兰斯大主教辖区的大部分在秃头查理的西法兰克王国，但是康布雷主教区以及其他一部分土地则在罗退尔一世所统治的中法兰克王国。此外，兰斯教会还有一部分飞地位于日耳曼人路易所统治的东法兰克王国，甚至还有部分田产远在阿奎丹。在兰斯大主教职位空缺期间，虔诚者路易以及随后的秃头查理都曾用兰斯教会的地产来犒赏或笼络自己的忠诚者。在这样的背景下，辛克马845年接受兰斯教会面临着三个方面的巨大挑战。首先，他必须继续对付埃伯以及埃伯在短暂复职期间所擢升的那批教士，因为埃伯坚持自己仍然是大主教，否定辛克马担任此职的合法性；辛克马要想真正掌控兰斯教会，就必须设法清除或打击埃伯所擢升的那批教士。其次，辖区和附属田产分布在多个王国，这决定了兰斯大主教必须密切关注几个王国的内部局势及其相互关系；在向秃头查理政治靠拢的同时，兼顾与其他国王的关系，在几位国王之间谨慎行事，力促加洛林诸位统治者之间保持和平，尽可能保护兰斯教会在不同王国的利益。最后，为了追索混乱期间兰斯教会所丧失的田产，辛克马难免与秃头查理发生冲突。

在教会内部，辛克马也同样面临着棘手的问题。在848年后，戈特沙尔克的双重预定论引发了教会内部的大讨论和大分歧。此人早年是兰斯大主教辖区内苏瓦松主教区的一位修士，并在兰斯大主教职位空缺期内，被副主教擢升为教士。辛克马在打击戈特沙尔克时，不得不面对支持后者观点的约翰·斯格特·埃留金纳（John Scottus Eriugena）、特鲁瓦主教普鲁登提乌斯、费里埃尔修道院院长卢普斯、科尔比修道院院长拉特朗（Ratramnus）等人的挑战。另外，特里尔大主教提奥高德（Theogaud）在852年到853年间主张高于兰斯大主教的地位，理由是特里尔在罗马帝国时期是比利时第一行省（Belgica prima）的首府，而兰斯只是比利时第二行省（Belgica secunda）的首府。这是对兰斯大主教在教会内部原有权威的一大挑战。

不过进入9世纪50年代之后，辛克马的地位相对稳固了。埃伯在851年离世。853年4月的苏瓦松宗教会议裁定，埃伯在复职期间对教士的擢升无效。同年6月在基耶尔济宗教会议上，秃头查理支持辛克马，通过了四点决议，否定了双重预定论。

在 855 年，罗退尔一世去世，其疆土被三个儿子分割继承。秃头查理和日耳曼人路易开始暗暗争夺罗退尔二世所继承的中法兰克王国北部疆土，即罗塔林吉亚（Lotharingia）。辛克马立场鲜明，支持秃头查理，成为后者的主要谋臣之一，因为如果秃头查理得到上述疆土，辛克马的大主教辖区就将全部归属在一位国王，即秃头查理的统治之下。在 856 年秃头查理的女儿朱迪斯外嫁威塞克斯国王埃塞尔伍尔夫的时候，辛克马为朱迪斯撰写了加冕序文（ordo）。他还著书立说，谴责君主和显贵们对教会田产的侵夺；更加激烈地批驳普鲁登提乌斯在预定论问题上的观点。858 年夏天，日耳曼人路易趁秃头查理讨伐瓦塞勒（Oissel）河上的北方人之际，在西法兰克王国部分显贵的支持下，侵入秃头查理的疆土。在这种逆境下，辛克马坚守对秃头查理的忠诚。尽管日耳曼人路易召集西法兰克王国的主教们于 11 月到兰斯举行会议，但是身为兰斯大主教的辛克马却与主教们在基耶尔济聚议，并致信日耳曼人路易，委婉地拒绝向其效忠臣服，敦促其撤离，并最终迫使其于次年 1 月退回东法兰克王国。这大大提升了辛克马的威望。他此后频繁在秃头查理、罗退尔二世和日耳曼人路易三位国王之间斡旋调停，促成了他们在 860 年 6 月的和平会谈。

从 857 年开始，罗退尔二世的离婚诉求就成为牵动加洛林诸位统治者、罗马教宗和众多教俗显贵的大事。总体来说，辛克马在这一冲突中的立场是捍卫教会婚姻法，反对罗退尔二世的离婚诉求。这也正是秃头查理的立场，因为罗退尔二世倘若死后无嗣，秃头查理将有很大的机会争夺其所统治的疆土。辛克马于 860 年撰写了长篇大论，论证教会婚姻守则的神圣性，强调合法婚姻的不可解除。[1]

加洛林统治者分疆而治，你争我夺，这为教宗提升其权威和影响力创造了有利的条件。一方面，相互争夺的国王们、不服从国王的大主教、受到大

---

① Rachel Stone and Charles West translated and edited, *The divorce of King Lothar and Queen Theutberga: Hincmar of Rheims's De divortio*, Manchester: Manchester University Press, 2016.

主教管控的主教，都有可能求助于罗马教宗的权威。另一方面，这一时期的教宗尼古拉一世（858—867 年在任）颇为强势，极力扩张权威，趁机介入上述各种纠纷，甚至主动出击，审判主教，裁定法兰克宗教会议的效力。①而这一时期，权势日隆的辛克马也日益加强了对辖区内诸位主教的管控，频繁与尼古拉发生冲突。尼古拉主张，教宗的权威源自圣彼得，可以修正或否定各地宗教会议的决议，但是辛克马主张，宗教会议的决议才能代表教会的集体意志，强调大主教对主教的管控。辛克马 862 年将作为下属的苏瓦松主教罗特哈德革职，但是罗特哈德却诉诸罗马，而尼古拉则在 864 年做出裁决，并派出特使阿森尼乌斯，在秃头查理的支持下将罗特哈德复职。

此外，辛克马还在伍尔法的问题上与秃头查理产生了对立。伍尔法是 840 年到 841 年之间埃伯火速擢升的教士之一，而 853 年的苏瓦松宗教会议已经判定埃伯所做的擢升无效。但是，秃头查理对伍尔法颇为信任，并在 866 年竭力将其安排为布尔日主教，以加强自己对阿奎丹的控制。辛克马以 853 年的决议为由，认定伍尔法不具备担任主教的资格。在国王与辛克马的这一冲突中，教宗尼古拉支持国王，这使辛克马与教宗的关系更为恶化。直到尼古拉一世 867 年去世前不久，辛克马与他的关系才有所改善。

此后的辛克马依然是多种冲突的主角之一。869 年，大主教辛克马与作为其下属的拉昂主教，即他自己的侄子辛克马发生了尖锐的冲突。这一年 8 月罗退尔二世去世后，大主教辛克马支持秃头查理进占罗塔林吉亚，并于 9 月在梅斯为秃头查理举行了加冕礼，使其成为罗塔林吉亚国王。与此同时，在秃头查理严惩逆子卡洛曼的过程中，辛克马也大力支持秃头查理。不过，在这一年的后半年秃头查理续娶里希尔蒂（Richilde）的问题上，辛克马则持有批评的立场。尽管如此，秃头查理还是支持了老辛克马在 871 年对小辛克马的革职和惩处。同一时期，老辛克马也与新任教宗约翰八世产生了冲

① Frederick A. Norwood, “The Political Pretensions of Pope Nicholas I”, *Church History*, vol.15, issue 4, 1946, pp. 271–285.

突，872 年他反对南特主教阿克塔尔德移任图尔大主教，而约翰八世则支持这一移任。

873 年之后，辛克马对秃头查理的影响力有所下降，不过他依然在很多事情上为秃头查理服务。875 年，意大利皇帝路易二世去世，秃头查理不顾自己疆土遭受日耳曼人路易入侵的危险，率军南下，争夺意大利。辛克马不赞成秃头查理争夺皇帝名号的政策，还对侵入西法兰克王国的日耳曼人路易采取了默认的态度。即使是在秃头查理戴着皇冠归来，且日耳曼人路易退出西法兰克王国的情况下，辛克马对秃头查理的帝国野心依然态度漠然，甚至还温和劝诫。在 876 年庞蒂厄宗教会议上，当秃头查理要求教俗显贵将其作为皇帝效忠臣服时，辛克马采取了抵制的态度，主张主教在向君主宣誓效忠时，不应与世俗显贵相同。秃头查理支持桑斯大主教安塞吉担任教宗在法兰西亚的代理人，辛克马则极力反对。秃头查理在 877 年再次南下意大利前，在基耶尔济发布了条令，安排一批要臣“协助”（实为监督）长子口吃者路易。辛克马不在这批要臣之列，可见他已不再是国王最信任的大臣之一。

877 年秃头查理去世后，辛克马在当年 12 月口吃者路易的加冕中发挥了重要作用。不过，他只是口吃者路易众多谋臣中的一员，而且口吃者路易在一些重大决策上很可能并不听从辛克马的建议。从 878 年夏天口吃者路易罹患重病到 879 年 4 月去世，辛克马并非口吃者路易为两位王子安排的顾命大臣之一。这可以解释为何辛克马对担任顾命大臣的圣德尼修道院院长高兹林心怀不满。

口吃者路易去世后，辛克马主张保持西法兰克王国的统一，在东法兰克王国胖子查理的支持下，由口吃者路易的两位王子中的一位继承西法兰克王国的全部疆土。而高兹林则求助于东法兰克王国的小路易，安排了两位王子路易三世和卡洛曼分割继承，分疆而治。

尽管如此，辛克马依然积极向新王进言，谋求新王的信任和重用。他在 881 年 4 月致信路易三世，阐述了君主与主教的关系，提醒年轻国王应该如何对待老臣。不过，在博韦主教选任的问题上，辛克马还是与路易三世发生了冲突。博韦“民众”先后推举了三位人选，但辛克马都予以否定，坚持由兰斯大主教辖区内若干主教共同为博韦选择新主教。针对这一情况，路易三世强力介入，将奥达查尔（Odacer）安排为博韦主教。辛克马则竭力反击，迫使奥达查尔去职。

在882年，辛克马尽管年事已高，但依然笔耕不辍，积极著述，不仅为圣雷米撰写了新的传记（*Vita Remigii*），还撰写了《论宫廷之秩》（*De Ordine Palatii*）。后一著作是在路易三世去世后，辛克马于882年秋天写给接手整个西法兰克王国的卡洛曼的，旨在劝导卡洛曼如何管理宫廷、任用臣下、治国理政。

也正是在这一年冬季，辛克马在年度纪事中记载了自己人生的最后篇章：兰斯教会的兵马在外援助国王卡洛曼，而兰斯教会却遭受维京人攻击，年迈患病的辛克马无奈坐在简易的椅子上，被人抬着，携带着圣雷米的遗骨和兰斯教会的珍宝，仓皇逃亡。这一年的12月21日，辛克马死于埃佩尔奈（Épernay）。《圣伯丁年代记》也由此戛然而止。

了解辛克马在不同时期的政治立场以及他与教宗、国王、其他大主教或下属主教的关系，有助于我们理解和评价辛克马所写的那部分年代记。

三、《圣伯丁年代记》不同部分的特点

如前所述，《圣伯丁年代记》可以按照作者的不同，分为三部分，即富尔克主持修撰的部分，普鲁登提乌斯先在宫廷而后在特鲁瓦所撰写的部分，以及辛克马所撰写的部分。[①] 这三部分各具特色，值得我们详细分析。

---

① 英国学者詹尼特·尼尔森主张，应该按照作者（们）是否在宫廷中写作，以844年普鲁登提乌斯出任特鲁瓦主教并转而在宫廷之外撰写年代记作为界限，将《圣伯丁年代记》分成两部分。Janet L.Nelson, “The Annals of St.Bertin”, in Janet L.Nelson, *Politics and Ritual in Early Medieval Europe*, London and Ronceverte: The Hambledon Press, 1986, p.179.

（一）第一部分（830—835 年）

从第一部分开始，《圣伯丁年代记》就是对《法兰克王家年代记》的接续。这主要体现在如下四个方面：

首先，在《圣伯丁年代记》保存至今的最早抄本，即抄本 O 中，《法兰克王家年代记》的末尾与《圣伯丁年代记》的开头紧紧相接，中间没有任何间隔，连笔迹也是相同的。①

其次，二者在文本内容上也是无缝衔接的。《法兰克王家年代记》829 年的年度纪事的最末尾一句记载："此事结束之后，他（皇帝虔诚者路易）回到亚琛过冬。在那里，他以极其愉悦欣喜的心情庆祝圣马丁节、至福使徒安德鲁节以及神圣的圣诞节"②。《圣伯丁年代记》830 年的年度纪事的第一句则是"conventus ibidem factus est"，即"在那里举行了会议"。用"ibidem"指代《法兰克王家年代记》最后一年最后一句的"亚琛"，用被动句式省略会议的召集人"皇帝路易"。这些说明，《圣伯丁年代记》830 年的年度纪事就是接续《法兰克王家年代记》829 年的年度纪事来写的。

再次，《圣伯丁年代记》延续了《法兰克王家年代记》的风格和传统。《法兰克王家年代记》以国王的军政和外交活动为中心。从 8 世纪末期到 808 年，几乎每年都记载查理曼在何处欢庆圣诞节，有时还记载他在何处度过复活节，而且记事言简意赅。同样，830 年到 835 年的年度纪事也往往记载皇帝

① 例外的是，在抄写于 12 世纪的抄本 M 中，包含着《圣伯丁年代记》830 年到 837 年的年度纪事，内容与抄本 O 中的相应年度纪事大同小异。据勒维延和格兰特的研究，这一部分年代记是普鲁登提乌斯应梅斯主教兼宫廷教长德罗戈的要求制作的抄本。在抄本 M 中，这部分年代记是接续在《梅斯古年代记》（*Annales Mettenses Priores*）之后的。而《梅斯古年代记》与《法兰克王家年代记》一样，也是与宫廷有密切联系的人撰写的，很可能是在查理曼的姐姐（或妹妹）吉瑟拉（Gisela）所主持的谢尔（Chelles）修女院中完成的。Yitzak Hen, "The Annals of Metz and the Merovingian Past", in Matthew Innes and Yitzhak Hen eds., *Uses of the Past in the Early Middle Ages*, Cambridge: Cambridge University Press, 2000, pp. 175–190.

② 陈文海译注：《法兰克王家年代记》，第 230 页。

虔诚者路易在哪里度过复活节和圣诞节，在哪里召开大会议，强调皇帝在大会议上收取岁贡，等等。

最后，829 年和 830 年之间确实出现了政局和人事方面的突变，导致《法兰克王家年代记》暂时中断。《法兰克王家年代记》819 年到 829 年的年度纪事是由虔诚者路易的宫廷教长希尔杜因主持编写的。此人同时也是圣德尼修道院、巴黎的圣热尔曼修道院和苏瓦松的圣梅达德修道院的院长，是虔诚者路易的重臣之一。不过在 830 年，当虔诚者路易的儿子们举行反叛时，希尔杜因参加反叛，支持虔诚者路易的长子和共治皇帝罗退尔一世。反叛在当年失败后，希尔杜因由此失去宫廷教长职位，返回了圣德尼修道院。不过，从 8 世纪末期开始，由宫廷教士撰写王国年代记已经成为惯例，继任宫廷教长的富尔克很可能亲自或安排宫廷教士续写王国年代记。

830 年到 835 年的年度纪事是在亚琛宫廷书写的。832 年的年度纪事中提到，在反叛的儿子日耳曼人路易兵败撤离时，虔诚者路易“像他惯常的那样，忍受了这些忤逆之举，并未追击儿子”。834 年，虔诚者路易被罗退尔软禁在塞纳河和阿登山脉以东的地方。这一年的年度纪事中提到，为了解救虔诚者路易，“（阿奎丹王）丕平随即征召了一支来自阿奎丹和塞纳河以外地区的军队，（日耳曼人）路易则召集了巴伐利亚人、奥斯特拉西亚人、萨克森人、阿勒曼尼人以及一些居住在阿登（Ardennes）山脉这一侧的人”。阿奎丹王丕平和日耳曼人路易向驻守在亚琛的罗退尔进攻，迫使罗退尔退出亚琛。“这一侧”、“外侧”等语词，表明年代记的作者很可能是立足于亚琛，在宫廷中书写这些事件的。①

从政治立场上看，这几年的记载几乎完全支持虔诚者路易。831 年的年度纪事在提及伯纳德和朱迪斯受到指控和自证清白的过程中，有意隐去了伯纳德和朱迪斯所受的具体指控，而时人一些撰述中明确提到了朱迪斯与伯纳

① Félix Grat, Jaenne Vielliard et Suzanne Clémencet eds., *Annales de Saint-Bertin*, avec une introduction et des notes par Léon Levillain, p.xii.

德之间可能存在的奸情以及当时的相关流言，因此年代记的用语体现了维护王室清誉的用意。832 年的年度纪事提到了阿奎丹王丕平对虔诚者路易的反叛，但是并未提及皇帝在 817 年的《帝国御秩》中就已经将阿奎丹分给丕平，且此后丕平就已经开始治理该王国，而皇帝在 830 年将该王国转而分给了小儿子秃头查理①。这意味着对丕平的剥夺，而这正是丕平坚决反对父亲的原因。《圣伯丁年代记》832 年的年度纪事只字不提虔诚者路易剥夺丕平疆土一事，仅强调丕平对父亲命令的蔑视和违抗。这同样是为虔诚者路易代言。

（二）第二部分（836—861 年）

詹尼特・尼尔森依据王国的政局、普鲁登提乌斯的处境、年代记的视野和风格等因素，将普鲁登提乌斯所写的这部分年代记又进一步细分为三部分，即 835 年纪事的后半段到 840 年的纪事；841 年到 844 年的纪事；845 年到 861 年的纪事的最初几句话。

1. 835 年纪事的后半段到 840 年的纪事

这几年的纪事属于宫廷撰述，几乎是沿用《法兰克王家年代记》的模式来写作的。年代记作者注重记载国王的行迹，诸如欢庆重大节日（尤其是圣诞节和复活节）、举行围猎、召集大会议、接受岁贡等信息。作者能够清晰地记载皇帝的行迹，甚至还记载皇帝的情绪变化。这表明作者很可能就伴随在皇帝的身边，与皇帝一起出行。在记述 839 年冬季皇帝在美因茨与儿子日

① 皇帝的这种决定在尼萨尔的《史事四书》（I, 4）、《富尔达年代记》832 年的年度纪事以及无名星官的《皇帝路易传》（c.47）中都有记载。Nithard, *Nithardi Historiarum Libri IIII*, edited by Georg Heinrich Pertz, refined by Ernest Müller, Hannover and Leipzig: Hahnsche Buchhandlung, 1907, S.5–7. *Annales Fuldenses*, edited by Georg Heinrich Pertz and refined by Frideric Kurze, Hannover: Hahnchen Buchhandlung, 1891, S.26. Astronomus, *Vita Hludowici Imperatoris*, *Monumenta Germaniae Historica, Scriptores Rerum Germanicarum in Usum Scholarum Separatim Editi,* tomus LXIV, herausgegeben und übersetzt von Ernst Tremp, Hannover: Hahnsche Buchhandlung, 1995, S.468–473.

耳曼人路易隔着莱茵河对峙的时候，他写道：“此情此景，惨不忍睹，虔诚之父居于此岸，不义之子驻于对岸，彼此背离。”作者发出这种感慨，很可能是因为自己身临其境，有切身感受。840年的纪事提到，虔诚者路易于这一年的6月20日“在莱茵河沿美因茨而下一个可以遥望因格尔海姆王宫的小岛上驾崩”。倘若不是自己就身处于这个小岛上，作者很难写出当时遥望因格尔海姆王宫的情景。在记述这一时期虔诚者路易与儿子们的冲突时，作者明确支持皇帝，强调虔诚者路易的宽宏大量和儿子们的不顺服。

此外，作者的记述表明，他接触或利用了官方的文件。在记载837年虔诚者路易为秃头查理分割疆土一事的时候，虽然年代记作者没有抄录条令文本，但是从他对秃头查理分得的疆土的描述来看，他应该看到过疆土分割的条令，因为他的描述与尼萨尔在《史事四书》中的描述非常契合。[①]837年的纪事中全文抄录了威塞克斯国王埃塞尔伍尔夫写给虔诚者路易的信函。有关839年日耳曼人路易与罗退尔一世和解与订立协议的记述，应该也是作者阅读了该协议正式文本的结果。这一年虔诚者路易带着“近三千人”渡过莱茵河；12月26日海上巨浪袭击弗里西亚，“遇难者的人数被仔细清点，上报的数字为2 437人”。这些数字也说明，年代记作者能够接触到较为准确的宫廷消息或官方文件。

2. 841年到844年的纪事

虔诚者路易去世后，普鲁登提乌斯仍然是一位好廷臣，继续撰写官方史书，只不过转而从虔诚者路易的小儿子秃头查理的视角来撰写。这一时期的年代记在政治上支持和褒扬秃头查理，批判罗退尔一世，对日耳曼人路易的态度也只有在841年的斯特拉斯堡誓约之后才表现出较多的肯定。他在840年的纪事中记载，罗退尔一世听闻父亲的世讯，便“从意大利进入高卢，持

---

① Félix Grat, Jaenne Vielliard et Suzanne Clémencet eds., *Annales de Saint-Bertin*, avec une introduction et des notes par Léon Levillain, pp.22–23; *The Annals of St.Bertin*, translated and annotated by Janet L.Nelson, Manchester and New York: Manchester University Press, 1991, p.38, note 6.

皇帝之名号而趾高气扬，违背自然之法，举兵攻打两个弟弟，即（日耳曼人）路易和（秃头）查理。他先与查理兵戎相见，后与路易大动干戈，但对二者都鲜有战果。只有在他的狂傲得到满足之后，事情才算了结。在某些条件（得到满足的情况）下，他暂时从两个弟弟那里撤兵，但是出于贪欲和残忍，他并未停止谋划针对他们的毒计，与他们既明争，又暗斗”。

从 840 年 5 月到 841 年的纪事不像 839 年的纪事那样，清楚地记载君主的行迹，直到 841 年 6 月的丰特努瓦战役。比如，普鲁登提乌斯并未像尼萨尔那样，抄录斯特拉斯堡誓词。这很可能是因为普鲁登提乌斯不像尼萨尔那样在秃头查理的身边，因此难以清晰了解国王的行迹。普鲁登提乌斯在年代记中记载了 842 年秃头查理派遣特使，调查自己王国疆土上的王室田产，为三兄弟的疆土分割谈判做准备。有学者认为，有可能普鲁登提乌斯本人就作为钦差之一参加了这一调查，因此不在国王身边。

3. 845 年到 861 年纪事的最初几句话

在普鲁登提乌斯 844 年担任特鲁瓦主教之后，他所写的年代记不再仅仅是官方的、以国王为中心的历史撰述了。普鲁登提乌斯开始较多关注西法兰克王国主教们所面临的困难或遭受的打击，比如极端恶劣的天气、圣徒和圣物的迁移、教堂受到的侵扰、主教们遭到的打击、犹太人背弃誓言以及西班牙、爱尔兰、贝内文托等地基督徒的遭遇，等等。勒维延就据此认为，普鲁登提乌斯的年代记从此体现出更多的“主教立场”。不过，詹尼特·尼尔森认为，不易过分强调这一点，理由是普鲁登提乌斯并不总是记载教会的要事。比如，他并没有记载 844 年的韦尔宗教会议和 845 年的莫城—巴黎宗教会议，而这两次会议可以说体现了主教们对国王的约束和引导。①

这一部分年代记常常忽略后世看来非常重要的事件，比如秃头查理与其两位兄长罗退尔一世和日耳曼人路易的会谈，或者他与其侄子们的会谈。比

① Janet L. Nelson, “The Annals of St. Bertin”, in Janet L. Nelson, *Politics and Ritual in Early Medieval Europe*, London and Ronceverte: The Hambledon Press, 1986, p. 181.

如，848年的梅尔森会谈和协议就在年代记中只字未提。西法兰克王国一些重要的宗教会议也被遗漏，甚至作者本人亲自参加的宗教会议也不一定被写入年代记中。普鲁登提乌斯没有记载856年到858年之间以卢瓦尔河为中心的反叛，没有记载反叛者们邀请日耳曼人路易来统治西法兰克王国。这或许是因为，普鲁登提乌斯的上司，桑斯大主教维尼罗就是背弃秃头查理并欢迎日耳曼人路易的人之一。[①]

（三）第三部分（861—882年）

辛克马所写的年度纪事与《圣伯丁年代记》此前的部分相比，具有如下三个鲜明的特征。

首先，年度纪事的平均篇幅大为增加，所包含的事件或事件片段更多，一改年代记此前言简意赅的特征，包含了很多事情的丰富细节，甚至可以说“引人入胜”[②]。如果以《法兰克王家年代记》9世纪20年代年度纪事的平均长度为参考，那么普鲁登提乌斯所写的那部分年度纪事平均长度相当于其五分之三左右，而辛克马所写的年度纪事平均篇幅则相当于其两倍。

其次，年代记全文抄录或摘引了许多与事件密切相关的官方文件，诸如国王发布的条令、教务会议的教规、教宗或其他人的信函，等等。

最后，辛克马在记述史事时加入了鲜明的褒贬，带有强烈的个人情绪，甚至经常批评秃头查理、日耳曼人路易等国王们，表现出很强的主观性。比如，在接手了普鲁登提乌斯的年代记之后，辛克马在第一年，即861年的纪事中就批评了普鲁登提乌斯；在862年的纪事中批评哈加诺（Hagano）为“意大利地区一位诡计多端而又极其贪婪的主教”，批评秃头查理的舅父康拉德“臭名昭著，一贯傲慢而肤浅，既损人又不利己”；在863年的纪事中批评图卢兹人“一贯背信弃义”。如此例子，不胜枚举。由于上述特征，勒维延认

---

① Janet L.Nelson, “The Annals of St.Bertin” , pp.181–182.

② Janet L.Nelson, “The Annals of St.Bertin” , p.185.

为，辛克马所写年代记与此前的两部分年代记相比，具有完全不同的“用意”（inspiration），《圣伯丁年代记》由此丧失了它的官方特征，变成了以年代记形式写成的回忆录（memoires），而且辛克马在其中“宣泄自己的愤怒，以完全个人化的视角评判事件”，“饱含着无法克制的个人情绪”，使年代记变为一种“本质上属于个人的作品”，一种“私密的日记”（journal intime），为我们提供了作者的爱好、野心、权势、虚荣和仇怨。因此，它不仅仅是“诸王事迹”（gesta regum），也是“辛克马（自己）的事迹”（gesta Hincmari）。正因为如此，它在辛克马的有生之年仅仅在一小圈熟人中流传。①

四、《圣伯丁年代记》的写作方式

要认识和评价中世纪早期年代记的史料价值，我们需要仔细考察年代记的写作方式。首先，既然年代记以宫廷和国王为记述的中心内容，那么作者与国王和宫廷的关系如何？他是否身处宫廷？能否及时获得可靠消息？其次，作者是在事件发生后多久记述史事的？其所记史事是否受到史事后续发展的影响？再次，作者按照何种顺序编排自己获得的“消息”？是按照史事发生的顺序，还是按照事件的主题或类型？最后，年代记作者记述史事之后，自己或别人是否对记述做过增删和修改？这些因素都是我们在研读和引用年代记时必须注意的。

（一）写作处境：从宫廷撰述到私人撰述

如果对比分析《圣伯丁年代记》的三个部分，就会发现一种逐渐由宫廷

① Félix Grat, Jaenne Vielliard et Suzanne Clémencet eds., *Annales de Saint-Bertin*, avec une introduction et des notes par Léon Levillain, pp.xiv–xv. Heinz Löwe, *Die Karolinger vom Vertrag von Verdun bis zum Herrchaftsantritt der Herrscher aus dem Sächsischen Hause des Westerfränkische Reich,* in Wttenbach-Levison edited, *Deutschlands Geschichtsquellen im Mittelalter, Vorzeit und Karolinger,* V. Heft, Weimar: Hermann Böhlaus Nachfolger, 1973, S.503.

撰述向私人撰述转变的过程。

《法兰克王家年代记》属于官方历史撰述，因为它是在王宫之中，由宫廷教长及（或）其下属教士（们）撰写的；它以国王和王族为中心，所记之事绝大部分属于王国的军政要务；它旨在强调国王的胜利、王族的团结、教俗显贵对国王的忠诚以及全体法兰克人的成就，体现了官方的意识形态。《圣伯丁年代记》接续《法兰克王家年代记》，在虔诚者路易去世之前，延续了这种“官方”撰述的传统。但是，在虔诚者路易去世之后，情况发生了变化。在三年内战期间，三位国王处于紧张的军事对抗之中，国王在宫廷的居住时间较短，局势很不稳定，甚至可以说，国王居于何处属于军情机密。亚琛先是由罗退尔掌控，随后又落入日耳曼人路易之手。教俗显贵大多按照自己职位或世袭田产所属的王国，选择支持其中的一位国王，带有政治豪赌的意味。一些显贵选择骑墙观望，谨慎站位，怀有坐收渔利之心。这种政治局势使年代记的写作变得极其困难而又危险。其困难在于，如果作者不是随国王行动，很难获取准确的军政信息。其危险在于，诸王国的分割和国王们的内战，打破了此前的政治共识，年代记作者如果在历史撰述中支持和褒扬一位国王，则极有可能触犯另一位国王，他所褒扬的国王可能失势，而他所批评的国王以后可能得势，并排挤或打击他。

在 843 年凡尔登协议订立之后，三位国王基本实现了和平，疆界趋于稳定。撰写年代记的传统在东、西两个王国得以延续。《富尔达年代记》和《圣伯丁年代记》开始以各自王国的立场和视角来记述史事。由于三个王国分疆而治，西法兰克王国的年代记作者获取东法兰克王国的信息、东法兰克王国的年代记作者获取西法兰克王国的信息，都不再是一件容易的事情。两种年代记都相当关注本王国之外其他王国以及罗马教廷的情况，但是所记之事无疑偏重于本王国。

即使是西法兰克王国之内，年代记的写作也开始从宫廷逐渐疏离。在秃头查理的宫廷中，教士们的人数和学术旨趣较之查理曼和虔诚者路易统治时期大为下降，甚至未必谈得上存在一个宫廷学校。此前那种具有密切关系的宫廷学术圈子不复存在了，取而代之的是松散分布在各地主教座堂或修道院的学校。用詹尼特・尼尔森的话说，“加洛林文艺复兴在第一阶段是聚合式的，它在9世纪中期消退，转化为法兰西亚更为分散、更为多样、更疏离于中心的教会文化”①。随着文化格局趋于分散，年代记的撰写也开始逐渐由宫廷向地方，由官方向私人转变。②普鲁登提乌斯在844年担任特鲁瓦主教后，就“从地理、政治、人际关系上，远离了宫廷”③。可以说，年代记撰写与宫廷的联系在843年以后就中断了，编写年代记也不再是宫廷教长的职责了。

离开宫廷之后，年代记作者在撰述史事时面临获取信息的困难。宫廷是王国政治活动的中心，信息汇聚和散布的枢纽。离开宫廷之后，普鲁登提乌斯或许只有在参加王国会议或教务会议时才重返宫廷，而国王及其随从较少途经或驻留特鲁瓦，这大大限制了普鲁登提乌斯获取信息的机会和途径。当然，他与此前在宫廷中的友人、同僚主教、一些修道院院长保持着联系，有信函交流，但由此获得的信息较少，而且未必可靠。

虽然获取信息不易了，但远离宫廷的年代记作者在撰写史事时却获得了更大的自由度。既然年代记在写出之后，国王和其他显贵不一定能很快读到，甚至作者不再以他们为潜在读者，那么作者也就不太顾忌国王和其他教俗显贵的好恶，不必刻意曲笔奉迎、避讳隐瞒，开始带有更多的主观评价和个人视角。这一点在普鲁登提乌斯所写的年代记中已经有所体现。比如，普鲁登提乌斯与东法兰克王国一些主教或修道院院长关系密切，所以他的年代记就对东法兰克王国的情况给予了相当程度的关注，比如在858年的纪事中对日耳曼人路易的记载。④

---

① Janet L.Nelson, “The Annals of St.Bertin”, pp.191–192.

② Jared Gardner Wielfaert, *Prudentius of Troyes (d.861) and the Reception of the Patristic Tradition in the Carolingian Era*, p.76.

③ Janet L.Nelson, “The Annals of St.Bertin”, pp.184–185.

④ Janet L.Nelson, “The Annals of St.Bertin”, p.184.

到辛克马所写的部分，年代记的私人撰述特征变得更为鲜明，史事记载体现出更强的选择性和褒贬性。虽然辛克马延续了此前的年代记传统，常常记载国王在何处度过圣诞节和（或）复活节，在何处围猎，但总体来说，辛克马“并未自隐其名，他的偏爱和偏见几乎在每一页都跃然纸上”①。

概括起来，830年到843年的年度纪事可以说仍然是“王家”(royal）或“王国”（regni）年代记，具有官方撰述的特征；844年到860年的年度纪事则由私人在宫廷之外撰写，开始具有私人撰述的特征，只不过作者曾长期生活在宫廷，所撰写的年代记大体言简意赅、以国王为中心、叙事而不褒贬，延续了此前年代记一些官方传统；861年到882年辛克马所写的部分，则篇幅大增、叙事繁杂、褒贬鲜明，与此前年代记的官方特征有了较大的偏差，甚至可以说成了十足的私人撰述。

（二）写作频度：数年一记、一年一记、一年数记

1.数年一记

在《圣伯丁年代记》全部53年的史事记载中，830年到835年的纪事应该属于数年一记，即作者在虔诚者路易复位后，在835年一次性回顾和记载了这六年的史事。如此判断的理由主要有三点。

其一，这几年的纪事首尾相接之处，可以说是一气呵成，无缝衔接。830年纪事的结尾句中说“皇帝去往亚琛越冬”，而831年年度纪事的第一句只说“举行了大会议”，并未将隐含的主语明言为“皇帝”或“路易”。同样，831年纪事的最后一句说，“因他（阿奎丹王丕平）的不顺服，皇帝（虔诚者路易）接待他的时候并未像往常那样热情”，而在832年纪事的第一句就紧接着说，“丕平因父亲未体面地接待自己，受到冷遇，心生不轨……”。

其二，从830年到835年，加洛林家族内部父子兄弟明争暗斗，虔诚者

① Janet L.Nelson, “Hincmar of Reims on King-Making: The Evidence of the Annals of St.Bertin, 861–882”, János M.Bak, *Coronations: Medieval and Early Modern Monarchic Ritual*, Berkeley: University of California Press, 1990, p.18.

路易经历了两次反叛，曾遭到软禁。教俗显贵有的支持某一王子，有的继续忠于皇帝虔诚者路易，有的则骑墙观望。我们可以设想，在复杂多变、毫不明朗的局势中，宫廷教士是很难在事件发生的当年下笔撰写年度纪事的，因为无论怎样撰写，都无法体现共识，都可能使自己遭受危险。只有在 834 年底虔诚者路易复位之后，局势才再次稳定下来，这时宫廷教士才有了宽松的写作年代记的氛围。

其三，如前所述，在这几年的纪事中，作者在政治上完全支持虔诚者路易。倘若年代记作者在事情发生的当年写作，倘若他写作时身处扑朔迷离、复杂多变的局势下，那么他很可能会表现出谨慎圆滑的态度或摇摆不定的立场。他立场坚定，一以贯之，当是局势明朗、风浪平静之后才有的表现。

因此，富尔克或其属下的某位宫廷教士应该是一口气撰写这六年的史事。这体现了 829 年后《法兰克王家年代记》的短暂中断，体现了官方年代记撰写传统在中断之后的恢复。

2. 一年一记

在《圣伯丁年代记》的不少年份中，年度纪事属于一年一记，即作者是在圣诞节之后不久，以回顾的方式记载上一年的全部史事。年代记文本中的一些蛛丝马迹能够体现作者的写作频度。

在 860 年的纪事中，年代记作者记载秃头查理被丹麦人“欺骗”，同意支付巨款给这支丹麦人，以便让他们围攻盘踞在瓦塞勒岛的北方人。但是，861 年的纪事却表明，这种协议并非“欺骗”，因为丹麦人确实围攻了瓦塞勒岛上的北方人。由此可见，作者在记述 860 年史事的时候，并不知道 861 年该事件的进展。或者说，这两年的史事不是一次写成的，而是在至少两个时间点写成的。

861 年的纪事中已经提到了默恩这个地方，但作者在 862 年的纪事中再次提及该地时采用了“一个被称为默恩的地方”这种表述，似乎他第一次向读者提及此地。这同样说明，年代记作者并不是一口气从 861 年的史事记载到 862 年的史事，而是中间有比较长的时间间隔。

在867年的史事中，辛克马记载了秃头查理在7月召集兵马，威胁将于8月1日征讨布列塔尼人，旨在迫使布列塔尼人的首领萨洛蒙与自己达成协议。接着，辛克马搁下了秃头查理与萨洛蒙之间的事情，转到了空间和主题上与此不甚相干的事情，即日耳曼人路易的儿子小路易对奥博德里特人的进攻。在此之后，辛克马才记载，罗退尔二世因“对（秃头）查理心存疑虑”，前去法兰克福会见了日耳曼人路易（6月下旬或7月上旬之间），并在处理王国的事务后出兵征讨北方人。随后，辛克马才转而记述秃头查理在8月1日接受萨洛蒙的女婿帕斯韦唐（Pascwethen）所传递的萨洛蒙的忠诚誓言。辛克马在记载秃头查理对萨洛蒙的威胁的时候，并不知道这一威胁能否奏效。他很可能是在10月25日应召出席特鲁瓦宗教会议的时候，才得知并记载秃头查理与萨洛蒙在8月1日和解。辛克马对罗退尔二世与日耳曼人路易会谈的记载，仅仅比事件的发生晚一个多月。在这一年纪事的后半部分，辛克马讲述了他派遣两位教士携带信函，去罗马觐见教宗尼古拉一世的事情。“辛克马的前述教士们已于8月到达罗马。他们发现教宗尼古拉病重缠身，且极度操劳”；“直到10月，教宗尼古拉才欣然接受辛克马写给他的信，并答复说他十分满意”；随后，辛克马在年代记中抄录了这封教宗的复信，并说“辛克马于小纪第1年12月13日收到此信”。在收到教宗的复信之前，辛克马不大可能知道使者们8月到达罗马，一直等到10月才见到教宗等事情。这些事件片段之间的紧密关联和承接，说明辛克马很可能是在12月13日收到教宗的复信之后，才一次性记载了后半年的事情。这一年的纪事说明，辛克马是在得知一件事情的消息之后便将其记载下来，因此一年的史事被分割成多个片段记载，致使不同主题的事件穿插交错在一起。①

在868年的史事中，辛克马记载了秃头查理在年初直到6月的几件事情之后，接着记载了“在大斋节开始后的星期三（3月10日），在阿森尼乌斯

① Marlene Meyer-Gebel, “Zur annalistischen Arbeitsweise Hinkmars von Reims”, *Francia*, Band 15, 1987, S.85.

的诡计下，他的儿子埃留泰里乌斯（Eleutherius）用计拐骗了（教宗）哈德良已与他人订婚的女儿，将其奸污后娶为己有"。随后，辛克马记载了教宗对相关人员，特别是埃留泰里乌斯的兄弟阿纳斯塔修斯（Anastasius）的惩处。辛克马将哈德良惩处阿纳斯塔修斯的信件抄录在年代记中，而该信明确说教宗的这一命令发布于 10 月 12 日。我们推测，辛克马得到这一信件，最早也在 11 月底或 12 月初。也就是说，辛克马应该是在得到了教宗的上述信件之后，即年末的时候才开始记述 866 年的全部史事的。这一年后半年的重要史事之一就是秃头查理、辛克马等人制服辛克马的侄子，拉昂主教辛克马的事情。这一事情中，兰斯大主教辛克马就是当事人和重要的参与者。因此，这一年的史事不能说是及时的实录，而是年末的回顾和综述。

在 869 年的纪事中，辛克马记载了罗退尔二世的意大利之行、罗退尔的亡故、秃头查理在梅斯的加冕等事件。在一开始记述罗退尔的意大利之行的时候，辛克马说，"罗退尔在不适当的时间，即 6 月启程"①。6 月之所以不合适，应该是指这段时间恰是意大利的雨季，天气湿热，容易引发热病。而罹患热病正是罗退尔这一年 8 月 8 日死亡的直接原因。辛克马在记载罗退尔二世离开罗马的时候写道："罗退尔欣然离开罗马继续前行，到达卢卡（Lucca）。在那里，他罹患热病。这一疫病正在他的部下中传播，他亲眼看到他们成堆地死去，但他不愿承认这是上帝的审判。"②这一说法表明，辛克马应该是在知晓罗退尔的死讯后才写下这些内容的。考虑到罗退尔在皮亚琴察离世的消息需要一些时日才能传递到西法兰克王国，那么我们不免感到惊奇：秃头查理在罗退尔二世去世仅仅两周之后，即 8 月 23 日，就已经开始行动了，9 月 5 日就到了梅斯。这种紧张的节奏给人一种强烈的印象，即辛克马是在事后回顾这些事情的，而不是逐步写下的。

在 870 年纪事的一开始，辛克马记述了秃头查理在抗击北方人并返回

---

① "tempore inconuenienti, scilicet mense iunio".

② "Hlotharius vero Roma laetus promouens usque Lucam ciuitatem uenit..., sed iudicium Dei intellegere nolens..."

后，迎娶了里希尔蒂。接着，辛克马记述了秃头查理5月与日耳曼人路易派来的使者们在亚琛会谈并达成协议。辛克马在记载双方之间互派使者、频繁商谈的时候，又转而记载了秃头查理召集阿蒂尼宗教会议和将儿子卡洛曼囚禁在桑利城两件事情，而这两件事情发生在5月和6月之间。接着，辛克马记述了双方于7月28日在梅尔森达成协议，并抄录了该疆土分割协议的文本。倘若辛克马在写作这些内容时知道梅尔森协议的达成及其内容，他应该会在讲述了双方之间的频繁商谈之后就讲述达成协议一事，而不是插入与之关联不大的另外两件事情。也就是说，辛克马对秃头查理上述活动的记述不是一次完成的，而是至少两次记述的。① 在这一年的纪事中，辛克马抄录了7月28日秃头查理和日耳曼人路易订立梅尔森协议之后，还讲述了其他一些事情。其中包括，在10月的秋季围猎之后，秃头查理命令他的封臣们到兰斯与他相聚议事，并记载“他在那里（兰斯）滞留了8天”。如此精确的天数，表明辛克马是在秃头查理光临兰斯之后不久，很可能是在这一年的年末记载下这一年的相关事情的。

辛克马在撰写876年纪事的时候，应该已经掌握了全年的事件。日耳曼人路易死于当年的8月28日，秃头查理9月14日尚在基耶尔济，15日就到达了亚琛。10月7日便发生了著名的安德纳赫战役。日耳曼人路易去世的消息在短短六天之内就到达了基耶尔济。秃头查理在随后的11天就到达了亚琛。这似乎说明辛克马在写作这些内容的时候已经知道了安德纳赫战役的结果，并将这一切描述为战争之前的紧张准备。随后辛克马描述了秃头查理及其部下大肆劫掠的行为，写了北方人在秃头查理滞留科隆期间对其西法兰克王国的侵扰，隐含着对秃头查理忙于内战、无心攘外的谴责。而且，这一年的纪事并不是按照时间的先后穿插讲述不同的事件，而是按照不同的事件讲完一件再讲另一件，这更像是作者在年末的整理编排。

辛克马在877年的纪事中记载，卡洛曼“一整年都这样卧病不起”。这

① Marlene Meyer-Gebel, “Zur annalistischen Arbeitsweise Hinkmars von Reims”, S.86.

说明他是在一年结束之后才知晓并记载此事的。

年代记中有关国王欢度圣诞节的记载，也可以给我们提供辛克马写作时间的一些信息。除了 879 年和 880 年两年外，辛克马记载了西法兰克王国的国王每年在哪里度过圣诞节。绝大多数情况下，这一内容都是年度纪事的最后一件事情，只有在 865 年、876 年、878 年、879 年和 882 年的史事中，这一信息记载在年度纪事的一开始。① 辛克马作为大主教，圣诞节一定是要在兰斯度过的。或许他每年就是在圣诞节的时候才下笔写作过去一年的史事的，或者他是在圣诞节之后得知国王欢度圣诞节地点信息之后才下笔写作新一年的第一件史事的。

3. 一年数记

《圣伯丁年代记》中有不少年份的史事，属于一年数记，即不是在年终一次性记载下来的，而是在一年中的多个时间点分多次记载下来的，很可能是作者获悉一件事情便记述一件事情。在 845 年的纪事中，作者先记述了 3 月秃头查理与北方人媾和，通过缴纳重金“说服”北方人离开；接着记述了“伯爵富尔克拉德和其他普罗旺斯人叛离罗退尔，将整个普罗旺斯的统治权据为己有”。随后，作者转而记载北方人对东法兰克王国的侵犯、高卢的饥荒、阿奎丹王丕平二世的归顺、贝内文托人与萨拉森人的争斗、日耳曼人路易对北方人的胜利等事情之后，接着再次回到普罗旺斯，“罗退尔兵进普罗旺斯，重新掌控了几乎整个普罗旺斯”。也就是说，作者至少分两次相隔着其他事件记述了普罗旺斯的两种迥然不同的局势。这很可能意味着，作者是分多次记载这些事件片段的。他在第一次记载富尔克拉德控制整个普罗旺斯的时候，并不知道随后秃头查理“重新掌控几乎整个普罗旺斯”。

到辛克马所写的部分，由于所记之事日益繁多，且其中不少事件都明确记载了发生的时间，大多属于一年多次记载的结果。正因为如此，玛尔莱娜·迈耶尔—戈培尔认为，《圣伯丁年代记》是在“事件发生数月或一年之后，

① Marlene Meyer-Gebel, “Zur annalistischen Arbeitsweise Hinkmars von Reims”, S.82.

在形势有某种改变时便下笔写就”的。①

（三）史事编排：时间优先、兼顾事件

在一年的诸多史事中，辛克马往往是根据事件发生的先后顺序来编排的，体现了一种时间优先的原则。辛克马对861年纪事的编排，就是以时间顺序为主的。作者在该年度纪事中虽然只有三处谈到明确的时间，首先是1月有一批丹麦人火烧了巴黎、劫掠了特鲁阿讷，其次是3月发生月食，最后是圣诞节国王在庞蒂厄。其他事件要么没有明确的时间表述，要么用“随后”这样的语词关联起来。由于以时间为主线，有关上述丹麦人的记载被切割成至少两个片段，即丹麦人火烧巴黎的两座教堂、侵入特鲁阿讷和“最近火烧特鲁阿讷的丹麦人”从不列颠返回……其他与此无关的事件片段则按照事件发生的时间顺序或作者获悉事件的时间顺序，插入期间，比如发生月食、查理令儿子罗退尔成为教士、普鲁登提乌斯的生平、著述和死亡以及东法兰克王国的大事。此后，本年度纪事的记载大多涉及对北方人的抵抗，但是在此期间也插入了辛克马自己召集教务会议、剥夺罗特哈德主教权能一事。年度纪事的最后则记载了有关普罗旺斯的查理的冲突和交涉以及国王欢度圣诞节。

在863年的史事中，辛克马记载了丹麦人在1月攻取科隆，洗劫多列斯塔德，罗退尔二世率军围攻这些丹麦人直到4月。也就是说，辛克马最早也是在4月才记述此事的。紧接着，他记述了普罗旺斯国王查理的去世以及罗退尔二世和路易二世对普罗旺斯的争夺。据学者们考证，普罗旺斯国王查理是在1月24日或25日去世的。②那么，为何辛克马将普罗旺斯国王查理在1月的去世记载在罗退尔围攻丹麦人直到4月的后面呢？这很可能就是因为辛克马得知普罗旺斯发生的事情要比得知罗退尔对丹麦人的围攻晚。

---

① Marlene Meyer-Gebel, “Zur annalistischen Arbeitsweise Hinkmars von Reims”, S.75.

② Marlene Mayer-Gebel, “Zur annalistischen Arbeitsweise Hinkmars von Reims”, S. 89.

同样在 863 年的史事中，辛克马记载秃头查理遵照教宗尼古拉的指示，6 月中旬在梅斯召开了宗教会议，谴责了罗退尔二世的离婚诉求，命令支持罗退尔离婚的科隆大主教贡特尔和特里尔大主教提奥高德前往罗马寻求宽恕。“贡特尔和提奥高德到达罗马后，先是在宗教会议上，后又在圣彼得教堂”，受到了教宗的谴责，而且辛克马还抄录了教宗谴责两位大主教的公开信。随后，辛克马记载，“(秃头) 查理于 10 月 25 日在韦尔布里王宫举行了宗教会议”。事实上，罗马所发生的事情要晚于韦尔布里王宫所发生的事情。教宗为谴责两位大主教而在罗马召开的这次宗教会议发生在 10 月 30 日。①辛克马知晓这次会议及其结果，最早也要在 11 月末或 12 月初。为何辛克马会将罗马教宗召集的宗教会议记述在秃头查理在韦尔布里召开的宗教会议之前呢？教宗谴责两位大主教是秃头查理在 6 月的梅斯宗教会议上所采取行动的一个后续结果，所以辛克马将这两件事情连续记载也是可以理解的。作为西法兰克王国一位重要的大主教，辛克马应当参加了在韦尔布里的会议，因此他很可能是根据会上的散记或会后的回忆，在会后一个多月才撰写了有关此次会议的内容。

这再次说明，辛克马所写年代记中同一年的不同史事，记载的先后顺序未必就是发生的先后顺序，我们不能仅仅以辛克马记载的先后顺序去推测事件之间的内在联系。

同样在 865 年的年度纪事中，核心的大事可以分成两件，一件是罗退尔的离婚诉求及其相关外交斡旋；另一件是北方人的侵扰以及秃头查理的抵御。这两件大事都被分割为若干片段，相互交错穿插在一起，辛克马并没有选择叙述完一件事情再叙述另一件事情。这一方面体现了辛克马按照事件的发生时间而非事件的关联性来编排史事，另一方面也说明他很可能是一年多次记载，即得知一个或若干个消息之后便及时记载的。

在 867 年的史事中，辛克马记载，罗马教宗尼古拉一世在 10 月 25 日写

---

① Marlene Mayer-Gebel, “Zur annalistischen Arbeitsweise Hinkmars von Reims”, S. 94.

信给辛克马及各位主教，告知他们希腊人的皇帝（拜占庭皇帝）和东方众主教对罗马教会的污蔑。辛克马还记载自己在 12 月 13 日收到此信，并尊重教宗的命令将此信转达给秃头查理及西法兰克王国的众主教。这一年，辛克马与秃头查理发生了尖锐的冲突，后者支持伍尔法接任布尔日主教，而辛克马极力发对。秃头查理和辛克马都派遣使者去罗马寻求教宗尼古拉的支持。辛克马率先得到了这种支持，而他记述教宗写给他的信，并阐明自己对教宗命令的忠实执行，显然旨在强调教宗对自己的支持。然而紧接着，辛克马就记载："教宗尼古拉于 11 月 13 日去世。经众教士之推选，在皇帝路易的同意下，教宗哈德良继任其教宗职位。"教宗逝世的消息最少需要 7 周才能到达辛克马耳中，这意味着辛克马在记述尼古拉给他的信时，完全不知道后者在给自己写信后不久便去世，也意味着辛克马是在大约 1 月底或 2 月初才补充记述了教宗的逝世。

在 872 年史事的末尾，辛克马记述了秃头查理在圣梅达德修道院度过了圣诞节。这一信息通常是一年史事的结束。但是，他继续补充道："教宗哈德良（Hadrian）于 12 月 14 日去世，罗马教会的执事长（archdeacon）约翰（John）被任命接替他的位置。"这一记录应该是辛克马后来补充进去的，他最早要在次年 1 月末或 2 月初才能知晓哈德良去世的消息。

辛克马对 873 年史事的记载可以分为四个片段。第一，秃头查理惩处反叛的儿子卡洛曼；第二，日耳曼人路易在法兰克福召开大会以及他的儿子查理（即后来的查理三世）遭受恶魔附身一事；第三，意大利皇帝路易二世尝试与贝内文托公爵阿德尔奇斯（Adelchis）和解；第四，秃头查理围困盘踞在昂热的北方人。尽管辛克马没有提到第一件事情的发生时间，但是应当是当年的年初。日耳曼人路易在法兰克福召开会议是在 2 月初，辛克马对此有明确的交代。路易二世处理贝内文托的问题则是在 4 月和 5 月之间。也就是说，辛克马对前三件事情的记载是按照时间顺序进行的。但是，辛克马在记载第四件事情的时候却不时穿插记载了若干其他事情。首先，当秃头查理启程征讨北方人时，他得到消息，遭受惩处后失明的儿子卡洛曼逃到日耳曼人路易那里，并被后者收容，但秃头查理不以为虑，继续进军。其次，在秃头查理围困昂热的时候，他得知日耳曼人路易杀死了一批以鲁道尔夫（Rodulf）为首的北方人。再次，日耳曼、高卢和西班牙都发生了严重的蝗灾。又次，日耳曼人路易出兵援助秃头查理的儿子卡洛曼，因为后者正在文德人边疆区征讨波西米亚人。最后，辛克马才继续记述秃头查理成功迫使滞留昂热城的北方人发誓，并将北方人清除出该城。而此事发生在 10 月。日耳曼人路易为救援自己的儿子卡洛曼而召开会议是在 8 月，他随后在 9 月便到达雷根斯堡。然而，当辛克马记载日耳曼人路易的事情的时候，已经到了 10 月，即事情发生之后一个多月。这再次说明，尽管东法兰克王国的事情发生在八九月，但是这些消息到达辛克马耳中的时候已经是 10 月之后了。也就是说，辛克马在记述不同事情的时候，并不是完全按照时间发生的先后顺序记述的，而是按照他得知这些事情的时间顺序来记述的，这就使得发生在东法兰克王国的事件往往被记述得较晚。同样，在这一年的纪事中，秃头查理围困昂热的北方人是在 8 月。根据富尔达年代记的记载，另一支北方人的首领鲁道尔夫被杀是在 6 月。但是，辛克马记载两件事情是同时发生的，并用了“在此期间”（interea）一词来引出第二件事情。这或许是因为鲁道尔夫被杀的消息是在 8 月才被辛克马所知晓的。

在 876 年的纪事中，辛克马严格按照时间顺序记述了一年的史事，其中明确提到的日期，即具体到月和日的日期共有 23 处，这些事件都是按照时间顺序来记述的。此外还有十几件事虽然没有提到明确的日期，但是作者利用“在此之后”、“而后”和“期间”等用语将它们与其他有明确日期的事件关联在一起，形成了连贯不断的时间链条。辛克马获悉这些事件的时间未必与时间发生的顺序一致，但是他严格按照事件发生的时间顺序来写，显然在年底对一年的大事进行了梳理、回顾和编排。

在少数情况下，辛克马在以时间为主线的情况下，兼顾事件的连贯性，讲完一件事再讲另一件事，从而造成文本中日期的穿插交错。比如在 877 年的纪事中，作者先记述了 11 月 30 日皇后里希尔蒂来到贡比涅将象征着王权的器物交给继子口吃者路易，接着记述了12月8日口吃者路易的加冕称王。不过，在后面又讲述了众主教在11月30日向口吃者路易所发的誓言以及口吃者路易向他们所做的承诺。再比如，在前述861年的纪事中，有关东法兰克王国的大事实际上分成几个片段，包括日耳曼人路易的儿子卡洛曼背叛父亲、日耳曼人路易惩罚卡洛曼的岳父埃尔内斯特、埃尔内斯特及其下属投奔秃头查理、背弃秃头查理的人返回秃头查理一方。这几件事被集中编排在一起，体现了作者按照主题对事件片段做了适当的编排。在这两个例子中，作者在时间顺序的大框架下，适当兼顾了事件的主题，尽可能把与某件密切相关的若干片段编排在一起，紧凑地写完，甚至不惜打乱事件片段的时间顺序，在部分文本中体现了一种事件优先的原则。

综上所述，我们可以说，830年到835年的纪事是一次性回顾式的记载；836年到860年的纪事主要是一年一度，在岁末（圣诞节前）对当年史事，或者在岁初（圣诞节后）对上一年史事的回顾性记载；861年到882年的纪事则频度更高，除了岁末或年初的回顾之外，一年多记，得知一件事情便记载一件事情的情况也大大增加。在一年多记的情况下，有时作者对在不同时间点得知的事件逐一记载，造成事件片段在时间上的穿插交错；有时按照发生的时间顺序对这些事件片段重新进行编排，突出了时间优先的原则；有时则按照事件的主题进行编排，兼顾了事件的性质。以此判断，《圣伯丁年代记》，尤其是辛克马所写的部分，不能说是杂乱无章、支离破碎的流水账，而是包含着史家的创造性撰述和一定程度的编排加工。

（四）史事修润：若干增补

如前所述，《圣伯丁年代记》是作者（们）在自己获悉确切消息之后即时记载下来的，或者是事件发生后不久，即数月到一年之后记载下来的。那么，他们是否会根据事情的后续发展修改此前所写下的文本呢？

普鲁登提乌斯和辛克马对自己所写下的年代记，在后来很少进行修改或增删。我们如此推断的重要理由是，一些年度纪事所记的诸多事情往往发生在不同月份，同一事件在同一年的不同月份或者前后相连的两年中有不同的局势或进展，这些事件片段在年代记中也相应呈现出截然不同的记载。比如，辛克马在 861 年的史事中记载他自己参加了对罗特哈德的审判，已经形成了对罗特哈德的“官方评价”，但是在 862 年的史事中却谴责后者是“法老再世”，是“化身为怪兽的人”。言辞较上一年更为激烈，这是因为罗特哈德在这一年试图解除或否定上一年的审判。在这里，辛克马并没有在 862 年修改自己在 861 年所做的记载。同样，辛克马在 863 年的纪事中记载了洪弗里德（Hunfrid）对图卢兹的征服，“戈西亚边疆伯爵洪弗里德在国王查理毫不知情的情况下，从雷蒙德（Raymund）手中夺得图卢兹，将其据为己有。这是图卢兹人一贯的阴谋，他们常常使图卢兹城脱离伯爵们”。但是他在 864 年纪事的一开始就记载，秃头查理“派遣使者们去戈西亚接收那里的城市和要塞（的归顺）”，而后又在这一年史事的中段记载：“洪弗里德在离开图卢兹和戈西亚后，经由普罗旺斯前往意大利的部分地区，因此（秃头）查理再次派遣其他使者们去图卢兹和戈西亚，以便接收那里的城市和要塞。”这可以表明辛克马在记载 863 年的史事时，并不知道它在 864 年的发展，他也没有因为此事在864年截然相反的结局，就修改此前在863年写下的记载。与此类似，辛克马以乐观而愉快的笔调记载了秃头查理于 869 年秋季在梅斯的加冕，但是他当时并不知道年末日耳曼人路易进占亚琛、次年梅尔森协议签订、秃头查理被迫放弃对罗塔林吉亚的独占等事情。也就是说，辛克马并没有因为后来秃头查理的挫败而修改此前对秃头查理胜利的高调记载。

不过，辛克马很可能对普鲁登提乌斯所写的年代记文本作过如下三处增补。

第一，846 年的纪事中记载：“六月，查理一反常规，在圣雷米（St. Remi）（兰斯教会）的一个名叫埃佩尔奈的庄园上举行了民众大会议。会上，其王国内诸位主教关于教会事务的紧急忠告被视若鸿毛。概自（出现）基督徒们的时代以来，可敬的主教们从未如此被漠视过。”在普鲁登提乌斯所写的年代记中，这种对国王的尖锐批评极少。这种口吻倒是特别像辛克马的风格。而且，这次会议上所处理的这件事情，确实跟辛克马有关。埃佩尔奈位于兰斯大主教区，大主教和圣雷米修道院院长长期争夺这一地区。查理·马特在8世纪初期将埃佩尔奈作为采邑授予他的部将。恰在846年，在辛克马的力促下，秃头查理将埃佩尔奈归还给了兰斯大主教。因此，此处有关埃佩尔奈会议的记载很有可能是辛克马后来补充的。

第二，有关849年基耶尔济教务会议的记载很可能是辛克马的增补。这一年的纪事记载了戈特沙尔克在预定论问题上的严重错误以及遭到的审判和惩处，戈特沙尔克“得意于自身学识，沉溺于迷信邪说。他以虔诚朝觐为名进入意大利，后来被可耻地从那里驱逐，转而进入达尔马提亚、潘诺尼亚和诺里库姆。他用邪恶的说教和著述，主张一些与吾等救赎截然相悖的东西，在关于预定论的问题上尤其如此。在日耳曼人之王路易的亲临下，依主教们的意见，他遭到审查和定罪。最终，他被遣送回由可敬的辛克马管辖的大主教管区兰斯，以便他在那里接受自己背信弃义所应得的判罚。作为上帝之神圣教会最强力的支持者（cultor），国王（秃头）查理召集了兰斯大主教辖区内神圣的主教们集会，命人将戈特沙尔克带到他面前。戈特沙尔克被带至会场后当众受到鞭笞，包含其说教的书籍被强制焚毁”。鉴于普鲁登提乌斯在预定论问题上持有接近戈特沙尔克的立场，所以他不可能在自己写的年代记中如此贬低和谴责戈特沙尔克。因此，上述记载极有可能是辛克马后来增补到普鲁登提乌斯所写的年代记之中的新内容。在853年的基耶尔济会议上，秃头查理为了平息有关预定论的纷争，专门制定了四条教规，以温和的方式表达了反对戈特沙尔克双重预定论的立场。普鲁登提乌斯在其年代记中概括了这四条教规的核心内容，但是强调这些教规是秃头查理“与若干主教和修道院院长一起发布”的。“若干”意味着不是全体，这隐晦地表达了普鲁登提乌斯在这一问题上的态度是有所保留的。这更加反衬了849年那段批判戈特沙尔克的记载不是出自普鲁登提乌斯之手。

第三，856年的纪事中记载了威塞克斯国王埃塞尔伍尔夫与秃头查理的女儿朱迪斯结婚一事，其中特别提到“在兰斯（大）主教辛克马为她祝福并戴上头带后，埃塞尔伍尔夫以王后的名号为她加冕。他和他的民众对此尚不习惯。在（双方）互换王室衣装和礼物之后，婚礼结束，埃塞尔伍尔夫带着朱迪斯，乘船驶回他所统治的王国不列颠”。这一记载凸显了辛克马在婚礼上的重要作用，也有可能是辛克马自己所做的增补。

总体来说，没有证据能够暗示辛克马修改过普鲁登提乌斯所写的文本。即使是在涉及预定论的问题上，即使是在辛克马严重不同意普鲁登提乌斯所记史事的情况下，辛克马也没有改动普鲁登提乌斯的文本。如前所述，《圣伯丁年代记》的抄本 C 所依赖的是包含着辛克马本人笔迹的抄本。当辛克马批判普鲁登提乌斯在年代记中虚构教宗在预定论问题上的立场时，辛克马只是在普鲁登提乌斯所写文本的页边添加旁注，说“普鲁登提乌斯此处关于尼古拉（一世）的撰述乃是依据自己的意愿所写，因为他所说的并非真事”。在重要的分歧点上，他没有选择直接删除或修改普鲁登提乌斯的文本，而只是添加旁注，提醒读者。这可以从侧面说明，他很少直接改动前人的撰述。

五、《圣伯丁年代记》的可信度

尽管《圣伯丁年代记》在 844 年以后不再是宫廷或官方撰述，越来越带有私人视角和主观色彩，但总体来说，它所记之事真实可信。下面我们就考察一下作者的信息来源、该年代记中的时间或史实错漏、主观褒贬和曲笔隐瞒，以便我们对它的可信度和史料价值有更深入的了解。

（一）作者们的信息来源

首先，年代记作者在宫廷中参与并目睹相关事件，亲耳听闻相关人员的讲述，是他们获取信息最重要的途径。844 年之前，当作者们身处宫廷之中的时候，这一获取信息的途径尤为重要。如果不是身居宫廷，普鲁登提乌斯怎么可能知道 838 年弗里西亚发生洪水的时候，死亡的人数不多不少，恰好是 2 437 人？怎么可能知道宫廷中的犹太人博多（Bodo）在去往罗马的时候就背弃了基督教？怎能接触到839年威塞克斯国王埃塞尔伍尔夫写给虔诚者路易的那封预言和警示性质的信函？怎能了解到有关盎格鲁—撒克逊人抗击维京人的事情？如前所述，普鲁登提乌斯在离开宫廷，到特鲁瓦担任主教以后，还多次参加了西法兰克王国的教务会议。辛克马虽然不常住王宫，但他在很长时间内都是国王最重要的谋臣，或者重要的谋臣之一，主持或参与了国王的许多军政要务或教务会议，甚至还亲自随王出征。辛克马记载了不少有关斯堪的纳维亚的事务，记述了北方人的行军策略和组织机制，这在很大程度上是因为他自己也曾随军与北方人作战，非常重视改化北方人为基督徒。这些都是年代记作者了解王国要事的便利条件。

其次，无论是普鲁登提乌斯还是辛克马，都属于知识精英，与其他主教或修道院院长、罗马教宗、诸位国王保持着信函往来，甚至能够直接或间接从异邦异族那里获得消息。比如，普鲁登提乌斯在847年的纪事中记载了维京人对爱尔兰的劫掠，在848年的纪事中记载了爱尔兰人在抵抗维京人时大获全胜。他很可能是从爱尔兰的传教士和学者们那里听闻这些消息的。辛克马保存下来的信函的收信人包括数十位知名的教会人士和世俗显贵，既有西法兰克王国的，也有东法兰克王国的；既有弗里西亚的罗里克（Roric），也有意大利的高级教士。信函往来也是他们获取军政信息的重要途径。

再次，普鲁登提乌斯和辛克马身为主教和大主教，按规定每年都应巡查教区。他们的教会田产主要在各自的辖区，但有的则在辖区之外，比如兰斯大主教在阿奎丹就有一些飞地。他们不仅有一大批下属教士，还有许多管家为他们管理田庄，有讼师（advocate）代他们出席世俗法庭。此外，他们还拥有自己的封臣、仆役、家丁，等等。这些人在特定的情况下，也能够为他们带来有关王国要务的消息。在辛克马所写的年代记中，六次提到了图卢兹伯爵伯纳德，提到了后者在阿奎丹及其南方的行动。这或许是因为辛克马自己在阿奎丹地区拥有家族人脉和教会田产，对阿奎丹的事务颇为关心。

最后，也最重要的是，年代记作者，尤其是辛克马，可以接触到国王发布的条令、教务会议制定的教规、国王或教宗的信函等官方或正式的文件，这也是他们获取信息的重要手段。普鲁登提乌斯在其所写的年代记中抄录或摘引了至少 6 种官方文件，其中全文抄录的有 2 种，摘引或概述的有 4 种。

（1）837 年虔诚者路易制定的疆土分割方案，其字句与尼萨尔在《史事四书》中的记载完全相同，显然二者都抄录了官方文件。

（2）839 年威塞克斯国王埃塞尔伍尔夫给虔诚者路易的信函中有关梦幻和异象的描述，属于全文抄录。

（3）虔诚者路易 839 年的疆土分割安排，在年代记中也有概述。

（4）843 年的凡尔登协议在年代记中得到了概述。

（5）851 年的梅尔森协议被全文抄录。

（6）853 年基耶尔济会议上秃头查理制定了有关预定论的四条决议，这四条决议在年代记中得到了简要概述。

辛克马在他所写的年代记中先后共引用了至少 24 种文献，其中全文逐句抄录的有 13 种，摘引或概述的有 11 种。如表 1 所示：

表 1　辛克马在年代记中抄录、摘引或概述的文件

序号	年份	档案内容	引用方式	事由
1	862	三位国王日耳曼人路易、秃头查理和罗退尔二世在萨沃尼埃会谈的通告	提及并叙述核心内容	罗退尔二世的离婚诉求
2	863	教宗尼古拉一世对贡特尔和提奥高德的裁断	全文抄录	涉及罗退尔二世的离婚诉求
3	864	贡特尔和提奥高德对教宗尼古拉一世的控诉	全文抄录	涉及罗退尔二世的离婚诉求
4	865	日耳曼人路易和秃头查理在杜济达成的协议	提及	罗退尔二世的离婚诉求
5	865	罗退尔重新接纳妻子的誓词	全文抄录	罗退尔二世的离婚诉求
6	866	苏瓦松宗教会议致教宗尼古拉一世的信函	摘引	与伍尔法的冲突
7	867	特鲁瓦宗教会议致教宗尼古拉一世的信函	摘引	与伍尔法的冲突

续表

序号	年份	档案内容	引用方式	事由
8	867	教宗尼古拉给辛克马及秃头查理王国内众主教的信函	摘引	罗马教会与拜占庭教会的冲突
9	868	教宗写给辛克马的信函	提及	与伍尔法的冲突
10	868	教宗哈德良对阿纳斯塔修斯的判词	全文抄录	
11	869	秃头查理在梅斯的登基序文	全文抄录	
12	869	贡特尔在罗马所作的誓词	全文抄录	
13	870	拉昂主教辛克马的誓词	全文抄录	
14	870	秃头查理和日耳曼人路易互发誓词	全文抄录	
15	870	瓜分罗塔林吉亚的梅尔森协议	全文抄录	
16	871	杜济宗教会议的决议	提及	对侄子拉昂主教辛克马的革职
17	872	第八次大公会议教规（第3条和第26条）	提及	罗马教会与拜占庭教会的冲突
18	876	奥多提出的规章	摘引	关于桑斯大主教安塞吉的首席权
19	877	秃头查理发布的《北方人岁贡敕令》	提及并阐述核心内容	对敕令发布的时间地点记载有误
20	877	口吃者路易在贡比涅的加冕誓词	全文抄录	
21	877	拉文纳会议的决议	提及并概述了决议的要旨	涉及秃头查理的第二次意大利之行
22	878	特鲁瓦宗教会议上众主教向教宗呈交的文书，由辛克马所写	全文抄录	
23	878	教宗和参加特鲁瓦宗教会议的众主教发布对侵犯教会财产的人的革除教籍令	全文抄录	
24	878	西法兰克王国的路易三世和东法兰克王国的小路易订立的和约	全文抄录	

普鲁登提乌斯和辛克马为何要一改此前《法兰克王家年代记》言简意赅

的传统，在年代记中直接抄录和摘引官方文件呢？有学者提出，普鲁登提乌斯之所以抄录 851 年的梅尔森协议，可能是这一年没有其他重要事情值得记载，且普鲁登提乌斯正忙于对预定论这一神学问题撰写长篇大论。还有的学者认为，普鲁登提乌斯在其他年份无法得到官方文件，因此对这一年得到的梅尔森协议颇为珍视，便全文抄录。笔者认为，普鲁登提乌斯在离开宫廷后，依然可以通过其他方式获取或知晓官方的重要文件，他抄录 851 年的梅尔森协议，绝不是因为该文件对他来说颇为珍贵。这是因为年代记日益成为私人撰述之后，普鲁登提乌斯和辛克马可以更自由地撰写，可以打破年代记此前那种言简意赅的传统。正是因为年代记日益成为私人撰述，作者们才更加需要抄录或援引官方文件，以便证明自己的撰述真实可信。

辛克马不厌其烦、不惜笔墨，经常直接抄录很多“官方文件”（official documents），目的在于为自己在某些事件或案件中的立场辩护。比如，当 869 年辛克马在梅斯将秃头查理祝圣为罗塔林吉亚国王的时候，他在年代记中详细记载此事，因为他本人策划并主持了这一仪式。而且，由于梅斯并不属于兰斯大主教区，他特别说明，该仪式中所用的圣油是克洛维受洗时所用的，并且那时在兰斯大主教座堂中仍然存有。这种记载无疑是为了突出兰斯大主教在各大主教中更高更重要的地位。

事实上，对《圣伯丁年代记》中的许多记载，我们可以参考同时代的其他文献加以印证和辨析。这些文件中比较重要的有如下五类：

（1）诸王法令（capitularia）。国王们往往在王国大会议上发布重要的法律条令，在和谈之后订立协议，发布誓约，制定在儿子们中分割疆土的计划或瓜分其他王国疆土的协议。这些文本有不少保存了下来，收录在《德意志历史文献集成》的《法律》子集《法兰克诸王条令集》之中。这些法令往往包含着发布或签订的时间、地点、事由，其内容往往关乎王国要务。

（2）教务会议的决议（concilia）。教务会议分为不同的类型和范围，除了由教宗召集的，涉及整个拉丁教会的宗教会议外，还包括法兰克诸王在自己的王国内召集的王国范围内的宗教会议，某一大主教召集下属主教们举行的大主教辖区教务会议，某几个邻近的大主教区共同举行的联省教务会议，等等。这些教务会议往往形成了正式的决议，其决议文本往往收录在《德意志历史文献集成》的《法律》子集《宗教会议教令集》之中。这些教令往往事关王国要务，其内容常常涉及世俗事务，也是我们检验《圣伯丁年代记》所记史事真实性的重要史料。

（3）状书（diplomae）。国王们授予地方显贵职位、田产和各种特权，裁决地方显贵之间的纠纷，确认先王所做的封赐，都会发布正式的状书。这种状书往往包含国王的头衔、名字、发布的事由、具体内容、书记员和见证者的签名、国王的印章、发布的时间地点等信息，不仅可以显示国王在何时居于何地，还可以反映出国王面临着何种地方诉求。加洛林帝国时期诸位统治者发布的状书，绝大部分收录在《德意志历史文献集成》的《状书》子集中。

（4）同时代的其他历史撰述。其中比较重要的包括《富尔达年代记》、《瓦斯特年代记》、《教宗列传》、雷吉诺的《编年史》、泰甘和无名星官为虔诚者路易写的传记、尼萨尔写的《史事四书》，等等。

（5）信函等其他文献资料。其中比较重要的是普鲁登提乌斯和辛克马所写的信函。这些信函已经被收入 J.–P. 米涅（Migne）所编的《拉丁教父集成》（*Patrologiae Latinae*）的第 115 卷和第 126 卷之中。

综合多种文献来判断，我们可以说《圣伯丁年代记》是相当可信的。比如，辛克马几乎每年都记载北方人的劫掠。在 874 年之前，《富尔达年代记》和《克桑滕年代记》的记载可以用来验证辛克马的记述。在 874 年之后，则有《瓦斯特年代记》和雷吉诺的《编年史》与之参校。辛克马对 862 年、865 年、866 年、868 年、869 年、872 年北方人劫掠的记载，可以从其他年代记和文献资料得到佐证。对 861 年、864 年、867 年和 879 年北方人的劫掠，虽然只有《圣伯丁年代记》做了记载，但是我们没有必要怀疑这些劫掠的发生。

《圣伯丁年代记》较高的可信度还体现在事件发生的日期上。比如，辛克马在其所写的年代记中明确记载了很多事件发生的具体月份，甚至是具体日子。869 年和 876 年的年度纪事包含着非常密集的事件，并且事件的日期多有记载。这两个年份中都有 10 个月份存在明确记载了日期的事件，有的月份还记载了数件事情。866 年和 877 年的年度纪事则 8 个月份中皆有明确记载了日期的事件发生。872 年和 875 年的年度纪事中则是 7 个月份。辛克马在很多情况下能够明确记载事件发生的日期，这说明他不是靠记忆来记载的，也不是在事件发生后很久才记载它们的。这也促使不少学者推测，辛克马很可能在听到重要事件的消息时，及时记述，或者先记下简短的备忘札记，年底或次年年初再整理编排成完整的年度纪事。

（二）时间或史实错漏

在《圣伯丁年代记》全部 53 年的史事记载中，记载时间和叙述事件与史实不相符合的地方屈指可数。学者们对辛克马所记载的 21 年的纪事进行了较为深入的研究，其中只有 10 件事情存在错漏。

（1）辛克马在 866 年的纪事中记载，保加尔人的国王率众皈依基督教。但是，此事实际发生在 864 年，日耳曼人路易参与了此事，《富尔达年代记》对此有明确的记载。① 辛克马发生这一年份错误，主要原因应该是他远离东法兰克王国，到 866 年才得到这一消息。

（2）辛克马在 866 年的史事中记载了小路易在瓦尔纳（Werner）等人的挑唆下起兵反叛父亲。不过，据更为可信的《富尔达年代记》记载，此事发生在 865 年："伯爵维林纳尔（Werinhar）是法兰克人的显贵之一。他在国王（日耳曼人）路易面前受到指控，理由是他策动拉斯蒂茨反对路易，于是他被剥夺了荣职。" ② 同样，这一错漏很可能同样是因为辛克马得到来自东法兰克王国的消息较晚。

（3）在 867 年的纪事中，辛克马记载了秃头查理与日耳曼人路易在梅斯

① *The Annals of Fulda*, translated and annotated by Timothy Reuter, pp.51–52.

② *The Annals of Fulda*, translated and annotated by Timothy Reuter, p.53.

的会晤。不过，《法兰克人诸王条令集》中收集了秃头查理和日耳曼人路易在梅尔森达成的协议文本，其中明确谈到会谈和订立协议发生在868年。①

（4）辛克马在870年的纪事中记载了日耳曼人路易与他的儿子们举行会面的事情。不过，在此事上更为可信的是《富尔达年代记》，它将这一会面记载在871年的纪事中。②

（5）辛克马在其872年的纪事中记载了拜占庭皇帝巴塞尔一世召集第八次大公会议一事。他对此次会议内容的记载基本符合历史实际。不过，此次会议事实上是在869年10月5日到870年2月28日之间召开的。这是一个年代错误。辛克马应该是在872年11月才首次在贡德勒维尔从教宗的特使那里获悉了第八次大公会议的召开，并读到了会议纪要。他将此次会议记载到872年而非869年或870年的纪事中，原因在于他获取信息不可避免地存在滞后性。③

（6）辛克马在875年的纪事中记载了日耳曼人路易攻入西法兰克王国，圣诞节后滞留在那里，他的妻子埃玛在次年一月去世，他自己则滞留在法兰克福过了大斋节和复活节。结合其他文献，学者们认为日耳曼人路易滞留法兰克福的时间实际上应该是876年。

（7）辛克马在876年的纪事中记载了博索（Boso）与皇帝路易二世的女儿埃尔蒙嘉德成婚一事："在皇帝（秃头查理）离开意大利返回法兰西亚之后，博索采用了埃伯哈德的儿子贝伦加尔的计谋，娶了已故皇帝路易（二世）的女儿，即已经与自己（博索）同居的埃尔蒙嘉德。"雷吉诺则在其《编年史》

① Alfred Boritius and Victor Krause eds., *Capitularia Regum Francorum,* tomus II, Hannover: Hahnsche Buchhandlung, 1897, [Abbr. *Capit*. II], no. 245, p. 176.

② *The Annals of Fulda*, translated and annotated by Timothy Reuter, pp. 64–65.

③ 毕希廷·恩斯特对此有不同的看法，他认为辛克马在这一时期卷入多种冲突，疲于应对，无暇顾及关乎罗马教会全局性的问题，辛克马"很多时候忘记了记载所处时代历史的责任，只是记载了他自己的历史"。Ernst Büchting, *Glaubwürdigkeit Hincmars von Reims im dritten Teil der sogenannten Annalen von St. Bertin*, Halle: Buchdruck des Waisenhauses, 1887, S. 22.

中将此事记载到了 877 年，而且记载是秃头查理本人安排了这桩婚事。[①] 此外，《富尔达年代记》则在 878 年的史事中记载："伯爵博索曾经在毒杀自己的妻子后，从意大利暴力抢夺了皇帝路易（二世）的女儿。"[②]

此事究竟是发生在 876 年、877 年，还是 878 年呢？博索与埃尔蒙嘉德的婚事不可能发生在 876 年。埃尔蒙嘉德的母亲恩格尔贝尔嘉在 877 年欲进入修女院，希望女儿埃尔蒙嘉德也能进入修女院，并为此立下遗嘱。这很可能意味着当时埃尔蒙嘉德尚未成婚[③]，辛克马将此事记载到了 876 年的史事中，很可能属于年份错漏。

究竟是秃头查理的安排还是博索的"诡计"或"暴力抢夺"呢？博索是秃头查理第二任妻子里希尔蒂的兄长。凭借这桩婚事，他在秃头查理身边权势日隆。秃头查理在 876 年加冕称帝之后，安排其为弗留利公爵，并给其戴上公爵的冠冕。秃头查理返回法兰克王国后，博索迎娶了埃尔蒙嘉德。博索迎娶埃尔蒙嘉德发生在秃头查理从意大利返回法兰西亚之后，因此很可能博索是在秃头查理不知情的情况下，强娶埃尔蒙嘉德的。如果秃头查理决定将埃尔蒙嘉德许配给博索，那么他完全可以在身处意大利的时候，在安排博索为弗留利公爵的时候，就这样做。也就是说，《圣伯丁年代记》和《富尔达年代记》将这桩婚事记载为"诡计"和"暴力抢夺"，较之雷吉诺将其记载为秃头查理的有意安排，更为可信。

（8）876 年，北方人再次进犯塞纳河，但是秃头查理却谋划着对付东法兰克王国的小路易，只是派遣康拉德与北方和谈。对于这一和谈，除了辛克

---

① Friedrich Kurze ed., *Reginonis abbatis Prumiensis Chronicon cum continuatione Treverensi*, Hannover: Hahnsche Buchhandlung, 1890, p. 113.

② *The Annals of Fulda*, translated and annotated by Timothy Reuter, p. 85.

③ *Testamentum Angilbergae conjugis imperatoris Ludovici*, in *Historiae patriae monumenta*, tomus XIII, *Codex diplomaticus Langobardiae*, Turin: Regio Typographeo, 1873, pp. 452–457. 也有学者认为，恩格尔贝尔嘉这一安排的用意是，埃尔蒙嘉德倘若在未来孀居，可以进入修女院。也就是说，该遗嘱不能证明 877 年埃尔蒙嘉德未婚。

马的年代记之外，《瓦斯特年代记》也有记载。[①] 作为和谈的成果，秃头查理随后发布了敕令（Edict），其中有关于北方人交纳岁贡的规定。据辛克马在 877 年的纪事中记载，秃头查理发布这一敕令的时间是 877 年 6 月 14 日，地点是基耶尔济。不过，据保留至今的该敕令文本，它是在 877 年 5 月 7 日发布的，发布地点是贡比涅。[②] 可见，辛克马对这一敕令日期和地点的记载都存在错误。

（9）辛克马将东法兰克王国胖子查理在罗马的加冕记载为 880 年圣诞节的事情，事实上此事发生在 881 年 2 月 12 日。辛克马发生这一月份错漏，或许是因为他并不清楚胖子查理加冕的确切日期，而是根据查理曼在圣诞节加冕这一先例，推想胖子查理的加冕也应该是在圣诞节。

（10）辛克马在 882 年的史事中提到一系列城市遭到毁坏，不过《富尔达年代记》和雷吉诺的《编年史》都将此事记载在 881 年的史事中，而且还提到包括科隆、普吕姆、亚琛等被毁的城市。[③] 因此，辛克马此处的年份记载很可能存在错漏。这或许是因为这一年辛克马本人罹患重病，得到消息或下笔写作不够及时。

在记载21年间的众多事件时，辛克马仅仅出现了10处日期或史实错漏，而且这 10 处错漏绝大多数是涉及较远的地方所发生的事件，比如东法兰克王国、意大利、拜占庭、保加尔人等。辛克马获悉这些远方发生的事情需要较长的时间，因此这些错漏大多情有可原。他在年代记中的时间错漏，通常比实际时间晚几个月或一年，只有来自拜占庭帝国第八次大公会议的消息晚了两年多。这可以从反面说明《圣伯丁年代记》较高的可信度。

---

① *Annales Xantenses et Annales Vedastini*, edited by B.De Simson, Hannover et Leipzig: Hahnsche Buchhandlung, 1909, p.43.

② *Capit*.II, no.280, pp.353–354.

③ *The Annals of Fulda*, translated and annotated by Timothy Reuter, p.90. Friedrich Kurze ed., *Reginonis abbatis Prumiensis Chronicon cum continuatione Treverensi*, p.118.

（三）主观褒贬或有意隐瞒

普鲁登提乌斯所写的年代记总体上延续了此前王家年代记简明扼要的传统，鲜明的褒贬较少。有一些重大事件，普鲁登提乌斯确实并未提及。比如，843 年 11 月秃头查理召集教俗显贵在库兰举行了会议，会上秃头查理向教俗显贵做了重要的承诺。学界大多认为这次库兰会议是秃头查理在凡尔登协议之后塑造王权、重建政治共识的重要步骤。普鲁登提乌斯当时尚在宫廷中，他应该知晓这次会议，他选择略过会议是因为秃头查理在会上向教俗显贵做出承诺有损国王的权威，还是因为他觉得这件事情并不特别重要，我们不得而知。

辛克马所撰写的年代记最为详细，不乏犀利的批判，故而不少学者怀疑其是否可信。早在 1887 年，布施廷·恩斯特（Büchting Ernst）就评论说，辛克马的"政治或教会立场非常明显"，体现了"强烈的主观性"；受"政治"和"教会"双重因素的影响，辛克马在不同年份的历史撰述在可信度上存在很大的"差异和不确定性"。① 海因茨·勒维（Heinz Löwe）也认为辛克马具有强烈的个人"政治视角和目的"。② 恩斯特·丢穆勒（Ernst Dümmler）的评价更为尖锐："在大主教（辛克马）的很多撰述中不乏评判和针砭。但是，在合乎其意旨的地方，他就这样做；在不合乎其意旨的地方，他就不这样做。甚至，辛克马不仅使用自己明知属于编造的事情，而且有时自己亲自编造"，"（辛克马）在（自己）最清楚明白的事情上背弃了对真实性的诚挚

---

① Büchting Ernst, *Glaubwürdigkeit Hincmars von Reims im dritten Teil der sogenannten Annalen von St.Bertin*, Halle: Buchdruck des Waisenhauses, 1887, pp.2–3.

② Heinz Löwe, *Die Karolinger vom Vertrag von Verdun bis zum Herrchaftsantritt der Herrscher aus dem Sächsischen Hause des Westerfränkische Reich,* in Wttenbach-Levison edited, *Deutschlands Geschichtsquellen im Mittelalter, Vorzeit und Karolinger,* V. Heft.Weimar: Hermann Böhlaus Nachfolger, 1973, S.503.

之爱”。[①] 专门研究辛克马的学者海因里希·施罗尔（Heinrich Schrör）则较为中肯。他认为：“总体来说，他（辛克马）在叙述所有事情的时候怀着对真实性的诚挚热爱，在他本人参与的事情上亦是如此。从这个意义上说，他完全知晓自己作为一位史家的责任。在记述自己所参与的事情时，他当然采取了自己的视角，因而并未在自己的撰述中排除主观影响。在撰写自己时代的历史时，他也撰写了自己的历史。”[②] 卡尔·冯·诺尔登（Carl Von Noorden）则更明确地肯定了辛克马的风格。他认为，辛克马常常评论人物和事件、国王个性和王国局势，这体现了一种“主观道德立场”，然而正是这种主观色彩和道德视角，使年代记中事件的展开和次序比《富尔达年代记》中“遮遮掩掩”的叙述更加“可靠”。[③]

下面，我们就按照时间顺序，依次考察七处辛克马有失中肯或者刻意隐瞒的记载，以为例证。

1. 对罗特哈德的贬斥

罗特哈德是苏瓦松主教，是辛克马的下属，却与辛克马发生了激烈冲突。主要缘由是，在辛克马 853 年排斥前任大主教埃伯所擢升的教士们时，罗特哈德持反对的立场；在辛克马随后惩处异端戈特沙尔克的时候，罗特哈德支持戈特沙尔克。这些都体现了罗特哈德对上司辛克马的不遵从、不顺服。辛克马在描述罗特哈德时，用语颇为激烈：“内心冥顽不化”（propter sui cordis duritiam）、“是桀骜不驯之人”（homo singularis amentie）、“如同法老再世”（novus Pharao）、“已是一个变为怪兽的人”（homo mutatus in beluam）、“不愿悔改”（corrigi noluit）。这些用语显然不够客观中肯，带有

① Ernst Dümmler, *Geschichte des ostfränkischen Reiches Band 2.Ludwig der Deutsche: Vom Koblenzer Frieden bis zu seinem Tode (860–876)*, Leipzig: Duncker & Humblot, 1887, S.214.

② Heinrich Schrörs, *Hincmar, Erzbischof von Reims, sein Leben und seine Schriften*, Freiburg im Breisgau: Herderche Verlagshandlung, 1884, S.457.

③ Carl von Noorden, *Hinkmar, Erzbischof von Rheims: ein Beitrag zur Staats- und Kirchengeschichte des westfränkischen Reiches in der 2.Hälfte des 9.Jahrhunderts*, Bonn: Cohen, 1863, S.152.

辛克马强烈的个人情绪。

2. 关于罗退尔二世的离婚案

罗退尔二世的离婚诉求旷日持久，影响巨大。辛克马对这一问题的记载分散在不同的年度纪事中，其记载总体上颇为可信。不过，其中有两点值得我们谨慎对待。其一，教宗在 864 年命令每个教省派遣两位主教到罗马参加宗教会议，但是辛克马在这一年的纪事中并未提及此事，因为他拒绝了教宗的命令。其二，辛克马在 865 年的纪事中记载，教宗写信给秃头查理，向其下达指令。辛克马称此信毫不客气，措辞激烈。不过，学者们在保存下来的信函文本中看不出措辞特别激烈之处。

3. 关于秃头查理的梅斯加冕

869 年 8 月 8 日，在从罗马返回的途中，罗退尔二世亡故于皮亚琴察。秃头查理此前早已在谋划夺取罗退尔二世的疆土，至此则觅得良机。对于辛克马来说，这同样是实现自己夙愿的良机，因为他可以借机将大主教辖区整合在秃头查理一位国王的统治之下。据辛克马记载，罗退尔二世的死讯到达阿蒂尼之后，秃头查理便绕过凡尔登，直奔梅斯，并于 9 月 7 日在那里加冕，成为罗塔林吉亚的国王。辛克马主持了秃头查理的加冕仪式，并且撰写和抄录了加冕序文。《富尔达年代记》和雷吉诺的《编年史》对此事的记载虽然颇为简略，但基本可以印证辛克马的记载。不过，辛克马对秃头查理梅斯加冕的描述不仅凸显了自己的作用，凸显了兰斯“圣油”的价值，而且存在其他的夸大和掩饰之词。詹尼特·尼尔森曾评论辛克马对梅斯加冕的记载：“年代记描述为万众一心之处，分歧尚存；年代记描述为顺其自然之处，政治压力正盛；年代记诉诸法兰克人全族历史性统一的地方，实际上只有当地一批法兰克人参与其中；年代记暗示了秃头查理的成功，事实上数月之后梅斯以及罗塔林吉亚的相当一部分都落入了其对手日耳曼人路易之手。”①

---

① Janet L.Nelson, “Hincmar of Reims on King-Making: The Evidence of the Annals of St.Bertin,

4. 关于对罗塔林吉亚的分割

在869年到870年争夺罗塔林吉亚最为紧张的形势下，罗马教宗致信辛克马，要求其支持意大利皇帝路易二世继承弟弟罗退尔二世的疆土，反对秃头查理和日耳曼人路易对罗塔林吉亚的瓜分。辛克马在其年代记中谈到了教宗给两位国王的信，但是对教宗给自己的信却只字未提。在870年5月的阿蒂尼会议上，辛克马提到了教宗给国王们的信，但是他认为如果秃头查理和日耳曼人路易不分割罗塔林吉亚的疆土，必将滋生纷争。可以说，在记载870年有关罗塔林吉亚疆土分割的交涉活动时，辛克马有意淡化或回避了自己在其中所扮演的非常重要的作用。

5. 873年的昂热战役

在对873年昂热战事的叙述中，辛克马褒扬了秃头查理。据其记载，秃头查理担心北方人在占领昂热之后逃窜到其他地方。不过，据雷吉诺的《编年史》记载，昂热城很坚固，秃头查理难以强攻。雷吉诺的《编年史》和《瓦斯特年代记》都记载了秃头查理在与北方人和谈时的贪婪，但是辛克马对此却只字未提，而是强调了秃头查理在此事上的磊落大方。雷吉诺强调了布列塔尼人在昂热战事中的支援和协助，辛克马则将战功归于其国王秃头查理。此外，据辛克马记载，昂热战事期间，归顺的北方人信守对秃头查理的效忠誓言，但是雷吉诺却与此有所不同，他强调了驻扎在法兰克王国的北方人比此前更加愤怒。①

6. 关于安塞吉的首席权

罗马教宗约翰八世与875年成为皇帝的秃头查理达成一致意见，于876年在庞蒂厄宗教会议上安排桑斯大主教安塞吉担任教宗；在法兰克的代牧(vicar)，对其他大主教和主教们拥有“首席权”(primacy)。辛克马在法兰克王国影响甚大，地位颇高，对下属主教管束严格，自然不愿接受一位近在

861–882”, pp.24–25.

① *Annales Xantenses et Annales Vedastini*, edited by B.De Simson, p.40; *Reginonis abbatis Prumiensis Chronicon cum continuatione Treverensi*, edited by Friedrich Kurze, pp.106–107.

咫尺的教宗代牧的权威，更何况安塞吉在 871 年才成为桑斯大主教，按照获得圣职的年份属于辛克马的晚辈。正因为如此，辛克马在年代记中记载庞蒂厄会议的进程时，可谓不厌其烦，注重细节。教宗任命安塞吉为代牧的信函，虽然在会上被教宗的使者宣读了，不过辛克马和其他主教们却无法目睹，不能抄写。辛克马无疑在暗暗指责此信为伪造或假托。他描述了秃头查理和安塞吉极力博取众主教对安塞吉首席权的认可，却鲜有顺从者。他不惜笔墨描写会场上教宗使者和安塞吉的座位位置，旨在谴责其违背惯例。辛克马的这些描述大体是可信的。他同一时期撰写了小册子《论都主教的权益》（*De iure metropolitanorum*），捍卫大主教的权威，并将其送给法兰克主教们传阅。他在庞蒂厄会议上的表现与他在上述小册子中的立场是一致的。不过，辛克马在这件事上也有不实之处。在庞蒂厄会议的最后一日，博韦主教奥多起草的教规得到了会议的确认，而该教规的第七条明确规定了安塞吉的首席地位。也就是说，辛克马记载安塞吉的首席权没有得到确认，实属虚妄。他记载自己和众主教（除弗罗塔尔外）拒不承认安塞吉的特权，属于夸大其词。而他明知奥多所起草的教规的内容，却声称其“未经宗教会议的同意，自相矛盾，毫无用益，不合道理，缺乏权威，因而不必抄录于此”，这属于避重就轻、有意回避。

7. 关于罗退尔二世的儿子于格

879 年，于格遭到攻击。据辛克马在年代记中记载，攻击于格的是西法兰克王国的两位国王路易三世和卡洛曼。但是据《富尔达年代记》记载，东法兰克王国的国王小路易派遣了亨利和阿达拉尔德去攻击于格。《瓦斯特年代记》可以印证《富尔达年代记》的记载：亨利赶走了于格的妻兄提奥巴尔德。显然，在这件事情上，辛克马做了有利于西法兰克两位国王的叙述。①

综上所述，《圣伯丁年代记》对绝大部分史事及其发生时间的记载是准

① *Annales Xantenses et Annales Vedastini*, edited by B.De Simson, pp.42–45; *The Annals of Fulda*, translated and annotated by Timothy Reuter, pp.85–87.

确可信的。为数不多的时间错漏，主要根源于作者获取信息的时间迟滞，尤其是来自异邦异国或东法兰克王国、意大利等加洛林帝国其他疆土的消息，到达辛克马的耳中往往需要数月或甚至一年多的时间。在辛克马所写的年代记中，基本事实是准确的，需要留意的是辛克马的鲜明立场和尖锐褒贬。越是辛克马旗帜鲜明、态度强烈的地方，其个人视角和立场往往就越突出，我们就越需要参考同一时期的其他文献资料，以便获得更为客观中肯的理解和评价。这是我们在研读和援引《圣马丁年代记》时需要特别注意的地方。

六、《圣伯丁年代记》的抄本、编印本和译本

考察《圣伯丁年代记》的存世抄本及其相互关系，梳理其现代编印本及其抄本来源，了解其现代语言译本，对我们研读该年代记亦有很大助益。

（一）抄本

富尔克主持修撰的年度纪事的最初稿本应该是保存在宫廷教堂的，可以供国王、宫廷教长、其他廷臣，甚至教俗显贵使用。德罗戈在835年成为宫廷教长之后，很可能带了一份年代记到梅斯。这应该就是12世纪有人在抄录《梅斯年代记》（*Annales Mettenses*）的时候附加的一段从830年到837年的《圣伯丁年代记》。859年或860年辛克马第三次就预定论展开论述时，提到了835年他的前任兰斯大主教埃伯被革职一事，并说“谁只要翻看主上皇帝（虔诚者）路易的年代记，翻看主诞以来第835年的史事，就可以清楚地读到此事”[①]。这说明，835年左右的年度纪事，尤其是富尔克主持修撰的年代记，在当时已经单独流传着，且辛克马和很多人都知道这段年代记。辛克马所说的这段年代记，我们以后再无消息，其最初稿本未能流传下来。

如前所述，普鲁登提乌斯把该年代记记述到861年，即他去世的那一

① 参见本导论第二节中有关富尔克生平的介绍。

年。他去世之后，他所写的年代记可能由他在特鲁瓦的继任者送到了秃头查理的宫廷，并在866年前不久流传开来。辛克马曾从国王那里借来普鲁登提乌斯的年代记阅读和抄写，并很快归还国王。辛克马从国王那里借来的文本只是普鲁登提乌斯所续写的年代记，还是包括此前富尔克主持修撰的年代记？是它（们）的最初稿本，还是抄本？我们不得而知。辛克马在866年给桑斯大主教埃吉尔的一封信中曾提到普鲁登提乌斯的年代记。他对埃吉尔说："我跟你说的这些年代记在国王手中。它就是国王当着你的面交给我的那本，也是当国王将你托付给我的时候，我当着你的面归还国王的那本。"辛克马从国王那里借阅、抄写并还给国王的这一文本，我们此后再无音讯。

那么，辛克马从国王那里抄写的文本是否流传下来了呢？1638年6月17日，在安特卫普，著名文献学家和圣徒传记的编撰者皮埃尔·让·博朗（Pierre Jean Bolland）[①]抄送给史学家、族谱学家安德烈·杜申（André Du Chesne，1584—1640年）一段年代记，并对后者称他拥有完整的年代记，这便是我们稍后要说的抄本C。该抄本的一开始，就包含着博朗写给杜申的信。学者们一般认为，这一抄本就是《圣伯丁年代记》839年到863年的纪事，而抄本C首页上端的边注，就是博朗的手迹。在该抄本859年谈及教宗阐释预定论时，页边有一旁注："此处以同样的笔迹写着'普鲁登提乌斯此处关于尼古拉（一世）的撰述乃是依据自己的意愿所写，因为他所说的并非真事'。"[②]结合866年辛克马给桑斯大主教埃吉尔的信，学者们推测，博朗所抄录的这一旁注应该就是辛克马本人写的；博朗所拥有的那份抄本就是兰斯的某位抄写员从辛克马的稿本中抄出来的。[③]这份抄本是最接近辛克马最初

① 亦译为玻兰达斯。他生于1596年，卒于1665年。欧洲文献学上的玻兰达斯派，正是得名于他。参见张广智：《西方史学史》，上海：复旦大学出版社2010年版，第126—127页。

② "Adscriptum erat ad arginem eadem manu: Hic Prudentius ep (i) s (copus) de Nicolao scripsit quod ut fieret uoluit; sed quia factum fuerit, verum non dixit." Félix Grat, Jaenne Vielliard et Suzanne Clémencet eds., *Annales de Saint-Bertin*, avec une introduction et des notes par Léon Levillain, p.xix.

③ Félix Grat, Jaenne Vielliard et Suzanne Clémencet eds., *Annales de Saint-Bertin*, avec une introduction et des notes par Léon Levillain, p.xxi.

写本的抄本，17 世纪它尚存于安特卫普的博朗家族图书馆。不过遗憾的是，如今它已无处可觅。

辛克马自己续写《圣伯丁年代记》到 882 年。他去世后，他在兰斯图书室的书转到了兰斯的圣玛利亚教堂。他的年代记保存在该教堂中。9 世纪末期、10 世纪初期兰斯教堂的教士弗洛德瓦尔德（Flodoard）和 10 世纪中后期兰斯圣雷米修道院的修士利谢尔（Richer）① 都知晓、阅读并利用过辛克马所留下来的年代记写本或抄本。但是，当 10 世纪末期或 11 世纪初期弗勒里修道院院长埃莫因（Aimoin de Fleury）② 接触到这一文本，并用于撰写自己的《法兰克人事迹》的时候，辛克马所留下来的年代记抄本中只有 869 年到 882 年的年度纪事了，861 年的年度纪事到 869 年的年度纪事的前几段已经佚失。到 15 世纪，兰斯大主教座堂教士团的图书馆中已经完全没有《圣伯丁年代记》的踪影了。不过学者们认为，这一佚失的辛克马的抄本是"我们今天用于确定《圣伯丁年代记》文本的几乎所有抄本的母本"③。

此外，通过研究奥梅尔图书馆第 706 号拉丁文抄本和法国杜埃（Douai）城市图书馆的第 795 号写本，学者们推断，辛克马的写本在 9 世纪还有一种抄本，称之为圣瓦斯特（St-Vaast）抄本。11 世纪有人续写了埃莫因所著的《法兰克人事迹》。这位续写者曾提到，埃莫因本人或一位抄工为他抄写了一份辛克马所撰写的年代记。这份抄本如今同样已不复存在，不过续写《法兰克人事迹》的人当年使用过它，那时它保存在卢瓦尔河畔的弗勒里修道院。

---

① 利谢尔大约生于 940 年，卒于 996 年，著有《历史》，记载了从 888 年巴黎伯爵奥多成为西法兰克王国的国王到 998 年的史事。该著作的拉丁文本见：Richer Von Saint-Remi, *Historiae*, herg., Hartmut Hoffmann, Hannover: Hahnsche Buchhandlung, 2000. 最近专门研究该著作的有：Justin Lake, *Richer of Saint-Remi, The Methods and Mentality of a Tenth-Century Historian*, Washington, D.C.: The Catholic University of America Press, 2013.

② 埃莫因大约生于 965 年，卒于 1008 年到 1010 年之间，著有《法兰克人事迹》（*Gesta Francorum*）等著作。

③ Félix Grat, Jaenne Vielliard et Suzanne Clémencet eds., *Annales de Saint-Bertin*, avec une introduction et des notes par Léon Levillain, p.xxii.

如今《圣伯丁年代记》所有传世抄本都直接或间接源自辛克马的写本或抄本。其中有两种传世抄本包含着830年到882年的完整纪事。此即圣奥梅尔城市图书馆的第706号抄本和位于布鲁塞尔的比利时王家图书馆（La Bibliothèque Royale de Belgique）第6439—6451号抄本。学界根据其保存城市的首字母，将它们分别称为抄本O和抄本B。

1. 抄本O

抄本O由28沓（cahiers）羊皮纸组成，平均每沓8片（folio）。每片正反两面，相当于现代书籍装订中的两页。每沓都写有抄写者当年编的序号，先是从大写的F到大写的X，然后是从小写字母a到l。[①] 抄本O开始于F沓，这表明原本在它之前还有A到E共5沓，40片。也就是说，抄本O只是某完整文献散开之后的一部分。幸运的是，同样在圣奥梅尔图书馆，第697号抄本包含着从A到E共5沓，而且抄写笔迹与第706号抄本（即抄本O）相同，因此它就是原本处于第706号抄本之前并与之相续的那一部分。

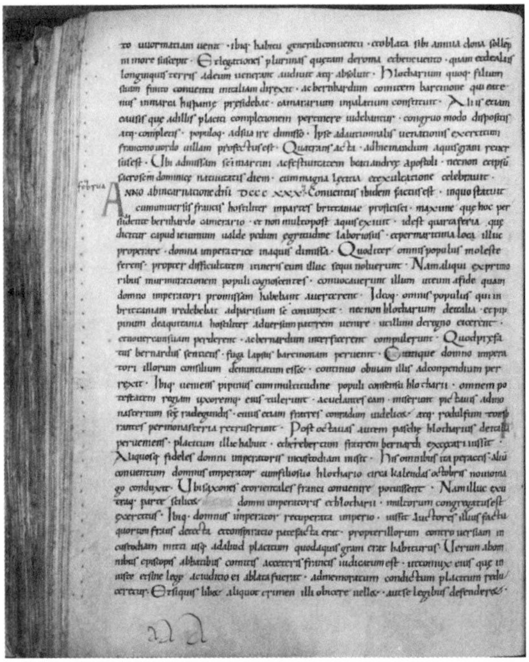

抄本O中《圣伯丁年代记》接续《法兰克王家年代记》的页面图

（下载自圣奥梅尔图书馆的数字化网站，网址为：https: //bibliotheque-numerique.bibliotheque-agglo-stomer.fr/viewer/18437/?offset=#page=178&viewer=picture&o=bookmarks&n=0&q=）

比利时王家图书馆所藏的第15835号抄本原本同样也是

① 其中没有J和U，仅有I和V，因为中世纪的时候I和J、U和V是没有区分的。

抄本 O 中的一部分。它与圣奥梅尔的上述两种抄本（第 697 号和第 706 号）抄写于同一时期，均来自圣伯丁（圣奥梅尔）修道院。抄写第 15835 号手稿的两人属于圣奥梅尔两种抄本的抄写者。第 15835 号手稿一开始接续《洛尔施小年代记》（*Annales Laurissenses Minores*）和《瓦斯特年代记》（*Annales Vedastini*）的末尾，而且没有用红色字体、大写字母或其他形式的分割标志。此外，第 15835 号手稿第一沓的序号是 m，正好接续圣奥梅尔第 706 号手稿末尾的第 l 沓。也就是说，圣奥梅尔的第 697 号、第 706 号和布鲁塞尔的第 15835 号手稿构成了完整的文献。正是从这一完整的文献抄出了布鲁塞尔的第 6439—6451 号抄本，即《圣伯丁年代记》的抄本 B。

奥梅尔图书馆第 706 号抄本实际上是一个文献集。该文献集包含弗拉维乌斯 · 欧特洛皮乌斯（Flavius Eutropius）所写的《罗马建成以来简史》①、伯爵马赛林（Marcellinus Comes）的编年史（*Chronicon*）②、《高卢各地注》（*Notitia Galliarum*）③，这三种文献构成了圣奥梅尔的第 697 号手稿。图尔的格雷戈里的《法兰克人史》、《弗莱德加编年史》、《法兰克王家年代记》以及《圣伯丁年代记》构成第 706 号手稿。比德的编年史的最后一部分、《洛尔施小年代记》以及《瓦斯特年代记》构成布鲁塞尔的第 15835 号手稿。

上述历史文献集是圣伯丁修道院图书室藏书的一部分。在圣奥梅尔两种

① 弗拉维乌斯 · 欧特洛皮乌斯（约 320—390 年）是 4 世纪中后期东罗马帝国的政要和史家，他撰写或者说编写了从罗马建城到 364 年的历史梗概，目的在于为读者提供了解罗马历史的简要读物。或许由于其简明扼要，在后世流传颇广。参见 *The Breviarium ab Urbe Condita of Eutropius*, translated with an introduction and commentary by H.W.Bird, Liverpool: Liverpool University Press, 1993.

② 马赛林是拜占庭皇帝查士丁尼一世的廷臣，他撰写的编年史记述了从 379 年到 534 年的历史，详见 Brian Croke, *Count Marcellinus and His Chronicle*, Oxford: Oxford University Press, 2001.

③ 《高卢各地注》编写于 4 世纪末或 5 世纪初，它依照主教区的顺序，记述了高卢 17 个行省、115 个城市、7 个要塞和 1 个港口的情况，是中世纪早期颇为流行的历史地理读物。Hubert Mordek, "Notitia Galliarum", in Robert-Henri Bautier et alia hrsg., *Lexikon des Mittelalters*, München et alia: Artemis, Band 6, 1993, S.1287.

抄本首页的底部都写有“来自圣伯丁（修道院）图书室”（de libraria sancti Bertini）这样的字样。布鲁塞尔的第 15835 号手稿并无这一标识，可见它那时与圣奥梅尔第 706 号手稿仍然在一起。不过，在第 15835 号手稿的第 16 片第 5 栏，13 世纪时有人添加了提醒和警告：“此乃圣伯丁修道院院长和忏悔者的图书，若有人占用、藏匿或偷盗，当受绝罚。”基于这些原因，学者们推断，在 11 世纪这些文献被抄写出来的时候，它仍然是完整的，第 697 号和第 706 号手稿是在 14 世纪才被拆分开的，而布鲁塞尔第 15835 号手稿则是 18 世纪末法国大革命期间或此后从圣奥梅尔第 706 号手稿拆分出来的。

那么，圣伯丁修道院的这一历史文献集是从哪里来的呢？魏茨（Geory. Waitz）认为，这些手稿是在兰斯大主教奥德里克（Odelric，962—969 年在任）的主持下抄写的，理由是抄本 O 中有点奇怪地提到了兰斯大主教蒂尔平（Tilpin）在 789 年去世一事。莱昂·勒维延在菲利克斯·格兰特（Felix Grat）等人研究的基础上，以抄写笔迹、抄写分工、抄写方式等为依据，认为该抄本虽然是从兰斯的抄本抄来的，但抄写的地点既不在兰斯，也不在圣伯丁修道院，很可能是在圣瓦斯特修道院。①

2. 抄本 B

抄本 B 是布鲁塞尔的比利时王家图书馆第 6439—6451 号抄本。它共有 124 片皮纸，每页有两栏，每栏以红色大写字母开头，属于 11 世纪的抄本。如前所述，它是从抄本 O 抄写而来的，抄写时抄本 O 尚未从完整的历史文集中被拆分开。②

3. 抄本 C

在法国国家图书馆所收藏的《科尔贝尔手稿集》（*Mélanges Colbert*）第

---

① Félix Grat, Jaenne Vielliard et Suzanne Clémencet eds., *Annales de Saint-Bertin*, avec une introduction et des notes par Léon Levillain, p. xxix.

② Félix Grat, Jaenne Vielliard et Suzanne Clémencet eds., *Annales de Saint-Bertin*, avec une introduction et des notes par Léon Levillain, p. xxxv.

46卷的第238—313号皮纸（folio）中，也包含着完整的《圣伯丁年代记》。学者们依据其收藏者名字的首字母，将其称为抄本C。它是耶稣会士让·博朗在1638年送给安德烈·杜申的抄本。如前所述，这份17世纪手抄本所依据的是辛克马的写本或抄本，与《圣伯丁年代记》保存至今的其他抄本没有关联性。遗憾的是，它现已失传。

（二）辑佚本

1. 弗洛德瓦尔德的《兰斯教会史》（*Historia Remensis Ecclesiae*）

10世纪兰斯教会的教士弗洛德瓦尔德（去世于966年）在948年到952年之间撰写了《兰斯教会史》。① 他在撰写时利用了兰斯主教座堂图书室的文献资料，摘抄了很多现已失传的文献。他用到了辛克马所写的年代记，但他所用的并非在圣瓦斯特修道院所抄录出来的抄本O和B，而是现已失传的独立抄本。尽管他对辛克马任大主教时期的史事记载颇为简略，但是在有关863年到869年的史事中，他引用了辛克马的年代记，为我们提供了一种平行的文本，可以用于检视辛克马的年代记，颇有价值。

2. 抄本M

在柏林皇家图书馆中藏有由米尔曼（Meerman）所收集的手稿，其中的拉丁手稿第141号（Lat.141）产生于12世纪。其文本被称为《梅斯年代记》（*Annales Mettensis*），记述了从法兰克人的传说起源到9世纪末的历史。该书是在梅斯的圣阿诺尔德（Arnold）修道院中撰写的。在《梅斯年代记》中，《圣伯丁年代记》有关830年到837年的史事被抄录于《梅斯古年代记》（*Annales Mettensis Priores*）之后，内容上前后相续。不过，作者所抄

① 关于弗洛德瓦尔德的历史撰述及其影响，参见Edward Roberts, “Flodoard of Rheims and the Historiography of the Tenth-century West”, in *History Compass*, vol.17, issue12, 2019, pp.1–12.《兰斯教会史》的拉丁文本见M.Stratmann ed., *Die Geschichte der Reimser Kirche*, Hannover: Hahnsche Buchhandlung, 1998. 其英译本见S.Fanning & B.S.Bachrach trnaslated, *The Annals of Flodoard of Reims, 919–966*, Peterborough, ON: Broadview Press, 2004.

录的《圣伯丁年代记》只是由富尔克主持修撰的年代记和一小部分由普鲁登提乌斯所写的年代记。由于它源自米尔曼所收集的抄本，所以学界将它称为抄本 M。

3. 抄本 D

杜埃（Douai）公共图书馆（La Bibliothèque publique de Douai）的第 795 号手稿是 11 世纪编写成的《瓦斯特编年史》（*Chronicon Vedastinum*）。该编年史记述了从创世到 900 年的历史。它摘抄比德的编年史，记述到 725 年；然后摘抄《弗莱德加编年史》，记述到 741 年；继而摘抄《梅斯古年代记》，记述到 814 年；从 815 年到 874 年的史事则主要源自《法兰克王家年代记》和《圣伯丁年代记》，最后才是真正独立的《瓦斯特编年史》。在《圣伯丁年代记》所涵盖的年份，该文本与其他抄本所不同的是，它缺省或添加了一些有关圣瓦斯特修道院的内容。这说明该编年史的作者就是该修道院的修士。这位修士所用的是《圣伯丁年代记》的抄本 O。学者们根据它现存的地点，将其称为抄本 D。

4. 埃莫因续写的《法兰克人史》（*Historia Francorum*）

11 世纪弗勒里（Fleury）修道院的院长埃莫因在其所续写的《法兰克人史》涉及 869 年到 882 年的史事记载中，摘抄了《圣伯丁年代记》的记载。其文本虽然属于摘抄，但亦可用于检视其他抄本的内容。

综上所述，《圣伯丁年代记》的完整抄本只有抄本 O，它是学术界研究该年代记的基础。抄本 B 源自抄本 O，可以用于检视和补充抄本 O 中错漏的语词。其他抄本或辑佚本可以用作它的补充，也都有一定的价值。

（三）编印本

《圣伯丁年代记》的第一个现代编印本出版于 1641 年，是历史文献集《法兰克人历史撰述者集成》（*Historiae Francorum Scriptores*）第三卷的一部分。编者是前述安德烈·杜申的儿子弗朗索瓦·杜申（François Du Chesne，

1616—1693 年）。[①] 这一现代编印本所依据的是抄本 O，即收藏于圣奥梅尔图书馆的拉丁手稿第 706 号。该编印本 1749—1752 年间由马丁·布凯（Martin Bouquet）收入《高卢和法兰西历史文献集》（*Recueil des Historiens de Gaule et de France*）第 6 卷之中。[②]19 世纪上半期又产生了该年代记的两种拉丁编印本。格奥尔格·海因里希·佩茨（Georg Heinrich Pertz）以抄本 O 和抄本 B 为依据，参考马丁·布凯所编文本，略微改动，将其收入《德意志历史文献集成》的《历史撰述者子集》第一卷，于 1826 年出版。[③] 随后雅克·保罗·米涅（Jacques Paul Migne）将其收入《拉丁教父集成》中，但是因为该文献集是按照文献作者来编排的，所以《圣伯丁年代记》被分成了两部分。833 年到 861 年的年度纪事收入普鲁登提乌斯的作品中[④]，而 861 年到 882 年的年度纪事则收入辛克马的作品中。[⑤]

在 19 世纪下半期又出现了该年代记的两种拉丁文编印本。克里斯蒂安·德海讷（Chrétien Dehaisnes）在抄本 O 和抄本 B 之外，吸收了新发现的抄本 D，于 1871 年出版了《圣伯丁年代记》和《圣瓦斯特年代记》的合印本。[⑥]12 年后，德国学者格奥尔格·魏茨于 1883 年重新为《德意志历史文献集成》校勘并编印了《圣伯丁年代记》，并收入《历史撰述者子集

① Franciscus Duchesne ed., *A Carlo Martello Pipino R.patre, usque ad Hugonis et Roberti regum Tempora*, in Andrea du Chesne ed., *Historiae Francorum Scriptores coaetanei*, tomus III, Lutetiae Parisiorum: Cramoisy, 1641, pp.150–261.

② Dom Martin Bouquet, ed., *Recueil des Historiens de Gaule et de France,* tome VI, Paris: Victor Palme, 1749, pp.192–204.

③ Georg Heinrich Pertz ed., *Monumenta Germaniae Historica*, *Scriptores*, tomus I, Hannover: Hahnsche Buchhandlung, 1826, S.419–515.

④ J.-P.Migne, *Patrologiae Cursus Completus, Series Latina Prior,* tomus 115, *Aldricus, Leo IV, Benedictus III, Angelomus, S.Eulogius, S.Prudentius*, Paris: Garnier Fratres, 1852, cols.1377–1420.

⑤ J.-P.Migne ed., *Patrologiae Latinae (PL),* tomus 125, *Hincmari Rhemensis Archiepiscopi Opera Omnia*, Paris: Garnier Fratres, 1879, pp.1203–1302.

⑥ Chrétien Dehaisnes, *Les annales de Saint-Bertin et de Saint-Vaast*, *suivies de fragments d'une chronique inédite,* Paris: Renouard, 1871.

学者适用单行本》系列第 13 册中。[1] 随着法国学者海讷・普巴尔丹（René Poupardin）发现抄本 C，法国学者们开始在前人的基础上吸收这一抄本，校勘和编辑新的《圣伯丁年代记》。菲利克斯・格兰特（Félix Grat）为此不懈努力，直至 1940 年去世。随后莱昂・勒维延接续了格兰特的未竟事业，参考了新发现的抄本 M，完成了文本的校勘，并撰写了详细深入的导言，但是他未能完成对文本的注释便于 1952 年去世。得益于让内・维雅尔(Jeanne Vielliard）和苏珊娜・克莱蒙森（Suzzanne Clémencet）的工作，法国学术界多人接续、长期努力、共同合作的成果于 1964 年出版。[2] 这一精校成果代表了法国历史学会的最新成果，超越了德国学者魏茨在 1883 年所编印的文本，成为目前学术界所使用的《圣伯丁年代记》最详细、最权威的拉丁文本。

（四）现代语言译本

《圣伯丁年代记》最早的现代语言译本是由法国人完成的。在最早拉丁编印本出现 40 多年后，路易・库善（Louis Cousin）于 1683 年将其翻译为法语，收入《西部（罗马）帝国史》之中。[3] 又过了 40 多年，法国的政治家和历史学家弗朗索瓦・皮埃尔・纪尤姆・基佐（François Pierre Guillaume Guizot）于 1824 年翻译了其中 840 年到 882 年的史事记载，将其收入《法国历史文献集》第 4 卷中。[4]

三十多年之后，《圣伯丁年代记》才有了第二种现代语言译本。德国

---

① Georg Waitz ed., *Annales Bertiniani, Momunenta Germaniae Historica, Scriptores Rerum Germanicarum in Usum Scholarum,* Hannover: Hahnsche Buchhandlung, 1883.

② Félix Grat, Jeanne Vielliard et Suzanne Clémencet eds., *Annales de Saint-Bertin*, avec une introduction et des notes par Léon Levillain.

③ L.Cousin, Histoire de l'empire d'Occident, Paris, 1683.

④ F.P.G.Guizot and Albert d'Aix eds., *Collection des mémoires relatifs à l'histoire de France depuis la fondation de la monarchie française jusq'au 13e siècle*, Paris: Brière, 1824, pp.127–316.

学者荣格·冯·亚斯蒙德（Jorg Von Jasmund）于1857年将其与《圣瓦斯特年代记》一起翻译为德语，收录在《德意志早期历史的撰述者》（*Die Geschichtschreiber der deutschen Vorzeit*）的第三卷。①1890年德国学者威廉·瓦滕巴赫（Wilhelm Wattenbach）对亚斯蒙德的译本进行了修订。②该译本后来经过莱茵霍尔德·劳（Reinhold Rau）的再次修订，收录在德国学界组织编译的大型历史文献集《中世纪德意志史文献选编》（*Ausgewählte Quellen zur Deutschen Geschichte des Mittelalters*）第六卷。③该译本是拉丁文和德文对照本，在我们对拉丁文本理解有困惑的时候，在拉丁文本与英译本之间存在细微偏差的时候，这一德语译本可用作参考。

《圣伯丁年代记》的英译本是由英国伦敦大学国王学院的教授詹尼特·尼尔森翻译的，收入《曼彻斯特中世纪文献集》之中，出版于1991年。尼尔森是研究加洛林王朝史的著名学者，对秃头查理及其统治有精深的研究，在中世纪早期政治史、政治思想史、女性史等领域论著颇多，同时她也是《曼彻斯特中世纪文献集》这一历史文献翻译工程的创立者和推动者。她对《圣伯丁年代记》的翻译以1964年法国历史学会的拉丁文精校本为底本，以直译为主，质量上乘。此外，她在勒维延长篇导论的基础上，撰写了英译本的导论，有助于我们认识这一历史文献。她还大幅扩充了法国学者们对拉丁文编印本的注释，大大便利了学界研究和使用。她的译本是目前国内外学界颇为推崇的译本，也是笔者在用拉丁文翻译时不可或缺的参考。

---

① J.von Jasmund übersetzet, *Die Annalen von St.Bertin und St.Vaast*, Berlin: Wilhelm Besser's Verlagsbuchhandlung, 1857. 该书可在德国巴伐利亚州立（国家图书馆）数字化网站在线阅读或全文下载，网址：https: //opacplus.bsb-muenchen.de/Vta2/bsb10015822/bsb:BV006272419。(检索日期2019-11-06)

② J.von Jasmund übersetzet, *Die Annalen von St.Bertin und St.Vaast*, neu bearbeitet von W.Wattenbach, Leipzig: Dyk, 1890.

③ J.von Jasmund und C.Rehdantz übersetzet, Reinhold Rau neu bearbeited, *Quellen zur Karolingischen Reichsgeschichte, Zweiter Teil, Jahrbücher von St.Bertin, Jahrbücher von St.Vaast, Xantener Jahrbücher*, Darmstadt: Wissenschaftliche Buchgesellschaft, 1961.

此外，《圣伯丁年代记》目前已有西班牙语和保加利亚语的选译本。由于它们不是全译本，这里就不再赘述。

（五）中译本说明

关于拉丁文本。菲利克斯·格兰特等人代表法国历史学会于 1964 年编校出版的拉丁文本是《圣伯丁年代记》目前最好的编印本。笔者与英译者詹尼特·尼尔森一样，也选择这一文本作为翻译的底本。在对拉丁文的理解遇到困惑的时候，笔者会首先参考尼尔森的英译本来化解疑惑。当英译本不能化解疑惑的时候，笔者再参考前述《中世纪德意志史文献选编》第六卷中亚斯蒙德等人的拉丁文、德文对照本，以减少理解上的错漏和偏差。

关于人名地名。译本中的人名地名，笔者尽可能在首次出现时用括号标出英文。较为重要的专有名词，尤其是职官的名称，则尽可能在注释中同时标出拉丁文，以方便读者进一步探究。对这些人名地名，笔者倾向于使用现代英文的汉语译名，因为这样更有利于习惯阅读英文文献的大多数读者。比如“Bernard”翻译为“伯纳德”而非法语名字的汉译“贝尔纳”，“Robert”译为“罗伯特”而非“罗贝尔”。为了方便读者就这些人名地名查阅拉丁原文，笔者全文翻译了格兰特等人的拉丁文本后面所附的详细索引。

关于段落划分。《圣伯丁年代记》的拉丁抄本中并没有段落区分，甚至不少年度纪事之间用以标识年份的拉丁文大写数字，也并不另起一段。在佩茨 1883 年编校出版的拉丁文本和法国学者 1964 年编校出版的拉丁文本中，段落的划分并不一致。英译者基本采用了法国学者 1964 年拉丁文本的段落划分。很多年度纪事的拉丁文本段落很长，英译者已经将不少拉丁文较长的段落拆分成了较短的段落，但是依然有不少很长的段落。笔者同样坚持这一原则：在法国学者拉丁文编印本划分了段落的地方，中译文同样划分段落；对拉丁文编印本中的少数长段落，中译本进一步适当拆分段落，以方便阅读。中译本在页边侧添加了法国学者拉丁文编印本的页码，以方便读者在研读时核对拉丁文本。

关于正文注释。本年代记翻译的底本是格兰特等人编辑的拉丁文版，其中包括莱昂·勒维延所作的丰富注释，笔者将其称为“格兰特等拉丁文编者注”。英译者詹尼特·尼尔森在勒维延的基础上，修订或增补了大量注释。这些注释具有很高的学术价值。“参考了英译者注”表示笔者在尼尔森相应注释的基础上，有较大删减或增补。“据英译者注”表示大体以尼尔森的相应注释为基础，但并非一字一句的直译，而是略有修改。“英译者注”则表示对尼尔森相应注释的直接翻译。“译者注”表示笔者自己添加的注释。

正文中用括号标注的内容，是笔者为了方便读者把握拉丁文人名、地名、官职等语词的确切含义而补充的。

正文中的黑体字，表示拉丁文抄本中的红色大写字体内容。

事实上，笔者之所以选择从法国学者编校的拉丁文本翻译而不是从尼尔森的英译本翻译，主要不是因为英译本不准确，也不是因为笔者对自己的拉丁文阅读充满信心。恰恰相反，笔者很清楚自己的拉丁语能力还很有限，因此想借助对《圣伯丁年代记》拉丁文本的翻译来提高自己的精读能力。可以说，中译本也包含着笔者自己学习加洛林帝国史和提高拉丁语能力的“私心”。正因为如此，译文中可能存在不少疏漏和错讹，笔者希望广大读者批评指正，以便笔者予以纠正，进一步学习、提高。

第一部分

830年

1 在那里[①]举行了会议。[②]会上，他(虔诚者路易)[③]与全体法兰克人决定

---

① 此处拉丁文“ibidem”一词指亚琛。《法兰克王家年代记》记载了从741年到829年的史事。该年代记最后一年纪事最后一段的最后一句记载，虔诚者路易在法兰克福举行秋季围猎之后，“返回亚琛越冬，并在那里很幸福很开心地庆祝了圣马丁（节）、使徒圣安德烈节以及吾主诞生的神圣节日（圣诞节）”。本年代记此处的记载接续了上述年代记的最后一句话。亚琛（Aachen）拉丁语作“Aquae Granni”。该地有天然的温泉，早在罗马帝国时期就被作为神圣的泉源。查理曼的父亲矮子丕平在亚琛营造了王宫。查理曼从8世纪的最后几年开始在这里大规模营造教堂和王宫。他在加冕称帝之后，年事渐高，日益长期居住在亚琛。亚琛周围还有大片的猎苑，成为查理曼和亲信显贵娱乐的地方。在加洛林家族的众多王宫之中，亚琛日益具有都城的意义和功能。在虔诚者路易登基之后，亚琛的政治地位和象征意义进一步提升。在他统治后期以及他死后三个儿子争夺王位的时期，亚琛是三个儿子激烈角逐的目标之一。——译者注

② 此处拉丁文为“conventus”，用于表达同样意思的词还有“palatium”、“conloquium”等。这些词在文献中经常修饰“generalis”这一形容词。加洛林王朝的皇帝或国王们召开的会议有多种类型，比如全体重要显贵参加的，旨在商讨、处理王国重大事务或传达国王重大决定的大会议，国王与身边近臣举行的会议，国王率军出征或开战前举行的军事部署会；国王召集的宗教会议，甚至王族内部不同成员的见面会谈，等等。“conventus generalis”和“conventus”仅仅是文献用语的差异，还是两种类型、范围、功能各异的会议，学术界存在争议。我们从拉丁文本直译，有形容词“generalis”的时候翻译为“大会议”，没有该词时则翻译为“会议”。——译者注

③ 这同样承接了《法兰克王家年代记》829年纪事最后一句话的主语虔诚者路易。

兵进布列塔尼（Britany）①，宫廷总管（chamberlain）②伯纳德（Bernard）③对此劝谏尤力。不久，即在被称为连祷期首日（caput ieiunium）的星期三（3月2日），他（虔诚者路易）留下女主皇后④，从亚琛出发。他深为脚患所累， 2

---

① 布列塔尼拉丁文为“Brittania”。当时的布列塔尼人（Bretons）仍然处于松散的部落组织中，存在互不统属的若干首领。他们常常侵扰法兰克人，这是虔诚者路易出兵布列塔尼的重要原因。——译者注

② 此处拉丁文为“camerarius”，源于拉丁词“camera”。后者本义指存放钱财的柜子，引申为存放这种柜子的房间。“camerarius”则指负责收取和保管贡品、礼金、礼品并从中支付宫廷花销的官员，故译为“宫廷总管”。加洛林王朝的国王们频繁出行，而出行时往往携带钱财。宫廷总管作为掌管钱柜的官员，常陪伴在国王身边，自然是国王的重要谋臣之一。——译者注

③ 伯纳德出生于世家大族，且与加洛林家族有血缘关系。他的祖父提奥德里克（Theoderic）是勃艮第地区欧坦（Autun）的伯爵，其祖母阿尔达纳（Aldana）很可能是查理·马特的女儿。伯纳德的父亲威廉作为查理曼的表兄弟，在789年或790年成为边疆重镇图卢兹的伯爵。图卢兹属于阿奎丹王国的一部分，而那时虔诚者路易是阿奎丹的国王。801年，威廉与虔诚者路易一起征服了巴塞罗那，并先后将自己的诸位儿子安插为周围地区的伯爵。其中，威廉与第一任妻子所生的儿子贝拉（Bera）势力最大，是巴塞罗那伯爵和戈西亚边疆伯爵。820年，贝拉因军事败绩遭到虔诚者路易革职。这里提到的伯纳德就是威廉与第二任妻子所生的儿子，也是贝拉同父异母的弟弟。伯纳德于824年在亚琛宫廷礼拜堂中迎娶了杜奥达（Dhuoda），826年被虔诚者路易任命为巴塞罗那伯爵。827年，贝拉的部将埃索（Aisso）联合西班牙的穆斯林，起兵反对伯纳德。虔诚者路易在828年派遣次子阿奎丹王丕平、长子罗退尔的岳父图尔伯爵于格（Hugh）、奥尔良伯爵马特弗里德（Matfrid）征召兵马，前去救援伯纳德。但是，于格和马特弗里德因行动迟缓而被剥夺伯爵职位，伯纳德则因驱赶穆斯林有功而得到重用，并先后得到了塞普提马尼亚和戈西亚公爵、欧坦伯爵、纳尔傍伯爵以及其他一些伯爵职位，权势大增。829年，虔诚者路易派遣其长子罗退尔去统治意大利，同时将伯纳德召到宫中担任宫廷总管。虔诚者路易当时已经将年仅6岁的秃头查理安排为阿尔萨斯、阿勒曼尼和利提亚的公爵，宫廷总管伯纳德则成为秃头查理的辅佐者。随着伯纳德成为虔诚者路易身边最受信任和影响力最大的谋臣，一批显贵受到了排挤。他们联合虔诚者路易的儿子们反对伯纳德。这就是830年虔诚者路易短暂丧失权位的重要原因。——译者注

④ 此处用了“dominina imperatrix”这一名号，但并未提及皇后的姓名朱迪斯（Judith）。她是虔诚者路易的第二任妻子。818年，虔诚者路易的妻子，他的三个儿子罗退尔、阿奎丹王丕平和日耳曼人路易的母亲埃尔蒙嘉德（Ermengard）去世。次年，虔诚者路易便续娶了巴伐利亚一位伯爵威尔夫（Welf）的长女朱迪斯。朱迪斯在823年为虔诚者路易生了秃头查理。虔诚者路易此前已经在817年制定了《帝国御秩》（*Ordinatio Imperii*），将

决定沿着海岸各地向那里（布列塔尼）行进。承担这一行军任务的人们都怀有异议，由于行军艰难，他们不愿随其前往那里。一些显贵[①]得知民怨，将民众召集起来，意在使他们背弃对皇帝所发的（效忠）誓言。[②]于是，本应前往布列塔尼的民众聚集在巴黎，迫使罗退尔（Lothar）[③]从意大利，丕平（Pippin）[④]从阿奎丹前来敌对（他们的）父亲，意在将他赶出王国，打击他

其疆土分给了埃尔蒙嘉德为他所生的三个儿子。他为了给秃头查理安排疆土，不得不一再修改《帝国御秩》中的规定。罗退尔、阿奎丹王丕平、日耳曼人路易在830年后轮番或联手反叛父亲，其中目的之一就是打击他们的继母朱迪斯和同父异母的弟弟秃头查理。国内学界对该文献的研究，参见李云飞：《诸子均分与帝国一体：817年虔诚者路易的传国计划》，王晴佳、李隆国主编：《断裂与转型：帝国之后的欧亚历史与史学》，上海：上海古籍出版社2017年版，第125—151页。《帝国御秩》全文见 Alfred Boretius ed., *Capitularia Regum Francorum*, *Monumenta Germaniae Historica* (Abbr. *MGH*), tomus I, Hannover: Hahnsche Buchhandlung, 1883, no.136, pp.270–273. 本书在提到这些条令时，采用 *Capit*.I, no.x, c.y, p.z 这样的缩略格式，即表示《法兰克人诸王条令》第1卷，第x种条令，第y条，第z页。——译者注

① 在这些显贵中，被削夺伯爵职位的马特弗里德和于格是最重要的人物。——译者注

② 最晚从789年开始，查理曼就要求疆土内所有年满12岁的男子向其宣誓效忠。这一政策在他加冕称帝之后日益加强，成为君主树立自身权威和防止臣下反叛的重要手段。虔诚者路易继位之后也延续了这种政策。马蒂亚斯·贝克尔（Matthias Becher）对这种普遍宣誓效忠进行了专门的研究，参见 Matthias Becher, *Eid und Herrschaft: Untersuchungen zum Herrscherethos Karls des Großen*, Sigmaringen: Thorbecke, 1993.——译者注

③ 罗退尔是埃尔蒙嘉德在795年为虔诚者路易所生的长子。虔诚者路易在入主亚琛的次年（815年），便安排长子罗退尔成为巴伐利亚王。但是，两年之后的817年，他制定了《帝国御秩》，确立罗退尔为其共治皇帝，并将帝国的绝大部分疆土划分给罗退尔，将阿奎丹和巴伐利亚分别给予罗退尔的两个弟弟丕平和日耳曼人路易，同时规定丕平和日耳曼人路易应在内政、外交、军事等方面对罗退尔遵从、顺服。同一年，虔诚者路易的侄子，即早已被查理曼立为意大利王的伯纳德起兵反叛，并在随后被捉拿、审判，遭受挖眼之刑后去世。822年，虔诚者路易就派遣罗退尔去统治意大利王国。823年秃头查理出生后，罗退尔在父亲和继母的安排下成为弟弟秃头查理的代父。829年，虔诚者路易将原本划分给罗退尔的阿勒曼尼给予秃头查理。这是830年罗退尔反对父亲和继母朱迪斯的重要原因。不过，阿奎丹王丕平、伯爵于格、马特弗里德等人是这次反叛活动的最初策划者，罗退尔只是在叛乱开始后才参加进来的。——译者注

④ 丕平生于797年，是埃尔蒙嘉德为虔诚者路易所生的第二子。根据虔诚者路易817年所制定的《帝国御秩》，丕平成为阿奎丹国王。829年，虔诚者路易从已经划分给三个儿子

们的继母，杀死伯纳德。上述伯纳德获悉此事后逃入巴塞罗那。① 皇帝闻听他们的阴谋，迅速前往贡比涅（Compiègne）② 迎击他们。丕平也带着大量民众到达那里，并在罗退尔的同意下，夺去了他（皇帝）的一切统治权，带走了他的妻子，给她蒙上面纱，送至普瓦提埃的圣拉德贡德（Radegund）修道院③，并剃去她的兄弟康拉德（Conrad）和鲁道尔夫（Rudolf）④ 的头发，送入不同的修道院。⑤ 复活节过后一周，罗退尔从意大利赶来，在那里（贡比涅）举行了大会，命人弄瞎伯纳德的兄弟赫伯特（Herbert）的双眼⑥，并

罗退尔、丕平和日耳曼人路易的疆土中，为秃头查理分割了一份疆土，其中包括勃艮第的部分地区，而这部分疆土原本是分给丕平的。这应该是丕平反叛父亲的重要原因。——译者注

① 如前所注，伯纳德最晚从 827 年就担任巴塞罗那的伯爵，因此他是逃回了自己的权力巢穴。——译者注

② 贡比涅拉丁文作“Compendium”，位于今天法国皮卡第大区瓦兹省，巴黎以北约 80 公里，埃纳河（Aisne）汇入瓦兹河（Oise）的地方。该地在墨洛温王朝就已经是一个重要的王宫所在地。

③ 该修道院当时在丕平的疆土范围内。拉德贡德大约生于 520 年，死于 587 年，是图林根王贝尔塔查尔（Bertachar）的公主，但被墨洛温王朝的国王克洛塔尔（Chlothar）一世夺为妻子。她后来逃离克洛塔尔，得到了教会的庇护，在普瓦提埃建立了一所圣十字架修道院。到 8 世纪，她已经被视为圣徒。她所建立的修道院也因其名而被称为圣拉德贡德修道院。——译者注

④ 巴伐利亚的威尔夫是威尔夫家族的开创者。他和妻子海德维希（Hedwig）育有两儿两女。长女朱迪斯如前所述嫁给了虔诚者路易，次女埃玛（Hemma 或 Emma）则嫁给了虔诚者路易的儿子日耳曼人路易。他们的两个儿子中康拉德拥有阿勒曼尼地区（尤其是康斯坦茨湖附近）的若干伯爵区，包括欧塞尔和阿尔高（Aargau）。鲁道尔夫则是庞蒂厄伯爵。朱迪斯和埃玛的婚姻大大提升了威尔夫家族在加洛林帝国的地位。在虔诚者路易去世后，康拉德既是秃头查理的舅父，也是日耳曼人路易的妻兄。他在秃头查理和日耳曼人路易之间摇摆骑墙，充当着二者的调停人。——译者注

⑤ 据尼萨尔在其《史事四书》中记载（I, 3），这两所修道院都在阿奎丹，即丕平的势力范围内。丕平将康拉德和鲁道尔夫隔离囚禁，具有防止他们相互联系的用意。——参考了英译者注

⑥ 据尼萨尔在其《史事四书》中记载（I, 3），赫伯特随后被送到意大利，即罗退尔的疆土。——参考了英译者注

囚禁了皇帝的一些忠臣①。

上述所有事情发生后，皇帝和他的儿子罗退尔商定 10 月 1 日在奈梅亨
3 (Nijmegen)② 召开一次会议，以便萨克森人和东法兰克人能与会。随后，来自皇帝和罗退尔双方的大队军马结集在那里。鉴于上述阴谋叛乱者的诡诈已经暴露，阴谋已经公开，皇帝在重获皇位（权）之后，以他们谋逆为由，下令将他们关押，直至将来在亚琛再次召开会议（的时候予以审判惩处）。所有主教、修道院院长、伯爵和其他法兰克人还判定，他（皇帝）的妻子从他身边被带走时未依法律、未经审判、毫不公正，因此应当将她带到上述拟定的会议上，若任何人欲指控她任何罪行，则她要么依法辩白，要么接受法兰克人的审判③。随后，皇帝去往亚琛越冬。

---

① 此处拉丁文为“fideles”。该词有广义和狭义两种含义。它可以宽泛地指忠于虔诚者路易的各种人，也可以专指虔诚者路易的私人封臣。私人封臣往往从虔诚者路易那里领受土地，向其宣誓效忠、提供兵役，他们的地位通常低于公爵和伯爵。笔者在本年代记中对该词通常采取较为宽泛的理解，除非上下文能表明它特指“封臣”。——译者注

② 此处拉丁文为“Noviomagus”，英语亦可拼写为“Nijmegen”。该地位于今天荷兰海尔德兰（Gelderland）省南部，瓦尔（Waal）河畔，临近德国边境。该地在罗马时代就已建有要塞，7 世纪初便成为墨洛温王朝的王宫和铸币地之一。加洛林王朝建立后，该地是对付萨克森人和弗里斯人的前沿要塞，同时也是重要的王宫之一，周边有多个王室庄园拱卫。因为奈梅亨靠近东部，故而方便图林根人和东法兰克人参加会议。虔诚者路易选择在该地举行会议，就是为了获得莱茵河以东的图林根等地的支持。他的妻子皇后朱迪斯在图林根、巴伐利亚等地拥有广泛的家族势力。——译者注

③ 此处拉丁文为“iudicium Francorum”。“法兰克人的审判”常用于关乎王国安稳的重大问题，比如分王国的国王之间的纷争、国王或王族成员的重大过错、显贵对国王的谋害或反叛等。它常常是通过召集王国大会议，由参加大会议的显贵们代表全体法兰克人作出裁决。这种形式的审判旨在凸显审判的权威性和合法性，同时国王也可以借此凸显自己在审判中的中立态度。此处由于皇后朱迪斯是与皇帝利益密切相关的人，因此采取“法兰克人的审判”，就可以消除民众对国王主导审判的质疑。关于墨洛温王朝和加洛林王朝“法兰克人的审判”的最新研究，参见 François Bougard,“Du « jugement des Francs » au «jugement de l’armée » ou l’ombre de Velleius Paterculus”, in L.Jégou, S.Joye, T.Lienhard et J.Schneider eds., *Faire lien Aristocratie, réseaux et échanges compétitifs*, Paris: publications de la sorbonne, 2015, pp.259–267.——译者注

831 年

2月1日左右，像议定的那样①，他举行了大会议。他命令上一年先在贡
比涅，后又在奈梅亨反叛并冒犯皇帝的人与会，以便商讨他们的案子，并作
出判决。他们先经他的儿子们（的审判），后又经全体与会者（的审判），应
受死刑。不过，皇帝出于一贯的宽厚，饶恕了他们的性命，保全了他们的
肢体，只将他们分遣各地关押。罗退尔因不当地与这些人合谋，乞求父亲的
宽恕。皇后也依令到会，站在皇帝以及他的儿子们面前，表态说愿意就所有 4
针对她的指控辩白。民众受到仔细询问，是否有任何人想指控她任何罪。因
为没有发现任何人提出任何恶行来指控她，她就依法兰克人的审判（方式），
针对一切指控证明了自己的清白。会议结束后，他（皇帝）准许罗退尔返回
意大利，丕平返回阿奎丹，（日耳曼人）路易②返回巴伐利亚。③他自己则在
5月1日左右来到因格尔海姆（Ingelheim）④，在那里体面地接待了前来面见
他的罗退尔。那些遭到流放的人也被带到那里，他们得以解除惩罚，得到了

---

① 上一年纪事的结尾已经记载，虔诚者路易决定在亚琛举行会议，审判和惩处叛逆者，同时审理针对皇后朱迪斯的指控。

② 日耳曼人路易生于806年到810年之间，是埃尔蒙嘉德为虔诚者路易所生的第三子。817年的《帝国御秩》将巴伐利亚分给了日耳曼人路易，但那时他尚未成年，并未像两位兄长那样去统治各自的疆土，而是到825年成年后才成为巴伐利亚的实际统治者。827年，他迎娶了阿尔托尔夫（Altorf）伯爵威尔夫（Welf）的女儿埃玛，而埃玛正是他的继母朱迪斯的妹妹。没有资料表明日耳曼人路易参与了830年对父亲的反叛。

③ 本年代记在此处并未提及，虔诚者路易在这次亚琛会议上修改了《帝国御秩》，重新制定了自己死后的疆土分割方案。该方案规定，罗退尔在父亲去世后将无法得到传统意义上的法兰西亚，因为这些疆土被重新分给了丕平、日耳曼人路易和秃头查理。这不仅意味着罗退尔疆土份额的减少，而且意味着罗退尔将丧失法兰克王国的核心疆土以及对三个弟弟的绝对政治优势。该疆土分割计划得以全文保存下来，参见 *Capit*.II, no.194, pp.20–24。——译者注

④ 因格尔海姆位于今天德国西部偏南的莱茵兰—普法尔茨州，美因茨西边，莱茵河南岸。法兰克人在5世纪时移居该小镇。墨洛温王朝时期，它是一个王室庄园。查理曼将其建为一座王宫，并至少3次在此居留，而虔诚者路易则至少10次在此居留。——译者注

皇帝的宽恕。

他在蒂永维尔（Thionville）王宫①举行了第三次大会议。②波斯埃米尔（Amir）阿卜杜拉·马蒙（Al-Mamoun）③的使者们也到会求和。他们得到和约，很快返回。一些为同样目的而来的丹麦人使者也得到了（虔诚者路易）对和约的确认，而后返回各自的地方。许多斯拉夫人的使团前来觐见他。他们在诉求得到听取和处理之后，获准回国。伯爵伯纳德也到会，就自己所受的指控，向皇帝及其儿子们以宣示效忠的方式作了保证。④他到会的儿子们（罗退尔和日耳曼人路易）也返回各自的王国。他一直期待在那里见到丕平，

---

① 拉丁文为“villa Theodonis”，字面意思是“提奥多的庄园”。蒂永维尔位于今天法国东北部洛林大区摩泽尔省，摩泽尔河的西岸。该地在矮子丕平（三世）时期已经是王宫之一，在查理曼和虔诚者路易时期政治重要性进一步上升。“维拉”（villa）在古罗马特指贵族或富商在乡村的庄园或别墅。在中世纪早期法兰克王国的文献中，“villa”一词仍然保留了这样的含义。无论是墨洛温王朝还是加洛林王朝，王室在王国各地都有庄园。这些庄园可能只是国王的临时歇脚地，也可能是重要的王宫所在地。参见李云飞：《查理曼〈庄园敕令〉探析》，北京大学历史学系世界古代史教研室主编：《多元视角下的封建主义》，北京：社会科学文献出版社 2013 年版，第 401—427 页。——译者注

② 如前所述，前两次大会议分别是在亚琛和因格尔海姆举行的。尽管年代记在记载前两次会议时并未将其称为“大会议”，但是此处却说是“第三次大会议”（tertium generale placitum）。作者凸显会议的“广泛”（generale），应该是为了强调相关审判的合法性和权威性。——译者注

③ 此处拉丁文为“amiralmumminin”。其中“amir”现代英语作“Emir”，即埃米尔，是哈里发（穆罕默德的“继承者”）的名号之一，意思是“统帅”。“Amir al Mumminin”的意思是“众信徒的统帅”，它凸显了哈里发的军事领袖地位。这里提到的埃米尔是阿巴斯王朝的哈里发阿卜杜拉·马蒙（813—833 年间在位）。831 年他正在与拜占庭交战。他向虔诚者路易遣使求和，或许是为了寻求加洛林帝国的帮助，一东一西夹攻拜占庭帝国。——译者注

④ 这次叛乱时的重要传言是伯纳德与皇后朱迪斯之间存在过于密切或不正当的关系。朱迪斯得以自证清白，但是伯纳德未能恢复其职位和影响力。据无名星官的记载（c.47），伯纳德 832 年的时候在阿奎丹，并在那里与丕平一起被控对皇帝不忠，且伯纳德还被剥夺了采邑和职权。事实上，在 831 年之后，虔诚者路易身边最重要的谋臣就换成了他的侍应官（seneschal）阿达拉尔德（Adalard）。年代记作者在此处显然有意隐去了伯纳德和朱迪斯所受的具体指控，体现了维护王室清誉的用意。——参考了英译者注

并向他派遣了多位使者传召他。丕平允诺将会前来，但并未前来。他(皇帝)本人在圣马丁（St Martin）节（11 月 11 日）① 的弥撒后赴亚琛越冬。丕平在圣诞节前几天到那里见他。因他不顺服，皇帝接待他的时候并未像往常那样热情。

832 年

丕平因父亲未体面地接待自己，受到冷遇，心生不轨，于 12 月 27 日 ② 夜晚的第一个小时，带着少数亲信潜逃，极速返回阿奎丹。皇帝未曾料到自己的儿子能做出此等事，竟然从父亲身边逃跑，因此他深感恼怒。③ 他从各地召来谋臣，与他们共商应对之策，并决定在奥尔良城召开会议，召集罗退尔从意大利到奥尔良参加商定的会议，（日耳曼人）路易则先到亚琛，然后与父亲一同前往。

议定这些事后，众多信使被派往各地发布这些决定。然而，皇帝很快闻听，（日耳曼人）路易率所有巴伐利亚人，无论是自由人还是奴仆，会同他能召集到身边的斯拉夫人，欲侵入不久之前父亲就已经给予其弟（秃头）查理的阿勒曼尼，打算把它毁坏、洗劫、并入自己的王国，迫使该王国的所有 6

① 圣马丁 316 年或 336 年出生在罗马帝国的潘诺尼亚行省，早年从军，后成为图尔的圣希拉里的弟子，继而在 371 年成为图尔主教。他后来在图尔城外建立了马穆提埃（Mamoutier）修道院。他在 397 年去世，后来成为广受崇拜的圣徒。圣马丁节就是为纪念他而设立的，在每年的 11 月 11 日。该节日是中世纪西欧各地农民在冬季到来前种下小麦，结束一年的农事，同时屠宰牲畜，储备越冬肉食。——译者注

② 此处拉丁文日期为“vigilia Innocentium”，即“诸圣婴孩殉道日的前夜”。按照罗马教会 5 世纪末期以来的传统，“诸圣婴孩殉道日”为 12 月 28 日。据《马太福音》第二章记载，耶稣出生之后，犹太人的希律王为了清除这位新生的“犹太人君王”，便下令屠杀伯利恒及其周围地区两岁以下的婴儿。基督教会后来将这些婴儿作为殉道者，因为他们是因耶稣而遭到杀害的。“诸圣婴孩殉道日”就是为纪念这些被杀的婴儿而设立的。——译者注

③ 此处拉丁文为“graviter commotus”。英译者将其翻译为“upset and angry”（伤感和生气），笔者则将“graviter”理解为修饰“commotus”的副词，翻译为“深感恼怒”。——译者注

民众向其宣誓效忠。他还打算在完成这些事情之后，率军攻入法兰西亚，尽可能多地攻占父亲的疆土，使之归降自己。得知这些情况后，皇帝立即对（原定在奥尔良召开的）会议做出改变[①]，命令所有的西法兰克人、奥斯特拉西亚的法兰克人，以及一些萨克森人在 4 月 18 日到美因茨与其会合。所有闻听命令的人意欲提供一切援助，便火速前去见皇帝。就在那时，即 4 月 19 日，日落之后发生了月食。

皇帝到了美因茨，所有民众也来到了这个他（皇帝）为他们定下的举行会议的地方。次日，皇帝带着一支由法兰克人和萨克森人组成的精锐兵马，渡过了莱茵河和美因河（Main），并在特里布尔（Tribur）王宫[②]附近安营扎寨。他的儿子（日耳曼人）路易则与其军队驻扎在靠近沃尔姆斯（Worms）的一个被称为兰佩尔泰姆（Langbardheim）[③]的地方。他自己的人，以及一些（原本）属于皇帝和（秃头）查理但倒戈于他的伯爵和封臣（vassals）[④]向他许诺说，所有东法兰克和萨克森人都会援助他。他因这些虚假的许诺而

---

① 这既指将会议的时间延后，也指将会议地点从上文所述的奥尔良改为下文所述的美因茨。——译者注

② 该地位于沃尔姆斯附近的莱茵河右岸上游不远处。——译者注

③ 亦拼写为“Lampertheim”，位于今天德国西部偏南，黑森州的西南角，沃尔姆斯的东南方向，为莱茵河东岸河畔城镇。本年代记此处的记载，是该地首次出现在历史文献中。——译者注

④ 此处拉丁文为“comitibus et vassallis”。“vassus”是凯尔特词语“gwas”的拉丁化形式，意思是“年轻人”，指依附于富裕强势之家的年轻仆人或侍者。在墨洛温王朝的文献中，“vassus”或其小词“vassallus”具有明显的贬义，相当于“奴隶”或“奴仆”。到加洛林王朝，国王身边的年轻仆人通常充当护卫国王、随军作战的功能。他们从王朝的疆土扩张中获益，在成年或服役一段时间之后往往得到封土，被国王安置在各地，成为国王的封臣，地位有了较大的提高。“封臣”一词的奴仆之意减少，尊荣则有所增加。尽管如此，国王的私人封臣往往并非各地的世家大族，其地位低于公爵、伯爵。此处文本的“封臣”（vassalli）在“伯爵”（comites）之后，也是这种地位差异的反映。关于“vassus”一词的起源和演变，参见弗朗索瓦·冈绍夫：《何为封建主义》，张绪山、卢兆瑜译，北京：商务印书馆 2016 年版，第 13—14、30—67 页。——译者注

产生了急切的期待。诡计多端的马特弗里德（Matfrid）① 是此事最主要的鼓噪者和推动者。此人在一年前被判死刑，但皇帝饶其一命，保留其家产。当 7
（日耳曼人）路易得知其父带着大批忠诚者渡过莱茵河后，他的狂妄有所收敛，打消了获取不当权力的野心。不久，他经由来时的路，带着他的人马急速返回巴伐利亚。许多倒戈于他的人也重新回到皇帝身边。皇帝听说（日耳曼人）路易迅速撤兵，便进入路易撤出的地方，所见一片狼藉。

然而，他像惯常的那样，忍受了这些忤逆之举，并未追击儿子，而是放慢脚步，带着兵马进入阿勒曼尼，到达莱希（Lech）河畔 ② 的奥格斯堡（Augusburg），宽恕了他误入歧途的儿子，对后者背叛他而做的所有事情既往不咎。他的儿子则发誓绝不再犯此类事，亦不与他人合谋做此类事。

此次会议结束后，皇帝准许其子（日耳曼人路易）安然无恙地重返巴伐利亚，自己则解散兵马，经奥斯特拉西亚到达萨尔茨（Salz）。③ 在那里，皇后前来与他相见。他们一道沿水路到达美因茨。在那里，罗退尔拜见了父亲。他们决定于 9 月 1 日在奥尔良再次举行大会议，每位自由人都应武

---

① 他是后来学界所称的马特弗里德家族的开创者。他在 815 年就已成为虔诚者路易麾下的重要战将，随后参加了虔诚者路易的多次出征。在 817 年，他很可能是虔诚者路易制定《帝国御秩》的重要支持者。他在 817 年左右成为奥尔良伯爵。824 年，他随皇帝远征布列塔尼，在 825 年后则进入宫廷，成为皇帝身边的谋臣。827 年，他奉命与自己的姐夫（或妹夫）图尔伯爵于格以及阿奎丹王丕平一道出征西班牙，援助巴塞罗那伯爵伯纳德反击西班牙的穆斯林。但马特弗里德和于格因救援迟缓，被削夺伯爵职位。而伯纳德是此事的最大获利者。这使得马特弗里德成为本年代记有关 830 年史事中提到的，唆使阿奎丹王丕平起兵反叛的重要显贵之一。此后直到 836 年去世，马特弗里德又多次支持罗退尔、丕平反叛虔诚者路易。关于马特弗里德的更多信息，参见 Philippe Depreux, “Le comte Matfrid d’Orléans sous le règne de Louis le Pieux”, *Bibliothèque de l’école des Chartes*, vol. 152, issue 2, pp.331–374.——译者注

② 莱希河发源于奥地利西北部的阿尔卑斯山北麓，先向东，后向北，流经德国巴伐利亚州的福森（Füssen）、奥格斯堡等地，汇入多瑙河。——译者注

③ 萨尔茨位于今天德国巴伐利亚西北部下法兰肯区的北部。需要注意的是，不能混淆这里的萨尔茨和奥地利的萨尔茨堡。——译者注

8 装与会。到达那里（奥尔良）后，他依例接受了岁贡①，并很快赶往利摩日(Limoges)②。到达那里后，他传召其子丕平觐见。除其他事情外，他还责问后者为何未经允准就从其身边逃离。皇帝欲以一番父爱使其回心转意，便令其进入法兰西亚，待在他为其指定的地方，直到父亲的怒气因其悔改而消解。③他（丕平）佯装将奉命而行，但是刚一踏上征程就折返，轻视履行父亲的命令。皇帝则经由阿奎丹的其他地区返回法兰西亚。当皇帝获悉此事后，并未像原定的那样快速返回巴伐利亚，而是因为此事在那里滞留了数日，继而在勒芒（Le Mans）④度过了圣诞节。⑤

833 年

皇帝在那里欢度节日后，径直回到亚琛。他刚在那里滞留了几日，便有人向他禀报，他的儿子们再度联手，起事反叛，意欲率大批与他为敌的人发

① 此处拉丁文为“dona annualia”，字面意思是“一年一度的礼物”。这里翻译为“岁贡”，指地方显贵每年按照惯例应当向国王送交的钱物。奥尔良曾是前述马特弗里德担任伯爵的地方，皇帝在此召集会议，并收取岁贡，这表明奥尔良地区对皇帝的重新顺服。——译者注

② 此处拉丁文为“Lemodicae”。该地今天在法国中部偏南，为上维埃纳省（Haute-Vienne）的首府。——译者注

③ 本年代记并未提及，皇帝当时已经决定将原本划分给丕平的阿奎丹给予他的小儿子秃头查理。而皇帝的这种决定在尼萨尔的《史事四书》(I, 4)、《富尔达年代记》有关 832 年的史事记载以及无名星官的《皇帝路易传》(c.47) 中都有记载。丕平在 817 年之后就已经开始治理阿奎丹王国，但是父亲却将该王国转而给予秃头查理。这意味着丕平完全被剥夺了疆土，这是他坚决反对父亲的原因。本年代记对虔诚者路易剥夺丕平疆土一事只字不提，仅强调丕平对父亲命令的蔑视和违抗，这应该是为了突出后来秃头查理获得阿奎丹并打击丕平的儿子丕平二世的合法性。这也许表明，本年代记这里的记载是事后几年才写出的。——译者注

④ 勒芒拉丁文为“Cinomannis”，位于曼恩河的支流萨尔特河的河畔。它现在是法国西部卢瓦尔大区萨尔特省的首府。——译者注

⑤ 在 12 月 22 日，虔诚者路易安排阿尔德里克（Aldric）成为勒芒主教。——据英译者注

起攻击。[1] 经过商议，皇帝于大斋节开始前到达沃尔姆斯。他在那里度过大斋节之后，又庆祝了复活节（4 月 13 日）和万圣节（6 月 1 日）。他召集兵马，决定前去迎战他们，倘若不能以和气之词说服他们放弃此等狂妄之举，则将以武力制服他们，以免基督的子民生灵涂炭。他的儿子们，即从意大利带着 9
教宗格里高利（Gregory）[2] 而来的罗退尔、从阿奎丹来的丕平和从巴伐利亚来的（日耳曼人）路易，以及他们的大批追随者，打算继续坚持已经着手的事情，便聚集在阿尔萨斯地区一个被称为罗特菲尔德（Rotfeld）[3] 的地方。皇帝在遇到他们后，根本无法迫使他们放弃此等大逆不道之举。相反，他们以诡诈的劝诱和虚假的承诺蒙蔽了与皇帝一道而来的人，使他们抛弃了他。[4] 而

---

① 里昂大主教阿格巴德在此期间（这一年的上半年）写了著名的檄文（*Liber Apologeticus*），站在罗退尔、丕平和日耳曼人路易的立场上，痛斥了皇帝和皇后宫廷内部与王国大政两个方面的过错甚至罪恶，将三兄弟的反叛辩护作为清君侧、除流弊的正当之举。Lieven Van Acker ed., *Liber Apologeticus, Corpus Christianorum Continuatio Medievalis*, vol.52, Turnhout: Brepols, 1981, pp.309–312.

② 即格里高利四世，827 年至 844 年在位。虔诚者路易在此期间让忠于他的一些主教们致信教宗格里高利，向教宗说明虔诚者路易改变此前的疆土分割计划是为了王国的需要和利益，提醒教宗他此前曾经对虔诚者路易做过的忠诚誓言，劝阻教宗进入法兰西亚。而教宗则在 6 月致信虔诚者路易的主教们，敦促他们应当将教宗的权威置于皇帝的权威之前，向他们说明虔诚者路易改变疆土分割计划乃是国内混乱和纷争的根源，要求他们准备好接待自己。教宗的这封信函全文参见 Ernst Dümmler ed., *MGH*, *Epistolae V*, Berlin: 1899, pp.228–232.——译者注

③ 在本年代记的抄本 O 中，此处有一旁注说该地是罗特菲尔德，并解释说："在科尔马（Colmar）附近，因而得名'谎言之地'（the Field of Lies）"（iuxta Columburc, qui deinceps Campus-mentitus vacatur）。另一注释则说，"它被人称为罗特菲尔德（Rotfeld），即红色场地"（qui dicitur Rotfelth, id est rubeus campus）。科尔马在今天法国东北部，阿尔萨斯大区上莱茵省，毗邻德国边境。"Rotfeld"本意指长满了某种红色荆棘的田野，引申为"令人脸红羞愧的谎言之地"。曾经向虔诚者路易宣誓效忠的人背弃誓言，倒戈到他的儿子们一边，这是一种极其可耻的行为。——据 1964 年法国版编者注

④ 在本年代记的抄本 O 中，此处有一旁注曰："但是皇帝的弟弟（梅斯）主教德罗戈（Drogo）、欧坦（Autun）主教莫顿（Modoin）、不来梅（Bremen）主教威利里克（Wiliric）以及前述（勒芒主教）阿尔德里克，与其他一些主教、修道院院长、伯爵和其他一些忠于皇帝的人，站在皇帝一边。"——据拉丁文编者注和英译者注

那些令他们（叛乱者们）怒火中烧的人[1]有的因此离开，投奔到自己的友人和封臣们的疆土之上。[2]罗退尔将皇后带离皇帝，放逐到意大利的托尔托纳（Tortona）[3]，夺取了统治大权，准许教宗返回罗马，丕平返回阿奎丹，路易返回巴伐利亚。[4]他自己则押着父亲，经梅斯（Metz）[5]到达苏瓦松（Soissons）城[6]。在那里，他将他（父亲）关入圣梅达德（Medard）修道院[7]，严加看管。他还将他（皇帝）的儿子（秃头）查理从他身边带走，转移到普吕姆（Prüm）修道院[8]，他因此使父亲极为痛心。随后，罗退尔于10月1日在贡比涅举行

---

① 指皇帝一方不愿或无法投靠叛乱者的人。——译者注

② 这意味着，这些坚定支持虔诚者路易的人担心受到罗退尔等人的迫害和追击。——译者注

③ 位于今天意大利西北部，皮埃蒙特区亚历山德里亚省。——译者注

④ 罗退尔“准许”教宗及两个弟弟返回。这种表述是对他当时拥有统治大权的一种印证。——译者注

⑤ 梅斯位于现在法国洛林大区摩泽尔省，为洛林大区的首府。古罗马时期它就是高卢地区的重要城市，6世纪以后一直是墨洛温王朝奥斯特拉西亚分王国的首府。梅斯是加洛林家族的先祖阿努尔夫担任主教的地方，是家族的发源地。梅斯当时的主教德罗戈是虔诚者路易同父异母的弟弟和坚定的支持者。关于梅斯如何被塑造为加洛林家族的起源之地，参见 Damien Kempf, “Paul the Deacon’s Liber de Episcopis Mettensibus and the Role of Metz in the Carolingian Realm”, *Journal of Medieval History*, vol 30, issue 3, 2004, pp.279–299.——译者注

⑥ 苏瓦松位于法国北部，皮卡第大区埃纳省，埃纳河畔，巴黎东北方向约100公里的地方。该地早在罗马帝国时期就是要塞。从475年到486年，该城是苏瓦松王国的首府，后来被墨洛温王朝的开创者克洛维征服，成为墨洛温王朝的重要城市和王宫之一。加洛林王朝时期，苏瓦松仍然是重要的王宫之一。768年查理曼的弟弟卡洛曼就是在该城登基为王的。——译者注

⑦ 圣梅达德生活于456年到545年，曾任韦尔芒（Vermand）主教。他在大约531年将主教座堂从韦尔芒移到了努瓦永（Noyon）。他曾是墨洛温王朝的苏瓦松（分）王国国王克洛塔尔一世的谋臣。他在545年去世后，克洛塔尔一世为了纪念他，557年在苏瓦松城外修建了一所修道院，这便是圣梅达德修道院。——译者注

⑧ 普吕姆修道院位于今天德国西部边境地区，莱茵兰—普法尔茨州。该修道院创建于721年。创建者是普吕姆的贝尔特拉达（Bertrada）和他的儿子拉昂（Laon）伯爵卡里伯特（Caribert）。普吕姆的贝尔特拉达很可能出生于墨洛温王族，而卡里伯特的女儿，拉昂的贝尔特拉达则在744年嫁给了当时纽斯特里亚的宫相，后来的国王（矮子）丕平，查理

了预定的会议。众主教、修道院院长、伯爵和各地民众到达那里，将岁贡奉献于他，并向他宣誓效忠。来自君士坦丁堡的诸位使者原本是被派遣觐见他的父亲的，却觐见了他，并将信函和赠礼交给他。在此次会议上，他们（罗退尔及其支持者们）捏造了许多罪行指控皇帝。其中兰斯（大）主教[①]埃伯（Ebbo）[②]充当了这些虚假指控的始作俑者。他们如此长久地折磨他，直到迫使他放下武器，更换装束[③]，随后又将他关入教堂大门之内，以至于除被派遣

曼的父亲。经过矮子丕平和查理曼的捐赠和建设，普吕姆修道院很快成为加洛林家族的重要修道院。查理曼最年长的儿子，驼子丕平在811年去世后就被安葬在普吕姆修道院，后来虔诚者路易的儿子罗退尔一世在855年临死之前，也退隐到该修道院。值得注意的是，本年代记此处的记载表明，秃头查理虽然被送入了修道院，但是并未被剃去头发，而剃头是剥夺对手政治潜能的一种传统的具有象征意义的方式。英译者对此提出了两种可能的解释。其一，罗退尔不仅是秃头查理的兄长，也是他的代父，因此剃去秃头查理的头发有违他作为代父的保护义务。其二，罗退尔可能担心彻底剥夺秃头查理的政治潜能会遭到法兰克显贵们的反对。——译者注

① 大主教也是主教之一，只不过他是大城市（都市）的主教，或曰教省宗主教。因此，在文献中大主教也常常被称为主教，大主教在下属主教面前自谦时更是如此。——译者注

② 埃伯大约生于775年，死于851年。埃伯出身卑微。其母是查理曼一个王室庄园上的奴仆，后来成为虔诚者路易幼小时期的保姆。埃伯后来在查理曼的宫廷接受了教育，并成为阿奎丹王（虔诚者）路易的宫廷书籍管理员，被虔诚者路易释放为自由人。虔诚者路易在814年入主亚琛之后，于816年安排埃伯成为兰斯大主教。822年，埃伯又成为罗马教宗在阿尔卑斯山以北的特使。在830年丕平和罗退尔对虔诚者路易的反叛中，埃伯是虔诚者路易的支持者。但是，在833年的这次反叛中，他倒戈罗退尔，成为后者的急先锋。泰甘（Thegan）在其《皇帝路易功业记》（c.44, pp.232–238）中将埃伯对虔诚者路易的忘恩负义和背叛之举归咎于其卑微的出身，并指责埃伯身居高位后扶植和袒护亲友。不过弗洛德瓦尔德在其著作中（II, c.19, p.467）则对埃伯的一生作了较为肯定的评价。关于816年到835年埃伯的生平事迹，参见 Peter R.McKeon, “Archbishop Ebbo of Reims (816–835), A Study in the Carolingian Empire and Church”, *Church History*, vol.43, no.4, 1974, pp.437–447.——译者注

③ 此处拉丁文为“habitum mutare”，意思是“更换装束”。这里指的是虔诚者路易被迫脱去皇帝的装束，穿上悔罪者的装束。另外，主教们无权剥夺皇帝的武器。虔诚者路易在悔罪仪式中放下武器，很可能意味着他放弃统治的资格和能力。学界过去多以虔诚者路易的悔罪为依据，强调他的“虔诚”和软弱，但是近来一些学者强调，路易将悔罪作为一种“建设性”的手段，用以缓和敌对者，重塑权威。参见 Thomas F.X.Noble, “The mo-

来的说客外，无人胆敢与他说话。后来，因担心一些效忠于他的人将他从那里解救出去，罗退尔又亲自来到该修道院，违背父亲的意愿，将父亲带在身边，囚禁在贡比涅，使其依然处于被革除教籍的状态（惩罚）。会议结束后，罗退尔带着处于关押之中的父亲，在圣安德烈（St Andrew）节[1]的前一天（11月29日）到达亚琛越冬。数日之后，罗退尔和（日耳曼人）路易在美因茨举
11 行了会晤，商讨这些事情。路易在那里极力恳请他的兄长罗退尔对待他们的父亲和善一些，切勿如此严密地关押父亲。在兄长拒绝这种请求后，路易痛心地离开。他随后与其部下商议如何将父亲从此等关押中解救出来。罗退尔则在圣诞节前几日返回亚琛。

834年

皇帝被关押在亚琛，他没有受到更合乎人伦[2]的对待，忤逆于他的人反而更加凶狠地污蔑他，夜以继日地用折磨来软化他的心志，企图使他自愿弃绝俗世，隐身于修道院。不过他（皇帝虔诚者路易）却说，只要他身不由己，就绝不发此等誓愿。（日耳曼人）路易意识到，自己对兄长的任何请求都无力使其善待父亲，便遣使于其兄（阿奎丹王）丕平，告知他父亲所遭受的一切，意在使丕平勿忘对父亲的爱意和敬重，与其一道将父亲从此等苦难中解救出来。

---

nastic ideal as model for empire, the case of Louis the Pious", *Revue Bénédictine*, no.86, 1976, pp.235–250；Mayke de Jong, "Power and humility in Carolingian society, the public penance of Louis the Pious", *Early Medieval Europe*, vol.1, issue 1, 1992, pp.29–52.——译者注

① 安德烈是耶稣十二使徒之一，为纪念他的殉难而设立的节日是每年的11月30日。——译者注

② 此处采用了比较级（humanius），应该是与上一年史事末尾所记述的罗退尔对父亲的虐待相对比的，强调罗退尔不但没有听从弟弟日耳曼人路易的劝阻，反而变本加厉。这意味着，此处的记载与上一年的史事记载是一次写成的。——译者注

丕平随即征召了一支来自阿奎丹和塞纳河以外地区①的军队，路易则召集了巴伐利亚人、奥斯特拉西亚人、萨克森人、阿勒曼尼人以及一些居住在阿登（Ardennes）山脉这一侧②的人。他们带着军队向亚琛进发。罗退尔得 12
知此事，离开亚琛，将他们的父亲同样关押着，带至巴黎。在那里，他发现了率领着兵马的丕平，而后者被塞纳河异乎寻常的洪水所阻挡，无法渡河，因为其他河流恣意涨水，前所未闻的洪水漫过河岸，给许多人造成了不小的阻滞。当他（罗退尔）确知（日耳曼人）路易率大军向同样的地方进发时，大为惊慌，便将父亲丢在那里（巴黎），于 2 月 28 日带着自己的部下逃走。在其逃离后，那里的主教们前来，在圣德尼（St-Denis）教堂③中与皇帝和解，为他穿上国王的袍服，佩上国王的兵器。随后，他的儿子丕平和路易与其他忠臣前来见他。满怀喜悦的父亲欣然接待了他们。他向（两个）儿子和所有人致以最深厚的谢意，因为他们团结一心，提供了如此迅速的援助。

在与他们举行会议后，他让丕平和其他人返回家园，让路易与其一同行

---

① 指塞纳河以南的地区。年代记作者的这种表达方法，反映出他是以亚琛作为立足点和观察点来记述的。这一方面是因为他自己的活动范围在塞纳河以北，另一方面也说明亚琛已具有政治中心的地位。——译者注

② 阿登山脉主要分布在今天的比利时和卢森堡境内，是布满陡峭山脊的广阔森林地带。山脉呈南北走向，这里的“这一侧”指的是山脉的西侧。这同样体现了年代记作者以亚琛为观察点和立足点的叙述方式。另外，阿登山脉也是法兰克王国的历史传统中纽斯特里亚和奥斯特拉西亚两个分王国的分界线。——译者注

③ 德尼（Denis）是拉丁文“Deonysius”（狄奥尼修斯）的法语拼写。相传，德尼是 3 世纪的一位巴黎主教。据图尔主教格雷戈里在其《法兰克人史》中记载，德尼在罗马皇帝德西乌斯（Decius）统治时期（248—251 年）殉难，死后被安葬在巴黎北郊他的殉难之地。随着他逐渐被尊奉为圣徒，其墓地也在 475 年左右修建了修道院和教堂，成为圣所。625 年，墨洛温王朝的国王克洛塔尔二世（584—629 年在位）宣布圣德尼为法兰克君王的守护神，其子达戈贝尔（Dagobert）一世（629—639 年在位）对圣德尼教堂予以扩建，并给予大量捐赠，赐予各种特权。加洛林王朝建立后，矮子丕平和查理曼都对圣德尼修道院尊崇有加，虔诚者路易甚至命令该修道院院长希尔杜因重新为圣德尼作传。圣德尼修道院的院长们常常担任加洛林王宫中的宫廷教长（chapellain），这也体现了圣德尼修道院在政治中的重要作用。关于圣德尼崇拜与法兰克王室之间的关系，参见陈文海：《试论中世纪法国王室的“圣德尼崇拜”》，《世界历史》2008 年第 1 期。

至亚琛。在度过节日（复活节）后，他召集他的谋臣和在（亚琛）附近的显贵们，急切地与他们商讨如何才能将他的儿子罗退尔传召到身边。他向自己的王国[①]各地派出信使，让他们向民众宣告他已获得解救，劝告民众尽力履行他们向他所发过的效忠誓言，并告知民众，无论他们做过何种冒犯他的事，他都已经因着天主的爱，宽恕了他们。罗退尔则在离开巴黎后，进入普罗旺斯的维埃纳（Vienne）城[②]。他在那里滞留了一段时间，给那些地方的民众带来了许多负担。皇帝得知罗退尔在那里后，派遣使者告诉他，自己已经宽恕了他所做的一切伤害父亲的事，让他安然地回到父亲身边。罗退尔无视这些，拒绝前来，反倒坚持此等忤逆之举。不过，（后来的）事情是，那些在意大利且忠于皇帝的人，即（维罗纳）主教拉托尔德（Ratold）[③]、伯爵卜尼法斯（Boniface）[④]、皇帝的血亲丕平[⑤]以及许多其他的人，在听说他（皇帝）的一些仇人意欲处死他的妻子时，便火速派人营救她，随后又在

13

① “自己的”王国，强调了虔诚者路易的统治大权。——译者注

② 维埃纳位于今天法国东南部的伊泽尔省，热勒河（Gère）汇入罗讷河的地方。该城从古典时代以来就是一个重要的城市，在中世纪早期曾与阿尔勒争夺在高卢南部的宗教权威，是大主教座堂所在地。——译者注

③ 据无名星官的《皇帝路易传》（c.29）记载，在 817 年意大利王伯纳德的叛乱中，维罗纳主教拉托尔德就是虔诚者路易的支持者。如前所述，在 833 年虔诚者路易处于众叛亲离的困境时，拉托尔德也是少数“仍然站在皇帝一边”的人之一。——译者注

④ 这位卜尼法斯是卢卡（Lucca）伯爵，托斯卡纳的边疆伯爵或公爵。他的父亲也叫卜尼法斯，是一位来自巴伐利亚的显贵，追随查理曼远征意大利，并被查理曼安排为卢卡伯爵。在查理曼的儿子意大利王丕平 810 年去世后，老卜尼法斯被任命为意大利大将军（praefector），除卢卡外，还统辖比萨、皮斯托亚（Pistoia）、沃尔泰拉（Volterra）、鲁尼（Luni）等地，因此被视为首任托斯卡纳边疆伯爵。老卜尼法斯在 823 年去世后，其子卜尼法斯继任卢卡伯爵和托斯卡纳边疆伯爵。他随后受意大利王罗退尔之命，负责意大利的海防，曾率舰队从科西嘉岛攻打北非的穆斯林。但是，尽管他的辖区位于罗退尔所统治的意大利王国，但是他在 833 年却支持皇帝虔诚者路易而非罗退尔。他也因此被罗退尔削夺职位。——译者注

⑤ 此处拉丁文为“Pippinus consanguineus imperatoris”，字面意思为“与皇帝有共同血缘的丕平”。这位丕平是意大利王伯纳德的儿子，而伯纳德的父亲是意大利王丕平，虔诚者路易的兄长。817 年，意大利王伯纳德因谋反被囚禁，次年受到挖眼之刑，并因而死去，但是他的儿子丕平却幸存下来，并成为韦尔芒伯爵，在 833 年的内乱中支持虔诚者路易。——译者注

解救她之后，将她安然无恙地护送到亚琛，即他的面前。其间，在征讨兰伯特(Lambert)①、马特弗里德以及其他罗退尔的帮凶的战事②中，奥多(Odo)和他的弟弟威廉(William)③、伯爵富尔伯特(Fulbert)④，圣马丁修道院的院长提奥托（Theoto）⑤以及其他许多人阵亡。

与此同时，一支丹麦人的船队来到弗里西亚(Frisia)⑥，蹂躏了那里的部 14

---

① 这位兰伯特从 818 年到 831 年是南特伯爵和负责征讨布列塔尼人的边疆伯爵。他参加了虔诚者路易在 818 年对布列塔尼人的讨伐。在 831 年，他参加了罗退尔对虔诚者路易的叛乱，事后被流放，或逃亡到罗退尔所统治的意大利。在那里，他于 834 年被罗退尔任命为斯波莱托（Spoleto）公爵，成为罗退尔的重要支持者之一。他死于 836 年的瘟疫。他的第一任妻子为他生了兰伯特二世，后者继承了他的南特伯爵职位。他的第二任妻子是意大利王丕平的长女阿德莱德（Adelaide）。阿德莱德为他生了儿子维多（Wido），维多继承了他的斯波莱托公爵职位。887 年加洛林家族的皇帝（胖子）查理三世被废黜后，这位维多的儿子维多在 888 年和 891 年先后成为意大利的国王和罗马皇帝。——译者注

② 据无名星官在《皇帝路易传》中（c.52）记载，此次战役发生在 5 月 25 日之后。此次战役还有许多其他文献提及，这反映了它的重要性。富饶的卢瓦尔河流域是显贵们争夺的目标。——据英译者注

③ 这位奥多属于乌达里奇家族（Udariching）。827 年他在马特弗里德被削夺职位之后，继任为奥尔良伯爵。不过，在 830 年，奥多与他的亲属赫里波特（Heribert）一起被罗退尔削夺伯爵职位，而他们的对手马特弗里德则重获该职位。这位奥多的父亲是伯爵阿德里安（Adrian），而阿德里安的一位姐姐（或妹妹）则是希尔德嘉德（Hildegard），即查理曼的第三任妻子，小查理、意大利王丕平、虔诚者路易三位兄弟的母亲。这位奥多的女儿埃尔蒙特鲁德（Ermentrude）则嫁给了西法兰克的国王秃头查理。不过，他的儿子威廉在 866 年被他的女婿秃头查理处决。这位奥多还有一位妹妹，名叫瓦尔德拉达（Waldrada），她嫁给了沃尔姆斯的伯爵罗伯特三世，并生了强人罗伯特（Robert the Strong），即卡佩王朝的先祖。这里提到的这位奥多的弟弟威廉则是布卢瓦（Blois）的伯爵，虔诚者路易的身边近臣之一。奥多和他的弟弟威廉都是前面提到的巴塞罗那伯爵伯纳德（或曰塞普提马尼亚的伯纳德）的亲属，他们是 827 年马特弗里德和于格被革职后的受益者。——译者注

④ 此人生平不详。——译者注

⑤ 提奥托同时还担任虔诚者路易的文秘长（chancellor）。——译者注

⑥ 弗里西亚指北海东南部的欧洲大陆沿岸地区，其中大部分地区属于今天的荷兰，小部分属于今天的德国。该地区位于法兰西亚的北边，海拔较低，外连大洋，内通莱茵河等多条河流，当时频繁遭受丹麦人的劫掠。盘踞在这一地区的丹麦人分为不同的支派，他们的相互争夺是造成该地当时混乱局面的重要原因。——译者注

分地区，随后经乌特勒支（Utrecht）到达被称为多列斯塔特（Dorestad）的集市(emporium)[①]，摧毁了一切。他们杀死一些民众，掳掠一些民众，烧毁了那里的部分地区。

罗退尔带着他的人马来到夏龙(Chalon-sur-Saône)[②]，将其攻陷，以火烧之，并俘获那里的伯爵们，杀死其中的三位[③]，将其余的关押。他将伯纳德身为修女的姐姐[④]关入木箱中，沉入索恩河(Saône)[⑤]，随后又进入奥尔良。皇帝听闻这些事，于8月月中召集兵马到朗格勒(Langres)[⑥]。他在那里接受了岁贡，为解救民众摆脱王国的入侵者，立即经由特鲁瓦(Troyes)[⑦]人、沙

---

① 在中世纪早期的文献中，拉丁文“emporium”表示欧洲西北部商贩聚居并从事买卖活动的地方。它通常处于河岸、海岸或一国的边境地区。当时的这种集市往往缺乏教堂等永久性的居住设施。不过，到中世纪盛期，这些集市点往往发展为新兴的城市。多列斯塔特就位于法兰西亚和弗里西亚交界处，是莱茵河畔一个重要的集市。——译者注

② 此处拉丁文为“Cauello”，即索恩河畔的夏龙。它位于今天法国东部勃艮第大区的索恩—卢瓦尔省。——译者注

③ 其中两位在尼萨尔的《史事四书》（第一卷第5节）和无名星官的《皇帝路易功业记》（第52节）中有所提及。这两位中一位名叫塞尼拉（Senila），听起来似乎是哥特人的名字。另一位名叫戈兹海姆（Gozhelm），很可能是鲁西永（Roussillon）的伯爵，巴塞罗那伯爵伯纳德的弟弟。——据英译者注

④ 指吉尔贝尔嘉（Gerberga）。她是巴塞罗那伯爵伯纳德同父异母的姐姐，即伯纳德的父亲阿奎丹的威廉与第一任妻子所生的女儿。吉尔贝尔嘉被指控为女巫而遭到处死。泰甘在其所著的《皇帝路易传》（c.52）中罗列了罗退尔在夏龙城所犯的各种恶行之后继续写道：“此外，他下令将公爵伯纳德那位名叫吉尔贝尔嘉的修女姐姐（或妹妹）关在葡萄酒桶中，抛入索恩河……他折磨了她很长时间，直到经过他诸位邪恶谋臣的妻子们的审判，将她处死。”据无名星官在《皇帝路易功业记》（c.52）中记载：“已故伯爵威廉的女儿吉尔贝尔嘉像配制毒药者那样，被用水淹死。”——译者注

⑤ 索恩河是法国东部的一条河流，是罗讷河右岸的一条支流，发源于孚日省的维奥梅尼尔，流经孚日、上索恩、科多尔、索恩—卢瓦尔、罗讷和安六省，在里昂汇入罗讷河。第戎、夏龙、马孔等都是该河河畔的重要城市。——译者注

⑥ 朗格勒在法国东北部，属于香槟—阿登大区上马恩省。该地为主教座堂所在地。——译者注

⑦ 特鲁瓦位于法国中部偏北，属于香槟—阿登大区的奥布省（Aube）。该城坐落在塞纳河畔，且早在罗马帝国时期就是数条大道的交会之地，交通十分便利。在加洛林帝国时期，该地是大主教座堂所在地之一。——译者注

特尔（Chartes）① 人和杜努瓦（Dunois）② 人的地区，与其子（日耳曼人）路易一起到达布卢瓦堡③ 的附近，并在那里安营扎寨。他的儿子丕平也率军赶到那里，驰援父亲。那时罗退尔驻扎在城堡不远处，带着兵马叫战，却无法得逞（一无所获）。于是，皇帝出于一贯的宽厚，派人见他，意在使他安然 15
地回到自己身边，因为他（皇帝）已经接受了他（罗退尔）针对自己所说的话，并将宽恕他的所有部下，打算把意大利给予他，如同在主上查理（曼）（统治）的时候皇帝（虔诚者路易）的兄弟丕平拥有意大利那样。④ 他（虔诚者路易）还饶恕了其他人的性命，保全其肢体、尊严和许多采邑。当罗退尔带着其部下来相见时，父亲用誓言将其牢牢束缚，以免今后他本人或他的部下再犯此等事，或与他人谋划此等事。当这些得以确保后，他（虔诚者路易）命令他（罗退尔）带着愿意追随他（罗退尔）的人返回意大利。⑤ 他（虔诚者路易）自己则来到奥尔良附近，准许丕平、（日耳曼人）路易和全部兵马解甲返回。他取道巴黎，到达阿蒂尼（Attigny）⑥，在那里于圣马丁节（11 月 11 日）前后与其谋臣举行了会议。他在那里处理完王国的要务后，去往蒂永维尔越冬。

---

① 沙特尔在位于巴黎西南约 100 公里处，塞纳河左岸支流厄尔河（Eure）的河畔。——译者注

② 也被称为奥尔良地区，主要指南北位于卢瓦尔河和塞纳河之间，东西位于沙特尔和奥尔良之间的地区。——译者注

③ 此处拉丁文为“Blisum castellum”。布卢瓦位于奥尔良和图尔之间，卢瓦尔河畔。——译者注

④ 虔诚者路易的兄长丕平在 781 年被立为意大利王，一直到 810 年去世。这是虔诚者路易对罗退尔的和解条件，既有宽容，也有惩罚。宽容在于，他不再治罗退尔的罪，让他统治意大利；惩罚在于，虔诚者路易不允许罗退尔统治意大利之外的疆土。——译者注

⑤ 虔诚者路易让坚持支持罗退尔的显贵们随罗退尔进入意大利，目的是防止他们在北方滋事，避免罗退尔为保护他的这些支持者而插足阿尔卑斯山以北的事务。——译者注

⑥ 阿蒂尼在法国北部，香槟—阿登大区的阿登省，塞纳河的支流埃纳河的河畔。早在墨洛温王朝的克洛维二世时期（639—657 年在位），阿蒂尼就是法兰克王国的重要行宫。到加洛林王朝，该地的政治重要性进一步提高。矮子丕平、查理曼都经常居留该城，在此召集会议，庆祝节日。——译者注

835 年

他受到他的兄弟梅斯主教德罗戈（Drogo）[1] 的热情接待，在该城欢庆了圣诞节。在圣诞节过后，他返回蒂永维尔王宫，并在那里于圣母行洁净礼日（2 月 2 日）[2] 的前后，举行了由帝国各地几乎所有的主教、修道院院长，无论是教士修道团的院长还是守规修士团的院长参加的大会议。除了确定其他
16 的教会规章之外，会议着重讨论的是，极其虔诚的皇帝在上一年被心术不正和敌对天主的人们不当地削夺了他从父亲那里所继承的疆土、权威和统治者的名号。不过，所有人都异口同声、心无二致地查明并确认，既然在天主的援助下，各股叛逆者都已被挫败，他们就将他重新推上了祖父的权位 [3]，恰当地重新确认了他的统治资格。随后，众人给他以最忠诚、最可靠的顺从和

① 德罗戈是查理曼与其一位姘妇雷吉纳（Regina）在 801 年所生。查理曼去世后，德罗戈与他同父同母的弟弟于格（Hugh，生于 802 年）先是被虔诚者路易软禁在宫廷，后又被虔诚者路易剃去头发，关押在修道院，以防止他们作为王族成员，成为自己的竞争者和威胁者。在 822 年，虔诚者路易公开悔罪，忏悔自己在侄子伯纳德因审判和惩处而死亡的过程中所犯的过错，并在此后不久安排德罗戈成为梅斯主教，于格为圣康坦（Quentin）修道院的院长。不过，德罗戈的政治影响力只是到了 830 年之后才显著上升。这可能是因为虔诚者路易需要拉拢家族内部的支持者，反对自己的诸位儿子以及家族外部的敌对者。德罗戈后来成为虔诚者路易的宫廷教长，是虔诚者路易统治后期的坚定支持者和重要谋臣。关于梅斯主教德罗戈的生平事迹，参见 Glansdorff Sophie,“L'évêque de Metz et archichapelain Drogon (801/802-855)”, *Revue belge de philologie et d'histoire*, tome 81, fasc.4, 2003, pp.945–1014.——译者注

② 2 月 2 日为耶稣诞生后的第 40 日（包括首尾的 12 月 25 日和 2 月 2 日本身）。根据犹太律法，犹太人应在头胎男婴降生后的 40 日到神庙奉献祭品，以感谢天主在犹太人出埃及的过程中击杀了埃及人的头胎男婴，保全了犹太人的头胎男婴。同时，妇女于产后 40 日到神庙献祭，也有洁净其污秽之身的象征意义。按照基督教会的说法，尽管圣母玛利亚在生子耶稣时童贞而孕，洁净而育，但她为了表示谦卑，仍然依犹太律法行洁净礼。在此仪式中，特别是在罗马教会的仪式中，往往有领受圣烛的环节。因此，2 月 2 日就被称为圣母行洁净礼日（the Purifaction of the Blessed Virgin Mary）、圣母献耶稣于主堂日（Presentation of Jesus at the Temple）或圣烛日（Candlemas）。——译者注

③ 此处拉丁文为“avitus honor”，强调的是从矮子丕平改朝换代以来加洛林家族对王国的统治大权。——译者注

从属，视他为皇帝和主上。而且，每人都亲手写下字据，证明了这一系列的调查和确认，并亲笔签名强化了证明的效力。他们将整个事件的详情，包括他们如何应对、商讨、处置事件，以及所有人如何用签名再次严肃地见证，都完整地写了下来，作为所有人的一致描述，合为一本小册子。他们以极其虔敬和赤诚的善意，以所有教父最崇高的权威，毫不迟疑地将该小册子昭告一切民众。他们聚集于上述城市（梅斯），在第一位殉道者（protomatyre）圣斯蒂芬(St Stephan）的教堂[①]中，在弥撒典仪完毕之后，圣洁而可敬的主教们将事情的来龙去脉向所有到会的人公开讲清道明，在众人的欢欣之中，将象征着统治大权的冠冕从神圣的祭坛上取下，亲手将其重新置于他(皇帝)的头上。不过，兰斯原先的大主教埃伯，在该教区荣升颇显赫的地位后却成为上述（阴谋）帮派的重要一员。他在众人面前自愿亲口承认，皇帝遭到废黜是不合法的，对他的一切逆反之举也都是不公平且违背一切公道的阴谋，17
而他如今被重置于自己独有的统治权位则是恰当的、公正的、值得的。他们庄严地完成这些事情之后，重返上述王宫（蒂永维尔）。在那里，埃伯在宗教大会上承认犯了杀头之罪，宣称并以亲手书写的字据确认，自己不配担任主教这一教职。这样，经过众人的同意和裁断，他自绝于这一教职。[②]

① 关于圣斯蒂芬的事迹，参见新约圣经《使徒行传》第 6 章第 5 节至第 7 章第 8 节。据记载，圣斯蒂芬（司提反）是最早的助祭之一，“教会的第一位殉道者”。圣斯蒂芬教堂是梅斯的主教座堂。——译者注

② 埃伯在此次宗教会议上的辞职书全文得以保存下来，被称为《兰斯大主教埃伯的辞职书》(*Ebonis Archiepiscopi Remensis Resignatio*)。该文件末尾有 43 位主教的签名。该文件全文曰：“我是不称职的主教埃伯。我承认自己（品行）脆弱，罪恶深重。我为自己安排了大主教埃尤尔夫斯（Aiulfus）、主教巴达拉德（Badarad）和主教莫杜因（Modoin）作为对我罪恶的审判者和对我忏悔的见证者。我向他们做了诚挚忏悔，希望通过接受悔罪获得补救、洗涤灵魂，以便我能辞去主教的职位和职责，而且我承认自己配不上这一职位和职责。我秘密地向他们承认了我所犯的罪恶，而由于这种罪恶，我已使自己成为一个失职者。我这样做，也是为了让他们可以作证，让另一个人接替我，得到祝圣，继任我的职位，称职地主持并助益于这一教会，而迄今为止我主持这一教会是不称职的。最后，我亲手签字加以确认，以免我今后借助教规的权威（对这一辞职书）进行任何申诉和篡改。”根据这一文件，埃伯的辞职应该是一种妥协的结果。埃伯一方面“秘密地”向

第二部分[①]

在妥善处理这些以及其他的王国大事并让众人各返其乡之后，皇帝在上述王宫（蒂永维尔）度过了大斋节，在上述城中（梅斯）上述大主教德罗戈[②]的府邸欢度了神圣的复活节（4 月 18 日）。随后，他前去参加他的大会议，即他通告自己将在里昂城附近的特拉绍约（Tramoyes）[③]召开的大会议。[④]在 5 月举行的这次大会议上，他接受了岁贡，处理了西班牙、塞普提曼尼亚和普罗旺斯等边疆区的事务[⑤]，随后返回亚琛。当他还被耽搁于上述

一位大主教和两位主教认罪，避免了公开的审判；另一方面通过辞职，避免了被革职。皇帝一方则借此既可以避免埃伯日后向教宗申诉，又可以尽快安排他人继任兰斯大主教职位。Albertus Werminghoff ed., *MGH*, *Concilia Aevi Karolini* I, tomus II, pars II, Hannover and Leipzig: Hahn, 1908, pp.701–703. 该文件亦收于 Alfredus Boretius and Viktor Krause eds., *MGH, Capit*.II, no.199, Hannover: Hahn, 1907, pp.57–58. 该文件的英译文见 Courtney Booker, *Past Convictions: The Penance of Louis the Pious and the Decline of the Carolingians*, Philadelphia: University of Pennsylvania Press, 2011, pp.257–264. 无名星官在其所著的《皇帝路易传》中对埃伯的批评则较为温和，并提到了同时被革职的里昂大主教阿格巴德（Agobard）。Astronomer, *Vita Hludowici Imperatoris*, c.54, pp.500–502. 这一时期的几种文献，尤其是《圣伯丁年代记》和泰甘的《皇帝路易功业记》，极力将埃伯作为 833 年叛乱的祸根和替罪羊，实际上暗含着为王室成员减轻罪责的用意。——译者注

① 法国巴黎 1964 年版的拉丁文编者注释说，虽然在抄本中没有任何直接证据，但本年代记中由富尔克所写的部分至此结束，而由普鲁登提乌斯所写的部分则由此开始。不过英译者詹尼特・尼尔森认为，835 年的纪事与此后的纪事不存在明显断裂。——译者注

② 德罗戈在 834 年由主教升格为大主教。——译者注

③ 特拉绍约位于今天法国东部，罗讷—阿尔卑斯大区的安省。——译者注

④ 据泰甘在其《皇帝路易功业记》（c.57）中的记载，虔诚者路易的两个儿子丕平和日耳曼人路易也参加了此次会议。

⑤ 据无名星官在其所著《皇帝路易传》（c.57）中的记载，这些地区发生动荡是因为巴塞罗

大会议的时候，北方人（Northmen）① 已在第二波攻击中侵入了多列斯塔特，
将其蹂躏并恣意劫掠。皇帝怀着沉重的心情② 到达亚琛。在安排各地的海防 18
之后，他在阿登（林苑）举行了秋季围猎 ③，继而返回亚琛越冬。

836 年

在那里度过圣诞节之后，他（虔诚者路易）再次遣使罗退尔，提醒其对父亲（应有）的顺服和敬重，从多方面对他强调了和平的协议 ④，使他更

那伯爵伯纳德的再次叛乱。不过英译者认为，无名星官有关此事的记载在年代上存在混乱之处。——译者注

① 拉丁文为“Nordmanni”，英译文为“Northmen”，意思是“北方人”。从 8 世纪到 11 世纪，来自斯堪的纳维亚各地的部族纷纷向南、向东、向西三个方向劫掠和迁移，深刻影响了欧洲各地的政治进程。加洛林帝国的文献中常常将这些来自北方并说着古诺尔斯语（Old Norse Language）的劫掠者们统称为“北方人”。古诺尔斯语属印欧语系日耳曼语族，为北方日耳曼人的语言。由于这一时期不列颠的不少文献中直接用古诺尔斯语，称这些人为维京人（Vikings），所以后世的英美学界通常将他们称为维京人，将这个时代称为维京时代。10 世纪以后移居法国等地的诺曼人（Normans）也是这些“北方人”的一支，“诺曼人”（Normans）和“诺曼底”（Normandy）这两个词语都源于“北方人”，但是为了与后世的诺曼人相区别，我们这里将文献中提到的“nordmanni”翻译为“北方人”而不是“诺曼人”。——译者注

② 此处拉丁文为“graviter ferens”，英译者意译“very angry”。我们这里直译为“怀着沉重的心情”，但它可能表示反怒、担忧、悲痛等多种意思。——译者注

③ 围猎作为当时一种群体性的休闲和娱乐，具有重要的政治功能。一方面，统治者召集显贵们围猎，旨在向他们表达自己对局势的掌控和权位的巩固；另一方面，集体围猎和宴饮也是增进统治者与参加围猎的显贵们相互关系的重要途径。年代记作者在此记载虔诚者路易的围猎，也具有暗示皇帝权位得以恢复的用意。关于虔诚者路易围猎活动的详细研究，参见 Eric J.Goldberg, “Louis the Pious and the Hunt”, *Speculum*, vol.88, no.3, 2013, pp.612–643. 关于猎苑与中世纪早期王权的关系，参见 David Rollason, “Forests, Parks, Palaces, and the Power of Place in Early Medieval Kingship”, *Early Medieval Europe*, vol.20, no.4, 2012, pp.428–449. 关于中世纪欧洲围猎和宫廷文化的关系，参见 Werner Rösener hrsg., *Jagd und höfische Kultur im Mittelalter*, Göttingen: Vandenhoeck & Ruprecht, 1997.——译者注

④ 此处拉丁文为“pacis concordia”，英译者理解为“和平和团结的重要性”。笔者将其理解为上一年史事中提到的虔诚者路易和罗退尔实现父子和解时达成的和平协议。——译者注

加明确地知晓如下命令，他应派遣自己最信任的人作为使臣面见父亲，以便父亲能与使臣们商谈他的尊荣和安全，使臣们能代表他倾听父亲的意愿并忠实地向他禀告。罗退尔不敢违抗父亲的命令，便派遣修道院院长瓦拉（Wala）①、[司仪（ostiarius）理查德（Richard）、伯爵埃伯哈德（Eberhard）]②于 5 月到蒂永维尔面见皇帝。皇帝与他们商定了罗退尔的觐见一事。我们

---

① 瓦拉生于 755 年。他的父亲叫伯纳德，是查理・马特与一位姘妇所生的儿子。由于查理曼也是查理・马特的孙子，因此瓦拉和查理曼是堂兄弟。瓦拉的父亲伯纳德曾追随查理曼征服伦巴德王国。在查理曼统治时期，瓦拉就已经是宫廷中的一位伯爵和重要的谋臣了。瓦拉迎娶了图卢兹伯爵威廉的女儿，因此他是巴塞罗那伯爵伯纳德的姐夫（或妹夫）。尽管他曾因为涉嫌参与了查理曼的长子驼子丕平的反叛而受到排挤，但后来重新获得了查理曼的重用。随着 814 年虔诚者路易入主亚琛并清洗宫廷中的反对力量，已经成为鳏夫的瓦拉被迫进入科尔比（Corbie）修道院，成为修士。不过，在 821 年，虔诚者路易重新起用了父亲的一些旧臣，瓦拉因此重返宫廷。在 822 年，他被虔诚者路易派遣到意大利，辅佐罗退尔。瓦拉因而成为皇帝与共治皇帝之间的中间人，并在此后成为罗退尔的忠实支持者。在 826 年，瓦拉继承了同父异母的兄长阿达拉尔德的科尔比修道院院长一职。在 830 年和 833 年两次叛乱中，瓦拉都支持罗退尔反叛父亲。随着虔诚者路易的复位，瓦拉在 834 年与罗退尔一道向南撤入意大利。他后来还成为意大利博比奥（Bobbio）修道院的院长，直到 836 年去世。关于阿达拉尔德和瓦拉两位兄弟的生平事迹，参见 Allen Cabaniss translated, *Charlemagne's Cousins, Contemporary Lives of Adalard and Wala*, with introduction and notes, Syracuse and New York: Syracuse University Press, 1967.——译者注

② 在《圣伯丁年代记》的各种抄本中，并没有此处方括号中的内容，也并没有留下任何空缺。但是，此处的拉丁文原文为“direxit Vualonem abbatem, ...cum quibus de aduentu eius tractatum est”，其中的关系代词“quibus”表明使臣除瓦拉外还有其他人，因此抄工抄写时遗漏了若干人的职位和名字。后来泰甘在《皇帝路易功业记》中作了补充（c.47），在此处补上了两个人的名字，即司仪（ostiarius, the chief of Ushers）理查德和伯爵埃伯哈德。理查德在 833 年同样是罗退尔的支持者，并在随后被削夺了阿登地区的采邑，而他的家族世袭领地则在梅斯地区。“司仪”似乎在虔诚者路易统治时期已经成为宫廷中的要职，负责迎送宫廷宾客或其他人觐见皇帝，也可以主持宫中的典仪。埃伯哈德则是伯爵翁洛赫（Unroch）的儿子。埃伯哈德虽然是法兰克显贵，但他很可能在 828 年成为意大利弗留利（Friuli）公爵，同时仍然在法兰西亚的北部（默兹河下游地区）和阿勒曼尼拥有领土。他似乎并未像上述理查德那样深深卷入罗退尔的反叛中。在 838 年他仍然被称为皇帝的忠臣（fidelis），而且他很可能就是在这一时期娶了虔诚者路易和朱迪斯的女儿吉塞拉（Gisela）。——参考了法国巴黎拉丁文版编者注和英译者注

这一方①保证，罗退尔可以与其随从一起安全地来到父亲面前，并可在随后
（安全地）返回。罗退尔的部下同样以誓言承诺，罗退尔将毫不迟疑地来面 19
见父亲，参加指定的会议。

事后，皇帝在雷米尔蒙（Remiremont）②附近围猎数日，继而在 9 月到沃尔姆斯参加预定的会议。他在会上依例接受了岁贡，期待着罗退尔的到来，却获报罗退尔因患高烧无法前来。修道院院长于格（Hugo）③和伯爵阿达尔加尔（Adalgar）④立即被遣往罗退尔处，询问其病情、康复程度以及是否愿意在稍后前来。同时，（鉴于）罗退尔的部下出于贪欲霸占了天主在法兰西亚的教会所拥有的位于意大利的财物，他们也质询他（是否）归还了这些财物。此外，他们还质询他，让他将不久前几位出于赤胆忠心且为了护送皇后而从意大利前来（法兰西亚）的主教和伯爵所曾经拥有的职位归还他们。对此，罗退尔派遣使者们，表示他不能完全同意，并提出了一些相反的条件。

同一时期，北方人再次掳掠了多列斯塔特和弗里西亚。不过，丹麦人的国王霍里克（Horic）⑤遣使参加了此次会议，表达了友好和顺服之意，证明

① 此处拉丁文为“nostra ex parte”。这明确地反映了《圣伯丁年代记》的政治立场，即站在皇帝一边记述。——译者注

② 雷米尔蒙位于今天法国东北部洛林大区的孚日省。拉丁文名称为“Romarici Mons”，意思是“雷米之山”，该地因 7 世纪圣雷米所建立的修道院而闻名。——译者注

③ 于格生于 802 年，死于 844 年，是查理曼与姘妇雷吉纳所生的儿子，是前述梅斯（大）主教德罗戈的弟弟。814 年后虔诚者路易将德罗戈和于格留在宫廷，兼有养育和管控之意。随着 817 年意大利王伯纳德的反叛，虔诚者路易开始进一步清洗家族内部潜在的竞争者，于格被遣送入修道院，先后成为圣康坦修道院、圣伯丁修道院等数个修道院的院长。在 836 年，他还成为虔诚者路易的文秘总长（archchancellor）。在虔诚者路易死后，于格支持秃头查理，而不是像兄长德罗戈那样支持罗退尔。于格在 844 年遭秃头查理的侄子丕平二世的伏击而死。——译者注

④ 对这位阿达尔加尔的身世，学界有不同的观点。有的学者认为他属于 9 世纪初地位显赫的翁洛赫家族，不过英译者认为他是本年代记有关 838 年的史事中提到的负责防御东北边疆并出使阿博德里提人的那位阿达尔加尔。——译者注

⑤ 霍里克（一世）是丹麦国王古德弗里德（Gudfred）的儿子。在已经归附加洛林帝国的弗

20 自己并未同意向他们（这些北方人）提供急需的援助。但是，不久前他派遣去见皇帝的几位使者在科隆（Cologne）① 附近被一些人自作主张地杀死，他向皇帝询问这几位使者的死因。为了（查明）这些人的死因，皇帝极其公正地派遣钦差进行了专门的调查。

皇帝在法兰克福王宫举行了秋季围猎，随后返回亚琛。皇帝下令处死了一部分不久前在我们的疆土内由于为非作歹而被抓捕的丹麦人，霍里克为此派遣使者们到达那里（亚琛），索要偿命金。② 近加斯科尼（hither Gascony）

里西亚的东部和北部，特别是日德兰半岛上，居住着丹麦人。就在 8 世纪末期，丹麦人中的古德弗里德通过继承、婚姻、征讨等手段统一了大部分丹麦人，成为国王。他与查理曼多次争夺对弗里西亚人、阿博德里提人的宗主权，同时也反对查理曼庇护其家族内部的对手。为此，他多次入侵弗里西亚人、阿博德里提人。810 年，古德弗里德被身边侍卫（很可能是他的儿子之一）刺杀。随后，丹麦人陷入内讧。先是古德弗里德的侄子海明（Hemming）借助查理曼的支持，夺得丹麦王位，并将古德弗里德的几位儿子驱逐到瑞典人那里。不过，811 年海明被杀后，以霍里克为首的古德弗里德的诸位儿子们重返丹麦，并驱逐了丹麦人的另一位首领，即日德兰（Jutland）的国王哈拉尔德·克拉克（Harald Krak）。虔诚者路易接纳了投奔而来的哈拉尔德，使他皈依了基督教，极力拥立他为与霍里克地位等同的丹麦国王。不过在 827 年，哈拉尔德就被再次逐出丹麦，霍里克成为丹麦人中势力最大的统治者。本年代记有关 834 年和 835 年的史事中所记载的丹麦人对弗里西亚的攻击，除了掠夺财富外，很可能也与虔诚者路易为霍里克的对手提供庇护有关。霍里克死于 854 年。《圣伯丁年代记》有关 838 年和 850 年的史事记载以及《富尔达年代记》有关 854 年的史事记载，都再次提到了这位丹麦的国王霍里克。——译者注

① 科隆是公元前 38 年由尤毕人（Ubii）建立的一个小城，公元 50 年，罗马皇帝克劳狄和皇后阿格里皮娜在莱茵河畔的这一小城建立了殖民点，故得名“Colonia Claudia Ara Agrippinensium”。君士坦丁大帝统治时期，科隆兴建了跨越莱茵河的桥，该城的重要性大为提高。在中世纪早期，科隆属于奥斯特拉西亚。尽管该城早在罗马帝国晚期就是主教座堂所在地，但其主教在 795 年即查理曼统治时期才升格为大主教。——译者注

② 此处拉丁原文为“Ubi etiam missi eiusdem Horich venerunt, quaerentes summam eorum quos ipse captos ex his interfici fecerat qui in nostros fines talia iam dudum moliti sunt.”对此，有两种不同的理解。一些学者将这里的“ipse”理解为皇帝，即虔诚者路易下令杀死了那些丹麦人。持这种观点的理由是，既然霍里克索要偿命金，那么他不大可能自己杀死这些人。尼尔森在其英译本中将“ipse”理解为霍里克，即霍里克自己抓捕并下令杀死了那些丹麦人，并为此向虔诚者路易索要补偿金。理由主要有两点，其一，上文霍里克遣使表示和平和顺服，因此他亲自抓捕和处决破坏和平的丹麦人，应该是为了“证明”自

的伯爵阿兹纳尔（Aznar）[①] 在数年前背离了（阿奎丹王）丕平，（如今）令人恐怖地暴毙。他的弟弟桑柯·桑切斯（Sancho Sanchez）不顾丕平的反对，占据了该地区（近加斯科尼伯爵区）。与此同时，修道院院长瓦拉，一位令罗退尔言听计从的人，也在意大利亡故。

837 年

欢庆圣诞节之后，在永远童贞的玛利亚行洁净礼之日（2 月 2 日），皇
帝在亚琛举行了主教们的会议。会上，他们深入讨论了天主教会的事务，阐 21
明并写清了各等级人合适于自身等级的职责。这些可敬的主教们在会上向（阿奎丹王）丕平发出一封信，他们在信中极力告诫丕平（注意）自身的安全，尤其应谨记列祖列宗的惯例，特别是他极其虔诚的父亲的风范，将他的支持者们此前霸占和侵害的天主教会的财物完好无损地归还，以免为此激起天主对他更强烈的怒火。丕平采纳了众教父的劝诫，将一切归还，奉还所有教堂各自的财物，并重新写下盖有自己戒指印签的文书，作为佐证。在安排

己并未同意和支援这批丹麦人的劫掠行动。其二，在本年代记 838 年的史事记载中提到："霍里克的使者来访并转告说，他（霍里克）出于对皇帝的忠诚，抓捕并下令处死了不久前进犯吾国边疆的海盗中的绝大多数，为此他们要求皇帝将弗里西亚人和阿博德里提人（Obodrites）交予他（治理）。"——译者注

① 这位阿兹纳尔很可能是阿拉贡（Aragon）伯爵阿兹纳尔一世的儿子。在加斯科尼公爵卢普斯·肯图里乌斯（Lupus Centullius）820 年起兵反叛以后，阿奎丹王丕平派遣图卢兹伯爵贝伦加尔和普罗旺斯的圭尔林（Guerin）将其镇压，并从当地人中选了阿兹纳尔接任加斯科尼伯爵。据无名星官在其所著《皇帝路易传》中（c.37）记载，824 年阿兹纳尔曾与伯爵埃布鲁斯（Aeblus）一道翻过比利牛斯山，前去镇压反叛的庞普罗纳（Pamplona）地区，结果在返程中被巴斯克人（Basques）出卖和伏击而沦为俘虏。埃布鲁斯被巴斯克人送给穆斯林的统治者，而阿兹纳尔则因与巴斯克人有血缘关系而被放回。加斯科尼的阿兹纳尔在 828 年亦起兵反叛，这可能是因为他与贝伦加尔的继承者，即塞普提马尼亚的伯纳德（即前述巴塞罗那的伯爵伯纳德）不和。这应该就是他在 836 年"令人恐怖地暴毙"（被杀）的原因。他的弟弟桑科·桑切斯死于 855 年左右，本年代记有关 852 年的史事记载中再次提到了他。——译者注

好弗里西亚的海防之后，皇帝于 5 月来到蒂永维尔，接受了岁贡，昭告自己为了保护神圣的罗马教会，也为了祈祷，[①] 将前往罗马。他同时遣使罗退尔，警告其应怀着对父亲的敬畏迎接父亲，沿途准备体面的、适当的给养。

其间，北方人以其一贯的突袭方式侵入弗里西亚，在被称为瓦尔赫伦（Walcheren）[②] 的岛上攻击我们毫无防备的民众，将许多人屠杀，将更多的人掳掠。他们在那里滞留了一段时间，恣意勒索钱物，随后以同样的暴行到达多列斯塔特，以同样的方式勒索钱物。皇帝听闻此事，放弃了原定（远赴意大利）的行程，毫不迟疑地赶往多列斯塔特附近的城堡奈梅亨。北方人听闻他的到来，立即撤退。

22 于是，皇帝召集大会议，公开询问受他派遣负责海防的那些显贵们。他们在讨论中说明，一方面因为任务本身不可能完成，另一方面因为有些人不服从，所以他们无法抵挡敌人。于是，皇帝派遣强势的修道院院长和伯爵们去制服不顺服的弗里西亚人。皇帝下令倾力组建一支舰队，开赴各个方向，以便他们今后阻挡这些（北方）人的进犯。罗退尔则命令用极其坚固的墙封锁阿尔卑斯山上的隘口。[③] 罗退尔最得力的支持者兰伯特和罗退尔的岳父于格亡故。[④]

---

① 其真正目的应该是制服长子罗退尔。——译者注

② 拉丁文为“Walacra”。该地今天位于荷兰泽兰省中部半岛的西端。在近代以前，瓦尔赫伦是斯海尔德河出海口处的一个岛屿。——译者注

③ 在加洛林时代，这些隘口主要指塞尼隘口（Mont Cenis）和朱庇特隘口（后来被称为大圣伯纳德隘口），它们对于翻越阿尔卑斯山的任何政治行动都至关重要。罗退尔此举显然意在阻止父亲南下意大利。——参考了英译者注

④ 据泰甘在其《皇帝路易功业记》（c.28）中记载，这位于格是公爵埃迪柯的后裔。据现代学者们考证，7 世纪中期埃迪柯在阿尔萨斯中部拥有权势。罗退尔在 822 年 10 月迎娶了于格的女儿埃尔蒙嘉德。于格的另一个女儿贝尔塔则嫁给了巴黎伯爵杰拉尔德。据无名星官在其所著的《皇帝路易传》（c.56）中记载，意大利发生了瘟疫，这是他们死亡的原因；于格、兰伯特和瓦拉死于同一时间，而且罗列了罗退尔的支持者中其他死于此次意大利瘟疫的人，并补充说这些法兰克显贵的亡故令虔诚者路易痛心。关于兰伯特（一世），参见本年代记有关 834 年的史事记载及注释。——参考了英译者注

其间，布列塔尼人[①]为某种不轨所驱使，谋划起事。皇帝派遣一支军队迅速镇压了他们的反叛。他们归还了我们的疆土，送交了人质，并允诺将来保持忠诚。

随后，在（日耳曼人）路易、（阿奎丹王）丕平的特使以及依令到亚琛出席会议的所有民众的到场和同意下，他（虔诚者路易）将比利时诸省区的大部分[②]给予他的儿子（秃头）查理，也就是说，从海洋（北海）沿着萨克森边界直到利普阿尔（法兰克）人（Ripuarian Franks）[③]边界的整个弗里西亚，沿着利普阿尔人边界的缪尔高（Mühlgau）[④]、埃特拉（Ettra）、哈马兰（Hamaland）、马斯高（Maasgau），在默兹河（Meuse）和塞纳河（Seine）之间包括凡尔登（Verdun）直到勃艮第（Burgundy）的一切疆土，从勃艮第开始的图卢瓦（Toulois）、奥尔努瓦（Ornois）、布卢瓦（Blois）、布莱苏

① 此处拉丁文为“Brittones”，指布列塔尼的居民。——译者注

② 此处拉丁文为“maximam Belgarum partem”。“Belgium”或“Belga”原本是罗马帝国时期的一个重要行省，范围包括今天的比利时、卢森堡、法国北部、荷兰的莱茵河以南地区和德国的莱茵兰地区，以区别于其南部的凯尔特人地区（Celtica）和东部、北部的日耳曼人地区。在罗马帝国的后期，这个大的行省多次被调整，分割为若干行省。法兰克王国建立后沿用了这种省区划分的传统。这里说的“比利时各省区”指的就是这种传统的比利时高卢地区（Gallia Belgica）。与今天沿用了这一名称的国家比利时相比，它的范围要大得多。——译者注

③ 拉丁文为“Ripuarii”。利普阿尔人是法兰克人的两大分支之一。他们居住在今天德国北部的莱茵河沿岸，尤其是东岸。“Ripuarii”很可能就是指“沿河居住的人”，所以他们又被称为“滨河法兰克人”。另一支法兰克人则是萨利克法兰克人（Salian Franks），他们居住在利普阿尔法兰克人的西边，即今天荷兰、比利时以及德国的林堡（Limburg）地区。利普阿尔法兰克人和萨利克法兰克人在习俗和法律方面存在一些差异，他们的习惯法分别称为利普阿尔法（Lex Ripuaria）和萨利克法（Lex Salica）。——译者注

④ 拉丁文为“comitatus Moilla”。拉丁文编者和英译者都注释说，它指的是默兹河下游地区的慕尔克威（Mulekewe）。不过，作为一个伯爵区，它指的主要是默兹河与尼尔斯河（Niers）之间的地区，即德语中所说的缪尔高（Mühlgau）。“gau”是中古高地德语，常用以表达一个行政区划，意思相当于“地区”，当时以及现在不少地名保留了这一印记。“gau”是相当于伯爵区（comitatus）还是比伯爵区更大，学界有不同的看法。——译者注

23 瓦（Blaisois）、佩尔图瓦（Perthois）、两个巴鲁瓦（Barrois）地区①、布列努瓦（the Brénois）、特鲁瓦埃桑（Troiesin）、奥克塞鲁（Auxerrois）、塞诺奈（Sénonais）、加蒂奈（Gâtinais）、默吕努瓦（Melunois）、埃唐普瓦（Etampois）、沙特尔（Châtres）地区、巴黎地区（Parisis），然后沿着塞纳河直到大海，再沿着海岸到弗里西亚还有这些地区内的所有主教辖区、修道院长辖区、伯爵区、王田②，上述疆界之内的一切（资产），以及位于（其他）任何地方但附属于这一切（资产）的一切。③在皇帝的此番命令下，当着皇帝的面，在上述地区拥有采邑的诸位主教、修道院院长、伯爵和主上（皇帝）的封臣们④，

① 即奥布河畔的巴尔（Bar-sur Aube）和杜克河畔的巴尔（Bar-le-Duc）。

② 此处拉丁文为“fisci”。该词在古罗马共和国表示国家的公田。到了罗马帝国晚期，它用于维持帝国的公共财政支出，名义上属于皇帝直接管辖，但是往往由地方官吏和显贵作为“公田”或“职田”，用于支撑地方财政支出或满足官员履行职务的需要。到了墨洛温王朝和加洛林王朝，“fisci”可以称为“王田”，既用于供养王室，也用于支撑王国的公共开支。王田常常分成众多的庄园，以庄园为单位经营管理。有的王田被国王授予地方显贵，有的王田则被地方显贵据为己用。加强对王田的调查、管理和维护是加洛林多位国王所发布条令中的重要内容。有关王田的研究，参见 Josiane Barbier, “Le fisc du royaume franc.Quelques jalons pour une réflexion sur l’ État au haut Moyen Âge”, in Walter Pohl and Veronika Wieser eds., *Der Frühmittelalterliche Staat-Europäische Perspektiven*, Austrian Academy of Sciences Press, 2009, pp.271–285.——译者注

③ 这里所记载的疆土分割细节与尼萨尔在其所著的《史事四书》中（I, 6）的描述字句完全相同。这两处记载很可能都来自当时发布的某种正式文件。无名星官在其《皇帝路易传》（c.59）中指出，虔诚者路易作出这种疆土分割是受了皇后朱迪斯的唆使。——参考了法国拉丁文版编者注和英译者注

④ 此处拉丁文为“vassalli dominici”，特指皇帝的私人封臣。他们与地方显贵不同，往往年轻时曾在皇帝的宫廷或卫队中服役，随后在某一地方得到皇帝封赐的土地，被安置在这一封土上。他们的财势不及公爵、伯爵、主教、修道院院长等地方显贵，因此他们在正式文件中常常被罗列在上述地方显贵的后边。不过，他们曾为皇帝服役、受到皇帝的恩惠，对皇帝有较强的人身依附关系，也是皇帝在地方的重要耳目。著名学者弗朗索瓦·冈绍夫在《何为封建主义》一书中强调了加洛林王朝时期封臣制的重要作用，但我们需要注意的是，当时很多地方显贵并非皇帝的“封臣”（vassalli）。弗朗索瓦·冈绍夫：《何为封建主义》，张绪山、卢兆瑜译，北京：商务印书馆 2016 年版。——译者注

都委身[1]于查理，以誓言向他保证忠诚。[2]

838 年

随后，在圣诞节、主显节（1 月 6 日）[3]和圣母玛利亚行洁净礼的节日（2 月 2 日）过后，当大斋节（3 月 6 日）开始的时候，信使禀报皇帝，（日耳曼人）路易试图在阿尔卑斯山的偏远之地与其兄长罗退尔会谈。皇帝因路易如此行事前未告知自己，未经自己同意，于是深以为虑[4]，便尽可能迅速地向各地派出信使，广泛召集忠臣们。当忠臣们从各地火速赶来时，皇帝（向他们）表明儿子们的会谈着实可疑，并敦促他们做好一切准备，在必要时予以还击。（日耳曼人）路易获悉后，在复活节的一周节日期间（4 月 21 日至 27 日），在父亲的命令下前来。他与自己最亲信的人一起发誓，保证在那次会谈中不存在有违自己对父亲忠诚誓言、有损父亲尊严的 24
任何事情。就这样，路易被遣回其疆土，但他被要求在 5 月前往奈梅亨面见父亲。

皇帝决定按计划前往那里，通过亲自光临，避免前些年因海盗的暴行和吾民的怠惰而造成的损害。他在与忠诚者们举行会议后，将大量战备物资分发到沿海各地。在此期间，丹麦海盗驶离母邦，被海上骤然而至的狂风巨浪吞没，几无生还者。

---

① 此处拉丁文为“se commendaverunt”，意思是“将自己交给”。显贵们与国王结成的臣属关系，也是一种委身关系。当时或后世底层农夫等委身强势之家时，文献中通常也使用这一语词。——译者注

② 尼萨尔在其《史事四书》（I, 6）中，还提到了圣德尼修道院院长希尔杜因和巴黎伯爵杰拉尔德（Gerald）两位宣誓者的名字。——据英译者注

③ 主显节（Epiphany）在圣诞节后的第 12 日，即 1 月 6 日。它旨在纪念和庆祝耶稣基督在降生为人后首次显现给外邦人（尤指东方三贤士）。——译者注

④ 拉丁语为“quod egre tulit”，英译者翻译为“very angry”，“egre”即“aegre”，源于形容词“aeger”（生病的、虚弱的），因此这里翻译为“深以为虑”。——译者注

（日耳曼人）路易并未抗命，而是依令来到父亲身边。但是，（双方）发生了一番不应有的言语冲突，他（日耳曼人路易）（因此）丧失了在莱茵河内侧和外侧所侵占的原本属于父亲权益的一切疆土。[①] 父亲则接管了这些疆土，即阿尔萨斯、萨克森、图林根、奥斯特拉西亚和阿勒曼尼。

同时，萨拉森人（Saracens）的[②] 海盗船队攻击了普罗旺斯的马赛，他们劫持了所有的修女，其中不少修女仍然活在那里（萨拉森人手中）；他们掳掠了所有的男子，无论是教士还是俗士；他们将该城摧毁，并带走了基督教堂中的全部财宝。

皇帝于 8 月月中到达基耶尔济（Quierzy）[③]，召开他所通告的大会议[④]。会上，在（阿奎丹王）丕平到场并顺服和支持父亲的情况下，纽斯特里亚的一部分，即勒芒公爵区和位于卢瓦尔河与塞纳河之间的所有高卢西海岸

---

① 根据 817 年的《帝国御秩》，虔诚者路易划分给日耳曼人路易的疆土只有巴伐利亚。日耳曼人路易在 833 年到 834 年父亲被废黜期间，以解救父亲为名，占据了这些疆土。虔诚者路易在复位之后，因日耳曼人路易的解救之功，容忍了他对这些疆土的占有。虔诚者路易此次剥夺日耳曼人路易的这些疆土，是随后日耳曼人路易长久反叛父亲的重要原因。——译者注

② 拉丁文为“Saraceni”。该词在古典时代用于指阿拉伯半岛西北端，西奈半岛附近的居民，以区别于阿拉伯半岛上的阿拉伯人。从古典时代的晚期开始，该词就被用于指整个阿拉伯半岛上的居民。随着 7 世纪以后阿拉伯帝国的建立和伊斯兰教的传播，该词被用于泛指基督教世界之外的穆斯林。在加洛林帝国的相关文献中，该词常用来指居住在西班牙、北非等地的穆斯林。——译者注

③ 基耶尔济的拉丁文为“Carisiacum”。该地位于今天法国北部皮卡第大区的埃纳省，瓦兹河畔。它在墨洛温王朝和加洛林王朝都是重要的王宫之一，有多次王国大会议或宗教会议在此地举行。741 年查理・马特在此地逝世，754 年矮子丕平也正是在基耶尔济接待了造访的教宗斯蒂芬二世，查理曼也多次将此地作为召开大会议或接待来使的地方。——译者注

④ 根据尼萨尔（I, 6）和无名星官（c.59）的记载，此次大会议发生在 9 月。尼萨尔还提到，此次会议期间发生了一场阴谋，且此次阴谋很容易就被平定了。有学者认为，此次阴谋旨在反对虔诚者路易将纽斯特里亚授予秃头查理。——据英译者注

地区[1]，被给予他的兄弟查理，且立即生效，而当时查理还被授予剑带[2]。 25

会议结束后，皇帝为祈祷而决定造访巴黎和那里的诸位圣徒的教堂。他将（秃头）查理遣往勒芒地区，自己则在韦尔（Ver）[3]、贡比涅及其他适合围猎的附近地区滞留了一段时间，并在圣康坦修道院院长，即其弟弟于格[4]的邀请下，体面而欢欣地庆祝了该圣徒的节日（10月31日），随后到达阿蒂尼[5]，接待了返回来的(秃头）查理[6]。在那里，霍里克的使者来访并转告说，他（霍里克）出于对皇帝的忠诚，抓捕并下令处死了不久前进犯吾国边疆的海盗中的绝大多数，为此他们要求皇帝将弗里西亚人和阿博德里提人（Obodrites）交予他（治理）。[7] 皇帝觉得此番要求如此不体面、不恰当，便

---

① 该地区是墨洛温王朝的一个古老公爵区，8世纪时成为加洛林王朝的一个分王国。——英译者注

② 此处拉丁文为“tunc cingulo insignito”。秃头查理生于823年，到838年他正好15岁，按照法兰克人的习俗刚好成年。授予剑带，是成人礼的一部分，表明查理开始有资格统辖疆土。根据尼萨尔（I，6）的记载，虔诚者路易还授予秃头查理一顶王冠。这里之所以强调阿奎丹王丕平的在场、同意和支持，是因为秃头查理的疆土大部分得自817年《帝国御秩》原本已经分给丕平的疆土。——译者注

③ 即洛内特河畔的韦尔（Ver-sur-Launette），位于今天法国北部皮卡第大区瓦兹省。——译者注

④ 圣康坦同样位于埃纳省，该地是罗马皇帝屋大维在索姆河畔建立的一座要塞。3世纪时一位来自罗马，出身元老家庭，名叫康坦的人到此传教，在此遇难，被尊为圣徒。后世因该圣徒而将此地更名为圣康坦。关于圣康坦修道院院长于格，参见前面有关836年的史事记载及注释。——译者注

⑤ 阿蒂尼位于今天法国东北部香槟—阿登大区的阿登省。从7世纪中期以后，该地就成为墨洛温王朝的王宫之一。进入加洛林王朝，该地的重要性更为突出。786年，查理曼在此为萨克森人的首领维杜金德（Widukind）举行了洗礼，822年虔诚者路易则在此地举行了公开赎罪。——译者注

⑥ 很可能在前述基耶尔济大会议后，秃头查理就前去治理父亲分给他的疆土。由于他的疆土在西部，因此秃头查理是从西部回到阿蒂尼回见父亲的。——译者注

⑦ 此处拉丁文为“Abodriti”，有时亦用“Obodriti”，英文译名为“Abodrites”，这里沿用了《查理大帝传》中的中文译名。阿博德里提人是9世纪时生活于今天德国北部梅克伦堡和霍尔斯坦因地区的一支斯拉夫人。在查理曼从西边和南边征服萨克森人的过程中，位于萨克森人东边和北边的阿博德里提人曾支持查理曼。在加洛林王朝对萨克森人的征服战争

轻蔑待之，使其无果而终。事实上，不久前当皇帝在韦尔围猎之时，阿达尔加尔和埃吉罗（Egilo）①（两位）伯爵就被派往背叛效忠誓言的阿博德里提人
26 和维尔齐人（Wilzes）② 那里。他们带着人质返回，禀报说这些族民以后将臣服于皇帝。皇帝随后继续已经开始的行程，前往法兰克福越冬。12 月 5 日午夜，天现月食。③

皇帝的儿子，阿奎丹王丕平，于 12 月 13 日亡故，留下两子，即丕平和查理。皇帝在（向法兰克福）行进的时候获报，其子（日耳曼人）路易为了对抗他，已率军占据了该城四周④，不仅阻止他在该王宫滞留越冬，而且竭力阻止他渡过莱茵河。得知这一消息后，皇帝盛怒，下令从各地召集忠臣者，而他自己则按已经开始的行程到达美因茨。

结束后，阿博德里提人就在顺服与反叛之间摇摆不定，这在很大程度上是因为阿博德里提人内部矛盾复杂。他们并非只有一位国王，而是由多位首领统治着。丹麦人的首领霍里克意欲统治阿博德里提人，这显然侵犯了加洛林王朝对阿博德里提人的宗主地位。关于霍里克与虔诚者路易的关系，还需参考本年代记 836 年的史事记载中霍里克向虔诚者路易索取偿命金一事。参见艾因哈德：《查理大帝传》，戚国淦译，北京：商务印书馆 1979 年版，第 15 页。——译者注

① 关于阿达尔加尔，参见前面有关 836 年的史事记载及注释。这位埃吉罗或许就是尼萨尔（II，3）提到的那位在 840 年夏天鼎力支持秃头查理的埃吉罗。——英译者注

② 此处拉丁文为“Wilzos”，其他文献中亦将其称为“Veleti”。他们是生活在今天德国东北部易北河和奥得河之间，特别是梅克伦堡东部和勃兰登堡北部的一支斯拉夫人。艾因哈德在其所著《查理大帝传》中曾提到这一部族，并称“我们习惯上把斯拉夫人叫做维尔齐人，但是他们的适当的名称，即他们对自己的称呼，是维拉塔比人”。参见艾因哈德：《查理大帝传》，第 15、17 页。从查理曼开始，加洛林家族就执行联合阿博德里提人、打击维尔齐人的政策，曾数次迫使维尔齐人的首领俯首称臣。不过，加洛林帝国在这些外围地区并没有常驻的军队，更多采取一种分而治之的间接干预政策。这一时期也是维尔齐人开始分化瓦解的时期，在 9 世纪中期以后的文献中就很少再提及这一部族。——译者注

③ 这究竟是真实发生的月食，还是年代记作者为下一句中阿奎丹王丕平的去世而写的预兆，我们不得而知。——译者注

④ 据《富尔达年代记》记载，此事发生于 11 月 29 日。——英译者注

839 年

当圣诞节和主显节结束后，他（虔诚者路易）一再派遣信臣，催促（日
耳曼人）路易缔结协议，实现和平，但未能使其回心转意。因此，皇帝被困
美因茨，相反（日耳曼人）路易则心怀敌意地固守在建于莱茵河对岸的要
塞，阻挡（皇帝）渡河。不过，皇帝深深担心流淌着共同血液的民众相互厮
杀，因此转向其他适宜渡河的地方。他看见儿子守卫着对岸的各个地方，阻
挡着尝试渡河的人。此情此景，惨不忍睹，虔诚之父居于此岸，不义之子驻
于对岸，彼此背离。迫于此等紧急形势，皇帝返回美因茨。他不忍让从各地 27
云集而至的封臣们久受严冬之苦，便带着近三千人从美因茨的正下方渡过
莱茵河，并接纳了前来（援助的）萨克森人。得知父亲渡过河流，冲着自
己而来，（日耳曼人）路易颇感意外。[①] 在他从奥斯特拉西亚、图林根、阿
勒曼尼引诱而来并带在身边的人弃他而去之后，他落荒而逃，返回诺里库
姆（Noreia）[②]，而诺里库姆在当时被人称为巴伐利亚（Baioaria），是父亲在
不久前授予他的疆土。皇帝不忘为父之道，放弃追击儿子。对那些离开（日
耳曼人）路易、投奔皇帝寻求宽容的人，皇帝予以接纳，让他们以誓言作为
保证；对那些纷争及不和的挑唆者和支持者，皇帝论罪行罚，处以罚没财产
或流放。随后，皇帝到达法兰克福。他在那里停留数日，毫不迟疑地处理了
日耳曼几个边疆区及其民众的事务，使他们更加忠诚顺服。随后，他进入
阿勒曼尼的各个地方，在大斋节期间到达被称为博德曼（Bodman）的王室

---

① 他守卫着莱茵河东岸，觉得父亲不可能成功渡过河流。——译者注

② 此处拉丁文为“Noreia”。在今天德国巴伐利亚州南部和奥地利东南部一带，凯尔特人时代生活着一支以诺里克尔（Noriker）为首领的部众，称为“诺里库人”（Norici）。罗马帝国在这一地区建立了一个行省，名之为诺里库姆（Noricum）。该行省南与意大利相连，北与巴伐利亚接壤，东与潘诺尼亚毗邻，西与利提亚（Raetia）直通。在加洛林时代，巴伐利亚王国囊括了以前罗马帝国的行省诺里库姆，因此“诺里库姆”也常用于表示巴伐利亚。——译者注

庄园[1]。

其间，皇帝听闻人们的传言，即一件令所有正统教会的子民落泪悲叹的事情。助祭（deacon）[2] 博多生来属于阿勒曼尼人，从很小时候便浸染于基督之教会，蒙受宫廷教养，习得教俗学问。他在上一年刚刚以祈祷为由，向皇帝和皇后请求，并获准去往罗马，由此博得丰厚赠礼，但他却为世人的敌人所蛊惑，舍弃基督教，皈依犹太教。起先，他带着一些犹太人，打算将
28 他们卖给异教徒[3]，但他却与他们讨论起了他的叛教和堕落。他毫无顾忌地、急切地实施了自己的意图，卖掉了这些犹太人，只留下一位据说是他侄子[4]的人。他背弃基督教信仰——吾等谈及此事不免挥泪——宣称自己是犹太人。他继而行了割礼，蓄起发须，更名为利亚撒（Eleazar），更准确地说是盗用了这一名字。[5] 他还佩带起武士的剑带，与一位犹太人的女儿缔结婚姻，迫使前述他的那位侄子皈依犹太教。他还受可悲的贪欲所驱策，与一些犹太人在 8 月月中侵入西班牙的一个城市萨拉戈萨（Zaragoza）[6]。人们大费周折方才说服皇帝相信此事。这清楚地表明，皇帝、皇后以及因着对基督的信仰而获得救赎的所有人对此是何等痛心。[7]

---

① 即今天的博德曼—路德维希港，位于今天德国巴登—符腾堡州的西南端，德国、奥地利和瑞士三国交界处的博登湖的西北端。该地早在罗马帝国时期就是博登湖的一个码头，而加洛林帝国时期则是一个重要的国王行宫和庄园。博登湖亦因该庄园或行宫而得名。——译者注

② 拉丁文为“diaconus”，指作为助手，辅助主教或司铎（presbyter）举行宗教仪式的人。助祭在教会品阶中的地位低于主教和司铎。——译者注

③ 应当是指西班牙的穆斯林。——译者注

④ 此处拉丁文为“nepos”，该词既可指“孙子”，也可指“侄子”，考虑到下一句才谈及博多娶妻一事，因此他不可能有孙子，故翻译为“侄子”。——译者注

⑤ 根据圣经旧约《民数记》的记载，利亚撒是亚伦的儿子，摩西的侄子。他在父亲亚伦死后，被摩西授予圣衣，他在以色列人狂野行走的过程中发挥了重要的作用。——译者注

⑥ 位于今天西班牙东北部的阿拉贡自治区的萨拉戈萨省。该地的拉丁名称为“Caesaraugusta”，得名于罗马帝国时期屋大维在西班牙建立的老兵安置所。——译者注

⑦ 博多早年在圣德尼修道院学习，是虔诚者路易宫廷中对圣经旧约颇有研究的学者。他与

随后，在 12 月 26 日，即首位殉道者斯蒂芬的受难祭日，海上异乎寻常的巨浪几乎席卷了整个弗里西亚。那里海滩上的许多堤坝，人们称之为沙丘，几乎被夷为平地。被巨浪卷走的一切，无论是人、家畜还是房屋，皆被吞噬。遇难者的人数被仔细清点，上报的数字为 2437 人。2 月期间，天空常见一片片火红或其他颜色的区域，亦常见拖着火红尾巴的流星。

复活节之后，盎格鲁人的国王①派遣使者来见皇帝，当时皇帝正在返回
法兰西亚的旅途中。他请求皇帝允许其过境法兰西亚，以便其前往罗马祷
告。他还告诫皇帝应更多关切自己臣民们的灵魂救赎，因为他对族人中某人 29
所见的异象大为惊慌。他还费心给皇帝送来了对这一系列异象的描述。其异
象如下：

在圣诞节后，此番异象被显示给盎格鲁人的疆土内的某位虔诚的司铎(presbyter)，当时他已被拖离自己的躯体。某晚，当这位虔诚的司铎熟睡之时，某人向其走来，要其随他走。随后该司铎起身，随他而行。他的这位向导将他带到一片他毫不所知的土地上。该司铎看到那里建有各种各样奇异的屋宇，其中有一座教堂。他和他的向导走进教堂，看到许多童子在那里读书。他问向导，自己是否可以斗胆问他这些童子是何许人。向导回答他：

当时的名流瓦拉弗里德·斯特拉波、费里埃尔修道院的院长卢普斯等有交往。他来自阿勒曼尼，很可能与同样有阿勒曼尼背景的皇后朱迪斯有密切联系。他作为宫廷学者，背弃基督教，皈依犹太教，对宫廷震动很大，这一方面是因为当时虔诚者路易一直树立自己的虔诚形象，将宫廷树立为社会的典范，另一方面是因为当时在里昂等地存在基督徒与犹太人之间的紧张关系，教会人士对犹太人强迫基督徒仆人皈依犹太教颇为担忧。博多进入西班牙后，与科尔多瓦的基督徒权威学者展开了争论。到 847 年，来自西班牙的使者依然提及博多唆使穆斯林统治者强制基督徒皈依伊斯兰教或犹太教，参见本年代记有关 847 年的史事记载。在 870 年，辛克马还在给秃头查理的信件中提及博多的叛教。关于博多的叛教和行迹，参见 Frank Riess, "From Aachen to Al-Andalus: The journey of Deacon Bodo (823–876)", *Early Medieval Europe*, vol. 13, no. 2, pp. 131–157.

① 即威塞克斯（Wessex）的国王埃塞尔伍尔夫（Æthelwulf），839 年到 858 年在位。埃塞尔伍尔夫在 839 年刚刚继承父亲的王位，仍然处于同北方的麦西亚的激烈争夺中。他此次朝觐罗马的计划并未实现。直到 855 年，他才前往罗马朝觐。参见本年代记有关 855 年的史事记载。——译者注

“你随意问！我乐意回答你。”当他走近童子们，想看看他们在读什么的时候，他发现他们的书不只是用黑色的字母所写，而且也用鲜血写成，即一行用黑色字母写成，而另一行用鲜血写成。当我[1]问为何这些书用一行行鲜血写出时，我的向导回答说：“你在这些书中所看到的一行行血写的字，是基督徒形形色色的罪，因为他们很不愿执行和完成天主在这些书中指示和命令他们做的事。那些在这里走来走去，看似读书的童子，是圣徒们的灵魂。这些灵魂每天都在为基督徒的罪恶和暴行痛哭，为他们求情，以便某一天他们能回心转意，悔罪改新。”若非这些圣徒的灵魂不停含泪吁求天主，基督徒民众中如此多的恶人早当死去了。你别忘记，就在今年，不止地上，而且树上、藤上均可见到累累果实，但因世人之罪恶，绝大部分果实都腐烂了，不曾为
30 人食用。如果基督的子民不赶快为这些人的罪恶和暴行忏悔，不更好地、更恰当地遵守主日[2]（的规则），很快就会有极大的、无法承受的灾祸降临在他们身上，即三天三夜的滚滚浓烟将遍布他们的土地，异教徒们马上就会乘着不可胜数的船只来攻击他们，这些人将用火与剑毁灭绝大部分基督徒，他们的土地以及他们的一切财物。不过，倘若他们愿意为此真心忏悔，尊重天主的嘱咐，在斋戒、祈祷和施舍中痛改他们的罪恶，那么他们就能凭借圣徒们的求情，避免这些惩罚和灾祸。

希腊人的皇帝塞奥非罗斯（Theophilus）[3]派来使者，即卡尔西顿（Chalcedon）[4]的大主教提奥多西（Theodosius）和御前侍卫（spatarius）塞

---

① 文本发生了人称转换，第三人称转变为第一人称。英译者将其修正为第三人称，以保持文本人称的一致。这里我们未加以修正，意在保持文本的真实性。或许，年代记的作者所看到的是一份由那位教士以第一人称所写，然后由盎格鲁人的国王转来的文本。——译者注

② 按基督教法规，每周的星期日，是主的日子，世人当安息，不得劳作。——译者注

③ 拜占庭皇帝塞奥非罗斯 829 年到 842 年在位。——译者注

④ 卡尔西顿位于马尔马拉海北岸的一个小亚细亚的小岛上，接近博斯普鲁斯海峡的出口处。它从古典时代起就是一个重要的港口城镇，与海峡西侧的君士坦丁堡（如今的伊斯坦布尔）刚好东西相望。——译者注

奥法努斯(Theophanus)①。他们带着与皇帝相称的礼物②以及一封国书。皇帝（虔诚者路易）5月18日在因格尔海姆接见了他们。他们组成的使团旨在确认（两国的）和平协议，巩固两位皇帝之间以及其臣民之间永久的友好和关爱。他们还对皇帝在讨伐域外部族中奋力取得的诸多胜利，以天主之名表达了祝贺和欣喜。在信中，他（塞奥非罗斯）还友好地敦请皇帝（虔诚者路易）及其臣民为所有胜利而向天主致谢。与该使团一道被派来的还有一些自称为罗斯人(Russians)③的人。他们是名号为可汗(Khan)④的国王派来寻求——据他们所说——友好交往的。塞奥非罗斯在信中请求皇帝（虔诚者路易）能出于善意，为他们（罗斯人）经过他的帝国各地时提供便利和协 31
助，因为他们返回君士坦丁堡时所走的路（要）穿过诸多十分凶恶的野兽般的未开化部族，因此他不愿让他们在返回时走这些路，以免发生危险。皇帝

① 此处拉丁文为“Theophanus Spatarius”。“spatarius”源于“spata”（大刀、长剑），指代在皇帝或国王身边的带刀侍卫。带着兵器接近皇帝，对皇帝是极大的危险，因此只有深得皇帝信任的人才有这种权力和地位。因此，“spatarius”可以翻译为带刀侍卫、贴身侍卫或御前侍卫。——译者注

② 此处拉丁文为“donis imperatori dignis”，字面意思是指“配得上皇帝的礼物”。它可能有两种不同的理解：一种是指与拜占庭皇帝塞奥非罗斯送出的赠礼相匹配的礼物，另一种是指与送给皇帝虔诚者路易的礼物相匹配的礼物。后一种理解似乎更符合当时的形势和语境。——译者注

③ 此处拉丁文为“Rhos”。一种观点认为，这一时期的罗斯人是从斯堪的纳维亚（尤其是今天瑞典的地方）迁居到波罗的海东边的部族，他们因其首领名叫鲁里克（Rurik）而被称为罗斯人，即他们与侵扰不列颠、法兰克王国等地的北方人同源。另一种观点则认为，罗斯人是斯拉夫人的一支。本年代记此处提到的“罗斯人”是学界研究罗斯人起源的重要文献资料之一。——译者注

④ 此处不同抄本中拉丁拼写有差异，有的是“chacanus”，有的是“chaganus”。《法兰克王家年代记》有关782年和805年的史事记载中，已经将“可汗”这一名号用于斯拉夫人和匈奴人的首领。参见陈文海译注：《法兰克王家年代记》，第113、148—149页。基于《圣伯丁年代记》此处的记载，大多数学者认为此处的拉丁单词指的是“可汗”的名号，“罗斯人”在此时已经有了自己的“王”或“可汗”，已经脱离了松散部落发展阶段。有的学者则认为，该词只是当时瑞典东部地区一个首领或国王的名字而非名号。参见 Ildar Garipzanov, “The Annals of St. Bertin (839) and Chacanus of the Rhos”, *Ruthenica*, vol. 5, 2006, pp. 7–11.——译者注

仔细查问了他们前来的缘由，得知他们是瑞典人。他推测这些人是来探查他的（塞奥非罗斯的）国家以及我们的国家的①，而不是来寻求友谊的，于是决定先将他们扣押，严加看管，以便查明他们是否心怀忠诚而来。他毫不迟疑地通过上述使者致信塞奥非罗斯，说明这些事情，表示他已因着对他（塞奥非罗斯）的友爱而高兴地接待了这些人，并且说，如果他发现这些人是忠诚的，他将给他们以协助，使他们在其帝国内不受危险地通行；若非如此，他将把他们随我们的使者遣送到他（塞奥非罗斯）面前，由他自己决定如何处置。

这些事情过后，皇帝按计划于5月30日到达沃尔姆斯城。他在那里接纳了一批受他之命特地赶到的封臣。他鲜有父爱，不愿接纳他的儿子罗退尔。（但）当罗退尔在众人的面前恭敬地匍匐在父亲的脚下，谦卑地恳请（父亲）宽恕他过去的忤逆之举的时候，皇帝满怀心中一向无比强大的怜悯之情拥抱了他（罗退尔），并出于父爱，饶恕了他以及他的支持者们在前些年为反对他而犯的一切过错，不过其条件是他们今后不得谋划任何邪恶之计来反对他。他不仅把他们的祖产授予罗退尔的许多支持者，而且把那些（此前）恩赐给他们的采邑（重新）授予他们。② 此外，他通过调查和登记，将他的王国近乎均等分割为（两）部分，允许罗退尔选择自己想要的那一部
32 分。这一疆土分割诏书内容如下：其中一部分包括意大利王国，勃艮第的

① 此处拉丁文为“exploratores regni illius nostrique”。这里有两重含义：一是指拜占庭帝国，二是指加洛林帝国。

② 此处拉丁文为“benficiarii honores”。honor 原指职位或职田，benificium 则是国王恩赐的土地、财物或特权。英译者詹尼特·尼尔森认为，此处的 benificiarii honores 一词表明职位或职田（honor），也被视为皇帝的恩赐。——译者注

部分地区，即奥斯塔隘口（Val d'Aosta）[①]、瓦莱（Valais）伯爵区[②]、沃州伯爵（Vaud）[③]直到日内瓦湖，然后沿着罗讷河谷地（Rhône valley）向东向北直到里昂（Lyon）伯爵区；埃斯克因（Escoens）、瓦赖（Varais）、波尔图瓦（Portois）、桑图瓦（Saintois）、绍蒙（Chaumont）（四个）伯爵区；摩泽尔（Moselle）公爵区、阿登（Ardennes）伯爵区、孔德罗兹（Condroz）伯爵区；然后沿着默兹河直到大海；利普阿尔（法兰克）人公爵区、沃尔姆斯费尔德（Wormsfeld）和施派尔（Speyer）[④]地区；阿尔萨斯公爵区、阿勒曼尼公爵区、库尔（Chur）地区，包括施瓦莱费尔德（Schwalefeld）、诺德高（Nordgau）和黑森（Hesse）在内的奥斯特拉西亚（Australia）公爵区；图林根（Thuringia）公爵区及其诸边疆区；萨克森（Saxon）公爵区及其诸边疆区；直到默兹河的弗里西亚公爵区；哈马兰（Hamaland）伯爵区；贝蒂韦（Betuwe）伯爵区；泰斯特尔班（Teisterbant）伯爵区；多列斯塔特地区。另一部分则包括勃艮第（Burgundy），即日内瓦伯爵区、里昂伯爵区、夏龙（Chalon）伯爵区、阿穆（Amous）伯爵区、奥舍雷（Oscheret）伯爵区、朗格勒（Langres）伯爵区、图勒（Toul）[⑤]伯爵区，然后沿着默兹河直到大海，默兹河与塞纳河之间的地区，塞纳河与卢瓦尔河之间包括布列塔尼伯爵区在内的地区，阿奎丹

---

① 该隘口位于今天意大利西北部的山区，西邻法国罗纳—阿尔卑斯省，北连瑞士的瓦莱（Valais），东边和南边则是意大利的皮埃蒙德（Piedmont）。该地的名称源于"奥古斯都山谷"（vallis augustana）。它是意大利通往法国的重要通道。在罗马帝国之后，哥特人、勃艮第人、拜占庭帝国、法兰克人（墨洛温王朝）、伦巴德人先后控制这一隘口，直到加洛林家族最终夺取这一战略要地。——译者注

② 位于今天瑞士的西南部。在墨洛温和加洛林王朝，它属于勃艮第（分）王国的一部分。——译者注

③ 位于日内瓦湖的北岸，以洛桑为中心。——译者注

④ 在今天德国莱茵兰—普法尔茨州，位于莱茵河西岸河畔，在海德堡西南约20公里。在加洛林帝国时期，施派尔为主教座堂所在地，属美因茨大主教辖区，同时也是伯爵治所。相比之下，该城主教的势力比伯爵更大一些。——译者注

⑤ 图勒位于今天法国东部偏北，在默尔特—摩泽尔省，南锡城西边十多公里，摩泽尔河西岸河畔。——译者注

和加斯科尼及其附属边疆区，塞普提曼尼亚及其附属边疆区，普罗旺斯。罗退尔更愿意选择前一部分，于是皇帝将后一部分给予儿子（秃头）查理①，其条件是，他们应在他有生之年忠诚顺服，在他辞世之后方可统辖各自的上述疆土份额。皇帝在得到罗退尔的多重誓言后，准许其返回意大利。②

33 皇帝于9月1日在夏龙附近举行了原定的大会议，会后他派遣使者到（日耳曼人）路易那里，禁止他在未经指令的情况下离开巴伐利亚，并要求他对此发誓保证，否则他（皇帝）将毫不迟疑地在9月初进军奥格斯堡，对他予以镇压。他将兵马如此分配，一部分由他率领，驻守巴伐利亚，以备急需；一部分由他的儿子（秃头）查理率领，平定阿奎丹人的叛乱，因为一些阿奎丹人最近追随丕平之子丕平③，背离了皇帝；还有一部分会同萨克森人，向不安分的丹麦人和斯拉夫人发起攻击。皇帝自己则决定留在克罗伊茨纳赫(Kreuznach)④城堡轻松地围猎，等待派往巴伐利亚的使者们归来。这些使者们返回来了，随行的还有罗退尔派来面见皇帝的使者。他们禀报说，罗退尔不会完全听从父亲的命令。不过他许诺说，如果皇帝的忠诚者们能应他的要求以誓言向他作出保证，那么他将服从这些命令。由于罗退尔要求发誓保证的那些显贵们碰巧不在，皇帝便选择相信了罗退尔的忠诚，相信了其跪地

① 尼尔森将此处的“前一”和“后一”根据语境，翻译为“东部”和“西部”。——译者注

② 这次疆土分割有如下几个方面的用意：其一，明确了罗退尔在意大利之外，拥有北方的广阔疆土，而且表面上给了作为长子的罗退尔优先选择的权益，承认了他在三个儿子中的优先和优势地位，这是对罗退尔的拉拢；其二，明确了秃头查理的疆土；其三，没有提及日耳曼人路易及其巴伐利亚，但是明确将此前日耳曼人路易占据的莱茵河—美因河一带疆土给予罗退尔，这意味着对当时反叛的日耳曼人路易的剥夺和打压；其四，当时阿奎丹人拥立了虔诚者路易的次子丕平的长子丕平为阿奎丹王，但是这次疆土分割明确将阿奎丹分割给秃头查理，这意味着对阿奎丹王丕平二世的剥夺。——译者注

③ 即阿奎丹王丕平二世。他是虔诚者路易的次子丕平的长子，大约生于823年。当838年其父丕平（一世）去世时，阿奎丹人便将其拥立为王，以谋取阿奎丹较大程度的独立性，反对虔诚者路易所安排的秃头查理为他们的统治者。参见前一注释。——译者注

④ 此处拉丁文为“Cruciniacum castrum”。它位于今天德国西部偏南，莱茵兰—普法尔茨州，为加洛林家族的行宫和王室庄园之一。——译者注

而发的誓言。一旦他蒙神助佑，胜利地对付了那些阿奎丹人后返回，如果罗退尔遵从他的命令，他将宽厚地接纳他；相反，如果罗退尔愿意诉诸干戈，他（皇帝）将毫不迟疑地讨伐他。不过，在罗退尔的请求下，皇帝饶恕了那些近来因罗退尔谋划对皇帝的诸多反叛而被剥夺祖产的人，将这些祖产分别归还他们，不过其条件是他们应毫不动摇地尽心竭力保持对皇帝的忠诚，不以任何方式或任何忤逆之举秘密煽动王国的忠诚者们。为此，他立即派出专门的钦差去接受这些人对上述事情的宣誓保证。他还安排一些萨克森人对付 34
近来纵火烧毁了萨克森边疆区一些（王室）庄园的索布人（Sorbs）① 和维尔齐人的进犯，同时安排一些奥斯特拉西亚人和图林根人对付阿博德里提人和一些被称为利诺奈人(Linones）的人 ② 的叛乱，皇帝自己则在阿登地区开心地围猎休闲，同时命令整个王国内他的其他忠诚者们按原计划于 9 月 1 日左右到夏龙与他会合。

一些海盗攻击弗里西亚的部分地区，给吾国边疆造成不小损害。霍里克向皇帝派来几位使者。他信赖其中一位使者的计谋胜于其他人（的计谋），总是对他言听计从，因此霍里克还让自己的侄子与他（这位使者）同行。他们带着当地的珍宝，意在确保更巩固的和平与更亲近的友谊。皇帝喜悦地接待了他们，并以厚礼回赠。由于他们抱怨了弗里西亚人所蒙受的侵害，皇帝派遣几位得力的公爵，让他们在指定时间内公正处理这一切（冤情）。

皇帝在夏龙接纳了忠诚者们，率全军向阿奎丹进发，在距离克莱蒙(Clermont)③ 城大约三千步 ④ 的地方安营扎寨，并会见了阿奎丹人。这些人

---

① 属于西斯拉夫人的一支，居住在易北河和奥得河之间的地区。——译者注

② 英译者詹尼特·尼尔森认为，利诺奈人属于维尔齐人的一支。——译者注

③ 克莱蒙位于今天法国中部偏南，奥弗涅大区多姆山省（Puy-de-Dôme）。——译者注

④ “尺”是罗马的基本长度单位，拉丁文为“pes”，即成年男子一足的大致长度，约相当于今天的 29.6 厘米。左右脚各迈一步计为一“步”（passus），即五足之长。“千步”拉丁文为“mille passuum”、“mille passus”或“mille”，常用于度量道路里程，大约相当于今天的公制 1.48 千米。罗马大道上每隔千步树立一块计算里程的石碑。罗马帝国所实行的这种长度计量方法在中世纪很多地方延续下来。今天的英里即源于罗马帝国和中世纪时期

按照惯例委身于他的儿子（秃头）查理，并以宣誓的方式保证对他和他的这
35 个儿子效忠。随后，他决定让皇后和他们的这个儿子先行去往普瓦提埃，他自己则去往俗语中称为卡尔莱特（Carlat）的要塞①，因为据说一伙支持（阿奎丹王）丕平（二世）的人据守那里。该要塞并未添加经任何人力所建的东西，它完全坐落在天然岩石上，四周环绕着悬崖峭壁，只有东侧与外围陆地仅由一条小沟隔开。不过，皇帝通过围困，迫使据守该要塞的人投降。他以自己极其习惯的宽厚饶恕了他们的性命、肢体和祖产。因为一批叛逆者妄图隐匿在蒂雷纳（Turenne）②徒劳地顽抗，他于是率军转攻那里。他们四散逃窜，躲避各处。不过，皇帝的军队也因秋季持续的炎热和烈日的炙烤而受了不少的折磨，绝大多数人患了热症，一些人病逝，一些人经过艰难的旅程之后才返回家园。迫于这种紧急局面，受困于不久将至的严冬，皇帝遣散余下的兵马，退到普瓦提埃的越冬营地。

其间，萨克森人在克西格斯堡（Kesigesburg）③讨伐被称为科洛蒂奇人（Colodici）④的一支索布人，蒙神助佑而获胜，杀死索布人的国王季米斯拉夫（Czimislav）⑤，攻陷克西格斯堡及 11 个要塞。他们（萨克森人）还接受了这些人（科洛蒂奇人）在慌乱中新立国王的宣誓（臣服）和为此而送来的人质，并剥夺了他们的许多土地。此外，皇帝为确保和平而派去见霍里克的使者们也得到了他的宣誓，缔结了牢不可破的和约。

所采用的“千步”。任炳湘在翻译凯撒的《高卢战记》时，将“mille”译为“罗里”。笔者此处采用拉丁文的原意，将其译为“千步”。——译者注

① 位于今天法国西南部奥弗涅大区卡塔尔省（Cantal）的欧里亚克（Aurillac）县，该地地势险要，建有要塞。——译者注

② 位于今天法国中部偏西南，利穆赞（Limousin）大区科雷兹省（Corrèze）。——译者注

③ 具体位置不详。——译者注

④ 索布人的一支，其居住区域在今天德国东北部的萨克森州和勃兰登堡州。——译者注

⑤ 具体生平不详，有学者推测他是后来长期统治波兰的皮亚斯特王朝（962—1370 年）的祖先。——译者注

840 年

皇帝在普瓦提埃欢度了圣诞节、主显节以及圣母行洁净礼日（2 月 2 日）
之后，倾力制服阿奎丹人的多股反叛。在大斋节临近时，他获报一个坏消 36
息。他那一贯不驯服的儿子（日耳曼人）路易正在夺取对（从东边）直到莱茵河的疆域的统治权。① 闻听此讯，皇帝大怒，将皇后及他们的儿子(秃头)查理和不少兵马留在普瓦提埃，自己则赴亚琛王宫，在那里欢度了复活节(3 月 28 日)，随后渡过莱茵河，兵进日耳曼尼亚。其子(日耳曼人路易）逃跑，并施以重贿，亲自出面，寻求乡民和异族的援助②，皇帝不再继续追击他。5 月 13 日白天快到第九时的时候③，不同地方的很多人都看到了日食。④ 皇帝从追讨儿子（的征程）中归来时患病，于 6 月 20 日在莱茵河沿美因茨而下的一个可以遥望因格尔海姆王宫的小岛上驾崩。⑤

罗退尔得知父亲驾崩，从意大利进入高卢，持皇帝之名号而趾高

① 日耳曼人路易所分得的核心疆土是巴伐利亚，但是他一直觊觎巴伐利亚以北、莱茵河以东的疆土，因为这片疆土更接近法兰克王国的核心统治区，更接近亚琛。这显示了日耳曼人路易对夺取最高统治区的长久野心。——译者注

② 此处拉丁文为“paganorum exterarumque gentium adminicula etiam sui praesentia, ... expetente”。拉丁文“pagani”一词源于表示行政区的“pagus”，指某种行政区内的乡民。在基督教以城市为中心传播的过程中，该词引申为城市之外乡村信奉传统神祇或不信任何神祇的民众。在加洛林帝国向外扩张的过程中，该词亦常用于表示帝国之外不信基督教的“异教徒”。这里的“pagani”与“exterae gentes”相对应，应当是指帝国境内的“乡民”。日耳曼人路易亲自向乡民而非显贵求助，向异族而非国人求助，这凸显了他所面临的困境，也包含着年代记作者对他的批评。——译者注

③ 大约相当于现在的下午 3 点。——译者注

④ 《富尔达年代记》不仅记载了复活节期间天象的异常，而且记载了 5 月的日食，只是将日食发生的时间记载为 5 月 11 日。

⑤ 据无名星官的《皇帝路易传》记载（c.63），虔诚者路易去世时梅斯主教德罗戈陪伴在其身边，且随后他被安葬在梅斯的圣阿努尔夫教堂。《克桑滕年代记》这一年的史事记载则强调了年初天象的异常，强调了虔诚者路易去世时“儿子们和妻子都不在身边”，同样提及虔诚者路易被葬到了圣阿努尔夫教堂。——译者注

气扬[①]，违背自然之法，举兵攻打两个弟弟，即（日耳曼人）路易和（秃头）查理。[②]他先与查理兵戎相见，后与路易大动干戈，但对二者都鲜有战果。只有他的狂傲得到满足之后事情才算了结。在某些条件（得到满足的情况）下，他暂时从两个弟弟那里撤兵，但是出于贪欲和残忍，他并未停止谋划针对他们的毒计，与他们既明争，又暗斗。

841 年

37 （日耳曼人）路易和（秃头）查理，一个在莱茵河外侧，一个在莱茵河内侧[③]，都在制服和拉拢各自疆土内的各种人，或使用武力，或使用威胁；或授以荣职采邑，或施以一些恩惠。大斋节期间，罗退尔进军美因茨，攻打路易。但路易早有准备，顽强抵抗，罗退尔久久未能渡河。而后，因路易一些部下的诡诈和出卖[④]，罗退尔渡过（莱茵）河，路易则前往（退回）巴伐利亚。

---

① 罗退尔在父亲去世前就享有“共治皇帝”的名号，在父亲去世后顺理成章地独享了皇帝的名号。这是 817 年虔诚者路易在《帝国御秩》中就已经确定下来的原则。虽然虔诚者路易后来多次调整疆土分割方案，禁止罗退尔离开意大利，但罗退尔是皇帝名号的唯一继承人，这一地位始终没有改变。在虔诚者路易去世后，罗退尔的政治地位最高，影响力最大，甚至到 843 年《凡尔登协议》签订之后依然如此。这与他所独享的皇帝名号有很大的关系，参见 Elina Screen, “The Importance of the Emperor: Lothar I and the Frankish Civil War, 840–843”, *Early Medieval Europe*, vol. 12, no. 1, 2003, pp. 25–51. 由于《圣伯丁年代记》、《富尔达年代记》、《史事四书》对 840 年以后较长时间的史事记载都是站在秃头查理或日耳曼人路易的立场上来撰写的，因此对罗退尔多有贬斥。只有无名星官的《皇帝路易传》对罗退尔一方持有较多的同情，而罗退尔一方并未留下有关这一时期史事的记载。这导致后世对罗退尔有较多的负面评价。——译者注

② 此处的“自然之法”拉丁文为“iura naturae”。这里的“自然之法”应该指兄弟间的亲睦，即罗退尔兴兵攻打两个兄弟的行为侵犯了自然之法。——译者注

③ 即日耳曼人路易和秃头查理分别在莱茵河的东侧和西侧。这里，年代记作者是站在西法兰克王国和秃头查理的视角观察和记述的。——译者注

④ 《富尔达年代记》在有关 841 年的史事中同样记载，“路易遭到了自己一些部下的离弃，几乎被包围，被迫撤回巴伐利亚”。这恰恰说明罗退尔在虔诚者路易去世后的兄弟争夺中处于明显的优势地位。——译者注

罗退尔一方的大批民众[①]极力阻止（秃头）查理渡过塞纳河，但是查理既有勇士之睿智，又有智者之勇武[②]，他渡过了（塞纳）河，迫使所有守军一而再、再而三地逃溃。[③]

罗退尔闻听其部下的逃溃和查理的到来，便再次渡过莱茵河（返回）。他（在莱茵河西侧）布下兵马防御路易，随后便出发去攻打查理。路易猛攻罗退尔留下来防御自己的守军，杀戮了很大一部分，迫使余者逃跑[④]，继而火速驰援他的弟弟查理。

其间，丹麦人中的海盗从海上而来，攻击鲁昂（Rouen）[⑤]，烧杀抢掠，掳掠城市，杀戮（城中的）修士和其他平民。他们将塞纳河沿岸各地的所有修道院要么洗劫一空，要么勒索大笔钱款后才离开惊魂未定的民众。[⑥]

路易到来时，查理满怀欢喜和友爱，前去相见。他们平等地团结在一

---

① 此处拉丁文为“multiplex populus”，既有“数量众多”之意，也有“成分多元”之意。——译者注

② 此处拉丁文为“virili prudentia prudentique virtute”，颇显年代记作者的修辞文笔。——译者注

③ 尼萨尔在其《史事四书》（II, 5–6）中描述了查理在841年初的行军路线。他从阿奎丹北部的布尔日（Bourges）转移到纽斯特里亚的勒芒。由于罗退尔的支持者毁坏了塞纳河上游的桥，查理不得不绕道，从鲁昂（Rouen）北部乘船渡过塞纳河。据《丰特内尔年代记》记载，查理是在3月31日渡河的。而根据尼萨尔的记载（II, 6），当查理通过巴黎向东南行进，并于4月15日到达特鲁瓦的时候，罗退尔的追随者们纷纷逃跑。也就是说，《史事四书》和《丰特内尔年代记》的记载印证了《圣伯丁年代记》在此处所强调的查理的睿智、勇敢和对手的逃溃。——参考了英译者注

④ 《富尔达年代记》在谈到此事时说：“其间，查理派遣使者向路易求援，路易应其请求，经阿勒曼尼行进。受罗退尔派遣，负责守卫这些地区的伯爵们率军在利斯（Ries）迎击路易。在交战中，伯爵阿达尔伯特作为诸多不和的始作俑者，于5月13日被杀，与其一并被杀者不可胜数。路易在此役中得胜后，渡过莱茵河，进入高卢，欲支援其弟查理。”——译者注

⑤ 此处拉丁文为“Rotumum”，该地名亦拼写为“Rotomagus”。鲁昂位于今天法国西北部诺曼底大区滨海塞纳省，塞纳河右岸。——译者注

⑥ 这里所记载的勒索钱财应该是以事实为依据的。据《丰特内尔年代记》记载，圣万德里尔（St-Wandrille）修道院就向丹麦人支付了赎金，其中26磅银用于赎回68名被掳掠的人，6磅银用于赎回修道院本身。——参考了英译者注

38 起，怀着手足深情，一起安营扎寨，共同进餐用膳，相互出谋划策。为了保障和平与团结，为了治理所有民众和整个王国，他们竭尽全力，频繁遣使到兄长罗退尔那里。罗退尔频繁地派遣使者，信誓旦旦，愚弄着他们（路易和查理）。他接纳了从阿奎丹而来的丕平（二世），即不久前辞世的弟弟丕平（一世）的儿子①。随后，他在欧塞尔（Auxerre）地区一个叫丰特努瓦（Fontenoy）的地方②举兵攻打两个弟弟，竭力剥夺他们的疆土份额。两个弟弟鉴于无法使其回心转意，重归和平、亲情和团结，便于6月25日即星期六的清晨，向其开战。双方皆有许多人阵亡，而负伤者更多。罗退尔在遭受败绩后可耻地逃跑。③逃兵在各地遭受杀戮，直到路易和查理难耐怜悯之心，下令结束对他们的屠杀。为了避免离开营地更远，为了秉持基督教（的准则），他

① 丕平二世约生于823年，是阿奎丹王丕平一世和他的妻子，即马德里伯爵提奥德伯特（Theodobert）的女儿英格尔特鲁蒂（Ingeltrude）所生的长子。在父亲于838年去世时，丕平二世刚好15岁，达到了成年的年龄，被阿奎丹显贵们拥立为王。然而，虔诚者路易早在832年就将阿奎丹划分给了自己的儿子秃头查理。秃头查理与丕平二世虽为叔侄，却碰巧同龄。如何剪除丕平二世及其弟弟查理在阿奎丹的势力，是秃头查理在其所统治的西法兰克王国的西南部所面临的最大挑战。——译者注

② 丰特努瓦位于今天法国中部偏北的约讷省。——译者注

③ 丰特努瓦战役是加洛林王朝历史上的一次重要战役。这不仅是因为双方伤亡惨重，也是因为多种文献记载了这场战役。尼萨尔参加了这次战役，他在《史事四书》（II, 9—10）中详细记载了秃头查理和日耳曼人路易战前的准备，但对战役过程则轻描淡写。《富尔达年代记》则记载："兄弟三人虽然在欧塞尔地区的丰特努瓦庄园附近相聚，但因罗退尔为自己伸张独一的君权，拒绝疆土的分割，他们未能对此达成一致，于是决定诉诸兵戈，以天主的裁定解决争议。6月25日，他们之间发生了一场大战，双方均伤亡惨重。在世人的记忆中，法兰克族人中此前从未发生过此等杀戮。当日，罗退尔即开始向亚琛王宫撤退，路易和查理则夺取了罗退尔的营寨，收殓并埋葬了各自阵亡的部下，相互别离。"《克桑滕年代记》（p.11）在记述这场战役的时候则说，"众多基督徒彼此惨杀，让人心痛，不忍诉说"。同时代拉文纳修士阿格内鲁斯（Agnellus of Ravenna）在其所著的《拉文纳主教列传》中记述，仅罗退尔和丕平二世一方就有4万人丧生。Agnellus of Ravenna, *The Book of Pontiffs of the Church of Ravenna*, translated with an introduction and notes by Deborah Mauskopf Deliyannis, Washington D.C.: The Catholic University of America Press, 2004, c.174, p.301. 值得注意的是，由于丕平二世一方没有留下对这次战役的记载，我们容易低估丕平二世的作用。——译者注

们不再追击那些逃兵，而且下令主教们次日出于同样的原因留在同样的地方，尽可能掩埋死者的遗体。拉文纳（Ravenna）①（大）主教乔治（George）此前受罗马教宗格里高利（四世）委派，争取调和罗退尔和他的两个弟弟，（但）罗退尔将其扣押，禁止其前往他的弟弟们那里。在这场战役中，乔治被（路易和查理）控制，并被礼貌地送回其地（拉文纳）。② 罗退尔逃至亚琛，欲重整旗鼓，极力拉拢萨克森人和其他边境地区的部族。他甚至允许萨克森人中众多被称为斯泰林加（Stellinga）③ 的人在各种（成文的）法律和萨克森 39

① 拉文纳位于意大利东北部，亚得里亚海西岸。从 410 年罗马遭受洗劫到 476 年西罗马帝国瓦解，拉文纳一直是西部帝国的都城。此后，它成为东哥特王国的都城。随着查士丁尼对意大利的征服，拉文纳从 540 年就成为拜占庭帝国在西部的统治中心，拜占庭督主教（exarch）的治所，直到该城在 751 年被伦巴德王国攻陷。拉文纳大主教的宗教权威仅次于罗马教宗，并多次欲获得更大的独立性，甚至谋求与罗马教宗更为平等的地位。——译者注

② 乔治 837 年到 846 年任拉文纳大主教。与他同时代的拉文纳修士阿格内鲁斯在其所著的《拉文纳主教列传》中对（大）主教乔治有详细的记述。据其记载，乔治是拉文纳的第 48 位主教，由罗马教宗格里高利四世授任。但是，他为了谋取独立于罗马教宗的地位，投靠罗退尔，曾为罗退尔的女儿施洗。他与罗马教宗的使者们为了调和罗退尔与两个弟弟的矛盾，带着拉文纳教堂的财宝远赴法兰西亚，结果被秃头查理俘获。秃头查理对乔治多有羞辱。幸得秃头查理的母亲朱迪斯劝说，乔治才被遣送回拉文纳。另外，阿格内鲁斯还详细记述了丰特努瓦战役的经过。据其记述，罗退尔打击两个弟弟是为了“防止帝国被分割，避免在其（皇帝）宝座之下有（兄弟们作）国王”；当阿奎丹的丕平（二世）前来援助罗退尔的时候，双方还发生了第二波战斗。Agnellus of Ravenna, *The Book of Pontiffs of the Church of Ravenna*, translated with an introduction and notes by Deborah Mauskopf Deliyannis, Washington D.C.: The Catholic University of America Press, 2004, cc.171–175, pp.298–305.

③ 这一年，萨克森人的中下层为反对显贵们，举行了起义，起义者自称“斯泰林加”。该词属古萨克森语，意思是“同伴”或“志士”。欧洲中世纪早期史上有关平民暴动的记载很少，这是一个难得的例子。除本年代记之外，还有三种相互独立的文献都谈到了这次起义。《克桑滕年代记》在这一年的史事中记载（p.12），萨克森人中的奴仆（Servi）为反对其主人（domini）而举行了暴动，起义者们“僭妄”地自称“斯泰林加”。尼萨尔的《史事四书》（IV, 2）也同样谴责了罗退尔对这次起义的煽动。《富尔达年代记》在有关 842 年的史事中也记载，路易“进入萨克森，强力镇压了奴仆们为压制他们的合法主人而举行的一场极其严重的叛乱，以死刑惩处了叛乱的肇始者”。有的学者强调，加洛林王朝的征

人的古老习惯之间根据自己的意愿任选一种，而这些人一贯秉性恶劣，更乐于效仿异教徒的风习，而不是秉持基督教信仰的誓言。①

哈拉尔德（Harald）② 为了罗退尔的这种勃勃雄心，为了打击罗退尔的父

服加速了萨克森的封建化进程，加深了中下层萨克森人的苦难，从而促发了后者的暴动。但是最近埃里克·J. 戈尔德贝格则指出，罗退尔和日耳曼人路易在萨克森地区各有支持者，萨克森的显贵被分裂为两派，罗退尔在丰特努瓦战役之后，为扭转颓势，在支持日耳曼人路易的萨克森显贵所控制的地区，鼓动中下层萨克森人发动叛乱。他强调，加洛林王族之间的纷争是这次萨克森内乱的真正原因和最重要的条件。参见 Eric J.Goldberg, "Popular Revolt, Dynastic Politics, and Aristocratic Factionalism in the Early Middle Ages: The Saxon Stellinga Reconsidered", *Speculum*, vol.70, no.3, 1995, pp.467–501.

① 年代记作者此处将"法律"（lex）和"习惯"（conseutudo）对立起来，并对应于随后"基督教信仰的誓言"（christianae fidei sacramenta）和"异教徒的风习"（ritus paganorum）。查理曼在征服萨克森人的过程中，强行破除他们的传统信仰和仪式，强制他们皈依基督教，宣誓信仰基督，并为此发布了重要的法令（capitularia）。这些法令是国王发布的成文法和制定法，与萨克森人不成文的习惯法形成了鲜明的对比。萨克森中下层在暴动中的目标就是放弃基督教，回归传统信仰；摆脱加洛林王朝严酷法律的约束，重归传统的习惯法；破除萨克森显贵们在得到加洛林王朝外力支持之后所获得的新权力，重申中下层萨克森人的政治参与。年代记作者此处的用语意在批评罗退尔，暗指罗退尔允许中下层萨克森人违背查理曼的条令，重归早先的部族习惯法和异教信仰。——译者注

② 尼萨尔在其《史事四书》（IV, 2）中也说："罗退尔出于阴谋诡诈，引入北方人，使部分基督徒屈从于他们，并允许他们劫掠其他的基督徒。"据《法兰克王家年代记》记载，早在 813 年，一位名叫哈拉尔德的丹麦国王被戈德弗里德（Godfrid）的儿子们赶走，并于次年逃到法兰克王国，寻求刚刚继承父亲皇位的虔诚者路易的帮助。虔诚者路易在次年下令萨克森人和阿博德里提人联合攻击丹麦人，但是成效甚微，哈拉尔德不得不继续留在萨克森人中。819 年虔诚者路易再次用阿博德里提人进攻丹麦人，迫使戈德弗里德的两个儿子逃跑，另两个儿子接受哈拉尔德为国王之一。在 826 年，这位哈拉尔德偕同眷属和大批臣下前往美因茨接受了洗礼。虔诚者路易充当了哈拉尔德的代父，皇后朱迪斯则襄助哈拉尔德的妻子，罗退尔作为共治皇帝则充当了哈拉尔德的儿子（亦名戈德弗里德）的代父。此外虔诚者路易还授予哈拉尔德在弗里西亚北部的吕思特林根（Rüstringen）伯爵区的采邑。参见陈文海译注：《法兰克王家年代记》，第 166、180 页。此事在法兰克人与丹麦人的关系中具有重大意义，但是哈拉尔德并未因此巩固其王位。次年他再次被戈德弗里德的儿子们逐出，避居虔诚者路易授予他的采邑上。《圣伯丁年代记》此处谈到的这位哈拉尔德，是否就是《法兰克王家年代记》中所记述的那位哈拉尔德，学术界有不同的看法。一种观点认为二者为同一人。如此，则该哈拉尔德在 826 年便成为基督徒，并获得采邑，那么《圣伯丁年代记》强调这位哈拉尔德在 841 年以异教徒的身份统治基

亲，伙同其他丹麦海盗，数年来一直侵扰弗里西亚和基督徒的其他沿海地区。罗退尔为了哈拉尔德的这种帮助，将瓦尔赫伦岛（Walcheren）[①]和一些邻近地区作为采邑（benefice）授予他。这种罪行着实该受万般憎恨，因为他让那些给基督徒带来侵害的人统治基督徒的土地、民众和基督的教会，让迫害基督教信仰的人们成为基督徒的主人，让基督徒民众侍奉那些崇拜恶魔的人！

（日耳曼人）路易恩威并用，将许多萨克森人以及全部的奥斯特拉西亚人、图林根人和阿勒曼尼人置于其统治之下。（秃头）查理尽其所能，审时度势，处理了阿奎丹地区的事务，经由勒芒、巴黎和博韦（Beauvais）[②]，穿过法兰西亚，到达哈斯彭高（Haspengau），以友爱而非恐吓的方式将那里的民众笼络到自己身边。[③]罗退尔渡过莱茵河，欲攻路易。他尝试实施自己的计划，却徒劳无功，便突然转攻查理。他料想自己可以轻易战胜查理，因为查理在离开其兄路易后行军颇远。[④]查理退守巴黎，渡过塞纳河，迫

督徒，属于不实记载。这也是本年代记英译者詹尼特·尼尔森的观点。另一种观点则认为，841 年的这位哈拉尔德，只是 826 年受洗的那位哈拉尔德的侄子。这种观点应该更为可信。参见 Simon Coupland, “From Poachers to Gamekeepers: Scandinavian Warlords and Carolingian Kings”, *Early Medieval Europe*, vol. 7, issue 1, 1998, pp.89–93.——译者注

① 瓦尔赫伦岛今天属荷兰泽兰省（Zeeland）。它原本是斯海尔德河入海口附近的一个岛屿，后因围海造田，逐渐通过其东部的另一岛屿与大陆相连，而成为半岛的一部分。——译者注

② 博韦位于今天法国北部的皮卡第大区，是瓦兹省的省府，在巴黎北部偏西约 70 公里的地方，从巴黎到亚眠的要道上。——译者注

③ 哈斯彭高法语是“Hesbaye”（埃斯拜）。该地位于今天比利时东南部的高原地区，大致在默兹河的北边，纳慕尔（Namur）、列日（ Liège）、哈瑟尔特（Hasselt）和鲁汶（Leuven）四个城市所围起来的地方。尼萨尔在《史事四书》（III, 3）中更为详细地记述了秃头查理这一时期的活动。注意本年代记对日耳曼人路易和秃头查理的对比。在拉拢部下的过程中，日耳曼人路易是“恐吓与恩惠兼施”，而秃头查理则是“友爱而非恐吓”。——译者注

④ 此处拉丁文为“ratus eum longius a fratre Hludovico separatim adgressum facilius evincendum”。对此可以有两种不同的理解：一种是查理离开路易后行军甚远，属疲惫之师，容易击败；另一种是查理远离与其结盟的兄长路易，孤立无助，因此容易击败。英译者詹尼特·尼尔森的翻译强调了前者，而德国雅斯蒙德等人的德语翻译则强调了后者。拉丁原

40 使罗退尔长久无法行动。罗退尔无法渡河，便前往上游地区，经由莫尔瓦（Morvois）地区[1]进入桑斯（Sens）[2]，从那里不费周折地到达勒芒。他在那里无恶不作，劫掠、焚烧、奸淫、抢夺圣物、强迫人们对他宣誓效忠，无法自控，甚至连圣所都不放过。[3]司铎和其他品级的教士们为安全起见，存放在教堂及其库房中的一切，只要他能找到，便洗劫而去，即使他自己曾让他们发誓保卫这一切。他甚至迫使修女们向其宣誓效忠，而她们是献身于侍奉天主的。查理在巴黎附近长久滞留之后，为欢度圣诞节而到了夏龙（Châlons）。[4]

842 年

（秃头）查理继而从那里到达特鲁瓦，经阿祖瓦（Azois）地区[5]和图勒城，翻越孚日山（Vosges）[6]的隘口，在斯特拉斯堡城（Strasbourg）[7]郊外与

文应该同时包含了这两种含义。——译者注

① 此处拉丁文为“per Mauripensem”。莫尔瓦是塞纳河谷的一个伯爵区。——译者注

② 桑斯位于今天法国勃艮第大区约讷省，在约讷河东岸河畔。在加洛林帝国时期为大主教驻地。——译者注

③ 此处拉丁文为“cuncta rapinis, incendiis, stupris, sacrilegiis sacramentisque adeo iniuriat, ut ne ab ipsis aditis temperaret”。英译者的译文是“ravaging everything with such acts of devastation, burning, rape, sacrilege and blasphemy that he could not even restrain his men from damaging those whom he was planning to visit.”意思是：“他（罗退尔）甚至无法阻止部下侵害自己原本计划拜访的人。”笔者此处借鉴了德译者的理解，因为它与下一句的意思更契合。——译者注

④ 夏龙位于今天法国东部偏北，阿尔萨斯—香槟—阿登—洛林大区马恩省，在巴黎以东，兰斯东南。旧时被称为马恩河畔夏龙，因为马恩河从该城西侧穿过。该城是加洛林王朝的重要王宫之一，也是秃头查理频繁光临的王宫之一。——译者注

⑤ 此处拉丁文为“per Alsensem pagum”，指位于今天法国特鲁瓦和绍蒙之间，以奥布河畔巴尔（Bar-sur-Aube）为中心的地区。

⑥ 孚日山在法国东北部，成南北走向，绵延一百多公里，其东侧为莱茵河，这一带的莱茵河两侧则构成狭长的阿尔萨斯。——译者注

⑦ 位于今天法国东北部下莱茵省，孚日山以东，莱茵河左岸。

其兄路易会合。罗退尔极其凶残地蹂躏了下高卢地区[1]，尽管这对自己以及自己的部下毫无益处。随后他在巴黎附近渡过塞纳河，返回亚琛。当他听闻两个弟弟的会合时，怒火难忍。

路易和查理为了更加紧密地将投靠于己的民众笼络到身边，相互发了誓言，联合在一起。他们各自的部下也同样相互发誓，若两兄弟中任一人针对另一人恶意谋划任何事请，所有人都将离弃争端的发起者，倒向兄弟亲情和友爱的捍卫者。[2] 事毕，他们遣使罗退尔，寻求和平。然而，罗退尔拒绝与 41
他们的使者见面商谈，并与部下筹备围攻两个弟弟。罗退尔驻扎在距离摩泽尔河大约八千步的辛齐希（Sinzig）[3] 王宫，并派遣人马驻防，阻止有人渡过该河。但是，路易率水军，查理带骑兵，到达科布伦茨要塞（Koblenz）[4]，并在那里开始勇猛渡河。罗退尔的守军全部仓皇逃跑，他自己也对两个弟弟的突然到来大为惊慌，于是撤退。他还带走了亚琛宫廷、圣玛利亚礼拜堂以及王室内库的一切财宝。其中有一个大得出奇的精美银盘，其上刻有天下舆图、繁星目视图以及行星运行图，相互隔开恰当的位置，而众星宿则分外生辉。[5] 他将该银盘分成小块，作为贿赂分给他的追随者们，而他们尽管受到

① 此处拉丁文为“inferiors Galliae partes”，指地势较低的卢瓦尔河流域，故英译者詹尼特·尼尔森将其意译为高卢西部。——译者注

② 这便是著名的“斯特拉斯堡誓约”。尼萨尔在其《史事四书》（III，5）中以两者语言详细记载了誓词内容。日耳曼人路易和秃头查理分别用拉丁化的高卢语和当时日耳曼地区的俗语（即古高地德语）发誓，以确保对方将士都能听得懂。这反映了当时加洛林帝国内部不同地区之间的语言隔阂。——译者注

③ 辛齐希在今天德国莱茵兰—普法尔茨州，大约在伯恩和科布伦茨之间。该地是加洛林王朝的王宫之一，在从亚琛到法兰克福的要道上，辛齐希是中间点和歇脚地。——译者注

④ 拉丁文为“Confluentes”，意思是“两河汇聚之地”。科布伦茨位于今天德国莱茵兰—普法尔茨州北部，是摩泽尔河汇入莱茵河的地方，属军事战略要地。——译者注

⑤ 这是查理曼的重要遗物，多种文献谈到了这一遗物。艾因哈德在其《查理大帝传》中记载，查理曼的遗物中包括君士坦丁堡城的银制方形地图、有关罗马城的圆形地图，而“第三块无论是在制作的精美上，还是在重量上，都远远地超过其他几块，它由三个圆的形体组成，上有一幅画得精巧细致的世界地图”。据艾因哈德对查理曼遗嘱的记载，这些东西作为单独的一部分，应出售后用于布施。艾因哈德：《查理大帝传》，戚国淦译，第

如此贵重之物的诱惑，还是一批一批地弃他而去。罗退尔经由夏龙逃窜，在特鲁瓦度过了复活节（4 月 2 日），然后去往里昂。路易和查理分别在科隆和赫斯塔尔（Herstal）王宫①欢度了这一节日。②他们不再追击兄长，而是接纳了从这些地区前来投奔他们的人。在接纳了大批投靠者之后，他们循着兄长的逃跑路线步履缓慢地尾随。罗退尔被迫无奈，派遣最信任的使者③，
42 与两个弟弟商讨和平协议。他们选择马孔城附近作为谈判地点，双方相会于此。索恩河将双方营寨隔开，他们来到河流中间的一个小岛上会见商谈。④在那里，双方皆就此前的不义之举寻求对方谅解，并得到了对方的谅解。他

---

35 页。不过，在查理曼去世后，这张绘有世界地图的银盘并未售出。据泰甘在其《皇帝路易功业记》中记载（c.8），虔诚者路易从父亲查理曼的遗产中仅留了“一张银盘”，而他这样做也是“出于对父亲的爱”，且他是用自己的珍宝赎买了这张银盘。这一刻有宇宙星图和世界地图的银盘在多种文献中均有记载，足见其在时人观念中的重要性。用马太·英尼斯的话说，它象征着“帝国的普世性”。虔诚者路易刻意保留这一遗产，显示了他对查理曼的合法继承。而本年代记在此谴责罗退尔破坏和出让这一重要遗物，或许隐含着罗退尔不配继承帝国的弦外之意。关于查理曼遗产分割的详细研究，参见 Matthew Innes, “Charlemagne’s Will: Piety, Politics and the Imperial Succession”, *The English Historical Review*, vol. 112, no. 448, 1997, pp. 833–855.——译者注

① 赫斯塔尔位于今天比利时瓦隆大区列日省，是默兹河畔的一个城市。加洛林家族的先祖丕平二世，即查理·马特的父亲丕平，就是以赫斯塔尔显贵的身份成为墨洛温王朝的宫相的。该地是加洛林王朝的重要王宫之一，查理曼 779 年曾在此发布著名的《赫斯塔尔条令》（*Capitulare Haristallense*, *Capit*. I, no. 20, pp. 46–51）。——译者注

② 据尼萨尔在其《史事四书》（IV, 1）中记载，路易和查理在这一年的 3 月达成协议，他们两人将均分除意大利之外的帝国全部疆土，即完全排斥了罗退尔对阿尔卑斯山以北疆土的继承，只给其留了意大利。但是，本年代记并未提及这一重要的动议。——参考了英译者注

③ 据尼萨尔在《史事四书》中记载（IV, 3），此次会谈是在梅勒塞伊（Mellecey）进行的，罗退尔所派使者是伊夫雷亚（Ivrea）主教约瑟夫（Joseph）、弗留里边疆伯爵埃伯哈德（Eberhard）以及埃格伯特（Egbert）。埃伯哈德是虔诚者路易的女婿，即罗退尔、日耳曼人路易和秃头查理三位兄弟的姐夫（或妹夫）。——参考了英译者注

④ 据尼萨尔在《史事四书》中记载（IV, 4），这次会面是在 6 月 15 日，小岛的名字则是昂西拉（Ansilla）。选择双方营地的中间，选择界河中一个岛屿作为谈判地点，具有两个重要的用意。其一，凸显双方地位的对等；其二，确保彼此的安全。选择在不受对方控制的中间缓冲地带会谈，是中世纪早期常见的谈判惯例。——译者注

们还相互宣誓，维持真正的和平与兄弟情谊，并决定于 10 月初在梅狄阿麦德里契人（Mediomatrici）称为梅斯的城市[①]会谈，商讨如何更仔细地均分全部疆土。

其间，北方人的船队在拂晓之时突袭了名叫康托维克（Quentovic）的集市[②]，掳掠民众，杀戮男女，肆意毁坏，除重金赎下的建筑外，城内一无所剩。摩尔人[③]中的海盗也沿着罗讷河逼近阿尔勒(Arles)[④]，所到之处无不劫掠，返回时船只满载，未受任何惩罚。

查理离开马孔（Mâcon）[⑤]后进入并巡行了阿奎丹，随后毫不迟疑地在约定的时间和地点（梅斯）参加会商。罗退尔在特里尔接待了希腊人的使者们，并将其遣返[⑥]，但他在议定的会商时间却留在被称为蒂永维尔的王宫。

---

① “梅狄阿麦德里契人”是罗马帝国时期高卢的一支凯尔特人部族，他们很可能分布在摩泽尔河与马恩河之间的地区，梅斯是他们最大的城市。参见凯撒：《高卢战记》，任炳湘译，北京：商务印书馆 1979 年版，第 83 页。——译者注

② 康托维克是墨洛温王朝和加洛林王朝时期法兰克王国在英吉利海峡的重要港口集市。它很可能位于今天法国北部的加来海峡省，康什河（Canche）入海口的埃塔普勒城（Étaples），也许位于该城的附近地区。它是法兰克王国与不列颠各王国贸易的重要港市，也是不列颠传教士们去罗马朝觐或到大陆传教的中转地。它在当时商业上的重要性与多列斯塔特相近。——译者注

③ “摩尔人”是希腊、罗马古典时代以及中世纪西欧人对生活在马格里布（Maghreb）、伊比利亚半岛、西西里等地穆斯林的称呼。拉丁文“mauri”源于表示“黑色”的希腊语，基督徒使用这一术语表示信仰不同、肤色有异的穆斯林，具有明显的贬义。——译者注

④ 阿尔勒位于今天法国南部罗讷河口省。罗讷河在接近入海口时一分为二，形成一个名叫卡马尔格（Camague）的三角洲，阿尔勒就在该三角洲的顶角处，罗讷河东岸。该城历史久远，在当时是普罗旺斯最重要的城市，也是大主教座堂所在地。——译者注

⑤ 位于今天法国勃艮第大区南部，为索恩—卢瓦尔省的省府，坐落在索恩河西岸河畔，里昂以北约 65 公里处。在加洛林帝国时期，该城为主教座堂所在地，属里昂大主教辖区，同时也是伯爵所在地，属勃艮第公爵区。——译者注

⑥ 拜占庭来使的目的在于寻求法兰克人的合作，共同对付萨拉森人对意大利日益严重的攻击。另外，他们很可能提议路易二世迎娶拜占庭皇帝的一位女儿为妻。Pilip Grierson, “The Carolingian Empire in the Eyes of Byzantium”, *Nascita dell'Europa ed Europa carolingia*, vol.2, 1981, pp.885–918. 而且，路易二世很可能应允了这桩婚事，但是并未完婚。参见本年代记有关 853 年史事的记载。

路易行遍了整个萨克森，以武力或恐吓制服所有依然反抗自己的人，抓捕了这些反抗活动的所有头目，因为他们几乎背弃了基督教信仰，一直顽强
43 反抗他和他的部下。他将 140 人砍头，将 14 人绞死，将不可胜数的人砍去手足，致其残废，无人胆敢再次反抗他。[①]

其间，贝内文托人[②]发生内讧，一些萨拉森人受他们之邀从非洲到来。他们（萨拉森人）最初是援助者，后来却变成了残暴的迫害者，以武力攻陷了许多城市。

查理于 10 月离开梅斯，前往沃尔姆斯，与其兄路易会合。他们在那里住了很长时间，两人交替遣使罗退尔，就疆域的分割进行了长久而繁复的讨论。他们（三人）最后议定，从他们所统治的整个王国选择一批得力的特使，由特使们更仔细地调查登记，以这一系列调查登记为基础，在指定的时间制定出三兄弟之间无可争议的最均等的疆域分割方案。当特使们受命离

① 参见上一年史事记载中提及的萨克森地区的“斯塔林加”暴动。本年代记中此处的记载在《富尔达年代记》中可以得到印证。据《富尔达年代记》记载：“路易于 8 月从那里返回被人称为萨尔茨的庄园，并在举行大会议之后进入萨克森，强力地镇压了奴仆们为压制他们的合法主人而举行的一场极其严重的叛乱，以死刑惩处了变乱的肇始者。”——译者注

② 贝内文托在今天意大利南部，亚平宁山脉西麓，那不勒斯东边约 50 公里处，在萨巴托河（Sabato）汇入卡洛雷河（Carole）的地方。在 6 世纪，贝内文托被伦巴德人占据，此后成为伦巴德人的公爵国，与教宗国、伦巴德王国、斯波莱托公爵国（同样为伦巴德人的公爵国）有着既冲突又合作的复杂关系。在 774 年查理曼征服伦巴德王国后，同样由伦巴德人所统治的贝内文托公爵国却保持了半独立的状态。当时的公爵阿列奇斯（Arechis，758—787 年在任）和他的儿子格林瓦尔德三世（Grimoald，788—806 年在任）通过向查理曼表示归顺、送交人质、承诺交纳贡赋等方式，不仅维持着对贝内文托的统治，而且将统治的名义从公爵（dux）升格为元首（princeps）。格林瓦尔德三世 806 年去世后，他的宫廷总管（thesauarius）法尔克（Falco）成功夺得公爵位，成为贝内文托的格林瓦尔德四世。他在 817 年遇刺身亡后，他的下属希克（Sico）成为元首，直到 832 年逝世。其子希卡尔德（Sicard）继任其位，直到 839 年遇刺身亡。他的宫廷总管拉德尔奇斯（Radelchis）不仅迅速成为元首，而且将弟弟希克努尔夫（Siconulf）囚禁。不过，随后希克努尔夫成功逃脱，并以贝内文托公国内的另一重要城市萨莱诺（Salerno）为中心，与拉德尔奇斯展开了长达十年的贝内文托内战。战争双方都曾引入萨拉森人作为雇佣兵攻击对方。——译者注

开之后，路易返回日耳曼尼亚，罗退尔滞留在法兰克王国最中间的地区①，查理到达基耶尔济王宫，迎娶了伯爵阿达拉尔德的外甥女埃尔蒙特鲁德(Ermentrude)。②随后，为纪念蒙福的圣徒康坦，也为了在那里庆祝圣诞节，他去了圣康坦。其间，下高卢发生了地震。

843 年

罗退尔和路易恪守于各自的疆界之内，相安无事。查理巡行于阿奎丹。当 44
他滞留在那里时，近来背弃了对他效忠誓言的布列塔尼人诺米诺埃(Nominoë)③

---

① 此处拉丁文为“medioximis regni Francorum”。这里的“最中间”一词，不仅在于强调罗退尔所占据的疆土在空间上居于中间，也强调了这部分疆土在政治上的重要性。——译者注

② 埃尔蒙特鲁德的父亲是奥尔良伯爵奥多。关于奥多的生平及家族渊源，参见前面有关 834 年史事的注释。她的母亲恩格尔特鲁德（Engeltrude）是巴黎伯爵杰拉尔德（Gerard）的女儿。阿达拉尔德是恩格尔特鲁德的弟弟之一，曾任虔诚者路易的侍应官（seneschal）。在虔诚者路易死后，阿达拉尔德加入了秃头查理的阵营。父亲奥多大约 834 年去世后，埃尔蒙特鲁德很可能处于舅父阿达拉尔德的庇护下。年代记在这里没有提到埃尔蒙特鲁德的父亲奥多，而是提到了她的舅父阿达拉尔德，或许体现了阿达拉尔德在这桩婚事中的重要作用。——译者注

③ 诺米诺埃大约生于 800 年，亡于 851 年 3 月 7 日。他最初只是布列塔尼人的众多首领之一，其家族势力很可能以瓦讷（Vannes）为中心，有两种赐地文书将他称为瓦讷伯爵。他在 819 年左右成为虔诚者路易的忠臣（fidelis）和钦差（missus imperatoris），并借助虔诚者路易的支持在布列塔尼拓展自己的势力。不同文献用“公爵”（dux）、“元首”（princeps）、“长官”（magister）、“掌舵者或统治者”（gubernans）等词来描述这一时期他在布列塔尼的地位。在虔诚者路易死后的最初一段时间，他与秃头查理保持着良好的关系。但是，据尼萨尔在其《史事四书》中记载，841 年春季纽斯特里亚发生了针对秃头查理的反叛，秃头查理遣使询问诺米诺埃是否愿意归顺他，后者予以应允。这一年下半年，皇帝罗退尔试图掌控纽斯特里亚，遭到了诺米诺埃的反对。在 842 年，布列塔尼将士也作为秃头查理的支持者参加了斯特拉斯堡誓约。不过，在 843 年，罗退尔和（或）他的支持者南特伯爵兰伯特拉拢了诺米诺埃，使其背弃秃头查理，支持罗退尔。此后，诺米诺埃成为秃头查理在纽斯特里亚的劲敌，屡次支持罗退尔、兰伯特以及阿奎丹王丕平二世等秃头查理的对手。再后来，诺米诺埃又重归秃头查理一方，继而再次反叛。可以说，利用罗

和兰伯特[①]杀死了南特伯爵[②]雷纳尔德(Rainald)[③]，且俘获甚众。[④]各地恶匪涌现，无休无止，强盗四处横行，祸害一切。高卢各地民众仅能吃黏土混合少许面粉做成的形似面包的东西。盗匪们的马匹有充足的粮草，百姓却连混合着泥土的面包也吃不到。这是可悲的罪恶，更应该说是可诅咒的罪恶。

北方人中的海盗攻击南特，杀死主教、许多教士和男女平信徒，洗劫城

退尔、秃头查理、阿奎丹王丕平二世、日耳曼人路易等加洛林家族成员的内部矛盾，在他们之间摇摆游走，借机拓展自己在布列塔尼和纽斯特里亚的势力，是诺米诺埃的重要策略。845 年到 851 年间，他在布列塔尼实现了几乎独立的状态，甚至有可能成为布列塔尼的“王”。由于他在布列塔尼首次实现统一和建立王国的过程中发挥了重要作用，19 世纪的一些学者甚至将其称为布列塔尼的“国父”。——译者注

① 此即南特伯爵兰伯特二世。关于他的父亲兰伯特一世，参见有关 834 年的史事记载及注释。兰伯特二世原本是秃头查理的支持者，他在 841 年的丰特努瓦战役中站在秃头查理一方参战，属有功之臣。而且，他的父亲兰伯特一世曾为南特伯爵，因此他视南特伯爵一职为囊中之物。然后，秃头查理后来任命雷纳尔德为南特伯爵，这等于断了兰伯特二世在其家族势力范围内的前程，于是兰伯特倒向了秃头查理的对手诺米诺埃。兰伯特二世的妻子是查理曼的儿子意大利王丕平的女儿泰特拉塔（Tetrata），而泰特拉塔的姐姐阿德莱德则是兰伯特二世的继母，即他的父亲兰伯特一世的第二任妻子。兰伯特家族为了捍卫家族根据地南特，与秃头查理进行了长期的斗争，间或才有妥协合作。——译者注

② 南特位于今天法国西部卢瓦尔河大区卢瓦尔—大西洋省。它在罗马帝国时期就是重要的军事据点，在西部帝国解体之前就成为主教治所。随着布列塔尼人的迁入，南特落入法兰克人的控制下，成为墨洛温王朝对付布列塔尼人的前沿阵地。随着查理曼建立布列塔尼边疆区，南特成为边疆区的重镇和边疆伯爵（公爵）驻地。——译者注

③ 雷纳尔德原本是赫尔鲍格（Herbauges）伯爵，其辖区包括卢瓦尔河下游南部。后来他又成为普瓦提埃伯爵。在 835 年，他参加了虔诚者路易反击北方人的战事。在 841 年的丰特努瓦战役中，南特伯爵里奇温（Ricwin）阵亡。秃头查理任命雷纳尔德接任南特伯爵，从而引发了兰伯特二世对雷纳尔德的仇怨。——译者注

④ 据产生于 11 世纪中期的《南特编年史》（*Chronicon Namnetense*）记载，雷纳尔德闻听兰伯特与诺米诺埃将要联手，便决定先发制人，离开南特，向西行至维莱讷河（Vilaine）。由于诺米诺埃患病，其子埃里斯波埃（Erispoë）率军渡过维莱讷河，在梅萨克（Messac）向雷纳尔德开战，结果被击溃。就在他逃跑之时，其盟友兰伯特率军突袭雷纳尔德。雷纳尔德猝不及防，战败被杀。此次战役也被称为梅萨克战役。相关记载参见 René Merlet edited and translated, *La chronique de Nantes*, Paris: Alphonse Picard et Fils, 1896, p.14.——译者注

市，转而劫掠下阿奎丹地区①。最后，他们占据一个岛屿越冬，并举家从大陆迁居于此，似乎将其作为永久家园。

查理如期来见两位兄长，与他们在凡尔登会合。他们在那里分割了疆
土，路易得到了莱茵河外侧（东侧）的一切，以及莱茵河内侧（西侧）的
施派尔、沃尔姆斯和美因茨等城市和地区。罗退尔得到了莱茵河与斯海尔
德河（Scheldt）②入海处之间的地区，再向后转经康布雷（Cambrai）③、埃诺
（Hainaut）④、洛姆（Lomme）⑤、梅济耶尔（Mézières）⑥以及默兹河内侧（西
岸）的诸伯爵区，直到索恩河与罗讷河的交汇处，再沿着罗讷河顺流而下直 45
到大海，一并继承的还有该河两岸的诸伯爵区。罗退尔在上述疆界之外得到
的只有其弟查理慷慨让出的阿拉斯（Arras）⑦。其他直到西班牙的地区都归于

---

① 即阿奎丹地势较低的西部地区。——译者注

② 斯海尔德河发源于法国北部，向东北方流过比利时，进入荷兰西南部后注入大海。——译者注

③ 康布雷位于今天法国北部—加来海峡大区的诺尔省，斯海尔德河东岸河畔。该城在墨洛温时期曾经为大主教座堂所在地，但在加洛林帝国时期，它只是主教座堂所在地，归属兰斯大主教区。——译者注

④ 埃诺位于今天比利时西南部的瓦隆大区。——译者注

⑤ 洛姆位于今天法国诺尔省的省府里尔（Lille）市的西北，如今已是里尔市的一部分。——译者注

⑥ 据魏茨在所编拉丁文本的注释中说，该地在默兹河和它的支流桑布尔河（Sambre）之间的地区。英译者将其翻译为“Mézières”。——译者注

⑦ 阿拉斯位于今天法国北部加来海峡省，斯卡尔普河（Scarpe）东岸。在中世纪早期，该地是围绕康布雷主教所建立的圣瓦斯特修道院（St. Vaast）发展起来的。此地归属罗退尔，意味着罗退尔在秃头查理的疆土内拥有一块飞地。——译者注

查理。[①] 三兄弟在宣誓之后，各自离开。[②]

其间，贝内文托人恢复和谐。蒙天主助佑，他们将萨拉森人赶走。[③]

844 年

这个冬天直到 2 月初天气都极其温和宜人。

西班牙边疆伯爵伯纳德心怀大计久已，妄图至高之位。经法兰克人的裁判，他犯有谋逆之罪。经查理下令，他在阿奎丹受了死刑。[④]

---

① 关于 843 年的凡尔登协议，学界的研究主要集中在三个问题上。其一，这一疆土分割计划的形成过程。核心问题包括：来自三方的 120 位代表是否对帝国各地的疆土作了全面的调查？疆土分割的原则是疆土面积的相等、收入的相近、政治资源的平等，还是疆土经济自给能力的相似？其二，这一疆土分割协议是三兄弟之间的协议，还是三兄弟与各地显贵共商的结果？各地显贵在疆土分割的过程中发挥了何种作用？其三，凡尔登协议是否像 19 世纪和 20 世纪前期史学家们所强调的那样，奠定了中世纪盛期、晚期甚至近代以来法国和德国的基础？它对于后世欧洲的政治格局是否具有长期的影响？关于凡尔登协议的形成，参见 François Louis Ganshof, "Zur Entstehungsgeschichte und Bedeutung des Vertrages von Verdun (843)", *Deutsches Archiv für Erforschung des Mittelalters*, Band 12, 1956, S.313–330. Theodor Mayer, "Die Bestimmung des Vertrages von Verdun und ihre Bedeutung für die abendländische Geschichte", in *idem* hrsg., *Der Vertrag von Verdun*, Leipzig: Koehler & Amelang, 1943, S.1–31.

② 本年代记作者普鲁登提乌斯并未提及 843 年下半年在秃头查理的王国所发生的事情。查理在 10 月出征，讨伐布列塔尼人。11 月，查理则在库兰（Coulaines）举行大会，尝试寻求显贵们的共同支持，度过危难，巩固统治。为此他还发布了著名的《库兰会议昭告》（*Conventus in Villa Colonia*）。该文件全文见 *Capit*.II, no.254, pp.253–255。

③ 参见上一年史事中有关贝内文托内乱和萨拉森人由援助者变为侵扰者的记载。——译者注

④ 如本年代记有关 830 年、831 年的史事所记载，伯纳德在 831 年虽然发誓忠于皇帝虔诚者路易，但是并未重获大权。他于是倒向阿奎丹王丕平一方，在 831 年年底和 832 年参与了丕平反抗父亲的叛乱。虔诚者路易于是削夺了伯纳德的很多职位和采邑，将这些职位和采邑转授予在此次叛乱中忠于他的图卢兹伯爵贝伦加尔。不过，在 833 年和 834 年间罗退尔的反叛中，伯纳德与阿奎丹王丕平等选择支持虔诚者路易，重新获得了皇帝一些信任，加之图卢兹伯爵贝伦加尔碰巧去世，因此伯纳德重新获得了塞普提马尼亚和图卢兹等地的伯爵职位。但是，这些地区的民众更多属于贝拉（伯纳德的同父异母兄弟）和贝伦加尔的支持者。在 838 年的基耶尔济大会上，伯纳德就曾受到当地人的指控。在

罗马教宗格里高利（四世）亡故，塞尔吉乌斯（Sergius）被扶上圣座，继任其位。① 在他荣登使徒之座 ② 后，罗退尔派遣其子路易(二世)③ 在梅斯主教德罗戈 ④ 的陪伴下去罗马，以确保以后未经罗退尔的命令，没有其特使

虔诚者路易 840 年去世后，伯纳德选择了骑墙观望的策略，并未参与 841 年的丰特努瓦战役。不过，伯纳德可能在丰特努瓦战役前后将自己的儿子威廉送到秃头查理的宫廷，作为自己保持忠诚的担保，而且很可能向秃头查理许诺自己能劝说或制服查理在阿奎丹的对手，即丕平一世的儿子丕平二世，但是伯纳德未能兑现诺言。秃头查理在 842 年征讨阿奎丹的战事之后，剥夺了伯纳德的图卢兹伯爵职位。于是，伯纳德联手丕平二世反叛，并驱赶了新任图卢兹伯爵阿克弗雷德（Acfred）。秃头查理则派遣普罗旺斯公爵征讨伯纳德和丕平二世。在 843 年的凡尔登条约中，塞普提马尼亚和戈西亚归秃头查理，而当时伯纳德依然占据的于泽（Uzès）则归罗退尔。秃头查理在 844 年曾兵进阿奎丹，也许伯纳德是在此前已被普罗旺斯公爵擒获，也许是在这一年才被秃头查理擒获，抑或是他自愿来见秃头查理而被擒的。据《富尔达年代记》844 年的史事记载："(秃头) 查理杀死了巴塞罗那公爵伯纳德，后者当时毫无戒备，未曾料到查理对自己有任何恶意。" 辛克马在《圣伯丁年代记》有关 864 年的史事中，再次强调了伯纳德是经"法兰克人的裁判"被认定有罪的。——译者注

① 格里高利四世在 844 年 1 月 25 日去世。塞尔吉乌斯二世很快被祝圣为教宗，并未经过皇帝罗退尔的批准。——译者注

② 拉丁文为"apostolica sedes"，本意是指使徒之长圣彼得的宝座，但也可以引申为罗马教宗、罗马教廷，甚至罗马城本身。——译者注

③ 路易（二世）生于 825 年，是罗退尔与埃尔蒙嘉德的长子。路易二世在出生之后很可能生活在祖父虔诚者路易的宫中，这实际上是虔诚者路易控制长子罗退尔的手段之一。839 年，当路易二世满 14 岁成年的时候，虔诚者路易就将这位长孙安排为意大利国王，而当时共治皇帝罗退尔也是意大利国王。这一安排显然意在制约罗退尔。值得注意的是，路易二世并未参加 841 年的丰特努瓦战役。这是因为他与父亲罗退尔之间存在矛盾，还是因为罗退尔有意安排他留守意大利，学界有不同的解释。他之所以被称为路易二世，是因为在他的祖父虔诚者路易之后，他是第二位名叫路易的意大利统治者。——译者注

④ 在虔诚者路易去世之前，德罗戈是虔诚者路易的坚定支持者，曾协助虔诚者路易约束罗退尔。在虔诚者路易去世之后，德罗戈成为罗退尔的坚定支持者。德罗戈不仅是家族元老，而且是帝国统一的坚定维护者。关于德罗戈的生平事迹，参见 Glansdorff Sophie, "L'évêque de Metz et archichapelain Drogon (801/802-855)", *Revue belge de philologie et d'histoire*, tome 81, fasc.4, 2003, pp.945–1014.

46 在场，不得在罗马立任何人为教宗。① 他们到达罗马后受到了礼遇。② 当他们完成使命后，教宗膏立路易为王，为其佩剑一把，并委任主教德罗戈为其在高卢和日耳曼地区的特使（vicarius）。③

贝内文托人的公爵西吉努尔夫（Siginulf）携所有部下归降罗退尔，并自愿交给罗退尔 100 000 金币作为罚金。原本投靠另一方的贝内文托人得知此事，重新投靠西吉努尔夫，致力于将剩余的萨拉森人逐出他们的疆域。④

---

① 教宗的选举往往是多重力量角力的结果，既有罗马教廷内部不同职司之间的竞争，也有罗马内部高级神职人员和世俗显贵之间以及不同世俗显贵之间的斗争，还有多种外部力量的介入，从早先的拜占庭帝国到后来的伦巴德王国。至少从矮子丕平开始，加洛林王朝，特别是意大利王国的统治者对教宗选举就颇为重视，极力施加影响。824 年尤金（Eugene）二世被推举为教宗，但是受到了罗马民众所推崇的辛辛努斯（Zinzinnus）的挑战。为了获得来自加洛林帝国的支持和确认，尤其为了得到实际统治意大利的罗退尔的武力援助，尤金二世与虔诚者路易和罗退尔订立了《罗马规约》（*Constitutio Romana*）。根据这一协议，罗马显贵不仅要向教宗宣誓效忠，也应向加洛林皇帝宣誓效忠；新选出的教宗在获得祝圣的时候应该有皇帝或其特使在场，应该事先向皇帝宣誓效忠。罗退尔对塞尔吉乌斯提出的要求，应该就是基于这一协议的。这一协议的全文见 *Capit.*I, no.161, pp.322–24。关于这一文件的形成、内容和影响以及这一时期皇帝与教宗的关系，参见 Thomas F.X.Noble, *The Republic of St.Peter.The Birth of the Papal State, 680–825*, Philadelphia: University of Pennsylvania Press, 1984, pp.308–322.

② 据《教宗列传》（*Liber Pontificalis*）中的《塞尔吉乌斯（二世）传》（Vita Sergii II）记载，路易二世、德罗戈和法兰克人在进入意大利的过程中对教宗领地恣意破坏，惩罚意大利显贵中的不忠者，迫使他们屈服。该传记还记载，尽管路易二世和德罗戈等人受到礼遇，但是在路易二世作为国王得到加冕之后，一批意大利显贵拒绝向其宣誓效忠，理由是他们既然已经向他的父亲罗退尔宣誓效忠，就不能，也不愿再向他的儿子宣誓效忠。这间接反映了这一时期罗退尔与其子路易二世之间存在着矛盾。参见 L.Duchesne, *Le Liber Pontificalis, Texte, Introduction et Commentare,* tome II, Paris: de Boccard (Bibliothèque des Ecoles françaises d' Athènes et de Rome), 1981, pp.87–90.

③ 德罗戈是罗退尔的支持者，罗退尔安排德罗戈为阿尔卑斯山以北教宗的特使和宗教权威，体现了罗退尔作为皇帝和加洛林帝国的最高统治者，有野心在宗教事务方面干涉两个弟弟对各自疆土的统治。确保皇帝对分王国的最高统治权，是虔诚者路易在 817 年所制定的《帝国御秩》的核心内容。不过，罗退尔很难将此原则付诸实践。——译者注

④ 关于贝内文托内乱的根由，参见本年代记有关 841 年史事的注释。西吉努尔夫利用罗退尔的长子路易二世南下罗马的机会，向罗退尔表示归顺，这显然是为了借助加洛林王朝

兰伯特[①]与布列塔尼人在曼恩河（Maine）[②]的一座桥上伏击了（秃头）查理的几位边疆伯爵[③]，并将他们杀死。当查理围攻图卢兹城的时候，一支兵马从法兰西亚向他驰援而来。已故的丕平（一世）[④]的儿子丕平（二世）[⑤]在昂古莱姆（Angoulême）[⑥]迎击这支军队，在己方士卒未受损失的情况下迅

的势力击败他的对手拉德尔奇斯。他交纳罚金一事，也与上述贝内文托公爵们交纳贡金的策略类似。年代记此处提到的"另一方"就是指拉德尔奇斯一方，"剩余的萨拉森人"则是指拉德尔奇斯一方所引入的萨拉森人。贝内文托人的这场内战最终导致路易二世在849年出面调停，贝内文托公国由此拆分出一个萨莱诺公爵国。需要注意的是，贝内文托的统治者自称"元首"，但本年代记以及其他法兰克文献都将他们称为"公爵"(dux)。——译者注

① 即南特伯爵兰伯特二世，他在上一年联合布列塔尼人的首领诺米诺埃杀死了雷纳尔德。参见上一年的史事记载及注释。——译者注

② 曼恩河是卢瓦尔河的一条支流，位于今天法国中部偏西的曼恩—卢瓦尔省。——译者注

③ 在加洛林王朝的文献中，"marca"（边疆区）指负责防御或征讨异邦异族的帝国边境地区。"边疆区"究竟是泛指边境地区，还是专指具有固定区域和相应军事、政治建制的特别区域，这样的边疆区究竟有多少个，学界有很大的争议。"marchiones"就是源于"marca"，指边疆区的负责人，因其通常位列伯爵，故翻译为边疆伯爵。不过，边疆伯爵也有很多种。有时几位伯爵共同负责一个伯爵区，都称边疆伯爵；有时一位边疆伯爵统领或节制周围几个伯爵区，地位相当于公爵，这种边疆伯爵往往在文献中也被称为公爵。在查理曼统治时期，边疆伯爵往往直接听命于皇帝，甚至可以视作皇帝监控几个儿子所直接统治的分王国的重要途径。但是，到虔诚者路易以及他的儿子们的时代，随着分王国独立性越来越强，边疆伯爵日益听命于分王国的国王而非加洛林王朝的皇帝。关于加洛林王朝边疆区以及边疆伯爵的最新研究，参见 Andrea Stieldorf, *Marken und Markgrafen: Studien zur Grenzsicherung durch die fränkisch-deutschen Herrscher*, Schriften der Monumenta Germaniae Historica, Band 64, Hannover: Hahnsche Buchhandlung, 2012, S.47–107, 118–220, 353–423.——译者注

④ 魏茨所编的拉丁文本在此处补入了"regis"（国王）一词，称"已故的丕平"为国王。不过英译者尼尔森强调，现存的手稿中并没有证据可以证明本年代记的作者普鲁登提乌斯将丕平一世称为国王。丕平一世在其有生之年无疑是阿奎丹的国王，年代记作者在此不将其称为国王，很可能是为了否定丕平二世继承国王称号的合法性。这无疑体现了秃头查理的立场和利益。——译者注

⑤ 关于丕平二世，参见本年代记 841 年有关丰特努瓦战役的史事记载及注释。——译者注

⑥ 昂古莱姆是今天法国西南部的一个城市，普瓦图—夏朗德大区夏朗德省的省府，位于夏朗德河（Charente）南岸的高台地上。——译者注

速将其击溃，以致在（这支军队的）头领们被杀之后，其余士卒未及交战便开
始逃跑。他们几乎没有逃脱者，要么被俘，要么在被抢夺一空并被迫宣誓之
后方获准返乡。① 在这场出其不意的交战中被杀的有身为教士和修道院院长的
于格，他是已故伟大皇帝查理（曼）的儿子皇帝（虔诚者）路易的弟弟，也
就是罗退尔、（日耳曼人）路易和（秃头）查理（三位）国王的叔父②；还有这
（三位）国王们的表弟，即皇帝查理（曼）的外孙，身为修道院院长的里奇博
47 德（Richbod）③；有伯爵埃克哈德（Counts Eckhard）④ 和伯爵拉班（Hrabanus）⑤，
还有许多其他的人。被俘者则有普瓦提埃主教埃布罗因（Ebroin）⑥，亚眠

① 据《克桑滕年代记》记载，塞普提马尼亚的伯纳德的儿子站在“国王丕平”一方作战，并记载战役发生在6月14日。而《富尔达年代记》则记载，这场战役发生在6月7日。有学者认为，《史事四书》的作者尼萨尔正是在这场战役中阵亡的。——译者注

② 《富尔达年代记》同样记载了“（秃头）查理的叔父”于格以及其他显贵的阵亡。有一篇对于格的悼亡短诗保存至今，该诗篇的作者以第二人称的笔法，颂扬了于格一生对所关爱的人“有益无害”，不该暴尸荒野，称“（阿奎丹）国王丕平（二世）”目睹叔父于格裸尸疆场，痛哭“我宁愿要这具尸体，也不要一百塔兰特的黄金”，并记载丕平（二世）将于格的尸体运到沙鲁修道院（Charroux，位于今天法国维埃纳省）埋葬。该短诗全文见 *Planctus Ugoni Abbatis*, in Ernst Dümmler, Ludwig Taube and Paul von Winterfeld eds., *MGH, Poetae Latini Aevi Carolini*, tomus II, Berlin: Weidmann, 1884, pp.139–140.——参考了英译者注

③ 里奇博德是圣里基耶修道院院长（Abbot of St-Riquier）。他大约生于805年，其母亲是查理曼的女儿，但究竟是哪位女儿则不详。他可能是在840年由罗退尔任命为该修道院院长的。圣里基耶修道院位于今天法国北部的皮卡第大区索姆省。——参考了英译者注

④ 他可能是亚眠伯爵。——据英译者注

⑤ 据尼萨尔的《史事四书》（III, 3）记载，秃头查理于841年派遣了一位名叫拉巴诺（Rabano）的使者到日耳曼人路易那里，这位拉巴诺很可能就是本年代记此处提到的拉班。另外有学者认为，此处的这位拉班是加洛林时期的著名学者，富尔达修道院院长和美因茨大主教拉班·默尔（Hrabanus Maurus）的一位亲属。——据英译者注

⑥ 埃布罗因是阿奎丹势力庞大的罗尔戈（Rorgo 或 Rorig）家族的成员。他最晚在839年就已经被任命为普瓦提埃主教。在838年阿奎丹王丕平一世去世后，阿奎丹本地显贵分为两派，一派支持虔诚者路易和他的儿子秃头查理执掌阿奎丹，另一派则强调阿奎丹的独立性，并支持丕平一世的儿子丕平二世。普瓦提埃城内也存在这两种立场的较量。普瓦提埃伯爵埃莫农（Émenon）站在丕平二世的立场上参加了叛乱，而主教埃布罗因则觐见皇帝，信守忠诚。叛乱被镇压后，与埃布罗因有家族关系的雷纳尔德（很可能就是上一年史事中提到的赫尔鲍格伯爵雷纳尔德）取代埃莫农成为普瓦提埃伯爵。普瓦提埃自此

主教拉杰纳尔（Ragenar）①；修道院院长卢普斯（Lupus）②；伯爵埃克哈德的两个儿子③；另一个埃克哈德④；伯爵贡萨尔德（Gunthard）和伯爵里奇温

成为秃头查理的坚强根据地之一，而埃布罗因也在虔诚者路易去世后成为秃头查理的文秘总长和极其重要的幕僚。埃布罗因在这场战役中被俘，但最晚在年底就被释放了，因为他参加并主持了当年 12 月在韦尔举行的宗教会议。埃布罗因很可能因 853 年秃头查理惩处其亲属曼恩伯爵高兹伯特（Gauzbert）而成为秃头查理的反对者，并因此而丧失了政治地位。埃布罗因死于 854 年。关于埃布罗因在 838 年后对虔诚者路易和秃头查理的忠实支持，参见无名星官在《皇帝路易传》中的记载（c.61, pp.534–536）。关于埃布罗因生平事迹的详细考证，参见 Léon Levillain, “L’archichapelain Ebroin, évêque de Poitiers”, *Le Moyen Âge*, vol. 34, 1923, pp.177–222.——译者注

① 亚眠主教杰希（Jesse）因支持罗退尔反叛，在 830 年被革职，他的继任者就是拉杰纳尔。但是在 833 年，随着罗退尔再次叛乱并废黜父亲虔诚者路易，拉杰纳尔的亚眠主教职位复归于杰希。不过一年之后，虔诚者路易成功复位，拉杰纳尔也重获亚眠主教职位，直到 849 年去世。拉杰纳尔在 844 年被俘后，并没有像埃布罗因那样很快获释，而是直到 845 年 5 月才获释并参加了这一年在博韦举行的宗教会议。——译者注

② 这位卢普斯生于 805 年，死于 862 年。他是本笃会修士，费里耶尔（Ferrières）修道院院长，秃头查理的支持者和 9 世纪重要的神学家。他别称塞尔瓦图斯（Servatus），意为“得到拯救者”，这或许是因为他早年曾有大难不死的经历。他父亲是巴伐利亚人，母亲是法兰克人。他早年在费里耶尔修道院接受了教育，随后（830—836 年）受教于富尔达修道院院长拉班·默尔，其间以文采得到艾因哈德、皇后朱迪斯等人的赏识。很可能是因为朱迪斯和秃头查理的支持，他在 840 年被“推选”为费里耶尔修道院院长。尽管他的前任奥多支持罗退尔，但是卢普斯却是秃头查理的坚定支持者。在 843 年的凡尔登条约中，费里耶尔修道院所在的地区从罗退尔手中转到秃头查理的权力之下。卢普斯更多的是一位文士而非将领，他曾写信给友人，请求国王秃头查理让他安于修道院院长的职守，而不是率军出征。不过，他还是在 844 年被俘了。据他自己写的一封信，他在当年便获释。卢普斯有不少神学著述和私人书信流传下来，他以文风古雅而著称于后世。他所写的书信是研究 9 世纪加洛林帝国史的重要文献。他的书信集见 Graydon W.Regenos translated with an introduction and notes, *The Letters of Lupus of Ferrières*, Martinus Nijhoff: The Hague, 1966.——译者注

③ 这位埃克哈德就是前一句提到的亚眠伯爵埃克哈德，而他的两个儿子中也有一个名叫埃克哈德，这个儿子后来也成为亚眠的伯爵。这表明，亚眠伯爵埃克哈德几乎是举家参加了这次战斗。——据英译者注

④ 有学者认为这位埃克哈德是欧坦伯爵，属于著名的尼布伦家族的成员。参见 L.Levillain, “Les Nibelungen historiques et leurs alliances de famille”, *Annales du Midi: revue archéologique, historique et philologique de la France méridionale*, vol. 49, no.196, pp.337–408.——译者注

(Richwin)①；恩杰尔温（Engilwin）②以及不少其他的显贵。

48 其间，布列塔尼人诺米诺埃桀骜不驯，突破他和他的前辈们所受封的（疆土）边界，到达勒芒，劫掠了周围的各个地方，并纵火焚烧了许多地方。他在那里听闻北方人侵入了自己的疆土，便被迫返回。

日耳曼人之王路易攻击了斯拉夫民众及其土地。他降服了一些人，也杀死了一些人，恩威并用，制服了这些地区的所有小王③。

不列颠岛绝大部分由盎格鲁—撒克逊人居住着，北方人对该岛发起攻击，经过三日激战，成为胜者。他们随后到处劫掠杀戮，在此地恣意横行。④

其间，罗退尔、（日耳曼人）路易和（秃头）查理三兄弟怀着手足之情，

① 伯爵贡萨尔德身份不详。里奇温可能于843年从秃头查理那里接受了属于兰斯教堂的土地，并在这一年的11月被秃头查理作为使者派遣到日耳曼人路易那里。他的伯爵区应当在兰斯（Rheims）地区。当860年最后一次出现在文献中的时候，他依然是秃头查理的主要支持者之一。——据英译者注

② 恩杰尔温有可能是在亚眠周围拥有土地的一位权贵。——据英译者注

③ “小王”拉丁语为“regulus”，是“rex”（国王）一词的小词。这里的“小王”并非指这些号称国王的人年龄较小，而是指他们地位较低，缺乏称王的合法性，即在帝国边疆地区或疆域之外，未归顺加洛林王朝，未称臣纳贡的异邦异族的国王们。在加洛林帝国后期，“小王”一词也常用于指帝国内部具有加洛林家族的血亲或姻亲关系，缺乏充分的继承合法性，却拥兵一方，自称为王的人。另外，在736年到741年没有国王，查理·马特以宫相身份治理国家的时候，教宗在写给查理·马特的信中也将他称为“regulus”（无冕之王）。参见《富尔达年代记》有关888年的史事记载。另外，据《富尔达年代记》在有关844年的史事中记载：“（日耳曼人）路易兴兵驯服了意欲背弃他的阿博德里提人，杀死了他们的国王格佐穆伊兹里（Gotzomuizli）。他们的土地和民众则在神的授意下，顺服于路易，归（路易的）伯爵们治理。”——译者注

④《盎格鲁—撒克逊编年史》记载了843年（所记为840年，实为843年）国王埃塞尔伍尔夫在卡汉普顿（Carhampton）迎战有35艘船的丹麦人而落败。《圣伯丁年代记》此处的记载有可能是指844年另一场撒克逊人与丹麦人之间的交战，也可能指的就是《盎格鲁—撒克逊编年史》所记载的843年埃塞尔伍尔夫与丹麦人之间的交战。如果是后者，那么这种时间差或许体现了不列颠战事的消息传到西法兰克王国需要一定的时间。参见寿纪瑜译：《盎格鲁—撒克逊编年史》，北京：商务印书馆2004年版，第72页。

互派使节，多番商讨之后，于 10 月在蒂永维尔会晤。① 经过数日亲密无间的商讨②，他们相互保证，决不违背兄弟之间的责任和关爱。他们发誓将谨防和谴责一切制造不和之人；妥善归还危急时期遭到可耻瓜分并当众被转让给不当之人即平信徒的教会财产。③ 三兄弟为谋求和平，都从那里（蒂永维尔）遣使丕平（二世）、兰伯特（二世）和诺米诺埃，敦促他们毫不迟疑地归顺查理，保持忠诚，摒弃二心。否则，三兄弟声明将强力联合，适时报复 49
此等不忠之人。

北方人沿加龙河（Garonne）④ 进击至图卢兹，到处抢夺，却未受惩处。其中一伙离开那里，转攻加利西亚（Galicia）⑤，但他们遭到抛石机所抛石球

① 当三兄弟在蒂永维尔举行会晤的时候，各地的主教们 10 月在蒂永维尔附近的于泽（Yütz）举行了宗教会议，而会议的主持人正是三兄弟的叔父梅斯大主教德罗戈。在此次宗教会议形成的六条决议中，包含着不少与三兄弟之间的誓言相似的内容。比如，该决议的第一条要求国王们确保和平与团结，只有这样才能履行保护教会的责任；第二条强调国王们应当及时补任主教，确保主教空缺的教区井然有序；第三条强调修道院不能由俗人兼任院长；第四条强调，虔诚者路易早已开始归还修道院被侵占的财产，这一任务应当继续推进；第五条规定，世俗人士管理修道院时，应由当地主教任命一位神职人员负责修道院，世俗院长应服从主教任命的人；第六条请求国王们确保其疆域内的教会恢复其良好的秩序。此次宗教会议决议的全文见 Wilfried Hartmann ed., *Die Konzilien der karolingischen Teilreiche, 843–859*, in *MGH, Concilia*, vol. III, Hannover: Hahnsche Buchhandlung, 1984, S.27–35.——译者注

② 此处拉丁文为“amicabili pernecessarioque conloquio”。“pernecessarium”一词既可以指非常必要的商讨，也可以指亲密的商讨。英译者选取了前一意思，而德译者选择了后一意思。我们为了中文表达的流畅，选择了后一意思。——译者注

③ 有学者认为，加洛林帝国的诸位统治者是在不久前才将修道院或者说对修道院资产的掌控权授予平信徒，这是因为前几代统治者为了获得修道院的服务和支持，或者为了犒赏修道院，向修道院作了过于慷慨的捐赠。平信徒担任修道院院长使教会人士遭到了侵害，激起了他们的抗议，不过他们的抗议虽然此起彼伏，却属于相机而为。——据英译者注

④ 加龙河是西班牙北部和法国西南部的重要河流。它发源于比利牛斯山脉北麓中段，向北向西，经过图卢兹和波尔多，流入大西洋，全长 602 公里。——译者注

⑤ 加利西亚是西班牙西北部的一个地区，它在中世纪早期曾是西哥特王国的一部分，在 8 世纪初期穆斯林占领西班牙的过程中仍然保持了几乎独立的状态，9 世纪初则是一个独立的基督教王国。——译者注

和海上风暴的双重打击而消亡。另一伙则到达西班牙更远的地区（即西南部），与萨拉森人长久激战，最终战败撤退。

845 年

冬天极寒。3 月，北方人乘 120 艘船，沿塞纳河进占巴黎，将两岸的一切破坏，却几乎未受到抵抗。虽然查理竭力抗击，但他意识到自己的兵马无法占到上风，便通过某种协议，交给他们 7 000 磅①银作为贿赂，阻止了他们向前推进，说服了他们返回。②

伯爵富尔克拉德（Folcradus）和其他普罗旺斯人叛离罗退尔，将整个普罗旺斯的统治权据为己有。③

北方人的国王霍里克④派600艘船⑤沿易北河进入日耳曼尼亚攻击路易。前来迎战的萨克森人经过一番激战，蒙主耶稣基督的助佑，取得了胜利。北方人离开那里，转而夺取了斯拉夫人的一座城市。⑥

50 严重的饥荒吞噬了下高卢（高卢西部）。随着饥荒的加重，成千上万人

---

① 罗马衡制中的“libra”相当于 12 盎司，约为今天英国衡制的四分之三磅。这里的 7 000 磅约合 2 380 公斤。——译者注

② 《克桑滕年代记》和《丰特内尔年代记》都提到这批北方人的首领名叫朗纳尔（Ragnar）。《富尔达年代记》也提及秃头查理付出了“大笔钱财”。这里提到的“银”不应当理解为只有白银，而应该理解为金条、银条以及金银铸币组成的钱款。《克桑滕年代记》批评了秃头查理的软弱（desidia），但是提到有 600 多个北方人死于高卢。——据英译者注

③ 这次叛乱比较短暂。《富尔达年代记》记载了这一年稍后富尔克拉德与罗退尔的和解：“罗退尔接纳了阿尔勒（Arles）公爵富尔克拉德和该地区其他竭力反叛的伯爵们，并依其意旨对普罗旺斯（Provence）作了安排。”富尔克拉德在 860 年依然拥有伯爵职位。——参考了英译者注

④ 关于霍里克此前与秃头查理的关系，参见本年代记有关 836 年、838 年和 839 年的史事记载及注释。——译者注

⑤ 此处所说的“600 艘船”应属夸大之词。——据英译者注

⑥ 《富尔达年代记》中记载 845 年北方人“还劫掠了萨克森地区一座被称为汉堡的要塞，不过在返回时并非毫发无损”。——译者注

丧生。（秃头）查理来到弗勒里人的土地（Fleury）上，那里距离奥尔良12里格（leagues），坐落着圣本尼迪克特修道院（St-Benedict）①。查理在该地接纳了丕平（一世）的儿子丕平（二世），接受了后者的宣誓效忠，即今后丕平（二世）将忠于他，一如侄子之于叔父；无论他有何需要，丕平（二世）都将鼎力相助。查理则授予丕平（二世）除普瓦图（Poitou）②、圣通日（Saintonge）③和奥尼斯（Aunis）④之外整个阿奎丹的领主权。原本追随（秃头）查理的阿奎丹人立即转而归附于丕平。⑤

贝内文托人与萨拉森人旧仇复燃，再度争斗。

---

① 里格拉丁文为“leugae”，源于罗马长度单位，原指一个人一小时所走的路。按罗马旧制，1里格相当于1.5千步（mille passus），7 500足（pedes），约合2.22公里。12里格约为27公里。这里说的“弗勒里人的土地”，拉丁文为“Ager Floriacum”，指的是卢瓦尔河畔的弗勒里，位于今天法国中部涅夫勒省，从奥尔良沿着卢瓦尔河上行约30公里的地方。该地在7世纪中期创建了圣本尼迪克特修道院。据说该修道院存有圣本尼迪克特的遗骸，因此著称于欧洲。圣本尼迪克特则是创建了蒙特卡西诺修道院并制定了圣本尼迪克特院规的著名圣徒。——译者注

② 普瓦图指以普瓦提埃为中心的地区。该地区位于从巴黎盆地到阿奎丹的战略通道上。507年克洛维打败西哥特人的沃耶（Vouillé）之战就发生在这一地区。732年查理·马特阻击穆斯林的图尔战役（亦称普瓦提埃战役）也发生在这一地区。——译者注

③ 圣通日位于今天法国西南部的滨海夏朗德省中部。它得名于古典时代居住于这一地区的圣通人（Santones）。在罗马帝国晚期，该地是阿奎丹高卢行省的省府。西部罗马帝国解体之后，它由阿奎丹国王或公爵执掌。——译者注

④ 此处拉丁文为“Elinenses”，指奥尼斯，它位于今天法国西南部的滨海夏朗德省北部。——译者注

⑤ 这里的“领主权”（dominatus）低于王权，丕平相当于秃头查理王国内的一个地方诸侯，并未获得其父丕平一世那种“王”的称号，而查理则保留了作为最高统治者的地位。在845年12月发布的一个赐地状书中，丕平二世将叔父秃头查理称为自己的宗主（patronus）。普瓦图、圣通日和奥尼斯位于今天法国西南部的普瓦图—夏朗德大区，在加洛林王朝属于阿奎丹的西北部，是秃头查理从北方进入阿奎丹的通道，因此是他控制丕平二世的战略要地。同时，这些地区有秃头查理的坚定支持者，秃头查理保留这些地区，也是为了避免他的这些忠诚者们受到丕平二世的管辖。“原本追随查理”的阿奎丹人归附丕平二世，是因为他们的家族势力在丕平二世所直接治理的土地上。如此安排所体现的原则是，地方显贵在谁直接治理的疆土上，就应首先向谁宣誓效忠。——参考了英译者注

北方人顺塞纳河而下，到达大海。他们劫掠、毁坏、焚烧了所有近海的地区。仁慈而公正的天主（因为）屡遭吾等罪人冒犯，（才）如此沉重地打击了基督徒的土地和各个王国。然而，为了避免异教徒们长久而不受惩罚地指责全知全能的主孱弱无能，当他们抢夺和焚烧了某所修道院①并满载而归
51 的时候，天主作出裁断，打击了他们，使他们失明或精神错乱。即使有极少数人幸免，也只是因为天主要让他们把天主的万能告知其他人。据说，他们的国王霍里克随后焦虑不安，派遣使者向日耳曼人之王路易求和，并准备释放俘虏，尽力归还财宝。②

罗退尔兵进普罗旺斯，重新掌控了几乎整个普罗旺斯。③

那批去年蹂躏了阿奎丹的丹麦人返回来，侵入圣通日，打败了抵抗者，并安居那里。

查理毫不谨慎④，带着少数兵马进击高卢的布列塔尼。当部下背离，诸事皆遭厄运之时，他速返勒芒，重振兵马，准备再度攻击布列塔尼。⑤

846 年

丹麦海盗来到弗里西亚，恣意勒索贡物，在激战中取胜，掌控了几乎整

---

① 这里指的是巴黎近郊的圣热尔曼修道院（Saint-Germain-des-Prés）。——据法国版编者注

② 在《富尔达年代记》中，并未提到这一年霍里克向日耳曼人路易求和一事。——译者注

③ 有关富尔克拉德等人在普罗旺斯的叛乱，本年代记在这一年的史事记载中是分成前后不连续的部分来写的，这或许表明，年代记作者并非在年终以回忆的形式记述一年的大事，而是在一年的不同时间分别记述了不同的事件。——译者注

④ 此处拉丁文为“minus caute”，带有对秃头查理明显的批评含义。——译者注

⑤ 据《富尔达年代记》记载：“查理与布列塔尼人交战，其兵马遭重创，他本人带着少数部下侥幸逃生。”据《丰特内尔年代记》记载，这次战役发生在 11 月 22 日，而通常情况下兵戈战事发生在春夏季节。据费里耶尔修道院院长卢普斯在其书信（Ep.44）中透露的信息来看，此次战役之所以在异乎寻常的季节进行，是因为布列塔尼人内部发生了“异乎寻常的纷争”。有学者考证，这次战役发生在雷顿（Redon）北部数公里的巴隆（Ballon）。——据英译者注

个省区。整个冬季直到5月初，北风极其寒冷，摧毁了农田和葡萄园。群狼
出没，肆无忌惮地吞食下高卢的居民。据说，在阿奎丹的一些地区，群狼集
结，甚至多达300只，沿路排出阵线行进，如同兵马之调遣，勇敢而齐心地 52
攻击那些意欲抵挡的人。①

6月，查理一反常规，在圣雷米（兰斯教会）②一个名叫埃佩尔奈的庄园上举行了其民众的大会议。③会上，其王国内诸位主教关于教会事务的紧急忠告被（国王）视若鸿毛。概自（出现）基督徒们的时代以来，令人敬畏的主教们从未遭到如此漠视。④大斋节中的某一日，一少年在与牝马交媾时被人发现，经法兰克人的审判，他被活活烧死。查理率军从那里（埃佩尔奈）征讨布列塔尼的一些地区，与布列塔尼人的首领⑤诺米诺埃达成协议，相互

---

① 这一描述与年代记作者通常所记载的王国军政大事大为迥异，它很可能包含着作者对法兰克人的批评：连群狼都能“勇敢而齐心地攻击那些意欲抵挡的人”，而法兰克人对进犯的北方人却抵抗不力。——译者注

② 圣雷米大约生于437年，死于533年。他在22岁，即459年便被推选为兰斯主教。他在496年为克洛维施洗。——译者注

③ 此处拉丁文为“conventum populi sui generalem...habuit”，尽管用词上是“其民众的大会议”，但无疑参与者都是显贵们而非普通的平民。这里的“一反常规”是强调会议的地点不同寻常。埃佩尔奈在此处的拉丁文为“Sparnacum”，它位于今天法国北部的马恩省西部，马恩河左岸河畔，兰斯南边约27公里，属兰斯大主教辖区。兰斯大主教和圣雷米修道院院长曾长期争夺这一地区。查理·马特在8世纪初期将埃佩尔奈作为采邑授予他的部将。恰在846年，在大主教辛克马的力促下，秃头查理将埃佩尔奈归还了兰斯大主教。本年代记此处记载秃头查理在埃佩尔奈举行大会议“一反常规”，既可能是因为该地并非经常举行大会议的地点，也可能是因为秃头查理在会上将埃佩尔奈庄园归还了兰斯大主教。——译者注

④ 该段是对秃头查理的严厉批评，似乎是辛克马在普鲁登提乌斯所写的文本中添加的内容。另外值得注意的是，845年6月至846年2月，西法兰克王国的主教们先后在莫城和巴黎召开了宗教会议，史称莫城—巴黎宗教会议，并形成了篇幅冗长的会议决议（*MGH, Conc*.III, pp.61–127）。秃头查理845年由于率军征讨布列塔尼人，因此最初并未参加会议，中间虽然参加过，但是没有资料表明他参加了在巴黎举行的第二阶段会议。普鲁登提乌斯本人很可能参加了此次会议，但是他在本年代记中并未记述这次会议。——参考了英译者注

⑤ 此处拉丁文为“dux”，亦可理解为“公爵”。鉴于这一时期布列塔尼的首领与加洛林王朝

宣誓，实现了和平。[1]

这年5月，暴雨引发的洪水席卷欧坦城，冲垮城墙，将装满酒的酒桶卷进约讷河（Yonne）[2]。但更奇异的是，洪水将某葡萄园连同其泥土、葡萄和树木从约讷河的一边搬到对岸，整个葡萄园像坚固的一块，毫发无损，仿佛是在（对岸）那块地里自然长成的。

8月，萨拉森人和摩尔人沿台伯河进犯罗马，劫掠了使徒之长圣彼得的教堂，并抢走了摆放在使徒之长墓室上的祭坛以及所有的饰物和珍宝[3]，继
53 而占据了距该城（罗马）100千步的一座防守极其森严的山头。他们受到罗退尔的一些将领们毫不留情的攻击和杀戮。另一股敌人到达使徒圣保罗的教堂[4]，但受到了坎佩尼亚（Campagna）民众的抗击，被歼灭。

日耳曼人之王路易举兵征讨斯拉夫人，但他既担忧部下的内部争斗，又害怕敌人取得胜利，遂撤兵。[5]

罗退尔之子、意大利王路易在与萨拉森人的激战中被打败，侥幸回到罗马。

敌对，并未从加洛林统治者那里获得“公爵”的头衔，译者将此处该词翻译为“首领”。——译者注

① 根据卢普斯所写的一封书信（Ep.81），为了达成协议，秃头查理将兰伯特（二世）调离纽斯特里亚。随后，罗伯特被授予桑斯的圣科伦巴（St-Colombe）修道院世俗院长职务。——据英译者注

② 约讷河是塞纳河左岸的一条支流，全长292公里，在蒙特罗汇入塞纳河。——译者注

③ 此事发生在8月27日。《教宗列传》中《塞尔吉乌斯二世传》中包含着有关此事的更多细节。参见 *Liber Pontificalis, Vita Sergii II*, c.civ, pp.99–100.——据英译者注

④ 英译者此处存在笔误，将“圣保罗”翻译成了“圣彼得”。——译者注

⑤ 据《富尔达年代记》记载，这一年日耳曼人路易在“8月中旬之时率兵对付意欲反叛的摩拉维亚斯拉夫人。他依其所愿安排和处理了诸事，任命莫伊玛尔（Moimar）的侄子拉斯蒂茨（Rastiz）为他们的公爵”。——译者注

847 年

萨拉森人的国王阿卜杜—拉赫曼（Abd al-Rahman）（二世）的使者从西班牙的科尔多瓦（Cordoba）来见查理，旨在寻求和平，巩固两国协议。查理在兰斯体面地接待了他们，并遣送他们回国。①

前些年抛弃基督教真理并拜倒于犹太人邪说的博多②，在邪路上愈行愈
远，竟竭力唆使生活于萨拉森人国王和民众之下的西班牙的所有基督徒， 54
要么抛弃基督教信仰，倒向犹太人的癫疯和萨拉森人的狂热，要么全部受死。③为此，这一王国的全体基督徒们哭诉着向国王查理、其王国内的主教以及秉持吾等信仰的其他各级教士们呈交了请愿书，意在阻止叛教之徒博多继续让那里的基督徒身处困境，备受煎熬，要么承受重压，要么接受死亡。

丹麦人来到布列塔尼人所居住的下高卢地区，在三次激战之后取得了胜利。落败的诺米诺埃则率众逃跑。此后他派出使者，携带重礼，使这些丹麦人撤离了他的地盘。

教宗塞尔吉乌斯（二世）于 1 月 27 日亡故，利奥（四世）被推举为他的继任者。④

---

① 阿卜杜—拉赫曼二世是倭马亚王朝在伊比利亚半岛的安达卢斯王国的国王，822 年到 852 在位。他的头衔是埃米尔（Emir），但在加洛林王朝的理解中，他的地位相当于国王。当时在安达卢斯王国，有两股反对阿卜杜—拉赫曼二世的势力可能在寻求秃头查理的援助。该王国内部图德拉（Tudela）的总督穆萨（Musa）是阿卜杜—拉赫曼二世的坚定反对者。此外，在科尔多瓦的基督教狂热分子因触怒了阿卜杜—拉赫曼二世而蒙受苦难，很可能在寻求查理的庇护。阿卜杜—拉赫曼二世遣使查理，应该是为了阻止秃头查理与这两股势力联手。——参考了英译者注

② 关于博多的叛教和出逃，参见本年代记有关 839 年的史事记载及注释。——译者注

③ 此处所记关于博多的事情，很可能像英译者所说的那样，是上文所述从科尔多瓦来的使者们带到法兰西亚的消息，但也可能像下句所说的那样，是由基督徒请愿者们带来的消息。——译者注

④ 利奥四世 847 年到 855 年在任。他在 1 月 27 日，即塞尔吉乌斯二世去世的那一天便被推选为教宗，并于 4 月 10 日在未经罗退尔事先准许的情况下接受祝圣。《富尔达年代记》或《克桑滕年代记》都没有提及他的继任。但是，利奥四世加强对圣彼得教堂的防卫，

萨拉森人用船载着大量从圣彼得教堂抢夺的财宝，意欲返回。当他们在航行中用污言秽语亵渎天主、主耶稣基督及其使徒们的时候，无法躲避的旋风骤然出现，船只相互碰撞，他们全部丧生①。人们在被海浪冲上岸的死者的怀抱中发现了一些珍宝，并将这些珍宝送回，以纪念使徒圣彼得。

爱尔兰人②在遭受了北方人的多年攻击后，成为（北方人的）纳贡者。北方人还控制了周边诸岛，居留下来，且未受到抵抗。

55 罗退尔、路易和查理派使者见丹麦人的国王霍里克，令其阻止部下攻击基督徒，否则他们将毫不犹疑地举兵征讨。③

其间，摩尔人和萨拉森人侵入贝内文托，一直劫掠至（贝内文托）与罗马交界的地方。

丹麦人攻击并劫掠了阿奎丹的海岸地区，还长久围攻波尔多城。另一股丹麦人则侵占并据守名叫多列斯塔特的港口和贝蒂韦岛（Betuwe）。④

日耳曼人之王路易的军队在征讨斯拉夫的战事中取胜，路易因此夺回了

则是秉承了罗退尔的命令。——英译者注

① 此处拉丁文为“omnes pereunt”，亦可理解为“一切财宝皆丢失”。英译者所取的就是后一意思。笔者考虑到这个句子的主语始终是“他们”，并根据上下文的意思翻译为“他们全部丧生”。——译者注

② 此处拉丁文为“scotti”，在中世纪早期加洛林王朝的文献中，该词指的是爱尔兰人，而非后来的苏格兰人。——译者注

③ 罗退尔、日耳曼人路易、秃头查理三位兄弟于2月底到3月初在梅尔森（Meersen）举行了会谈，会谈后形成的协议（第11条）中规定，他们将派遣使者到北方人的国王那里，告知他“要么尽心维护和平，要么将受到他们的共同讨伐”。年代记所记载的这件事情，应当是对梅尔森协议的落实。值得注意的是，年代记作者普鲁登提乌斯在此并未提及梅尔森会谈这件要事。据《富尔达年代记》记载，梅尔森会谈的重要原因是，846年秃头查理的一位名叫吉绍伯特的封臣劫走了罗退尔的一位女儿，并强娶了她，秃头查理和日耳曼人路易竭力向罗退尔说明此事并非他们主使，而会谈的目的就在于使罗退尔息怒。梅尔森协议的文本内容中也包含着打击抢婚的规定，该协议全文参见 *Capit*.II, no.204, pp.68–71。——译者注

④ 贝蒂韦岛在多雷斯塔德港的正南方，位于莱希河（Lech）和瓦尔河（Waal）之间。——英译者注

去年丧失于斯拉夫的东西。

848 年

斯拉夫人入侵(日耳曼人)路易的王国,(反而)被他以基督之名击败。[①]（秃头）查理进击一股围攻波尔多的北方人，取得大胜。[②] 罗退尔的军队与占据贝内文托的萨拉森人交战，取得胜利。因犹太人的背叛，丹麦人攻陷了阿奎丹的波尔多，劫掠之后又付之一炬。[③]

迫于丕平（二世）的慵懒怠惰，阿奎丹人投奔查理。几乎所有的显贵、主教和修道院院长们在奥尔良城共举（秃头）查理为王，为其涂抹具有奇异力量的圣油，并以主教们的祝福[④]为其祝圣。[⑤]

希腊海盗蹂躏了普罗旺斯的马赛，且未受到抵抗，随后在返回时也未受

---

① 据《富尔达年代记》有关这一年的史事记载："在大约 8 月月中之时，他（日耳曼人路易）派遣其子（小）路易率军出征，讨伐竭力起事的波西米亚人，迫使他们派遣使臣，提供人质，谋求和平。"——译者注

② 据《丰特内尔编年史残篇》(*Fragmentum chronici Fontanellensis*, p.302）记载，秃头查理"在大斋节期间(2 月 12 日至 3 月 25 日）率领法兰克人进入阿奎丹，在多尔多涅河(Dordogne)上擒获了 9 艘丹麦人的船只，并杀死了船上的海盗们"。——译者注

③ 据《丰特内尔编年史残篇》(p.302）记载，"这一年，北方人在夜间夺取了波尔多城，擒获该城公爵威廉"。《富尔达年代记》此处记载丹麦人攻陷波尔多是得益于"犹太人"的背叛。不过也有学者认为，《圣伯丁年代记》此处的记载是普鲁登提乌斯的故意虚构，意在借机谴责犹太人。——参考了英译者注

④ 祝福（benediction）是天主教的一种仪式，神职人员手画十字，祈求天主赐福某人或某物。——译者注

⑤ 此事发生在 6 月 6 日。本年代记此处的记述旨在强调秃头查理被推举和祝圣为阿奎丹的国王，不过这未必可信。本年代记并未提及夏季秃头查理对阿奎丹的征讨，而据《丰特内尔编年史残篇》(p.302）记载，秃头查理在这一年"再次攻入阿奎丹，征讨被人视为僭主的丕平(二世)"。这表明，秃头查理被接受为阿奎丹王并非一帆风顺。在848年之后，丕平二世再无赐地文书流传下来，这可以间接证明他在阿奎丹地位的崩塌。——参考了英译者注

到惩罚。北方人劫掠了小镇梅勒（Melle），付之一炬。[①] 蒙吾主耶稣基督的
56 助佑，爱尔兰人进攻北方人并获胜，将他们驱逐出境。随后，爱尔兰人之王派遣使者，携带礼品，觐见查理，意在寻求和平与友爱，同时请求查理允许其过境到罗马朝觐。摩尔人再次攻击了贝内文托。

伯纳德之子威廉夺取了安普里亚斯（Ampurias）[②] 和巴塞罗那，这更多地是用了诡计而非武力。[③]

849 年

罗退尔和（秃头）查理采纳了更睿智的意见，恢复了和平，重建了兄弟

---

① 梅勒位于法国西部德塞夫勒省，该地是加洛林帝国最大的银矿和主要的铸币地，直到 18 世纪依然是法国重要的白银产地和铸币厂所在地。该地的拉丁文名字“Metullum”很可能就是从拉丁语“metallum”（金属）一词演化而来的。——译者注

② 安普里亚斯位于今天西班牙最东北端。从古典时代开始，该地就是一个重要的港口城镇。但是 9 世纪在维京人的劫掠下，它很快走向衰败。——译者注

③ 威廉生于 826 年，是塞普提马尼亚的伯纳德（参见本年代记有关 830 年、831 年、844 年的史事记载及注释）和妻子杜奥达（Dhuoda）所生的长子。他早年生活在虔诚者路易的宫廷。虔诚者路易 840 年去世后，秃头查理成为威廉的宗主。威廉在 841 年 6 月 25 日很可能作为秃头查理的部下参加了丰特努瓦战役。他在当天便请求秃头查理将他的代父提奥德里克的采邑授予他。秃头查理答应了他的请求，并允诺将欧坦伯爵职位也授予他，但是这一诺言并未兑现。秃头查理将这一职位授给了普罗旺斯的瓦林（Warin），这使威廉心怀不满。844 年，秃头查理处决威廉的父亲伯纳德，威廉很快加入了丕平二世的阵营。他随后参加昂古莱姆战役，并因此而被丕平二世授予图卢兹伯爵职位，但是秃头查理同时任命了弗雷德罗（Fredelo）为图卢兹伯爵。847—848 年间，威廉受丕平二世之命率军抵御北方人对波尔多等地的袭击，并曾在 848 年因此被俘，在获释之后继续支持丕平二世反对秃头查理。848 年巴塞罗那伯爵苏尼弗雷德（Sunifred）死后，威廉采用了某种计策夺取了巴塞罗那。这很可能得到了安达卢斯国王阿卜杜—拉赫曼二世的帮助，而拉赫曼二世这样做可能是为了报复秃头查理对其对手穆萨的援助。据《丰特内尔编年史残篇》记载，威廉“用诡计夺取了西班牙最坚固的城市巴塞罗那，驱逐了该城和西班牙边疆的守将阿勒德朗（Aledramn）”，而阿勒德朗正是由秃头查理所任命的，接替苏尼弗里德的人。关于这位阿勒德朗的儿子，参见本年代记有关 876 年史事的注释。——译者注

的和睦。[①]

2月17日夜，正值教士们晚祷之时，高卢发生强烈地震，但没有任何建筑受损。

高卢人戈特沙尔克（Gottschalk）[②]是苏瓦松主教辖区奥尔拜（Orbais）修道院[③]的修士兼教士。他得意于自身学识，沉溺于迷信邪说。他以虔 57
诚朝觐为名进入意大利，后来被可耻地从那里驱逐，转而进入达尔马提

① 据《丰特内尔编年史残篇》记载："这一年（849年）的1月，罗退尔和恩主国王（秃头）查理相聚于佩罗讷（Péronne）王宫，彼此依理缔结友谊，互赠礼品，各返其国。"据《富尔达年代记》有关846年和848年的史事记载，秃头查理的封臣吉绍伯特劫掠并强娶了罗退尔的一位女儿，这使双方关系恶化，直到848年罗退尔才与秃头查理和解。《圣伯丁年代记》对这一过节始终未提。在此期间，罗退尔打压秃头查理的手段主要有两种：一是尝试否定835年对兰斯大主教埃伯的革职，使其复职；二是支持丕平二世。有学者认为，阿达拉尔德离开秃头查理的王国，远赴罗退尔的疆土，属于罗退尔和秃头查理在佩罗讷所达成的协定的一部分。不过，依据费里埃尔修道院院长卢普斯的一封信（Ep.36），阿达拉尔德在844年就已向东转移，在摩泽尔河流域得到了伯爵职位。——参考了英译者注

② 戈特沙尔克大约808年生于美因茨地区萨克森人的一位伯爵之家，幼年即被作为捐献儿童进入修道院，后在富尔达修道院受教，深受拉班·默尔的影响，并成为瓦拉弗里德·斯塔拉波（Walafrid Strabo）和费里埃尔修道院院长卢普斯等人的好友。此后，他转入奥尔拜修道院，研习圣奥古斯丁的学说，并成为预定论的坚定信奉者和狂热论证者。他认为，每个人是否得救，是进入天堂还是地狱，取决于天主的预先决定而非人的自由意志和选择。大约835年到840年间，他成为教士。年代记此处记载他离开奥尔拜修道院到意大利和达尔马提亚、潘诺尼亚、诺里库姆等地旅行和传教，就发生在840年之后。在846年到848年间，他在克罗地亚的特雷皮米尔（Trepimir）一世那里滞留了一段时间。在随后的几次宗教会议上，他都被审判为异端，但依然坚持自己的主张，直到在866年到870年之间去世。他的预定论思想曾引发了加洛林帝国内部教会人士的广泛辩论，并对后世的预定论思想产生了不小的影响。关于戈特沙尔克的生平及其预定论所引发的教会论辩，参见 Matthew Bryan Gillis, *Gottschalk of Orbais: A Study of Power and Spirituality in a Ninth-Century Life*, Doctorial Dissertation of Department of History, University of Virginia, December, 2009.——译者注

③ 奥尔拜修道院是7世纪末由兰斯主教莱昂勒（Réole）创建的，它位于今天法国东北部的马恩省。——译者注

亚（Dalmatia）[①]、潘诺尼亚（Pannonia）[②] 和诺里库姆（Noricum）[③]。他用邪恶的说教和著述，主张一些与吾等救赎截然相悖的东西，在关于预定论（praedestination）的问题上尤其如此。[④] 在日耳曼人之王路易的亲临下，依主教们的意见，他遭到审查和定罪。最终，他被遣送回由可敬的辛克马管辖的大主教管区兰斯，以便他在那里接受自己背信弃义所应得的判罚。[⑤] 作为天主之神圣教会最强力的支持者（cultor），国王（秃头）查理召集了兰斯大主教辖区内神圣的主教们集会[⑥]，命人将戈特沙尔克带到他面前。戈特沙尔克被带至会场后当众受到鞭笞，包含其说教的书籍被强制焚毁。[⑦]

---

① 达尔马提亚是罗马帝国初期从亚得里亚海东岸的伊利里库姆（Illyricum）南部分割而来的行省。它的范围大致包括今天的阿尔巴尼亚、克罗地亚、波斯尼亚和黑塞哥维那、塞尔维亚、科索沃等地。——译者注

② 潘诺尼亚是罗马帝国初期从亚得里亚海东岸的伊利里库姆北部分割而来的行省。它在达尔马提亚的北边，其北边和东边到多瑙河，西部与诺里库姆和意大利相邻，范围包括今天匈牙利西部、奥地利东部、克罗地亚北部、塞尔维亚西北部、斯洛文尼亚北部、斯洛伐克西部以及波斯尼亚和黑塞哥维那北部。不过，到中世纪早期，潘诺尼亚的范围可能比罗马帝国初期要小一些。——译者注

③ 关于诺里库姆，参见本年代记有关 839 年的史事记载及注释。——译者注

④ 每个人是否能得救，是进入天堂还是地狱，这取决于天主的预定还是人的自由意志和选择？天主的预定是基于天主自己的意志还是基于他对每个人自由选择的预知？这种天主的预定和人的自由意志之间的悖论和争论，从早期教父时代便已经开始了。关于这一时期加洛林帝国内部有关预定论的辩论，参见 Matthew Bryan Gillis, “Heresy in the Flesh: Gottschalk of Orbais and the Predestination Controversy in the Archdiocese of Rheims”, in Rachel Stone and Charles West eds., *Hincmar of Rheims, Life and Work*, Manchester: Manchester University Press, 2015, pp.247–267. Warren Pezé, “Doctrinal debate and social control in the Carolingian age: The predestination controversy (840s–860s)”, *Early Medieval Europe*, vol.25, no.1, 2017, pp.85–101.——译者注

⑤ 在 848 年 10 月初，日耳曼人路易召集教俗显贵在美因茨举行了大会议。这既是一次王国大会议，也是一次宗教会议。本年代记此处所记载的就是这次宗教会议的情况。——译者注

⑥ 指 849 年 3 月底秃头查理在基耶尔济举行的宗教会议。——译者注

⑦ 本年代记的作者普鲁登提乌斯自己就是预定论的持有者和辩护者，他不大可能以如此激烈的批评态度来写作这一段。在普鲁登提乌斯所写的这部分年代记中，绝大部分史事都是当年发生之事，很少溯及既往，而这里则追溯了戈特沙尔克的早期经历。另外，辛克

（日耳曼人）路易和（秃头）查理心怀手足之情相聚。他们如此看重兄弟之爱这一纽带，当众互换权杖，彼此（承诺），倘若对方比自己长寿，就将把疆土、妻子、儿女托付给对方。[①]

查理进军阿奎丹。布列塔尼人诺米诺埃一贯背信弃义，侵入安茹(Anjou)[②]及其周边地区。北方人洗劫、焚烧了阿奎丹的佩里格(Périgueux)城[③]，未受惩罚便返回了他们的战船。摩尔人和萨拉森人劫掠了意大利的卢尼（Luni）城[④]，蹂躏了直到普罗旺斯的海岸各地，却未受到反抗。

丕平（一世）的儿子查理背弃罗退尔，意欲投奔在阿奎丹活动的兄长丕 58
平(二世)。[⑤]他被国王（秃头）查理的忠臣们抓获并带到查理面前。[⑥]因为对叔父兼代父（秃头查理）的背叛，他本该受死，但是（秃头）查理出于宽容，保全了他的性命。当6月国王（秃头）查理正在沙特尔举行集会时，（丕

马是戈特沙尔克的对手，曾撰写专门的著作来批判戈特沙尔克，且他又是本年代记后半部分的作者。因此本年代记这一段对戈特沙尔克的谴责很可能是辛克马增补到普鲁登提乌斯最初文本中的内容。——参考了英译者注

① 此次会面很可能发生在5月。双方的这一承诺显然是针对罗退尔的，倘若日耳曼人路易或秃头查理先行辞世，罗退尔即使较为年长，即使身为皇帝，也将无法染指。——译者注

② 此处拉丁文为“Andegauis”。安茹是一个古地名，位于今天法国中部偏西，是一个以昂热（Angers）为中心的地区。它在古高卢是一个名叫“Andes”的国家。朱利乌斯·凯撒征服高卢之后将这个地区作为罗马的一个城市，名曰“Andecavi”。在法兰克王国，安茹是一个伯爵区。在秃头查理统治时期，安茹受到双重威胁。一方面，布列塔尼人从西边攻击；另一方面，北方人从北边侵扰。——译者注

③ 佩里格位于今天法国西南部多尔多涅省。——译者注

④ 卢尼位于今天意大利北部利古里亚大区拉斯佩齐亚省的最东端。——译者注

⑤ 这位查理是阿奎丹王丕平一世的次子，丕平二世的弟弟。既然秃头查理充当了他受洗时的代父，那么他出生时他的父亲丕平一世应该与祖父虔诚者路易处于较为融洽的关系。据此推断，他很可能出生于9世纪20年代末或831年年初。《富尔达年代记》的史事记载也表明，阿奎丹的查理此前身处罗退尔的王国。——参考了英译者注

⑥ 据《丰特内尔编年史残篇》(p.302）记载，阿奎丹的查理和他的随从是在3月被图尔伯爵维维安（Vivian）擒获的。另外据《富尔达年代记》记载，阿奎丹的查理此前在罗退尔的王国内，他是在进入阿奎丹“探望”被俘的兄长丕平二世的时候被秃头查理的部下擒获的，而且该年代记将这件事记载在851年的史事中。——据英译者注

平一世的儿子）查理在弥撒仪式之后登上教堂的讲经台，亲口向众人宣布，他愿意成为一位教士，而且这是出于热爱服侍天主而非受人强迫。于是，他得到了在场主教们的祝福，成为教士，被剃去头发。①

身患疾病的日耳曼人之王路易派遣兵马攻打斯拉夫人。此军遭到败绩，颜面尽失。② 军队的溃败和逃遁揭示了军中无帅 ③ 对于军队是何等不利。

（秃头）查理进入阿奎丹。承蒙基督眷顾，他以羁縻抚慰为手段，降服了几乎所有的人 ④，并依其所愿对西班牙边疆区作了部署。布列塔尼人诺米诺埃一贯桀骜不驯，乱闯乱杀。⑤

---

① 在教会内部，剃发（tonsure）是神职人员在领受圣职之前把头顶的头发剃光，露出光秃圆顶，以此表达与世俗社会的差异和决裂。在墨洛温王朝，蓄留的长发是王族具有超凡魔力的象征，而王族成员被剃去长发则意味着丧失神奇魔力和政治潜能。到加洛林时期，剃发也是剥夺王族成员政治前途的过程中具有象征意义的重要手段。参见陈文海：《蓄发与削发——法兰克墨洛温王族象征符号释论》，《华南师范大学学报》2012 年第 6 期。据《丰特内尔编年史残篇》（p.302）记载，阿奎丹的查理在被剃去头发后，就被“立即”送入科尔比修道院。——译者注

② 《富尔达年代记》在有关 849 年的史事中没有提到日耳曼人路易的生病和小路易的出征，而是提到了波西米亚边疆区的公爵埃尔内斯特（Ernst）和索布人的边疆伯爵撒库尔夫（Thachulf）率军出征。据其记载，撒库尔夫这位“通晓斯拉夫人法律和习俗”的将领主张接受敌方的和谈，但是其他一些显贵“斥责他，以为他想高人一等，欲将统帅大权掌握在自己手中，于是他们未与其他人商议，发动突然袭击”。结果他们遭到了败绩。我们从该年代记的记述来分析，此次败绩的原因在于三个方面：其一，军中将领彼此不信任、不团结、不统一；其二，一些人对“自己的兵力骄傲自满、妄自尊大”；其三，正是在恶灵及其盟友“施展的毒计下，法兰克人才从波西米亚人那里溃退”。也就是说，《富尔达年代记》并未将战败的责任归咎于日耳曼人路易及其儿子小路易。——译者注

③ 此处拉丁文为“absentia ducis”，这里的“dux”显然是指最高统帅。——译者注

④ 《丰特内尔编年史残篇》（p.302）详细阐述了这次军事行动。在攻打阿奎丹重镇图卢兹的过程中，丰特内尔修道院院长赫伯特（Herbert）和“卓越之人”奥多通过围困和火攻，迫使守卫该城的福里德罗（Fridolo）投诚。——译者注

⑤ 《丰特内尔编年史残篇》记载（p.303）：“兰伯特和他的儿子瓦尔纳（Warner）欲作僭主，背弃忠诚，勾结布列塔尼人的首领诺米诺埃。不久，瓦尔纳被高兹伯特擒获，并送到国王（秃头查理）面前。国王查理率军到达雷恩城，部署了那里的防御。当他离开该城的时候，诺米诺埃和兰伯特率领他们的部下竭力夺取该城。我方守军惊恐于此等威胁，遂投诚，并被流放到布列塔尼。……伯爵阿马里克（Amalric）在南特城中被布列塔尼人的

850 年

伯纳德的儿子威廉[①]在西班牙边疆区用诡计擒获阿勒德朗(Aledramn)[②]和伊桑巴尔德（Isembard）[③]两位伯爵，（但）他自己却被人以更为诡诈的计谋擒获，并在巴塞罗那被处死。[④]摩尔人蹂躏了各地，最远到达阿尔勒 59

首领诺米诺埃和僭主兰伯特擒获。他们（诺米诺埃和兰伯特）在行进到勒芒的过程中犯下了无法言表的残暴行径。……被俘的（法兰克的）显贵们被流放到布列塔尼，其余手无寸铁的民众则被放回来。”值得注意的是，《圣伯丁年代记》本年的史事记载并未具体描述这些负面之事。——译者注

① 关于威廉的生平以及他夺取安普里亚斯和巴塞罗那，参见本年代记有关 848 年史事记载的最后一段。——译者注

② 阿勒德朗很可能是布卢瓦威廉的儿子，而布卢瓦的威廉是秃头查理的岳父奥尔良奥多的亲戚。早在 820 年，阿勒德朗就曾被虔诚者路易作为钦差派遣到特鲁瓦伯爵区。849 年，他受秃头查理的命令，和伊桑巴尔德一起夺取了加洛林帝国的西南重镇图卢兹，并一起被任命为巴塞罗那等地的伯爵以及塞普提马尼亚边疆伯爵。——译者注

③ 伯爵伊桑巴尔德是普罗旺斯的瓦林的儿子，849 年到 852 年任巴塞罗那等地的伯爵以及塞普提马尼亚的边疆伯爵。瓦林是奥弗涅、夏龙、马孔、欧坦、阿尔勒等地的伯爵以及普罗旺斯的公爵。早在虔诚者路易统治时期，瓦林就是加洛林帝国西南边疆地区对付萨拉森人的重要将领。虔诚者路易 840 年去世后，瓦林站在秃头查理一方，负责在阿奎丹对付罗退尔和丕平（二世）。他在 841 年的丰特努瓦战役中为秃头查理和日耳曼人路易的最终胜利发挥了关键作用。秃头查理 842 年派遣瓦林到图卢兹驱逐塞普提马尼亚的伯纳德。843 年伯纳德被擒获，很可能就是瓦林的功劳。对于伯纳德的儿子威廉来说，瓦林不仅是他的杀父仇人，还是夺去他理想职位的人。在 844 年，瓦林还获封欧坦伯爵职位，而该职位正是此前威廉以继承为理由，想从秃头查理那里得到的职位。瓦林的儿子伊桑巴尔德在 849 年成为巴塞罗那等地的伯爵以及塞普提马尼亚的边疆伯爵（与阿勒德朗一起）。这是秃头查理为对付丕平二世和威廉所做的另一安排，也是本年代记这里所记载的威廉与伊桑巴尔德之间存在矛盾的缘由。——译者注

④ 据《丰特内尔编年史残篇》有关 849 年史事（pp.302–303）记载：“伊桑巴尔德，即瓦林的儿子，和阿勒德朗被威廉，即巴塞罗那城的入侵者，用虚假和谈的计谋擒获。但是不久，这位威廉举兵攻打我方，却被打败，其部下溃散。那时他相信自己可以夺回巴塞罗那，便落荒而逃。（不过，）阿勒德朗和一些哥特人的部将将其处死，这位不义之子就这样死去了。”威廉被打败很可能是因为他失去了穆斯林统治者阿卜杜·拉赫曼二世的支持。威廉被处死可能经过了阿勒德朗和一些哥特人的审判。——译者注

(Arles)，却无人抵抗。但是，他们在归途中遭遇逆风，被阻挡回来，(因而)被杀死。罗退尔派遣儿子路易（二世）到罗马。路易（二世）在那里受到教宗利奥（四世）礼遇，并被膏立为（共治）皇帝。①

北方人的国王霍里克受到与其争夺的两个侄子的攻打。他分割出疆土，安抚了这两位侄子。② 哈拉尔德（Harald）的侄子罗里克（Roric）不久前叛离罗退尔，随后率领由北方人组成的兵马，乘大批船只，经由莱茵河和瓦尔河，蹂躏了弗里西亚、贝蒂韦岛和附近的其他地方。罗退尔无力将其制服，便招纳他为封臣，将多列斯塔特和其他伯爵区授予他。③ 有一批北方人劫掠

---

① 此时罗退尔作为皇帝，名义上对加洛林帝国的全部疆土拥有最高统治权，但实际上对秃头查理和日耳曼人路易所统治的疆土并没有多少干预能力。他安排自己的儿子路易二世成为共治皇帝，而路易二世直接统治的地区限于意大利，这很可能是为了方便路易二世以皇帝的头衔干预教宗的选举、保护教宗的权利，同时也明确了路易二世在继承父亲皇帝名号中的地位。罗退尔一世统辖的是中法兰克王国，已经属于加洛林帝国的分王国。防止分王国再分割，是查理曼在806年的《分国诏书》(*Divisio Regnorum*）和虔诚者路易在817年的《帝国御秩》中都极力实现的目标。罗退尔一世在其中法兰克王国长期不给次子罗退尔和三子查理任何疆土和头衔，但是却在850年安排长子路易二世为共治皇帝，所以学者们推测罗退尔一世的继承安排是让长子路易继承整个中法兰克王国，避免分割继承，以便集中力量同日耳曼人路易和秃头查理争夺。——译者注

② 据《富尔达年代记》有关854年的史事记载："丹麦人的国王霍里克和他的侄子贡多姆(Gudurm）之间发生了纷争，因为贡多姆被霍里克逐出王国，以海盗谋生。"也就是说，霍里克还有另外一个侄子贡多姆。因此，霍里克分割疆土给两位侄子可能包含着三重用意：安抚这两位侄子；排斥第三位侄子贡多姆；在三位侄子中制造不和。——译者注

③ 关于罗退尔和哈拉尔德的关系，参见本年代记有关841年的史事记载。《富尔达年代记》对这一年罗退尔招抚哈拉尔德的侄子罗里克一事有更详细的记述："生来就是北方人的罗里克在皇帝（虔诚者）路易时期，与其兄弟赫利阿尔德（Heriald）一起，以封土之权，持有多列斯塔特镇。他在皇帝辞世、自己的兄弟亡故后，被继承父皇之位的罗退尔指控犯有谋逆之罪，遭到捉拿和监禁。据传言，此乃不实指控。他从监禁中逃脱出来，投奔东法兰克人的国王（日耳曼人）路易的部下。此后数年，他居留那里，住在与北方人接壤的萨克森地区，聚集起一支由丹麦人组成的实力不小的兵马，操起海盗活动，沿着北海海岸劫掠那些与罗退尔的王国毗邻的地方。他经由莱茵河口到达多列斯塔特，夺取并占据了该地。因为皇帝罗退尔在不危及自己部下的情况下无法将他驱赶，所以罗退尔便在谋臣们的建议下，经使臣们的居中斡旋，接受了罗里克的宣誓，并达成以下条件：罗里克要忠诚地处理贡赋和其他有关国王岁贡的事务，并迎战和抵御丹麦人海盗式的袭击。"——译者注

了芒皮斯克(Mempisc)①、泰鲁昂讷(Thérouanne)② 和其他沿海地区的居民。还有一批北方人则进攻不列颠岛和盎格鲁人。蒙吾主耶稣基督襄助，盎格鲁 60
人战胜了他们。③

851 年

布列塔尼人诺米诺埃去世。④

罗退尔、(日耳曼人）路易和（秃头）查理相聚于梅尔森（Meersen）⑤王宫。⑥ 他们兄弟（三人）在那里滞留了数日，接受了显贵们的建议，经各自部下的同意，作出如下决定⑦，并分别签上自己的签名符⑧，予以确认：

第一条：我们应忘却往昔彼此所作之一切恶行、敌对、背叛、阴谋和残害；将其连同怨恨和深仇从我们心底清除，对这些恶行、敌对和其他不当之举，今后绝不滋生任何报复之念。

---

① 此处拉丁文为“Menapios”。该地位于今天法国北部邻近比利时的北海海岸。——译者注

② 泰鲁昂讷位于今天法国最北部的加来海峡省。——译者注

③ 据《盎格鲁—撒克逊编年史》记载，这一年威塞克斯“埃塞尔伍尔夫国王和他的儿子埃塞尔博尔德率领西撒克逊人所组成的军队同他们在阿克利交锋。他们（对异教徒）的杀戮是我们迄今所听说的最惨重的。他们在那里获得胜利”。寿纪瑜译:《盎格鲁—撒克逊编年史》，北京：商务印书馆 2004 年版，第 73 页。——译者注

④ 诺米诺埃死于这一年的 3 月 7 日。本年代记并未提及，秃头查理在 850 年夏天攻入布列塔尼，而诺米诺埃则在秃头查理撤兵之后夺取了雷恩（Rennes）和南特（Nantes),《丰特内尔编年史残篇》对此有记述。当诺米诺埃去世的时候，秃头查理正在从图尔反击他。——据英译者注

⑤ 梅尔森位于今天荷兰东南端的林堡省，在马斯特里赫特东北方数公里处，圭尔河（Geul）汇入默兹河的地方。——译者注

⑥ 此次会晤很可能发生在 5 月。——据英译者注

⑦ 该决议文本有多个抄本流传于世，收入《法兰克人诸王条令集》之中。全文参见 *Capit.*II, no.205, pp.72–74。该条令在决议文本之后还附有三位国王的当众表态和称述。——译者注

⑧ 签名符是由名字中若干字母组成的图案，通常包括首字母和尾字母，其他字母则不一定完整。——译者注

第二条：蒙天主之襄助，今后我们将保持真正的兄弟亲善，怀着纯洁之心、友善之性、真诚之信，弃绝诡诈和虚假，决不觊觎或诅咒兄弟的疆土、
61 部下和涉及国王安全、兴旺、荣誉的一切，亦不轻信源自道听途说和恶意编造的谎言和诽谤。

第三条：我们三人均应在兄弟有需要而自己又力所能及之时，亲自或通过儿子、部下，真诚可靠地提供建议或援助。惟其如此，方能保全自己的疆土、部下、国运以及国王的颜面。我们三人亦应情同手足，争先恐后，以兄弟之逆境（若逆境不幸发生）为悲伤，以兄弟之昌顺为欣喜。我们既已相互承诺遵守信义，便当在兄弟亡故而自己安康时保全和辅佐亡兄之子。[1]

第四条：鉴于王国之和平安宁常为奸佞可鄙之徒所动摇，我们希望，若有人为逃避其恶行所应受的赔偿和惩罚而投奔我们，我们绝不接纳和容留他，除非是为了缉拿他，使他支付合理的赔偿和接受应得的惩罚；若他逃避了合理的赔偿，我们应齐心协力，进入其逃亡之国予以追捕，直到他被绳之以法或逐出该国。[2]

第五条：因犯有杀头之罪和危害公众之罪，被任何主教缉拿或革除教籍的人，或在被革除教籍前犯罪并为躲避应得之惩处或依法履行已受之惩处而逃入另一王国或另一国王的统治下的人，若其在逃亡期间违背伦理迎娶近亲、修女，或抢夺、引诱禁止其迎娶的女子[3]，一旦负责所在辖区的主教

---

① 日耳曼人路易和秃头查理在 849 年达成的协议中包含着类似的规定，参考本年代记有关 849 年的史事记载。此外，查理曼 806 年决定在死后将疆土分给小查理、意大利王丕平和阿奎丹王（虔诚者）路易，并制定了《分国诏书》（*Divisio Regnorum*）。该诏书的第 5 条中规定："若三位兄弟生有儿子，且民众愿意选择该男孩来继承父亲的疆土，则朕希望该男孩的叔伯同意并允许其兄弟的儿子继承他父亲即他们的兄弟所分得的那部分疆土。"《分国诏书》全文参见 *Capit*.I, no.45, c.5, pp.126–130。——译者注

② 至少从 840 年虔诚者路易去世开始，罗退尔、日耳曼人路易和秃头查理三兄弟相互竞争的重要手段之一就是容留、支持甚至策动对方的反对派。——译者注

③ 846 年秃头查理的封臣吉绍伯特强娶罗退尔的女儿，847 年梅尔森协议中对抢婚的抑制和打击，与此处三兄弟有关抢婚的禁令存在直接的联系。参见本年代记有关 847 年史事记载的注释。——译者注

向我们禀告，我们应做的就是对其竭力追捕，以免他滞留、藏匿在另一国，62
以其劣迹玷污天主的忠仆和我们的忠仆；我们或国家之职司（ministros rei publicae）应将其收押，迫使其带着像魔鬼一样抢夺来的女子，返回其主教身边，接受其危害公众之罪所应得的惩罚，或依法履行其已受的惩罚。

第六条：我们之任何忠臣，无论其阶层或地位，将无惧于我们，因为从今往后我们绝不违背法律、正义、权威和情理去责罚、羞辱[①]或压制任何忠臣；在这些真正忠于我们的人的共同建议下，依据天主的意旨，为了公众的救赎，我们同意恢复天主的神圣教会、王国的秩序、诸王的尊严和投身于我们之民众的和平，从而不仅使忠臣们不诋毁和抵制上述措施的落实，而且使他们忠于我们，顺服于我们，成为我们真正的襄助者和合作者，为落实我们所托付的事务提供真正的建议和扎实的援助，这是任何人，无论其阶层或地位，都应对其首领或封君做的事情。

第七条：我们兄弟三人之间，我们与我们之忠臣相互之间，以及我们所有人与天主之间，应像过去团结在一起那样团结起来，以便我们万事亨通。我们还应给天主以最诚挚的礼物，即我们每个人都不应为自己开脱或辩护，而应承认我们在教会秩序和王国事务中单独或联手所做的，或纵容他人所做的违背天主命令和他的教父们教令的事。我们应将这些事情逐一公之于众，
我们中任何人不得在世俗方面饶恕他的朋友、亲属、盟友，尤其是自己，以 63
便天主能在精神和救赎方面饶恕我们；而且，正如我们在上述几条中所说的，我们应竭尽全力，接受真心的建议和诚挚的帮助，尽可能快，尽可能合理，扎扎实实地一起纠正这些错误。

第八条：任何下属，无论其等级和地位，若违背、退出或批评这些协定，不论抵制或反对神圣忠告、命令和这些协定的人是否愿意，其封君（seniores）[②]都应与其真正的忠臣们一道，依天主意愿、法律和情理，对其

① 此处拉丁文为“dehonoremus”，也可狭义地表示“剥夺职位或采邑”。——译者注

② 这里的“封君”指的是三位国王，因为他们都是他们各自封臣的封君。——译者注

予以打击。若封君中有人违背或退出这些协定——但愿不会发生这样的事情——，那么我们这些封君们应该在更多忠臣和王国显贵们聚集在一起的时候，在天主的襄助下，采纳遵守协定的封君们的意见、主教们的裁断以及全体人的公意，决定如何处置那个受到劝诫却依旧顽固不改的人。①

为确保我们在天主的襄助下更加坚定地遵守上述条款，也为使你们更加确信我们将遵守它们，我们已在条文末尾亲笔签名，予以确认。

此后，丹麦海盗洗劫了弗里西亚和贝蒂韦岛，而且他们为非作歹，最远到了圣巴沃（St-Bavo）修道院，即他们称为根特（Ghent）的地方②，并将其烧毁。他们还到达鲁昂，步行至博韦，并放火焚烧。在归途中他们被我们所截断，其中一些人被杀死。③

诺米诺埃的儿子埃里斯波埃（Erispoë）在昂热（Angers）城觐见（秃头）查理。他（向查理）伸出双手并被（查理）接纳。④ 他被授予国王的袍服⑤

① 这一条与斯特拉斯堡誓约的内容有相似之处。参见本年代记有关842年的史事记载及注释。——参考了英译者注

② 圣巴沃生于622年左右，死于659年，其父为奥斯特拉西亚的宫相。圣巴沃在成婚得子后舍弃财产，追随圣阿曼德（St Amand）隐修，后成为根特城的守护圣徒。圣巴沃修道院就是他在自己隐修的地方建立起来的。——译者注

③ 本年代记此处的记载意味着这批北方人来自北海，但是《丰特内尔编年史残篇》与此不同，认为这些北方人是此前在阿奎丹尤其是波尔多活动的那些北方人。有学者倾向于接受《圣伯丁年代记》此处的记载，认为这一年存在两股北方人，一股活跃在塞纳河上，另一股活跃在斯海尔德河上。实际上，851年在塞纳河上活动的北方人，就像本年代记852年、858年和861年的史事中所记载的那样，是分成若干股的。此外，本年代记此处将北方人的这些活动都记载到851年的史事中，这不一定准确。据《丰特内尔编年史残篇》记载，北方人焚烧圣旺德利尔（St. Wandrille）修道院是在852年1月9日，他们火烧博韦、被法兰克人击败并从塞纳河上离开则是在852年的初春。——据英译者注

④ 双方行握手礼，这意味着埃里斯波埃向秃头查理作了效忠宣誓。关于加洛林时期宣誓效忠与握手礼的结合，参见弗朗索瓦·冈绍夫：《何为封建主义》，第39—43页。

⑤ 此处拉丁文为“regalia indumenta”。一些学者据此认为，这意味着秃头查理事实上承认埃里斯波埃是布列塔尼人的国王，他不仅具有更大的独立性，而且具有与秃头查理齐平的国王称号。不过，另外一些学者则认为，“国王的袍服”只是一种贵重的礼物馈赠，埃里斯波埃向秃头查理伸出双手，象征着他成了秃头查理的封臣，因此不可能同时得到“王”

以及其父的权力。此外，他还被授予雷恩①、南特②和雷斯(Retz)③各地。④ 64

萨拉森人占有并安居在贝内文托和其他城市。

国王（日耳曼人）路易劫掠了几乎所有斯拉夫人，并使之屈服于他的统治。⑤

的称号；另外无论查理曼、虔诚者路易还是秃头查理，在赐予布列塔尼人“公爵”等称号时颇为谨慎，更别说“王”的称号了。——参考了英译者注

① 雷恩是今天法国西部布列塔尼大区伊勒—维莱讷省的省府，位于伊勒河（Ille）和维莱讷河（Vilaine）的交汇处，距离大西洋和英吉利海峡仅 50 公里。该地从罗马帝国初期就建有罗马人的军事据点，中世纪早期布列塔尼人从不列颠岛迁移到这里之后，它就成为布列塔尼人的重要城市。为了防止布列塔尼人进一步扩张，加洛林王朝建立了布列塔尼边疆区。——译者注

② 关于南特的重要地位，参见本年代记有关 843 年的史事记载及注释。——译者注

③ 雷斯位于今天法国西部卢瓦尔—大西洋省的西南部，卢瓦尔河出海口的南边。该地先后由凯尔特人、罗马人和布列塔尼人占据。克洛维在 507 年的沃耶之战（Battle of Wouillé）中夺取了这个地方，使之成为墨洛温王朝疆土的一部分。虔诚者路易去世之后，随着布列塔尼人的首领诺米诺埃向东向南扩张，他夺取了雷斯。——译者注

④ 虽然 846 年诺米诺埃和秃头查理订立了和约，但 849 年他再次叛乱，联合被查理削夺了南特伯爵职位的兰伯特二世，向东扩张，甚至进军到了勒芒。为此，秃头查理向兄长日耳曼人路易求援，并得到了从东法兰克王国来的一支由萨克森人组成的军队，在 850 年从南特出发攻打诺米诺埃。如前所述，诺米诺埃在这一年去世，他的儿子埃里斯波埃率军与秃头查理交战。8 月 22 日，双方在维莱讷河左岸不远处的让格朗（Jengland）开战。经过两日激战，秃头查理溃败而逃，其兵马遭到惨重损失，图尔伯爵维维安、宫廷总管希尔莫拉德（Hilmerad）等人阵亡，史称让格朗战役（the Battle of Jengland）。这一败绩迫使秃头查理与埃里斯波埃和谈。双方于 9 月初在昂热订立和约。本年代记并未提及秃头查理的重大败绩，仅记述了昂热和谈的结果。需要说明的是，秃头查理因为战败，被迫承认了埃里斯波埃对雷恩、南特和雷斯等地的统辖大权，而这些地方正是 849 年后诺米诺埃向东扩张的战果，它们原本由法兰克人控制，属于对付布列塔尼人的“边疆区”。因此，昂热和约大大拓展了布列塔尼的疆土范围，对后世法国布列塔尼公爵区和布列塔尼省的发展具有深远影响。当然，这也意味着布列塔尼此后在抵御维京人的过程中将发挥更大的作用，这或许是秃头查理在和约中唯一的收获。《丰特内尔编年史残篇》（p.303）记载了秃头查理在这场战事中的惨败以及法兰克人一方的重大伤亡。——译者注

⑤ 《富尔达年代记》有关这一年的史事中记载：“索布人（Sorbs）通过频繁的袭击和纵火侵扰着法兰克人的边疆地区。国王（日耳曼人路易）对此怒火中烧，率军经图林根出征，进入他们的土地，猛烈地攻击、削弱他们。随着他们的谷物歉收，一切获胜的希望都被

教宗利奥（四世）害怕萨拉森人进攻，便将圣彼得教堂四周用围墙围起来，并将围墙修筑至城内，使其与罗马城相接。①

852 年

北方人乘 252 艘船来到弗里西亚，在如数收取自己所要求的钱款之后，转攻别处。② 由于犹太人的出卖，摩尔人攻陷了巴塞罗那。③ 他们杀戮了几乎所有的基督教徒，毁坏该城，离开时（却）未受惩罚。

（秃头）查理邀请兄长罗退尔到韦尔芒迪的奥古斯塔（Augusta of the Vermandi），即以圣徒康坦的遗骨而闻名的地方，举行会谈。④ 查理怀着手足深情迎接他，体面地招待他，与他进行了兄弟间的友好协商，赠予他与国

夺走，国王驯服他们更多地依靠饥荒而非兵戈。”——译者注

① 教宗利奥四世修建防御工事是遵照皇帝罗退尔的命令行事的。圣彼得大教堂在罗马城的西北方，与罗马城隔着台伯河，在城墙之外。在此之前，圣彼得大教堂缺乏防御工事。——参考了英译者注

② 这次袭击发生在 851 年而非 852 年。——据英译者注

③ 将基督徒的损失归咎于犹太人的出卖或背叛，这种笔法并不鲜见。比如本年代记 848 年史事中的记载：“因犹太人的背叛，丹麦人攻陷了阿奎丹的波尔多，劫掠之后又付之一炬。”——译者注

④ 圣康坦（St-Quentin）是罗马帝国初期奥古斯都屋大维建立的一个要塞，它建于韦尔芒人（拉丁文 Viromandui，英文 Vermand）所居住的地方。为了纪念奥古斯都，该城取名“韦尔芒人的奥古斯塔”（Augusta Viromandorum）。本年代记作者普鲁登提乌斯在此处提及圣康坦时采用这一古雅的地名，体现了他在写作时带有的尚古风格。——据英译者注

王身份相配的厚礼[①]，妥善护送其返回。[②]

兰伯特（二世）和瓦尔纳两个兄弟，作为诸种不和的最大祸根，均被杀死，前者为计谋所骗，后者则被判处死刑。[③] 布列塔尼人萨洛蒙（Salomon）

---

① 此处拉丁文为“regaliter munerat”，强调礼品的多寡与秃头查理作为国王的身份相匹配。礼品应与赠予者的身份相匹配，这既是法兰克人的一种社会习俗，也是加洛林帝国具有政治象征意义的规则。在虔诚者路易 817 年制定的《帝国御秩》（第四条和第五条）中规定，日耳曼人路易和阿奎丹王丕平作为国王，应该每年携带礼品拜见作为皇帝和兄长的罗退尔，而罗退尔应当“更加慷慨地”回赠两位弟弟礼物，因为他“蒙神眷顾被授予更大的权力”。《帝国御秩》全文参见 *Capit*.I, no.136, pp.270–275。关于加洛林帝国时期的礼物馈赠及其政治文化蕴意，参见 Florin Gurta, “ Merovingian and Carolingian Gift Giving”, *Speculum*, vol.81, no.3, 2006, pp.671–699.——译者注

② 罗退尔和秃头查理通过这次会谈结成了盟友关系。在 840 年之后，日耳曼人路易和秃头查理之所以结盟，是因为罗退尔作为兄长和皇帝具有更强的势力和更大的威胁。随着罗退尔年事渐高，威胁减少，秃头查理与日耳曼人路易之间自 842 年斯特拉斯堡誓约以来的盟友关系渐趋松弛，竞争和冲突日益明显。为此，秃头查理开始单独与罗退尔结盟。这体现了三兄弟关系所发生的重大变化。——译者注

③ 关于他们的父亲南特伯爵兰伯特一世，参见本年代记有关 834 年的史事记载及注释。此处提到的兰伯特是兰伯特二世，即兰伯特一世的次子。关于兰伯特二世与秃头查理的仇怨，参见本年代记有关 843 年、844 年的史事记载及注释。844 年，兰伯特二世在杀死普瓦提埃伯爵伯纳德以及他的儿子和继承人雷纳尔德之后，在 845 年与秃头查理和解，同时背弃诺米诺埃。秃头查理则授予兰伯特二世南特伯爵、昂热伯爵以及布列塔尼边疆伯爵等职位。但是，秃头查理对兰伯特二世并不信任。他在 846 年到 849 年间安排自己的亲信阿茂利（Amaury）为南特伯爵，将兰伯特二世调任雷恩伯爵，这等于将兰伯特二世移出了家族势力所在地。因此，兰伯特二世在 850 年再次与诺米诺埃结盟，一起在让格朗战役中大败秃头查理。但是，在随后埃里斯波埃和秃头查理所订立的昂热和约（参见本年代记上一年的史事记载）中，兰伯特二世并没有如愿得到南特等地，于是他转而谋求在曼恩和安茹之间的地区建立自己的势力范围，因此不可避免地与在该地区拥有深厚家族势力的罗尔戈家族（Rorgonids）发生了冲突，在争斗中被该家族所杀。瓦尔纳是兰伯特一世的第三子，兰伯特二世的弟弟。他在 841 年成为布列塔尼伯爵，在 853 年被判受死。《丰特内尔编年史残篇》对这些史事的记载较为详细。据其记载，瓦尔纳是在 850 年被伯爵高兹伯特擒获并送给秃头查理的；兰伯特二世是在 851 年被“极为年轻的高兹伯特”杀死的，而瓦尔纳则是同一年在秃头查理的命令下被处决的。《丰特内尔编年史残篇》提到了三位高兹伯特，但是却没有揭示他们的亲族关系。英译者尼尔森认为，这三位高兹伯特实为祖孙三代。——译者注

成为(秃头）查理的封臣①，被授予布列塔尼三分之一的疆土。②加斯科尼伯
65 爵桑切斯擒获丕平(一世）的儿子丕平(二世)，将其严密关押，以待送交(秃头）查理。③查理将处于关押中的丕平（二世）带到法兰西亚。他在与罗退尔会商之后，下令剃去丕平（二世）的头发，将其送入苏瓦松的圣梅达德修道院。④

罗退尔的儿子路易（二世）到达贝内文托，围攻巴里（Bari）⑤城。在攻破城墙后，他听取了极其糟糕的建议，撤出沦陷之城，因为他的幕僚们告诫他，倘若城墙四开，人皆可入，则城内大半珍宝将被偷走。他撤至营地，禁止所有人入城。当他们撤离后，摩尔人当晚用梁木修补了破损的城墙，次日清晨便不再惧怕来敌。因此，他（路易二世）枉费一番劳苦，率军返回了自己的疆土。

居住在西班牙的萨拉森人的国王阿卜杜—拉赫曼（二世）在科尔多瓦亡故，其子继承其国。⑥

丹麦人哈拉尔德的儿子戈德弗里德（Godefrid）曾在皇帝（虔诚者路易）

---

① 此处拉丁语为“fidelis”，既可以狭义地表示“封臣”，也可以宽泛地表示“忠诚者”。

② 萨洛蒙生于825年或835年，死于874年，是诺米诺埃的侄子，埃里斯波埃的堂兄弟。秃头查理授予萨洛蒙的疆土很可能就是从他上一年授予埃里斯波埃的南特、雷恩和雷斯等地中分割出来的三分之一。这意味着萨洛蒙既与埃里斯波埃一样是秃头查理的封臣，同时又是埃里斯波埃的封臣，是埃里斯波埃在家族内部的竞争者。秃头查理此举显然意在培植埃里斯波埃家族的内部矛盾，从而渔翁得利。——译者注

③ 此即桑柯・桑切斯，关于他的家世参见本年代记有关836年的史事记载及注释。桑切斯是加斯科尼的桑柯一世的儿子，阿兹纳尔的弟弟。桑切斯曾被安达卢斯王国的地方诸侯穆萨擒获。正是在秃头查理的斡旋下，桑切斯才获得释放。可能正是因为这层关系，桑切斯才在擒获逃亡的丕平二世之后，将其交给秃头查理。——译者注

④ 该修道院在557年由墨洛温王朝的国王克洛塔尔一世建立。圣梅达德的遗物是在841年迁至该修道院的，而当时秃头查理亲自参与了仪式。该修道院与墨洛温王朝和加洛林王朝的王室都有密切的关系。833年，罗退尔和埃伯等人正是在该修道院将虔诚者路易废黜，而秃头查理的儿子卡洛曼在860年到870年担任该修道院的世俗院长。——译者注

⑤ 巴里位于今天意大利南部阿普利亚大区，是亚得里亚海岸的重要港口。——译者注

⑥ 即穆罕默德一世（Mohammed I），852年到886年在位。——译者注

路易（统治）时期于美因茨受洗。他背弃罗退尔，投奔自己的族人。他纠结了大批人马，乘大量船只攻击弗里西亚，继而兵进斯海尔德河附近地区，最终到达塞纳河。[①]罗退尔（一世）和（秃头）查理率各自的全部兵马迎战，在塞纳河两岸围堵他们。[②]

853 年

在围堵（戈德弗里德）期间，他们（罗退尔和秃头查理）欢度了圣诞节。66
但是，（秃头）查理的士卒不愿开战，查理只得无功而返。查理与戈德弗里德以某种协议和解。[③]其他丹麦人无所畏惧地居留在那里，更肆无忌惮、更疯狂残忍地抢夺、烧杀、掳掠，直到三月。[④]

---

① 戈德弗里德生于大约 820 年，死于大约 856 年。他是丹麦国王哈拉尔德的儿子。826 年，戈德弗里德与其父亲等人在美因茨附近受洗，罗退尔成为他的代父。在虔诚者路易统治的晚期，戈德弗里德一直是罗退尔的支持者，但是随后他返回丹麦，回到他的堂兄弟丹麦国王霍里克那里。他们在 850 年联手袭击罗退尔，夺取了多列斯塔特。相关记载，参见《法兰克王国年代记》826 年的史事记载和《富尔达年代记》850 年的史事记载。——译者注

② 本年代记这一年史事的第一段就提到了丹麦人入侵弗里西亚一事，而最后一段又记述了戈德弗里德对弗里西亚的攻击。有学者认为，第一段的记载实际上属于最后一段记载的事情，只是被错误地编排到了第一段。不过，英译者认为更可信的解释是，此处的记载是对戈德弗里德此前事迹的回顾，他入侵弗里西亚实际发生在 851 年而非 852 年。——据英译者注

③ 《富尔达年代记》(850 年这个时间是错误的）记载：“北方人在其首领戈德弗里德的带领下朔塞纳河而上，洗劫了（秃头）查理的王国。对此，罗退尔应（秃头查理的）请求，予以其援助，以为查理亦会率军与其并肩作战，然而，查理悄然改变主意，接纳戈德弗里德及其部下为王国的同盟者，授予他们土地，供他们居住。罗退尔发现自己前来支援他实属徒劳，便返回了自己的疆土。”据此，秃头查理是通过授予戈德弗里德土地换得和平的。不过，据《丰特内尔编年史残篇》记载（p.304)，这批北方人所要求的是在热福斯（Jeufosse，位于今天法国塞纳—瓦兹省）过冬，且得到了秃头查理的准许。还有的学者提出，秃头查理是用交纳金钱的方式换得和平的。——参考了英译者注

④ 据《丰特内尔编年史残篇》记载，这些丹麦人是在戈德弗里德和希德罗克（Sidroc）的率领下发起攻击的。有学者据此认为，本年代记此处所记载的“其他丹麦人”指的是由希

罗退尔和查理满怀喜悦，在基耶尔济庆祝了主显节（1 月 6 日）。罗退尔从圣洁泉水中扶起查理的（一位）女儿[1]，数日后动身返回其疆土。

7 月，丹麦人离开塞纳河，来到卢瓦尔河，洗劫了南特城、圣弗洛朗（St-Florent）修道院[2] 及附近地区。

（秃头）查理于 4 月召集众主教到苏瓦松的圣梅达德修道院举行宗教会议。他主持会议，并经主教们的裁断，将该修道院的两名教士，同时也是两名修士除名[3]，因为他们（两人）曾企图秘密放走丕平（二世），与他一起逃往阿奎丹。兰斯（大）主教辛克马在宣布会议的判决时，将埃伯在被革职后所任命的所有司铎、助祭和副助祭革职。[4] 丕平（二世）向查理宣誓效忠，
67 并穿上修士的衣服，承诺按修士惯常的方式，遵守隐修规章。[5]

查理从那里（苏瓦松）来到基耶尔济，与若干主教和修道院院长[6] 一起

德罗克所率领的丹麦人，因为他们没有得到秃头查理给予戈德弗里德的东西，因此才“更肆无忌惮、更疯狂残忍地抢夺、烧杀、掳掠”。——译者注

① 即罗退尔参加了秃头查理的一位女儿的洗礼，并担当了她的代父。但是，秃头查理这位女儿的名字不详。代父母和生父母之间往往形成更为紧密的关系，拉丁文“compaternitas”（同作父母）专门用于表示这种关系。在中世纪早期，封臣往往请封君做自己子女的代父，以加强封君封臣的关系。地位平等或身份相近的人也常常借助“同作父母”的关系结成盟友。——参考了英译者注

② 圣弗洛朗修道院位于南特（Nantes）沿着卢瓦尔河向上游 50 公里处，该河的南岸，属今天法国的马恩—卢瓦尔省。——据英译者注

③ 此处拉丁文为“degradari fecit”，指从修士和教士之列清除。——译者注

④ 埃伯在短暂复职期间，提拔委任了一批属下担任圣职。随着埃伯在后来被革职（或“自愿”辞职），他所做的提拔委任是否合法有效，就成为一个不可回避的问题。辛克马在 845 年成为兰斯大主教后，极力排斥这些埃伯所提拔任命的神职人员。关于此事，参见本年代记有关 849 年和 866 年的史事记载及注释。普鲁登提乌斯本人在此次审判中被推选为审判的评估人和见证人。——参考了英译者注

⑤ 在 849 年，丕平二世只是在被剃发后承诺做一名教士。这里则更进一步，他被强制接受修道院院规的约束，成为一名守规修士。——据英译者注

⑥ 英译者尼尔森在译文中强调此处的修道院院长是指“发过誓愿的修道院院长”（professed abbots），即不是世俗院长。不过，此处拉丁文本为“cum quibusdam episcopis et abbatibus”，“abbatibus”一词前并没有形容词加以限定。——译者注

发布了四条诏令，并亲手签字，以证其效。[①] 其中第一条曰：无人被天主预定受罚，天主对每个人的预定都是相同的，或者是恩典的赠礼，或者是正义的惩罚。第二条曰：我们在第一个人身上所丢失的自由意志，凭借基督关爱和帮助的恩典，已经归还给我们。第三条曰：虽然不是所有人都能得救，但天主愿意让所有人普遍得救。第四条曰：尽管不是所有人都因基督受难的奥秘而获得救赎，但基督之血乃为所有人而流。[②]

几乎所有阿奎丹人都背弃（秃头）查理，他们派遣使者，携带人质，归顺于日耳曼之王路易。[③] 在（上述）诸种动荡期间，（日耳曼人）路易与（秃头）查理多有过节，为此路易转而猛攻查理。文德人（Wends）一贯背信弃义，他们阴谋反对路易。[④]

---

① 基耶尔济会议是在 5 月召开的。——译者注

② 这四条教规主要是由兰斯大主教辛克马草拟的。在预定论的问题上，辛克马是戈特沙尔克双重预定论的坚定反对者。但是，此处的四条教规却较为温和中庸，这可能体现了来自秃头查理的压力，因为秃头查理不希望过于激烈的决议引发教会人士出现严重的分歧，甚至造成政治问题。普鲁登提乌斯本人出席了在基耶尔济召开的此次会议，但是他在这里强调四条教规是秃头查理与“若干”主教和修道院长制定的，而不是这种权威性文件所需要的“全体”主教和修道院长的同意。这反映了他本人对这四条教规的保留态度。如前所述，普鲁登提乌斯本人在预定论的问题上持有接近戈特沙尔克的立场。参见本年代记有关 849 年的史事记载及注释。关于这四条教规的正式文本，参见 *MGH, Conc.* III, no.28, pp.294–297。——参考了英译者注

③ 文献中路易的头衔有时是“日耳曼人之王”(rex Germanorum)，有时则是“日耳曼之王”(rex Germaniae)，这里遵照拉丁文本的用语译出。据《富尔达年代记》有关 853 年的史事记载：“阿奎丹人的使者们频繁恳求和鼓动国王路易，请他要么亲自接管（阿奎丹）王国，统治他们，要么派他的一位儿子解救他们摆脱国王查理的暴政，以免在他们无法得到正统、合法的君主们的援助时，被迫向外邦或敌人求助，进而危及基督教信仰。”秃头查理同罗退尔日益亲近，阿奎丹人寻求日耳曼人路易的“统治”，也体现了这种局势的转变。秃头查理这一时期积极拉拢日耳曼人路易在东法兰克王国内的反对派，比如康拉德，这很可能促使日耳曼人路易主动联络阿奎丹王国反对秃头查理的一些显贵。——译者注

④ 拉丁语为“veneti”或“venedi”，在古典时代指居住在波罗的海南岸的部族。在民族大迁移的时代，西斯拉夫人迁移到了易北河和奥得河之间的地区，与日耳曼人中未迁走的人杂居在一起。日耳曼人以及后来征服到这里的法兰克人，将这些迁居易北河以东的西斯拉夫人称为“文德人”。不过，文德人只是法兰克人或日耳曼人对易北河以东的西斯拉夫

极其虔诚的王后[1]埃尔蒙嘉德两年前去世后[2]，皇帝罗退尔与来自其王室庄园的两位女仆[3]同居。其中一位叫多达（Doda），为他生下一子。他为该子取名卡洛曼（Karlmann）。他的其他儿子们同样身陷通奸之中。[4]

68 丹麦海盗从南特向上而行，于 11 月 8 日攻击了图尔城，将该城、圣马丁的教堂以及附近其他地方一并烧毁，却未遭受惩罚。不过，因为人们事先确知（丹麦人）要进攻，所以圣马丁的遗骸已被转移到属于该教堂的科尔默里（Cormery）修道院[5]，该教堂的珍宝则被转移到奥尔良城。[6]

保加尔人（Bulgars）[7]在与斯拉夫人结成联盟后，转而猛攻日耳曼之王

人的泛称。事实上，“文德人”中又分为不同的支派，比如阿博德里提人就属于文德人中组织程度较高，有较强首领（dux）统领的部族。文德人居住在东法兰克王国的东北边疆，他们自然同日耳曼人路易存在矛盾。根据上下文的语境，这里的文德人“阴谋反对路易”，有可能是指他们联络了秃头查理。——译者注

① 值得注意的是，尽管罗退尔是皇帝（imperator），但是年代记作者此处并未将埃尔蒙嘉德称为“皇后”（augusta 或 imperatrix），而仅仅称为“王后”（regina）。——译者注

② 埃尔蒙嘉德是图尔伯爵于格的女儿。821 年 10 月，她在蒂永维尔嫁给了罗退尔。849 年，她曾向阿尔萨斯的埃尔斯坦因（Erstein）修女院捐赠。她死于 851 年 3 月 20 日，被安葬到了该修女院。——译者注

③ 此处拉丁文为“ancillas”，该词在古典时代指女奴隶，到中世纪早期的时候常指女仆，不一定指严格法律意义上的奴隶。——译者注

④ 这显然是针对皇帝罗退尔的次子罗退尔二世（Lothar II）同瓦尔德拉达的姘居关系而言的。不过，作者这里用了复数，即“他的其他儿子们”，如路易二世和普罗旺斯的查理是否也存在姘居问题，我们不得而知。——译者注

⑤ 该修道院是圣马丁修道院院长伊提埃尔（Ithier）在 791 年创建的，是圣马丁修道院的附属修道院或小修道院（priory），位于图尔东南方数公里处。——译者注

⑥ 抄本 O 此处并无“theauri vero”（珍宝），而是“corpus beati Martini ad Cormaricum, monasterium eius ecclesiae, et inde ad civitatem Aurelianorum trasportatum est”。若是如此，则其意思为：“圣马丁的遗骸被转移到科尔默里修道院，随后又被转移到奥尔良城”。圣马丁修道院的修士们和圣马丁的遗骨在 854 年 8 月重新回到了图尔。——译者注

⑦ 在 7 世纪中期，保加尔人还生活在黑海东北边的大草原上，曾建立过一个强大的古保加尔国。在该国衰落之后，保加尔人逐渐向西南迁移，进入巴尔干半岛，在拜占庭帝国的外围地区居留下来。他们在与阿瓦尔人征战的过程中发展壮大，7 世纪末期开始进入第一保加尔帝国阶段（681—1018 年）。其间，他们与拜占庭帝国既有冲突，也有和缓，对巴尔干半岛周边地区产生了很大的影响。——译者注

路易，据说，他们(这样做）是受了我们的重礼邀请。但是由于天主的助战，他们被打败。[①] 希腊人同样被煽动起来反对罗退尔的儿子意大利王路易（二世)[②]，因为路易(二世）在与君士坦丁堡皇帝的女儿订婚之后，拒不完婚。[③] 罗马人在萨拉森人和摩尔人的攻击下，陷入绝境。他们指责皇帝罗退尔完全忽视了罗马的城防事务。[④]

854 年

（秃头）查理怀疑兄长（日耳曼人）路易的诚意，便到列日（Liège）镇[⑤] 会晤了罗退尔。在那里，他们长久地讨论了两人牢不可破的共同友谊，最终当着在场众人的面，手抚圣物，先后互发誓言，加以确认，且双方均将子女、部下和疆土托付给对方。[⑥]

---

① 这段话中的“我们”泛指法兰克人。这说明，在对外关系方面，西法兰克王国仍然认为他们与东法兰克人是一个共同体，是“我们”。普鲁登提乌斯此处暗暗谴责秃头查理挑动作为异邦异族的斯拉夫人攻击同属法兰克人和加洛林家族的日耳曼人路易，而“天主的助战”则表明了他对日耳曼人路易的同情。——译者注

② 基于上一句的语境，这一句中隐含的“煽动”者很可能也是秃头查理。——译者注

③ 参见本年代记有关 842 年拜占庭遣使罗退尔一世的注释。尽管路易二世很可能在 842 年就与拜占庭皇帝的一位女儿订婚，但是始终没有完婚。850 年他在罗马被利奥四世加冕为父亲的共治皇帝，851 年 10 月 5 日则迎娶了斯波莱托公爵阿德尔奇斯一世的女儿恩格尔贝尔嘉（Engelberga）。——译者注

④ 本年代记此处的作者普鲁登提乌斯并未提及 11 月秃头查理和罗退尔在瓦朗谢讷（Valenciennes）的会面，也没有提及随后秃头查理在塞尔韦(Servais）召开西法兰克王国的大会议。而这两件事情都颇为重要。关于秃头查理和罗退尔在瓦朗谢讷会谈之后的通告文本，见 *Capit.*II, no.206, pp.75–76；关于秃头查理在塞尔韦会议上向钦差们发布的条令，见 *Capit.* II, no.260, pp.270–276。

⑤ 列日拉丁名称为“Vicus Leudicus”，位于今天比利时东部，默兹河与乌尔特河（Ourthe）交汇的地方。——译者注

⑥ 即一方先于另一方去世时，妻子、子女、部下和疆土由另一方庇护。秃头查理和罗退尔的这次会面发生在这一年的 2 月。《法兰克人诸王条令集》全文收录了秃头查理和罗退尔各自所作的承诺和相互所发的誓言。罗退尔在其中说，他和秃头查理在上一年邀请兄弟

在此期间，年轻人路易[①]，即日耳曼人之王路易的儿子，应阿奎丹人向
69 他的父亲作出的请求，渡过卢瓦尔河，受到邀请其前来的人的欢迎。[②]（秃头）查理在庆祝大斋节[③]的时候进军阿奎丹，在那里滞留到复活节（4月22日）以后。其部下不遗余力地烧杀掳掠，甚至毫不克制（自己的）贪欲和狂妄，连天主的教堂和祭坛也不放过。[④]

罗退尔与其弟（日耳曼人）路易在莱茵河上讨论与（秃头）查理的兄弟情谊。尽管最初他们（两位）彼此激烈指责，但最后还是达成一致，订立和约。（秃头）查理对此深为忧虑，放下未尽之事，从阿奎丹返回，邀请兄长罗退尔到其王宫阿蒂尼。他们在那里会面，巩固了不久前达成的协议。

盘踞在卢瓦尔河的丹麦人溯流而上，到达布卢瓦[⑤]要塞，放火烧之，随后打算到奥尔良同样洗劫。但是，奥尔良主教阿吉乌斯（Agius）和沙特尔

日耳曼人路易与他们的封臣们举行三方共同会谈，但是路易“以若干借口”为由拒绝到会。而秃头查理则在自己的陈述中说，不仅路易自己拒绝出席会谈，而且他（路易）的儿子（小路易）“竭力制造混乱”，即打算接受阿奎丹人的邀请去统治阿奎丹。参见 *Capit.* II, no.207, pp.74–76。需要注意的是，秃头查理在849年与日耳曼人路易互发的誓言与此颇为类似，参见本年代记有关849年的史事记载及注释。——译者注

① 此处拉丁文为“Ludowicus adulescens”，表示当时这位路易刚刚成年，以区别于他的父亲日耳曼人路易。他出生于大约835年，是日耳曼人路易与妻子埃玛所生的三个儿子中的第二个，此时已经十八九岁了。后世学界将他称为“Louis the Younger”，我们将其翻译为“小路易”，以区别于他的父亲日耳曼人路易。——译者注

② 据《富尔达年代记》记载：“国王路易之子路易进入阿奎丹，意欲查明阿奎丹人的使者们向其父所承诺之事是否属实。他到达那里后没有被接纳，仅有一个家族认可他，因为查理下令处决了该家族中的一位族人高兹伯特，从而严重地冒犯了该家族。鉴于其他人都是假意接纳他，他感到自己此行实属徒劳，便采纳了部下的建议，大约秋天时返回法兰西亚。”这位高兹伯特是曼恩的伯爵，是9世纪很长时间内掌控这一地区的罗尔戈家族的重要成员。——译者注

③ 大斋节开始于3月7日。——据英译者注

④ 这同样包含着年代记作者普鲁登提乌斯对秃头查理的批评和对日耳曼人路易的同情。——据英译者注

⑤ 布卢瓦在今天法国中部的卢瓦尔—谢尔省，奥尔良和图尔之间的卢瓦尔河畔。——译者注

主教布尔查德（Burchard）备好了船只和将士，予以抵抗。丹麦人于是放弃计划，返回卢瓦尔河下游地区。另一股丹麦海盗则洗劫了与萨克森接壤的弗里西亚地区。

罗退尔和查理为了维持和平协议派遣使者去他们的兄弟路易那里，意在使路易将他的儿子(小路易）从阿奎丹召回。查理再次进入阿奎丹。丕平(一世）的儿子丕平（二世）尽管已在圣梅达德修道院被剃去头发，穿起修士服饰，并发誓隐居那里，但还是进入阿奎丹，绝大多数当地民众投奔于他。国王查理暂缓对付丕平(二世)，而是迫使侄子(小）路易从阿奎丹逃回日耳曼， 70
回到他的父亲身边。① 前述丕平（二世）的弟弟（阿奎丹的）查理尽管已被任命为助祭，还是从科尔比修道院逃走。② 国王（秃头）查理命人将自己的儿子卡洛曼削发，献给教会。③

---

① 有学者认为，丕平从关押他的圣梅达德修道院逃出，是秃头查理有意为之，目的在于对付日耳曼人路易派遣到阿奎丹的儿子小路易。不过，也有学者认为这种观点难以成立。参见本年代记上一年，即 853 年史事，其中提到圣梅达德修道院有两位修士尝试协助丕平二世潜逃。据《富尔达年代记》记载，小路易是在秋天离开阿奎丹的。——据英译者注

② 据《富尔达年代记》有关 856 年的史事记载，丕平二世的弟弟在美因茨大主教拉班逝世后继任为该地大主教，而且“这更多是因为国王（日耳曼人路易）及其谋臣们的意愿，而不是教士和民众的认可和推举”。该年代记的其他抄本则在此处进一步说：“阿奎丹国王丕平（一世）的儿子查理从监禁他的科尔比修道院逃脱后，投奔他的叔父（日耳曼人）路易，并于 3 月 12 日继任（美因茨）（大）主教，这不只是国王的意愿，也是教士们的认可和推举。”据此推断，阿奎丹的查理很可能是在日耳曼人路易的支持下才得以逃脱的。此外，科尔比修道院在萨克森地区，即日耳曼人路易所统治疆土上有一所分院，即科尔维（Korvey）修道院，而且母院与子院之间联系颇为密切。这或许为日耳曼人路易解救阿奎丹的查理提供了机会。——参考了英译者注

③ 卡洛曼很可能生于 848 年或 849 年，是秃头查理和妻子埃尔蒙特鲁德所生的第三子。一方面，法兰克王国的国王们需要较多的儿子，以确保即使有儿子夭折、患病、遇害，也不至于后继无人；另一方面，他们又需要尽可能地限制拥有继承资格的儿子的数量，以免王国疆土被分割细化，防止诸位儿子在自己的晚年或死后相互争夺。秃头查理在 846 年得了长子路易，在 847 年或 848 年得了次子查理。秃头查理在三子卡洛曼年仅五六岁的时候就将其剃发，送入圣梅达德修道院，显然意在将其排除在疆土和权力继承的范围之外，减少潜在的继承人数量。他目睹了父亲虔诚者路易在继承问题上引发的一系列危机，亲身经历了长期的兄弟纷争，为了与东法兰克王国的日耳曼人路易争夺，在继承问题上

丹麦人内部大动干戈，疯狂鏖战三日。随着国王霍里克与其他国王一道被杀，全部显贵几乎遭到覆灭。① 北方海盗再次进犯卢瓦尔河，火烧了昂热城。

855 年

罗退尔将整个弗里西亚授予其子罗退尔（二世）。罗里克和戈德弗里德从那里返回故国丹麦，希图获得王权。②

罗退尔（一世）病倒③，这为他的（两个）弟弟（日耳曼人）路易和（秃头）查理握手言和提供了机会。

北方人攻入阿奎丹的城市波尔多，四处出没，恣意横行。

应阿奎丹人的请求，（秃头）查理指定其子查理为王，将其派遣到他们

采取了这种不同寻常的策略。他排除卡洛曼，很可能意味着打算将西法兰克王国全部交给长子口吃者路易。——译者注

① 据《富尔达年代记》记载："丹麦人的国王霍里克和他的侄子贡多姆之间发生了纷争，因为贡多姆被霍里克逐出王国，以海盗谋生。双方相互杀戮，致使双方平民百姓被杀者不可胜数，连王族中也仅有一位男孩幸存。"——译者注

② 关于罗退尔一世的继承安排，一些学者根据他去世之后三个儿子分割中法兰克王国这一结果，认为罗退尔采取了三子分国的安排。比如英译者尼尔森就认为罗退尔一世在 853 年就已经将罗退尔二世提升为国王。参见 Janet L.Nelson, *Charles the Bald*, New York: Longman, 1992, p.171. 但是最近一些学者认为，罗退尔一世在 850 年安排长子路易二世成为共治皇帝，不给次子罗退尔和三子查理任何疆土和权力，始终打算让长子继承绝大部分甚至全部疆土。有关罗退尔一世将弗里西亚给予（donare）罗退尔二世这件事情，本年代记此处是唯一的记载。罗退尔一世此举是意在让次子将来继承和统治弗里西亚，还是仅仅让他暂时镇守这一地区，学界有不同的观点。此外，学界对此处两件事情之间的关系亦有不同的看法。一种观点认为罗里克和戈德弗里德返回丹麦，造成了弗里西亚的政治真空，于是作为应急措施，罗退尔二世被授予弗里西亚；另一种观点认为，正是因为罗退尔二世被授予弗里西亚，罗里克和戈德弗里德才遭到排挤，返回丹麦。——译者注

③ 从这一年的 5 月开始，罗退尔一世就不再制定和发布条令了。他在 7 月并没有处理有关教宗选举的争议。因此，他可能是在 5 月到 7 月生病的。——译者注

那里。[1]（秃头）查理还体面地接待了盎格鲁—撒克逊人的国王，即借道前往罗马的埃塞尔伍尔夫(Æthelwulf)[2]，赠予其作为国王所需的一切物资，派人给予其国王应受的服侍，护送其到王国边境。罗退尔（一世）指责（秃头）查理，怀疑后者不守信。有人在（秃头）查理的王国煽动了许多背离基督教信仰的事，而且他本人对此并非不知。[3]

8月，在教宗利奥（四世）辞世之后，本尼迪克特（三世）继任。[4]同 71
月，人们看到一大一小两颗流星从天空西部飞往东部。两星交替，大星出现时，小星时隐时现，如此十次。

皇帝罗退尔疾病缠身，恐其性命不保，便来到坐落在阿登地区的普吕姆修道院，弃绝俗世和王国，接受剃发，谦卑地穿上修士服装，过起修士生

---

① 秃头查理的儿子查理生于847年或848年，此时远未成年，因此秃头查理依然掌握着对阿奎丹的统治大权。这一安排旨在打消阿奎丹人对丕平二世或日耳曼人路易的儿子小路易的指望。这里我们不将秃头查理的儿子查理称为小查理，而是称为阿奎丹王查理，以免同查理曼的儿子小查理混淆。——译者注

② 埃塞尔伍尔夫生于大约800年，从839年到858年是威塞克斯的国王。据《盎格鲁—萨克逊编年史》（第75页）记载："这年他（埃塞尔伍尔夫）以盛大的排场前往罗马，在那里待了12个月，然后踏上归途。法兰克国王（秃头）查理把女儿嫁给他为王后。后来他回到自己的臣民那里，他们对此感到欣慰。他从法兰西回国后两年就逝世了。"埃塞尔伍尔夫于856年与秃头查理的长女朱迪斯成婚。朱迪斯生于844年，成婚时12岁。——译者注

③ 年代记作者普鲁登提乌斯此处似乎隐晦地指责秃头查理在基耶尔济（Quierzy）宗教会议上作出了四条有关预定论的决议，参见本年代记853年的史事记载。855年1月，罗退尔在瓦伦斯（Valence）举行了宗教会议，谴责了秃头查理在基耶尔济会议上的四条决议。普鲁登提乌斯本人对这四条决议同样持有不同意见。——据英译者注

④ 利奥四世死于这一年的7月17日。在他死后，罗马教士和民众推举出的继任人选是哈德良。但是，皇帝路易二世对此予以拒绝，并竭力安排因政治罪而被利奥四世革除教籍的教士阿纳斯塔修斯继任教宗，而罗马城内的一批人则推选了本尼迪克特三世，并安排他于9月29日得到祝圣，登上教宗之位。另一派在路易二世的支持下，不但没有参加本尼迪克特三世的登基典礼，还针锋相对地选立阿纳斯塔修斯为教宗。最终，本尼迪克特三世得到了皇帝路易二世的认可，但是教宗不得不接受奥尔泰（Orte）主教阿森尼乌斯（Arsenius）居于罗马，而阿森尼乌斯是阿纳斯塔修斯的亲属，属于皇帝的代表。——参考了英译者注

活。他将他的王国如此分配给陪伴左右的儿子们：与他同名的罗退尔（二世）得到法兰西亚，查理则得到普罗旺斯。[①] 在6天后的9月29日，罗退尔去世。他如生前所愿，被安葬在普吕姆修道院。

10月中旬，阿奎丹人在利摩日集会。他们一致拥立少年查理，即国王（秃头）查理的儿子为国王。在主教们为他涂油后，阿奎丹人为他戴上王国的王冠，并把权杖交给他。

北方人溯卢瓦尔河而上，弃船徒步，欲至普瓦提埃，但惨遭阿奎丹人迎击，逃脱者仅300余人。（尽管）成功并未垂青于罗里克和戈德弗里德[②]，（但）他们盘踞于多列斯塔特，控制了弗里西亚的绝大部分。

日耳曼人之王路易受困于斯拉夫人的频繁反叛。[③]

---

① 这一年罗退尔二世大概20岁，普罗旺斯的查理大概10岁。《圣伯丁年代记》此处的记载存在诸多疑问。它为何特别强调罗退尔二世和普罗旺斯的查理陪伴在父亲的身边呢？为何仅仅提到他们两兄弟的疆土份额呢？为何对作为兄长和父亲共治皇帝的路易二世只字未提？《富尔达年代记》有关这一年的史事并未记载罗退尔一世的疆土分割，仅记载道："其王国的诸侯和显贵们欲让其子罗退尔（二世）统治他们，并将他带到了法兰克福，去见东部法兰克人的国王，罗退尔（二世）的叔父路易。在路易的同意和支持下，他们赞同罗退尔来统治他们。"据此判断，罗退尔二世很可能是在违背父亲意愿的情况下，得到中法兰克王国北部显贵们的拥戴，仰赖叔父日耳曼人路易的支持，才得到了罗塔林吉亚。根据罗退尔二世在862年发布的条令，他在855年的法兰克福会议上，就成为日耳曼人路易的养子。参见 *Adnuntiatio Hlotharii*, *Capit.* II, no.243, c.1, p.164. 年仅10岁的三子查理之所以得到普罗旺斯，很可能是得到了一批具有地方分离倾向的当地显贵的支持。总之，罗退尔一世死后中法兰克王国一分为三，很可能并非他的本意，而是三种因素共同作用的结果：其一，罗退尔二世和普罗旺斯的查理排斥共治皇帝路易二世未来可能拥有的最高权力；其二，法兰西亚、普罗旺斯的地方显贵具有分离倾向，更愿意接受自己能够影响的罗退尔二世和普罗旺斯的查理为国王，而不是已经有长期统治经验和皇帝名号的路易二世；其三，日耳曼人路易插手干预，阻止法兰克王国统一在意大利皇帝路易二世的名下。——译者注

② 这意味着，他们未能夺得丹麦王权。参见本年代记这一年开始两句的记述。——译者注

③ 《富尔达年代记》在855年的史事中记载："国王（日耳曼人）路易率军进入摩拉维亚斯拉夫人的地区，讨伐他们的首领，即起兵反叛的拉斯蒂茨，但战果甚微，未能得胜便返回。据说，他宁愿暂时撤离用极其坚固的围墙防御起来的敌人，也不愿不顾士卒的危险强攻而遭受损失。然而，他的军队劫掠、焚烧、蹂躏了这个地区中一大部分，并歼灭了

856 年

冬季极其寒冷而干燥，严重的瘟疫夺走相当一部分人的性命。罗退尔（一世）的儿子意大利之王路易向叔父（日耳曼人）路易和（秃头）查理提出，自己得到意大利是因为其祖父皇帝（虔诚者）路易的慷慨，因此要求得到其父在法兰西亚的部分疆土。① 阿奎丹人② 无视他们新近③ 拥立为王的少年查理，使身为修士的丕平（二世）逃出圣梅达德修道院，脱离关押状态，妄称其为王。国王（秃头）查理与布列塔尼人埃里斯波埃订立和约，安排自己的儿子（口吃者）路易与埃里斯波埃的一位女儿订婚，并将勒芒公爵区给予（口吃者）路易，该公爵区是从巴黎到图尔的通道。④ 已故罗退尔（一世）的显 72

一支不小的企图攻入国王营地的敌军，但这并非没有代价，因为国王路易撤回之后，拉斯蒂茨和他的部下予以追击，劫掠和蹂躏了多瑙河外侧的许多边疆地区。”——译者注

① 虔诚者路易在 840 年去世之前就确认了自己的长孙，即长子罗退尔的长子路易为意大利的国王。路易二世在 850 年已经被教宗利奥四世膏立为皇帝。随着 855 年父亲去世，意大利的路易二世作为整个家族和帝国的皇帝，主张得到意大利之外的疆土。惟其如此，其疆土才能与名号匹配。此外，罗退尔一世生前很可能一直计划让长子路易继承皇帝名号和绝大部分甚至全部中法兰克王国的疆土，只不过在病重之时无奈改变了继承计划，或者被迫接受了次子罗退尔占有法兰西亚的意愿。对此，参见本年代记上一年的史事记载及注释。意大利的路易二世所主张的权益应该包括两个方面：在阿尔卑斯山以北得到疆土；作为兄长和皇帝，对两个弟弟直接统治的疆土拥有最高统治权。值得注意的是，本年代记此处并没有将意大利的路易二世称为“皇帝”，而只是称为“国王”；并没有提及路易二世要求得到更多疆土的理由是他作为皇帝的身份。——译者注

② 这里的“阿奎丹人”实际应该是指阿奎丹人中的某些显贵们。普鲁登提乌斯在此处未能区分阿奎丹内部的不同派别。——据英译者注

③ 即上一年。参见本年代记上一年的史事记载。——译者注

④ 口吃者路易生于 846 年 11 月 1 日，是秃头查理与妻子埃尔蒙特鲁德的长子。他在这一年只有 9 岁多，尚未成年。秃头查理与埃里斯波埃的这次会面发生在 2 月，地点是皮特雷（Pîtres）附近的卢维耶（Louviers，属今天法国的厄尔省）。秃头查理在此次会见中将布列塔尼边疆区及南特伯爵区都授给了埃里斯波埃，意在使后者作为岳父支持口吃者路易。勒芒公爵区正是 838 年虔诚者路易安排给秃头查理的核心疆土，秃头查理将这一地区给予长子口吃者路易，释放出了明确的政治信息，即确认口吃者路易为自己将来主要的继承人。参见本年代记有关 838 年的史事记载。——参考了英译者注

贵们拥立其子罗退尔（二世）为法兰西亚的国王，并为其举行了涂油礼。[1]

4月18日，丹麦海盗进犯奥尔良，洗劫一番之后返回，（却）未受惩罚。

国王（秃头）查理的王国内几乎所有的伯爵[2]都与阿奎丹人一起阴谋反对（秃头）查理，他们邀请日耳曼人之王路易前来落实他们的计划。[3]（日耳曼人）路易因为在远征斯拉夫人中丧失了大批兵马，耽搁了太久。[4]上述阴谋者无法忍受他的耽搁，便与国王（秃头）查理和解。[5]阿奎丹人抛弃了

---

① 据《富尔达年代记》有关855年的史事记载，罗退尔一世死后，"其王国的诸侯和显贵们欲让其子罗退尔（二世）统治他们，并将他带到了法兰克福，去见东部法兰克人的国王，罗退尔的叔父（日耳曼人）路易。在（日耳曼人）路易的同意和支持下，他们赞同罗退尔（二世）来统治他们"。罗退尔二世在中法兰克王国北部一些显贵的拥戴下，依靠日耳曼人路易获得了法兰西亚。他一方面是为了对付叔父秃头查理，另一方面是为了对付兄长路易二世，后者已经拥有意大利，但是极力主张在法兰西亚分得疆土。——译者注

② 强人罗伯特在853年就被秃头查理任命为曼恩、安茹、图尔等地的钦差（missus dominicus），成为勒芒地区势力最强的人。而罗伯特的家族是从东法兰克王国的沃尔姆斯地区，背弃东法兰克王国日耳曼人路易，投靠秃头查理而来的，属外来势力。秃头查理安排罗伯特扎根勒芒地区，就是为了用他对付勒芒当地的罗尔戈家族和布列塔尼的埃里斯波埃。但是，随着罗伯特势力的膨胀，秃头查理开始对他采取制约措施。他安排长子口吃者路易执掌勒芒地区，拉拢埃里斯波埃为口吃者路易的岳父和支持者，意图明显在于压制罗伯特。罗伯特及其附属势力很可能是秃头查理的主要反对者。因此，年代记这里称秃头查理王国内"几乎所有的伯爵"都反对查理，恐有夸大之嫌。——译者注

③ 如前所述，日耳曼人路易已在上一年2月安排阿奎丹丕平二世的弟弟查理继任了美因茨大主教职位，丕平二世本人从修道院逃脱也很可能受到了日耳曼人路易的帮助。不过，日耳曼人路易派遣儿子小路易远征阿奎丹遭到失败之后，就不再谋求对阿奎丹的直接统治，因此日耳曼人路易的这些举动只是为了给秃头查理制造麻烦。对于这里的"阿奎丹人"来说，他们的目标应该是借助日耳曼人路易的支持恢复丕平二世的统治。——译者注

④ 据《富尔达年代记》记载，这一年"8月，国王（日耳曼人）路易集结兵马，穿过索布人的地区行进，联手索布人的首领们，在战场上击败了达勒敏兹人（Daleminzi）。他接受了人质，将达勒敏兹人变为纳贡者。他随后穿过波西米亚人的地区，接受了几位波西米亚首领的归顺。在此次远征中，巴尔多（Bardo）和埃尔皮弗（Erpf）两位伯爵以及其他许多人阵亡"。——译者注

⑤ 秃头查理在856年确实经历了严重的政治危机。为了尽快与阿奎丹和法兰西亚的反对者们和解，他在这一年派遣几批信臣作为钦差，携带明确书写的条令，承诺将维持原有的

丕平（二世），重新接受了此前被他们驱逐的少年查理，即国王（秃头）查理的儿子，并把他带回阿奎丹。

8 月中旬，另一股丹麦海盗进入塞纳河，蹂躏、掠夺了两岸各城镇及更远地区的修道院和庄园。塞纳河畔有个防御工事极其严密，即人们称为热福 73
斯（Jeufosse）① 的地方。他们选择此处作为营地，安然度过了冬季。

10 月 1 日，威塞克斯国王埃塞尔伍尔夫从罗马返回，在韦尔布里（Verberie）王宫 ② 迎娶了国王（秃头）查理的女儿，即在 7 月就已经与他订婚的朱迪斯。在兰斯（大）主教辛克马为她祝福并戴上头带后，埃塞尔伍尔夫以王后的名号为她加冕。他和他的民众对此尚不习惯。③ 在（双方）互换王室衣装和礼物之后，婚礼结束，埃塞尔伍尔夫带着朱迪斯，乘船驶回他所统治的王国不列颠。④

秩序，保证不侵害反对者们的荣职、采邑和封臣。这几份相关条令的全文参见 *Capit.* II, nos.262–265, pp.279–285。

① 热福斯位于今天法国中部偏北的伊夫林（Yvelines）省。——译者注

② 该地位于今天法国北部的瓦兹省，在贡比涅西南约 11 公里的地方。查理曼在这个古老的小镇修建了王宫，加洛林王朝在这里举行过多次王国会议。秃头查理在 853 年和 869 年都在此召开过会议。——译者注

③ 在威塞克斯王国，王后的地位比法兰克的王后的地位低，这应该是为了减少王后及其外戚力量对王位继承的干扰。正因为如此，此处记载威塞克斯的国王和显贵们对王后佩戴冠冕感到不习惯。朱迪斯被祝圣并加冕，有助于巩固和保证她将来在威塞克斯王国的地位。一种观点认为，秃头查理与威塞克斯王国埃塞尔伍尔夫联姻，目的在于联合对付维京人和国内的反对者。不过，也有学者认为，埃塞尔伍尔夫选择与秃头查理联姻，主要是为了压制他的儿子埃塞尔巴尔德，因为如果朱迪斯将来为其生下儿子，埃塞尔伍尔夫便有可能剥夺埃塞尔巴尔德对王位的继承。Michael J. Enright, "Charles the Bald and Aethelwulf of Wessex: The alliance of 856 and strategies of royal succession", *Journal of Medieval History*, vol. 5, issue 4, 1979, pp.291–302.——译者注

④ 埃塞尔伍尔夫从 839 年就一直是威塞克斯的国王。他第一任妻子奥斯布赫（Osburh）已经为他生了五个儿子，其中包括埃塞尔伍尔夫罗马之行期间代其统治威塞克斯王国的埃塞尔巴尔德以及后来著名的阿尔弗烈德大王。奥斯布赫死于何年无法确定，但 855 年埃塞尔伍尔夫与刚刚达到适婚年龄的朱迪斯订婚时应该已经是一位年近50岁的高龄鳏夫了。在这种情况下，确保朱迪斯在威塞克斯的地位对秃头查理而言颇为重要。——译者注

意大利皇帝路易（二世）[1]和他的弟弟，即法兰西亚的国王罗退尔（二世），与他们的弟弟孩童查理在奥尔布（Orbe）[2]会面。路易（二世）和罗退尔（二世）就如何分割父亲的疆土而争吵，几乎要大动干戈解决争执。但是，他们最终遵照父亲的安排，将普罗旺斯和里昂公爵区分给了他们的弟弟查理。当时（那里的）显贵们将查理从罗退尔（二世）那里带走了，而罗退尔（二世）原本打算让查理剃度为教士。[3]

来自贝内文托的萨拉森人突袭那不勒斯，大肆蹂躏、掠夺，将其彻底摧毁。

---

① 本年代记此处开始将路易二世称为“皇帝”，这一方面意味着西法兰克王国和东法兰克王国承认他是上一年父亲罗退尔一世去世后已经由共治皇帝变成皇帝名号的唯一享有者。但是另一方面，年代记作者在路易二世的皇帝名号前用“意大利”予以限定，强调路易二世统治的疆土限于意大利，无法以皇帝和最高统治者的名号干预加洛林家族的其他疆土，即两位叔父和两位弟弟王国内的事务。——译者注

② 奥尔布位于今天瑞士西部的沃州（canton Vaud），是从法兰西亚经汝拉山脉到日内瓦湖的途经地，也是从莱茵河流域到罗讷河流域的重要通道。——据英译者注

③ 这些显贵中的为首者是原先的巴黎伯爵杰拉尔德（Gerald）。他是虔诚者路易的坚定支持者，在838年左右就成为巴黎伯爵。他的妻子是图尔伯爵于格的女儿贝尔塔（Bertha），而罗退尔一世的妻子是贝尔塔的姐姐埃尔蒙嘉德，因此杰拉尔德是罗退尔一世的连襟。在虔诚者路易死后，杰拉尔德支持罗退尔一世，站在后者一方参加了841年的丰特努瓦战役，并成为罗退尔一世的宫廷伯爵。不过，由于巴黎伯爵区在秃头查理的疆土内，因此杰拉尔德丧失了该职位。不过，从罗退尔一世那里，他得到了从里昂伯爵区和维埃纳伯爵区组合而成的里昂公爵区。无论是罗退尔一世临终前安排孩童查理治理普罗旺斯，还是罗退尔二世逼迫父亲将普罗旺斯分给孩童查理，可以肯定的是，罗退尔二世在父亲去世后就控制了尚未成年的弟弟查理。对杰拉尔德而言，尚未成年的查理比其他加洛林家族的统治者更有利于他自己维持在普罗旺斯的家族势力，因此他解救了孩童查理，并很可能在855年或856年就成为孩童查理的摄政王。在856年10月10日的一份封赐状书中，孩童查理称姨夫杰拉尔德为“父亲和养育者”（parens et nutritor）。关于这位杰拉尔德的后续事迹，参见本年代记861年史事的注释以及870年和871年的史事记载。——参考了英译者注

857 年

（856 年）12 月 28 日①，丹麦海盗进犯并火烧巴黎。滞留在卢瓦尔河下 74
游的那些海盗则洗劫了图尔及其周边地区，直至布卢瓦要塞。

一些法兰克人密谋反对（秃头）查理。②在他们的说服下，一些阿奎丹人背弃了当时尚为少年的查理，与丕平（二世）联合。国王（秃头）查理和他的侄子罗退尔（二世）互发誓言，结为同盟。③日耳曼人之王路易和意大利皇帝路易（二世）同样如此。④丕平（二世）联合丹麦海盗，洗劫了普瓦提埃，破坏了阿奎丹的其他很多地方。⑤罗退尔（二世）滥结姘妇，抛弃了身为王后的妻子。⑥

---

① 加洛林时期的年代记通常以圣诞节为岁首，因此此事虽然发生在 856 年 12 月 28 日，但记载在 857 年史事的一开始。——译者注

② 普鲁登提乌斯在此并没有记载两件颇为重要的事情。其一，为消除政治动荡引发的不安和混乱，秃头查理和他的忠诚者们 2 月在基耶尔济举行了王国会议，发布了条令。参见 *Capit*.II, nos.266–267, pp.285–292。其二，日耳曼人路易和罗退尔二世 2 月在科布伦茨举行了会晤，参见《富尔达年代记》这一年史事记载的第一句话。——参考了英译者注

③ 秃头查理和罗退尔二世的会晤于 3 月在圣康坦举行。他们所达成的协议被收入《法兰克诸王条令集》之中，全文见 *Capit.* II, no.268, pp.293–295。在这份协议中，秃头查理将他近来的问题归咎于他自身的疾病、维京人的袭击以及国内的叛乱。双方表达了团结一致的愿望，彼此承诺共同惩罚那些从一个王国逃到另一个王国的犯法者。——据英译者注

④ 他们是在意大利东北部的特伦托（Trento）会面的。他们的会面可能发生在 7 月。——据英译者注

⑤ 普瓦提埃显然反对丕平二世，这是丕平二世攻打普瓦提埃的原因。不过，我们无法确定当时普瓦提埃的主教和伯爵是何许人。——译者注

⑥ 罗退尔二世已于 855 年娶了提奥贝尔嘉（Theutberga）。她的父亲是阿尔勒伯爵博索（Boso），其家族在罗退尔二世疆土（以下称为罗塔林吉亚）的西部和南部拥有土地和势力。不过，很可能早在与提奥贝尔嘉成婚之前，罗退尔二世就已经有一位名叫瓦尔德拉达的姘妇了。瓦尔德拉达也同样有很强大的家族背景。特里尔主教提奥高德是她的兄弟，科隆大主教贡特尔则是她的叔父。更主要的是，提奥贝尔嘉未能给罗退尔二世生育子女，因此与提奥贝尔嘉离婚并迎娶瓦尔德拉达就成了罗退尔二世统治时期极其重要的目标，也是困扰他的一大难题。本年代记在此处谈到“姘妇”的时候用了复数，不过没有资料表明罗退尔在瓦尔德拉达之外还有其他的姘妇。——译者注

在科隆城，就在（大）主教贡特尔（Gunther）的面前，极浓的乌云伴随着频繁的雷电落在圣彼得教堂上。一道闪电突然像一条火线一样，穿过教堂拱顶的排雨飞檐，进入教堂，杀死祭司、助祭和平信徒各一人，而后消失于地下。8 月，在特里尔，当主教提奥高德（Theogaud）[1] 与一位教士和众人举行弥撒时，一团极其令人恐怖的乌云落下来，雷鸣和闪电令教堂里的众人害怕，也威胁着钟塔，教堂里则一片漆黑，人们几乎无法相互辨识。人们看见一只巨大的狗绕着祭坛奔跑，而后突然消失在裂开的地缝里。[2]

75 沿塞纳河进犯的丹麦人恣意蹂躏一切。他们袭击巴黎，火烧圣彼得教堂、圣日南斐法（Genevieve）教堂 [3] 以及其他教堂，只有圣斯蒂芬（St-

---

① 提奥高德出生于奥斯特拉西亚一个显赫的家族，早年曾任梅特拉赫（Mettlach）修道院院长，847 年继承其伯父赫提（Hetti），成为特里尔主教，并于 851 年升格为大主教。他在 859 年参加了萨沃尼埃宗教会议。860 年参加了罗退尔二世和科隆大主教贡特尔在亚琛召集的宗教会议。在 862 年，他与科隆、贝桑松、阿尔勒、米兰的大主教都介入了兰斯大主教辛克马和苏瓦松主教罗特哈德的冲突。863 年他率领自己的三位下属主教，参与了梅斯宗教会议，支持罗退尔二世的离婚诉求，并因此而被教宗尼古拉一世革除教籍。868 年 1 月 27 日他在罗马去世。——译者注

② 这两种凶兆分别发生在科隆和特里尔，发生在贡特尔和提奥高德的面前。如前一注释所述，这两位正是瓦尔德拉达的至亲，是罗退尔二世离婚诉求的大力支持者。而且普鲁登提乌斯在叙述了罗退尔二世“滥结姘妇”之后紧接着就记述这两种凶兆。因此，年代记作者普鲁登提乌斯似乎在此预示，他们两位大主教支持罗退尔的离婚诉求，将给罗塔林吉亚带来严重祸害。值得注意的是，两地的凶兆似乎在当时已经广为人知。据《富尔达年代记》这一年的史事记载：“9 月 15 日在科隆发生的一场极其可怕的暴风雨。当时所有的人都恐惧过度，躲避到圣彼得教堂，摇响了教堂的铃铛，齐心协力地乞求天主的怜悯。突然，天空中一道巨大的闪电，像喷火的暴龙一般切开了教堂，钻入它的内部，一下子将众人中三个站在不同位置的人都击倒毙命，其中包括一位站在圣彼得祭坛旁的教士，一位站在圣德尼祭坛旁的助祭和一位站在圣玛利亚祭坛旁的平信徒。另有六人在此次闪电袭击中受伤，失魂落魄，奄奄一息，难以康复。据说同一时间在特里尔也发生了异常之事。”这两种年代记都记载雷电击毙了科隆大教堂中的三人，而且均记载这三人中包括教士、助祭和平信徒各一人。暴毙者包括教士、助祭和平信徒，应该是象征性地指代社会各阶层。——译者注

③ 日南斐法生于 419 年到 422 年间，死于 6 世纪初，据传她出身贫穷，但信仰虔诚。当 451 年匈奴首领阿提拉围攻巴黎时，她劝说阿提拉，使后者转而攻击其他地方。当 461 年

Stephen）教堂、圣文森(St-Vincent）教堂[①]、圣热尔曼(St-Germain）教堂[②]以及圣德尼（St-Denis）教堂在付出巨额赎金后才免遭焚烧。另一些丹麦人用武力攻陷了被人称为多列斯塔特的集市，洗劫了整个贝蒂韦岛和其他临近的地区。

布列塔尼人的公爵埃里斯波埃被与他长期不和的布列塔尼人萨洛蒙和阿尔玛（Almar）杀死。[③] 国王（秃头）查理的一些显贵们伙同阿奎丹人，屡屡劫掠，祸害甚多。

当丹麦人攻击沙特尔的时候，该城主教福罗巴尔德（Frotbald）徒步逃跑，欲游过厄尔河（Eure）[④]，但被水淹死。[⑤]

希尔德里克（Childeric）围攻巴黎的时候，她亦出面，希望希尔德里克善待巴黎市民。她死后被人尊为圣徒和巴黎的保护者。——译者注

① 圣文森是 3 世纪后期西班牙萨拉戈萨的一位助祭。他于 304 年在罗马皇帝戴克里先的统治下殉难，被称为西班牙的首位殉道者，被很多地方奉为圣徒。当墨洛温王朝的国王希尔德伯特（Childebert）一世（496—558 年在位）在 542 年围攻萨拉戈萨的时候，当地民众寻求圣文森的庇护。据称，希尔德伯特因此放弃了围攻该城。为了表示感谢，萨拉戈萨主教将圣文森的圣衣赠给希尔德伯特。希尔德伯特后来命人在巴黎兴建教堂，以供奉该圣徒，这就是建成于 558 年的圣文森教堂。——译者注

② 圣热尔曼生于大约 496 年，从 555 年起担任巴黎主教，直到 576 年去世。他在希尔德伯特国王的统治下任职。在他的主持下，圣文森教堂得以修建。后来他在圣文森教堂的旁边新建了一所修道院，亲自担任这所修道院的院长。他原本被安葬于圣文森教堂，754 年矮子丕平统治时期将其追封为圣徒，迁葬于以他自己的名字命名的教堂，即圣热尔曼教堂。——译者注

③ 参考本年代记有关 852 年和 856 年的史事记载。在 852 年，萨洛蒙得到了布列塔尼三分之一的疆土，同时成为秃头查理和埃里斯波埃的封臣。在 856 年，秃头查理安排埃里斯波埃成为儿子口吃者路易的岳父。倘若口吃者路易在埃里斯波埃的支持下扎根勒芒，则萨洛蒙的势力将被大大削弱。这应该是萨洛蒙主谋刺杀叔父埃里斯波埃的主要原因。“阿尔玛”身份不详，本年代记此处的记载是此人在文献中的唯一印记。——译者注

④ 厄尔河是法国西北部的一条河流，是塞纳河的左岸支流。——译者注

⑤ 本年代记所记载的基本上是王族或王国要事，此处记载一位主教意外而死，显得颇为例外。而且，根据沙特尔留下来的一种亡者名录（necrology），福罗巴尔德和 12 个随行者死于 858 年 6 月 12 日。因此，本年代记应该是 858 年史事记载的一个旁注，只是错误地被置于 857 年的史事中。——据格兰特等拉丁文编者注和英译者注

858 年

76 ①圣诞之夜及次日白天，美因茨频繁出现强烈地震，造成大量民众死亡。②在……地区③，海水将一棵树连根拔起并抛出，这是此前高卢各省闻所未闻的。该树没有大枝杈，但有细枝，形似草叶，略宽且较长；没有树叶，但有一些细小的形如三角、色如人的指甲或鱼骨的东西，附着在草状的分支上，看似是从外面黏上去的，如同在剑鞘或人、马的铠甲上常常粘贴着的形形色色的金属饰物。某星期日，在桑斯的圣波尔卡里阿（St-Porcaria）教堂，当一位教士正举行弥撒时，一只狼突然闯了进来，到处乱跑，惊扰了在场的男子汉们。它在妇女中也造成了同样的混乱，随后消失。④

威塞克斯人的国王埃塞尔伍尔夫去世。他的遗孀，即王后朱迪斯，被他的儿子埃塞尔巴尔德迎娶为妻。⑤

---

① 在抄本 O 中，这一年的史事记载开首便写道："这一年，当（秃头）查理亲自登上塞纳河中一个被称为瓦塞勒（Oissel）的小岛（位于鲁昂城对面的塞纳河中）时，他遭到了严重危险，而这种危险是许多人已经意识到的。他的兄长（日耳曼人）路易率全部兵马向他进攻。他蒙受天主慷慨施予的怜悯，得以撤离，（但）颜面尽失。"其他抄本中不包括这一句。英译者詹尼特·尼尔森认为，普鲁登提乌斯原本并未提及此事，这一句是后来的抄录者增补进来的。——译者注

② 《富尔达年代记》记载这次地震的时间为 1 月 1 日。普鲁登提乌斯将地震记载到具有更大宗教意义的圣诞节，应该是将其作为不祥之兆。——参考了英译者注

③ 抄本 C 和抄本 O 中此处仅有"teritorio"一词，其后并无空白，但是根据语境，此处似乎缺失了一个地名。——据格兰特等拉丁文编者注和英译者注

④ 这是否预示了随后桑斯大主教维尼罗（Wenilo）的背叛，我们不得而知。——译者注

⑤ 9 世纪末阿瑟尔（Asser）在其所写的《国王阿尔弗烈德传》中谈到这桩婚姻时说："当国王埃塞尔伍尔夫去世时，他的儿子埃塞尔巴尔德，打破天主的禁令，冒犯基督的尊严，同时也违背所有异教徒的习俗，接受了父亲的婚床，迎娶了法兰克人的国王（秃头）查理的女儿朱迪斯，令所有听闻此事的人感到羞愧。"事实上，在埃塞尔伍尔夫从罗马返回不列颠的时候，埃塞尔巴尔德就拒绝交出他所代管的大权，迫使埃塞尔伍尔夫与其划疆而治。对于埃塞尔巴尔德来说，迎娶朱迪斯有助于提升他的影响力。对于朱迪斯来说，依靠亡夫诸子中最强大的埃塞尔巴尔德，或许是她确保自身安全和地位的良策。参见 Alfred P. Smyth, *The Medieval Life of King Alfred the Great: A Translation and Commentary on*

盘踞在塞纳河的海盗们的首领比约恩（Bjørn）[1] 来到韦尔布里王宫，面
见国王（秃头）查理，将自己交到他手上，当场[2] 宣誓效忠。另一股海盗抓 77
走了圣德尼修道院院长路易[3] 及其弟弟高兹林（Gauzlin）[4]，向他们索要极其

---

the Text Attributed to Asser, New York: Palgrave, 2002, p.10. 关于埃塞尔伍尔夫同朱迪斯之间的婚事，参见本年代记有关 855 年和 856 年的史事记载。——译者注

① 他的拉丁名字为“Berno”。比约恩不属于丹麦王族，而是来自斯堪的纳维亚的海盗首领。在 856 年，维京人首领希德罗克就进入塞纳河劫掠，比约恩则率众于这一年的 8 月加入希德罗克的团伙。希德罗克在冬季来临前撤离，而比约恩则在塞纳河中的一个小岛（很可能就是瓦塞勒岛）上修筑营垒，居留下来。此后比约恩和他的部下继续劫掠，西法兰克王国则无力抵御。我们不清楚比约恩为何在 858 年选择向秃头查理宣誓效忠。不过，他的委身很可能是秃头查理通过支付大笔金钱换来的。这一年的 11 月，西法兰克王国的主教们在基耶尔济召开会议，随后致信日耳曼人路易，并在信中提到了筹集钱款，向维京人支付贡金一事。这很可能就是秃头查理向比约恩支付他所承诺的贡金，因为并没有资料表明这一年秃头查理向其他维京人纳贡求和。关于这位比约恩，参见 Simon Coupland, “From Poachers to Gamekeepers: Scandinavian Warlords and Carolingian Kings”, *Early Medieval Europe*, vol. 7, no. 1, 1998, pp. 103–104.——译者注

② 此处拉丁文副词为“statim”，表示“立即”、“当即”、“当场”等意。英译者此处翻译为“按自己的方式”（after his own fasion），德译者翻译为“心甘情愿地”（aus freien Stücken）。考虑到宣誓效忠所要求的公开性，笔者将其翻译为“当场”。——译者注

③ 这位路易是加洛林家族的成员。他的父亲是雷恩和曼恩的伯爵罗尔戈，他的母亲是查理曼和希尔德嘉德所生的女儿罗特鲁德（Rotrude）。也就是说，他是虔诚者路易的外甥，秃头查理的表兄。罗尔戈和罗特鲁德并未正式成婚，因此从严格意义上说，这位路易是他们的私生子。路易生于大约 800 年，从小受教于费里埃尔修道院院长卢普斯 · 塞尔瓦图斯（Lupus Servatus）。这位路易在 838 年成为费里埃尔修道院院长，840 年或 841 年继承希尔杜因成为圣德尼修道院院长，并先后担任舅父虔诚者路易和表弟秃头查理的文秘总长（archchancellor）。他死于 867 年。——译者注

④ 高兹林是上一注释中提到的雷恩和曼恩伯爵罗尔戈与他的妻子比尔希尔德（Bilchilde）所生的五个孩子中的第三个，因此是上一注释中提到的路易的同父异母的弟弟。他生于大约 830 年，幼小时便被作为捐献儿童送入父亲所建立的格朗弗伊尔（Glanfeuil）修道院。他在 848 年成为兰斯一所修道院的修士。随后，他于 860 年进入秃头查理的宫廷，成为同父异母的兄长路易所负责的文秘署的文秘员，并在 867 年接任路易成为文秘总长。后来，他在 883 年左右成为巴黎主教，在保卫巴黎、抵抗北方人的过程中发挥了重要作用。他死于 886 年。——译者注

沉重的巨额赎金。[1] 为支付这笔赎金，在（秃头）查理本人的命令下，其王国境内许多教堂的珍宝库被掏空。但这还远远不够，为了如数筹到这笔赎金，国王本人及所有主教、修道院院长、伯爵和其他权势之人都争相捐献。[2]

国王(秃头）查理的伯爵们[3]联合布列塔尼人，背弃查理，迫使其子(口吃者）路易及其部众惊恐地离开勒芒地区，渡过塞纳河，逃回父亲身边。[4]

国王罗退尔（二世）巩固了同他的弟弟，即普罗旺斯国王查理的友谊。他从自己的疆土份额内给予查理两个主教区，即贝莱（Belley）和塔朗泰斯(Tarentaise)。[5] 同样，查理也将其王国以如下条件托付给罗退尔：若查理在娶妻生子前去世，罗退尔将按照继承之权继承他。

78 5 月，在列日镇，即主教圣兰伯特[6]的遗体安息之处，暴雨骤降，洪水蔓延，将房屋、石墙、各种建筑以及民众和那里可见的一切，甚至圣兰伯特教堂，都狂暴地摧毁，并卷入默兹河。

丹麦人进犯萨克森，但被击退。

教宗本尼迪克特（三世）辞世，尼古拉（Nicholas）（一世）继任。他的继任更多是因为国王路易[7]及其权贵们的在场和青睐，而非教士们的

---

① 仅路易的赎金就高达 688 磅黄金和 3250 磅白银。——据英译者注

② 路易和高兹林都被成功赎回。——译者注

③ 此次叛乱的主谋中包括昂热伯爵罗伯特（参见本年代记有关 856 年的史事记载及注释)、特鲁瓦伯爵奥多以及一位很可能也位居伯爵的哈维（Harvey)。他们的名字在 859 年主教会议写就的一封信中有所提及。——参考了英译者注

④ 兄弟俩的会面和协商应该发生在这一年的三四月间。——据格兰特等拉丁文编者注

⑤ 贝莱位于今天法国东端的安省（Ain)，塔朗泰斯位于今天法国东南端的萨瓦省（Savoie)。这两个主教区当时在地理上均属于普罗旺斯。——译者注

⑥ 兰伯特生于大约 636 年，是赫斯塔尔的丕平的妻子普雷克特鲁德（Plectrude）的亲属。他在 670 年成为马斯特里赫特主教。兰伯特的族人杀死了丕平的姘妇阿尔佩达（Alpaida）的父亲道多（Dodo)，兰伯特因此在 700 年左右被道多的族人杀死，并在随后成为圣徒。他的遗体以及马斯特里赫特的主教座堂，都在随后迁往他所殉难的列日。而这位阿尔佩达正是后来查理 · 马特的生母。——译者注

⑦ 即意大利皇帝路易二世。值得注意的是，此处年代记作者将他称为国王而非皇帝。——译者注

推举。[①]

国王罗退尔（二世）为自己的部下所迫，迎回了他所抛弃的妻子，但并不是为了与她同床共枕，而是将她幽禁。[②]

7月，国王（秃头）查理来到塞纳河上的瓦塞勒岛，欲围攻滞留在岛上的丹麦人。他的儿子少年查理从阿奎丹到那里见他。已成为平信徒的丕平（二世）同他（少年查理）一起前来，（秃头）查理接纳了他（丕平），并将阿奎丹的一些伯爵区和修道院交给他。8月，国王罗退尔（二世）也赶赴瓦塞勒岛，以援助他的叔父。他们滞留在那里直到9月23日。因围攻毫无进展，他们各自返回。国王（秃头）查理王国内的一些伯爵们五年来一直邀请日耳曼人之王路易前来。这一时期（围攻瓦塞勒岛期间），这些伯爵们再次

---

① 本尼迪克特三世死于4月17日。尼古拉一世于4月24日在皇帝路易二世面前被祝圣。奥尔泰的阿森尼乌斯（Arsenius of Orte）深得皇帝路易二世的信任和器重。他在教宗尼古拉一世的任内发挥了重要作用。而教宗周围的属员也大多支持皇帝路易二世。——据英译者注

② 提奥贝尔嘉在罗塔林吉亚的主教们面前，针对自己所受的乱伦指控，以热水审判的方式，证明了自己的清白。不过，罗退尔二世迎回提奥贝尔嘉的真正原因可能是，支持提奥贝尔嘉的力量以及她的兄弟胡伯特（Hubert）等人在罗退尔的宫廷中占据了上风。热水审判属于神命裁判的一种形式。关于神命裁判的专门研究，参见罗伯特·巴特莱特:《中世纪神判》，徐昕、喻中胜、徐昀译，杭州：浙江人民出版社2007年版。——参考了英译者注

79 招引他前来。① 路易于 9 月 1 日到达王室庄园庞蒂厄（Ponthion）②，再经夏龙和屈厄代（Queudes）③ 地区到达桑斯。④ 他从那里行进到奥尔良地区，接收了那些从阿奎丹、纽斯特里亚以及布列塔尼前来见他并承诺将会援助他的人。他随后几乎沿着原路，回到屈厄代地区。当国王查理得知这些后，火速经夏龙到了布列讷堡（Brienne）庄园。⑤ 当勃艮第的显贵们 ⑥ 奔赴那里支持

---

① 据《富尔达年代记》记载，从西部来的两位使者是圣伯丁修道院院长阿达拉尔德和特鲁瓦伯爵奥多。阿达拉尔德是富尔克之后的圣伯丁修道院院长，卒于 864 年 4 月 3 日。他是翁洛赫的儿子。他在 856 年 10 月曾被查理作为使者派出。奥多在 852 年到 859 年间是特鲁瓦伯爵，同时担任沙托丹（Châteaudun）伯爵直到 871 年去世。有学者提出这位奥多是奥尔良伯爵奥多的远亲，最近则有学者提出他是上莱茵冈（Oberrheingau）和沃尔姆斯冈（Wormsgau）伯爵罗伯特的儿子，而其母亲则是奥尔良伯爵奥多的女儿瓦尔德拉达。若是如此，则这位奥多是强人罗伯特的哥哥。他曾是秃头查理的追随者。尽管他的家族势力在奥斯特拉西亚，但在凡尔登条约之后作为秃头查理的支持者失去了在这一地区的土地。作为补偿，秃头查理在 846 年将沙托丹地区授予这位奥多，并使其成为安茹伯爵。852 年特鲁瓦伯爵阿勒朗（Aleran）去世之后，这位奥多继任为特鲁瓦伯爵，安茹伯爵职位则留给了他的弟弟强人罗伯特。奥多在 853 年参加了制定塞尔韦条令的会议，会后与桑斯主教维尼罗一起担任秃头查理的钦差。858 年，秃头查理安排自己的长子口吃者路易为勒芒公爵。在这一地区拥有较大势力的强人罗伯特遭到排挤，于是起而反叛。奥多作为兄长支持罗伯特，并因此而丧失了特鲁瓦伯爵职位。奥多在 858 年 3 月已经向秃头查理宣誓效忠。也就是说，阿达拉尔德和奥多并非此处普鲁登提乌斯所记载的那样，“五年来一直”反对秃头查理。——译者注

② 庞蒂厄位于今天法国东北部的马恩省。该地从墨洛温王朝开始，就是一个重要的王宫所在地。——译者注

③ 屈厄代位于今天法国东北部的马恩省。——译者注

④ 桑斯大主教维尼罗是唯一背弃秃头查理并叛逃到日耳曼人路易那里的高级教士。——英译者注

⑤ 此处拉丁文为“Breona”。《富尔达年代记》同一年的史事中将该地记载为“Briacus”。布列讷堡位于今天法国的奥布省。——译者注

⑥ 这些来自勃艮第的显贵可能包括欧坦伯爵伊桑巴尔德、欧坦主教以及欧塞尔主教。伊桑巴尔德这一年在基耶尔济参加了对秃头查理的宣誓效忠，且他本人或他的儿子 859 年 6 月 20 日从秃头查理那里获封一个庄园。欧坦主教的教堂特权则在这一时期得到了秃头查理的确认。秃头查理在 859 年 1 月 9 日坚持将巴黎圣热尔曼的圣物转移到欧塞尔主教那里。这些说明，上述三人在这一时期与秃头查理具有良好关系。据《富尔达年代记》有关 858 年的史事记载，日耳曼人路易托付“康拉德的儿子们”刺探有关秃头查理的消息，

他的时候，他传信给尾追身后的（日耳曼人）路易。虽然信使们来回奔走，却未达成任何和平协议。第三日，即 11 月 12 日，当双方摆好阵线的时候，（秃头）查理觉察到他的部下弃他而去，便撤退[①]，前往勃艮第的一些地区。路易接纳了那些背弃查理的人，到达特鲁瓦，将伯爵区、修道院、王室庄园以及地产授予那些邀请他的人[②]，随后回到了阿蒂尼王宫。国王罗退尔（二世）到那里会见他。双方巩固协议之后，罗退尔返回自己的疆土。路易经兰斯和拉昂地区到达圣康坦，即该圣人殉道士的修道院，去庆祝圣诞节。[③]

其间，圣徒文森或者圣徒忏悔者热尔曼修道院的一名修士从西班牙的科尔多瓦回来，带着神圣的殉道者助祭乔治（George）和奥利略（Aurelius）的遗骸及娜塔莉（Nathalie）的头颅，并将他们放在埃斯芒（Esmans）

但是这些探子们却倒向秃头查理一边，并向秃头查理泄露了日耳曼人路易的军情。这几位探子包括在欧塞尔城圣热尔曼修道院院长于格、欧塞尔伯爵康拉德等人。关于此期间双方活动更详细的记载，参见《富尔达年代记》有关 858 年的史事记载。——参考了英译者注

① 据《富尔达年代记》记载：“他（秃头查理）看见自己的部下中有些人为反抗自己的暴政并与东方人联手，且数量众多。他觉得自己兵力不济，如果与兄弟（日耳曼人路易）的大军开战则无法避免自己一方的严重损失。不过，他还是部署兵马，佯装将要开战，自己却带着少数人马悄然撤退。被他留在战场上的士卒得知主帅脱逃，便倒向路易。”这说明，秃头查理当时依然掌握着兵马，只是寡不敌众而已。另外，《富尔达年代记》的上述记载有可能扩大了秃头查理一方倒戈日耳曼人路易的程度。——参考了英译者注

② 如前面注释所述，特鲁瓦伯爵奥多原本是秃头查理的部下，这一时期却反叛秃头查理，成为日耳曼人路易在西法兰西亚的主要支持者。普鲁登提乌斯作为特鲁瓦主教，对特鲁瓦伯爵奥多在整个事件中的立场和作用自然非常清楚，但是他在此处的记载却极为隐晦。——参考了英译者注

③ 日耳曼人路易召集西法兰克的主教们在 11 月 25 日举行会议，旨在让他们在兰斯为自己祝圣。不过，这些主教们拒绝了。他们在基耶尔济举行了宗教会议，并在兰斯大主教辛克马的领导下，向日耳曼人路易送交了一封著名的决议书，旨在拖延时间，而不是支持日耳曼人路易的计划。该决议书的全文参见 *MGH*，*Conc*.III, no.41, pp.403–427。——参考了英译者注

庄园①，保存在圣骨匣中。②

859 年

80 丹麦人蹂躏了斯海尔德河外侧的地方。塞纳河和卢瓦尔河之间的民众相互宣誓，联合起来，英勇抵抗盘踞在塞纳河的丹麦人。但是，因为他们的联合不够慎重，所以轻易地就被比我们更强大的（敌）人杀死了。③

国王（秃头）查理重整旗鼓，出其不意地攻击他的兄长（日耳曼人）路易，将其逐出了他的王国疆界。国王罗退尔（二世）赶去见他的叔父（秃头）查理。在星期日，即大斋节的开始(2 月 5 日)，他们亲自在阿尔(Arcis)王宫④当众相互宣誓，再次巩固了他们的关系。查理将一些先前由牧师拥有

---

① 埃斯芒位于今天法国中部偏北的塞纳—马恩省，当时是加洛林的王室庄园之一。——译者注

② 这位修士是乌苏瓦德（Usuard）。他所写的《殉道圣人录》（*Martyrology*）正是献给秃头查理的。秃头查理对圣徒传记颇有兴趣。乌苏瓦德等人去科尔多瓦是就是为了寻找他们城市的保护人，即萨拉戈萨的圣文森（St Vincent of Zaragoza）的遗骨。他们此行可谓恰逢其时。他们在那里碰巧发现，那一时期科尔多瓦的殉道运动产生了一批新的圣徒遗骨。——据英译者注

③ 此处拉丁文为“sed quia incaute sumpta est eorum coniuratio, a potentioribus nostris facile interficiuntur”。查理曼和虔诚者路易都发布过禁止显贵和民众私自结盟的法令，目的在于防止显贵或民众结盟反叛。无论英译者还是德译者，都将本年代记此处的“potentioribus nostris”理解为“我们的显贵们”。也就是说，尽管这些民众为抵抗丹麦人英勇作战，但是他们违反了王国有关禁止私自结盟的法令，考虑欠妥，不够谨慎（incaute），因此“我们的显贵们”轻易地就把他们杀死了。英译者尼尔森据此进一步提出，这反映了法兰克人内部显贵们和平民之间的矛盾，即法兰克的显贵们禁止民众自发反抗丹麦人。这里的问题是，有关禁止私自盟誓的法令主旨在于防止内部反叛而非团结御敌。法兰克的显贵们因为民众在抗击入侵者的过程中“不够谨慎”地盟誓“联合”就将他们全部杀死，这不仅有违常理，而且不利于团结民众抗击外敌。或许是出于这种疑问，格兰特等人在拉丁文版的注释中提出，本年代记此处这句话中的“a potentioribus nostris”，应为“a potentioribus nostri”，并将这句话理解为：“因为他们的联合不够慎重，所以轻易地就被比我们更强大的（敌）人杀死了”。笔者以为，后一种理解更为可信。——译者注

④ 阿尔位于今天法国阿登省。——译者注

的修道院授予平信徒。[1]

丹麦强盗绕海长途航行，穿过西班牙和非洲之间的海峡，沿罗讷河进犯。他们劫掠了一些城市和修道院后，盘踞在一个被称为卡马格（Camargue）的岛上[2]。

国王（秃头）查理在不同地方召集主教们开会[3]，但他与两位侄子，即国王罗退尔（二世）和（普罗旺斯的）查理（只是）参加了在离图勒四千步的萨沃尼埃（Savonnières）[4]庄园举行的宗教会议。[5]在此次会上，查理提出了对桑斯大主教维尼罗（Wenilo）的控诉书。[6]但是，因大主教维尼罗缺席， 81

① 国王们常常将教会地产授予平信徒，教会对此多有谴责。——译者注

② 罗讷河流过阿尔勒之后，分为东西两支。两支之间形成一个三角岛，这个岛就是卡马格岛。——译者注

③ 其中一次会议于 4 月在朗格勒举行，另一次于 5 月至 6 月间在梅斯举行。——据英译者注

④ 萨沃尼埃位于今天法国中部的安德尔—卢瓦尔省，在图尔西边 50 公里，卢瓦尔河的支流谢尔河（Cher）的左岸。——译者注

⑤ 这次会议是在 6 月 14 日举行的，会议的决议旨在恢复西法兰克王国的教会秩序，其全文参见 *MGH*, *Conc*.III, no.47, pp.447–463。——据英译者注

⑥ 维尼罗曾经是秃头查理宫廷教堂的教士。当阿奎丹王丕平一世在 838 年去世的时候，经虔诚者路易的安排，秃头查理接手了勃艮第。当时桑斯大主教职位刚好空缺。据秃头查理称，他允许该大主教辖区的主教们自主推举他们的大主教，而他们最终选择了维尼罗。其实，维尼罗担任了桑斯大主教是秃头查理自己的安排。此后，维尼罗是秃头查理的坚定支持者。当 848 年 6 月 6 日秃头查理在阿奎丹被祝圣为王的时候，整个仪式正是由维尼罗主持的。不知何故，858 年秃头查理与维尼罗的关系出现问题。这一年 3 月，秃头查理为对付北方人，在基耶尔济召开了誓师大会，教俗显贵们几乎都出席并向秃头查理宣誓效忠，然而维尼罗“因患病”没有出席，只是在会后送交了一份亲笔签名的书面宣誓状。此后不久，如本年代记所记载，日耳曼人路易在秃头查理王国内一些显贵们的邀请下，侵入西法兰克王国。他两次经过桑斯，应该就是得到了桑斯大主教的支持。秃头查理将日耳曼人路易赶走后，在萨沃尼埃的这次会议上提出了对维尼罗的指控。该指控书被称为《针对维尼罗的控诉状》（*Libellus Proclamationis adversus Wenilonem*），现已被收入《法兰克人诸王条令集》中。在这一状书中，秃头查理指控维尼罗未向自己提供应该提供的军事服役，相反却将它提供给了日耳曼人路易。另外，他还谴责维尼罗“在朕的王宫阿蒂尼（维尼罗的辖区之外）为朕的兄长（日耳曼人路易）”举行弥撒，因为这违背了大主教或主教不得在其辖区之外行使职权的教会禁令。或许受到了这份控诉状的影响，“维尼

此事被搁置。查理从那里（萨沃尼埃）赶赴位于安德纳赫和科布伦茨之间的一个莱茵河中的小岛上，同他的兄长国王（日耳曼人）路易会商。① 他们的会商最终被拖延到10月25日在巴塞尔举行。路易赴会，而查理虽已启程，却因罗退尔（二世）的缺席而折返。

几乎全部阿奎丹人都倒向少年查理。丕平（二世）则与伯爵罗伯特及布列塔尼人联手。②

8月、9月和10月，夜空中出现了流星，如同白昼的亮光从东边不停歇地流动到北边，血色的光柱从中涌出。

丹麦人发动了新的袭击，掳掠、焚烧、蹂躏了圣瓦莱（St-Valery）修道院③、亚眠城及附近的其他地方。他们中的另一批人同样粗暴地攻击了莱茵河上的贝蒂韦岛。滞留在塞纳河上的丹麦人夜袭努瓦永（Noyon）④城，俘虏了主教伊莫（Immo）⑤ 及其他教俗显贵。他们毁坏了这座城市，随后将俘虏们带走，并在途中将他们杀死。⑥ 两个月前，他们（丹麦人）还在

罗”这个名字在后世，特别是在《武功歌》（*Chanson de Geste*）和《罗兰之歌》等作品中，都被作为“背叛者”的代名词。《针对维尼罗的控诉状》全文参见 *Capit*.II, no.300, pp.450–453。关于萨沃尼埃会议的决议，参见 *MGH*，*Conc*.III, no.47, pp.447–489。——译者注

① 《富尔达年代记》有关859的史事对此次会商有详细记述。——译者注

② 参加了萨沃尼埃会议的主教们写了一封信，信中提到了罗伯特、奥多、哈维以及卢瓦尔河流域其他一些显贵们对秃头查理的背叛。这封信的全文见 *MGH*，*Conc*.III, no.47, pp.482–485。这里的“布列塔尼人”应该指的是萨洛蒙。出席萨沃尼埃会议的主教们还写了一封信给布列塔尼的主教们，催促他们提醒萨洛蒙信守他对秃头查理发过的效忠誓言。这封信的全文见 *MGH*，*Conc*.III, pp.480–481。——参考了英译者注

③ 这里指的是索姆河畔的圣瓦莱修道院。——译者注

④ 努瓦永位于今天法国北部瓦兹省，巴黎以北约100公里处。它是墨洛温和加洛林王朝的重要王宫所在地，也是主教座堂所在地。——译者注

⑤ 伊莫从835年到841年间的某年开始担任努瓦永主教，直到859年被杀。——译者注

⑥ 维京人俘虏他们是为了勒索赎金，因此伊莫等人被杀要么是因为法兰克人拒绝支付赎金，要么是因为他们组织了抵抗。——参考了英译者注

某庄园杀了博韦主教埃尔蒙弗里德（Ermenfrid）[1]，而前一年他们杀了巴约(Bayeux)[2] 主教巴尔特弗里德(Baltfrid)[3]。出于对这些丹麦人的恐惧，神圣殉道士德尼、拉斯蒂库斯（Rusticus）和埃留泰里乌斯[4] 的遗骨被转移到莫尔瓦（Morvois）地区的诺让（Nogent）庄园[5]，（因为）该庄园属于圣德尼修道院。9 月 21 日，这些圣骨在那里被小心翼翼地放入圣物箱。 82

罗退尔（二世）将其王国的部分疆土给予他的兄长意大利人之王路易。这些疆土是他在汝拉（Jura）山脉[6] 外侧（南侧）拥有的疆土，即日内瓦城、洛桑、锡永(Sion)[7]，以及各主教区、修道院、伯爵区，只有朱庇特山(Mons Iovis)[8] 和普姆普利兹（Pümplitz）伯爵区[9] 除外。[10]

---

① 如果此地像本年代记 868 年史事记载中所说的那样是一个设防的住所，那么主教埃尔蒙弗里德很可能作了抵抗的努力。有学者认为本年代记对埃尔蒙弗里德的记载不真实，因为他的名字出现在蒂塞（Tusey）宗教会议的出席者名单中，也有的学者认为那份名单存在问题，本年代记的记载才是可信的。不过，普鲁登提乌斯在这里将巴约主教巴尔特弗里德的去世年份记载为 858 年则是准确的。——据英译者注

② 巴约位于法国西北部诺曼底大区的卡尔瓦多省。——译者注

③ 巴尔特弗里德从 843 年开始担任巴约主教，死后得封圣徒。——译者注

④ 据传，拉斯蒂库斯和埃留泰里乌斯都是 3 世纪巴黎主教德尼的同伴。他们随德尼一同传教、殉道，并一同被奉为圣徒。——译者注

⑤ 诺让庄园位于今天法国中部偏北的奥布省，在塞纳河畔。当时，它属于特鲁瓦主教区。——译者注

⑥ 汝拉山脉是阿尔卑斯山脉西段北侧的余脉，它大致沿着瑞士和法国的边境向北延伸，将罗讷河流域和莱茵河流域分割开来。——译者注

⑦ 锡永位于今天瑞士西南部，是瓦莱（Valais）州的州府。该地从中世纪早期开始，便是主教座堂所在地。——译者注

⑧ 朱庇特山今称大圣伯纳德山口（Great St Bernard Pass）。该隘口位于瑞士瓦莱州最接近意大利的地方，海拔 2 469 米。它是阿尔卑斯山脉上的勃朗峰和罗莎峰（Monte Rosa）之间的最低通道，也是罗讷河和波河之间的分水岭。该隘口战略地位极其重要，是阿尔卑斯山脉西段最重要的通道，是从法国和瑞士进入意大利的必经关口之一。——译者注

⑨ 该地位于今天瑞士伯尔尼附近。该地的拉丁文名称为“Pipincensis comitatus”，似乎与“丕平”（Pippin）这个名字有关。——译者注

⑩ 罗退尔二世的妻子提奥贝尔嘉的兄弟胡伯特是汝拉山外侧（Transjura）的边疆伯爵，他的势力范围主要是指罗退尔二世给予日耳曼人路易的这个地区。这意味着罗退尔二世欲

桑斯（大）主教维尼罗未经众主教听审，便与国王（秃头）查理和解。

教宗尼古拉（一世）虔信地确认并向所有基督徒颁布了教令，该教令涉及天主的恩典、自由意志、双重预定的真理、基督圣血为所有信徒而流等（争议）。[①]

860 年

冬季漫长。从 11 月到 4 月，降雪不断，霜冻严酷。

罗退尔（二世）对他的王后提奥贝尔嘉具有无法消弭的厌恶，（……他折磨、煎熬她，迫使）[②] 她在众主教面前承认跟她的兄弟胡伯特[③] 肛交。由于这一罪行，她立即被判处苦修，禁闭到修女院。[④]

盘踞在索姆河的丹麦人许诺说，如果他们能得到 3 000 磅经得起仔细检验的白银，就将转攻那些在塞纳河上出没的丹麦人，将他们赶走或杀死。国

借日耳曼人路易的力量来剪除胡伯特的势力。胡伯特控制着通往大圣伯纳德山口的北麓通道，具有重要的战略意义。随后，日耳曼人路易为了有效控制这一地区，派遣巴黎伯爵康拉德前去攻打胡伯特。这也符合罗退尔二世的盘算。关于胡伯特的详细信息，参见本年代记有关下一年即 860 年史事的注释。——译者注

① 普鲁登提乌斯本人便持有双重预定的观点，教宗的教令无疑能为他自己的观点提供权威的论证。这或许是他在此处特别记载教宗教令的动因之一。辛克马就是在这一记载的页边做了旁注，指出普鲁登提乌斯的记载不实。——参考了英译者注

② 括号中的拉丁原文为“et multis contrarietatibus fatigatam ad hoc compulit”。这一表述仅出现于抄本 O 中。——据格兰特等拉丁文编者注

③ 关于胡伯特，参见有关上一年史事的注释。——译者注

④ 提奥贝尔嘉的招供和对她的定罪发生在 1 月和 2 月的两次亚琛宗教会议上。这两次会议的决议均收入《法兰克人诸王条令集》，全文见 *MGH*，*Capit*. II, nos. 305, 306, pp. 463–468。辛克马写了《论国王罗退尔和王后提奥贝尔嘉的离婚》（*De Divortio Lotharii Regis et Theutbergae Reginae*），专门论述了相关事件。该著作的英译本参见 Priscilla Throop, translated, *Hincmar of Rheims: On Kingship, Divorce, Virtues and Vices*, Charlotte, VT: MedievalMS, 2014. 提奥贝尔嘉在这两次会议上遭受了多重指控：违背天主之法和自然之律肛交；与其肛交者又为其兄胡伯特，属于乱伦；肛交而能怀孕，属于巫术；怀孕之后又犯了堕胎之罪。——译者注

王（秃头）查理被这些丹麦人的虚假承诺所蒙骗，下令对各教堂的珍宝库、所有农民份地①，以及贫贱的商贩②征税，甚至为了征税，还对他们的房屋和 83
所有的器具作了估价。

在 4 月 4 日之后的那个晚上，当新月之后的第九日开始的时候，某种角状的黑斑，如同当时月亮的光亮部分，出现在月亮的中部，使月亮两边发亮而中间被遮蔽。而且据说在 4 月 7 日，太阳初升后，其球体中心即被黑斑遮蔽。当这一黑斑下滑到太阳的底部时，另一黑斑从上部快速进入，同样经过中心滑落到底部。(这发生在新月之后的第十日。③)

盘踞在索姆河上的丹麦人因为没有收到上述赎金，便在接受人质后驶向盎格鲁—撒克逊人，却被盎格鲁—撒克逊人打败并赶走④。于是，他们攻击了其他地方。滞留在罗讷河上的丹麦人四处劫掠，远至瓦朗斯（Valence）⑤

---

① 此处拉丁文为“mansi”。份地是加洛林王朝农民占有土地的基本单位，农民所承担的地租、赋税、劳役都是以“份地”来计算的。原本每个农户占有一份地，但是随着人口的增加和土地的流转，农民占有半份地、四分之一份地的情况越来越多。最初占有份地并承担赋役的是自由农民，但是后来越来越多的奴仆也成为份地的占有者。从空间上看，份地制度源于塞纳河和卢瓦尔河之间法兰克王国的核心地区，后随着加洛林帝国的扩张而拓展到更广泛的地方。此外，包含多少份地也是衡量王室庄园和世俗显贵大地产富裕程度的重要指标，因此份地制度也与庄园制度密切相关。参见 D.Herlihy, “The Carolingian Mansus”, *The Economic History Review*, New Series, vol.13, no.1, 1960, pp.79–89. Adriaan Verhulst, *The Carolingian Economy*, Cambridge: Cambridge University Press, 2004, pp.9–60.——译者注

② “negociatoribus etiam paupertinis”，既可以理解为“贫穷的商贩”，也可以理解为“商贩和穷人”。此处采用了英译者的理解，因为“穷人”通常不在征税之列。——译者注

③ 此处括号中内容为旁注文字。如果 4 月 4 日是新月之后的第九日，那么 4 月 7 日就不是新月之后的第十日。——译者注

④ 据《盎格鲁—萨克逊编年史》记载，这一年“一大支海上队伍来到内陆，猛攻温切斯特。奥斯里克郡长率领汉普郡人，埃塞尔伍尔夫郡长率领伯克郡人与之作战，他们赶跑这支军队，占据了战场。”参见《盎格鲁—萨克逊编年史》，第 76 页。——译者注

⑤ 瓦朗斯位于今天法国东南部的德龙省，在罗讷河的左岸，里昂以南约 100 公里。——译者注

城。他们掠夺了该城附近的一切，然后回到他们已建有营地的岛屿。①

（日耳曼人）路易、（秃头）查理和罗退尔（二世）三位国王于6月1日在被人们称为科布伦茨的要塞会面。他们在那里举行了漫长的和平谈判，最终亲自宣誓，巩固了他们之间的和谐与友谊。②

意大利的皇帝路易（二世）受到一批部下的攻击。他以劫掠和焚烧宣泄了对这批部下和贝内文托人的愤怒。

罗讷河上的丹麦人攻击意大利，夺取、洗劫并摧毁了比萨和其他城市。

84 国王罗退尔（二世）畏惧他的叔父（秃头）查理，便与日耳曼之王路易联手，并且为了结成这一联盟，他将自己王国的一部分，即阿尔萨斯交给路易。③罗退尔（二世）的妻子（提奥贝尔嘉）畏惧丈夫的憎恨和诡计，遂逃

---

① 本年代记上一年的史事中记载这些丹麦人占据了卡马格岛。——译者注

② 他们在此次会商之后达成的协议全文已被收入《法兰克人诸王条令集》之中，见 *Capit.* II, no.242, pp.152–158。据该协议文本，秃头查理首先发言，讲述了他们举行会谈的背景，随后列出了各方参加会谈的教俗显贵的名字。接着，日耳曼人路易作了陈述和宣誓，承诺维护法律和正义，给弟弟（秃头）查理和侄子们必要而合理的援助。继而，决议列出了各方一致同意遵守的12条协议，内容大致是各方摈弃前嫌，珍视团结和友爱，相互援助而不是侵害，共同打击挑拨离间者，互不容留对方的叛逃者，共同协助教会惩处不轨，打击凶犯，等等。接着，日耳曼人路易用条顿语（Theodisca，中古德语）作了七条承诺，除冠冕堂皇的客套话之外，核心内容包括宽恕自己王国内支持秃头查理的人，并归还他们的祖传土地（alodes），条件是他们保持忠诚，同时日耳曼人路易承诺考虑将他们被剥夺的采邑和荣职（honores）重新授予他们。然后，秃头查理先用拉丁语，后用条顿语，作了与日耳曼人路易类似的承诺。最后，罗退尔二世用拉丁语表示，他赞成并愿意遵守两位叔父提出的协议。《富尔达年代记》则抄录了日耳曼人路易的誓词："从现在起，至我有生之年，为了天主的意愿和神圣教会的秩序、尊严和安全，为了我们共同的安康和尊严，为了（天主）交托给我们的基督教民众的救赎和安宁，为了捍卫法律、正义和情理，只要我的这位弟弟（秃头）查理、我们的侄子路易（二世）、罗退尔（二世）和（普罗旺斯的）查理听我之言，向我求援，我都将尽天主赐予我的知识和能力，向他们提供尽可能合乎情理、真心实意的建议和诚挚的援助，援助他们保卫他们的王国，决不谋害他们的性命，决不伤害他们的肢体，决不侵害他们王国内的人；条件是，他们也应向我发出并履行同样的誓言。"——译者注

③ 此番交易体现了罗退尔二世相对弱势的地位，很可能是为了换取日耳曼人路易支持其离婚诉求。它也揭示出，日耳曼人路易赢得了阿尔萨斯一些权贵的支持。不过，据本年代

奔到她在（秃头）查理王国内的兄长胡伯特那里。①

国王（秃头）查理将圣马丁修道院授予其子（口吃者）路易。②

861 年

1 月，丹麦人火烧了巴黎以及殉道者圣文森和忏悔者圣热尔曼的教堂，追捕并俘虏了乘船沿着塞纳河向上游逃亡的商贩。另一批丹麦海盗到达并劫掠了泰鲁昂讷（Thérouanne）③ 地区。④

记有关 867 年的史事记载，罗退尔二世在 867 年仍然控制着阿尔萨斯，或者说重新控制了阿尔萨斯。——据英译者注

① 胡伯特和提奥贝尔嘉是博索家族（Bosonids）的开创者老博索（Boso the Elder）的子女。老博索是都灵和瓦莱的伯爵。胡伯特大约生于 820 年，死于 864 年或 866 年。他继承了父亲的瓦莱伯爵职位，控制着阿尔卑斯山脉上的朱庇特山口（今称圣伯纳德山口）。他还被罗退尔二世授予圣莫里斯（St Maurice）修道院的世俗院长职位。857 年，教宗本尼迪克特三世曾在一封信中指责胡伯特有多位舞女相伴（scenicae mulieres），且豢养猎鹰猎犬。罗退尔二世将圣莫里斯修道院一带转让给兄长意大利皇帝路易二世（本年代记上一年的史事记载），加上罗退尔二世依靠日耳曼人路易的支持推进其离婚诉求，这些事情都迫使胡伯特背弃罗退尔二世，进入西法兰克王国，倒向秃头查理。不过即使如此，胡伯特依然在瓦莱地区拥有势力。辛克马在其所著的《论国王罗退尔和王后提奥贝尔嘉的离婚》中指责秃头查理不应该接受胡伯特进入西法兰克王国。普鲁登提乌斯没有参与本年代记所记载的这一年 10 月和 11 月间在蒂塞（Tusey）举行的宗教会议。来自秃头查理、罗退尔二世和普罗旺斯的查理三个王国 14 个教省的主教们讨论了预定论、对教堂财产的保护以及罗退尔的离婚诉求等问题。另外，诸王之间实现团结的迫切需要决定了他们对预定论等神学问题的处理。——参考了英译者注

② 这暗示出，秃头查理已经重新控制了图尔奈（Touraine）地区（即图尔城及其周边地区），欲在纽斯特里亚分王国重新扶植口吃者路易。——据英译者注

③ 泰鲁昂讷位于今天法国最北端的加来海峡省，该地从 7 世纪起便是主教座堂所在地。——译者注

④ 攻击巴黎的这批维京人很可能是从 858 年起就盘踞在瓦塞勒岛的那批人。而这里的“另一批丹麦海盗”则应该是那些在 859 年进犯索姆河并在 860 年攻击盎格鲁—撒克逊人的维京人。——据英译者注

3 月 30 日，即新月之后的第 14 日，在夜里的第八时①之后，整个月亮变黑。

国王（秃头）查理下令让他的瘸腿儿子罗退尔②成为圣约翰修道院③的教士。

（本年史事在第三部分中接续）

---

① 罗马人将白昼（从日出至日落）分为 12 个小时（horae），将夜晚从日落到次日日升分为 12 个小时。这意味着季节不同，纬度不同，每个小时的长短也不同，但正午皆在第六小时，子夜都在夜晚的第六小时。因此，这里夜晚的第八小时大约是现代计时法的凌晨 2 点左右。另外，罗马人将日落之后到次日日出分为四个夜岗（vigiliae），即每夜有四班巡夜者，每班负责站岗巡查的时间是一个 vigilia。——译者注

② 瘸子罗退尔（Lothair the Lame）大约生于 850 年，是秃头查理和妻子奥尔良的埃尔蒙特鲁德所生的第四子。因其生来就有瘸腿缺陷，父母在其年幼之时便将其送入修道院，将其排除在权力和疆土的继承序列之外。他在晚年曾任欧塞尔的圣热尔曼修道院的院长。——译者注

③ 约翰即施洗者约翰。按照《马太福音》的说法，施洗者约翰是耶稣的表兄和先驱，他曾为耶稣施洗。这里提到的圣约翰修道院在今天法国东部偏北科多尔省（Côte-d'Or）的雷奥摩（Réôme）。——译者注

第三部分

（续上一部分中 861 年的史事）

特鲁瓦的主教普鲁登提乌斯，原名加林多（Galindo），按出生为西班牙人，学识颇为渊博。他前些年（尚能）反对持有预定论的戈特沙尔克，但后来在苦难[1]中受了刺激，变为异端邪说的一个极其激烈的辩护者，反对那些先前跟他一同反对异端邪说的主教们。后来，他去世的时候（仍然）在撰述自相矛盾、违背信仰的东西。就这样，他在长期病痛之后，终结了自己的生 85
命，也终结了自己的著述。[2]

① 很可能指下文提到的“长期病痛”。——译者注

② 《圣伯丁年代记》中普鲁登提乌斯记载的部分应该止于上一段，不过各种抄本中并无任何中断的印记。而这一段以第三人称的笔法记载普鲁登提乌斯，可以肯定是由辛克马所写的，由此开始了辛克马所记载的部分。辛克马对普鲁登提乌斯有贬斥和批评之意，这可能源于他们在预定论问题上的不同观点和争论。此外，兰斯教堂在特鲁瓦主教辖区拥有附属教堂以及这些教堂的什一税等附属收益。这可能是作为特鲁瓦主教的普鲁登提乌斯和作为兰斯大主教的辛克马之间心存嫌隙的另一原因。——参考了英译者注

日耳曼之王路易的儿子卡洛曼[①]与文德人[②]的小王拉斯蒂茨(Rastiz)[③]

---

① 卡洛曼大约生于830年，是日耳曼人路易和妻子埃玛所生的长子。他早在840—843年间，就参加了父亲和叔父秃头查理与伯父罗退尔（一世）的争夺。据圣高尔修道院的修士诺特科（Notker）记载，这位卡洛曼“十分好战”(bellicosissimus)。在848年，卡洛曼就参加了父亲在雷根斯堡举行的会议，封赐斯拉夫人首领普利比拿（Pribina）为公爵，在该封赐文书中，卡洛曼位列众世俗显贵之中。这说明他参与了父亲的军政事务。在婚姻方面，他在十几岁的时候，就与巴伐利亚伯爵拉托尔特（Ratolt）的女儿柳茨温德(Liutswind）在一起生了儿子阿努尔夫。虽然这并非正式的婚姻，但卡洛曼与巴伐利亚当地显贵联姻，所育儿子取阿努尔夫这个家族先祖的名字，还是体现了卡洛曼对巴伐利亚的野心以及他作为长子在家族中的重要地位。在856年，日耳曼人路易虽然已经安排卡洛曼为潘诺尼亚边疆总督（prefect)，但是其治所处于相当边远的外围边疆。借此，日耳曼人路易一方面可以安抚卡洛曼的军政野心，利用他来镇守边疆，另一方面可以防范他向自己夺取更多的、更核心的权力。或许是因为没有得到心仪的巴伐利亚，卡洛曼滋生了对父亲的不满。卡洛曼从857年就开始谋求更大的独立性，极力将卡林西亚和上潘诺尼亚掌握在自己手中。在东部边疆区势力较大的威廉家族听命于父王日耳曼人路易，构成了卡洛曼的首要目标。他在858年驱逐了松博特海伊（Szombathely）伯爵，即威廉家族的成员利赫尔里（Rihheri)，迫使该家族的另一成员卡林西亚伯爵帕伯（Pabo）起兵反抗。威廉家族中忠于日耳曼人路易的其他几位伯爵也参与其中。卡洛曼的反叛选择了上好的时机：当时日耳曼人路易侵入西法兰克王国，留下卡洛曼在东法兰克王国征讨摩拉维亚人的首领拉斯蒂茨。卡洛曼还与拉斯蒂茨私自缔约，甚至将父王所控制的下潘诺尼亚授予拉斯蒂茨。这样，卡洛曼不仅实际控制了上潘诺尼亚，而且赢得了一些显贵的支持。他迎娶了埃尔内斯特（参见本年代记上一段的记载）的女儿。859年从西法兰克王国撤回之后，日耳曼人路易开始反击长子卡洛曼。他首先将上潘诺尼亚的首府图尔恩授予雷根斯堡主教埃尔查弗里德（Erchanfrid)，并让此前被撤职的东部边疆区总督拉德伯德（Radbod）的儿子重获其父的一些权益，严惩埃尔内斯特一系，以削弱卡洛曼。这些就是本年代记所记卡洛曼联手拉斯蒂茨的原委。关于卡洛曼这一时期的反叛活动，参见Eric Joseph Goldberg, *Struggle for Empire: Kingship and Conflict under Louis the German, 817–876*, Ithaca and London: Cornell University Press, 2006, pp.264–270. 这种父子之争是加洛林家族权力传承过程中的常见现象。秃头查理在西法兰克王国也面临着同样的问题。——译者注

② “文德人”拉丁文为“Winidi”，英文为“Wends”。该词在中世纪早期和中期常被用于指西斯拉夫人中邻近日耳曼人的一支。

③ 关于小王，参见本年代记844年的有关注释。拉斯蒂茨名字的拉丁文拼写是“Resticius”，不过现代学者更多地将其称为“拉斯蒂斯拉夫”。拉斯蒂茨是摩拉维亚的首位统治者莫伊米尔（Mojmir）的侄子。他很可能是早年作为莫伊米尔送往东法兰克王国的人质，居于日耳曼人路易的宫廷，并在那里受洗，成为日耳曼人路易的封臣。据《富尔达年代记》

结盟，背弃父亲，在拉斯蒂茨的援助下，将父亲王国中远至因河（Inn）① 的相当一部分据为己有。②（日耳曼人）路易剥夺了卡洛曼的岳父埃尔内斯特（Ernest）③ 的荣职，将埃尔内斯特的侄子们逐出了自己的王国。④ 他们与（秃头查理的）王后埃尔蒙特鲁德的舅父阿达拉尔德及他们的亲属来到（秃头）

记载，在 846 年，拉斯蒂茨被日耳曼人路易安排为摩拉维亚的公爵（dux），以取代他的伯父莫伊米尔。最初几年，拉斯蒂茨保持了对日耳曼人路易的忠诚。但是，据本年代记记载，秃头查理在 853 年曾诱使保加尔人与斯拉夫人联手反对日耳曼人路易，而这里说的斯拉夫人几乎可以肯定就是指以拉斯蒂茨为首的摩拉维亚人。东法兰克王国东部边疆的总督（prefect）拉德伯德由于反击保加尔人和摩拉维亚人不力，被日耳曼人路易革职，于是他转而联手拉斯蒂茨，反叛日耳曼人路易。据《富尔达年代记》记载，日耳曼人路易在 855 年大军围攻拉斯蒂茨，后被迫撤军，双方互有死伤，而拉斯蒂茨为此报复性地西渡多瑙河，袭击了东法兰克王国的很多地方。856 年，日耳曼人路易安排长子卡洛曼为潘诺尼亚总督后，卡洛曼在 858 年发动了对拉斯蒂茨的征讨，但收效甚微。——译者注

① 该河发源于阿尔卑斯山瑞士一段的北麓，随后向东北方向，进入奥地利后，流经因斯布鲁克，后进入德国的巴伐利亚州，随后成为德国和奥地利的界河，最后在帕绍（Passau）汇入多瑙河，全长 517 公里。——译者注

② 据《富尔达年代记》这一年的史事记载，卡洛曼“驱逐了受命保卫卡林西亚和潘诺尼亚边疆区的公爵们，安插自己的部下到该边疆区。国王（日耳曼人路易）怀疑此乃叛乱，心中大怒”。——译者注

③ 据《富尔达年代记》有关 849 年的史事记载，埃尔内斯特是对付波西米亚人的伯爵区的公爵，这很可能是因为他拥有对巴伐利亚各位伯爵们的军事指挥权。该年代记还称他为“国王（日耳曼人路易）友人中的首要者”。由于埃尔内斯特在巴伐利亚地区的庞大势力和在日耳曼人路易身边的影响力，卡洛曼选择摒弃与柳茨温德的非正式婚姻，转而迎娶了埃尔内斯特的一位女儿（姓名不详）。因此，埃尔内斯特自然参加了卡洛曼对日耳曼人路易的反叛。据《富尔达年代记》有关 861 年的史事记载：“神圣的复活节之后的第三周（4 月 20—27 日），国王（日耳曼人）路易在雷根斯堡举行会议。会上他削夺了埃尔内斯特的公职，因为他位居所有显贵之首，却犯下了背信弃义之事。”——译者注

④ 据《富尔达年代记》记载，在雷根斯堡的会议上，“（日耳曼人）路易还同样剥夺了三位伯爵尤托（Uto）、他的兄弟贝伦加尔（Berengar）、希杰哈德（Sigihard）、修道院院长瓦尔多（Waldo）以及其他不少人的官职，因为他们都参与了埃尔内斯特的谋逆之举。其中，尤托、贝伦加尔和他们的兄弟瓦尔多去了高卢，投奔国王（秃头）查理，其余人留在了（东法兰克王国）王国内各自的世袭地盘上”。尤托、贝伦加尔与瓦尔多都是拉恩高（Lahngau）的伯爵吉布哈德（Gebhard）的儿子，因此也是埃尔内斯特的侄子。希杰哈德很可能是克赖希高（Kraichgau）的伯爵，他的妻子很可能是柳茨温德的姐妹。——译者注

查理一边，因为他们受到了罗退尔（二世）的攻击，而罗退尔（二世）是受了其叔父（日耳曼人）路易的唆使。① 查理妥善接待了他们，并用荣职安抚他们。另外，几乎所有最近背弃（秃头）查理投奔（日耳曼人）路易的人，都回到（秃头）查理一边，（秃头）查理则以恩宠和荣职回报他们。②

最近火烧泰鲁昂讷城的丹麦人从盎格鲁人那里回来，以韦兰德（Weland）为首领，乘 200 多艘船溯塞纳河而上，包围了由北方人在瓦塞勒
86 岛所建的要塞及要塞中的那些北方人。③（秃头）查理下令在其王国征税，以便筹得 5 000 磅银及大量牲畜和谷物，支持这些包围者，以免王国遭到洗劫。他渡过塞纳河，来到卢瓦尔河上的默恩（Meung）④，接纳了罗伯特，并把他所中意的荣职（*honores*）授予他。⑤ 与此同时，贡特弗里德（Guntfrid）和高兹弗里德（Gauzfrid）⑥（虽然）建议查理接纳罗伯特，（但）他们却像蛮族人一样秉性无常，与部下一起背弃查理，投奔布列塔尼人的首领萨洛蒙。

其间，另一伙丹麦人乘 60 艘船溯塞纳河而上，进入特拉河（Tellas）⑦，

---

① 关于埃尔蒙特鲁德和阿达拉尔德，参见本年代记有关 842 年的史事记载及注释。日耳曼人路易将秃头查理的外戚势力逐出罗退尔（二世）的王国，意味着他加强了对罗退尔二世的干预，在与秃头查理争夺罗退尔二世王国的过程中占了上风。——译者注

② 参见本年代记有关 858 年的史事记载及注释。——译者注

③ 本年代记上一年的史事中已经记载了秃头查理与这批丹麦人达成的协议，并称这是丹麦人对秃头查理的欺骗。不过，从这里的记载来看，秃头查理与这批丹麦人的协议实际上得到了落实。这说明，年代记作者在记载 860 年史事的时候，并不知道它在 861 年的进展。——译者注

④ 默恩位于今天法国中部偏北的卢瓦雷省，在奥尔良以西 15 公里处的卢瓦尔河北岸河畔，是茅夫河（Mauves）汇入卢瓦尔河的地方。——译者注

⑤ 罗伯特得到了昂热伯爵职位。——据英译者注

⑥ 高兹弗里德是曼恩伯爵罗尔戈（死于 842 年）的长子，这时他早已继承父亲成为曼恩伯爵。秃头查理在这一年将对付北方人的边疆区和对付布列塔尼人的边疆区合并，组建了纽斯特里亚边疆区，并将其授予强人罗伯特和侍应官阿达拉尔德。这意味着排斥了高兹弗里德和他的弟弟罗尔戈二世，促使他们投靠布列塔尼人的首领萨洛蒙。贡特弗里德很可能是高兹弗里德的亲属，他们两人的名字在 862 年的史事记载中再次被同时提及。——译者注

⑦ 究竟这里的“Tellas”指的是哪条河，学界尚无定论，有厄普特河（Epte）、贝蒂讷河

继而到达包围要塞的人们那里，与他们结成同伙，会合起来。受围困者遭到饥荒以及各种惨事，被迫向包围者缴纳了 6 000 磅金银，并与他们结盟，这样包围者才顺塞纳河而下，撤至大海。他们被即将到来的冬季所阻，无法离港出海，于是依据同乡关系①分散到从大海直到巴黎的各个港口。②韦兰德与他的同伙溯塞纳河而上，到达默伦（Melun）要塞。③（先前盘踞在瓦塞勒）要塞的那批人（Castellani）则在韦兰德儿子的率领下占据了圣莫代福塞（St-Maur-des-Fossés）修道院④。

兰斯大主教辛克马在苏瓦松城郊的殉道者圣克雷斯潘（Crispin）和圣克雷斯皮安（Crispian）的教堂⑤召集了教省宗教会议，依据教会法令，剥夺了拒不服从教会法规的苏瓦松主教罗特哈德（Rothad）主持圣事的权能⑥， 87

（Bethune）等说法。不过，它无疑是塞纳河的一条支流。——译者注

① 此处拉丁文为“Sodalitates”，这可能主要指同乡关系，当然也包含着一定的血缘关系。这种关系是维京人军事组织的重要纽带。——参考了英译者注

② 需要注意的是，在 860 年秃头查理同意但未能向丹麦人支付的金钱是 3 000 磅银，而他这一年不得不向这批丹麦人支付 5 000 磅银，而受围困的北方人向这批丹麦人支付了 6 000 磅金银。随着价款的不断增加，这批丹麦人不断转变攻击的目标。这充分显示了他们军事掠夺背后的金钱动因。此外，丹麦人既可以聚合为大军，亦可依据同乡关系分散为小股，这反映了他们在军事上的灵活性。——译者注

③ 默伦位于今天法国中部偏北塞纳—马恩省，巴黎东南约 40 公里处，在塞纳河北岸河畔。此处塞纳河中有一岛屿，可扼守塞纳河，因此该地早在古典时代就是战略要地，在墨洛温王朝便修筑了要塞。——译者注

④ 此处拉丁文为“Fossatis Monasterium”。该修道院位于今天法国中部偏北的马恩河谷省、巴黎东南约 12 公里处。马恩河在此几乎回旋了一圈，形成一个形似圆岛的区域，圣莫代福塞就在该地。该修道院始建于 639 年。——译者注

⑤ 这两位圣徒据说是双胞胎兄弟，因 3 世纪末罗马皇帝戴克里先的迫害而离开罗马，到高卢的苏瓦松地区传教，以制鞋谋生并赈济穷人。他们在 285 年或 286 年殉难。——译者注

⑥ 此处拉丁文为“episcoporum communio”。“communio”可以用来指圣餐，又被称为 holy communion，也可以用来指分享和领受圣餐的整个团体，甚至可以用来指分享和共同参与包括圣餐在内的各种圣事的团体。因此，这里的罗特哈德被剥夺“episcoporum communio”，既可以指被剥夺了与主教们分享圣餐等圣事的权益，也可以指被革除出主教之列。——译者注

直到他顺服（为止）。[①]

（秃头）查理派儿子（口吃者）路易在王后埃尔蒙特鲁德的舅父阿达拉尔德的监护下，抵御北方人，保卫王国。[②] 随后，（秃头）查理受一些人[③] 的邀请，欲获得普罗旺斯王国，因为据说已故皇帝罗退尔（一世）的儿子（普罗旺斯的）查理怠惰无能，不配拥有国王的尊荣和名号。（秃头）查理携带妻子，从勃艮第行至马孔城。[④] 在那里，（秃头）查理诸事不顺，（还）对当地民众频繁抢夺[⑤]，随后回到了庞蒂厄王宫。在那里，他听取了其兄长（日耳曼人）路易和其侄子罗退尔（二世）派来的使者，即梅斯主教阿德温修斯

① 苏瓦松主教辖区属于兰斯大主教辖区。辛克马作为兰斯大主教，极力伸张自己对下辖主教的管制权。此前苏瓦松主教罗特哈德将辖区内一位犯有通奸行为的教士开除，并任用了另一位教士取代他。辛克马以自己作为大主教、拥有更高权力为由，将罗特哈德开除的教士复职，将罗特哈德新任用的教士囚禁。这是辛克马在苏瓦松宗教会议上所做的事情，不过有关这次宗教会议的记录（*acta*）现已不复存在。据辛克马所写的信函，他作为大主教，数年前便已开始抱怨和指责苏瓦松主教罗特哈德。其原因是，当 853 年辛克马否定前任埃伯所擢升的一批教士时，罗特哈德持反对立场。辛克马与罗特哈德的冲突并未就此结束，后来教宗尼古拉一世也强力干预，本年代记的后续记载还将再次涉及这一冲突。——译者注

② 口吃者路易在 861 年 11 月 1 日将年满 15 岁，达到法兰克人法律所规定的成年年龄。秃头查理为他安排监护人（baiulus），表明他仍然将儿子作为未成年人对待。秃头查理安排口吃者路易防御的地区是塞纳河下游地区。国王最初安排王子们出镇的疆土，往往会成为他们未来所继承的疆土。——参考了英译者注

③ 这些人反对维埃纳伯爵杰拉尔德（Gerald）。关于杰拉尔德对普罗旺斯的查理的支持，参见本年代记有关 856 年史事的注释。关于杰拉尔德的反叛和秃头查理对他的讨伐，参见本年代记有关 870 年和 871 年的史事记载及注释。——参考了英译者注

④ 秃头查理携带妻子埃尔蒙特鲁德同行，很可能意味着他打算让人将他们两位分别拥立为普罗旺斯的国王和王后。——据英译者注

⑤ 辛克马提及秃头查理的沿途劫掠，这表明他并不赞同秃头查理对普罗旺斯的接管。据辛克马给杰拉尔德的信函（*Epp*.VIII, no.142），辛克马非常牵挂兰斯教会在普罗旺斯王国所拥有的地产，这些地产正是由杰拉尔德所保护着的。——据英译者注

(Adventius)[1] 和伯爵留塔尔德 (Liutard)[2] 所作的陈述。[3]（秃头）查理他们遣返，随后像往常一样庆祝了圣诞节。

862年

（秃头）查理经兰斯到达苏瓦松。他的女儿，即盎格鲁人之王埃塞尔巴尔德的遗孀[4]，变卖她自己在盎格鲁人的王国所拥有的财产之后，回到她父亲的身边，被供养在桑利（Senlis）[5] 城，享有王后应有的尊荣，但处于父王的监护和（桑利）主教的照看之下，一旦她不能克己守寡，可依使徒之言[6]，恰当而合法地再嫁。查理据可靠消息得知，她（朱迪斯）受了巴尔 88
德温（Baldwin）[7] 的鼓动，得到了她弟弟（口吃者）路易的同意，已脱去寡

---

① 阿德温修斯早年生活在梅斯主教德罗戈（查理曼的儿子，虔诚者路易的同父异母弟弟）的府邸。他在848年已经成为梅斯圣阿诺尔德（Arnold）修道院的院长。当855年德罗戈去世后，阿德温修斯成为梅斯主教。梅斯是罗塔林吉亚（罗退尔二世的王国）的首府，这也可以说明阿德温修斯的重要性。在860年的亚琛宗教会议讨论有关罗退尔二世的离婚案时，阿德温修斯支持罗退尔的离婚诉求，为此招致教宗尼古拉一世的谴责。这也印证了阿德温修斯与罗退尔二世的密切关系。同时，他与秃头查理以及辛克马都保持了良好的关系，多次被罗退尔二世作为使者，派往西法兰克王国。——译者注

② 留塔尔德的身份不详，有可能是梅斯伯爵杰拉尔德的亲属。——据英译者注

③ 辛克马在此处没有提及的是，罗退尔二世与日耳曼人路易以及他的儿子们在861年12月很可能举行了会面。针对秃头查理夺取普罗旺斯的计划，罗退尔二世请求日耳曼人路易在雷米尔蒙（Remiremont）与其会面。在那里，罗退尔二世和日耳曼人路易共同向教宗尼古拉一世送去一封信函，抗议秃头查理“引诱他们的忠臣们”。参见 *Epp.* VI, p.213。——据英译者注

④ 参见本年代记858年的史事记载及注释。埃塞尔巴尔德在父亲埃塞尔伍尔夫死后统治王国仅两年半，便于860年12月20日去世。——译者注

⑤ 桑利在今天法国北部的瓦兹省，巴黎东北方约40公里处。该地在罗马帝国时代便是一个要塞，4世纪成为主教座堂所在地，最晚在9世纪初期已经成为加洛林王朝的王宫之一。——译者注

⑥ 使徒保罗在《哥林多前书》第7章第9节中说：“倘若自己禁止不住，就可以嫁娶。与其欲火攻心，倒不如嫁娶为妙。”——译者注

⑦ 伯爵巴尔德温的治所很可能在弗兰德尔和根特地区。他此前的情况不详。根据本年代记

妇的服饰，随伯爵巴尔德温而去。（秃头）查理还得知，他的儿子（口吃者）路易受到了前述贡特弗里德和高兹弗里德的怂恿，背弃了父亲的部下，趁着黑夜，带领少数人逃往那些怂恿他的人那里。[①] 随后，（秃头）查理与其王国内众主教和其他显贵们商议，并依据世俗法律作出判决，要求主教们依据教会法审判上述巴尔德温和朱迪斯，因为朱迪斯与拐诱者私奔，已使自己身陷通奸之中，而依据蒙福的格里高利（Gregory）的敕令，“谁若胆敢夺走一个寡妇作为妻子，则他的赞同者们亦应一并受到绝罚”[②]。

（秃头）查理曾不明智地将圣马丁修道院院长一职授予其子（口吃者）路易[③]，现在他又不够明智地将该职位授予胡伯特，一位已婚的教士。[④] 随后，查理到达桑利，滞留在那里，期待众人向他集结，以便部署兵马驻防瓦兹河、马恩河、塞纳河的两岸，使北方人不能前来劫掠。[⑤] 查理获报，盘踞在福塞（Fossés）[⑥] 的丹麦人选出一支精兵，乘少数船只向莫城（Meaux）[⑦] 行进。查理带着身边的人马奔赴那里。因为北方人拆毁了桥，霸占了船，

这里的记载，巴尔德温拐走朱迪斯，应该是受了口吃者路易的怂恿，与口吃者路易的反叛有密切的联系。——据英译者注

① 关于口吃者路易受父亲的安排治理勒芒地区，参见本年代记有关 856 年的史事记载及注释。关于贡特弗里德和高兹弗里德，参见本年代记上一年的史事记载及注释。——译者注

② 这里引用的是 721 年教宗格里高利二世（Gregory II，715—731 年在位）在罗马宗教会议上作出的决议。这一决议在 862 年的萨沃尼埃会议上被再次援引，而此次会议的记录也是由辛克马拟定的。此次会议的决议全文参见 *Capit*.II, no.243, c.5, pp.160–161。——据英译者注

③ 参见本年代记 860 年的史事记载。——译者注

④ 胡伯特是罗退尔二世的妻子提奥贝尔嘉的兄弟，关于他的更多信息参见本年代记有关 860 年的史事记载及注释。——译者注

⑤ 秃头查理在 862 年之前一直对维京人采取防御策略。维京人在 862 年初袭击了莫城，促使秃头查理匆忙从桑利向南进发。——据英译者注

⑥ 福塞位于法国巴黎大区的瓦兹河谷省，巴黎东北方向约 30 公里处。——译者注

⑦ 莫城在今天法国塞纳—马恩省，巴黎东北偏东方向 40 多公里处的马恩河回旋处。——译者注

所以查理无法追上他们。于是，他听取了必要之策，重修了登上特里尔巴
杜（Trilbardou）附近一个小岛的桥，切断了北方人顺河流而下的通道①，还
派遣几队人马驻防马恩河的两岸。北方人因此严重受困，交出了（由秃头
查理）选定的人质，派遣使者向查理提出如下条件（承诺），即他们毫不拖 89
延，送还进入马恩河后所得到的俘虏，要么在指定的集会日期与其他北方人
一起撤离塞纳河，退回海上，要么在其他北方人不愿与他们一起撤退时，与
查理的兵马并肩作战，倾力对付拒不撤离者。就这样，他们在交出十位人
质后，获准回到自己人身边。大约 20 日后，韦兰德亲自来见查理，委身于
他，并当即与自己所带领的部下一起（向秃头查理）宣誓效忠。随后，他返
回自己的舰船，与丹麦人的所有舰船一起顺着塞纳河而下，到达瑞米耶日
（Jumièges）②，（因为）他们决定在那里修补船只，等待春分日的到来。丹麦
人在修补船只后驶向大海，分散为许多小舰队，以便航向各自中意的不同方
向。其中大多数驶向居住在纽斯特里亚并以萨洛蒙为首领的布列塔尼人，在
西班牙的丹麦人也与他们会合。萨洛蒙租用了这些丹麦人的 12 艄船，用以
对付罗伯特。罗伯特则在卢瓦尔河上夺取了这些船，并杀死了船上除少数逃
遁者之外的所有人。罗伯特对萨洛蒙忍无可忍，便在萨洛蒙联合上述从塞纳
河撤出来的北方人对付他之前，与这些北方人联合。双方互换人质，罗伯特
还付给他们 6 000 磅白银。③ 韦兰德携妻带子来见（秃头）查理，并与自己 90

---

① 特里尔巴杜也在塞纳—马恩省，莫城西边约 8 公里处，马恩河东岸。马恩河在特里尔巴杜附近也形成了一个回旋，而特里尔巴杜西北约 500 米处便有一个马恩河的河中岛。不过，从特里尔巴杜沿着马恩河向上约 6 公里处，亦有几个岛，即维勒努瓦群岛（Isles-les-Villenoy）。有学者认为，本年代记这里指的很可能是该群岛。不过，笔者觉得这里指的是距离特里尔巴杜 500 米远的那个岛。一方面年代记用了“ad insulam”，即指一个岛而非群岛，另一方面 500 米显然更符合文献中所说的“附近”（secus）一词。——译者注

② 瑞米耶日位于今天法国北部的塞纳海峡省，塞纳河右岸河畔，从鲁昂沿着塞纳河向下游行约 50 公里处。——译者注

③ 这显然是罗伯特个人向他们支付的佣金，而非国王征收的贡赋。比照本年代记在 861 年的史事中记载秃头查理筹集 5 000 磅银的时候所经历的困难，罗伯特这里个人支付的 6 000 磅银是一笔极高的价款，很难说罗伯特能如数支付这笔巨款。——译者注

的部下一起成为基督徒。①

日耳曼之王路易的儿子卡洛曼被父亲授予他此前所侵占的那部分王国疆土，于是他与父亲和好，发誓未经父亲同意，不再侵占疆土。②

而后，国王（秃头）查理的儿子（口吃者）路易，听信贡特弗里德和高兹弗里德的建议，与萨洛蒙取得了联系。他得到一支由布列塔尼人组成的劲旅，并率领他们攻打忠于父亲的罗伯特，杀戮、焚烧、劫掠、蹂躏了安茹地区以及他所能到达的其他地区。作为应对，罗伯特袭击了满载战利品归来的布列塔尼人，杀死了200多位布列塔尼显贵，缴获了他们的战利品。（口吃者）路易率兵反击，被罗伯特击败而逃亡。在部下溃散后，他侥幸逃脱。

国王（秃头）查理之子，阿奎丹人的国王（少年）查理，（虽然）未满
91 15岁，（却）在斯蒂芬（Stephen）的说服下，未经父亲的知情和同意，迎娶了伯爵洪伯特（Humbert）的遗孀。③另外，（少年）查理的兄长，即前述（口吃者）路易也步其后尘，在同年大斋节之初，迎娶了已故伯爵哈德温（Harduin）的女儿，即他（口吃者路易）颇为信赖的奥多的姐姐（或妹妹）。④

---

① 此事背后的原因是，韦兰德无法控制各支维京人，因此转而寻求法兰克人的支持。参见下一年的史事记载。——据英译者注

② 据《富尔达年代记》862年的史事记载："卡洛曼在得到和平与安全的保证后来到雷根斯堡，通过合理的解释回击了他的对手们，并与自己的父亲和解。他宣誓保证以后决不心怀恶意，施行有违父亲合法权力的事情。卡洛曼随后安然无恙地返回自己的地盘……"——译者注

③ 少年查理已在855年被立为阿奎丹王，参见本年代记有关855年的史事记载。他的出生年份不详。但据此处记载，他很可能出生于847年或稍晚的时候，因为他在862年虽未满15岁，但既然已经成婚，当是很接近15岁这一法定的成年年龄了。这里提到的这位斯蒂芬可能是伯爵于格的儿子，而于格的伯爵区可能在布尔日（Bourges）或讷韦尔（Nevers）。这里提到的这位洪伯特可能是布尔日的伯爵，也可能是贝里（Berry）地区的显贵。——参考了英译者注

④ 哈德温的伯爵区似乎位于纽斯特里亚的北部，他的妻子名叫圭林波格（Guerimbourg）。他们这位成为口吃者路易新娘的女儿是安斯嘉德（Ansgard）。安斯嘉德为口吃者路易生了两男三女，但仍然在875年被休弃，对此请参见本年代记有关875年的史事记载。学

他们的父亲（秃头）查理令其王国内的所有显贵们带着众多工匠和车夫于6月1日前后到名叫皮特雷（Pîtres）的地方集合，即昂代勒河（Andelle）从一侧，厄尔河从另一侧流入塞纳河的地方。[①] 他在塞纳河上建造防御工事，切断了北方人船只上行下行的通道。他带着妻子，派遣部下向他的儿子（少年）查理作了保证，随后在卢瓦尔河上一个称为默恩[②]的地方与其子(少年)查理会谈。(少年）查理表面服从，言语恭顺，内心却桀骜不驯。在他返回阿奎丹时，他的父亲回到了皮特雷，因为他（秃头查理）此前已经宣布将在那里举行一次王国会议暨宗教会议。[③] 他在建筑防御工事的间隙，与他的忠臣们讨论了王国和神圣教会的事务。苏瓦松的主教罗特哈德是一个特别偏执的人[④]。他已经在（其所处的兰斯）教省宗教会议上，依据教会法规，被革除出主教之列，如今又以其一贯的倔强性格，向四个教省的联席宗教会议[⑤]

界曾经将此处提到的新娘的兄弟奥多确定为特鲁瓦的伯爵奥多，但是更可信的观点是，这位奥多与特鲁瓦的伯爵奥多并非同一人。秃头查理这两位较年长的儿子都未经其批准私自成婚，这体现了他们通过自主婚姻培植个人外戚势力的欲望。王子们的外戚力量应当在他们将来各自继承的疆土内，因此他们私自成婚必然制约父王将来的疆土传承安排，而王子们培植个人势力，必然威胁到父亲的权威和控制力。——参考了英译者注

① 皮特雷位于今天法国北部诺曼底大区的厄尔省（Eure），鲁昂东南方向约30公里处，昂代勒河从右岸汇入塞纳河的地方。该地早在罗马帝国时期便是一个要塞，后成为墨洛温王朝和加洛林王朝的王宫之一。在秃头查理的统治时期，该王宫的重要性较此前更高。他曾在此地举行过多次重要会议。此次集合的地点当为皮特雷的王宫沿着塞纳河向下游约2千米处，即今天的蓬德拉尔什（Pont-de-l'Arche）。蓬德拉尔什是厄尔河汇入塞纳河，并与塞纳河形成一个尖角的地方。此地是修筑桥梁的良好地点，而且"蓬德拉尔什"本身就是"拱桥"的意思。——译者注

② 参见本年代记861年的史事记载及注释。——译者注

③ 此处拉丁文为"placitum simul et synodum"，这体现了年代记作者对两种不同类型会议的区分。根据此次会议上所发布的条令，主教们在会上支持秃头查理惩治凶犯。这一条令的全文参见*Capit*.II, no.272, pp.302–310。

④ 此处拉丁文为"homo singularis amentiae"，英译者将其翻译为"a singularly stupid man"，即"一位特别愚蠢的人"。不过，根据下一句提到的"一贯的倔强性格"，笔者将其翻译为"一个特别偏执的人"。——译者注

⑤ 这里指桑斯、兰斯、鲁昂和图尔四个教省。相比于单一教省，邻近四个教省的联席会议具有更高的权威。显然，罗特哈德希望通过四省联席会议冲破自己所在教省大主教辛克

92 上诉。情同手足的主教们(在该会议上）为了避免他被革职，决定更进一步，诉诸使徒圣座（罗马教廷）的裁定。但是，这个罗特哈德在此次联席宗教会议判决之后，继续恳请，企图让该会议任命12位审判员作出审判。① 他内心冥顽不化，如同法老再世。他已是一个变为怪兽的人，仿佛重现了上古的传说。因为他的一系列恶劣行径中包含着诸多不轨之举，而且他不愿悔改，所以已经在苏瓦松城郊被革职。

其间，泰鲁昂讷城发生了一件奇迹。在圣母升天日(8月15日)② 清晨，该城某市民的一位女仆③ 正着手熨一件当地人称为“卡米西乌姆”(camisium)的亚麻制成的衣服，以便她的主人能穿着这件准备好的衣服去参加弥撒。在她第一次将烙铁压在衣服上拖动时，所到之处衣服就被染成血红色。如此这般，这个仆人每次拖动烙铁，都会留下血迹，直到整件衣服被血液浸染。该

马的管控。——译者注

① 罗特哈德在上一年于苏瓦松召开的宗教会议之后，已经越过他的大主教辛克马，向教宗尼古拉一世提出了申诉。罗特哈德提出，应由四个教省的联席会议任命12位审判员来审判他的案件。这一诉求是有教会法依据的。关于罗特哈德与戈特沙尔克之间的密切关系，参见 Matthew Bryan Gillis, *Heresy and Dissent in the Carolingian Empire: The Case of Gottschalk of Orbais*, Oxford: Oxford University Press, 2017, pp.212–214. 随着事后罗特哈德向罗马教宗尼古拉一世上诉，辛克马在863年春天撰写了一封信，作出陈述和反击，并让博韦主教奥多带给罗马教宗。此信原文见 E.Perels, *MGH, Epp.* Ⅷ, 1939, pp.122–140。——译者注

② 圣母升天节（Mary's Assumption）是天主教、东正教共同的节日，也被称为圣母升天瞻礼或圣母安息日。根据基督教教义，耶稣的母亲玛利亚在结束俗世的生命后，灵魂和躯体一起被接进了天堂。天主教将这一日定为8月15日，而东正教则定为8月27日或28日。这一节日是众多圣母庆节中最重要的节日。这一观念产生于四五世纪，到加洛林帝国时期已经被广为接受，但教会法中对此观念和节日的正式确认是在1950年11月1日，教宗庇护十二世（Pius XII，1939—1958年在任）经宗教会议的同意，发布了专门的教会宪令对此作了论述和规定。——译者注

③ 此处拉丁文为“mancipium”。在古典拉丁语中，这个中性的名词专指奴隶，既可以指男奴，也可以指女奴。到中世纪早期，奴隶与其他不自由的依附者之间严格的法律界限已经日益模糊，但该词保留了兼指男女奴仆的特征，故这里译为“仆人”。这位仆人在熨烫衣服，因此很可能是一位女仆。——译者注

城可敬的主教洪弗里德[1]让人将那件衣服带到他面前，保存在教堂中作为奇迹的证物。因为该教区内的居民以前不庆祝圣母升天日，所以他下令要求所有人都庆祝这一庄严的时刻，并以应有的尊重将其奉为节日。[2]

（口吃者）路易最近从父亲那里叛逃之后，回到父亲身边，恳请父亲以及众主教宽恕自己的不轨之举。他以极其严格的誓言自我约束，保证忠于父亲。他的父亲授予他莫城伯爵区和圣克雷斯潘修道院[3]的院长职位，命他从纽斯特里亚携带妻子前来相见。[4]瓦林高德（Waringaud）[5]指控戈西 93
亚（Gothia）边疆伯爵洪弗里德[6]不守效忠誓言，但是国王（秃头）查理在忠臣们的恳请下作了让步。为了避免引发战乱，他调解了洪弗里德和瓦林高德之间的矛盾。

日耳曼之王路易召集[7]侄子罗退尔（二世）到美因茨，要求他与自己一起举兵对付称为……的文德人以及他们的小王……[8]罗退尔起初承诺将会参

---

① 洪弗里德早年是普吕姆修道院的修士。他从 856 年到 869 年去世，任泰鲁昂讷主教。在 864 年圣伯丁修道院院长阿达拉尔德去世后，洪弗里德还兼任圣伯丁修道院的院长，直到 866 年秃头查理安排自己的近臣希尔杜因接替他。——译者注

② 辛克马自己也积极推动民众对圣母的敬拜，这应该是他特别关注泰鲁昂讷城这一奇迹事件的原因。——据英译者注

③ 关于该修道院，参见 861 年的史事记载及注释。——译者注

④ 莫城主教希尔德加（Hildegar）可能是支持口吃者路易叛乱的人之一。另外，这里所提到的口吃者路易的“妻子”（uxor）是指安斯嘉德。也就是说，秃头查理承认了口吃者路易和安斯嘉德的婚姻。——据英译者注

⑤ 这位瓦林高德身份不详。此处的记载是他唯一一次出现在文献中。——据格兰特等拉丁文编者注

⑥ 有的学者将这位洪弗里德视为哥特人中的一位民族分离主义者。不过如今日渐清晰的是，洪弗里德是秃头查理所任命的官员。他的“边疆伯爵”（marchio）这一头衔显示了秃头查理对西班牙边疆区的控制，另外也体现了洪弗里德对西班牙边疆区内其他伯爵的统辖。戈西亚是塞普提马尼亚的别称。——据英译者注

⑦ 此处“召集”一词拉丁文为“accersiens”。它似乎反映了日耳曼人路易作为叔父对侄子罗退尔二世的权威。——译者注

⑧ 这句话中，拉丁文抄本中缺了两个单词。根据《富尔达年代记》862 年的史事记载：“这一年，国王率军攻打阿博德里提人，迫使他们的首领，即意图叛乱的塔博穆伊兹里（Ta-

加，但随后食言。（日耳曼人）路易将自己的儿子（胖子）查理留在国内，因为查理新近迎娶了伯爵埃尔萨加(Erchangar) 的女儿。① 他(日耳曼人路易)带着儿子（小）路易攻打文德人。为此，他损失了一些显贵，却一无所成，于是在获得一些人质后，撤回美因河畔的法兰克福王宫。丹麦人杀戮、焚烧、劫掠、蹂躏了他王国的很大一部分。而且，此前不为各族人所知的，被称为匈牙利人（Hungarians）② 的一批敌人，也蹂躏了他（日耳曼人路易）的王国。

罗退尔（二世）据说因邪术而精神错乱，因盲目迷恋一位侍女而抛弃了妻子提奥贝尔嘉。他为这位侍女姘妇瓦尔德拉达(Waldrada)③ 加冕。④ 他不顾好友们的痛心和反对，视她为妻子和王后，与她同房。支持他的有他的舅
94 父留特弗里德(Liutfrid) 和瓦尔特(Walter)⑤，他们或许正是因此才成为他

bomuizli）顺服于自己，并将他（塔博穆伊兹里）的儿子以及其他一些人送来充当人质。”据此判断，前一个缺失的词应该是“ Obodriti”(阿博德里提人)，后一个则是“Tabomuizli”(塔博穆伊兹里)。根据名字判断，塔博穆伊兹里可能是 844 年被杀害的戈兹穆伊兹里(Gostomuizli) 的一个亲属。就像戈兹穆伊兹里一样，塔博穆伊兹里应该也统治过阿博德里提人。参见《富尔达年代记》有关 844 年和 862 年的记载。——译者注

① 这位查理就是后世学界所称的胖子查理（Charles the Fat)。他是加洛林家族最后一位几乎统一了整个帝国的皇帝。他是日耳曼人路易和王后埃玛所生的第三个儿子，生于 839 年 6 月 13 日。在 859 年，即胖子查理 20 岁的时候，日耳曼人路易就安排他为布莱斯高（Breisgau）伯爵，以对付罗退尔二世王国的南部地区。这可能隐含了日耳曼人路易将来瓜分罗退尔王国的打算。胖子查理的新婚妻子是里奇嘉德（Richgard)。她的父亲埃尔萨加是阿尔萨斯的诺德高（Nordgau）的伯爵。——译者注

② 此处拉丁文为“Ungri”。这是对匈牙利人袭击加洛林王朝的最早记载。——参考了英译者注

③ 关于瓦尔德拉达，参见本年代记有关 853 年和 857 年的史事记载。值得注意的是，尽管罗退尔二世的离婚诉求和他迎娶瓦尔德拉达的愿望早已广为人知，但是本年代记作者在 853 年和 857 年的史事记载中都避免直接提及瓦尔德拉达的名字。——译者注

④ 加冕意味着罗退尔二世将瓦尔德拉达的王后身份公之于众。——参考了英译者注

⑤ 留特弗里德是阿尔萨斯和伦巴德的伯爵，罗退尔二世的母亲埃尔蒙嘉德的弟弟，图尔伯爵于格的儿子。瓦尔特则多次充当了罗退尔二世派出的使者，并在使团中居于核心地位。——参考了英译者注

的宠臣。他王国内的一些主教也（竟然）同意他，① 此乃难以启齿之罪。

当国王（秃头）查理来到兰斯城的时候，兰斯主教② 辛克马召集了其教省内诸位主教在9月17日③ 出席会议，庄严地将该教省内一座(修缮一新的)圣母教堂献给圣（母）玛利亚，如同该教堂以前一样。

日耳曼之王路易派遣能言善辩的使者们来见其弟（秃头）查理，请求他到图勒地区与自己会面。④（秃头）查理不愿与罗退尔（二世）会谈，而是要首先向其兄（日耳曼人路易）阐明自己为何对罗退尔（二世）不满，由此产生了不小的言语争执。最终，（秃头）查理和支持他的主教们给（日耳曼人）路易和支持路易的主教们写了一封信函，逐条罗列了（秃头）查理拒绝与罗退尔（二世）交谈的原因，（坚持）要么罗退尔承诺作出合理的解释，要么在可靠权威的担保下⑤ 作出改正，(他才与罗退尔会谈。）当罗退尔按照上述条件作出承诺后，（秃头）查理和支持他的主教们接受了罗退尔参加会谈。他们就此次会议写下了通告（adnuntiationes）⑥，并向谋臣们宣读了该通 95

① 在罗退尔的王国内，科隆大主教贡特尔和特里尔大主教提奥高德及他们的下属主教们支持了罗退尔的诉求。参见本年代记857年有关两件凶兆的记载及注释。——译者注

② 这里辛克马自称“主教”，属于谦称。中世纪早期法兰克地区的大主教区多数源于罗马帝国的行省。一个行省内往往包括若干主教区，各有其主教。行省中心城市的主教，即都市主教（metropolitan bishop），在召集和组织宗教会议、承接和执行国王的命令等方面逐渐取得了高于教省内其他主教的权力，逐渐发展为大主教（archbishop）或总主教。不过，大主教在下属主教面前往往谦称主教，且国王的命令、年代记等文献中提到大主教的时候往往仍然将其称为主教。在整个加洛林王朝，皇帝或国王们在一系列条令中都积极强化大主教对下属主教的督查、巡视和管辖权，以便形成一种垂直的阶层化的教会管理组织，使之服务于帝国或王国的统一和治理。——译者注

③ 抄本O中并无这一日期。——据格兰特等拉丁文编者注

④ 这批使者是在夏天被派出的，其中包括希尔德斯海姆（Hildesheim）主教阿尔特弗里德（Altfrid）。辛克马此处记载主动寻求会面的是日耳曼人路易，实有误导他人之嫌，因为秃头查理才是主动寻求会谈的一方。——据英译者注

⑤ 此处拉丁文为“secundum auctoritatem dignam”，这里的“可靠权威”应该不是指与罗退尔二世站在一起的日耳曼人路易，而是指罗马教宗尼古拉一世。——译者注

⑥ 三方的会谈是11月在萨沃尼埃（Savonnières）举行的。会谈后达成的正式协议全文见 *Capit.*II, no.243, pp.159–165。三方重申了860年他们在科布伦茨达成的协议。他们的协

告。他们本来要将该通告昭示民众，但（日耳曼人）路易和罗退尔（二世）不愿民众知晓查理对罗退尔不满的缘由，于是全然拒绝了他们（秃头查理和他的主教们）。这主要是因为他们（日耳曼人路易和罗退尔二世）听从了他们的谋士，即（秃头）查理的舅父康拉德的意见，而康拉德臭名昭著，一贯傲慢而肤浅，既损人又不利己。① 不过，（秃头）查理不顾他们的意愿，明白无误地告知众人，自己在罗退尔作出承诺前不愿与之交流，因为一方面罗退尔违背福音书和使徒们的教导，抛却妻子，另娶一女，另一方面他们（罗退尔和他的姘妇）与被革除教籍的人即博索的妻子②和巴尔德温有交往，而该巴尔德温曾拐诱并随后（强）娶了（秃头）查理的女儿（朱迪斯）。③ 于是，他们商定来年 10 月再次会谈，地点定在穆宗（Mouzon）伯爵区④和翁克（Voncq）伯爵区⑤的交界处，随后彼此离别。（日耳曼人）路易去往巴伐利亚，意在安抚或对抗其子卡洛曼，因为卡洛曼在文德人的小王拉斯蒂茨的

议被称为“通告”（adnuntiatio）。这是一种严肃而正式的文体。加洛林王朝的皇帝或国王们在会谈中当众向对方作出的承诺，或者自己召集的会议上向臣下作出的承诺，都可以被称为“通告”。在《法兰克人诸王条令集》中包含着很多“通告”。——译者注

① 本年代记 830 年的史事中曾提及康拉德被阿奎丹王丕平囚禁一事。830 年在虔诚者路易重获权力之后，康拉德获得释放。在虔诚者路易死后，康拉德基于姻亲关系，自然支持他的妹夫日耳曼人路易和外甥秃头查理，反对罗退尔一世。在 843 年凡尔登条约之后，康拉德是日耳曼人路易的重要部下。在 859 年日耳曼人路易和秃头查理的冲突中，康拉德倒向秃头查理一方，并因此丧失了在东法兰克王国的职位和势力，不过他在西法兰克王国被秃头查理安排为巴黎伯爵。尽管此时康拉德是秃头查理的部下，但是辛克马在此处表达了对他的强烈厌恶。另外，康拉德此时仍然是秃头查理和日耳曼人路易之间的重要居间调解者。参见本年代记有关 830 年和 859 年的史事记载。——参考了英译者注

② 这位博索的妻子是奥尔良伯爵马特弗里德的女儿恩格尔特鲁德（Engeltrude），她在本年代记下一年的史事记载中将再次被提及。这位博索在意大利皇帝路易二世的疆土内拥有伯爵职位。他与罗退尔二世的妻子提奥贝尔嘉、瓦莱伯爵胡伯特都是博索家族（Bosonids）的开创者老博索（Boso the Elder）的子女。——参考了英译者注

③ 参见上一年的史事记载及注释。——译者注

④ 穆宗位于今天法国北部的阿登省。——译者注

⑤ 翁克位于今天法国北部的阿登省，埃纳河右岸。——译者注

援助下反叛父王。①（秃头）查理从图勒地区经庞蒂厄，继而沿着马恩河的河岸返回桑利，并在那里极其虔敬地欢庆了圣诞节。

863 年

1 月，丹麦人乘船溯莱茵河而上，攻取科隆，洗劫了一个被人称为多列斯塔特的集市②，劫掠了弗里西亚人避居的一个不小的庄园。他们杀戮了许多弗里西亚商贩，掳掠了不少人口，随后到达诺伊斯（Neuss）要塞③附近 96
的某个岛屿。④罗退尔(二世）率部下从莱茵河的一侧，萨克森人从另一侧，攻打这些丹麦人。到 4 月初，他们一直驻扎在那里。这些丹麦人则听取了罗里克的意见，沿着来时的路返回。

皇帝罗退尔（一世）的儿子，普罗旺斯的国王查理（因）长久遭受癫痫病症的折磨而亡故。⑤他的兄长，即已被称为意大利皇帝的路易（二世）来到普罗旺斯，尽其所能地争取该王国的显贵们。听闻此事，罗退尔（二世）奔赴普罗旺斯。在亲人和朋友的居间调停下，他们两人（路易二世和罗退尔二世）商定同时（离开普罗旺斯）返回，举行一次会谈，就该王国（普罗旺

---

① 参见《富尔达年代记》863 年的史事中对日耳曼人路易讨伐忤逆之子卡洛曼的记载。本年代记这一年的史事中已经提及日耳曼人路易与卡洛曼的和解。从此处记载来看，他们再次失和。——译者注

② 这是本年代记最后一次提及多列斯塔特。有学者认为，该集市的衰落从 840 年左右就开始了，因此不能仅仅归因于维京人的侵袭。——参考了英译者注

③ 诺伊斯位于德国西部的北莱茵—威斯特伐利亚州，莱茵河西岸河畔，与杜塞尔多夫隔河相望。该地早在罗马帝国时期就是一个要塞。——译者注

④ 根据《克桑滕年代记》(pp.20—21）有关 864 的史事记载，该岛位于克桑滕附近，在从诺伊斯向下游航行 60 公里的地方。丹麦人在焚烧了克桑滕的圣维克多（St-Victor）教堂之后，“去了附近一座小岛，在那里建立要塞，居住了一段时间”。——据英译者注

⑤ 普罗旺斯的查理死于这一年的 1 月 25 日。在他死后，他的疆土被两位兄弟分割，其中皇帝路易二世得到了普罗旺斯和汝拉山外侧的勃艮第（Transjurane Burgundy），其余疆土则归罗退尔二世。——据英译者注

斯）的事务彼此磋商。[1] 随后，路易（二世）返回意大利，罗退尔（二世）返回他自己的王国。

国王（秃头）查理来到勒芒，继而到达被称为昂特拉姆（Entrammes）的隐修院。[2] 布列塔尼人的公爵萨洛蒙与其族人中的显贵们一起到那里见查理。萨洛蒙委身于查理，向查理宣誓效忠，并让布列塔尼的所有显贵们也同样发誓，还依据古老的惯例向查理交纳了该地应交的贡赋。[3] 由于他的忠诚誓言，查理把称为“两河之间”[4] 地区的一部分以及圣奥宾（St-Aubin）修道院[5] 作为封土[6] 授予他。查理还接纳了高兹弗里德、罗里戈(Rorico)、哈
97 维（Harvey）[7] 以及其他最近像往常那样背弃他的人，并宽厚地授予他们荣职（*honores*）。随后他从那里（指昂特拉姆）返回勒芒，并在那里（勒芒）欢庆了复活节。

戈西亚边疆伯爵洪弗里德在国王查理毫不知情的情况下，从雷蒙德[8] 手

---

① 他们的分歧在于如何瓜分弟弟留下来的普罗旺斯。——译者注

② 昂特拉姆位于今天法国西北部马耶纳省（Mayenne），约在勒芒和雷恩两个重要城市的中间点，是从勒芒到雷恩需要渡过的马耶讷河畔的一座城市。昂特拉姆当时有一所修女院。——译者注

③ 参见上一年史事中有关强人罗伯特重金雇佣北方人攻打萨洛蒙的记载，这应该就是萨洛蒙地位被削弱的原因。布列塔尼人按照习惯的数额交纳贡赋，对于西法兰克王国的国王秃头查理来说，这不只是财政的收入，更主要的是象征着布列塔尼人的顺服和忠诚。——译者注

④ 此处拉丁文为“Inter duas aquas”，应该是指哪两条河流呢？卢瓦尔河和它的支流曼恩河，还是曼恩河和它的支流马耶讷河？——译者注

⑤ 据魏茨对其所编拉丁文本的注释，该修道院在昂热。——译者注

⑥ 此处拉丁文为“beneficium”，该词亦可宽泛地指“恩惠”。——译者注

⑦ 高兹弗里德和罗里戈是兄弟，他们都是勒芒伯爵罗尔戈的儿子。哈维可能是于 844 年被杀的那位哈维的亲属（或者儿子），也可能是 858 年的叛乱者中的两个哈维中某一个的儿子。高兹弗里德、罗里克和哈维在本年代记有关 866 年的史事记载中都作为伯爵被提及，这大概是由于他们在 863 年都接受了荣职。——据英译者注

⑧ 雷蒙德的父亲是鲁尔戈（Rouergue）伯爵富尔克瓦尔德（Fulcoald）。富尔克瓦尔德在 837 年曾经担任虔诚者路易在鲁尔戈的钦差。他的长子是弗雷德罗。辛克马曾在 845 年写信给弗雷德罗，请求后者保护兰斯教会在图卢兹的地产。这说明 845 年弗雷德罗已经继承

中夺得图卢兹，将其据为己有。这是图卢兹人一贯的阴谋，他们常常使图卢兹城脱离伯爵们。

国王（秃头）查理从塞纳河外归来，接待了意大利皇帝路易（二世）派来的帕维亚主教留塔尔德、他（秃头查理）的兄弟日耳曼之王路易派来的施派尔主教格布哈德（Gebhard）、他的侄子罗退尔（二世）派来的伯爵南塔尔（Nanthar）。他们（三人）为谋求和平而来[①]，而这种和平也是（秃头）查理一直愿意维护的，（不过）条件是他那些制造祸乱的敌对者们允许他这样做。[②]他还接待了兄长（日耳曼人）路易派来的一位名叫布利加尔（Blitgar）的使者。因为（日耳曼人）路易的儿子卡洛曼已经被文德人拉斯蒂茨抛弃， 98
并从他（日耳曼人路易）身边叛逃，所以该使者请求（秃头）查理在卡洛曼前来投奔时切莫接纳他。不久之后，被部下蒙骗并抛弃的卡洛曼接受了宣誓（忠诚）的条件，得到了父亲（日耳曼人）路易的接纳，（但）被路易软禁[③]在身边。[④]

（秃头）查理在苏瓦松的圣梅达德修道院足够体面地接待了教宗尼古拉的使者，即波尔托（Porto）[⑤]主教拉多瓦尔德（Radoald）和切尔维亚

父亲成为鲁尔戈伯爵。这很可能得益于844年左右秃头查理清除塞普提马尼亚伯爵伯纳德的势力，因为弗雷德罗是伯纳德的有力竞争者。不过，弗雷德罗此后很可能站在阿奎丹王丕平二世一方，反对秃头查理。到849年，弗雷德罗被秃头查理安排为图卢兹的“守护者”（custos），这很可能意味着弗雷德罗成为图卢兹伯爵，并由此脱离阿奎丹王丕平二世，成为秃头查理的支持者，为其家族在后来数个世纪内掌控图卢兹奠定了基础。弗雷德罗很可能去世于851年或852年。因其未留男嗣，其弟弟雷蒙德这一时期继承了图卢兹伯爵职位，成为洪弗里德叛乱的受害者。此外，秃头查理的儿子，即阿奎丹国王少年查理很可能也参与了洪弗里德的反叛。——译者注

① 这个使团旨在与秃头查理讨论普罗旺斯王国的继承问题，应该是为了使秃头查理接受两位侄子，即意大利皇帝路易二世和罗塔林吉亚国王罗退尔二世对普罗旺斯的分割继承。——译者注

② 即他们不再敌对秃头查理，不再制造祸乱。——译者注

③ 此处拉丁文为“libera custodia”，字面意思为“自由宽松的关押”。——译者注

④ 参见《富尔达年代记》有关863年的史事记载及注释。——译者注

⑤ 意大利台伯河在第勒尼安海入海口处分为两支，中间形成一个冲击岛屿。波尔托或曰波

(Cervia)[①] 主教约翰(John)。他们是为了流亡到众使徒门槛前[②] 的巴尔德温的关押问题[③] 而来的。查理让他们(两位使者)与自己住了一些时日。他宽恕了巴尔德温，赠予他们(两位使者)礼物，让他们携带书信返回使徒之座(教宗尼古拉一世)那里。不过，使徒之座的两位使者还到了梅斯，以便按照教廷的委托于6月中旬召开宗教会议，处理罗退尔(二世)和妻子提奥贝尔嘉之间发生的离婚案以及姘妇瓦尔德拉达取代提奥贝尔嘉的问题，因为罗退尔已经违背教会和世俗的法律，将瓦尔德拉达作为妻子接纳到身边。在此次宗教会议上，上述两位使者被厚礼收买，隐瞒了教宗的信件，未遵照神圣的权威履行任何交托给他们的事情。不过，他们为了让人觉得自己有所作为，采纳了意大利地区一位诡计多端而又极其贪婪的主教哈加诺(Hagano)[④] 的计谋，命令科隆大主教贡特尔和特里尔大主教提奥高德前往罗马，带去罗退尔王国内的主教们在此次宗教会议上撰写并签字的浮夸粉饰之语[⑤]，以便

尔托斯(Portus，意为“港口”)就在该河北支流的北岸。它是罗马帝国，尤其是图拉真皇帝时代大力营造的一个港口城市，与该河南支流南岸的奥斯提亚(Ostia)遥相呼应。在中世纪早期，这两个港口尽管在经济上有所衰落，但是两地都设有主教，而且两位主教都属于罗马的郊区主教，后来位列枢机主教。——译者注

① 切尔维亚位于意大利东海岸。其旧城从古典时代起就是一个重要的城镇。在709年，拜占庭驻意大利的都督(Patrician)提奥多里克(Theodoric)因该城联合拉文纳反叛拜占庭帝国而将其摧毁。该城居民后来在旧城以南约10公里处修造了新城，这就是加洛林时代以及今天的切尔维亚。——译者注

② 意思是指寻求罗马教廷的庇护。——译者注

③ 教宗尼古拉一世出面干预，劝说秃头查理接纳巴尔德温和自己的女儿朱迪斯，承认他们的婚姻。关于此事，参见本年代记有关862年史事的记载。——译者注

④ 哈加诺是贝加莫(Bergamo)的主教。贝加莫位于今天意大利北部伦巴德行政区，米兰东边约40公里。在7、8世纪的伦巴德王国，贝加莫是与布雷西亚、特伦特、弗留里等地同样重要的公爵驻地。在伦巴德王国被查理曼征服之后，这里不再设立公爵，仅设伯爵。贝加莫主教参与此事，体现了意大利皇帝路易二世的影响力。——参考了英译者注

⑤ 罗退尔王国内这两位大主教的信件，全文抄录于本年代记下一年(864年)的记载中。此次梅斯宗教会议按照罗退尔二世的意愿，谴责了他的妻子提奥贝尔嘉。此处的“浮夸粉饰之语”拉丁文本中为“ueniis”。佩茨认为此处应为“gestis”的误写，但是魏茨根据867年的史事记载，认为它应当是“neniis”。英译者将其翻译为“childish nonsence”，很

让教宗来裁断和审结此案。教宗明察诸事，召集了宗教会议，欲责罚拉多瓦尔德，因为拉多瓦尔德最近与主教扎迦利（Zacharias）共赴君士坦丁堡的时 99
候同样被贪欲所腐蚀。[1] 拉多瓦尔德闻听此事，趁夜潜逃。贡特尔和提奥高德到达罗马后，先是在宗教会议上，后又在圣彼得教堂，遭到了教宗的谴责，其文如下[2]：

（我是）主教尼古拉，天主的众仆之仆[3]，（现）致（信）我最可敬、最神圣的同仁兰斯的辛克马和鲁昂的维尼罗以及我的所有同仁们，即居于荣耀的国王（秃头）查理的王国内的大主教和主教们。

罗退尔这位国王，——如果他真的可以称得上是国王的话——，不是用健康的克制来约束身体的欲望，反而是用有害的软弱来纵容不法的冲动。他在两位女子即提奥贝尔嘉和瓦尔德拉达身上所犯下的罪行已经众所周知。而且，几乎所有来到使徒的门槛和圣座的人以及那些虽未亲自前来但写信给我的人都向我报告，前不久为罗退尔谋划和执行此事的是提奥高德和贡特尔两位主教。我此前绝不希望听闻主教们犯有此等事，现在同样不愿相信此等事。直到在举行宗教会议之时，他们自己来到罗马，在我和神圣会议的参加者们面前，被发现确如许多人此前经常所说的那样，他们随心所愿，亲手拟

可能是采纳了魏茨的观点。“nenia”意思是指葬礼上的颂辞，故此处翻译为“浮夸粉饰之语”。——译者注

① 858年，拜占庭帝国年轻的皇帝米哈伊尔三世（855年到867年在位）迫使大教长（Patriarch）伊格内修斯（Ignatius）辞职，并安排佛提乌斯（Photius）取而代之。罗马教宗尼古拉一世最初表示赞成，但在862年决定转而支持伊格内修斯。拉多瓦尔德和扎伽利于861年受教宗尼古拉一世的派遣，前往君士坦丁堡，应该就是为了处理此事。——据英译者注

② 尼古拉一世的这封信在加洛林帝国传抄甚广。《富尔达年代记》有关863年的史事记载中亦全文抄录了尼古拉一世的这一信函。——译者注

③ “主教”、“天主的众仆之仆”是罗马教宗的谦称。罗马教宗是从罗马主教发展而来的，后来他也是罗马城内和郊外若干主教中的一位。“众仆之仆”则表示，主教们是天主的仆人，而教宗则是为主教们服务的仆人。关于这一名号的详细考证和解释，参见包倩怡：《“天主众仆之仆”名号与格里高利一世的主教观》，《历史研究》2019年第3期，第101—119页。——译者注

定了状书，指望我亲笔确认它。但是，这状书却成了他们的逮捕证[1]。他们
100 刚为无辜者们设下陷阱，自己就掉了进去。这正应验了（我们在）《箴言》
中读到的天主的建议：“在飞鸟眼前张设罗网，是徒劳无功的。”[2]他们就这样被缚，倒下。虽然有人误称我已掉入这一陷阱，但是因着天主的襄助，我已经与捍卫正义的人一道，重新站起，巍然屹立。因此，神圣宗教会议的全体与会者们和我一起颁布敕令，他们两人（贡特尔和提奥高德）被毫无争议地当面罢黜，免去主教职位，剥夺对主教区的治理。鉴于此，诸位同仁在维护教会法的准则并执行教令所规定的制裁时，切莫擅自接纳我所抛弃的这两人进入主教之列。下面的附件所述是我对前述提奥高德和贡特尔的解职裁断以及神圣宗教会议的与会者们和我一起批准并发布的其他条令。

第一条：由大主教提奥高德和贡特尔在梅斯召集的宗教会议应被完全撤销

最近，在极其虔诚的皇帝路易(二世统治）之下，在小纪第 11 年[3]6 月，未经我的裁断，这两位主教在梅斯召集了宗教会议，轻率地破坏了教廷的各项制度。我裁定，这一宗教会议从今往后直到永久均属无效；我以使徒的权
101 威判定，它与以弗所强盗会议[4]一样，应永远受到谴责；我判令，它不可被

① 即他们应当受到抓捕的罪证。——译者注

② 《圣经旧约》的《箴言》第 1 章，第 17 节。——据格兰特等拉丁文编者注和英译者注

③ 自君士坦丁大帝登基的 312 年起，每 15 年为一个小纪。小纪第几年指的是该小纪 15 年中的第几年。小纪纪年法起源于罗马帝国时期每隔 5 年或 15 年举行一次的赋税（尤其是土地税）评估和登记。在中世纪早期，小纪纪年法的使用相当广泛。但是，各地小纪年份的计算有很大差异，多数地方以 9 月 1 日为一年的开始，但是也有以 9 月 24 日、10 月 1 日、1 月 1 日算起的。有的地方以 312 年为计算周期的起点，有的则以 313 年为起点。小纪是 15 年一循环的，就像我国古代的干支纪年法以 60 年为周期一样，因此它只是一种辅助性的纪年方法，还需要其他信息（比如帝王开始统治的第几年等）来确定究竟指哪一年。比如，这里辅以“在极其虔诚的皇帝路易（二世统治）之下”这一信息，此信的潜在读者就能明白它指的是哪一年。——译者注

④ 此处拉丁文为“Ephesenum latrocinium”。449 年，东罗马帝国皇帝狄奥多西（Theodosius）二世召集 127 名主教和 8 名主教代理人在小亚细亚的以弗所（Ephesus）举行宗教会议。亚历山大里亚的主教狄奥斯库鲁斯（Dioscurus）被推举为会议主持人。在皇帝的支持下，

称为宗教会议，而是因其偏袒通奸者，应被称为妓院。

第二条：大主教提奥高德和贡特尔的免职

比利时教省①的首席主教②，即特里尔（大主教）提奥高德和科隆（大）主教贡特尔，认可并裁断了国王罗退尔与他的两位妇人③提奥贝尔嘉和瓦尔德拉达之间的案件，提供了一份由他们亲手批准的关于此事的状书，声称自己所做之事不偏不倚，恰如其分，在众人面前亲口确认了此事，并当众亲口承认他们违背了对博索的妻子恩格尔特鲁德的判决，而该判决是我最神圣的兄弟，米兰大主教塔多（Tado）和其他诸位我的主教同仁们主张应由使徒之座作出的判决，也是我满怀神圣的热情，依据教会法宣布的判决，且该判决被置于革除教籍（的强制）之下④。在所有这些事情中，我发现他们在许多方面突破了教宗和教会法的禁令，邪恶地污损了公正的准则。我裁决，他们还应当完全卸下任何高级教职，（我）以圣灵的裁决和经我所转达的圣彼得的权威，剥夺他们所有与主教职位有关的治理之权。倘若他们胆敢依照先前的惯例充当主教，染指属于这一神圣职位的事，那么（我将）绝不允许他们在其他宗教会议上有任何复职的希望和补赎的机会，而且所有与他们往来的

一批修士武装逮捕了反对派，并通过了赞成和支持基督一性论派的决议。虽然罗马教宗利奥一世（Leo I）也派代表参加了此次会议，但他在听闻会议的程序和结果后，斥责此次会议为“强盗会议”，并召集西部教会的主教们在罗马举行会议，宣布这次以弗所会议无效。——译者注

① 此处拉丁文为“Belgica provincia”。从戴克里先的行政区划改革开始，罗马帝国就将高卢地区分为三个大行政区，“比利时教省”属于其中之一。教宗在文书中采用这种古旧的用语，体现了其对罗马帝国传统的因袭。——译者注

② 此处拉丁文为“primas”，本意指“首席者”、“为首者”。该词在不同语境中有多种含义。它既可以指一般的主教，也可以指管辖若干主教的大主教，还可以指相邻若干大主教区中的一位为首者。这里应该是指最后一种含义。——译者注

③ 此处拉丁文为“mulieres”，该词既有“妻子”的意思，也有“妇人”、“女人”的意思。由于教宗不承认罗退尔二世同时有两位“妻子”的合法性，因此这里译为“妇人”。——译者注

④ 即为了强制遵守和执行这一判决，规定违背该判决的人将受到革除教籍的惩罚。——译者注

人，尤其是明知我已经对他们作出判决但仍然企图与他们交往的人，都将被逐出教会。

102 **第三条：关于其他主教**

其他主教如果据传属于提奥高德和贡特尔这两人的同伙或追随者，（今后）若与他们联手分裂叛乱、结党营私、制造阴谋，或者因与他们勾结而背离自己的领袖圣彼得之座，不遵从自己的领袖彼得的权威而是去追随他们，则必须与他们一样被置于管束之中，接受责罚。但是如果这些主教们明白自己是从何处获得主教职位的，并回到使徒之座的立场上，在其他事情上也自我觉悟，或派遣使者携带书信主动悔过，那么他们将会明白，我不会拒绝宽恕他们，他们也完全不必害怕因自己以前在渎神之举中的胆大妄为和签字署名而被我亲手革除他们的职位。

第四条：关于恩格尔特鲁德[1]

已故伯爵马特弗里德[2]之女恩格尔特鲁德抛弃了丈夫博索。看看吧！她七年来就这样东奔西跑，四处游走。我最近依法将她和她的支持者们革除教籍，但是鉴于她的顽劣，我认为，应该再次以革除教籍的锁链来束缚她。因此，由圣父、圣子、圣灵，唯一的真神，由所有圣洁的教父们，由天主普世神圣的、正统的、使徒的教会，以及由我，将她和她的所有同伙、与她有往来的人、给她以援助的人完全革除教籍，以便依我之令，但凡有人胆敢以任何方式与之交往或对之协助，身为教士者应同样受革除教籍的束缚并丧失教士身份，身为修士或平信徒者若不服此令，亦应被革除教籍。倘若这位女子
103 在神志清醒后重返丈夫身边，或者前来罗马，来到圣彼得的使徒之座，则我无疑将不会拒绝在她作出应有的补赎之后原谅她。不过，其间她将依旧受缚于前述革除教籍的锁链，因为我此前和现在都已经用这一锁链将其束缚。在这位恩格尔特鲁德为此专程赶赴罗马、投奔圣彼得使徒之座的时候，如若有

① 恩格尔特鲁德跟丈夫博索的一位封臣私奔，并得到了罗退尔二世的庇护。后来，她还威胁说要寻求北方人的庇护。——据英译者注

② 关于奥尔良伯爵马特弗里德，参见本年代记有关 830 年的史事记载及注释。——译者注

人在不知情的情况下与她交往，或者在知情的情况下为她的行程提供便利，则他将不会为此受到这一锁链的束缚。

第五条：关于使徒之座的判决和禁罚（interdict）①

对于使徒之座的执掌者（praesul）②为了天主教的信仰，为了教会的纪律，为了信徒们的端正，为了惩处罪犯，为了制服迫在眉睫或未来的作恶者而合理地颁布的教义、训示、禁令、处罚或敕令，倘若有人蔑视，则应被革除教籍。

愿汝等圣洁者在基督中安康！

（秃头）查理于10月25日在韦尔布里王宫举行了宗教会议。在会上，他依据法律，使圣加来（St-Calais）修道院③免受勒芒主教罗伯特的侵凌，因为罗伯特意欲通过使徒之座的推荐，占据此修道院，作为自己主教辖区合法的附属财产。④查理还遵照教宗对他的命令，遣送最近被革职的罗特

① 禁罚是天主教会对违规人员（包括圣职人员和平信徒）、组织或某一地区作出的处罚措施之一，其基本内容是禁止受罚者或受罚的地区主持或领受圣礼圣事。只有教宗才有权力对整个主教区、王国或某一类人发布禁罚的命令。主教只能针对其辖区内的某个教堂、堂区或一些人发布此类禁罚命令。如果一个地区受到禁罚，则任何人身处该地都应受到命令的约束；如果一些人遭受禁罚，则无论他们身处何处都应受到命令的约束。——译者注

② 指教宗。——译者注

③ 圣加来修道院位于今天法国西北部萨尔特省，勒芒城以东偏南约45公里处。6世纪墨洛温王朝的国王希尔德伯特捐赠土地给一位在安妮耶（L'Anille）河畔隐修的隐士加里勒夫（Carileph）。这位隐士得以在那里创建了以其名字命名的修道院。——译者注

④ 勒芒主教和圣加来修道院之间有着长久的纠纷。在855年的博内维尔（Bonneuil）会议和862年的皮特雷会议上，该修道院的修士们两次从国王和显贵们那里得到了免受勒芒主教管辖和自主推选修道院院长的豁免权（immunity）。但是，勒芒主教罗伯特后来请求教宗尼古拉一世介入，后者命令秃头查理重新听审双方的纠纷。863年10月29日在韦尔布里的此次会议上，在众多主教、修道院院长和伯爵出席的情况下，经过控辩双方的一番问答，经过三位主教作为审判官进行的调查，秃头查理宣布审判结果，将该修道院置于自己的直接保护之下，否定了勒芒主教的权利主张，强调后者暂时管理该修道院是基于国王授予的"封土"（beneficium）之权而非物主之权，同时秃头查理也否定了修道院所主张的自主推选院长的豁免权。勒芒主教和圣加来修道院的冲突，使得秃头查理作为国王渔翁得利。该案的审判文本全文见G.Tessier ed., *Receuil des Actes de Charles II le Chauve*,

哈德① 到罗马，随行的还有代表他（秃头查理）自己和众主教的人，并携带
104 着他们的信函。查理还应教宗的请求，与自己的女儿朱迪斯和好。他还隆重接待了萨拉森人的国王穆罕默德（Mohammed）② 的使者，该使者携带着大量贵重的礼品以及讨论和平和友好盟约的书信。他（秃头查理）决定在桑利城等候良机，以便能为该使者安排荣誉、应有的保护和必要的协助，将他体面地遣送回他的国王那里。③（秃头）查理从那里（桑利）率大军进攻阿奎丹，意在宽厚地接纳他的儿子（少年）查理，但若（少年）查理拒绝前来（顺服），则攻打之。他一直行进到欧塞尔。在那里，他听取了忠臣们的意见，遵照教宗向他的请求，同意他的女儿朱迪斯和她所追随的巴尔德温合法地缔结婚姻。他继而从欧塞尔到达讷韦尔（Nevers），在那里接纳了前来与他相见的儿子（少年）查理，命令他发誓忠于自己，表现出应有的顺服，同时还让阿奎丹的所有显贵们向自己再次发誓。④

两个北方人最近与韦兰德一起离开船只，恳请成为基督徒。如同当时人们所说的，也如同此后得到验证的，他们这样做是出于诡计。他们控诉韦兰德不守信用，而韦兰德对此矢口否认。两人中有一人依据他们部族的习俗，

---

vol. II, no. 258, pp. 81–86.——译者注

① 关于苏瓦松主教罗特哈德被革职的原因，参见本年代记有关 862 年的史事记载及注释。事实上，在 863 这一年，教宗尼古拉就致信辛克马，以严厉的措辞，敦促其在收到信函之后的 30 日内，要么将罗特哈德复职，要么亲自或派使者随罗特哈德一起到罗马接受质询。该信全文见 *MGH*, *Epp*. IV, pp. 353–354。教宗尼古拉就同一问题给秃头查理的信函全文见 *MGH*, *Epp*. IV, pp. 354–355。——译者注

② 关于穆罕默德继承父亲的王位，参见本年代记有关 852 年的史事记载及注释。——译者注

③ 科尔多瓦的埃米尔穆罕默德遣使到来，可能是因为他担心自己疆土内萨拉戈萨的叛乱者与洪弗里德联合起来。由于洪弗里德和秃头查理的儿子联合在阿奎丹叛乱，因此秃头查理愿意与科尔多瓦的埃米尔穆罕默德合作对敌。——据英译者注

④ 讷韦尔位于今天法国中部勃艮第大区的涅夫勒省，巴黎西南偏南 260 公里，讷韦尔河汇入卢瓦尔河的地方。它恰好坐落在卢瓦尔河的北岸河畔，属于秃头查理所控制的地盘。河的对岸则是他的儿子少年查理所控制的地盘。秃头查理将会面地点定在讷韦尔，体现了精心的选择。这样，他的儿子少年查理就不得不渡过卢瓦尔河与他会面，而他则通过坐等儿子的到来，保全了父亲的权威和尊严。——参考了英译者注

提出在国王面前与韦兰德决斗，并在决斗中将韦兰德杀死。[1] 其间，他（秃头查理）得知了令人沮丧的消息，即北方人到达普瓦提埃。虽然该城通过缴纳赎金得以保全，但北方人却焚烧了伟大的忏悔者圣希拉里的教堂。[2]（秃头）查理在讷韦尔附近的一个地方，即他接纳儿子（少年查理）的地方，庆祝了圣诞节。

864 年

查理调兵遣将，命令阿奎丹人进攻那批焚烧了圣希拉里教堂的北方人。105
他带着与自己同名的儿子（少年）查理回到贡比涅，派遣使者们去戈西亚接收那里的城市和要塞。[3] 北方人进攻克莱蒙，在那里杀死了于格的儿子斯蒂芬（Stephen）以及斯蒂芬的少数部下，未受惩处地返回了他们的船只。[4] 丕平（一世）的儿子丕平（二世）已经由修士变为平信徒和叛教者[5]。他与北方人联手，尊奉他们的仪式。[6] 年轻的查理最近被父亲从阿奎丹带到贡比

---

① 关于韦兰德皈依基督教和归顺秃头查理，参见本年代记上一年的史事记载及注释。——译者注

② 圣希拉里是 4 世纪普瓦提埃的主教，因积极反对阿里乌斯派而著称。中世纪早期很多重要的圣礼举行地都在城市的城墙之外，圣希拉里修道院就在普瓦提埃城的城墙外。有学者提出，该修道院内有王宫，而这座王宫就是在 863 年被毁的。这或许就是秃头查理在下一年转而关注布尔日的原因。——参考了英译者注

③ 这一安排显然与平定洪弗里德的叛乱有关。——据英译者注

④ 英译者詹尼特·尼尔森认为，此处的这位斯蒂芬就是本年代记 862 年史事中提到的那位斯蒂芬。她的理由是，在教宗尼古拉一世的一封信（*MGH, Epp*. VI, p. 623）中提及，被杀者是一位伯爵，而且很可能是奥弗涅伯爵。至于杀死这位斯蒂芬的北方人，有的学者认为是 863 年从夏朗德河出发，攻击了昂古莱姆地区的那批北方人，也有的学者认为他们是 863 年攻击普瓦提埃的那批北方人。无论是哪一支北方人，他们可能已经与阿奎丹的丕平二世联起手来。参见下一注释。——据英译者注

⑤ 这里的用语“Apostate”（叛教者）指的是放弃隐修誓愿的修士。

⑥ 此处拉丁语为“ritum eorum servat”。有的学者认为，“ritus”指的是宗教或教仪，即丕平二世皈依了北方人的宗教。也有的学者认为，“ritus”指的是“习惯”或“生活方式”，因

涅。一天夜里，他从屈伊塞（Cuise）林苑[1]狩猎归来的时候，打算与同龄的其他年轻人嬉戏，但是由于魔鬼驱策，他被一个叫阿尔布温（Albuin）的年轻人用剑击中头部，几乎伤及大脑，剑从左侧太阳穴划到了右侧的颊骨和下巴。[2]

罗退尔（一世）的儿子罗退尔（二世）在其王国内向每个份地征收4第纳尔，将这些钱款以及大量谷物、牲畜、葡萄酒、苹果酒以酬金的名义[3]交给北方人哈拉尔德[4]的儿子鲁道尔夫及其部下。[5]

此它未必意味着丕平二世放弃了基督教信仰。这一时期教士们担心基督徒皈依异教信仰，因而创造了维京人异教信仰具有诱使人们改宗皈依的力量的说法，但实际上维京人的宗教是具有包容性的。——据英译者注

① 屈伊塞位于今天法国瓦兹省贡比涅东南，它从墨洛温王朝到加洛林王朝，一直是一个重要的王家林苑，又被称为贡比涅林苑。——译者注

② 雷吉诺在他的《编年史》有关870年的史事中记载："（少年）查理年少轻狂，想验证毕温（Bivin）和贝托（Betto）的兄弟阿尔布温是否真的像众人所说的那样胆大勇敢，便在一天傍晚趁阿尔布温狩猎归来之时，乔装改扮，独自向阿尔布温发起攻击，做出意欲抢夺阿尔布温所骑战马的姿态。阿尔布温决计料想不到他是国王（秃头查理）的儿子，便拔剑击向他的前额，迅速将他击倒在地，夺走他的武器和马匹，留下多处受伤、生死未卜的他而去。（少年）查理手脚被废，容貌被毁，仅活了一小段时间。阿尔布温得知自己所伤之人乃国王之子，便仓皇逃跑，躲避死亡的危险。" *Reginonis abbatis Prumiensis Chronicon cum continuatione Treverensi*, edited by Friedrich Kurze, *MGH, Scriptores Rerum Germanicarum in Usum Scholarum Recusi*, Hannover: Hahnsche Buchhandlung, 1890, p.101. 少年查理死于866年9月29日。参见本年代记有关866年的史事记载。另外，骑马打斗是这一时期贵族男子军事训练和休闲娱乐的常见方式，意外受伤之事不乏其例。——译者注

③ 此处拉丁文为"suis locarii nomine"，有的学者将"locarium"翻译为贡金（tribute），强调这笔钱是为博得维京人撤退而付出的；也有的学者认为该词指的是"佣金"（stipend），即向充当雇佣兵的维京人支付的酬金。这里的译文采取了第二种理解。——译者注

④ 关于这位哈拉尔德，参见本年代记有关841年的史事记载及注释。——译者注

⑤ 这些人可能是本年代记863年史事记载的一开始所提及的逆莱茵河而上的那些北方人。鲁道尔夫在9世纪60年代和70年代率领维京人劫掠过不列颠岛、西法兰克王国、弗里西亚和罗塔林吉亚。他是哈拉尔德的儿子和罗里克的侄子，哈拉尔德·克拉克（Harald Klak）及其儿子戈德弗里德的亲戚。本年代记872年、873年的史事记载中将再次提及他。关于这位鲁道尔夫，参见 I.N.Wood, "Christians and Pagans in Ninth-Century Scandinavia",

在贡特尔的诱导下，被人称为意大利皇帝的路易[①]（二世）认为自己受到了侵害，因为他的弟弟罗退尔（二世）的上述使者（贡特尔和提奥高德）是在他的保证和介入下被派到罗马的。但是，如我前面所述，使徒之座将这两位使者革职了。路易（二世）无法抑制怒火，携带妻子[②]，在提奥高德和 106
贡特尔这两位使者的陪同下，去往罗马，旨在迫使身为罗马人的教宗将这两位主教复职。如果教宗拒绝此事，他将派兵攻击。听闻此事后，教宗宣布自己和罗马人将进行普遍的斋戒和连祷，意在通过使徒们的说情，天主能赐给上述皇帝（路易二世）清醒的头脑以及对神圣信仰和教宗权威的敬畏。当皇帝到达罗马并住在圣彼得教堂附近的时候，罗马的教士们和民众带着十字架，口诵连祷文，庆祝他们的斋戒，向圣彼得的墓穴行进。当他们开始登上圣彼得教堂前的台阶时，被皇帝的部下摔倒在地上，挨了各种毒打。他们的十字架被打碎，旗帜被撕开，能逃走的人则逃走了。有一个十字架令人惊异，值得敬畏。它是由神圣的海伦娜（Helena）精心制作的。她在该十字架中放置了能赋予生命的木块，并把十字架作为最好的礼物交给圣彼得。该十字架在一片混乱中破碎，被抛进一摊烂泥中。随后，一些人，据说是一些盎格鲁人，找回了那些碎片，并把它归还保管员。居于拉特兰宫（the Lateran

---

in B. Sawyer, P. Sawyer and I. Wood eds., *The Christianization of Scandinavia*, Alingsås, 1987, p.44; Simon Coupland, "From Poachers to Gamekeepers: Scandinavian Warlords and Carolingian Kings", *Early Medieval Europe*, vol. 7, issue 1, 1998, pp.101–103.

① 此处拉丁文为"imperator Italiae nominatus"，亦可翻译为"名义上的意大利皇帝"，暗含了年代记作者辛克马对路易二世皇帝权威的质疑，与这句话中路易二世伸张自己的皇帝权威形成了对比。——译者注

② 皇后恩格尔贝尔嘉是斯波莱托公爵阿德尔奇斯一世的女儿。阿德尔奇斯此前还担任帕尔马、克雷莫纳、布雷西亚等地的伯爵。恩格尔贝尔嘉出生于 830 年前后，在 851 年嫁给路易二世。在 855 年皇帝罗退尔一世去世前，恩格尔贝尔嘉很少介入加洛林家族的政治前台。这里是本年代记首次提到她，而她在此次事件中之所以发挥重要作用，很可能是因为路易二世的卧病。不过在此后十年的加洛林家族政治中，她的作用引人注目。——译者注

palace）[①] 的教宗听说了这些罪行，不久又从可靠渠道获悉自己会遭到捉拿，于是他秘密登船，渡过台伯河，藏身于圣彼得教堂中，在那里不吃不喝，过了两个昼夜。其间，那个胆大妄为、毁坏那令人敬畏的十字架的人死掉了。皇帝也发烧病倒，于是派他的妻子去见教宗。在她下令保证（教宗的安全）后，教宗来见皇帝。两人进行了对彼此都适宜的交谈之后，教宗回到罗马的拉特兰宫。随后，皇帝命令遭到革职并与自己一起前来的贡特尔和提奥高德返回法兰西亚。如前所述，贡特尔在返回罗马服侍路易（二世）的时候，送
107 给罗退尔（二世）王国内众主教一份恶魔般的、闻所未闻的条陈（capitula）[②]。他还派遣自己的兄弟即教士希尔杜因[③]，在自己部下的陪同下，将该条陈送给教宗。同时，贡特尔指示希尔杜因，若教宗拒绝接收该条陈，就将它抛到圣彼得的遗体上。该条陈的前言如下：[④]

贡特尔和提奥高德在此祝愿各位神圣的、尊敬的兄弟和主教同仁安康。我们诚恳地向你们这些最真挚的兄弟请求，请即刻把神圣的祷告作为安慰提供给我们吧！（因为）我们正在为你们祈祷。若有人不怀好意，将有关我们的流言传到你们耳中，你们切莫对此烦扰和惊慌。我们深信我们最怜悯、最恩慈的天主，（因为）有天主的助佑，诸多敌人针对我们和我们的国王的诡

---

① 拉特兰宫位于罗马城内的凯里安（Caelian）小山上。它在 4 世纪以后的一千多年中一直是罗马教宗的主要府邸。——译者注

② 条陈是一种正式的公文，其主要的特点是分条表述。它既可用于上级对下级的命令，比如主教们在各自辖区发布的命令，也可以用于同等身份的人之间相互传递信息，还可以用于下级对上级的申诉和吁请。——译者注

③ 根据《克桑滕年代记》有关 871 年的史事记载，希尔杜因是贡特尔的侄子而非兄弟。这一记载可能更为可信，因为该年代记是由科隆的一个教士所写的，而贡特尔正是科隆的大主教。在 862 年，罗退尔二世就试图安排希尔杜因担任康布雷主教，但是遭到了辛克马的阻挠，未能如愿。在虔诚者路易死后的三个后续王国中都有希尔杜因的家族人脉。*Annales Xantenses et Annales Vedastini*, edited by Bernhard von Simson, *MGH, Scriptores Rerum Germanicarum in Usum Scholarum Separatim Editi*, Hannover and Leipzig: Hahnsche Buchhandlung, 1909, p.129.——据英译者注

④ 这份条陈的前言流传甚广，其原因是贡特尔刻意传播他自己的主张。——据英译者注

计都不会得逞。被人称为教宗的尼古拉[①]将自己列为众使徒之一，自视为全世界的皇帝。在他那些人所共知的密谋者和宠信者们的煽动和祈求下，他意欲责罚我们。不过，他发现人们在基督的帮助下以各种方式抵抗他的疯狂之举，而他随后所做的一切也让他自己后悔不已。我们已给你们送去这封签了名的条陈，目的在于让你们从中明了我们对这位教宗的驳斥。在我们已离开罗马，并走了很长返程路的时候，我们再次被召回罗马。当我们启程返回罗马时，为了避免你们对我们的长久耽搁感到惊讶，我们给你们写了这封短信。务请你们无论亲自还是通过你们的使者和信件，经常探望和鼓励我们的主上国王（罗退尔二世），要为其赢得每一位你们所能赢得的朋友和忠诚者；尤其要始终劝谏和鼓舞国王（日耳曼人）路易，与他一起为公众利益而精心谋划，因为我们的和平仰赖于国王们的和气。[②]各位主上兄弟[③]，请保持精神的平和，心灵的安宁，因为我们愿意秉承天主的意愿告诉你们一些事情，这 108
些事情能使你们借着天主的灵的指引，坚持自己应做的事以及做事的方式，避免错误。切记要设法劝谏这位国王（日耳曼人路易），使其在明白事理之前，能在各种建议面前镇定不动。另外，最亲爱的兄弟们啊，我们认为有必要而且值得称道的是，我们应毫不动摇地信守我们当着天主和众人的面，对我们的国王所发的忠诚誓言。万能的主定会在他的神圣事业中保佑你们。[④]

---

① 这一表述意味着条陈的作者不愿承认尼古拉是教宗。——译者注

② 提奥高德和贡特尔两位大主教显然认为日耳曼人路易会赞同罗退尔的离婚诉求。——据英译者注

③ 此处拉丁文为“domini fratres”，并不是指其他同仁主教是条陈作者贡特尔和提奥高德的主上，而是因为这些主教都是其他人的主上，这一用语属于贡特尔和提奥高德对同仁主教的敬称。——译者注

④《富尔达年代记》同样抄录了这份条陈，但是并没有两位大主教所写的这段作为序言的“短信”，条陈的文本也存在细微的差异，且《富尔达年代记》所抄录的条陈中没有本年代记所抄条陈的最后一条。两种年代记中所抄录的条陈为何会有文辞的差异呢？学界一般认为，《圣伯丁年代记》在抄录该条陈时作了修改润色，而修改者很可能就是辛克马本人。不过，有的学者，比如格兰特等拉丁文编者，认为辛克马有意使条陈对教宗尼古拉一世的批判更加尖锐，目的在于减弱两位大主教在条陈中的说服力，因为辛克马本人是罗退

第一条　听着，主上教宗尼古拉！众教父和兄弟，即我们的主教同仁们派我们来见你，因此对我们已经作出的裁断，我们自愿前来向作为长者的你[①]咨询，同时也按照我们已经清楚地看到的，按照我们的同伴们和赞成者们能够知晓的，以书面形式，陈述了我们所遵从的权威和情理，以便睿智的你能在明察一切后，向我们说明你的意见和愿望。而如果神圣的你对此有更好的见识，我们谦卑地恳请你就此给我们以指示和教导，因为无论你认为怎样更正确、更公正，我们和同仁们都已经准备好予以接受。

109 第二条　三个星期以来，我们一直在等待你的答复，但是你并未给我们任何确切的答复和教义的明示。你只是在某一天公开说，从我们在状书（libelli）中的陈述来看，我们似乎是情有可原的，清白无辜的。

第三条　最后，我受到召唤，被带到你面前，毫不怀疑你会有任何敌意。当那里的各个大门被闩上之后，你以强盗的方式实施了阴谋。教士和俗人聚集混合为一群人，你极力粗暴地将我们压迫到这群人之中。未举行宗教会议，未依据教会法进行核查，无一控诉者，无一证人，未对辩论予以分析审核，缺乏令人信服的权威证据，缺乏我们的亲口供认，也缺乏其他大主教、主教和我们的同仁们的出席，没有听取众人的意见，你仅凭一己意愿，以暴君式的狂躁，意欲责罚我们。[②]

第四条　但是，我们绝不接受你那毫无教父慈善、摒弃兄弟友爱、违背教会法律，为针对我们而不正义、不合理地作出的邪恶判决。而且，我们与

尔二世离婚诉求的坚决反对者。相反，有的学者，比如英译者詹尼特·尼尔森则认为辛克马轻微地缓和了条陈原有的语气，使条陈对教宗尼古拉一世的批评更经得起考验。——参考了英译者注

① 此处拉丁文为“tuum magisterium”。

② 在《富尔达年代记》提供的文本中，“意欲责罚我们”之后还包括“并担当起宣读官（lector）的职责，宣读了一份他人胡乱递给你的状书，而当时在你的身边站立着阿纳斯塔修斯。这位阿纳斯塔修斯曾经是一名教士，但因收受贿赂遭到惩罚，被解除职务、革除教籍，而他履行职责时的罪恶却左右着你的狂躁”。也就是说，状书强调教宗的决定是受了阿纳斯塔修斯的影响。——译者注

全体到会的同仁们一起，认为这是徒劳而邪恶的审判，已经予以鄙视和拒绝。你眷顾着那些因拒绝和蔑视神圣宗教而受到谴责，被革除教籍的人，与他们往来，我们不愿接纳你这样一个人进入我们的团体和同僚之中。可喜的是， 110
由于你傲慢地将自己凌驾于整个教会集体和兄弟组织之上，由于你鄙视该集体组织，由于你骄傲忘形，你已使自己不再称职，脱离了这个集体组织。

第五条　因此，由于你的轻浮草率，你将革除教籍的毁灭性判决施加于你自己。你叫嚣说，“不守使徒训示之人，当受绝罚”，而你知道自己多次破坏了，且仍然在破坏着这种训示。神圣法律和神圣教规中只要有对你不利的，你就废止它，而不愿步你的前任罗马教宗们的后尘。

第六条　因此现在，由于我们认识到了你的诡诈和狡猾，我们并非被强加给我们的虐待所激怒，而是在目睹你试图以暴力攻击我们的整个教会秩序的时候，不顾我们地位的低微，满怀热情地反对你的不公。①

第七条②　我们简要复述一下我们在这个特殊情景下的立场是什么。神圣的教会法律明白无误地证明，值得尊重的世俗法律也同样规定，任何人不准将一个生来自由的处女作为姘妇交给一个男人，当该女孩从未同意这种非法结合的时候尤其如此。但如果她与她的丈夫是出于忠诚、深情和爱恋，在父母的同意下缔结婚姻的，她就应该被认定为是完全的妻子，而非姘妇。③

---

① 在《富尔达年代记》提供的文本中，第六条内容为：“因此现在，由于我们认识到了你的诡诈和狡猾，知晓了你的不称职和对权力的骄傲，我们不会向你和你的傲慢作任何妥协。你正是凭借这种傲慢，支持针对我们的判决，把我们作为敌对者迅速打击。你知道我们不是你的人，便自我吹嘘，自我拔高。假如不是趾高气扬，你应该把教士们视为兄弟和主教同僚。我们对自己的身份不是没有自知，但我们被迫作此回应显然是因为你的不称职。我们并非只是受了刺激才反对你施加于我们的羞辱，而是要拍案而起，饱含教会的热情，反击你的不公。我们心中所挂念的并非自己的一介微躯；相反，我们眼中所关切的是我们（教士）的整个阶层，因为你正极力用暴力打击这个阶层。”——译者注

② 《富尔达年代记》提供的文本中不包含第 7 条。——译者注

③ 两位大主教毫不妥协地主张，无论从教会法还是从世俗法来看，瓦尔德拉达都已经成为罗退尔二世的合法妻子。他们的理由就是当时日耳曼人盛行的事实婚（德语中所说的 Friedelehe）。不过，现在学界的主流观点是，当时日耳曼人中并不存在所谓的事实婚制

111 不过，上述教宗尼古拉拒绝接收这份文件。前述希尔杜因毫无敬意，带着贡特尔的部下，武装进入圣彼得教堂，企图遵照他的兄弟贡特尔对他的指令，在教宗拒绝接受时，将那份魔鬼般的文件扔在圣彼得的遗体上。当被卫兵们阻止时，希尔杜因和他的同伙们就开始用棍子殴打这些卫兵，致使其中一人当场死亡。随后，希尔杜因将那份文件扔在圣彼得的遗体上，继而他和那些与他一起来的人拔出剑，一边自卫，一边离开教堂，在完成令人悲叹的任务后，回到贡特尔的身边。

数日之后，当皇帝（路易二世）的随从犯下劫掠、毁坏房屋、奸污修女及其他女子、杀戮男子、捣毁教堂等许多罪行之后①，皇帝离开罗马，到达拉文纳，怀着对天主和众使徒应有的尊敬在那里庆祝了复活节（4 月 2 日）。就在那个耶稣受难日（3 月 30 日）②，贡特尔到达科隆。他就像一位心中无神的人一样③，擅自举行弥撒，为圣油祝圣。不过，提奥高德则心怀敬畏地遵命放弃职位。罗退尔（二世）在身边其他主教的配合下，剥夺了贡特尔的（大）主教职位。他仅凭一己之意愿，将该职位授予于格，而于格乃是国王（秃头）查理的舅父康拉德和罗退尔（二世）的姨母所生的儿子。他虽然是一个受了剃度的教士，但仅位列副助祭，在品行和生活方面甚至不及守信
112 的平信徒。④贡特尔对此非常愤怒，带着该城（科隆）主教座堂的剩余财宝，

度，事实婚作为一种婚姻形式只不过是 19 世纪的历史学家们虚构的。此外，当时谣传教宗已经将两位大主教复职。对此教宗尼古拉写信辟谣，该信见 *MGH, Epp*.VI, p.313。从这一封信来看，尼古拉对两位大主教从法律方面所作的申辩无动于衷，不予采信。Ruth Mazo Karras, “The history of marriage and the myth of Friedelehe”, *Early Medieval Europe*, vol. 14, issue 2, pp.119–151.——参考了英译者注

① 英译者翻译为“破坏教堂的特权”，ecclesiarum infractionibus。

② 耶稣受难日（Good Friday）是基督徒纪念耶稣基督被钉死受难的日子，该节日在复活节前的星期五。——译者注

③ 此处拉丁文为“ut homo sine Deo”，英译者翻译为“godless man”。——译者注

④ 这位于格的父亲康拉德是秃头查理的母亲朱迪斯的兄弟。于格的母亲阿德莱德是图尔伯爵于格的女儿，而罗退尔二世的母亲，即罗退尔一世的妻子是图尔伯爵于格的另一位女儿埃尔蒙嘉德。也就是说，这里提到的这位于格和罗退尔二世是姨表兄弟。此外，日耳

再次回到罗马，意欲遵照教宗的命令，公布他自己和罗退尔（二世）在有关提奥贝尔嘉和瓦尔德拉达的事情上的所有捏造。但是罗退尔王国内的主教们派遣使者，携带着依据教会法所作的忏悔书和供认状，去见教宗，因为他们在提奥贝尔嘉和瓦尔德拉达的问题上严重偏离了福音书中的真谛、使徒的训示和神圣的教规。① 罗退尔（二世）也以其一贯的虚假，派斯特拉斯堡主教拉托尔德带着文件② 去见教宗，声称自己情有可原，承诺自觉改正。罗退尔自己则经贡德勒维尔（Gondreville）庄园③ 和勒米尔蒙（Remiremont）④，去往名为奥尔布的地方，会见他的兄长（皇帝路易二世）。

（秃头）查理遵照教宗的命令，派罗特哈德在勒芒主教罗伯特的陪同下，携带书信去罗马，而他王国内的众主教也派他们的代表，携带着（梅斯）宗教会议参会者有关罗特哈德案件的信件⑤，去见使徒之座。路易（二世）拒

曼人路易是这位于格的姑夫，因为他的妻子埃玛是这位于格的父亲康拉德的妹妹。这位于格早年进入修道院，后来成为欧塞尔的圣热尔曼修道院院长。尽管他发愿隐修，却是一位能征惯战的修士。他曾受秃头查理的命令出征讷韦尔地区。当 858 年日耳曼人路易侵入西法兰克王国而秃头查理被强人罗伯特等不少部下离弃的时候，这位于格给了表兄弟秃头查理坚定的支持。不过，随着后来秃头查理与强人罗伯特和解，这位于格被排挤出西法兰克王国，投奔他的表兄弟罗退尔二世。一方面，于格就任科隆大主教，反映了日耳曼人路易的影响。另一方面，罗退尔二世抛弃为其离婚诉求而不懈努力的贡特尔，既是为了缓和与教宗尼古拉一世的关系，也是为了撇清自己与贡特尔的侄子（而非兄弟）希尔杜因在罗马所犯亵渎行为的关系。——译者注

① 其中，梅斯主教阿德旺修斯（Adventius）为自己辩护的陈述书得以保存至今。该信全文见 *MGH, Epp*. VI, pp. 219–222。阿德旺修斯显然参与了罗塔林吉亚其他主教们的陈述。——据英译者注

② 这份文件全文见 *MGH, Epp*. VI, pp. 217–219。有学者认为，罗退尔的这一悔过信乃是阿德旺修斯为其书写的。——据英译者注

③ 贡德勒维尔庄园位于今天法国东部默尔特—摩泽尔省图勒（Toul）县，在图勒东边约 5 公里，南锡西边约 17 公里的地方。该地在 7 世纪就已经成为法兰克王国的王宫之一。——译者注

④ 勒米尔蒙位于今天法国东北部孚日省，摩泽尔河的左岸，距离摩泽洛特（Mosellote）河和摩泽尔河的交汇处不远的地方。——译者注

⑤ 关于梅斯宗教会议的决议和对罗特哈德问题的处理，参见本年代记上一年的史事记载及注释。——译者注

绝让这些使者们过境。[①] 国王（秃头查理）和主教们的这些使者们秘密地告知教宗他们不能前往罗马的原因。当其他人回到自己的王国时，罗特哈德佯装患病，留在贝桑松。在其他人离开之后，罗特哈德在罗退尔和日耳曼之王路易部下的协助下，取道库尔，去见意大利皇帝路易（二世），以便在他（路易二世）的帮助下去往罗马。

国王（秃头）查理的使者们在履行使命方面鲜有所成，于是放弃使命返回。洪弗里德在离开图卢兹和戈西亚后，经由普罗旺斯前往意大利的部分地
113 区，因此（秃头）查理再次派遣其他使者们去图卢兹和戈西亚，以便接收那里的城市和要塞。[②]

保加尔人名叫……的可汗[③] 曾经许诺说愿意成为基督徒，日耳曼之王路易率军前去会见他。如果诸事顺利，他打算从那里去平定（邻近）文德人的边疆区。

北方人乘许多船只进驻佛兰德斯，遭到了当地民众的抵抗，于是溯莱茵河而上，蹂躏了罗退尔（二世）和（日耳曼人）路易王国内临近该河两岸的地区。

（秃头）查理于 6 月 1 日在一个叫皮特雷的地方举行了大会议，会上他不仅收纳了岁贡，还收纳了由布列塔尼人的公爵萨洛蒙按照其先人的惯例从布列塔尼交来的 50 磅银作为贡金。在那里，（秃头）查理下令在塞纳河上修

---

① 路易二世担心秃头查理和教宗尼古拉一世之间会就罗塔林吉亚的继承问题达成某种交易。——据英译者注

② 在这一年史事的一开始，辛克马就已经记载了秃头查理在贡比涅“派遣使者们去戈西亚接收那里的城市和要塞”，故而此处是“再次”派遣。有的学者质疑辛克马弄错了事情发生的时间，因为从第一批使者派出、归来到第二批使者的派出之间肯定需要一定的时间间隔。不过，辛克马在此明确使用了“再次”一词和“其他使者们”这样的表述，这就表明他清楚一年之内派出两次使团之间所需要的时间间隔，也清楚后一次使团的成员与上次不同，因此我们最好还是接受他的记载。——译者注

③ 抄本此处缺失了这位可汗的名字“鲍里斯”（Boris）。鲍里斯在 863 年就跟日耳曼人路易联合起来，对付他们共同的敌人摩拉维亚人（Moravians）。关于这位鲍里斯，参见本年代记有关 866 年的史事记载及注释。——据英译者注

筑防御工事，以防北方人溯河而上。在忠诚者们的建议下，他追随他的列祖列宗，制定了多达 37 条的法令（capitula），让其整个王国都将这些法令作为法律（legalia）予以遵守。①

阿奎丹人设下计策，将叛教的丕平（二世）从他所勾结的北方人那里擒获，并将他带到此次大会议上。他先是被王国内的显贵们判定为国家和基督教的叛徒，后又被全体与会者判处死刑，随后被极其严密地囚禁于桑利。②

---

① 本年代记此处的作者辛克马参与了这些法令的起草。“法令”是国王在大会议上经显贵们的同意发布的命令，它体现出来的主要是国王的意旨和创制。而“法律”（lex 或 capitula legalia）则是在国王的推动下，由显贵们将法兰克人或其他部族不成文的习惯法提升、归纳并书写下来的。法律虽然往往也经过国王的权威发布，但更多体现的是各个部族的传统习俗和制度。年代记此处的表述旨在强调，国王欲将自己的命令转变为民族的共同习俗。《皮特雷敕令》（*Edictum Pistense*）是秃头查理在其整个统治中发布的最系统、最长的条令。除去秃头查理本人的序言和结语外，该敕令正文的确像本年代记所记载的那样，由 37 条组成。在该敕令中，秃头查理为了打击维京人，加强了兵役征发，强调了河道上石桥和堡垒的修筑，严禁民众向维京人售卖兵器和马匹。此外，他还在该条令中加强了国王对钱币铸造和流通的控制，大大减少了铸币厂的数量，严厉打击伪造变造钱币以及拒收合法钱币的行为。这次会议以及这一敕令是秃头查理在整个王国面临维京人严峻外部威胁的情况下，通过与显贵们达成共识，团结力量抵御外敌的举措，也是他加强王权的重要手段。另外，《皮特雷敕令》的许多条文援引了由安塞吉所收集汇总的加洛林先公先王们的条令。也就是说，本年代记此处所记载的“追随他的列祖列宗”，并非只是套语。该敕令的全文见 *Capit*.II, no.273, pp.310–329。——译者注

② 桑利是这一时期秃头查理主要的王宫和最稳固最忠诚的根据地。10 世纪的时候，维埃纳的阿多（Ado）续写了本年代记。据他的续编，丕平二世是被普瓦图伯爵拉努尔夫擒获的。*Ex Adonis Archiepiscopi Viennensis Chronico, Continuatio I, in MGH, Scriptores,* tomus II, edited by Georg Heinrich Pertz, Hannover: Hahnsche Buchhandlung, 1829, p.324. 在此次会议上，辛克马还草拟了对丕平的指控，该指控书见 *MGH, Epp*.VIII, no.170, pp.163–165。在皮特雷大会议之后不久，丕平二世应该就离世了，而且随后再没有关于他的更多消息。——据英译者注

伯纳德[1]是已故的暴虐的伯纳德[2]的儿子，这不仅体现在骨肉方面，而且体现在品行方面。他佯装要返回自己的采邑，为此得到国王的准许，在一
114 个夜晚率部下离会[3]，但他却躲藏于森林之中，等待合适的时间和地点蓄意杀人。据一些人说，他打算杀死国王（秃头查理），（因为）他（秃头查理）在法兰克人作出判决之后，下令处死了他的父亲。而据另一些人说，他打算杀死忠于国王的（强人）罗伯特和拉努尔夫（Ranulf）。[4]国王获悉此事后，派人去捉拿伯纳德，以便将其带到他的面前，伯纳德于是潜逃。国王经忠诚者们的审判，没收了封授给伯纳德的采邑，并将其授予他的忠臣罗伯特。前些时间，埃格弗里德（Egfrid）曾与斯蒂芬一起，让（秃头查理）国王的同名儿子（少年查理）忤逆父亲。他（埃格弗里德）被罗伯特擒获，并在皮特雷大会议上被带到国王的面前。在罗伯特和其他忠臣们的恳请下，国王宽恕了埃格弗里德对自己所犯的罪行。当埃格弗里德用誓言作了保证之后，（秃头）查理恩赐给他礼物，准许他安然无恙地离开。[5]

查理从皮特雷返回后，于7月1日左右进入贡比涅，以极大极多的礼物

---

① 这个伯纳德是于844年被秃头查理处死的塞普提马尼亚伯爵伯纳德的儿子。据他的母亲杜奥达在其《教子手册》的前言中记载，这位伯纳德生于841年3月22日。秃头查理给他的采邑很可能就是欧坦伯爵区，或者包括欧坦伯爵区。关于杜奥达给儿子的手册，参见刘颖、王晋新：《一部奇异家书——西方学界关于多达〈人生指南〉研究的启示》，《古代文明》2015年第4期。——参考了英译者注

② 此处拉丁文为“tyrannus”，该词通常用于指僭主、暴君。鉴于塞普提马尼亚的伯纳德并非君主，所以此处将其翻译为形容词“暴虐的”。——译者注

③ 这一记载表明，那时各地的显贵们很可能是带着各自的部下参加大会议的，而且会议期间未经国王准许，不得擅自离会。——译者注

④ 这位拉努尔夫是普瓦图伯爵拉努尔夫（二世）。他的父亲拉努尔夫（一世）是奥弗涅伯爵吉尔哈德（Gerhard）和虔诚者路易的一位女儿所生的儿子。拉努尔夫一世在839年到866年是普瓦图伯爵。他于866年去世后，他的儿子拉努尔夫（二世）接替他成为普瓦图伯爵。因此，拉努尔夫二世有加洛林家族的血缘。——译者注

⑤ 埃格弗里德是一位在普瓦图和昂古穆瓦都有势力的显贵。他可能是842年被秃头查理任命为图卢兹伯爵的那个人的亲属，甚至是儿子。关于斯蒂芬和少年查理的叛乱，参见本年代记有关862年的史事记载及注释。——据英译者注

厚赠(上一年）冬季之前萨拉森人的国王穆罕默德派来觐见自己的那位使者，派遣自己的使者们陪同他，将他足够体面地送回（他的）国王那里。①

日耳曼之王路易的儿子卡洛曼被软禁在父亲身边。他假装去狩猎，却逃离父亲。他在先前背弃他的那些边疆伯爵们的同意下，再次占据被他父亲所剥夺的那些边疆区。②他的父亲追捕他，他在（从父亲那里）得到（安全）保证后，被迫前去见父亲，父亲则授予他采邑。（日耳曼人）路易在从那里返回法兰克福王宫的途中，在去某灌木丛中捕猎野鹿的时候，从马上摔下，伤及肋骨，在附近一所修道院卧床。于是，他派自己的儿子（小）路易先行 115
去他的（日耳曼人路易自己的）妻子所在的法兰克福王宫。他本人则不久康复，随后跟去。

教宗尼古拉再次向高卢各地、日耳曼各地以及比利时行省的所有大主教和主教们送去信函，旨在落实对特里尔大主教提奥高德和科隆大主教贡特尔的罢免。罗退尔（二世）王国内其他的主教们在同意他（罗退尔二世）与提奥贝尔嘉离婚，并让他的姘妇瓦尔德拉达取而代之以后，已经致信教宗，表达了他们自己的忏悔，（于是）尼古拉向他们发出信函，赦免了他们，就像他在前述信函中所承诺的那样。③他召集（众主教）11 月初在罗马举行宗教会议，宣告他将在会议上重新确认对上述（两位）昔日大主教的革职，讨论罗退尔（二世）和君士坦丁堡大教长伊格内修斯（Ignatius）的事情。这位伊格内修斯已于上一年被贬黜，受命取代其位的是一位被剃度的平信徒，一

① 参见本年代记上一年的史事记载。——译者注

② 《富尔达年代记》并未提及 864 年卡洛曼的再次反叛，但是在有关 863 年的史事记载中提到了边疆伯爵贡达查尔（Gundachar）的叛乱。——参考了英译者注

③ 参见本年代记上文有关 863 年史事的记载。教宗尼古拉一世对提奥高德和贡特尔两位大主教坚决革职惩处，而对罗退尔王国内的其他主教们则给予宽恕，这是为了孤立罗退尔和支持他的两位大主教。教宗将两位大主教革职的信函原文见 *MGH, Epp*.VI, no.29, pp.295–297。他宽恕其他主教们的两封信函则见 *MGH, Epp*.VI, nos.30–31, pp.297–299。——参考了英译者注

位刚刚成为主教的人。① 前述提奥高德和贡特尔自愿前来参加此次宗教会议，（因为）他们觉得，在皇帝路易（二世）的干涉下，他们能够让教宗为他们复职。

被人称为意大利皇帝的路易（二世）欲用箭射杀一只站在乱石丛中的雄鹿，结果（反而）遭到该雄鹿的重创。罗马的使徒之座尼古拉通过特使（apocrisiarius）② 阿森尼乌斯（Arsenius）③ 请求路易（二世）允许自己派遣使者们就某些教会事务去见（秃头）查理。但是路易（二世）觉得，教宗派遣使者们进入法兰西亚是有意针对自己的，故而予以拒绝。

116 胡伯特是一位结了婚的教士，也是圣马丁修道院的院长。（因为）他违背意大利皇帝路易（二世）的意愿，霸占了属于后者的圣莫里斯（St-Maurice）修道院和其他采邑，（所以）被后者的部下杀死。④ 胡伯特的姐姐（或妹妹）提奥贝尔嘉被罗退尔（二世）抛弃后，投奔（秃头）查理，寻求庇护。查理

---

① 关于君士坦丁堡大教长伊格内修斯被佛提乌斯取代一事，参见本年代记 863 年的史事记载及注释。罗马教宗尼古拉在 862 年之后拒绝承认佛提乌斯，这可能是因为他致力于使保加尔人皈依罗马教廷，防止他们倒向拜占庭大教长。——参考了英译者注

② 该词源于希腊语，意思是“回答者”或“答复者”。它最初用于指古代晚期和中世纪早期拜占庭大教长或其他主教派驻在皇帝宫廷的代表或特使，可以代表大教长或主教向皇帝作出答复、咨询或承诺。同样，中世纪早期罗马教宗派遣常驻拜占庭的代表或特使也被称为“apocrisiarius”。在加洛林帝国时期，罗马教宗派驻加洛林皇帝或国王宫廷的特使也被称为“apocrisiarius”。有时，加洛林王宫中德高望重的神职人员，特别是宫廷教长也被称为“apocrisiarius”，但这往往是一种荣誉头衔，享有这一头衔的人很多时候并非教宗的特使。辛克马在其所写的《论宫廷的管理》（*De Ordine Palatii*）中（第 19 章和第 20 章）就将“apocrisiarius”这一头衔用于加洛林的宫廷教长。也有学者认为，辛克马这种用法属于一厢情愿，并没有得到来自罗马教宗的确认或同意。——译者注

③ 阿森尼乌斯 855 年到 868 年担任意大利奥尔泰的主教。关于他对教宗尼古拉一世的支持，参见上文有关 855 年和 858 年的史事记载及注释。——译者注

④ 胡伯特是提奥贝尔嘉的兄弟，参见本年代记有关 858 年和 862 年的史事记载和注释。他还短暂地担任过洛贝（Lobbes）修道院的院长。根据《克桑滕年代记》有关 864 年的史事记载（p.23），胡伯特是“被康拉德的儿子们”，即小康拉德和于格所杀的。——据英译者注

授予她阿韦奈（Avenay）修女院[①]，将圣马丁修道院授予他宫廷中的一位助祭恩吉尔温（Engilwin）。[②]

安茹伯爵（强人）罗伯特攻打盘踞在卢瓦尔河上的两股北方人。其中一股除少数逃脱外，皆被他歼灭。但是另一股人数较多，从后面袭击他，使他受伤。因此，他在丧失了少数部下后，主动撤退，不日康复。

865年

国王（秃头）查理在基耶尔济王宫庆祝了圣诞节。他继而到韦尔[③]庄园，并于2月中旬左右在杜济（Douzy）[④]庄园足够体面地接待了他的兄长（日耳曼人）路易，后者是带着儿子们前来与他会见的。[⑤]他们在那里与他

---

① 我们无法确定860年至864年间提奥贝尔嘉身处何地。阿韦奈在今天法国的马恩省，位于兰斯附近。它是加洛林家族的女眷们孀居后养老的处所之一。——参考了英译者注

② 图尔的圣马丁修道院院长职位因胡伯特死亡而空缺。秃头查理任命来自宫廷的牧师恩吉尔温接替这一职位，显示了他控制这一重要教堂的决心。此外，恩吉尔温在871年还成为巴黎主教。——据英译者注

③ 关于韦尔，参见本年代记有关838年的史事记载及注释。——译者注

④ 杜济位于今天法国北部阿登省，查理曼在此营造了王宫。——译者注

⑤ 秃头查理和日耳曼人路易在此次会面中发布了对双方显贵们的通告，全文共七条，见*MGH, Capit*.II, no.244, pp.165–167。他们决定摒弃前嫌，恢复友爱，就像860年在科布伦茨所承诺的那样。同时，他们公开批评了罗退尔二世在婚姻问题上违背神圣法律的不当行为。他们可能已经在此次会议上讨论了如何在将来分割罗退尔二世的疆土问题。《富尔达年代记》错误地将此次会谈记载到了864年的史事中。据该年代记记载："(864年)9月，路易和查理两位国王和兄弟在杜济庄园相聚。他们达成协议，无论双方之间因人性的弱点或士卒的恶意挑唆发生了什么，双方都觉得应当全然忘却，既往不咎。双方均选派了合适的证人和劝勉者，保证永远遵守协议中的条款，毫不违背。路易从查理一方选出了兰斯（大）主教辛克马和伯爵英吉拉姆（Engilram）；查理从路易一方选出了（美因茨）大主教留特伯特和（希尔德斯海姆）主教阿尔特弗里德，以便一旦有人破坏了协议中的誓约，他们能够予以劝勉，提醒勿忘前事，从而使双方能更容易地固守原先的协议。"不过，辛克马在《圣伯丁年代记》此处的记载中并未提到自己被日耳曼人路易选为双方协议的保证人和监督人这件事。——译者注

们双方的忠臣们一起讨论之后，派遣阿尔特弗里德（Altfrid）和埃尚劳斯（Erchanraus）两位主教[①]去见他们的侄子罗退尔（二世），要求他既然常说自己要去罗马，就首先要遵照教宗和他们的劝诫，纠正自己因违背神圣的和
117 世俗的法律而在教会中犯下的罪行，因为他以自己的鲁莽之举玷污了教会；其次，若他愿意，可以在安顿好自己的王国之后，奔赴众使徒的门槛前，寻求获得宽恕。不过，罗退尔（二世）推断他们（日耳曼人路易和秃头查理）打算夺取并瓜分他的王国，便派遣他的舅父留特弗里德[②]去见他的兄长意大利皇帝（路易二世），请求他（路易二世）让教宗为了他的利益，致信他的两位叔父，以便他们对他的王国保持和平，不对他施加任何侵害。对此，皇帝路易（二世）照办了。

其间，盘踞在卢瓦尔河上的北方人在神圣的裁断下，受顺风的大力推动，沿着这条河航行到了一所被称为弗勒里（Fleury）的圣本尼迪克特修道院，并火烧了它。他们在归途中又焚烧了奥尔良城以及城内和附近的多座修道院，只有圣十字架教堂除外。尽管北方人大费周折，大火还是无法将它吞噬。于是，他们顺流而下，洗劫了附近各地，而后返回他们的据点。

（日耳曼人）路易从杜济赴巴伐利亚，与儿子卡洛曼完全和解，归还了从他手中没收的多个边疆区，然后返回法兰克福王宫。

（秃头）查理经阿蒂尼到了桑利，在那里欢度了大斋节和复活节（4月22日），并派遣已故伯纳德与伯爵罗尔戈的女儿所生的儿子伯纳德[③]赴戈西亚，将该边疆区的一部分托付于他。查理这样才到达韦尔庄园，接待了前来

---

① 阿尔特弗里德当时是希尔德斯海姆主教，埃尚劳斯则是夏龙主教。——译者注

② 留特弗里德是图尔伯爵于格的儿子，他的姐姐（或妹妹）嫁给了罗退尔一世，因此留特弗里德是罗退尔二世的舅父。参见本年代记有关862年的史事记载及注释。——译者注

③ 这里所说的是戈西亚边疆伯爵伯纳德。他的父亲是在844年普瓦图战役中阵亡的那位伯纳德。他的母亲是罗尔戈的女儿布利希尔德（Blichild）。这位伯纳德在868年的史事记载中被再次提及。值得注意的是，戈西亚边疆伯爵伯纳德并非上一年史事中辛克马所说的塞普提马尼亚边疆伯爵伯纳德的儿子伯纳德。辛克马在两处提到伯纳德时采用不同的用语，提供详细的信息，就是为了避免读者混淆这两位伯纳德。——译者注

觐见的阿奎丹主教们和其他显贵。在他们的多番请求下，查理允许他那尚未 118
完全痊愈的儿子（少年）查理以国王的名号和权力返回阿奎丹。[①]

教宗尼古拉（一世）派他的谋臣奥尔泰主教阿森尼乌斯[②]携带书信，去见（日耳曼人）路易和（秃头）查理兄弟俩以及他们的两个王国内的主教和权贵们[③]。这些信函中包含了罗退尔（二世）通过其兄长（路易二世）所转达的请求。这些信函没有罗马主教（教宗）致信国王们时常有的那种使徒式的温和与敬重，反倒饱含恶意的威胁。这位阿森尼乌斯经由库尔和阿勒曼尼，到达法兰克福王宫，将教宗的书信交给了日耳曼之王路易，继而从那里到达贡德勒维尔，见到罗退尔（二世），将教宗的书信交给他和他王国内的显贵们。信中称，除非罗退尔（二世）重新接纳他的妻子提奥贝尔嘉，抛弃瓦尔德拉达，否则在阿森尼乌斯回禀之后，尼古拉就会将罗退尔（二世）逐出整个基督徒共同体，因为教宗已在先前的许多信函中多次警告他会被革除教籍，逐出基督徒的共同体。这样，在7月中旬左右，阿森尼乌斯从罗退尔（二世）那里来到阿蒂尼王宫，见了（秃头）查理，以应有的礼节交给他信函，就像交给（日耳曼人）路易和罗退尔（二世）信函那样。他还将罗特哈德带回来，转交给（秃头）查理，因为罗特哈德在被五位教省（大）主教[④]依据教会法规罢免之后，又被教宗尼古拉不合法地、专横地复职。尽管神圣
的教会法规定，若一位主教从其职位上被他所在教省内的众主教免职之后寻 119
求罗马主教的庇护，罗马主教应致信该教省周围和附近教省的众主教，以便

① 关于小查理的受伤，参见本年代记上一年的史事记载。——译者注

② 关于阿森尼乌斯，参见本年代记有关855年的史事记载及注释。——译者注

③ 教宗尼古拉一世的确写了三封信，而且这三封信都流传至今。写给秃头查理和日耳曼人路易的信分别是 *MGH, Epp*.VI, no.33, pp.301–303 和 no.38, pp.309–312。写给众主教和显贵们的则是 no.34, pp.303–305。在这封信中，教宗要求主教们警告秃头查理“不要进入皇帝（路易二世）的兄弟（罗退尔二世）的王国”。《圣伯丁年代记》此处没有提到的是，皇帝路易二世865年2月在帕维亚召集了宗教会议，要求教宗尼古拉一世宽恕罗退尔二世的王国内的两位大主教提奥高德和贡特尔。——据英译者注

④ 除了桑斯、兰斯、鲁昂和图尔四个教省外，还包括布尔日。——参考了英译者注

这些主教们尽可能仔细地核查事情的缘由，秉持真正的信仰作出决断；若他再次被主教们免职并求助于罗马主教，则罗马主教应要么派遣全权代表会同主教们审判，要么信任主教们能够依据职责审结此案。① 教宗不愿如此行事，而是在主教们已经作出审判，并依据神圣的准则将所审判的整个事情禀告使徒之座之后，仅凭一己之权力，就将罗特哈德复职。他将被复职的罗特哈德连同一封信函一起送给（秃头）查理。（他在）信中声明，若有人否定这位罗特哈德作为主教的任何东西（权益），无论是职位还是财产，都应无一例外地被革除教籍。② 罗特哈德未经那些罢免他的主教们的知情和同意，就这样通过（教宗的）特使阿森尼乌斯被重新安置到他的主教职位上。

此后，阿森尼乌斯前往杜济，带着在（秃头）查理的王国体面地居住了一些时日的提奥贝尔嘉，去见罗退尔（二世）。他在接受了罗退尔（二世）12 位部下的誓言（保证）之后③，将提奥贝尔嘉交还给罗退尔，将其置于婚姻之中，尽管罗退尔并未遵循神圣的教规，为自己众所周知的通奸（行为）
120 在教会中作出任何补赎。罗退尔的（12 位）部下对提奥贝尔嘉所发的誓言正是阿森尼乌斯从罗马带来并由他口述的，内容如下：

---

① 辛克马这里援引的是 343 年撒尔底迦（Sardica）宗教会议所制定的教会法的第七条。而这些教会法规包含在 774 年查理曼于罗马从教宗哈德良一世那里得到的《狄奥尼修斯教会法汇编》（后来被称为《狄奥尼修斯—哈德良教会法汇编》）之中。这一条教会法规定，如果一位主教认为自己在其教省的宗教会议上受到不公正的对待，那么他必须直接向罗马教宗上诉，而那些审判这位主教的人们也必须就该案向罗马汇报。罗特哈德已经将案件上诉到特里尔的大主教。但是对辛克马来说，是兰斯大主教而不是特里尔大主教拥有对此案的管辖权。此外，年代记作者辛克马在此处批判了罗马教宗直接审判案件、武断否定教省宗教会议决议的做法。——参考了英译者注

② 在《德意志历史文献集成》的《加洛林时期的书信》第四卷中收录了教宗尼古拉一世写给西法兰克王国的三封信，其中第 69 封（no.69, pp.384–388）是写给秃头查理的；第 70 封（no.70, pp.389–391）语气极其冷淡，是写给辛克马的；第 71 封（no.71, pp.392–400）带有严厉斥责的语气，是写给西法兰克王国的主教们的。——参考了英译者注

③ 这一法律程序在早期中世纪的欧洲颇为常见。辛克马从朗格勒主教伊萨克（Isaac）和沙隆主教埃尚劳斯（Erchanraus）那里获得了这一保证书的抄本。——据英译者注

“我是某某某[①]。借助我亲手触摸着的基督神圣的四部福音书，借助诸位圣徒的这些遗物，我发誓承诺，我的主人，国王罗退尔（二世），最为安详且虔诚不朽的皇帝罗退尔（一世）的儿子，无论现在还是今后，都将接纳他的妻子提奥贝尔嘉为他的合法妻子，在各方面都如此待她，如同国王应该对待身为王后的妻子那样。她不会因前述纠纷受到任何伤害；不仅性命无忧，肢体亦不会受到伤害；不仅前述我的主人罗退尔（二世）（本人）不会伤害她，他也不会唆使、援助或同意任何人伤害她。他待她，将如同一位国王应该待他的合法妻子那样。不过其条件是，她从今往后应自我管束，就像妻子应该在各方面维护她的主人（丈夫）的尊严一样。

“如此宣誓的人的名字是：米洛（Milo）、拉塔尔（Rathar）、埃兰德（Erland）、条特马尔（Theutmar）、韦朗巴尔德（Werembald）和罗库尔夫（Roculf）等（六位）伯爵；埃勒巴尔德（Erlebald）、伍尔弗里德（Wulfrid）、埃杜尔夫（Eidulf）、贝特蒙德（Bertmund）、尼萨尔（Nithard）、阿尔诺斯特（Arnost）等（六位）封臣[②]。此番誓言是在小纪第13年的8月3日，在名叫旺德雷斯（Vendresse）[③]的地方，在天主的四部福音书、吾主神圣的十字架最珍贵的木块以及圣徒们的其他遗物之上所发的。此番誓言发于蒙受三重赐福[④]的、位同天使的[⑤]教宗尼古拉在位时期，在神圣天主教会至尊者和使徒之座的信使和特使，即拥有使徒之权力并代表上述教宗尼古拉的可敬的主教阿森尼乌斯的调解和安排下进行的。到场并介入（见证）了这些誓言的诸位主教的名字则是：贝桑松大主教阿尔杜伊克（Arduic）[⑥]、里昂大主教雷

① 即每个宣誓者在此处应说自己的名字。——译者注

② 此处拉丁文为“vassalli”。——译者注

③ 此处拉丁文为“Vindonissa”。旺德雷斯位于今天法国北部阿登省，默兹河支流巴尔河左岸（北岸）河畔，距离巴尔河汇入默兹河的地方大约10公里。——译者注

④ 此处拉丁文为“ter beatissimus”，指蒙受圣父、圣子、圣灵的同时赐福。——译者注

⑤ 此处拉丁文为“coangelicus”，指教宗处于类似天使的地位，属于褒扬教宗的套语。——译者注

⑥ 阿尔杜伊克843年到871年担任贝桑松大主教。——译者注

米(Remedius)①、维埃纳大主教阿多(Ado)②、阿尔勒大主教罗兰(Roland)③、
121 梅斯主教阿德旺修斯(Adventius)、凡尔登主教阿托(Atto)④、圣兰伯特(St-Lambert，列日)主教佛朗哥(Franco)⑤、斯特拉斯堡主教拉塔尔德(Ratald)、皇帝(路易二世)的宫廷教士和特使富尔克里克(Fulcric)。来自(秃头)查理的王国的有：朗格勒主教伊萨克和夏龙主教埃尚劳斯。⑥使徒之座的特使即可敬的主教阿森尼乌斯和上述列出名字的大主教、主教们一起亲手从来自(秃头)查理一方的这些人手中接纳了王后提奥贝尔嘉。亲临该地并耳闻目睹了这一当众发出誓言的还有许多来自不同王国的显贵们和大批民众，我

① 雷米852年被罗退尔一世安排为里昂大主教，他死于875年10月28日。——译者注

② 阿多大约生于800年。他出生于显贵之家，幼年作为捐献儿童进入费里埃尔修道院学习，后转入特里尔修道院学习。853年后，他在罗马和拉文纳住了5年。后来，他在里昂大主教雷米的举荐下，成为维埃纳一个教区的教士，859年被推举为维埃纳大主教并于次年获得祝圣，开始任职。他参加过860年在杜济举行的宗教会议，召集过870年维埃纳教省的宗教会议，死于875年12月16日。——译者注

③ 851年到869年担任阿尔勒大主教。关于大主教罗兰的死亡，参见本年代记有关869年的史事记载。在861年，辛克马曾经写信给阿尔勒大主教罗兰，请求后者保护兰斯大主教在普罗旺斯的田产，即被称为“civitis Fretus”的庄园。当时秃头查理欲吞并侄子普罗旺斯的查理，因此作为普罗旺斯的查理的辅政大臣，杰拉尔德(Girard de Roussillon)欲侵夺辛克马在普罗旺斯的田产，因为辛克马是秃头查理的谋臣和主要支持者。或许出于这种威胁，辛克马成功地阻止了秃头查理对普罗旺斯的兼并计划，从而也消除了自己在普罗旺斯的田产所遭受的危险。罗兰在864年是高卢唯一支持教宗尼古拉一世，反对罗退尔二世离婚诉求的主教。他也参加了864年的皮特雷大会。他在次年，即865年2月，参加了由皇帝路易二世召集的、在帕维亚举行的会议，此次会议实现了意大利众主教与普罗旺斯众主教的团结。——译者注

④ 阿托847—870年在任。——译者注

⑤ 佛朗哥858—901年在任。参见本年代记有关869年的史事记载。——译者注

⑥ 维埃纳大主教阿多860—875年在任。他的出席体现了教宗尼古拉一世和皇室路易二世对罗退尔二世施加的压力，因为阿多与罗马有密切联系，并在加洛林帝国各地有广泛联系。在此次会议中充当秃头查理的使者的朗格勒主教伊萨克是辛克马的门客之一。他于859年在朗格勒这个边疆地区任职(直到880年)，这体现了秃头查理权力的恢复。夏龙主教埃尚劳斯(858—868年在任)是秃头查理宫廷中的重要人物，在9世纪60年代诸王国的斡旋中发挥了重要作用。——据英译者注

们无法将他们的名字全部列于此页。”

当日，使徒之座的特使即主教阿森尼乌斯，与上面列出名字的所有大主教和主教们一起，将王后提奥贝尔嘉交还到国王罗退尔（二世）手中，并恢复了她的地位。这不只是因为上述誓言，也是因为如下的禁令和绝罚：若他（罗退尔二世）在任何方面未遵守或履行上述誓言，则在天主和使徒之长圣彼得一起进行恐怖的审判①时，他不仅今生今世，而且永远都应受到清算。在这一审判下，他（罗退尔二世）应永远受到他（使徒之长）的责罚，应遭受永恒的火刑。

其间，罗退尔（二世）遣使（秃头）查理，希望并请求两人之间相互巩固友谊，订立盟约。在（秃头查理的）王后埃尔蒙特鲁德的介入下，他（罗退尔二世）得偿所愿，来到阿蒂尼，受到（秃头）查理友好而体面的接待，并获得了他所请求的盟约。阿森尼乌斯也回到那里（阿蒂尼），带来了教宗尼古拉的一封信。此信一反此前使徒之座的克制和温和，而是饱含着闻所未闻的可怕诅咒。除非前些年从阿森尼乌斯手中夺走大量财宝的那些人作出补救，设法归还他（阿森尼乌斯）的被抢之物，（否则教宗将对他们施加诅咒）。除这封信以外，阿森尼乌斯还宣读了另一封关于革除恩格尔特鲁德教籍的信，因为她抛弃丈夫博索，与自己通奸的人避居罗退尔（二世）的 122
王国。② 在（秃头）查理的保护下，主教阿森尼乌斯还接受了一个名为旺德夫（Verdeuvre）的庄园。该庄园是虔诚而不朽的皇帝（虔诚者）路易授予圣彼得的，但是它被一位名叫居伊（Guy）的伯爵③霸占多年。阿森尼乌斯在完成自己出使（秃头）查理的诸项使命之后，与罗退尔（二世）来到贡德勒维尔，而提奥贝尔嘉已先于他到达那里。他在那里滞留了数日，因为瓦

---

① 指末日审判。——译者注

② 参见本年代记有关 863 年的史事中对此事的记载和相关的注释。——译者注

③ 这位居伊可能是秃头查理在 9 世纪 60 年代最为亲信的顾问之一。他在 869 年之前就去世了，因为秃头查理在 869 年为这位居伊安排了悼念仪式。这位居伊的采邑在勃艮第。——据英译者注

尔德拉达将被人带到那里交给他，由他从那里带到意大利。他在圣母升天日（8 月 15 日）与身着王室服装、头戴冠冕的罗退尔和提奥贝尔嘉一起举行了弥撒。① 随后，他带着瓦尔德拉达前往奥尔布，据说意大利皇帝路易(二世)将在那里会晤罗退尔。从那里，他途经阿勒曼尼和巴伐利亚，意在接受这两个地区属于圣彼得的收入，然后回到罗马。

（秃头）查理率军离开阿蒂尼，去对付那些乘 50 艘船进入塞纳河的北方人。途中，因卫兵的疏忽，他丢失了三顶极好的王冠、几件极其高贵的长袍和一些其他的珍宝。(但是)，不日之后，他找回了这一切，仅少数宝石因动荡和混乱而丢失。盘踞在卢瓦尔河上的北方人随心所欲，徒步到达普瓦提埃，在火烧该城之后，又返回他们的战船，且毫发无损。不过，罗伯特在己方未受损伤的情况下，杀死了这批盘踞在卢瓦尔河上的北方人中的 500 多人，并将北方人的旗帜和武器送给（秃头）查理。查理来到北方人所滞留的皮特雷这个地方。在瓦兹河和马恩河上，在（分别）被称为欧韦（Auvers）② 和沙朗通（Charenton）③ 的两个地方，当地居民自古就建有两座桥。但是，他们在这两座桥被北方人破坏之后，无力重修。于是，查理为了在塞纳河上
123 修筑防御工事，采纳了忠诚者们的建议，下令从更远的地方征召民众服役，重修这两座桥。(不过）其条件是，重修这两座桥乃是出于紧急之需，这次修桥的人今后不应（再）被迫承受此等劳役。④ 查理在派遣岗哨驻守塞纳河

---

① 这场仪式象征着提奥贝尔嘉恢复了她作为王后的尊严。现藏于大英博物馆的一尊雕刻的水晶被称为“罗退尔水晶”或“苏珊娜水晶”。它是在“法兰克人的国王罗退尔”的要求下雕刻而成的。它描绘了圣经中苏珊娜（Susannah）被错误地指控犯有通奸而后又得以洗雪清白的故事。这一水晶雕刻应该就是为纪念这场仪式而制作的。——参考了英译者注

② 欧韦位于今天法国北部巴黎岛大区瓦兹河谷省（Val-d'Oise），该地也被称为瓦兹河畔的欧韦（Ouvers-sur-Oise）。——译者注

③ 沙朗通位于今天法国北部巴黎岛大区的马恩河谷省（Val-de-Marne），在巴黎东南郊，塞纳河右岸，马恩河即将汇入塞纳河的地方。该地在 7 世纪的时候便建有桥，是进入巴黎的重要通道，因此也被称为沙朗通桥（Charlonton-le-pont）。——译者注

④ 秃头查理在 864 年《皮特雷敕令》的第 27 条中就规定，伯爵们应调查各自伯爵区内民众所承担的兵役，民众应按照不同的比例，从一户一役到五户一役，承担筑城、修桥、铺

两岸之后，于9月月中去奥维尔庄园（Orville）[①]狩猎。由于此时岗哨们尚未到达塞纳河内侧（东侧）驻防，北方人选派出大约200人去巴黎找酒。他们未找到想找的酒，便毫发无损地返回那些派遣他们出来的北方人那里。随后，500多人决定从塞纳河外侧（西侧）出发去洗劫沙特尔，但是遭到该河守军的阻击，有的丧生，有的受伤，（余则）撤回战船。

（秃头）查理派他的儿子（口吃者）路易进入纽斯特里亚，既未恢复他的国王名号，也未禁止他使用国王名号，仅赐予他安茹伯爵区、马穆提埃修道院院长职务和一些庄园。但是，已经成为安茹边疆伯爵的罗伯特不仅被授予他已经拥有的采邑，还被授予欧塞尔和讷韦尔两个伯爵区。[②]

日耳曼人之王路易接待了他派去征讨文德人（Wends）并得胜而归的军队。他那位与他同名的儿子（小路易）违背父亲的意愿，与阿达拉尔德的女儿订婚，为此着实触怒了父亲的心。[③]（秃头）查理到达科隆，意在会见兄

路等劳役。他还在这一条命令中强调，此乃其父治国的第十六年（即829年）所发布的命令，因此是一项古老的习惯。参见 *MGH, Capit.* II, no.273, c.27, pp.321–322。不过，从上下文的语境来看，本年代记所强调的是，民众虽然有筑桥的义务，但是只是有义务在居住地附近修筑他们有可能使用的桥，没有义务去更远的地方修筑他们极少使用的桥。——译者注

① 拉丁文作“villa Odriaca”，位于今天法国北部的埃纳省，在欧蒂河（Authie）的右岸（北岸）。——译者注

② 在851年秃头查理将南特授予埃里斯波埃之后（参见本年代记有关851年的史事记载），昂热就成为布列塔尼边疆区的重镇。本年代记864年的史事中记载罗伯特获得了欧坦伯爵职位。罗伯特的权力中心由纽斯特里亚转移到勃艮第，这说明秃头查理并不像一些学者所说的那样有意执行一种建立巩固的地方诸侯的政策。另外一个反例是，曾担任欧塞尔伯爵的康拉德二世（参见本年代记有关858年的史事记载及注释）在864年就将自己的势力转移到了罗退尔二世的中法兰克王国。——据英译者注

③ 这位阿达拉尔德的身份无法确定。他的势力和领土可能在特里尔附近，即中法兰克王国。除此处外，没有文献提到他的这位女儿。阿达拉尔德很可能没有男嗣，小路易意欲通过婚姻与阿达拉尔德联手，很可能是为了以女婿身份继承他的土地，从而将自己的势力拓展到中法兰克王国。而由于罗退尔二世后继无人，中法兰克王国的未来具有很大的不确定性，因此小路易有可能因此大大拓展自己在中法兰克王国的政治机会。这充分体现了他的政治野心。——参考了英译者注

124 长（日耳曼人）路易，并与其愉快商谈。除了商谈其他事情外，查理还针对前述（小路易的）忤逆之举，设法调解这对父子，不过（先决）条件是他（小路易）将来不得迎娶阿达拉尔德的女儿。随后，（日耳曼人）路易返回沃尔姆斯，（秃头）查理则返回基耶尔济。他（秃头查理）在途中获报，北方人于 10 月 18 日侵入圣德尼修道院，滞留那里约有 20 日，每日往他们的船上搬运抢得之物。他们在多番掠夺后，返回他们离该修道院不远的各个营地，且未遭受任何人的抵抗。

其间，盘踞在卢瓦尔河上的北方人联合布列塔尼人，攻击勒芒城。他们洗劫了该城，返回他们的战船，（却）未受惩罚。① 阿奎丹人征讨以希格弗里德（Sigfrid）为首的盘踞在夏朗德河（Charente）② 上的北方人，杀死了其中约 400 人，（迫使）其余人逃回他们的战船。

查理在贡比涅接待了上一年被他派往科尔多瓦觐见穆罕默德的那些使者们。他们带回了许多礼物，即由骆队驮着的轿子和箱子，（其中有）多种多样的布匹和很多香水。查理从那里到达鲁伊（Rouy）庄园 ③。在那里，他不仅削夺了受命防御北方人的阿达拉尔德所获得的采邑，而且削夺了他自己的
125 亲属于格（Hugo）和贝伦加尔（Berengar）④ 所获得的采邑，因为他们在对付北方人时毫无成效。查理将这些（被削夺的）采邑授予不同的人。那些洗劫了上述（圣德尼）修道院的北方人以各种方式患病，有的发疯，有的全身发痒生疮，有的从肛门排出带水的内脏 ⑤，并因而死去。查理派遣守军防御

① 这批北方人选择了秃头查理不在国内的良机进行劫掠。阿达拉尔德等人在 861 年就受命驻防卢瓦尔河（参见本年代记有关 861 年的史事记载），但是他们未能阻挡这批北方人。阿达拉尔德本人或许因为与东法兰克王国的小路易联姻，已经返回了中法兰克王国。——参考了英译者注

② 法国西南部的一条河流，全长 381 公里，发源于上维埃纳省，流经夏朗德省、维埃纳省和滨海夏朗德省，汇入大西洋。——译者注

③ 拉丁文作“Rofiacum villa”，位于今天法国中部的涅夫勒省。——译者注

④ 《富尔达年代记》在 866 年史事记载的一开始就提到了这位贝伦加尔。——译者注

⑤ 此处拉丁文为“Intestina cum aqualiculo per anum emittentes”。“anum”为圆形之物，可以指肛门或痔疮，英译者正是如此理解的。但格兰特等拉丁文本编者将其理解为“per

这些北方人，随后返回桑利，以庆祝圣诞节。他在那里获悉，他的儿子即圣热尔曼修道院的院长（罗退尔）去世了。①

866 年

（865 年）12 月 29 日②，有一部分盘踞在卢瓦尔河上的北方人出动，进入纽斯特里亚抢掠。他们攻击携手前来迎战的（三位）伯爵高兹弗里德、哈维和罗尔戈。③高兹弗里德的兄弟罗尔戈在战斗中阵亡，而北方人在伤亡了更多的人之后，逃回他们的战船。

国王查理的舅父鲁道尔夫因胆部疾病④亡故。⑤

北方人溯塞纳河而上，到达默伦要塞。（秃头）查理（派驻）在该河两岸的兵马前去迎战。北方人离船上岸，攻打由罗伯特和奥多指挥的貌似更强大、更勇猛的兵马⑥，使之不战而逃。他们将战利品装上战船，返回己方。

---

anum”，即“整年都在排泄带水的内脏”。考虑到内脏不可能排泄一年之久，故而此处采用了英译者的理解。——译者注

① 罗退尔死于这一年的 12 月 14 日。他此前在 863 年成为欧塞尔的圣热尔曼修道院院长。在他死后，秃头查理于 866 年将这个修道院院长职务给了三子卡洛曼。——据英译者注

② 在当时的纪年习惯中，新的一年始于圣诞节。因此，865 年 12 月 29 日的事情被记载在 866 年的史事中。——译者注

③ 关于他们三人的情况，参见本年代记 861 年和 863 年的注释。——译者注

④ 此处拉丁文为“passione colerica”，意思是胆部病痛。“colerica”源于“cholera”（胆、胆汁）。——译者注

⑤ 鲁道尔夫死于这一年的 1 月 6 日。他是康拉德、朱迪斯和埃玛的兄弟，是秃头查理外戚力量中的重要成员。他和他的弟弟康拉德曾在 830 年显贵们对虔诚者路易的反叛中被囚禁在阿奎丹（参见本年代记有关 830 年的史事记载）。秃头查理继承西法兰克王国之后，他们两人获释。在 845 年后，鲁道尔夫主要是在其外甥秃头查理的王国活动。据其死之后的碑文记载，他曾以平信徒的身份担任圣里基耶修道院（St-Riquier）院长 30 年，在“查理廷臣中无人能出其右”。该碑文参见 *MGH, Poet.Lat.*III, nos.91, 92, pp.352–353。——据英译者注

⑥ 有的学者认为这位奥多曾经是特鲁瓦伯爵，罗伯特的长期盟友，在失去特鲁瓦伯爵职位后，到 866 年的这场战役时已经成为马孔伯爵。也有的学者认为，这里提到的奥多是口

查理按北方人的衡器，以4 000磅白银与之媾和。为了支付贡金（给
北方人），他向自己王国各地征收赋税，从每个自由人的份地上征收6第
纳尔(denarius)①，从每个奴仆的份地上征收3第纳尔，从每个佃户(accola)②
126 征收1第纳尔，从每两个长工（hospitium）③征收1第纳尔，从每个商贩所
拥有的经过核查的财物中征税十分之一，每个教士也按照其所拥有的财物交
纳赋税。他还向所有法兰克人征收军费(heribann)④。此后(inde)每个份地，
无论是自由的还是不自由的，（又）交了1第纳尔。最终，在两次（per duas
vices）（征税）之后，依据王国内每位显贵在各自采邑上所拥有的收入多寡，
查理筹得了约定付给北方人的贡金⑤，其中既有白银，又有葡萄酒。除此以
外，被北方人掳掠为奴（mancipia）的人若在该和约后从他们那里逃走，要
么被送还给北方人，要么依北方人中意的价钱予以赎回；而若有北方人被

吃者路易的妻子的兄弟。——据英译者注

① 当时1第纳尔白银的重量约为1.75克。12第纳尔构成1索尔第（*solidus*），20索尔第构成1磅（libra）。根据查理曼在794年发布的有关赈济饥荒的条令，1第纳尔可以买到12个重量为2磅的小麦面包（参见 *MGH, Capit*.I, no.28, c.4, p.74）。在9世纪的西法兰克王国，许多农民每年向他们的领主支付8到18第纳尔。——参考了英译者注

② “佃户”是指租种不足一份地的小块土地的人。——译者注

③ “长工”或“寄居客”是指没有独立土地，寄居在主人或地主家中常年劳作的人。——译者注

④ “军费”原本是向那些不遵守军令、拒绝应召向国王服役的富裕法兰克人征收的罚款，通常为60索尔第，即720第纳尔。在9世纪，似乎它已经成为富裕自由民为免除军役而缴纳的常规款项。——参考了英译者注

⑤ 对这里所说的征税程序，有三种不同的理解。一种观点认为征税分两个阶段，第一阶段依据文中所述的征税标准向持有份地的自由人、奴仆、佃户、长工、商贩、教士等征收，因为所得不足以支付贡金，故而在第二阶段中向所有显贵们征税，补足所缺款额。第二种观点认为，征税分两个阶段，第一阶段如第一种观点所述，第二阶段则是因第一阶段征税不足，第二次向所有份地持有者按照每个份地交纳1第纳尔的标准征收，补足款额。而在两个阶段中，赋税都是由各地显贵们负责的，标准都是他们各自采邑中应交的数额。还有一种观点认为，在向农夫商贩征税之后，又分两次向显贵们征税，即总共征收了三次。笔者以为第二种解释更有说服力，因为从拉丁文句子的结构来看，“两次”征税都是“依据王国内每位显贵在各自采邑上所拥有的收入多寡”，即由这些显贵们代为征收的。——译者注

杀，则其偿命金也按照北方人的要价予以支付。

意大利皇帝路易（二世）与妻子恩格尔贝尔嘉（Engelberga）一起前往贝内文托，攻打萨拉森人。[①] 罗退尔（二世）收受贿赂，将从于格手中收回的科隆大主教职位授予贡特尔的兄弟希尔杜因。据有些人说，这是因为罗退尔受了他的兄长皇帝路易（二世）的干预。但实际上，除主教职责[②]外，该（科隆大主教）辖区依旧在贡特尔手中，且该辖区和特里尔教会（大主教教区）长期缺少司牧（pastor）[③]，这不仅有违神圣的教规，也严重危害众人。

（秃头）查理把从恩杰尔温（Engilwin）手中剥夺回来的圣马丁修道院院长职务授予伯爵罗伯特，并听从罗伯特的建议，将塞纳河外侧（北侧）的一些采邑分给罗伯特的亲信[④]。他还采纳罗伯特的建议，把（暴虐的）伯纳德的儿子伯纳德所占据的欧坦伯爵区授予自己的儿子（口吃者）路易，以使其富足。[⑤]

---

① 贝内文托战争是路易二世将自己的统治伸入意大利南部的重要步骤。——据英译者注

② 此处拉丁原文为“excepto episcopali ministerio”，英译者将其翻译为“with the exeption of sacramental functions”，即将“主教的职责”意译为主持各种圣礼的职责。——译者注

③ 司牧，这里指的是科隆和特里尔两个大主教职位。也就是说，虽然科隆大主教贡特尔和特里尔大主教提奥高德被革职，但是他们依然在争取复职，依然掌握着大主教的相关收入，只是并未公开主持圣礼而已。——译者注

④ 此处拉丁文为“complices”，具有贬义，相当于“同谋”。——译者注

⑤ 秃头查理授予罗伯特及其部下的这些位于塞纳河北侧的采邑，应当是属于圣马丁修道院的。这一封授对罗伯特家族在纽斯特里亚巩固自己的势力产生了重要的影响。在本年代记有关 864 年的史事记载中就提到，秃头查理将“伯纳德的采邑”授予罗伯特。这里秃头查理将欧坦伯爵区授予罗伯特，体现了同样的用意。罗伯特打压了伯纳德在欧坦的势力后，开始苦心经营纽斯特里亚。虽然《圣伯丁年代记》没有明言，但很可能此时罗伯特已经重新得到了昂热伯爵区。有的学者认为，罗伯特建议秃头查理将欧坦伯爵区授予口吃者路易，是为了使欧坦伯爵区成为王子直接统治的地区，迫使伯纳德放弃在这一地区的势力。不过，英译者认为，罗伯特此举包含私心，意在削弱伯纳德，壮大自己的势力。这里将拉丁文“ad eum ditandum”翻译为“以使其富足”，即旨在使口吃者路易富足。有的学者认为，此处的“ditandum”应为“dicandum”，并将其理解为“以使该伯爵区成为神圣的”（即王子治理的）。还有的学者认为，“ditandum”应为“dimicandum”，并将其理解为“以便打击伯纳德”。这里采取了英译者的理解和翻译。——参考了格兰特等拉丁文编者注和英译者注

127 6月，北方人从圣德尼修道院附近的小岛撤离，顺着塞纳河而下，到达一个适合他们维修和新造战船的地方，并在那里等待应该支付给他们贡金。查理带着工匠和车马，进军皮特雷这个地方，以完成防御工事，使北方人不能通过此地继续溯塞纳河而上。①

日耳曼之王路易率军进入（为）对付文德人（而设立）的边疆区，讨伐一批企图叛乱的部下。② 他先发制人，很快使叛乱者不战而降。于是，他命令未及完全动身的士卒留在家乡。

7月，北方人进入大海，其中一股暂时返回伊萨里亚（Isalia）地区③，为所欲为，恣意享受，但未公开联络罗退尔（二世）。④

128 （秃头）查理携带妻子，前往圣康坦修道院一个叫做拉维尼奥（La Vignole）⑤ 的庄园，去会见罗退尔（二世）。查理接管了罗退尔让与自己的圣

---

① 从862年的那场胜利开始，秃头查理就逐渐形成了一种对付北方人的策略，即通过修桥，阻断北方人利用河流向上游攻击或在攻击之后向下游逃窜。——译者注

② 《富尔达年代记》在866年的史事中记载："国王（日耳曼人）路易的儿子（小）路易对国王削夺了他的一些封地并转授给他的兄长卡洛曼难以忍受，这成为父亲的心腹大患。他派遣使臣，在图林根和萨克森各地广为通告，将他所能召集的人召集到身边，决定起兵反叛国王。他还将被其父亲革职的（三位）伯爵维林纳尔、尤托和贝伦加尔笼络到身边，心怀计谋，许诺说自己将重新授予他们先前的荣职。他派遣其军队的统领亨利（Henry）去拉斯蒂茨那里，极力请求，意在使拉斯蒂茨不会拒绝充当其阴谋的支持者。国王闻知此事，留下卡洛曼守卫巴伐利亚，自己则迅速进入法兰西亚，在法兰克福受到从各方涌来的部下的隆重接待，毫不费力地镇压了（小路易）已经发起的阴谋叛乱。那时站在他这一方的忠诚者们数量众多，敌对的一方若非畏惧他的儿子，毫无疑问是不可能联合起来的。"——译者注

③ 此处拉丁文本为"in pago Italiae"，由于北方人不可能进入意大利，而且意大利也不是一个地区（pagus），因此学者们将此处修正为"in pago Isaliae"，即当时弗里西亚的伊塞尔（Ijssel）地区。——译者注

④ 这些北方人想在弗里西亚获得土地封授，就像此前几批北方人在这一地区获得土地封授一样，参见本年代记841年和850年的史事记载和注释。——据英译者注

⑤ 此处拉丁文地名为"Ortiuinea"，位置不详。——译者注

瓦斯特(St-Vaast) 修道院①。据说，双方此举是为了达成某种互利的盟约。②

8 月，查理到达苏瓦松，参加了由教宗尼古拉召集的宗教会议。会上，查理遵照教宗的提议，决定搁置由前任兰斯大主教埃伯在遭到革职后所委任的伍尔法及其同僚们的问题③，因为他（秃头查理）出于对教宗的尊敬和对神圣教规的遵从，不能公然违背那些教规；倘若他作为国王，与其他人一起偏袒伍尔法太多，则不可避免地会引起纷争和怨言。虽然罢免伍尔法和其他人是由五个教省的主教们举行宗教会议并依据教规而作出的决定，且已经得到教宗本尼迪克特和教宗尼古拉的签字确认，但是如果教宗尼古拉愿意更改他已经确认的判决，那么遵循尼西亚大公会议赦免那些由已被定罪的梅勒修斯(Meletius) 所任命的人的先例④，依据非洲大公会议处理多纳徒派(Donatist) 的传统⑤，这些人仍然应被接受入教阶之中。随后，这场由

---

① 该修道院位于今天法国北部的加来海峡省，创建于 667 年，旨在纪念曾经担任阿拉斯（Arras）和康布雷主教的圣瓦斯特（约 453—540 年）。——译者注

② 罗退尔此举显然是为了寻求秃头查理支持自己与提奥贝尔嘉离婚。他被迫让与秃头查理土地，说明了自己当时处境的困难。教宗尼古拉一世在一封信中（*MGH, Epp*. VI, no. 48, pp. 329–332）谴责这是“毁灭提奥贝尔嘉的邪恶协约”。——据英译者注

③ 对于这一纠纷，参见本年代记有关 853 年史事记载的注释。辛克马在这一纠纷中显然有着自己的个人利益。如果埃伯在遭到革职之后所进行的祝圣是有效的，那么辛克马在兰斯教会的地位就会受到质疑。伍尔法原本是阿奎丹丕平二世的文秘长（chancellor），不过他大概在 848 年或 849 年就抛却丕平，成为秃头查理信任的宫廷教士之一，并担任了秃头查理的三子卡洛曼的私人教师。本年代记此处所记载的苏瓦松宗教会议有 7 位大主教和 28 位主教参加。查理在这次会议上决心解决埃伯所委任的神职人员的问题，他背着辛克马，与教宗尼古拉达成了解决方案。——译者注

④ 梅勒修斯是 4 世纪初期北非吕科波利斯（Lycopolis）的主教。在罗马皇帝戴克里先迫害基督徒的过程中，很多基督徒放弃信仰以求得生路。当迫害结束之后，他们中不少人寻求重归教会。亚历山大里亚的教长彼得秉持对这些人的宽容态度，主张重新接纳他们进入教会，但是吕科波利斯的主教梅勒修斯则坚决斥责这些贪生怕死的人以及接纳他们重归教会的人。彼得因此将梅勒修斯及其追随者革出教门。在 324 年由君士坦丁所召集的尼西亚宗教会议上，梅勒修斯被重新接纳为吕科波利斯主教，他在被革职期间所委任的神职人员也经过重新委任被视为合法的神职人员。——译者注

⑤ 多纳徒派是 4、5 世纪在非洲颇为流行的基督教派别。在戴克里先迫害基督徒的过程中，北非总督执行较为宽容的政策，基督徒只要交出圣经，便可被视为放弃信仰，不予惩处。

桑斯大主教埃杰尔（Eigil）召集的宗教会议致信教宗尼古拉，阐明了上述事宜以及宗教会议所讨论的其他事务，而且在散会时主教们并无分歧。[①] 如
129 今，正如（教宗）英诺森（一世）的敕答（所说），应一时之急需而产生的东西，随着这种急需之消失，应“自然消失，一如其应急而生，因为合法秩序是一回事，时局所迫之权宜（usurpatio）则是另一回事”[②]。秃头查理所求无他，只不过是以某种方式使伍尔法成为主教。在一些人看来，相比于在教会中引发混乱并触犯王权，更值得接受的是，把过去和现在都同样迫切的急需再次纳入议程之中，以避免纷争，就像（使徒）保罗践行律法的习俗，采纳雅各（James）[③] 和耶路撒冷诸位司铎的意见，在律法被废止后为提摩太行割礼一样[④]。事情如此决定之后，查理不等案件审结，以一己之意愿，在鲁

当迫害结束时，激进的信徒指责这些交出圣经的人是“叛徒”（traditor）。4 世纪初，迦太基的主教凯西里安（Caecilian）据说就是被“叛徒”所任命的，其反对者另外推选了多纳徒（Donatus）作主教，从而引起了当地教会的分裂。多纳徒及其支持者们后来被称为多纳徒派。这里所说的“非洲大公会议”指的是 418 年在迦太基召开的宗教会议。此次会议认为，虽然多纳徒派应该受到谴责，但是在婴儿时期由他们所施洗的人，可以被委以教职。——译者注

① 埃杰尔曾任普吕姆修道院院长，在中法兰克王国有诸多人脉关系。不过在 861 年，他转入西法兰克王国。秃头查理先是任命他为弗拉维尼（Flavigny）修道院（位于今天法国的科多尔省）的院长，而后于 865 年任命他作为桑斯大主教维尼罗的继任者。埃杰尔与辛克马关系紧密，辛克马曾认真地给他写信，请他在前往罗马的时候替自己向教宗尼古拉说情，并让埃杰尔给教宗捎去一封信。辛克马给埃杰尔以及教宗尼古拉的信参见 *MGH, Epp.* VIII, nos.185–188。教宗尼古拉在回信中严厉谴责了辛克马和参加苏瓦松会议的其他主教们，同时命令，如果没有人提出对埃伯所委任的神职人员的真正指控，那么这些神职人员必须在一年之内得到复职。尼古拉的这两封信参见 *MGH, Epp.* VI, nos.79–80, pp.414–431。——据英译者注

② 英诺森一世的这封信参见 *PL,* tomus 20, Ep.17, col.532。辛克马从《狄奥尼修—哈德良教令集》中援引了英诺森一世的权威意见，参见 *PL*, tomus 67, col.260。——据英译者注

③ 雅各为耶稣的使徒之一，44 年在耶路撒冷殉教。——译者注

④ 据圣经新约的《使徒行传》（第 15—16 章）记载，在耶路撒冷的早期基督教团体中发生了关于异教徒皈依者是否应按照犹太人的律法行割礼的争论。保罗主张应放宽对非犹太人皈依者的要求，并将此事诉诸耶路撒冷的司铎们讨论，最后司铎们同意，可以“不把我们（犹太人）的祖宗和我们不能承受的轭，放在门徒的颈项上”。但是，对母亲是犹太

道尔夫最近亡故的情况下，将布尔日大主教职位授予上述伍尔法。[①] 不过，在主教们离开该城（苏瓦松）之前，查理请他们将他的妻子埃尔蒙特鲁德祝圣为王后。主教们当着查理的面，在圣梅达德教堂完成了此事，与他（秃头查理）一起为她戴上王冠。[②] 从那里，查理携带王后，赴阿蒂尼王宫会见罗退尔（二世）。他们（秃头查理和罗退尔）还将提奥贝尔嘉召回阿蒂尼，（那时）提奥贝尔嘉只不过是罗退尔名义上的王后，她已获准前往罗马。他们共同派出一个使团，意在将他们觉得颇为隐秘的事情禀报给教宗尼古拉。查理 130
派出的是桑斯大主教埃杰尔，罗退尔派出的是维埃纳大主教阿多和他的府内亲信瓦尔特[③]。随后，查理派遣他的儿子，即身为圣梅达德修道院院长的卡

人，父亲是希利尼人的一位名叫提摩太的人，保罗还是给他施行了割礼，以调解犹太教友的观点，“只因为那些地方的犹太人，都知道他的父亲是希利尼人”。国王秃头查理及其支持者们援引这一政治妥协的先例，是为了论证任命伍尔法为布尔日大主教乃是切实可行而又非常必要的权宜之计。——译者注

① 鲁道尔夫死于当年的 6 月 16 日或者 7 月 17 日，参见格兰特等拉丁文编者注。860 年后，布尔日对秃头查理控制阿奎丹日益重要，因此他千方百计将自己信任的人安插到该地大主教职位上。——参考了英译者注

② 这一祝圣仪式是在 8 月 25 日举行的。为了记述这一仪式，产生了《王后埃尔蒙特鲁德的加冕》这一文献。它很可能是由辛克马写的。这一文献的全文参见 *MGH, Capit*.II, no.301, pp.453–455。据此文献记载，鉴于王后埃尔蒙特鲁德为秃头查理所生的子女中有四个儿子死亡或者残疾，人们对王后是否还能生育，是否能生育健康的子嗣产生了质疑。本年代记此处所记载的对王后的祝圣，很可能就是为了消除这种质疑。也有的学者认为，秃头查理之所以在与埃尔蒙特鲁德结婚 23 年之后为她举行加冕礼，是为了展现自己与侄子罗退尔二世不同的形象，在罗退尔千方百计与合法妻子离婚的背景下，凸显自己对基督教婚姻的维护。Gudrun Pamme-Vogelsang, *Die Ehen mittelalterlicher Herrscher im Bild Untersuchungen zu zeitgenössischen Herrscherpaardarstellungen des 9.bis 12.Jahrhunderts*, München: Wilhelm Fink Verlag, 1998, S.29–30. 最近则有学者将埃尔蒙特鲁德的这次加冕解释为对其生育能力的彰显。Zubin Mistry, “Ermentrude's Consecration (866): Queen-Making Rites and Biblical Templates for Carolingian Fertility”, *Early Medieval Europe*, vol.27, issue 4, 2019, pp.567–588.——译者注

③ 关于维埃纳大主教阿多，参见本年代记有关 865 年史事的注释。关于瓦尔特，参见本年代记有关 862 年史事的注释。——译者注

洛曼[①]，将布尔日大主教职位授予伍尔法。卡洛曼和伍尔法刚到达那里（布尔日），上述宗教会议就已经散会，会议的书信也已被大主教埃杰尔送给教宗尼古拉。很快，在9月，一些对教会法律缺乏必要了解的主教们就被伍尔夫之流说服，屈服于卡洛曼的威胁，（因为）他是依仗父亲的权力行事的。他们违背一切教会法律，为一再提到的伍尔法穿上主教的服饰，而这与其说是就任主教的服饰，还不如说是带着诅咒的服饰。利摩日主教阿尔多(Aldo)与其说是伍尔法的委任者（ordinator)，还不如说是自己的罢免者。他在此委任仪式中患上高烧，不久而亡。[②]

（秃头）查理的儿子即阿奎丹人的国王查理由于数年前头部受到击打，伤及大脑[③]，因此长期忍受了癫痫的折磨。他于9月29日在比藏赛(Buzençais)[④]附近的一个庄园中去世。他的弟弟卡洛曼和伍尔法一起，将其安葬于布尔日的圣叙尔比斯（St-Sulpice）[⑤]教堂。

已故奥尔良伯爵奥多的儿子威廉乃（秃头）查理的表兄弟。他在勃艮第被查理的一些部下擒获。查理将其作为祸害国家的人[⑥]，下令在桑利附近砍去他的头。[⑦]

---

① 这一安排基于他们在卡洛曼和伍尔法之间良好的私人关系。伍尔法是卡洛曼的私人教师，他在850年成为圣梅达德修道院的院长，而卡洛曼在863年接手了这一院长职位。——参考了英译者注

② 有学者认为，阿尔多是伍尔法的亲属。——据英译者注

③ 参见本年代记有关864年的史事记载及注释。——译者注

④ 此处拉丁文地名为“Bosentiacae”。比藏赛位于今天法国中部的安德尔省。——译者注

⑤ 此处拉丁文人名为“Sulpitius”。叙尔比斯584年在国王贡特拉姆的支持下成为布尔日大主教，591年辞世。他死后成为圣徒，布尔日大主教座堂便是以他的名字命名的。——译者注

⑥ 此处拉丁文为“contra rem publicam agentem”。——译者注

⑦ 威廉的父亲奥多是秃头查理的妻子埃尔蒙特鲁德的父亲，因此威廉是秃头查理的妻弟而非表弟。奥多的父亲，即威廉的祖父是阿德里安（Adrian)，阿德里安的父亲是杰罗尔德（Gerold)，杰罗尔德是虔诚者路易的母亲希尔德嘉德的兄弟。也就是说，埃尔蒙特鲁德是秃头查理四代之内的血亲，这不符合教会婚姻法中近亲不得结婚的禁忌。尽管当时并没有人指责这桩婚姻是违背教会法的，但是谙熟教会法的辛克马还是将威廉称为秃头

北方人联合布列塔尼人，约有 400 人，带着马匹离开卢瓦尔河，攻击了勒芒。他们在洗劫该城之后的归途中，最远到达了人们称为布里萨尔特 131
(Brissarthe)① 的地方。在那里，他们攻击了罗伯特、拉努尔夫② 以及伯爵高兹弗里德和哈维所率领的强大军队——愿天主与他们同在。两军相遇，战斗开始之后，罗伯特被杀，拉努尔夫被击中，负伤逃跑，随后因伤身亡。在哈维也负伤，另一些人也被杀之后，其余的人撤退，各归其乡。③ 拉努尔夫和罗伯特此前不顾自己的（平信徒）身份，分别霸占了圣希拉里修道院和圣马丁修道院的院长职位，且不愿为此过错而接受惩罚，因此他们理应遭此报应。④

日耳曼之王路易的儿子（小）路易发动叛乱，反对其父。此乃维林纳尔(Werinhar)⑤ 等人的主意，因为这些不忠之人的采邑已被他（小路易）的父

查理的表弟而非妻弟。威廉很可能支持了塞普提马尼亚的伯纳德之子伯纳德在欧坦的叛乱。本年代记此处将其称为“祸害国家的人”，暗指他诉诸中法兰克王国罗退尔二世的干预。——译者注

① 布里萨尔特位于今天法国西部的曼恩—卢瓦尔省的北部，萨尔特河（Sarthe）的右岸。布里萨尔特这一地名的含义就是“萨尔特河上的桥”。——译者注

② 拉努尔夫是普瓦提埃伯爵。参见本年代记有关 864 年的史事记载及注释。——译者注

③ 布里萨尔特战役发生在当年的 9 月 15 日。《富尔达年代记》和《克桑滕年代记》都记载了罗伯特在此役中阵亡一事，不过都将此记载在 867 年的史事中。雷吉诺在其《编年史》中对此次战役的描述更为详细，这或许是因为他出生于法兰克尼亚，在这一地区有人脉关系和消息来源。关于勒芒伯爵高兹弗里德，参见本年代记有关 861 年的史事注释。关于哈维，参见本年代记有关 863 年的史事注释。——参考了英译者注

④ 站在国家和部族的立场上，罗伯特等人是战死疆场的英雄，但是辛克马却对他们口诛笔伐。这体现了辛克马对平信徒担任修道院院长职务的痛恨和谴责。——译者注

⑤ 维林纳尔的拉丁文名字为“Vvarnarius”。据《富尔达年代记》有关 865 年的史事记载：“伯爵维林纳尔是法兰克人的显贵之一。他在国王（日耳曼人）路易面前被指控策动拉斯蒂茨反对路易，于是被剥夺了公职。”维林纳尔是恩河（Enns）与维也纳森林（Wienerwald）之间的那片地区的伯爵。他与 861 年遭受清洗的贵族有联系。《富尔达年代记》并未提及《圣伯丁年代记》所说的 865 年日耳曼人路易的儿子小路易与阿达拉尔德的女儿之间的联姻，而此事相当重要，因为小路易与维林纳尔之间很可能有联系。——译者注

亲剥夺。[1] 他（小路易）还促使文德人拉斯蒂茨劫掠到巴伐利亚，以便趁着父亲及其忠诚者们奔忙于这些地区之机，自己可以更肆无忌惮地推进其所着手之事。但是，由于受他父亲托付而治理该边疆区的卡洛曼应对充分，拉斯蒂茨无奈据守自己的疆土。不过，老路易（日耳曼人路易）久经此等考验，
132 机智而迅速地赶往被称为法兰克福的王宫。在双方相互发誓之后[2]，老路易召唤这位儿子（小路易）前来见他。他们发誓，相互承诺在 10 月 28 日前按兵不动。于是，（老）路易迅速返回，对付拉斯蒂茨，巩固他的这一边疆区，打算在圣马丁节之前的第 8 天（11 月 3 日）[3] 返回梅斯，会晤他的弟弟（秃头）查理和侄子罗退尔（二世）。（秃头）查理通告部下，自己将带着一支他在那时所能动员起来的、主要由主教们纠合起来的军马，兵进梅斯。[4] 同时，查理将图尔和安茹两个伯爵区、圣马丁修道院和其他修道院的院长职位授予于格，即他的舅舅康拉德的儿子，并派遣他（于格）进入纽斯特里亚，接任罗伯特的职位。如同此前处置圣康坦修道院院长职位一样，查理处置了圣瓦斯特修道院的院长职位，将该职位以及较为富庶的庄园留在自己手中，其余都分给部下，这让其灵魂所受之害甚于部下所得之利。[5] 这样，（秃头）查理才踏上他所通告的作战征程。他携带妻子经兰斯城到达梅斯地区，继而到

---

① 据《富尔达年代记》有关 861 年的史事记载，公爵杰布哈德（Gebhard）的两个儿子尤托和贝伦加尔在当年的清洗中被革职，随后投奔秃头查理。但是后来，他们又被秃头查理削夺了官职。——译者注

② 此处拉丁语为“datis mutuo dextris”，字面的意思是“彼此给予对方右手”。因为发誓时常把右手放在圣经或圣物上，故而英译者将其翻译为“after an exchange of oaths”。笔者此处采用了这种理解。——译者注

③ 圣马丁节为 11 月 11 日，此前的第 8 天，即为 11 月 3 日。——译者注

④ 由于冬季大雪给粮草补给和兵马行动带来了困难，因此中世纪早期西欧在冬季很少发生战事。秃头查理决定在冬季兴兵作战，这体现了当时局势的严峻。而且，查理主要依靠教会提供的军役作战，也说明此次征战非同一般。小路易的叛乱给叔父秃头查理提供了向东进入中法兰克王国的借口。——参考了英译者注

⑤ 查理在此后的统治时间内很可能以平信徒的身份担任圣瓦斯特修道院和圣康坦修道院的院长。——据英译者注

达凡尔登。他在那里遇到了他的兄长（日耳曼人）路易派来觐见的使者们。他们禀告说，不论如何紧急，他（秃头查理）都不必率军去见其兄长，因为（日耳曼人）路易已如其所安排的那样，接纳了儿子，彻底平定了旨在反对他（日耳曼人路易）的叛乱，且那时（日耳曼人）路易不便远行至梅斯会见他（秃头查理），因为他正在为其王国之急务而赶赴巴伐利亚。不过，（秃头）查理住在凡尔登，以敌军之行径，蹂躏了该城及其附近地区约有 20 日。此时，他获悉罗退尔正在前来，而罗退尔原本一直与自己（罗退尔）王国内的主教们在特里尔，试图使提奥贝尔嘉再次以虚假的罪行自我控诉，并戴起修 133
女的面纱，而这是他（罗退尔）无法得逞的。最后，查理经原路返回兰斯城，而其部下则沿路劫掠。① 他继而到达贡比涅，在那里庆祝了圣诞节。

上一年天主给保加尔人的国王（鲍里斯）的王国内的民众降下征兆和苦难，对其予以启发和警告。鉴于此，这位国王（鲍里斯）打算成为基督徒。他如今接受了神圣的洗礼。② 但是，他的显贵们不愿承受此事，煽动民众反对他，欲置他于死地。十个伯爵区的所有人都聚集在他的王宫周围（反对他）。不过，他呼唤了基督的名字，带着区区 48 位留在他身边的笃信基督、热情澎湃的人，出发去对付所有那些大众。国王一出城门，就有 7 位教士出现在他和他身边的人面前，他们中每一位都手捧一支点燃的蜡烛，走在国王和国王身边的人前面。在反叛他的人们看来，一座熊熊燃烧的王宫正倒向他

---

① 在这整段记述中，辛克马从多方面对秃头查理予以尖锐批评。这很可能是因为秃头查理与辛克马这段时期在诸多问题上皆有冲突，比如秃头查理任用伍尔法、支持罗退尔二世的离婚诉求等立场都是辛克马所反对的。——译者注

② 鲍里斯在此之前已经与日耳曼人路易有过来往，参见本年代记有关 864 年的史事记载及注释。鲍里斯这次是从拜占庭帝国接受了基督教信仰，并在洗礼中采用了米哈伊尔（Michael）这一拜占庭皇帝用过的名字。在通常年份，辛克马在记载国王在何处度过圣诞节之后，就结束了对一年史事的记述。但是此处，他却以回顾的方式讲述了“上一年”和这一年东法兰克王国以及保加尔人中所发生的事情，似乎这整一段内容都是事后回顾并补充记述到 866 年的史事中的。另外，鲍里斯皈依基督教，接受洗礼，这发生在 864 年而非 866 年。辛克马将此事记载到 866 年的史事中，很可能是因为有关东方遥远地区的消息传到西法兰克王国需要较长的时间。——译者注

们，而陪伴在国王身边的人的马匹，则直立起来行走，用前蹄向他们袭来。他们为此惊恐发呆，以致既不尝试逃跑，也不企图回击，而是倒在地上，动弹不得。国王处决了52位最积极地煽动民众反对自己的显贵，准许其余民众安然无恙地离开。他派人见与其缔结和约的日耳曼之王路易，向其请求得
134 到一名主教和一批教士，并以应有的尊重接纳了路易所派来的人。[①] 路易则派人去自己的弟弟（秃头）查理那里，请求得到神圣的油瓶（vasa）、衣物和书籍。随后，（秃头）查理从其王国内的众主教那里收到不少东西，打算送交那位国王（鲍里斯）。[②] 保加尔人的国王派遣自己的儿子和王国内的许多显贵们去罗马。他将自己以基督之名战胜反对者们时所佩戴的兵器以及其他礼物一起送给圣彼得。他还向教宗尼古拉提出许多关于信仰和圣礼的问题，求他告解，并请求他为其派去主教们和教士们[③]，而他的确获得了这些。不过，意大利皇帝路易（二世）听闻此事，派人去见教宗尼古拉，令其将保加尔人的国王已经送给圣彼得的兵器和其他东西交给自己。当路易（二世）还在贝内文托地区的时候，教宗尼古拉将其中一些（鲍里斯的礼物）通过阿森尼乌斯交给路易，那时路易正在贝内文托地区。但是，对其他一些（礼物），教宗则编造了借口（婉言拒绝）。

① 《富尔达年代记》有关867年的史事中一开始便记载："国王（日耳曼人）路易答应了保加尔人的请求，派遣（帕绍）主教埃尔曼里奇（Ermanrich）和若干牧师、助祭前往该族传播天主教信仰。但当他们到达那里以后，发现那个地区到处都有罗马教宗派遣来的主教们在布道和施洗，因此他们在得到（保加尔人的）国王的许可后返回了自己的王国。"——译者注

② 此处拉丁文为"Unde Karolus ab episcopis regni sui non parvam summam accipiens, ei ad dirigendum regi."这句话并不完整，或者有误。根据语境，当指秃头查理在其王国内征集了圣经等用于圣事的书籍和物品，以便通过日耳曼人路易送交给保加尔人的国王鲍里斯。——译者注

③ 鲍里斯在决定皈依基督教的过程中，不仅向日耳曼人路易、罗马教宗尼古拉一世，而且向拜占庭皇帝发出了请求。他的目的在于从上述三方的相互竞争中谋求自己的利益和选择空间。教宗尼古拉一世的确写信答复了保加尔人，此信全文见 *MGH, Epp*. VI, no.99, pp.568–600。但是，鲍里斯最终接受了拜占庭的传教士和君士坦丁堡大教长的权威。——参考了英译者注

867 年

皇帝查理（曼）的外孙，其长女罗特鲁德的儿子，圣德尼修道院院长路易于 1 月 9 日去世。① 国王（秃头）查理将该修道院的院长职位留在自己手 135
中，他安排了总管（provost）②、监事（dean）③ 和宫廷总管（treasurer）④ 各一位，奉其之命负责管理和经营该修道院。他还安排了一位内府管家 ⑤，奉其之命负责管理该修道院的兵务。⑥ 他大概在大斋节的中期（大概 3 月 6 日），前往卢瓦尔河上被称为普伊（Pouilly）⑦ 的庄园，召集阿奎丹的显贵们到那里见他，立他的儿子（口吃者）路易为国王，统治这些阿奎丹人，并从他自己的宫廷为其选派了官吏。⑧ 从那里（普伊）返回后，查理在圣德尼修道院

---

① 关于这位路易的身世，参见本年代记有关 858 年的史事及注释。——译者注

② 此处拉丁文为“praepositus”，指在修道院内仅次于院长、依院长之命管理修道院的人，其地位与后世修道院内的“prior”类似。鉴于秃头查理在圣德尼修道院不设院长，因此这位总管就是按其旨意管理修道院的人。——译者注

③ 此处拉丁文为“decanus”。该词用于修道院时，原本指的是负责分管十位修士的资深修士。后来随着修道院内修士人数的增加，出现了一位总管其他“decanus”的“decanus senior”或“decanus maior”。本年代记此处“decanus”为单数，应该指的是在圣德尼修道院内管理众修士生活的人。——译者注

④ 此处拉丁文为“thesaurarius”，指负责收纳地租、赋税等收入，采买蜡烛、衣物、谷物等物资的人。——译者注

⑤ 此处拉丁文为“maior domus”，字面意思是“府邸的管事”（the master of house）。该词也用于表示加洛林家族在墨洛温王朝所担任的“宫相”职位。这里它用于表示圣德尼修道院内的一个职司，而且所负责的是兵务，因此我们结合字面意思将其翻译为“内府管家”。——译者注

⑥ 此处“兵务”的拉丁文为“militia”。该词也可以指普通民众承担的兵役。在修道院地产上的民众所承担的兵役，由修道院负责征发和管理。这也体现了当时主教和修道院院长等教会人士所承担的军事职责。——译者注

⑦ 拉丁文为“Bellus Pauliacus”。该地位于法国中部的涅夫勒省，卢瓦尔河右岸河畔。——译者注

⑧ 这是秃头查理控制口吃者路易的重要手段，也是加洛林统治者们控制子王的常用手段。口吃者路易的阿奎丹王国乃是西法兰克王国的一个分王国（sub-kingdom），显然处于父亲秃头查理控制之下。尼古拉一世曾在 865 年和 866 年致信阿奎丹的贵族们，威胁秃头

度过了复活节（3 月 30 日）。然后，他又前往梅斯会晤他的兄长日耳曼之王路易。5 月 20 日，他在萨穆西(Samoussy）王宫[1]接见了桑斯大主教埃杰尔，后者带来了教宗尼古拉的信函，此信旨在恢复兰斯教会的教士们，即伍尔法和他的同僚们的职位。尼古拉为这些人竭尽全力，将他们视为已经恢复教阶之人，并在此信中将许多事情归咎于兰斯大主教辛克马，而这些事情显然并
136 不真实，不合情理。[2]上述大主教埃杰尔还给这位主上（秃头）查理带来了教宗尼古拉写给罗退尔及其王国内众主教的信函。这封信讨论的是罗退尔的两位妻子，即提奥贝尔嘉和瓦尔德拉达的纠纷，并要求将瓦尔德拉达送往罗马。[3]查理站在教宗的立场上，将信函交给了前来阿蒂尼王宫与其会见的罗退尔。继而，查理前去与其兄长（日耳曼人路易）会晤。[4]当他从兄长那里返回时，再次会见了滞留在阿登森林的罗退尔。他传下诏令，调集整个王国的兵马，宣布将于 8 月 1 日在沙特尔举行会议，并将进军布列塔尼，讨伐布列塔尼人的首领萨洛蒙。[5]其间，（经过）使者们往来奔走，（双方）终于达

查理，称将把阿奎丹一些侵夺教会土地的人逐出教门。这两封信全文参见 *MGH, Epp.*VI, nos.40, 43, pp.314, 317–318。这间接说明，这一时期秃头查理在阿奎丹王国有着较强的影响力。不过，也有的学者认为，随着秃头查理安排其长子为阿奎丹王，他自己在阿奎丹的统治有所减弱。——据英译者注

① 拉丁文为“palatium Salmuntiacum”。它位于今天法国北部的埃纳省，拉昂城东边偏北约 3 公里处。该地从墨洛温王朝时起，就是国王的猎苑和行宫之一。771 年 6 月 26 日，矮子丕平的儿子、查理曼的弟弟卡洛曼因重病而入住此地，并退隐到修道院中，不久亡故。——译者注

② 尼古拉一世曾写信谴责辛克马，批评他乱用证据、曲解教会法规。此信于 867 年 5 月到达兰斯。辛克马为此专门写了两封信予以驳斥，他的驳斥信见 *MGH, Epp.*VIII, nos.198, 199。不过在这一年，辛克马逐渐接受了伍尔法担任布尔日大主教的既定事实。——据英译者注

③ 教宗尼古拉给罗退尔二世的信函见 *MGH, Epp.*VI, no.46, pp.322–325。他给中法兰克王国众主教的信函则见 *MGH, Epp.*VI, no.47, pp.325–328。——据英译者注

④ 此次会面是在梅斯举行的。——译者注

⑤ 本年代记上一年的史事记载中提到，布列塔尼人联手北方人攻击勒芒。辛克马本人参加了秃头查理的备战，这在辛克马给教宗的信中有所提及，参见 *MGH, Epp.*VIII, no.198, p.206。有学者认为，867 年的史事记载与前后几年相比较为简略，这很可能是因为辛克

成了和约。其条件是，在（秃头）查理交出人质（作为保证）后，萨洛蒙的女婿，即他颇为听信的帕斯韦唐(Pascwethen)[①]必须于8月1日左右前来贡比涅，与查理会见，且双方此后应信守在那里所达成并确认的一切。不过，应招入伍的民众在此期间虽可留在家乡，但应时刻待命，一旦形势所需且国王下令，则他们应在8月25日武装前来沙特尔。[②]

日耳曼之王路易派遣他的儿子路易，会同撒克逊人和图林根人一起抵御阿博德里提人，并下令其王国内的其他人做好准备。一旦他下令，他们便可全副武装地出战。

罗退尔对（秃头）查理心怀疑虑，便从梅斯去往法兰克福，会见归途中的（日耳曼人）路易，并与这个曾经的敌对者和解。他将阿尔萨斯公爵区授 137
予瓦尔德拉达所生的儿子于格，将于格以及王国的其他疆土托付于（日耳曼人）路易[③]，因为他打算去往罗马，且派遣瓦尔德拉达先行。他从那里（法兰克福）返回之后，下令在整个王国征兵，以保家卫国。这似乎是为了讨伐北方人，因为他推测，罗里克[④]在被弗里西亚的当地人即一批近来人们所说的科京人（Cokings）[⑤]驱逐之后，会在丹麦人的援助下返回来。[⑥]

马忙于军旅，无暇撰述。——据英译者注

① 拉丁文为“Pasuuithen”。帕斯韦唐是瓦讷（Vannes，今天法国西北部的瓦讷省）伯爵，他在9世纪50年代与布列塔尼人的首领埃里斯波埃关系密切。他作为萨洛蒙的女婿和支持者，充当了使者和人质，阻止了秃头查理的进攻。关于他874年谋害萨洛蒙一事，参见本年代记874年的史事记载。——译者注

② 秃头查理这一部署意在迫使萨洛蒙一方接受并执行谈判条件。——译者注

③ 于格的出生日期不详，但很可能是855年。罗退尔早在860年就已经将阿尔萨斯让给了日耳曼人路易。参见本年代记有关860年史事记载及注释。——据英译者注

④ 关于罗里克此前的事迹，参见本年代记有关850年和863年的史事记载及注释。——据英译者注

⑤ 有学者认为，科京人是尼德兰的托金根（Tokingen）一带的居民。也有的学者认为，它指的是以科克（Kok）为首领的一批人。——参考了英译者注

⑥ 这里称罗退尔“保家卫国”、“似乎是”为了抵抗北方人。辛克马隐含的意思是，罗退尔这一军事安排的真正目的是防范秃头查理在他前往罗马的时候侵害他的王国。——译者注

（秃头）查理在提供人质（作为保证）后，于 8 月 1 日在贡比涅接纳了萨洛蒙的使者[1]帕斯韦唐。他把科唐坦（Coutances）伯爵区[2]，该伯爵区内除主教辖区[3]之外的一切公田（fisci）[4]、王室庄园（royal villae）[5]、修道院及其所有附属财产，都授予萨洛蒙的全权代表[6]帕斯韦唐。他（秃头查理）的所有显贵都发下誓言，对此予以确认。他通过萨洛蒙的上述全权代表，从萨洛蒙这一方接受了忠诚、和平以及随时援助他讨伐敌人的誓言。其条件是，萨洛蒙和他的儿子除此前已经拥有的一切外还将拥有这一封授，（同时）应该对（秃头）查理及其儿子保持忠诚。[7]此事既毕，查理秉承教宗尼古拉的命令，通告将于 10 月 25 日在特鲁瓦召开宗教会议，并决定在圣瓦斯特修道院举行围猎、度过秋天，然后住在奥维尔庄园及其附近地区。[8]

兰斯、鲁昂、图尔、桑斯、波尔多和布尔日诸教省的宗教会议于 10 月 25 日在特鲁瓦举行。会上，一些主教像往常一样，因为顾及国王查理，施
138 恩于伍尔法，违背事实，不顾教会法的神圣权威，竭力反对辛克马。但是，这位辛克马引用权威，据理力争，阻击他们的企图。多数人的意见占了上风，参会的主教们一致同意[9]，派遣可敬的南特主教阿克塔尔德（Actard）[10]

---

① 此处拉丁文为“legatus”。——译者注

② 此处拉丁文为“comitatus Constantini”。科唐坦位于今天法国西北部诺曼底大区芒什省。——译者注

③ 此处拉丁文为“episcopatus”，既可以指主教辖区，也可以指主教职位。这里应该指的是主教职位以及属于主教的各种权益。——译者注

④ 关于“fisci”（王田、公田、职田），参见有关本年代记 837 年史事的注释。——译者注

⑤ 此处拉丁文为“villae regiae”，指的是由王室直接管理、供王室用度的庄园。与此不同，公田往往是由各地伯爵管理，其收入供伯爵履行职务，相当于伯爵的职田。——译者注

⑥ 此处拉丁文为“vicarius”。——译者注

⑦ 秃头查理的让步的确很大，但是他保留了对库唐斯主教职位的控制，而且通过这一封授，秃头查理获得了回报，萨洛蒙从此以后保持了对秃头查理的忠诚。——参考了英译者注

⑧ 此处拉丁文为“Audriaca villa”，该地很可能是瓦兹河畔基耶尔济附近的奥维尔。——据英译者注

⑨ 辛克马此处强调，他自己赢得了多数主教的支持。——译者注

⑩ 843 年 6 月 24 日，维京人洗劫南特，该城主教戈阿尔德（Gohard）和大批教士遭到杀害。

致信教宗尼古拉，陈述所有与此争议相关的事情。① 此信② 的主旨与此前（当年）7月兰斯（大）主教辛克马派他的几位教士避开对手们的陷阱、乔装成朝圣者送往罗马的那封书信一样。此信是在特鲁瓦宗教会议上写就的，盖有参会的大主教们的印章。阿克塔尔德接受了这封信，打算送出（给教宗），但是在（秃头）查理的命令下，他跟一些主教一起回到查理身边。查理不顾（我们）经常提及的辛克马多年来为了他的荣耀、为了他王国的长治久安所表现出的忠诚和所承担的辛劳，强制阿克塔尔德将那封信交给他。他撕开了大主教们密封信函的印鉴，读到了宗教会议所做的一切。因为辛克马并未如（秃头）查理所愿在那次宗教会议上屈服，所以国王（秃头查理）命人遵照自己的口述，以自己的名义，给教宗尼古拉写了一封反对辛克马的信，并用

南特主教区当时属于图尔大主教区。作为图尔的一名教士，阿克塔尔德不久（843 年底或 844 年）被祝圣为南特主教和戈阿尔德的继任者。阿克塔尔德随后与南特伯爵兰伯特发生冲突，争夺对南特的控制权，而当时兰伯特勾结布列塔尼人及其首领诺米诺埃。845 年兰伯特背弃诺米诺埃，与国王秃头查理和解，不过他 850 年再次联手诺米诺埃，背叛秃头查理，赶走双方边境地区的四位主教，其中南特主教阿克塔尔德被迫逃到图尔避难。诺米诺埃则安排来自瓦讷的一位教士吉斯拉德（Gislard）为南特主教。851 年诺米诺埃死后，他的儿子和继承者埃里斯波埃当年 8 月与秃头查理订立了昂热和约，阿克塔尔德得以重返南特。吉斯拉德虽然退隐到修道院，但是仍然掌握着南特主教的相当一部分地产和权益。阿克塔尔德竭力收回这些土地和权益，但是埃里斯波埃保护忠于其父的吉斯拉德，使南特主教区处于分裂状态。853 年，南特再次遭到维京人劫掠，阿克塔尔德沦为俘虏。他不久获释之后，继续反对埃里斯波埃，争取主教的全部权益。857 年埃里斯波埃被谋害，取而代之的萨洛蒙与秃头查理更为敌对，阿克塔尔德再次遭到追捕，再次流亡图尔。在 866 年 8 月的苏瓦松宗教会议上，阿克塔尔德受命携带信函，觐见教宗尼古拉一世，陈述布列塔尼的局势。这就是阿克塔尔德在 867 年特鲁瓦宗教会议前的大致经历。关于阿克塔尔德在 872 年去世前的更多经历，参见本年代记有关 868 年、871 年和 872 年的史事记载及注释。关于阿克塔尔德以及南特的危险局势，参见 Pierre Bauduin, “En marge des invasions vikings : Actard de Nantes et les translations d'évêques propter infestationem paganorum”, *Le Moyen Age*, tome 117, no. 1, 2011, pp. 9–20. ——译者注

① 特鲁瓦宗教会议可以说是一次妥协。它虽然接受了对伍尔法的祝圣，但在辛克马的影响下，会议仍然质疑前任兰斯大主教埃伯所任命的神职人员。——参考了英译者注

② 这封信的全文见 Wilfried Hartmann ed., *Die Konzilien der karolingischen Teilreiche, 860–874*, in *MGH, Concilia*, vol. 4, Hannover: Hahn, 1998, pp. 232–238.

刻有其名号的印玺将此信密封，由该阿克塔尔德把它与宗教会议的书信一起送往罗马。① 不过，辛克马的前述教士们已于 8 月到达罗马。他们发现教宗尼古拉病重缠身，且极度操劳，因为他在论战中既要反对希腊人的两位皇帝米哈伊尔（Michael）和巴塞尔（Basil）②，又要反对东方的众主教。③ 因此，教士们一直留在罗马。直到 10 月，教宗尼古拉才欣然接受辛克马写给他的
139 信，并答复说他十分满意。④ 他还写了另一封信给辛克马以及在（秃头）查理的王国内任职的其他大主教和主教们，告知他们，希腊人的两位皇帝和东方众主教污蔑神圣的罗马教会，甚至污蔑整个使用拉丁语的教会。（东方皇帝和教会的）理由是，我们在周六斋戒；我们说圣灵是产生"于圣父和圣子"⑤；我们禁止教士娶妻；我们禁止教士在受洗者的前额上涂油。那些希腊

---

① 辛克马指责秃头查理拆开并阅读了大主教们密封的信件，但是根据学者们的研究，这极有可能是辛克马的虚假指责。秃头查理给教宗尼古拉一世的这封信也得以保存至今，全文见 Wilfried Hartmann ed., *Die Konzilien der karolingischen Teilreiche, 860–874*, in *MGH, Concilia*, vol. 4, Hannover: Hahn, 1998, pp. 239–243.——译者注

② 拜占庭皇帝米哈伊尔三世与妻子未能生育，又不能合法地离婚并迎娶他的情妇尤多吉雅（Eudokia），于是便在 865 年左右让出身寒微的护卫巴塞尔在抛弃妻子后迎娶尤多吉雅。866 年他又安排巴塞尔为共治皇帝和未来的继承人。867 年，巴塞尔便谋害了米哈伊尔三世，开启了拜占庭帝国史上的马其顿王朝。这里年代记提到米哈伊尔和巴塞尔两位皇帝，指的是他们当时共治拜占庭帝国的局面。——译者注

③ 858 年，拜占庭皇帝米哈伊尔三世联手他的舅父巴尔达斯（Bardas），废黜了大教长伊格内修斯，安排佛提乌斯接任。罗马教宗尼古拉一世指责佛提乌斯为非法大教长，并于 863 年在罗马举行宗教会议，宣布废黜佛提乌斯。正是在 867 年夏天，佛提乌斯召集东方众主教在君士坦丁堡举行宗教会议，宣布废黜罗马教宗尼古拉。这些事件不仅体现了圣像破坏运动的影响，也涉及罗马教宗是否对东方教会拥有最高宗教权威的争论，还与东、西方教会有关"和子说"的分歧密切相关。——译者注

④ 教宗尼古拉经过一番拖延和斟酌之后，才与辛克马和解，这应该是为了团结西方教会，以便与东方教会论争和对抗。——译者注

⑤ 325 年的尼西亚宗教会议确立了三位一体的标准信仰，即尼西亚信经。381 年的第一次君士坦丁堡公会议对尼西亚信经进行了修改和增补，形成了尼西亚—君士坦丁信经。拜占庭东正教所用的文本，无论是希腊文本还是拉丁文本，称圣灵为"主，赐生命者，由父所发"（Dominum, vivificantem, qui ex Patre procedit），而西方教会（罗马或拉丁教会）所采用的文本则称圣灵为"主，赐生命者，由圣父圣子所共发"（Dominum, vivificantem, qui

人还说我们拉丁人用河水制造圣油；谴责我们拉丁人未依照他们的习俗从复活节前的第 8 周停止吃肉，从第 7 周停止吃奶酪和鸡蛋。他们还说，我们在复活节按犹太人的习俗，向放着主的遗体的祭坛上祭献羔羊，对它（羔羊）一并祈祷。他们恼火我们，因为我们中的教士剃须。他们声称，在我们中有一位助祭尚未接受神职、成为教士，就被任命为主教。① 教宗命令每个教省的大主教及其下属主教们就此（论争）给他回信。② 他还在信的末尾对这位辛克马如是说：

> 亲爱的兄弟辛克马，你一旦读到这封信，便当竭尽全力转交给在我的儿子荣耀的国王（秃头）查理的王国内任职的其他大主教们，勿忘敦促他们，无论他们在谁的王国任职，都应在自己的辖区内同各自的下属主教，竭力相聚研讨，并把他们的心得禀报给我。这样，你就成了我现在这封信中所说诸事的强力执行者，而且因为你写给我的一系列信函，我将把你视为诚实、睿智的汇报者。写于小纪第 1 年，10 月 25 日。

辛克马于小纪第 1 年 12 月 13 日收到此信，并把它读给住在科尔贝尼 140
(Corbeny) ③ 王宫的国王（秃头）查理及其众主教。他尊重自己所收到的命令，竭力传送给其他各位大主教。

---

ex Patre Filioque procedit)。西方教会与东方教会不同的表述被称为“和子说”(filioque)。这绝不仅仅是细枝末节的文辞差异，而是涉及东、西方教会对三位一体核心信仰的不同理解。东方教会认为西方教会的“和子说”低估了圣父在三位一体中的地位，而西方教会则认为，否认“和子说”就是低估圣子在三位一体中的地位，甚至是否定圣子的神性。这是从中世纪早期开始出现东、西方教会分歧，甚至分裂的重要原因和表现之一。——译者注

① 教宗尼古拉的这封信保存了下来，信函全文参见 *MGH, Epp.* VI, no.100, pp.600–609。这封信体现了西方教会与东方拜占庭教会的进一步疏离。值得注意的是，教宗尼古拉一世在这封信中强调，语言的不同是东西方教会的重大差异。——译者注

② 这意味着罗马教宗需要广泛动员西部教会的智力资源，共同回击东方教会。——译者注

③ 此处拉丁文为“Corbonacum palatium”。科尔贝尼位于今天法国北部埃纳省，拉昂城东南 18 公里的地方。它是加洛林王朝的王宫之一。771 年底查理曼就是在这里被原属其弟弟卡洛曼（死于 771 年底）的奥斯特拉西亚显贵们接受为国王的。——译者注

教宗尼古拉于 11 月 13 日去世。经过众教士的推选，经皇帝路易（二世）的同意，教宗哈德良继任其位。① 当阿克塔尔德携带上述信函到达罗马的时候，发现哈德良已经被委任到使徒之座上。不过，阿森尼乌斯② 这个颇为狡猾、极其贪婪的人，虚伪地向提奥高德和贡特尔许诺说自己有意使他们复职，诱骗他们前来罗马，为的是从他们身上榨取金钱。他们（提奥高德和贡特尔）在罗马住了很长时间，失去了几乎所有的支持者。提奥高德死在那里，贡特尔也仅幸免一死。

罗退尔（二世）为了能够摆脱与他的妻子提奥贝尔嘉的婚姻，派遣她去罗马，让她自诉其罪。但是，教宗哈德良和罗马人不信此等谎言，令她返回丈夫身边。（秃头）查理在其兄长（日耳曼人）路易的同意下，命令一些主教于来年 2 月初在欧塞尔相聚，讨论罗退尔的事情。

随后，（秃头）查理从已经拥有圣希拉里修道院和其他很多富饶采邑的埃格弗里德③ 那里，收取了不菲的贿赂，在伯爵杰拉尔德(Gerald)④ 不在场的情况下，未经任何人对他（杰拉尔德）提起指控，便剥夺了他的布尔日伯
141 爵职位，将它授予埃格弗里德。不过，这位埃格弗里德无法制服杰拉尔德并

① 哈德良（Hadrian）二世是在 867 年 12 月 14 日获得祝圣成为教宗的。他比前任尼古拉一世更乐于接受意大利皇帝对之产生的影响。此处年代记记载，哈德良在祝圣前“经皇帝路易（二世）的同意”。教宗在祝圣前应经皇帝或其全权代理人的同意，这是加洛林王朝长期坚持的原则，在 824 年双方签订的《罗马协定》中有明确的规定。——参考了英译者注

② 阿森尼乌斯和阿纳斯塔修斯在教宗哈德良二世的上任过程中发挥了重要作用。——译者注

③ 关于埃格弗里德在 864 年对秃头查理的背叛和秃头查理对他的宽恕，参见本年代记有关 864 年的史事记载和注释。埃格弗里德很可能是普瓦提埃伯爵拉努尔夫的亲属或门客。他继承了后者在普瓦提埃圣希拉里修道院的世俗院长职位。另外，埃格弗里德在这一年很可能已经是拉努尔夫尚未成年的儿子们的监护人。——据英译者注

④ 学界对这位伯爵的身份存在争议。有的学者认为这位杰拉尔德是本年代记 862 年的史事中提到的于格的儿子，斯蒂芬的兄弟，不过这种观点缺乏史料的支持。在 855 年到 860 年之间，不少赐地文书中包含有布尔日伯爵杰拉尔德的名字。可以肯定的是，这位杰拉尔德与维埃纳的伯爵杰拉尔德不是同一个人。——据英译者注

获得该伯爵职位。[1]此后，查理取道兰斯城，到达特鲁瓦，继而到了欧塞尔，在那里度过了圣诞节。

868 年

（秃头）查理从欧塞尔赴卢瓦尔河畔一个被称为普伊的庄园。在此期间，伯爵杰拉尔德的兵马在一个庄园与埃格弗里德交战。由于埃格弗里德躲避到一座极为牢固的宅院（casa）里，不愿离开。他们放火烧宅，将埃格弗里德从中逼出，砍掉了他的头颅，又抛尸火中。随后，（秃头）查理装作要报复这一暴行，到达贝里（Berry）[2]地区。他在那里闯入教堂，欺压贫民，无恶不作，蹂躏大地。他所犯下的这些恶行是人们无以言说的。可为明证的是，在此番劫掠中，数千人死于饥馑。然而，杰拉尔德及其伯爵们不仅无一遭到报复，而且未被任何人逐出贝里地区。随后，（秃头）查理将罗伯特死后授予罗伯特儿子的那些采邑剥夺，分给其他人[3]。此外，他从拉努尔夫的儿子 142

---

① 据《马塞年代记》（*Annals of Massay*）记载，这一年"贝里遭到异教徒蹂躏和焚烧"。或许，秃头查理是因为布尔日（贝里地区的首要城市）伯爵杰拉尔德守城失利而剥夺其职位的。参见 G.H.Pertz ed., *Annales Masciacensis*, in *MGH, Scriptores*, III, Hannover: Hahn, 1839, p.169.——译者注

② 拉丁文为"pagus Bituricus"，相当于今天法国中部的谢尔省和安德尔省，位于卢瓦尔河和中央高原之间，在中世纪早期属于阿奎丹的一部分，其首府是布尔日。——译者注

③ 强人罗伯特的这个儿子是长子奥多，他在后来成为西法兰克的国王（888—898 年）。罗伯特的第二个儿子也叫罗伯特，在这一年尚幼小。在强人罗伯特 867 年阵亡的两年前（即 865 年），秃头查理就已经把罗伯特所拥有的欧塞尔和讷韦尔两个伯爵区封授给了于格（参见本年代记有关 866 年的史事记载）。有一种观点认为，强人罗伯特娶了康拉德（死于 863 年）的遗孀阿德莱德，因此罗伯特的儿子奥多和于格（康拉德的儿子）是同母异父的兄弟。这种观点是以 12 世纪产生的《第戎的圣贝尼涅编年史》（*The Chronicle of St-Bénigne, Dijon*）为基础的，并不可靠。而且，阿德莱德在 863 年孀居之后改嫁给罗伯特，到 867 年生了两个儿子，其中一个是奥多，他不可能有继承父亲领地的机会。雷吉诺在其《编年史》有关 867 年的史事中记载，强人罗伯特死后不久，"修道院长于格取代了罗伯特的位置。他是一位能干、谦卑、正直、平和，在各方面高尚的人。由于（强人）罗

们手中剥夺了他们的父亲的采邑[①]，将拉努尔夫曾占有的圣希拉里修道院院长职务授予波尔多大主教弗罗塔尔（Frotar）。[②]此后，查理于圣灰星期三（3月3日）回到圣德尼修道院，并从那里赴桑利。

143 北方人则溯卢瓦尔河而上，到达奥尔良，带着劫掠之物返回他们的营地，未受任何惩罚。

（秃头）查理于圣枝主日（Palm Sunday）[③]前的星期六（4月10日）回到圣德尼修道院，在那里庆祝了复活节（4月18日）。在他从那里返回桑利之前，即在祈祷节（Rogation Days）[④]的次日（6月4日），他收到了由梅斯主教阿德旺修斯[⑤]和罗退尔（二世）的文秘长（chancellor）[⑥]格林姆兰（Grimland）[⑦]所带来的教宗哈德良（二世）的信函。其中一封是写给查理的，

伯特的两个儿子奥多和罗伯特在父亲离世的时候仍然年幼，（秃头查理）并未将公爵职位授予他们”。*Reginonis abbatis Prumiensis Chronicon cum continuatione Treverensi*, p.93.——参考了英译者注和格兰特等拉丁文编者注

① 拉努尔夫的妻子是勒芒伯爵罗尔戈的女儿。他们育有三子，分别是拉努尔夫二世、高兹伯特和埃布勒（Ebles）。拉努尔夫二世后来成了普瓦图伯爵，但是在拉努尔夫去世之后，拉努尔夫二世成为普瓦图伯爵之前，谁担任该伯爵，学界并不清楚。——据英译者注

② 弗罗塔尔是在858年被任命为波尔多大主教的。他在随后的十多年里还被授予阿奎丹的很多教会采邑。870年，当维京人攻陷波尔多的时候，弗罗塔尔被迫离开那里，等于失去了自己的大主教职位。在教宗的许可下，他于876年成为布尔日大主教。不过，辛克马反对大主教以不充分的理由移任其他地方。——译者注

③ 圣枝主日是复活节前的星期日。该节日纪念耶稣进入耶路撒冷，受到手持棕榈枝的民众的欢迎。——译者注

④ 祈祷节指耶稣升天节（Ascension Thursday）之前的三日，即从周一至周三，用于祷告和斋戒。——译者注

⑤ 关于阿德旺修斯，参见本年代记有关861年史事的注释。——译者注

⑥ 此官职的拉丁文为“cancellarius”。该官职负责为国王撰写令状、赐书、信函等文件，保管送交给国王的文件，很可能同时掌管着国王的印章。文秘长的下属常常被称为文书员或文秘员（notarius），有时状书的最后会写明文书员某某作为文秘长某某的代表亲手书写了状书。在西法兰克王国，由于国王文秘署的人员较多，在文秘长（cancellarii）之上还有文秘总长（archicancellarius）。——译者注

⑦ 关于格林姆兰作为罗退尔二世的文秘长，为罗退尔二世书写了不少状书，其中一些保存至今。除此以外，我们没有关于格林姆兰的更多信息。Theodor Schieffer, *Die Urkunden*

教宗在此信中命令查理不得侵害皇帝路易（二世）和罗退尔两者的王国。① 另一封旨在赦免瓦尔德拉达，是写给查理王国内的主教们的。② 还有其他信函谈及同样事情，被送往（日耳曼人）路易和罗退尔的王国内的主教们。不过，瓦尔德拉达得到宽恕的条件是，她不得凭借任何约定，与罗退尔结合。（秃头）查理到达桑利，在那里接待了从罗马回来的南特主教阿克塔尔德。后者给他带来了信函。其中一封就他（秃头查理）针对辛克马向（教宗）尼古拉所作的倾诉做出了答复。此外，哈德良向他强调，如此无益的问题从今往后直至永远都应搁置。③ 阿克塔尔德带来的另一封信是（教宗）写给辛克马的。在此信中，（教宗）对他（辛克马）的忠诚满怀赞扬和欣慰，让他代理自己在那些地区处理罗退尔（二世）的问题。④ 第三封信是（教宗）写给阿尔卑斯山脉那一侧（北侧）的大主教们和其他主教们的。由于受到异教徒的攻击和布列塔尼人的压迫，阿克塔尔德无法留在他的（主教）城市（南特）
中。如果有某城的主教职位，甚或大主教职位空缺，则该教省的主教们应当 144
遵照使徒牧首（教宗）的命令，委任该阿克塔尔德到（教职）空缺的城市。⑤

der Karolinger, Dritter Band, *Die Urkunden Lothars I und Lothars II*, Berlin and Zurich: Weidmannsche Verlagsbuchhandlung, 1966, S. 367.——参考了英译者注

① 哈德良二世警告秃头查理的信未能保存下来，但是他警告日耳曼人路易的信却保存了下来，全文见 *MGH, Epp.* VI, no. 6, pp. 702–704。——译者注

② 哈德良二世写给秃头查理和他的主教们的信函未能保存下来。不过，他写给日耳曼人路易的主教们的信函保存至今，该信颇为简短，旨在解除对瓦尔德拉达革除教籍和绝罚的处罚，她获准"进入主的教堂、祷告、与其他基督徒交往和交谈"。该信全文见 *MGH, Epp.* VI, no. 5, p. 702。——译者注

③ 此处拉丁文为"sopita maneret"，意思是"处于沉寂之中"。哈德良二世的信函要求秃头查理让有关埃伯的争议"归于沉寂"，并感谢秃头查理恢复了埃伯所委任的神职人员的职务。——参考了英译者注

④ 这一时期，教宗哈德良二世与辛克马实现了谅解，恢复了和谐。教宗哈德良二世这一时期给辛克马的信件参见 *MGH, Epp.* VI, no. 7, pp. 704–707, and no. 10, pp. 710–712。——参考了英译者注

⑤ 根据教会法的规定，某人一旦被祝圣为某地的主教，便同该地信众建立了一种永久的关系，若非处于极其紧急的原因，为了维护教会的利益并经教宗的批准，主教不得移任其

在大斋节开始后的那个星期三（3 月 10 日），在阿森尼乌斯的诡计下，他的儿子埃留泰里乌斯拐骗了（教宗）哈德良（二世）的女儿，而她已经与他人订婚。他将她奸污，并娶为己有，教宗为此极度悲切。阿森尼乌斯在赴贝内文托见皇帝路易（二世）的时候，遭到了病患摧残，于是把他的珍宝托付到皇后恩格尔贝尔嘉手中，而后如人们所说的，当他跟恶魔们闲谈之时，未及领受圣餐便辞世，去往他的归宿，即地狱。① 在他亡故后，教宗哈德良请皇帝派遣使者们依据罗马法审判埃留泰里乌斯。埃留泰里乌斯有位兄弟是阿纳斯塔修斯（Anastasius）②，后者是哈德良就任教宗之初所委任的罗马教

他地区。南特遭到维京人洗劫和占领，这是否符合“极其紧急的原因”，南特主教阿克塔尔德移任别处是否有利于教会的利益，是秃头查理、罗马教宗和辛克马之间争论的焦点。教宗哈德良二世这封信的全文见 *MGH, Epp*. VI, no. 8, pp. 707–709。该信重申了秃头查理提出的观点。辛克马反驳了这些观点，指出许多平信徒仍然与异教的北方人一起生活在南特，主教阿克塔尔德不应该离弃自己的座堂和辖区内的教民，而应该留在该城，省吃俭用，与教民们一起共渡难关。关于阿克塔尔德移任问题的研究，参见 Pierre Bauduin, “En marge des invasions vikings: Actard de Nantes et les translations d'évêques propter infestationem paganorum”, *Le Moyen Age*, tome 117, no. 1, 2011, pp. 9–20. ——译者注

① 在教宗哈德良二世继位之后，以阿森尼乌斯和阿纳斯塔修斯为代表的这个罗马家族对他具有很大的制约。哈德良试图借助于皇帝路易二世的权力，制服阿森尼乌斯的儿子埃留泰里乌斯。不过，阿纳斯塔修斯则在后来重新赢得了教宗的信任。——据英译者注

② 阿纳斯塔修斯生于 810 年到 817 年之间，他是奥尔泰主教阿森尼乌斯的侄子，精通希腊语，学识渊博，是 9 世纪罗马杰出的学者。他在 847 年成为枢机司铎（presbyter cardinalis），领衔（titulus）圣马塞勒斯教堂。但是他很快因为与教宗利奥四世不和，离开罗马，投奔皇帝路易二世，并拒绝返回罗马，因此被利奥四世革职、绝罚、革出教门（本年代记下文所记）。利奥四世 855 年去世后，依照教规推举产生的继任者是本尼迪克特三世。在本尼迪克特派人获取皇帝路易二世确认的过程中，奥尔泰主教阿森尼乌斯和他的法兰克支持者们在路易二世的支持下，打算将阿纳斯塔修斯立为教宗，他们说服了本尼迪克特派出的人支持阿纳斯塔修斯，并在奥尔泰违背教规后，选立了阿纳斯塔修斯。阿纳斯塔修斯在皇帝路易二世的代表的陪同下，进入罗马，强行在拉特兰宫登上圣座，并囚禁了本尼迪克特。他们的行为遭到了罗马显贵们的不满和反抗，几位按照惯例主持新教宗登基仪式的主教拒绝为阿纳斯塔修斯举行典仪。最终皇帝路易二世接受了本尼迪克特三世，将阿纳斯塔修斯降为平信徒，关入修道院。但是，阿纳斯塔修斯在 858 年得到了教宗尼古拉一世的宽恕和信任，被任命为机要和特使。哈德良二世在 867 年恢复了他的教士身份，任命他为档案馆馆长。在 868 年（即本年代记所记载之事），他再次被惩处为平

会的档案馆馆长。① 埃留泰里乌斯在兄弟阿纳斯塔修斯的建议下，杀死了该教宗的妻子斯蒂芬妮（Stephanie）以及教宗被他（埃留泰里乌斯）拐骗走的女儿。而后，埃留泰里乌斯也被皇帝（路易二世）的使者们杀死。教宗哈德良则召集宗教会议，以如下所述的方式，对这位已经被判有罪的阿纳斯塔修斯再次定罪惩处：

在画的右半部写着这些：②

在吾之主上罗退尔（一世）和路易（二世）两位皇帝、奥古斯都的（统治）时期，在小纪第 13 年（851 年）12 月 16 日。

由主教③利奥发布，后来由哈德良再次发布的对司铎阿纳斯塔修斯的革除教籍令

（我乃）天主的众仆之仆主教利奥。我的枢机司铎④阿纳斯塔修斯被我 145

信徒。他作为皇帝路易二世的使者，曾出使君士坦丁堡，在第八次大公会议上发挥了重要作用。他不仅将一些希腊文教规翻译为拉丁文，而且写作了一些圣徒传记。他很可能还撰写了《教宗列传》（*Liber Pontificalis*）中的《尼古拉（一世）传》和《哈德良（二世）传》。教宗尼古拉流传至今的很多书信和撰述，有相当一部分很可能出自阿纳斯塔修斯之手。阿纳斯塔修斯死于 877 年至 879 年之间。辛克马说这位阿纳斯塔修斯是阿森尼乌斯的儿子，而阿纳斯塔修斯本人则说自己是阿森尼乌斯的侄子。另外，以辛克马的记述为依据，多数学者认为这位档案馆馆长阿纳斯塔修斯就是 855 年皇帝路易二世及其支持者为对抗新任教宗本尼迪克特三世而提出的教宗候选人阿纳斯塔修斯。不过，也有学者认为，这两个阿纳斯塔修斯并非同一人。——译者注

① 该官职的拉丁文为“Bibliothecarius”。该词本意是指经书管理员，但是保管经书之处后来也存放教宗的其他各种书籍、文书、档案，经书管理员也逐渐发展为教宗的机要文秘和档案馆馆长，在教廷的内部管理和外部交往中具有不小的影响力。——译者注

② 这里提到“画”指的是教宗利奥四世（847—855 年在位）让人在罗马教廷绘制的一幅壁画。该画旨在纪念 850 年 12 月 16 日在罗马召开的宗教会议，此次会议决定将阿纳斯塔修斯逐出教会。本年代记此处的文本是有关此次宗教会议决议的唯一传世文本，被全文收入 Wilfried Hartmann ed., *Die Konzilien der karolingischen Teilreiche, 843–859,* in *MGH, Concilia*, vol. III, Hannover: Hahn, 1984, no.24, pp.230–231. 拉丁文抄本中的大写字体，这里用加黑字体表示。——译者注

③ 教宗在其他主教面前常常用“罗马主教”这一谦称。——译者注

④ 拉丁文为“presbiter cardinis nostri”。“cardo”本意是指门的“转轴”、“枢纽”，有“关键”、“首要”的含义。在 8、9 世纪，罗马教廷的“枢机”通常有 20 多位，其中包括 7 位枢机

委任到圣马塞勒斯（St-Marcellus）领衔教堂（Titulus）①，(但）他却未禀告作为教宗的我，便脱离此职，迁居其他的教区。我派遣使者，传送信函，传唤他，为此还派遣我的使者们恳请我的主上皇帝命令他返回自己的教区。他四处躲藏，在避居之中耽搁了两年之久。他尽管被传唤参加我的两次会议，但他均未到会，且无人找到他。因为如我所述，他就像迷失在外地的羔羊一样，在魔鬼的劝说下，秘密居住下来。依据教会法规，凭借万能的天主、使徒圣彼得以及我作为教宗的权威，从今以后他将被剥夺圣餐，直到他亲自前来见我本人，接受教会法的审判；若他不来，则应永处教会之外。

在罗马教宗之后，拉文纳和米兰的两位大主教及其他主教们共 75 人都同意这份革除教籍的谕令。

在画的左半部写着这些：

主教利奥，天主的众仆之仆，致所有主教、司铎、助祭、副助祭、所有教士以及一切基督的子民。最亲爱的弟兄们，你们知道，我与你们很好地、完全地在一起。我现在想再次告知你们，以便你们今后铭记：在魔鬼的鼓动和说服下，我的枢机司铎即被我委任到圣马塞勒斯领衔教堂的阿纳斯塔修斯违背教父们的教规，抛弃了他的教省和教堂。看看吧，他已经像一只迷途的

主教（cardinal Bishops）和十多位枢机司铎（cardinal priests）。7 位枢机主教是指罗马近郊的 7 个主教区的主教，他们协助作为罗马主教的教宗举行重大宗教典仪。这一时期的枢机司铎是指罗马城内各领衔教堂的资深或首席司铎（presbyter prior）。769 年的拉特兰宗教会议规定，教宗只能从这些枢机主教或枢机司铎中选出。到 12 世纪以后，随着新一轮的教廷改革，枢机逐渐明确分为三个等级，即枢机主教、枢机司铎和枢机助祭(cardinal deacon)。关于“cardinal”一词的含义在中世纪早期的发展演变，参见 Steven Kuttner, “Cardinalis: The History of a Canonical Concept”, *Traditio*, vol. 3, 1945, pp. 129–214.——译者注

① 中世纪早期罗马城内有 25 个比较重要的教堂，到 8、9 世纪增加到 28 个。这些教堂及其服务所涵盖的范围被称为领衔教堂或领衔堂区（titulus）。这些教堂的资深司铎被称为枢机司铎，他们可以参加罗马教廷的圣事，也可能得到教宗的信任并被任命为教廷的重要职司。随着 8 世纪末教宗候选人被限定在枢机主教和枢机司铎之中，一些其他地区的主教、大主教为了获得进入罗马教廷甚至担任教宗的机会，常常“领衔”或挂名为罗马城内某一领衔教堂的负责人。——译者注

羔羊一样在其他教区游荡了五年之久。我作为教宗，已经以教会法的权威为后盾，通过信函第三次和第四次传召他。而且，鉴于他拒绝回来，我已经因为他而召集了两次主教们的会议。由于我无法见到他本人，不能让他亲自到 146
会，便跟与会者们一起，作出共同的命令，剥夺了他的圣餐，希望能够通过革除他教籍的惩戒，引导他回归他所离弃的神圣的母亲教会①的怀抱。但是，他蔑视教宗和神圣会议的警告，未脱离错误的深渊，坚决不愿返回。鉴于此，正如我小纪第1年（854年）5月29日在拉文纳，在殉教者圣维塔利斯（St-Vitalis）的教堂亲口针对他所宣布的那样，我在该小纪（第1）年（854年）的6月19日，在使徒圣彼得的教堂，再次宣布：神圣的教父们和我将他革除教籍，任何愿意帮助他参选教宗职位——这绝不可能！——或教廷司职的人，或者为他提供任何安抚的人，均应同样处于绝罚之下。

在罗马教宗之后，赞成这一绝罚的人还有拉文纳大主教约翰、皇帝（派来的）两位主教诺廷（Noting）和西吉尔弗雷德（Sigilfred），以及附属于以上大主教的6位我记不清（名字）的主教，还有来自罗马城和其他城市的主教们，共56人，（这还）不包括神圣罗马教会的司铎和助祭们。

在镶银的门扇上写着这些：

以圣父、以圣子和以圣灵之名。神圣而庄严的宗教会议就此开始。它通过天主的恩典和天主神圣的意旨，在使徒圣彼得的教堂之中，在最神圣的、天使般的、普世的教宗利奥四世在任的第七年，两位战无不胜的皇帝罗退尔（一世）和路易（二世）统治帝国的第42年②，小纪第2年12月8日召开。 147

---

① “神圣的母亲教会”拉丁文为“sancta mater Ecclesia”。“母亲教会”常用于表示对附属教堂拥有管辖权的教堂，比如乡村堂区就是附属小教堂的母亲教堂；对于主教区内的其他教堂，主教座堂就是母亲教堂。这里“神圣的母亲教会”指的是居于一切教会之上的罗马城的教会。——译者注

② 这里的“42年”是一个明显的错误。教宗利奥在位的第7年和小纪第2年可以确定是854年。罗退尔一世是855年去世的，就算我们从817年罗退尔被父亲虔诚者路易立为共治皇帝开始算起，他在位也仅有38年，绝不可能有42年。如何解释这里的“42年”这种说法呢？学界有两种观点。一种认为，到854年，罗退尔一世统治37年，路易二世统

在这次受天主恩典的慰藉而隆重庆祝的神圣而庄严的宗教会议上，虽经众主教、教士和所有基督徒以拯救为目的的多方善意劝诫和激励，圣马塞勒斯领衔教堂的司铎阿纳斯塔修斯被按照教会法规公正地罢黜，因为他违背了教会法的规定，脱离自己的堂区长达五年，至今仍然滞留在其他一些堂区。他在受到传召，被逐出教会，乃至最后，正如在这次宗教会议上一幅有关他的实情的画所描述的那样，遭到了绝罚，但他依然不愿前来参加主教们因他之故而召开的两次会议。因此，至尊祭司（summus pontifex）[①] 以及参加这次宗教会议的所有 67 位主教，鉴于他（阿纳斯塔修斯）如我所述的这种愚蠢的胆大妄为，理所当然地罢黜了他，剥夺了他的圣职荣誉，年月日如上所述。

教宗利奥下令书写至此。

148 现在，在值得缅怀的教宗利奥辞世之后，受到了绝罚和罢黜的阿纳斯塔修斯依仗世俗权力[②]，从他像盗贼一样东躲西藏的地方返回，为恶魔的诡计所引诱，陷入深渊无法自拔，以强盗之行径，闯入这个他不该进入的教堂，像异族人（aethnicus）和野蛮人（barbarus）一样，与他邪恶之极的朋党和追随者们一起，毁坏那幅画，将它丢弃于粪土之中，（从而）导致他自身灵魂的沉沦，危害了此次庄严的宗教会议。这幅画由最蒙福的卓越教宗本尼迪克特[③] 修复，并用光亮的色彩装饰。

治 5 年，合起来正好 42 年，因此年代记此处是错误地将两人当时的统计年份加起来了。另一种观点认为，这里的“42 年”可能是“32”的误写，因为罗退尔一世虽然在 817 年就被父亲立为共治皇帝，但是到 823 年的复活节他才被教宗帕斯卡尔一世加冕为皇帝。若从 823 年计算，则 854 年正是罗退尔统治的第 32 年。——译者注

① “summus pontifex”与“pontifex maximus”意思接近，也是教宗常用的头衔之一。——译者注

② 这里指的是皇帝路易二世对他的扶植。阿纳斯塔修斯在 855 年 7 月 17 日利奥四世死后，立即谋划夺取教宗宝座。——据英译者注

③ 教宗本尼迪克特三世 855 年至 858 年在任。他是在 855 年 9 月 29 日被祝圣为教宗的。这一天，罗马举行了宗教会议，此次会议决定将阿纳斯塔修斯重新降为平信徒。有关此次会议的唯一史料就是本年代记下一段所抄录的教宗哈德良二世将阿纳斯塔修斯革职的声明。——据英译者注

（我乃）天主的众仆之仆主教哈德良。天主的整个教会均已知晓，阿纳斯塔修斯在我的前几任教宗的任期内做了何等事情，所有人也都明白神圣的令人怀念的卓尔不群的利奥和本尼迪克特如何采取措施应对他。其中一位教宗将他罢黜、逐出教会、处以绝罚，而另一位则剥去他的圣职服饰，接受他以平信徒身份参与圣餐。在此之后，倘若他忠于神圣的罗马教会，我的前任即最为神圣的教宗尼古拉会以同样的方式将他接纳到教会的怀抱。但是，他的不可信赖已是如此昭然若揭。他侵夺了我的大教长府邸[①]，取走了他所找到的宗教会议决议书，而这些文书是由最为神圣的教宗们在不同时期针对他和他的同伙们所发布的敕令。随后，他命人从我这里抢夺了这位最为神圣的教宗在庄严的宗教会议上所制定，并且后来又附加了绝罚惩处重新发布的敕令，从而亵渎了这一敕令。他强迫民众像窃贼一样地走出该城的城墙，在极其虔诚的君主们（principes）和天主的教会之间散播不和的种子。他还命人 149
将一位到教堂中寻求庇护的阿达尔格林（Adalgrim）挖眼割舌。如今，你们中的许多人已经跟我一起，从他的一个亲戚，即名叫阿多的司铎那里听说了，而我也从其他途径得知，他忘却我的恩惠，派人去埃留泰里乌斯那里，唆使他实施凶杀。如你们所知，令人痛心啊！他的确实施了此等凶杀。[②]因此，鉴于他的所有这些以及其他许多用以摧毁和侵害天主教会的行为，鉴于他至今仍未停止以阴谋诡计打击这一教会，凭借万能的天主、所有神圣的教父们、宗教会议上令人尊敬的与会者们以及上述两位教宗的权威，我通令捉拿这个阿纳斯塔修斯，如同利奥和本尼迪克特两位教宗通过宗教会议庄严地颁布针对他的敕令一样；对他的绝罚不得再有任何增减；他将继续被剥夺一切教会圣事，直到他在宗教大会上就所有受指控的罪行向我作出合理的解释；凡是以跟他谈话、向他传送食物、酒水等方式与他往来的人，应当与他一样被束缚于革除教籍的惩罚之中，因为他为了追逐更高的但屡次被禁止获

① 罗马、君士坦丁堡、亚历山大里亚、安条克和耶路撒冷的主教为基督教世界的五位大教长。这里的“大教长府邸”（Patriarchius）是教宗府邸的另一说法。——译者注

② 即上文所述埃留泰里乌斯杀害教宗的妻子和女儿的事情。——译者注

取的东西，贸然侵占和踏入禁地，我的教会已经诉说得够多，且仍然在诉说。无疑，如果他离开罗马城，无论有多远，或者他胆敢重新谋求或接受教士身份或任何等级的圣职，那么他将与他所有的支持者、赞同者和追随者们永远处于绝罚之中，因为他这种行为既违反上述教宗的谕令，又违反他所发的誓言，即不离开这座城市超过40千步，不谋求教士身份或神职。此谕令是当着整个神圣罗马教会的面，当着被置于圣普拉克塞德斯（St-Praxedis）
150 教堂的阿纳斯塔修斯的面，在至尊而普世的祭司教宗哈德良（在位）的第一年，在小纪第2年10月12日宣布的。[1]

罗退尔（二世）对（秃头）查理心存疑虑，于是再次投靠（日耳曼人）路易，成功使路易一方向自己宣誓，如果罗退尔迎娶瓦尔德拉达，路易对他绝不侵害。这样，罗退尔到达阿蒂尼王宫与查理会谈，并在那里约定与查理在来年10月初再次会谈。[2] 查理行经位于拉昂地区的王室庄园。他在拉昂

---

① 在很多年份的史事记载中，辛克马是按照事件发生的先后顺序记述的。但是在868年的史事中，辛克马先是按照事件的先后顺序记载了秃头查理从年初到6月的几件事情，接着转而记载了这一年3月10日阿森尼乌斯的儿子埃留泰里乌斯的暴行以及教宗对相关人员，特别是阿纳斯塔修斯的惩处。辛克马将哈德良惩处阿纳斯塔修斯的信件抄录在年代记中，而该信明确说教宗的这一命令发布于10月12日。此信从意大利被送达西法兰克王国，不可能早于11月底或12月初。也就是说，辛克马应该是在岁末得到了教宗的上述信件之后，才开始记述868年的整个史事的。这一年后半年的重要史事是秃头查理、兰斯大主教辛克马（本年代记的作者）等人制服拉昂主教辛克马（兰斯大主教辛克马的侄子）的事情。而在这一事件中，兰斯大主教辛克马就是当事人和重要的参与者。因此，这一年的史事不能说是及时的实录，而是年末的回顾和综述。——译者注

② 秃头查理和日耳曼人路易此前于6月在梅斯举行了会谈，他们相互发誓，倘若天主将他们的侄子们（意大利皇帝路易二世和罗塔林吉亚的国王罗退尔二世）的疆土赐予他们，那么他们将绝无欺诈地平均分割这些疆土。此次会谈后双方的誓言全文保存下来，被收入 *MGH, Capit*.II, no.245, pp.167–168 中。辛克马本人就参加了这次会面，但是他却对此只字未提，这或许是因为虽然路易二世膝下只有女儿，罗退尔二世膝下只有私生子，他们很可能死后没有合法男嗣，但是秃头查理和日耳曼人路易作为叔父，在两位侄子活着的时候就开始谋划瓜分他们的疆土，实有不义之嫌。罗退尔与日耳曼人路易和秃头查理的会面分别发生在7月和8月。他与两位叔父先后会谈，显然是为了分化瓦解两位叔父在6月达成的协议。——译者注

主教（小）辛克马所在教省内其他主教无一知情的情况下，命令他（小辛克马）派遣诉师[①]参加他（秃头查理）自己的法庭，即参加世俗的审判，因为他（小辛克马）夺去了查理的一些部下的采邑。[②]该主教（小辛克马）宣称，他不敢抛开教会法庭的裁决，不敢遵照国王对他的命令参加世俗的裁决，因此并未前来参加指定的世俗法庭，而是向国王禀明不能前来的原因。[③]于是，国王查理命令一些名望不高之人进行审理，理由是上述主教（小辛克马）既未派人发誓证明自己无法前来出庭，也未派他的诉师代其参加世俗（法庭）的审理。经上述这些人的审理，该主教（小辛克马）所拥有的供主教使用的一切教会地产和动产均被没收。就这样，该国王[④]（秃头查理）于8月中旬来到皮特雷，在那里收纳了岁贡。他丈量了（皮特雷）要塞（的围墙），以数尺（为一段），将其逐一分配给王国内的各位部下（修筑）。[⑤]

---

① “advocatus”，指诉讼代理人，此处译为诉师。在主教或修道院院长卷入世俗诉讼的时候，按照教会法，他们不能在世俗法庭上受审。因此，安排诉师代理他们出席世俗法庭，就成为一种权宜之计。——译者注

② 拉昂主教辛克马，也被称为小辛克马，是兰斯大主教辛克马的侄子，而且拉昂位于兰斯大主教区。小辛克马858年得到祝圣成为拉昂主教或许是因为得到了叔父辛克马的帮助。小辛克马得任主教后成为秃头查理最为信赖的臣仆之一。秃头查理赐予拉昂主教很多土地，其中包括一所修道院，让小辛克马将这些土地封授给秃头查理的部下作为采邑，他还安排小辛克马在宫廷中任职。但是，小辛克马野心勃勃、傲慢专横、处事武断，不久就与秃头查理和叔父辛克马发生冲突。国王的部下中有些人被小辛克马剥夺了采邑，他们诉至国王。这是此处提到的案件的缘由。关于小辛克马与其叔父和大主教辛克马的冲突，参见本年代记后续的记载。小辛克马死于879年。兰斯大主教辛克马对外甥小辛克马的记载刻意回避他们之间的亲缘关系，凸显自己记载的“中立”立场。关于拉昂主教小辛克马的冲突的相关文献，详见 Rudolf Schieffer ed., *Die Streitschriften Hinkmar von Reims und Hinkmars von Laon 869–871*, Hannover: Hahnsche Buchhandlung, 2003.——译者注

③ 当小辛克马被传召出席国王（世俗）的法庭时，作为其大主教和叔父，兰斯的辛克马即本年代记此处的作者支持他的侄子维护教会的特权。兰斯的辛克马为此还给秃头查理写了一篇冗长的论述，名为“教会特权之申辩”（*Pro Ecclesiae Libertatum Defensione*）。该书拉丁文本见 *PL*, tome 125, cols. 1035–1070。——译者注

④ 此处拉丁文为“idem rex”，带有贬斥语气。——译者注

⑤ 此处拉丁文为“et castellum mansurans pedituras singulis ex suo regno dedit”。这是一个很好的例子，体现了当时修筑一些重大防御工事时的组织和分工机制。——译者注

兰斯大主教辛克马带着拉昂主教辛克马，会同其他主教们，到皮特雷见国王。他用书面阐释和口头陈述，指出主教的权威和普世的教会在这种安排[1]中遭受了何种不公。他得偿所愿，（国王同意）归还该主教（小辛克马）被剥夺的财产，而后此案应依据神圣法律的规定在教省之内，由推选产
151 生的法官们审理。若有必要，可在此之后再由宗教会议裁决。在这次会议上，国王接纳了图卢兹边疆伯爵伯纳德[2]、戈西亚边疆伯爵伯纳德[3]，以及另外一位（边疆伯爵）伯纳德。[4]他还在那里接见了布列塔尼人首领萨洛蒙的一位使者。萨洛蒙通过该使者，告诫查理绝不要自己发兵攻打盘踞在卢瓦尔

---

① 这指的是上一段中所说的案件审理方式，即在其他主教毫不知情的情况下，由“声望不高”的人在“世俗法庭”上所作的审理。——译者注

② 这位伯纳德被秃头查理安排继承洪弗里德的图卢兹边疆伯爵职位，参见本年代记有关864年的史事记载。这位伯纳德的父亲是雷蒙德，而洪弗里德正是从雷蒙德手中夺得图卢兹边疆伯爵职位的，参见本年代记863年的史事记载。——译者注

③ 这位戈西亚边疆伯爵伯纳德是本年代记865年史事中提到的那位伯纳德，即国王秃头查理在865年“派遣已故伯纳德与伯爵罗尔戈的女儿所生的儿子伯纳德赴戈西亚，将该边疆区的一部分托付于他”。——译者注

④ 这里的“另外一位伯纳德”究竟是谁，学界有很大争论。有的学者认为，这位伯纳德就是塞普提马尼亚的伯纳德的儿子伯纳德。这种观点面临的问题是，本年代记在提到塞普提马尼亚的伯纳德的儿子伯纳德的时候，两次（分别在866年和869年的史事中）都用了“残暴的伯纳德之子伯纳德”这样的表述，但是这里却没有用这一表述。另外，塞普提马尼亚的伯纳德的儿子伯纳德早已成为秃头查理的死敌。他在866年就被赶出了欧坦，并投奔罗退尔二世，很可能成为罗退尔二世的私生子于格的死党。此外，在869年之前没有材料表明塞普提马尼亚的伯纳德的儿子伯纳德与秃头查理言归于好。另外一种观点认为，此处年代记提到的“另外一位伯纳德”应该是奥弗涅的伯爵伯纳德。当时有一些赐地文书中确实提到了奥弗涅伯爵伯纳德。奥弗涅位于阿奎丹，而年代记此处提到的三位伯爵边疆很可能都是阿奎丹的显贵，他们的职位与秃头查理为儿子口吃者路易安排分王国有关。虽然其他文献中并没有将奥弗涅伯爵伯纳德称为边疆伯爵，但是这一时期“边疆伯爵”已经逐渐变成了一个虚衔，未必意味着每一位边疆伯爵都实际执掌着一个边疆区。因此英译者詹尼特·尼尔森认为本年代记此处提到的第三位伯纳德就是奥弗涅伯爵伯纳德。不过，有学者质疑说，奥弗涅伯爵伯纳德在868年4月之前已经去世。Léon Levillain, “Les personnages du nom Bernard dans la seconde moitié du 9.Siècle”, *Le Moyen Age*, tome 54, no.1, 1948, pp.1–37.——参考了英译者注

河上的北方人，因为这位萨洛蒙已经准备好率领一支布列塔尼人的强大军队进攻他们，仅需查理一方的援助（即可）。为此，国王派遣他的宫廷总管（chamberlain）兼侍卫长，即他最亲密的谋臣恩格拉姆（Engelram）[①]，带着用黄金和宝石装饰的王冠、各种显示国王威仪的饰物先行，继而派遣他的儿子，即身为助祭和修道院院长的卡洛曼，按照萨洛蒙的请求，率一批兵马和辎重[②]去见萨洛蒙。而后，查理从那里（皮特雷）前往奥维尔庄园狩猎。国王查理派遣卡洛曼率领的一队兵马渡过塞纳河，蹂躏了一些地方。尽管他们被派遣出来是为了抗击北方人，但是他们从北方人那里一无所获，便在国王查理的命令下撤回，各自返乡。倒是普瓦提埃人在向天主和圣希拉里祈祷的同时，第三次勇敢地打击了北方人[③]，将其中许多人杀死，迫使其他人逃跑。在所有的战利品中，即使不计算自愿的捐献，他们献给圣希拉里的也有十分之一。[④]

---

① 此处恩格拉姆的头衔是“camerarius et hostiariorum magister atque a secretis consiliarius”。英译者将“hostiariorum magister”翻译为“master of the door-keepers”，而德译者将其翻译为“Leibwache”，即侍卫长或保镖。这里我们采取了德译者的理解。这位恩格拉姆生于 810 年左右，死于 877 年。他在本年代记中被称为伯爵，但是其治所不详。他在 842 年到 871 年或 872 年担任秃头查理的宫廷总管兼侍卫长，负责管理王室庄园。在 845 年 6 月的莫城宗教会议上，他充当了秃头查理的代表。他在 868 年充当了秃头查理派去与布列塔尼首领萨洛蒙会谈的特使。恩格拉姆曾在此前的几年中担任秃头查理一方的谈判代表，这使其地位不断提高。在 868 年一份王室法庭判案的卷宗中，恩格拉姆的名字列在诸位伯爵的最前边，这也体现了他当时在秃头查理身边的影响力。在 870 年，他再次充当了秃头查理和日耳曼人路易和平协议的保证人。不久之后，秃头查理的第二任妻子里希尔蒂排斥恩格拉姆，在 871 年或 872 年以其兄弟普罗旺斯的博索取而代之。恩格拉姆则转而倒向日耳曼人路易，说服后者在意大利皇帝路易二世 875 年去世后入侵罗塔林吉亚。——译者注

② 卡洛曼虽然是教士，但他是一位世俗教士，而且他有自己的府内兵马。这里的记载强调“兵马和辎重”的数量是依照萨洛蒙的请求准备的。——译者注

③ 关于前两次普瓦提埃人对北方人的抗击，分别参见本年代记有关 863 年和 865 年的史事。——译者注

④ 这一表述表明，辛克马是将这种交纳作为什一税的。按照加洛林王朝的条令，自然收成和人类劳作所得的十分之一应该交给教堂，这是一种强制性的义务。交纳什一税之后的

国王查理于 12 月 1 日前往基耶尔济，召集他王国内的一些显贵们，既包括主教也包括其他人，到那里觐见他。他恼火于拉昂主教辛克马，因为辛克马在他不知情的情况下，写信给罗马，并(从罗马）获得了回信，而他(秃
152 头查理）不会赞同这些回信。实际上，他对这位顽抗自己的主教极其愤怒。这位主教经常在受到他召唤的时候拒绝前来见他，如今又未经他的允许前往自己的（主教）辖区。他激起这位国王对他的不满，而这乃是尊贵如主教者不该做的事。① 查理来到贡比涅，在那里庆祝了圣诞节。

869年

尽管国王（秃头查理）通过其他主教召唤这位主教（小辛克马）前来觐见，但这位主教却拒绝执行国王的命令，于是他（秃头查理）从自己的王国内派遣了尽可能多的伯爵，组成一队人马去拉昂，打算强行带该主教来见他。但是，该主教却与他的教士们一起坐到祭坛旁边。② 最后，在一些主

额外交纳，则是一种自愿的捐献。辛克马此处强调普瓦提埃人不仅交纳什一税，而且还有额外的自愿捐献，显然是为了与上述卡洛曼所率部署抗敌无果、沿路“蹂躏”形成强烈的对比。——译者注

① 值得注意的是，在这一事件中，兰斯大主教辛克马对他的侄子拉昂主教辛克马的态度发生了变化，因为辛克马未经他这位大主教的同意和许可，便诉诸罗马教宗，请罗马教宗介入冲突，这威胁到了他作为大主教的权威。拉昂主教辛克马在寻求教宗介入的时候，援引了《伪伊西多尔教令》(*The pseudo-Isidorean decretals*）作为依据，而该教令集是 9 世纪 30 年代或 40 年代由西法兰克王国的一些教会人士将一些伪造的文件糅合到一些真实的文件中而形成的，其中包括著名的《君士坦丁的赠礼》。该教令集的伪造者很可能就是由兰斯的前任大主教埃伯所委任但受到继任大主教辛克马打击的一些神职人员。该教令集强调教宗的权威和主教的独立性，借助教宗的权威抑制大主教对主教的控制，限制世俗统治者对主教的干预。这种立场非常契合拉昂主教辛克马的需要。——译者注

② 即以教堂的神圣不可侵犯作为自己的保护。关于加洛林王朝对教堂庇护权的争议，参见 Liutpold Wallach, *Alcuin and Charlemagne: Studies in Carolingian History and Literature*, Ithaca, New York: Cornell University Press, 1959, pp.99–140; Hélène Noizet, “Alcuin contre Theodulphe: Un conflit producteur de normes, *Annales de Bretagne et des Pays de l’Ouest*”,

教们的努力（阻止）下，奉命前来的人们并未将他从教堂中抓走，未带着他便回去见查理。国王于是让该主教的所有自由人①向自己宣誓。不过，他依然怒火中烧，便召集王国内的所有主教于小纪第 2 年 4 月 24 日在韦尔布里开会，下令将该主教辛克马传唤到会。查理随后在去往科讷（Cosne）镇（vicus）②时颇不顺利，因为天气恶劣，饥荒严重。他在那里（科讷）接见了一些前来觐见的阿奎丹人。他料想边疆伯爵们，即三位伯纳德③，会赶来见他，但是他并没有见到他们。于是，他心怀焦虑，无所成效地回到桑利。他于圣灰星期三（2 月 16 日）从那里（桑利）到达圣德尼修道院，在那里度过了大斋节，庆祝了复活节（4 月 3 日），并开始动工，用木头和石头在该修道院外修筑一座堡垒。④在去往科讷之前，他向王国各地发出信函，要求 153
主教、修道院院长和修女院院长们调查他们的采邑，登记每人各有多少份

---

tome 111, 2004, pp.113–129; Rob Meens, "Sanctuary, Penance, and Dispute Settlement under Charlemagne: The Conflict between Alcuin and Theodulf of Orléans over a Sinful Cleric", *Speculum,* vol.82, no.2, 2007, pp.277–300; Samuel W.Collins, *The Carolingian Debate over Sacred Space*, New York: Palgrave Macmillan, 2012, pp.91–120.——译者注

① 此处拉丁语为"omnes ipsius episcopii liberi"，"liberi"（自由）强调这些人身份自由，与奴仆不同，但是他们属于"该主教"，因此应该指的是拉昂主教的下属和封臣。——译者注

② 拉丁语为"Conada vicus"。该地现在是卢瓦尔河畔的科讷（Cosne-sur-Loire），位于今天法国中部的涅夫勒省，诺艾河（Nohain）汇入卢瓦尔河的地方，大致在其东北方的欧塞尔和其西南方的布尔日的正中间。该地处于法兰西亚和阿奎丹的边界地区。——译者注

③ 参见本年代记上一年即 868 年的史事记载及注释。有的学者推测，辛克马记载这些边疆伯爵没有出现，而且在下一句中强调秃头查理"心怀焦虑"，可能暗示出他们反对秃头查理。不过，辛克马此处的措辞对三位伯纳德并没有强烈的批评。考虑到上一句所提到的恶劣天气和严重饥馑，三位伯纳德未能前来或许确有客观原因。另外，有史料表明，图卢兹边疆伯爵伯纳德和戈西亚边疆伯爵伯纳德是秃头查理的可靠支持者，并没有背叛或反对秃头查理。——参考了英译者注

④ 此处拉丁文为"castellum in giro ipsius monasterii ex ligno et lapide confecere coepit"。英译者将其理解为修筑环绕修道院的工事，而德译者则理解为在修道院内修筑堡垒。考虑到修道院内空间有限，不大可能容得下一座要塞，因此这里采用了英译者的理解。——译者注

地，在即将到来的5月之初，将（调查）簿册提交给国王。[①] 国王的封臣们应调查登记伯爵们的采邑，伯爵们则调查登记（国王的）封臣们的采邑[②]，他们还应将登记房屋的簿册也带到前述会议上（5月初的会议）。查理下令，每100个份地(的占有者们）选派一个壮丁[③]，每1 000个份地(的占有者们）派出一辆两头牛拉的车，携带他的王国一直以来承受着的其他沉重捐税[④]，前往皮特雷参加上述会议，以便这些人能修完这座国王下令用木头和石子建造的要塞，并守卫之。

---

① 查理曼曾发布《庄园敕令》(*Capit*.I, no.32, pp.83–90)，要求调查王室庄园的资产，加强这些庄园的管理。他还发布了《教会和王田产业登记范本》(*Capit*.I, no.128, pp.250–256)，要求地方显贵们参照这些范本登记各自所领有的采邑。9世纪的确涌现出了很多地方显贵(特别是很多修道院）登记各自土地田产的簿册，学术界称之为“polyptyque”。这些簿册往往详细登记每一位佃户的家庭人口、所持份地多寡、每年所承担的地租劳役等。这种簿册有很多保留至今，成为学术界研究加洛林帝国经济社会史的重要史料。不过，这里国王要求教俗显贵们调查的，并非其采邑上各有多少佃户，而是各个教俗显贵的采邑包括多少份地。领有的份地多寡是显贵们富裕程度的重要体现，也是国王向显贵们征收钱款、摊派兵役的主要依据。另外，这里虽然说调查涉及秃头查理的“整个王国”，但是并不是指他当时所统治的整个西法兰克王国，而是指狭义上的法兰西亚。——译者注

② 此处拉丁文为“vassalli autem dominici comitum beneficia et comites vassallorum beneficia inbreviarent”。对此有两种不同的理解。一种理解是，由于土地田产登记是征税的基础，为避免显贵们在登记自己所领有的采邑时隐瞒脱漏，国王要求交叉登记，即他的封臣登记伯爵的采邑，伯爵登记国王的封臣的采邑。另一种理解是，国王让封臣们登记伯爵的采邑，让伯爵们登记他们（伯爵们）自己封臣的采邑。德译者采取了前一种理解，英译者采取了后一种理解。我们认为，国王的封臣（vassalli）往往地位低于伯爵，国王常常利用自己在各地的封臣们制约和监督伯爵，因此我们此处采取了前一种理解。——译者注

③ 此处拉丁文为“Haistaldus”，英译者翻译为“young warrior”(年轻的战士)，德译者翻译为“freier Taglöhner”(自由的日工)；格兰特等拉丁文编者则将其理解为“jeune serf”(年轻的奴仆)。英译者强调，这些人更可能是从教会和世俗权贵的军事随从中挑选出来的，具有修筑和守卫要塞的经验。这里综合上述几种译法，将其较为宽泛地翻译为“壮丁”。——译者注

④ 此处的用语包含着对秃头查理的强烈批评。英译者詹尼特·尼尔森推测这句话很可能是在随后几年中添加的。秃头查理显然要确保新的要塞得到长久的驻防。由于该要塞围绕着圣德尼修道院，因此有学者认为这反映了秃头查理一种新的政策或者手段，即让教会组织承担军事防御的重担。——参考了英译者注

罗退尔既派人见他（秃头查理），又派人见（日耳曼人）路易，请求他们在他从罗马返回之前，不要在他的王国内危害他。他从（秃头）查理那里未获得任何保证，但是据说他随后从（日耳曼人）路易那里得到了保证。于是，他远赴罗马，打算先跟他的兄长即皇帝路易（二世）会谈，指望能借助路易（二世）赢得教宗哈德良的支持，以便再次抛弃提奥贝尔嘉，续娶瓦尔德拉达。他还命令提奥贝尔嘉在他之后亦赴罗马。但是，据说皇帝路易（二世）不会为了弟弟的请求而放弃对萨拉森人的围攻，因为希腊人的国王派遣了200多艘战船迅速支援他对付这些萨拉森人。[①] 罗退尔在不适当的时间，即6月[②] 启程，竭力为他的妻子们的缘故而远赴罗马。他甚至到了拉文纳。在那里，他会见了他的兄长（路易二世）派来的使者们。路易（二世）通过使者们告诫他勿再前行，勿在其（路易二世的）王国境内长久滞留，而应返 154
回他自己的王国。（路易还说，）他们将在适当的时间和方便的地点很快相聚，他将与罗退尔一起，努力实现罗退尔的愿望。不过，罗退尔仍然绕过罗马，从侧面到达贝内文托，以会见他的兄长。[③] 在路易（二世）的府邸，罗退尔多番恳请，施以厚礼，不避麻烦，借助恩格尔贝尔嘉，成功使路易（二世）同意让恩格尔贝尔嘉亲自陪伴他（罗退尔）远赴坐落于卡西诺山（Monte

① 皇帝路易二世当时正在围攻巴里（Bari），此地从847年起就被来自北非的阿拉伯人所占领，用作袭击意大利南部的基地。这里提到的“希腊人的国王”是指拜占庭皇帝巴塞尔一世。值得注意的是，辛克马在此处并没有用“希腊人的皇帝”这一称谓。——译者注

② “不适当的时间”这一说法表明，辛克马应该是在知晓罗退尔当年的死讯后写下这些内容的。另外，6月之所以不合适，应该是指这段时间恰是意大利的雨季，天气湿热，容易引发热病。而罹患热病正是罗退尔这一年死亡的直接原因。——译者注

③ 此处拉丁文为“Romam rediens a latere ad suum fratrem in Beneventum usque pervenit”。罗退尔尚未到达罗马，又怎能“重返”（rediens）罗马？对此，学界有两种解释。一种观点认为，罗退尔应当是进入波河流域后往东走行至拉文纳，此后则往南走，去往罗马。因这种行程路线的改变，所以去往罗马被文中描述为“rediens”，但并非罗退尔“重返罗马”，而是“重新去往罗马”。另一种观点则认为，这里的“rediens”讲不通，应该理解为绕过罗马，这样才能与紧接着的“迂回”、“从侧面”（a latere）呼应，即罗退尔不是直接去往罗马，而是绕过罗马，直接去往罗马东南方向的贝内文托。德译者就采取了后一种理解，我们此处遵此意见翻译。——译者注

Cassino）上的圣本尼迪克特（St-Benedict）修道院[1]。在那里，他（罗退尔）借助皇帝（路易二世）的命令，让教宗哈德良来见恩格尔贝尔嘉和他自己。他通过赠予教宗许多礼物，借助恩格尔贝尔嘉（的说情），成功使教宗为他举行弥撒，授予他圣餐，不过其条件是，（罗退尔保证）在教宗尼古拉（一世）将瓦尔德拉达逐出教会之后，罗退尔不曾与她同床共枕、肉体交合，甚至不曾与她有任何交谈。这个卑鄙之徒（罗退尔）像犹大一样，装出一副良心，厚颜无耻地在上述条件下既不畏惧也不推托，而是领受了这一圣餐。而且，他的支持者们也跟他一起领受了这位教宗的圣餐。其中的贡特尔作为公开通奸行为的发起者和引导者，作为一位平信徒，（也）从这位教宗手中领受了圣餐。只不过在此（领受圣餐）之前，他先于众人向教宗坦白认错，其文如下：

> 我乃贡特尔，在天主、他(天主)的圣徒们、您即最高祭司、普世教宗、我的主上哈德良，以及您之下可敬的众主教和其他相聚于此的人们面前，我保证自己并不责备而是谦逊地接受了教宗尼古拉依据教会法施予我的革职判决。因此，除非您愿意出于怜悯而挽救我，我再不会擅自染指神圣的职司。我也不愿做出任何冒犯神圣罗马教会或其教宗的恶行或忤逆之举，而是请您
> 155 见证，我将献身于神圣的母亲教会及其牧首[2]，对他保持顺从。我，贡特尔，已经亲手在我的这份保证书上签字。写于小纪第 2 年 6 月 1 日，圣本尼迪克特的蒙特卡西诺修道院的圣救主（St-Salvator）教堂里。

贡特尔站立于俗人中间[3]，在众人面前公开宣读了此番保证。上述教宗

---

① 卡西诺城位于罗马东南 130 公里处，城西 2 公里处有一座山，名为卡西诺山，有时也翻译为蒙特卡西诺。圣本尼迪克特在 6 世纪曾担任蒙特卡西诺修道院的院长。他为该修道院制定的规章后来被称为《圣本尼迪克特院规》。它是加洛林帝国修道院所采用的统一规章，这使蒙特卡西诺修道院闻名遐迩。——译者注

② 此处拉丁文为“praesul”。该词本意指行走在队列最前面的人。它在中世纪可以指主教、教宗、修道院院长或其他有权威的人。这里指“神圣的母亲教会”的“牧首”即教宗。——译者注

③ 这一表述强调了贡特尔的俗人身份。——译者注

接受了这一保证，并对贡特尔说：

> 我授予你平信徒的圣餐，条件是你必须终生遵守你刚才的宣誓。

随后，恩格尔贝尔嘉返往她的皇帝身边，教宗哈德良返回罗马，罗退尔则步其后尘追赶他。当教宗进入罗马时，罗退尔来到圣彼得教堂。他没见到一位接驾的教士，而是自己率领部下走向圣彼得之墓。从那里，他进入圣彼得教堂附近的一间楼阁[1]寻找住宿，但是他发现房间里没有用扫把清扫过。他以为，第二天即星期天——他是星期六来到圣彼得的——应当有人为他颂唱弥撒，但是他并未从该教宗那里赢得此事。星期二，他进入罗马，在拉特兰宫与教宗共进午餐[2]。他赠以金银器皿，博得教宗同意授予他一个斗篷、一片棕榈叶和一根手杖。教宗也的确如此做了。罗退尔及其部下对这些礼物的解释是：借助斗篷，罗退尔重新被授予对瓦尔德拉达的占有；借助棕榈叶，罗退尔表明自己在已经着手的事情上是胜利者；借助手杖，他将制服违抗其意旨的主教们。[3]但是，教宗和罗马人的安排却有所不同。教宗决定派遣主教福尔摩苏斯（Formosus）[4]在另一位主教的陪同下，到高卢地区就罗退尔所请求的事情与大部分主教一起商讨。在教宗所宣布的，将于 3 月初在罗马 156

---

① 拉丁文为“solarium”，本意是指位置较高的、太阳照得到的房子，尤其是指上下两层的宅子中的上层房间。住这种房子或房间可以体现尊贵的身份。对这一问题的专门讨论，参见 Mayke de Jong, “Charlemagne’s Balcony: The Solarium in Ninth-Century Narratives”, in J.R. Davis and M. McCormick eds., *The Long Morning of Medieval Europe: New Directions in Early Medieval Studies*, London: Ashgate Publishing Limited, 2008, pp. 276–289.——译者注

② 此处拉丁文为“prandidit”，该动词源于“prandium”（早餐或午餐）。考虑到此处乃正式的接待，我们采用英译者的理解，将其翻译为午餐。——译者注

③ 这里的“手杖”以及辛克马的解释，暗示着罗退尔的一些主教可能对他处理贡特尔和提奥高德的方式不满，并因此会反对他。教宗哈德良很可能同意了罗退尔的离婚诉求。但是，这里辛克马似乎有意回避教宗的这一决定。《富尔达年代记》的英译者罗伊特指出，罗退尔的这次出行成果很大：其一，他恢复了教籍；其二，教宗哈德良表示愿意在一次法兰克教会的会议上重新考虑罗退尔的婚事；科隆大主教贡特尔也看到了恢复其职位的希望。——译者注

④ 福尔摩苏斯出生于奥斯提亚（Ostia），从 864 年起担任波尔托（Porto）枢机主教。他后来在 891 年成为教宗，直到 896 年去世。——译者注

召开的宗教会议上，这两位主教应报告他们的调查结果。教宗在其信函中命令，日耳曼之王路易的王国内的四位主教和路易的使者们、（秃头）查理的王国内的四位主教和查理的使者们，以及罗退尔的王国内的若干主教，应当前来参加此次宗教会议，以便他们能代表东部或西部的其他主教们，确认宗教会议将要进行的调查和采取的措施。教宗（哈德良）因教宗尼古拉与东方人（拜占庭帝国）的论战而派遣了使者们到君士坦丁堡，他（哈德良）期望使者们能够在那时（上述宗教会议召开时）返回来。①

罗退尔欣然离开罗马继续前行，到达卢卡（Lucca）②。在那里，他罹患热病。这一疫病正在他的部下中传播，他亲眼看到他们成堆地死去，但他不愿承认这是天主的审判。8 月 7 日，他到达皮亚琴察（Piacenza）。他熬过了星期日，下午三时（nona hora）③ 左右，突然几乎断气，无法言语。次日（8 月 8 日）上午八时④ 死去。从疫病中活下来的少数部下将他埋葬在皮亚琴察附近的一所小修道院⑤ 中。

当时（秃头）查理正留在桑利。在那里，他和他的妻子一起将他们拥有的各种财宝作为布施分赠给各个圣所。就这样，从皮特雷返回后⑥，他们就

---

① 关于罗马教宗与拜占庭帝国的论战，参见本年代记有关 864 年和 867 年的史事记载及注释。教宗哈德良派遣的这些使者们落入了海盗之手，直到 870 年 12 月才回到罗马。教宗期待这些使者们返回来参加在法兰克召开的大会，应该是为了把与拜占庭帝国交涉的结果告知参会的主教们。——参考了英译者注

② 卢卡位于意大利中北部利古里亚海附近，如今是托斯卡纳大区的一座城市，也是卢卡省的首府。——译者注

③ 罗马时制将白天分为十二小时（horae），早晨日出为第一小时，正午为第六小时，日落为第 12 小时，因此此处拉丁文“nona hora”指的是现在时制的下午 3 点左右。——译者注

④ 此处拉丁文为“hora diei secunda”，参见上一注释。——译者注

⑤ 此处拉丁文为“monasteriolum”，它是“monasterium”的小词。年代记作者辛克马强调这是一所小修道院，一方面表明当时葬礼的窘迫和仓促，另一方面也体现了辛克马对罗退尔二世的贬斥之意。据阿多的编年史记载，罗退尔被葬入“殉道者圣安东尼的教堂”。参见 *Ex Adonis Archiepiscopi Viennensis Chronico, Continuatio I*, p.323.——译者注

⑥ 秃头查理于 869 年 7 月在皮特雷发布了条令，全文见 *MGH, Capit*.II, no.275, p.337。该条

将自己从天主手中接受的这些财宝还给了天主。查理从一个并非不可靠的信使那里获悉罗退尔的去世[①]，便启程离开桑利城，到达阿蒂尼。在那里，他 157
接见了由已故国王罗退尔的王国内一些主教和一些显贵派来的使者们。他们意在使查理驻留于此，不要在他的兄长日耳曼之王路易从对付文德人的远征中归来之前，进入罗退尔的王国，因为在前一年和这一年，他（日耳曼人路易）的部下经常与这些文德人兵戎相见[②]，却要么一无所获，要么所获甚微，反倒遭受了极大的损失。[③] 使者们请求（秃头）查理驻留在阿蒂尼王宫并派自己的使者们到英格尔海姆见(日耳曼人）路易，告知路易在何时何地会面，并讨论分割罗退尔的王国。[④] 不过，更多的人（主教和显贵们）则采取更睿智的计谋，敦促他尽可能迅速赶赴梅斯，而他们将赶去见他，要么在他的行进途中，要么在梅斯城。查理觉得该建议更值得采纳，对他更有利，因此立即依照他们的建议行动。[⑤] 他一直到达凡尔登，在那里接纳了很多从那个王

令的部分内容涉及防御工事的修筑，部分内容涉及教会和世俗两界人士之间的通力合作。有的学者认为，这段时间秃头查理已经与王后埃尔蒙特鲁德断绝了关系，但是此处年代记记载了秃头查理与妻子一起出现在桑利，这表明上述观点难以成立。——据英译者注

① 罗退尔死于 8 月 8 日，他的死讯从皮亚琴察传到桑利，大约用了两周的时间。秃头查理于 8 月 23 日得到了这一消息，随后便迅速向东行进。英译者认为，本年代记的作者兰斯大主教辛克马在写给他的侄子拉昂的辛克马的信中提到了罗退尔的死讯到达桑利的时间。该信全文见 *PL*, tomus 126, cols.533–534。——译者注

② 此处拉丁文为“cum quibus saepe comminus sui congredientes”。英译者将此处理解为“他经常受到文德人的威胁”。“Comminus”是“com-”（一起）和“manus”（手）的复合词，相当于汉语的“交手”之意。——译者注

③ 据《富尔达年代记》有关 869 年的史事记载，日耳曼人路易的长子卡洛曼“同拉斯蒂茨的兵马两度交战，取得胜利，由此获得不少战利品”；此外日耳曼人路易在这一年的 8 月“结集大军，兵分三路”，对付索布人和拉斯蒂茨。不过，日耳曼人路易“在大军出发之际，患上疾病”，于是安排儿子们率军出征，并且“国王路易的三个儿子在不同的地区均顺利完成战事，得胜而归，且各自士卒未受损失”。——译者注

④ 秃头查理和日耳曼人路易上一年在梅斯订立协议，安排了两人在罗退尔二世去世后对其王国疆土的均等分割。参见上一年的史事记载及注释。——译者注

⑤ 值得注意的是，辛克马将这种对西法兰克王国最有利的建议称为“更睿智的”、“更值得采纳”，是对秃头查理最有利的建议。但是，《富尔达年代记》在提到这些事情的时候则说，

国（罗退尔的王国）前来投奔他的人，包括凡尔登主教哈托（Hatto）① 和图勒主教阿努尔夫（Arnulf）②。离开凡尔登后，他于 9 月 5 日到达梅斯，接纳了投靠于他的梅斯主教阿德旺修斯③、通格雷(Tongres)④ 主教佛朗哥⑤ 和其
158 他很多人。⑥ 继而，在 9 月 9 日，在所有人的坚持下，那些投靠于他的主教们在圣斯蒂芬教堂做出了下述通告和行动：⑦

吾主诞生于第 869 年，小纪第 2 年 9 月 9 日，在梅斯城的殉道者圣斯蒂芬的教堂中，该城主教阿德旺修斯在到场的国王和众主教面前，用书面和口头宣布了如下条文（capitula）⑧：

秃头查理“采纳了奸佞之臣的进言，在梅斯城命令该城主教将王冠戴在他的头上，并且以他拥有两个王国为由，命令人们称他为皇帝和奥古斯都”。这反映了两种年代记不同的政治立场。——译者注

① 哈托 847 年继承希尔杜因，任凡尔登主教，直到 870 年去世。——译者注

② 阿努尔夫 847 年到 871 年任图勒主教。值得注意的是，凡尔登、图勒、梅斯是相邻的三个主教区，都属于特里尔大主教区。——译者注

③ 关于阿德旺修斯，参见本年代记有关 864 年、865 年和 868 年的史事记载。——译者注

④ 通格雷位于今天比利时林堡省，马斯特里赫特的西南方，列日的西北方。它是罗马帝国时代一个重要的城市，但是在中世纪早期，地位衰落，其主教座堂亦于 8 世纪初期迁移到附近的马斯特里赫特，后又随着圣兰伯特葬在列日而迁移到列日。在本年代记 865 年的史事记载中提到该主教的时候就称其为“圣兰伯特主教佛朗哥”。——译者注

⑤ 参见本年代记有关 865 年和 876 年的史事记载及注释。——译者注

⑥ 罗退尔的王国内的主教们前来投靠，尤其是其中梅斯主教阿德旺修斯的投靠，对于秃头查理占据该王国至关重要。据《富尔达年代记》869 的史事记载：“国王（秃头）查理则在听闻兄长路易的病情后，侵入了罗退尔（二世）的王国，对该王国随心所欲地处置，削夺了该王国不愿投靠自己的人的荣职和私产。”在罗退尔的王国内的世俗显贵中，博索是秃头查理的一位重要支持者。——参考了英译者注

⑦ 本年代记的作者辛克马主持了秃头查理的加冕仪式，并为此撰写了这篇登基叙文（Ordo）。这篇叙文应该就存放在他的缮写室或文档室，他在写作这一年的史事时直接抄录了这篇叙文。这篇登基叙文以多种方式和途径保留至今。《法兰克诸王条令集》收录了该叙文，并罗列了它的各种抄本，参见 *Capit*.II, no.276, pp.338–341。当时众主教对秃头查理的祝福全文见 *Capit*.II, no.302, pp.456–458。——译者注

⑧ “条文”是一种特殊的文体。主教们在其辖区发布的命令和训导也被称为“capitula”。——译者注

“你们都知道，并且多个王国①内的许多人也都知道，在我们拥有昔日主君②(罗退尔）的时期，出于众所周知的原因，我们共同经受了多少事情，共同经受了何种事情；你们也都知道我们在内心深处因他最近的不幸辞世而遭受了何种痛楚、何种煎熬。因此，国王和元首③离去后，我们孤立无助。在深思熟虑之后，我们认为，对于我们所有人来说，唯一的解脱和特别有益的办法是，通过斋戒和祈祷寄望于（天主)，因为他无论顺境还是逆境都向我们提供援助；他总有谋略；他总有王国；他正如（圣经）所写把王国授予他中意的人；他掌握着君主们的心；他拆除房子中间的隔墙并将隔墙两侧的房间合二为一，让人在家中和谐一致④。我们乞求他的怜悯，乞求他依他所 159
愿赐予我们一位国王和元首，让这位国王和元首依自己所愿，以自己的明断和正义，统治、保护和捍卫我们各个等级和行业的人，将我们所有人的心全部吸引和统一到他自己身上；这位国王和元首也是他（天主）出于怜悯，为了我们的安全和利益，已经预知、挑选和指定了的。天主实现着敬畏者的愿望，倾听着敬畏者的祈求，而我们正万众一心地指望着天主的愿望，即让这位主上，我们的国王和元首查理成为这个王国的合法继承人，统率我们，惠泽我们。如果你们乐意的话，我们将依天主的原话向你们证明，以千真万确的征兆向你们表明，我们深信，他（查理）就是被天主挑选出来并赐给我们的那位元首。我们决不会不感激天主的慷慨施恩，而是用感激的行动回馈于天主。让我们祈祷吧，祈祷天主永远为我们保护这位为了拯救和保卫他的神圣教会，为了帮助和造福于我们所有人而赐予我们的君王，祈祷天主永远确

---

① 指加洛林帝国分立的各个王国。——译者注

② 此处拉丁文为“senior noster”，该词既可以指封君封臣关系中的封君，也可以指作为最高封君的国王，还可以指一般意义上的“长者”、“老者”、“尊者”。

③ 此处拉丁文为“princeps”，该词有“统帅”、“首长”的意思。奥古斯都的“元首制”即源于他的名号“princeps”。在法兰克王国的文献中，该词常用于指墨洛温王朝时期的宫相、加洛林王朝的国王或皇帝，以及成年并参与军政事务的王子。——译者注

④ 据《以弗所书》第2章第14节，“因他（天主）使我们和睦，将两下合而为一，拆毁了中间隔断的墙”。——译者注

保他安全、和平、宁静地在我们身边，让他统治我们，而我们将忠贞不贰地服从他，享受着我们所期望的安康，在他的治理之下侍奉天主。而且，倘若他愿意，我们这些忠诚于国王并团结一心侍奉国王的各级民众就应该从他口中聆听，聆听最笃信的国王告诉我们的那些事情，并应当全心全意接受这些事情。这对于他乃是得当的，对于我们则是必需的。”

160 在此之后，国王查理在那个教堂亲自向所有在场的人作了如下声明。他说：

“正如这些可敬的主教们通过其中一人之口所说的，他们已经指出了确切的征兆，表明了你们一致的心意，而你们欢呼和认可我是天主为了拯救、造福你们而挑选出来到这里统摄和治理的人。你们应知道，我将在天主的帮助下维护天主和他神圣教会的荣耀和教化；我将根据你们每个人各自阶层的尊严和身份，尽我所知，尽我所能地予以尊重和保护，并希望使其一直受到尊重和保护；我还将根据适用于每个阶层的法律，无论是教会的法律还是世俗的法律，向各个阶层的人维护法律和正义。这样做是为了使你们中的每个人根据各自的阶层、尊荣和能力，给我以国王的荣耀、权力、应有的顺从和援助，使我能统摄和保卫这一天主赐予我的王国，就像（以前）你们的祖先忠诚地、公正地、合乎情理地给予我的祖先们的一样。”①

随后，在梅斯主教阿德旺修斯和特里尔教省其他主教，即凡尔登主教哈托和图勒主教阿努尔夫的命令和请求下，在兰斯教省诸位主教的坚持下，在该教堂中，在其余主教们、国王以及所有在场的人的面前，兰斯主教辛克马作了如下的训导：

“有些人或许会认为，我和我们教省可敬的主教们将我们教省的事务与
161 另一教省的圣职授任混淆在一起是不妥当的、专擅的。② 为此，诸位应知道，

---

① 这一承诺以此前秃头查理及其兄长罗退尔一世和日耳曼人路易对民众所作的承诺为基础，具有加冕誓言的作用。——据英译者注

② 显然有人指责兰斯大主教辛克马，因为他在自己的大主教辖区之外，到特里尔大主教的下属主教区梅斯主持仪式，有越权之嫌。辛克马在这整段话中尝试对此予以驳斥。——译者注

我们的所作所为并未违背神圣的教规，因为比利时地区[①]的兰斯教会和特里尔教会以及它们的下属教会被认为是姐妹和同仁教省，正如教会权威和最为古老的惯例所揭示的那样。因此，他们（兰斯教会和特里尔教会）应当意见统一地在宗教会议上作出裁断，团结一心地捍卫神圣的教父们所确定的制度，并坚持这样的原则，即兰斯主教或特里尔主教中谁更早地得到委任，谁的地位就应视作更优先。源自圣灵启示的法律规定：‘你进了邻舍[②]的麦田，你可用手摘麦穗，只是不可在你邻舍的麦田里挥动镰刀。’[③]或者说，‘不可用镰刀收割’。[④]禾稼是人，正如天主在福音书中揭示的：‘要收的庄稼多，做工的人少。所以你们当求庄稼的主打发工人出去，收他的庄稼。’[⑤]也就是说，你们应该为我们这些主教祈祷，以便我们能够把重要之事告诉你们。不过，邻舍的庄稼就是那些托付给另一大主教区的民众。因此，我们能够而且应该像用劳作的双手采摘一样敦促和驱策你们走向天主的意愿，走向你们在一体教会中的拯救。不过，我们并非把（用来）审判的镰刀挥向其他大主教辖区的教民，因为这种审判不属于那里（其他大主教区），我们也不把它（在其他大主教区审判）视为我们职责。另外还有一个原因，该省我们的这些可敬的同仁主教大人因为没有大主教[⑥]，所以怀着兄弟般的友爱，命令和敦促吾等卑微之辈参与他们的事务，就像我们在自己教区的事务中所做的那样。 162
同仁兄弟们，这是真的吧？”

那些主教答曰：“这是真的。”

---

① 此处拉丁文为“regio Belgica”，指的是罗马帝国的比利时行省，与现代的比利时有很大区别。——译者注

② 此处拉丁文为“amicus”（朋友），但中文圣经翻译为“邻舍”，此处遵照中文圣经的译法。——译者注

③ 此处直接引自中文圣经新译本，与拉丁文稍有出入。——译者注

④ 《申命记》第 23 章第 25 节。——译者注

⑤ 《马太福音》第 9 章第 37—38 节。——译者注

⑥ 在 867 年提奥高德死后，特里尔大主教职位一直空缺。参见有关 867 年和 870 年的史事记载。——参考了英译者注

“除了我的兄弟和同仁主教大人阿德旺修斯代表其他可敬的主教即他自己和我的兄弟同仁们亲口告诉你们的事情之外，你们还能够在下述事情中留意到天主的意愿：我们眼前的这位主上和国王已经大有益处地统治了而且依然统治着他已经掌控并至今一直掌控着的那部分王国疆土（西法兰克王国），已经平安地造福了且依然造福于我们自己、我们的教会以及归属于他的民众。如今他已在天主的指引下从那里（西法兰克王国）来到此地，而你们也在天主的启示下汇聚于此地，自愿地委身于他，就像在天主的激励下所有生灵未受任何人的强制便相聚到象征着一体教会的诺亚方舟上一样。他的父亲（虔诚者）路易是值得缅怀的神圣主上，虔诚而可敬的皇帝，奥古斯都和统治者，是闻名遐迩的法兰克人的国王克洛维的后裔，而克洛维则是通过在法兰克人中传教的雷米（Remigius）的正统布道而带领全体族人和除小
163 孩、妇女之外的 3 000 多个法兰克人一起皈依基督教的。他（克洛维）于复活节前夜在兰斯大主教座堂受洗，周身被涂抹了取自天堂且至今我们一直保存着的膏油，由此被祝圣为王。① 虔诚的奥古斯都路易也是圣阿努尔夫（St. Arnulf）的后裔，并从后者的血肉中获得了自己最初的血肉。② 在兰斯，在基督的圣母即始终保持童贞的玛利亚的祭坛面前，他被罗马教宗斯蒂芬加冕为皇帝。他后来被一帮反叛之徒剥夺了世俗权力，但是他又在众主教和忠臣的民众的一致同意下，在神圣教会的殉道者即杰出的圣德尼的坟墓前，被重新带回他的王国疆域。在这座屋宇中，在名字表示“受加冕者”的第一位殉道者斯蒂芬的祭坛前，在忠诚的民众的欢呼喝彩下，就像我们在场的人所目睹的那样，他（虔诚者路易）由天主的众教士为其戴上王冠，恢复了对王国的统治大权。就像我们在神圣的历史中读到的，国王们获得各自的王国时都

① 本年代记此处的记载是兰斯大主教主张自己保存着圣雷米用过的圣油的最早文献。这一故事似乎是辛克马捏造的。——据英译者注

② 圣阿努尔夫大约生于 582 年，死于 640 年。他曾是墨洛温王朝奥斯特拉西亚国王提奥德伯特二世（595—612 年）的廷臣和梅斯主教。他被塑造为加洛林家族的先祖，而这一塑造正是 9 世纪初在梅斯完成的。——译者注

将各自王国的冠冕戴在头上。①既然你们自愿聚集到他身边，委身于他（秃 164
头查理），如果你们一致同意，那么他应当在此祭坛之前被承担教士职责的人加冕，并通过涂抹圣油被奉献于天主。在可敬的主教们看来，这并无不妥。若你们乐意，一起亲口大声欢呼吧。”

当所有人欢呼赞成此事时，该主教说：

“那么，让我们万众一心地感谢天主，齐唱‘神啊，我们赞颂你’。”

在此之后，主教们奉上司铎的祝福，为这位国王（秃头查理）加冕。

查理从梅斯到达弗洛朗热(Florenges)②，安排了他觉得应该安排的事情。随后，他离开那里去阿登森林进行秋季的围猎操练。他的兄长（日耳曼人）路易则与文德人达成了某种协议，设法赢得和平，并派他的儿子们③和该地的边疆伯爵们去巩固这一协议。他自己则因病留在雷根斯堡。④他派遣使者们见（秃头）查理，要求他维护他们之间所建立的牢固关系，还谈及对已故罗退尔的王国的分割问题。对此，查理予以妥善答复。

其间，巴塞尔在被希腊人的皇帝米哈伊尔封为共治者之后，用计杀死了米哈伊尔，僭取统治大权。他派遣他的大将军（patricius）⑤带着 400 艘战船到达巴里，意在援助路易（二世）对付萨拉森人，并从路易那里接回路

---

① 这里“神圣的历史”拉丁文为“historiae sacrae”，既指圣经中的历史叙述，也包括次经、伪经中有关犹太人的历史叙述。据伪经《马卡比书》第 1 卷第 11 章第 13 节记载：“托勒密进入安条克，将两顶王冠戴在头上，一顶是埃及王冠，一顶是亚细亚王冠。”——译者注

② 该地位于今天法国的摩泽尔省，在蒂永维尔西南约 5 公里的地方。——译者注

③ 此处拉丁文为“filios suos”，意为“儿子们”，其中包括胖子查理。——译者注

④ 据《富尔达年代记》869 年的史事记载，日耳曼人路易“其病很重，医生们亦感救治无望。鉴于此情，他将自己府库中所能找到的所有金银分给各地的修道院，施予贫苦之人。这样，他将自己和自己的一切交托给天主这位医生，因此便赢得了天主的救治”。——译者注

⑤ 拉丁文为“patricius”。该词在罗马共和国和帝国时期就被用于最显赫的贵族。西欧中世纪早期的一些蛮族王国的国王曾用过这一头衔，其中包括矮子丕平和加冕称帝前的查理曼。这一名号不仅表示地位显赫，也带有皇帝或教宗的“保护人”、“镇守者”等含义。在中世纪早期的拜占庭帝国，这一头衔同样仅用于少数显赫贵族。到 12 世纪以后，得封这一头衔的人增多，甚至一些宫廷宦官也使用这一头衔。这里翻译为“大将军”。——译者注

165 易（二世）已经与自己（巴塞尔）订婚的女儿[①]，使其与己完婚。但是有些事情发生了，路易不愿把女儿交给这位大将军。后者因此恼羞成怒，返回科林斯。[②]路易撤除对萨拉森人的围困，从贝内文托地区返回。那些萨拉森人则离开巴里，从背后追击路易的兵马。他们从他的军队中俘虏了 2 000 多匹战马，他们中一些人用这些马编成两支骑兵队，行进到位于加尔加诺山（Monte Gargano）[③]的圣米迦勒（St-Michael）教堂。他们抢劫了那所教堂的教士们以及聚集在那里朝拜的许多其他人，而后他们带着大量战利品返回自己的地盘。这一行为严重侵扰了皇帝（路易二世）、教宗（哈德良二世）和罗马民众。

日耳曼之王路易的儿子路易会同萨克森人，讨伐居于萨克森人诸地区的文德人。双方均有大批人马被杀戮，但路易终究在某种程度上取得胜利，顺利返回。[④]

阿尔勒大主教罗兰[⑤]以一定的代价[⑥]从皇帝路易（二世）和（皇后）恩格尔贝尔嘉那里获得了圣凯撒利乌斯（St-Caesarius）修道院。该修道院的绝

---

① 这里指路易二世和恩格尔贝尔嘉的女儿埃尔蒙嘉德。——译者注

② 这位拜占庭使者是尼切塔（Nicetas）。巴塞尔是在 867 年 9 月 23 日和 24 日之间的夜里谋杀米哈伊尔三世的，而不是本年代记所记载的 869 年。这种年份的错误很有可能是因为有关拜占庭宫廷政变的消息传到西法兰克王国的辛克马耳中，需要一定的时间，因此辛克马在记载遥远地方的事情时，时间有一定的滞后性，甚至存在错漏。——译者注

③ 加尔加诺山位于意大利东南部福查（Foggia）省的加尔加诺半岛上。——译者注

④ 据《富尔达年代记》有关 869 年的史事记载，当年在日耳曼人路易的命令下出发东征的三路大军中，“与他（日耳曼人路易）同名的路易（小路易）率领图林根人和萨克森人，前去制服胆大妄为的索布人”。——译者注

⑤ 本年代记 865 年史事及其注释有关于罗兰的更多信息。他在保卫阿尔勒的过程中充当着军事统帅，这再次体现了加洛林时期高级教士的军事职守。关于加洛林时期教会人士带兵打仗的现象，参见 Friedrich Prinz, *Klerus und Krieg im frühen Mittelalter. Untersuchungen zur Rolle der Kirche beim Aufbau der Königsherrschaft*, Stuttgart: Anton Hiersemann, 1971.——译者注

⑥ 此处拉丁文为“non vacua manu”，本意是“并非空手”，暗指罗兰付出了某种代价。——译者注

大部分物产都在卡马格岛①上，而该岛各方面都极其富饶，且萨拉森人一贯在岛上拥有港市②。当罗兰在该岛上仅用泥土仓促修筑堡垒的时候，闻听萨拉森人来犯，便进入堡垒，全然不听劝阻。萨拉森人冲向该堡垒，罗兰的部下中有300多人被杀，他自己则被萨拉森人俘虏，被带上他们的战船，捆绑起来。为了赎回他，（民众）交纳了150磅银、150件外套、150把剑和150 166
个奴隶（给萨拉森人），这还不包括在和谈中所交付的东西。在此期间，该主教于9月19日在（萨拉森人的）一艘战船上去世。不过，萨拉森人狡猾地加速索取对他的赎金，佯装无法继续，滞留那里，因此如果他的赎回者们想要得到他，就应加速支付赎金。赎回者们确实这样做了。萨拉森人则在收到全部赎金之后，将主教置于其座椅之上，给他穿上他被捕时穿着的教士袍服，佯装心怀敬意，将他从船上搬到陆地上。他的赎回者欲跟他说话，向他道贺的时候，却发现他已经死去。他们怀着极大的悲痛，将他运走，并于9月22日把他安葬在他为自己准备的坟墓中。

布列塔尼人的首领萨洛蒙与盘踞在卢瓦尔河上的北方人订立和约③，并率领他的布列塔尼人一起，从他在安茹地区的疆土上征收（葡萄）酒。修道院院长于格和（曼恩伯爵）高兹弗里德④会同塞纳河外侧的人，攻打盘踞在卢瓦尔河上的北方人，杀了大约60人。他们还俘虏了一位叛教的修士。此人抛弃基督教，委身于北方人，对基督徒危害极大。他们砍了他的头。查理要求塞纳河外侧的乡民加固勒芒和图尔两个城市，以便为各地民众对付北方人提供保障。北方人听闻此事，要求乡民交出大量白银、粮食、酒和牲畜， 167

---

① 参见本年代记859年的史事。——译者注

② 此处拉丁文为“portus”，指港口或码头的集市。卡马格岛位于罗讷河的出海口，是罗讷河流域物资和来自海上的物资互换和交易的节点。——译者注

③ 雷吉诺在其《编年史》有关874年的史事中说，此次会谈中北方人的首领是哈斯廷(Hasting)，萨洛蒙为赢得和平支付了500头奶牛，同时也得到了北方人送来的人质保证。*Reginonis abbatis Prumiensis Chronicon cum continuatione Treverensi*, p.108.——参考了英译者注

④ 关于这两人，参见本年代记有关866年的史事记载及注释。——译者注

而后才能与他们缔结和约。

10月9日，查理在杜济[①]获得确切消息，他的妻子埃尔蒙特鲁德已于10月6日在圣德尼修道院辞世，并被埋葬在那里。[②]已故伯爵毕温（Bivin）的儿子博索（Boso）背负使命，去见自己的母亲和姨母即国王罗退尔的遗孀提奥贝尔嘉。查理让博索将其妹妹里希尔蒂带到自己身边，并接纳她为姘妇（concubina）。[③]为达成此事，他将圣莫里斯修道院和其他采邑授予这位博索，随后将该姘妇带在身边，赶赴亚琛王宫，（因为）罗退尔（二世）留在那里的部下请求他前去接管他们。他同时宣布自己将于圣马丁节（11月11）从那里赴贡德勒维尔王宫，接纳从普罗旺斯和勃艮第北部前来投靠的人。[④]不过，他到达亚琛后并未争取到任何先前不曾支持他的人。从那里，他按照自己所宣布的（计划），到达贡德勒维尔。在那里，他接待了教宗哈德良的使者，即保罗（Paul）和利奥（Leo）两位主教。他们带来了教宗写给他和居

---

① 杜济原本属于罗退尔二世的疆土。——译者注

② 从巴黎到杜济有两百多公里，王后的死讯三日便传到秃头查理耳中，当属极速传信。——译者注

③ 这位博索的父亲毕温是格尔茨（Gorze）修道院的世俗院长，因此又被称为格尔茨的毕温。毕温的父亲杰罗姆（Jerome）有可能是查理·马特与一位姘妇所生的儿子，即毕温可能有加洛林的血统。这位博索的“母亲”的名字很可能也是里希尔蒂，是博索家族的开创者老博索的一位女儿。这位博索的“姨母”是嫁给了罗退尔二世的提奥贝尔嘉。老博索的子女中除了里希尔蒂和提奥贝尔嘉之外，还包括意大利某地区的一位伯爵博索以及特兰西茹拉（Transjurane）地区的公爵胡伯特。博索家族的核心势力在梅斯地区。这里毕温的儿子博索有位叔父是理查德，见本年代记836年史事的注释。他的舅父胡伯特除了公爵区外，还拥有阿戈内（Agaune）的圣莫里斯（St-Maurice）修道院院长职务。该修道院在战略上颇为重要，参见本年代记有关860年史事的注释。秃头查理与博索的妹妹里希尔蒂的婚礼应该是在10月12日举行的，因为这一天秃头查理和里希尔蒂共同发布了状书，以纪念他们的结合（coniunctio）。该状书全文见 *Recueil des actes de Charles le Chauve*, vol. II, no.355, p.288。秃头查理的再婚发生在前任妻子逝世6日之后，他得到妻子逝世的消息3日之后，可谓迅速无比。这或许是因为两人并未举行正式的婚礼，因此辛克马在这里将里希尔蒂称为秃头查理的“姘妇”（concubina）。——译者注

④ 贡德勒维尔是罗塔林吉亚南部一个非常重要的王室行宫。关于它的具体位置，参见本年代记有关864年史事的注释。——译者注

住在他王国内高卢各地众主教和众显贵的信函。[①] 这些信函的内容是，原属已故国王罗退尔的王国以及该王国内的民众，按照继承权应归其（教宗的）教子[②] 皇帝路易（二世），并在这位罗退尔死后确实转归了路易（二世）。世上任何人都不得对之加以侵犯、扰乱或试图兼并；若有胆敢妄为者，他不仅将遭到教宗权威的驳斥，还将受到绝罚的束缚，被剥夺基督徒的名分，被彻底置于魔鬼一边；若有主教默许或躲避此等骇人罪行的实施者，或者不加抵制反倒认同，则他应知道自己将被视为佣人[③] 而非牧人，因为既然没有羊属于他，也就没有牧人的尊严属于他。跟这两位主教（使者）一起来的还有来自皇帝路易（二世）的名叫伯德拉德（Boderad）的使者[④]，他被派来也是为了商议这些事情。（秃头）查理遣返了教宗和皇帝的使者们。而后，有信使带来了他的兄长（日耳曼人）路易濒于死亡的虚假消息。他（秃头查理）被这些信使的空头建议所欺骗，快速行进到阿尔萨斯，去笼络留特弗里德的儿子于格和伯纳德的儿子伯纳德[⑤]，而他也确实这么做了。随后，他前往亚琛，在那里庆祝了圣诞节。 168

---

① 教宗哈德良显然是在皇帝路易二世的命令下行事的。两位使者中，保罗是皮亚琴察主教，利奥是萨比纳（Sabina）主教。两位使者带着的教宗信函全文见 *MGH, Epp*.VI, nos.16, 17, pp.717–720。——参考了英译者注

② 此处拉丁文为“spiritalis filius”。教宗经常将世俗的君主称为其教子。虽然路易二世先后于 844 年和 850 年在罗马加冕为国王和皇帝，但是没有资料证明在他受洗时教宗是其教父（或曰代父）。因此，教宗与路易二世之间的这种教亲关系并非严格意义上在施洗过程中结成的教亲关系。——译者注

③ 此处拉丁文为“mercennarius”，即雇佣者、被收买者等。——译者注

④ 这位伯德拉德是皇帝路易二世的宫廷伯爵。本年代记有关 876 年帕维亚会议的记载将再次提及他。而且在秃头查理 876 年 2 月被推举为皇帝的昭告和随后的条令中，这位伯德拉德都在见证人的行列中，并签了名字，且名字之后带有“宫廷伯爵”（comes palatii）的头衔。*MGH, Capit*.II, no.220, p.100; no.221, p.104.——译者注

⑤ 这位于格的父亲留特弗里德是图尔伯爵于格的儿子，罗退尔一世的妻子埃尔蒙嘉德的弟弟。因此，这位于格和罗退尔二世是姑舅表兄弟。这里的伯纳德则是塞普提马尼亚的伯纳德的儿子。于格和伯纳德都在阿尔萨斯，他们很可能是罗退尔二世和瓦尔德拉达所生的儿子于格的支持者。——参考了英译者注

870 年

从那里（亚琛），他（秃头查理）前往奈梅亨王宫与北方人罗里克会谈，
169 并用和约将罗里克拉拢到自己身边。在七旬日(1 月 22 日)[1]，他迎娶了里希尔蒂作为妻子，（此前）他已经与她订婚，并为她送出嫁奁。[2] 出乎他的意料，他的兄长日耳曼之王路易派来了使者们。他接见了这些使者。使者们告诉他，若他不尽快离开亚琛，依然不放弃已故罗退尔的王国，不允许罗退尔的部下像在罗退尔去世时那样安然无恙地拥有那个王国，那么（日耳曼人）路易将毫不退缩，向他开战。随后，使者们在他们之间往来奔走，最终彼此（双方的使者和部下）作了如下庄严的誓言：

我站在我的封君[3] 某某的立场上，宣誓如下：我的封君某某同意，他的兄弟国王某某在国王罗退尔的王国所拥有的疆土应当是他们（两位兄弟）或他们的所有封臣们[4]一起觉得公正且尽可能均等的疆土。我现在站在我的封君某某的立场上对这一协议和保证发了誓，如果他的兄弟某某在其有生之年毫不违背，自觉维护它，那么我的封君某某也决不会通过任何诡诈骗取或通

---

① 七旬日（Septuagesima Day），又称七旬星期日（Septuagessima Sunday），字面意思是“第 70 日”。它是复活节前的第九个星期日，大斋节前的第三个星期日。从七旬日到大斋节前，是为大斋节做准备的时间。复活节星期日之前的第九个星期日，只是复活节前的第 63 日。因此，一般认为，它之所以被称为第 70 日，是因为它必定在复活节前的第 70 日之内，同时又在 60 日之外。另一种观点认为，它之所以被称为“第 70 日”是因为从复活节周的最后一天往前推算，则七旬日刚好是第 70 日。——译者注

② 上一年的史事记载中提到，秃头查理在前妻埃尔蒙特鲁德逝世的一月之内，便“接纳”了“姘妇”里希尔蒂。——译者注

③ 此处拉丁文为“senior meus”，不仅仅意味着私人关系上的封君，也意味着王国的君主。——译者注

④ 此处拉丁文为“communes fideles”，可能有两种含义。一种是指秃头查理的封臣们和日耳曼人路易的封臣们。另一种是指他们两人的“共同封臣们”。有的学者采取后一种理解，认为当时存在着既忠于秃头查理，又忠于日耳曼人路易的人，并将此作为当时存在一臣二主现象的证据。不过，译者赞同前一种理解，即“双方的封臣们在一起”，而非“双方共同的封臣”。——译者注

过侵占夺取他的这部分疆土或他此前所占有的王国疆土。[1]

在达成这一并不巩固的协议后，（秃头）查理离开亚琛，径直前往贡比涅，在那里度过了复活节（3 月 26 日）[2]。他于 5 月从那里行至阿蒂尼王宫，并在王宫接待了他的兄长（日耳曼人）路易派来讨论疆土分割的12位使者。[3]一方面因为路易身体健康[4]，另一方面因为他诸事顺心，兼用计谋和兵戈，俘虏了长久以来严重困扰自己的文德人拉斯蒂茨[5]，所以（他的）这些使者 170
们趾高气扬、盛气凌人，对遵守双方之间的誓言不以为然。他们从多方面，以多种方式，在多个地方，多次相互派出使者们，商讨了疆土划分方案。最终在（秃头）查理的命令下[6]，双方同意在依据此前誓言应予分割的疆土内[7]

---

① 这一誓言和协议是 870 年 3 月 6 日在亚琛达成的。双方的誓言文本、宣誓者的名字、证人的名字也在其他抄本中得以保存，并被收入《法兰克诸王条令集》之中。两处文本内容应该完全一致，只是此处誓言中的“国王某某”在条令中是“国王查理”或“国王路易”。参见 *MGH, Capit*.II, no.250, p.192。根据该条令，秃头查理一方的宣誓者包括恩格拉姆（Engelram）和提奥德里克。为他们的誓言作证的是拉昂伯爵阿达莱姆（Adalelm），另一位名叫阿达莱姆的伯爵、博韦主教奥多（Odo，861—881 年在任），其中这位奥多当时是秃头查理的主要谋臣。站在日耳曼人路易一方宣誓的是伯爵留特弗里德和拉杜尔夫。为他们作证的是美因茨大主教留特伯特和希尔德斯海姆主教阿尔特弗里德。——译者注

② 魏茨为《德意志历史文献集成》所编的拉丁文和格兰特等人所编的拉丁文本均将这一年的复活节定为 3 月 26 日，但是英译者将其定为 3 月 24 日。这里采取了两种拉丁文编者的注释。——译者注

③ 各方派出同等数量的代表，由代表们共同商议疆土分割，以确保疆土分割公正、均等，这既是 842 年 3 月为准备次年的凡尔登条约所采取的措施，也是本年代记有关 865 年的史事中所提到的原则，同时也是本年代记上一段中双方誓词中所约定的原则。——译者注

④ “身体健康”这一用语显然是针对上一年史事记载中最后一段提及的日耳曼人路易“濒于死亡的虚假消息”而言的。——译者注

⑤ 关于拉斯蒂茨对日耳曼人路易的威胁和困扰，参见本年代记有关 866 年的史事记载。《富尔达年代记》有关 870 年的史事对此有详细记载。——译者注

⑥ 此处拉丁文为“mandato”（命令），但是考虑到这是双方的谈判，因此最多只是秃头查理的提议而已。年代记将秃头查理的“提议”表达为“命令”，似乎旨在刻意强调秃头查理在谈判中的主导地位。——译者注

⑦ 这样安排谈判地点可以凸显双方的平等地位，避免一方到另一方的疆土谈判而有失尊严。——译者注

（再度）和谈，以便在他们的全体忠诚者们的一致同意下，依据他们双方所发的上述誓言，对这些疆土进行分割。

其间，拉昂主教辛克马在受到多项指控，特别是蔑视王权和拒不服从他的大主教等指控之后，为了洗清这些指控，他在 10 个教省的主教们参加的宗教会议上，呈递了一份他亲手签名的短小状书。其文如下：

我乃拉昂教会的主教辛克马。无论现在还是今后，我都将遵照我的职
责，忠诚并顺服于我的封君和主上国王（秃头）查理，就像一个封臣对他的
171 封君，一位主教对他的国王理应做到的那样。① 我发誓，我甘愿尽我所知，
尽我所能，遵照神圣的教会法规和使徒之座根据神圣的教会法规所颁布的敕
令，服从兰斯教省的大主教辛克马的特权。②

他还签了名。

据说，卡洛曼身为国王（秃头）查理的儿子和许多修道院的院长③，因毫不忠诚并极力实施针对父亲的阴谋，被剥夺了这些修道院院长的职位，并被囚禁在桑利城。④

---

① 拉昂主教在誓言中强调，秃头查理既是他的“国君”（dominus），同时也是他的“封君”（senior meus），即他对秃头查理具有双重意义上的服从义务。——译者注

② 关于主教对国王以及授予其职位的大主教等所发的誓言，参见 C.Odegaard, “The Concept of Royal Power in Carolingian Oaths of Fidelity”, *Speculum*, vol. 20, 1954, pp.279–289. 本年代记的作者兰斯大主教辛克马在 876 年被要求作类似宣誓的时候，表达了自己的反对意见。参见有关本年代记 876 年史事记载的注释。——译者注

③ 此处拉丁文为“pater”（父亲）。修道院的院长通常也称为修士们的父亲。——译者注

④ 卡洛曼于 6 月 18 日在阿蒂尼大会议上被擒。他是圣梅达德（St-Médard）修道院、圣阿曼德（St-Amand）修道院、圣里基耶（St-Riquier）修道院、洛贝（Lobbes）修道院以及梅斯的圣阿努尔夫（St-Arnulf）修道院的院长。当罗退尔二世去世后，罗塔林吉亚王位出现了短暂的空缺。无论是秃头查理的次子卡洛曼，还是日耳曼人路易的次子小路易，都觉得这是自己建立分王国的良机，因此极力争夺这一地区。与此同时，他们两位各自的父亲秃头查理和日耳曼人路易还在紧张商讨对这一王国的疆土分割，并且都想直接控制分得的疆土，而不是将其交给各自的儿子。因此，在争夺罗塔林吉亚的过程中，既存在秃头查理和日耳曼人路易之间的兄弟之争，也存在东、西法兰克王国内部的父子之争。对此的详细分析，参见 Janet L. Nelson, “A Tale of Two Princes: Politics, Text and Ideol-

（秃头）查理派遣博韦主教奥多以及奥多和哈尔杜因（Harduin）[①]（两位）伯爵，作为他的使者前往法兰克福，去见他的兄长（日耳曼人）路易，请求尽快举行会谈，以便分割罗退尔（二世）的王国。查理前往庞蒂厄，在那里接待了他的兄长的使者们。这些使者们告诉查理，让他去赫斯塔尔，而（日耳曼人）路易将前往梅尔森，到 8 月初他们将在这两个地方中间的一个地点会谈，两人各自最多可带 4 位主教、10 位谋臣[②]以及其他 30 位官吏和封臣参加此次会谈。[③]在去梅尔森的路上，（日耳曼人）路易到达里普阿尔地区的弗勒斯海姆（Flamersheim）[④]。在那里，一处宅子的顶棚年久失修，梁木断裂，将他和他的一些部下砸倒。路易受到轻微创伤，不久康复，并在随后前往亚琛。[⑤]经过使者们在这两位兄弟和国王之间往来奔走，他们最终于 7 月 28 日到达会谈地点，并以下述方式分割了罗退尔的王国。[⑥] 172

ogy in a Carolingian Annal", in *Studies in Medieval and Renaissance History*, vol. 10, 1988, pp.105–141. 事实上，卡洛曼的反叛远比辛克马在此处的叙述更为严重。——译者注

① 如前所注，博韦主教奥多是这一时期秃头查理的重要谋臣。这里提到的伯爵奥多则可能是口吃者路易的妻子的兄弟。哈尔杜因则是伯爵奥多的兄弟。这两位兄弟的伯爵区位置不详，但是可能位于塞纳河和瓦兹河之间。他们的父亲也叫哈尔杜因，也是一位伯爵。——据英译者注

② 此处拉丁文为"conciliarii"，指常伴国王左右并为国王出谋划策的宫廷显贵。——译者注

③ 限制双方参与谈判的人数一方面是为了更为高效地谈判，更易于达成协议，另一方面是为了防止一方人数超过另一方而形成优势，有损另一方的尊严和利益。关于这种谈判原则，可以参考弗朗索瓦—路易·冈绍夫对 843 年凡尔登协议形成前谈判过程的研究。François-Louis Ganshof, "Zur Entstehungsgeschichte und Bedeutung des Vertrages von Verdun: 843", *Deutsches Archiv für Erforschung des Mittelalters*, Band 12, 1956, S.313–330.——译者注

④ 弗勒斯海姆在北莱茵—普法尔茨州的奥伊斯基兴（Euskirchen）的东南部，伯恩的西边。该地是法兰克人的一个移民点，后来发展为一个王室庄园或行宫。——译者注

⑤ 《富尔达年代记》在 870 年的史事中也记载了日耳曼人路易的这次意外受伤："在旅途之中，当他身处一个走廊时，建筑物倒塌，他因此被砸倒，四肢遭受重击。然而，他佯装健康，与查理举行了会谈，相互瓜分了罗退尔的王国。随后，他回到亚琛，在那里卧病多日。"——译者注

⑥ 这一疆土分割协议正式订立于 8 月 8 日，被称为《梅尔森协议》（*The Treaty of Meersen*），该协议全文亦见 *MGH*, *Capit*.II, no.251, pp.193–195。——译者注

这是（日耳曼人）路易分得的份额：

科隆、特里尔[①]、乌得勒支、斯特拉斯堡、巴塞尔（Basel）[②]；叙斯特伦（Süsteren）修道院[③]、贝格（Berg）[④]、明斯特艾费尔（Müstereifel）[⑤]、凯瑟尔（Kessel）[⑥]、康奈利明斯特（Cornelimünster）[⑦]、圣马克西米尼（St-Maximin）[⑧]、

① 值得注意的是，疆土分割首先是从确定教省的归属开始的。在 869 年，科隆和特里尔两个大主教职位空缺，争夺这两个大主教职位成为秃头查理和日耳曼人路易的斗争焦点之一。秃头查理在 869 年的年末就极力安排希尔杜因，即曾任科隆大主教的贡特尔的侄子（见本年代记有关 864 年史事的注释），接任科隆大主教。日耳曼人路易则针锋相对地提出以维尔伯特（Willebert）为候选人，并安排后者于 870 年 1 月成为科隆大主教。不过在特里尔，秃头查理安排了自己的人选。梅斯的阿德旺修斯的侄子贝尔图尔夫（Bertulf）是他的忠臣，在特里尔被祝圣为大主教。另外，辛克马在《圣伯丁年代记》中并没有提及秃头查理和日耳曼人路易围绕这两个大主教职位展开的争夺。——据英译者注

② 位于今天法国、德国和瑞士三国交界处，是瑞士西北端的一个行政区。在中世纪早期，该地区被从莱茵河东侧迁来的阿勒曼尼人占领，成为后来阿勒曼尼的一部分。该地也是主教座堂所在地。——译者注

③ 拉丁语为“abbatia Suestrae”。该修道院位于今天荷兰林堡省的锡塔德（Sittard）的北方偏西，鲁尔蒙德（Roermond）的南方偏西。该修道院始建于 8 世纪。714 年春，中丕平（查理・马特的父亲）和他的妻子普莱克特鲁蒂（Plectrude）曾授予当时的修道院长威利布罗德（Willibrord）很多特权，包括自主推选修道院长。该修道院是法兰克王国向弗里西亚和尼德兰传教的桥头堡。——译者注

④ 此处拉丁文为“Berch”。该地位于今天奥地利下奥地利州莱塔河畔布鲁克县。——译者注

⑤ 此处拉丁文为“Niumonasterium”，意思是“新修道院”。该修道院建于大约 830 年，是普吕姆修道院的一所附属修道院（子院），故而名为“新修道院”。844 年教宗塞尔吉乌斯曾为该修道院赠送来两位罗马圣徒的遗骸。——译者注

⑥ 此处拉丁文为“Castellum”，意思是“小要塞”、“小城堡”。该地位于今天荷兰东部，属林堡省，默兹河畔。——译者注

⑦ 此处拉丁文为“Inda”，指因德河。这是一所修道院，由虔诚者路易和他的亲信谋臣阿尼亚纳的本尼迪克特（Benedict of Aniane）814 年在因德河畔修建。后来在 875 年，该修道院得到了 253 年去世的教宗康奈利乌斯（Cornelius）的遗物，因而得名“康奈利明斯特”，即“康奈利乌斯的修道院”。——译者注

⑧ 此处拉丁文为“（abbatia）Sancti Maximini”。该修道院在特里尔附近，据传是由特里尔主教马克西米尼在 4 世纪后半叶建立。——译者注

埃希特纳赫（Echternach）[①]、厄伦（Oeren）[②]、圣甘古尔夫（St-Gangulf）[③]、法韦奈（Faverney）[④]、波利尼（Poligny）[⑤]、吕克瑟伊（Luxeuil）[⑥]、吕尔（Lure）[⑦]、博姆（Baume）[⑧]、韦莱福（Vellefaux）[⑨]、穆瓦延穆提埃（Moyenmoutier）[⑩]、圣

---

① 此处拉丁文为“Ephterniacum”。该地位于今天卢森堡的东部，毗邻德国西部。——译者注

② 此处拉丁文为“Horrea”。它当时在特里尔城墙外，但现在已经成为特里尔城内的一部分了。——译者注

③ 此处拉丁文为“（abbatia）Sancti Gangulfi”。圣甘古尔夫是8世纪后期一位勃艮第显贵，他舍弃权势和财富，进入修道院，但依然被他的妻子和情夫谋害。各地有很多修道院纪念这位圣徒。拉丁文编者注释说，这里提到的圣甘古尔夫修道院是阿尔萨斯。——译者注

④ 此处拉丁文为“Fauerniacum”。该地位于今天法国东部弗朗什—孔泰大区上索恩省。——译者注

⑤ 此处拉丁文为“Polemniacum”。该地位于今天法国东部弗朗什—孔泰大区的茹拉（Jura）省。本年代记抄录在这里的《梅尔森协议》是该地名在历史文献中第一次被提及。——译者注

⑥ 此处拉丁文为“Luxouium”。该地位于法国东部弗朗什—孔泰大区上索恩省。它在古罗马时期就是一个重要城镇，451年被阿提拉所率领的匈奴人破坏，590年圣科伦班在此建立了一座修道院。它成为墨洛温王朝非常重要的一座修道院。该地因其保留下来的墨洛温王朝时期的手稿而颇为著名。——译者注

⑦ 此处拉丁文为“Lutera”。该地位于法国东部弗朗什—孔泰大区上索恩省，贝桑松东北方80公里处，孚日山西南方山脚下。该地最早的修道院由来自爱尔兰的圣科伦班和他的追随者们创建于7世纪。——译者注

⑧ 此处拉丁文为“Balma”。它位于今天的博姆莱达梅（Baume-les Dames），在法国东部弗朗什—孔泰大区杜省（Doubs）的贝桑松区。——译者注

⑨ 此处拉丁文为“Offonis villa”。该地位于上索恩省沃苏勒区。从该拉丁地名来看，当时它是一个王室庄园和行宫。——译者注

⑩ 此处拉丁文为“Meienimonasterium”，意为“居中的修道院”。它位于今天法国洛林大区孚日省。它源于7世纪建立的一所修道院，其东边有塞诺讷（Senones），西边有埃蒂瓦尔（Étival），南边有圣迪耶（Saint-Dié），北边有邦姆提埃（Bonmoutier），处于居中的位置，故得名。——译者注

迪耶（St-Dié）[①]、邦穆提埃（Bonmoutier）[②]、埃迪瓦勒（Étival）[③]、雷米尔蒙（Remiremont）[④]、缪尔巴赫（Murbach）[⑤]、明斯特—格雷戈林塔尔（Münster-im-Gregorienthal）[⑥]、莫尔明斯特（Maursmünster）[⑦]、埃贝尔桑（Ebersheim）[⑧]、

---

① 此处拉丁文为“Sanctus Deodatus”，意为“献身于天主者”，圣迪耶就源于这一拉丁文名称。圣迪耶是 7 世纪时的讷韦尔主教，相传他建立了圣迪耶修道院。该修道院位于今天法国洛林大区孚日省。——译者注

② 此处拉丁文为“Bodonis Monasterium”，意思是“博多的修道院”。它位于洛林大区默尔特—摩泽尔（Meurthe-et-Moselle）省的瓦尔—沙蒂隆（Val-et-Châtillon）区。该修道院是一所由图勒主教博多的女儿提奥贝尔嘉所建立的修女院，后改为修道院。——译者注

③ 此处拉丁文为“Stiuagium”。该地现名为埃迪瓦勒—克莱尔方丹（Étival-Clairefontaine），位于洛林大区孚日省，在前述圣迪耶的北方偏西约 8 公里处，瓦尔当河（Valdange）汇入默尔特河的地方。——译者注

④ 此处拉丁文为“Romerici-mons”，意为“罗摩里克之山”。罗摩里克是奥斯特拉西亚中部梅斯地区的一位贵族。他追随科伦班的弟子，在雷米尔蒙地区建立了修道院，故该修道院以其名字命名。该地位于洛林大区孚日省埃皮纳（Épinal）区。——译者注

⑤ 此处拉丁文为“Morbach”。它位于今天法国阿尔萨斯大区上莱茵省盖布维莱（Guebwiller）区。——译者注

⑥ 此处拉丁文为“Sanctus Gregorius”。7 世纪阿尔萨斯公爵卜尼法斯（Bonifatius）受大格利戈里的弟子的影响在明斯特建立了一座修道院，故得其名。该修道院位于今天法国阿尔萨斯大区上莱茵省明斯特区。——译者注

⑦ 此处拉丁文为“Mauri Monasterium”，其法语形式为“Marmoutier”，德语形式为“Maursmünster”，意思是“莫尔的修道院”。位于今天斯特拉斯堡西方偏北 30 公里处。该修道院始建于 6 世纪末期，是由圣科伦班和他的弟子们创建的。在 8 世纪初期，院长莫尔（Mauri）重修了该修道院，故取名为“莫尔明斯特”。——译者注

⑧ 此处拉丁文为“Eboreshem”。它位于阿尔萨斯大区下莱茵省塞莱斯塔—埃尔斯坦（Sélestat-Erstein）区的塞莱斯塔县，在塞莱斯塔的东北方约 5 公里处。——译者注

霍瑙（Honau）[①]、马瑟沃（Masevaux）[②]、奥迪利恩堡（Odilienberg）[③]、位于斯特拉斯堡的圣斯蒂芬教堂、埃尔施泰因（Ernstein）[④]、位于索洛图恩（Solothurn）的圣乌尔苏斯(St-Ursus)[⑤]、格兰德瓦尔(Granfelden)[⑥]、穆蒂耶—上皮埃尔(Mouthier-Hautepierre)[⑦]、瑞桑(Jussan)[⑧]、沃克吕兹(Vaucluse)[⑨]、沙隆堡(Château-Chalon)[⑩]、埃尔比特赞(Herbitzheim)[⑪]、位于亚琛的一所修

① 此处拉丁文为“Honouua”。它并非今天瑞士卢塞恩市的霍瑙，因为该霍瑙在文献中最早被提及要到 14 世纪，且其拉丁文拼写为“honova”，而非此处的拉丁文“hoinouua”或“honouua”。具体位置不详。——译者注

② 此处拉丁文为“Masonis monasterium”，意为“马索的修道院”，得名于一所由领主马索在 8 世纪所建立的本笃会修道院。英译者采用了该地名的德语拼写 Masmünster，但是误写为 Maasmünster。它在法语中拼写为“Masevaux”。该地位于阿尔萨斯大区上莱茵省坦恩（Thann）区。——译者注

③ 此处拉丁文为“Homburg”，这可能是因为当地建有“Hohenbourg”修道院。该地名现在称为“Odilienberg”，因为建立这所修道院的是当时阿尔萨斯公爵奥迪勒（Odile）。该地位于今天法国阿尔萨斯大区下莱茵省。——译者注

④ 此处拉丁文为“Erenstein”。它位于今天德国西南部巴登—符腾堡州北部的海尔布伦（Heilbronn）县。——译者注

⑤ 此处拉丁文为“Sancti Vrsi in Salodoro”。它位于今天瑞士的西北部。圣乌尔苏斯是 3 世纪晚期的殉道者，后被追封为圣徒。——译者注

⑥ 此处拉丁文为“Grandivallis”，意为“大山谷”。英译者所译的“Granfelden”为德语拼写，现在更常见的拼写是“Grandval”。该地位于今天瑞士伯尔尼附近。——译者注

⑦ 此处拉丁文为“Alta Petra”，源于一个被称为“上皮埃尔”的村庄。它位于今天法国杜省贝桑松区。——译者注

⑧ 此处拉丁文为“Iustinna”，位于今天法国的贝桑松区。——译者注

⑨ 此处拉丁文为“Vallis Clusae”，意思是“封闭的山谷”。该地位于今天法国东南部的普罗旺斯—阿尔卑斯—蓝色海岸大区。——译者注

⑩ 此处拉丁文为“Castellum Carnones”，意思是“沙隆的小要塞”。该地位于法国弗朗什—孔泰大区茹拉省。——译者注

⑪ 此处拉丁文为“Heribodeshem”，该地位于法国阿尔萨斯大区下莱茵省萨韦尔恩区（Saverne）。——译者注

道院、霍恩基兴（Hohenkirche）①、奥古斯特教堂（Augustkirche）②；泰斯特
173 邦（Teisterbant）③ 伯爵区、贝蒂韦（Betuwe）④ 伯爵区、哈特伦（Hatterun）⑤、这一地区下方的马斯高（Maasgau）⑥、这一地区上方的马斯高、（默兹河）这一侧的列日、亚琛地区、马斯特里赫特（Maastricht）地区、里普阿尔地区 ⑦ 的 5 个伯爵区、迈恩高（Meiengau）⑧、比特高（Bitgau）⑨、尼德高（Niedgau）⑩、下萨尔高（lower Saargau）⑪、布利斯高（Bliesgau）⑫、索尔

---

① 此处拉丁文就是“Hohenchirche”，为中古德语方言词，意思是“高高的教堂”。现位置不详。——译者注

② 此处拉丁文就是“Augustchirche”，位置不详。从叙斯特伦修道院开始，至此处的奥古斯特教堂，所列举的都是修道院或教堂。——译者注

③ 该地位于今天荷兰境内，默兹河和莱克河（Lek）之间的地区。从此处开始，协议转而列举伯爵区。——译者注

④ 此处拉丁文为“Batua”，该地在今天荷兰的海尔德兰省（Gelderland）。——译者注

⑤ 此处拉丁文为“Hattuarias”，具体位置不详。——译者注

⑥ 此处拉丁文为“Masau”，是以今天马斯特里赫特为中心的一个地区。——译者注

⑦ 此处拉丁文为“in Ripuarias”。“Ripuria”意思是“滨河地区”。从 3 世纪开始，该词就被用于指莱茵河右岸（东岸）的滨河地区。后来居住在这些地区的法兰克人被称为“里普阿尔法兰克人”（Ripuarii Franci）。他们与居住在今天荷兰南部和比利时所在地区的“滨海法兰克人”或曰撒利克法兰克人（Salian Franks），共同构成了法兰克王国建立之初的主要族群。参见陈文海：《法国史》（第 2 版），北京：人民出版社 2014 年版，第 34—46 页。——译者注

⑧ 此处拉丁文为“Megenensium”，位于摩泽尔河和莱茵河之间。——据《德意志历史文献集成》之《法兰克诸王条令集》拉丁文编者注

⑨ 此处拉丁文为“Bedagouua”，特里尔附近的摩泽尔河两岸地区。——据《德意志历史文献集成》之《法兰克诸王条令集》拉丁文编者注

⑩ 此处拉丁文为“Nitachouua”，即尼德高（Niedgau），字面意思是“较低的地区”，分割界限由此转向梅斯东边。——译者注

⑪ 此处拉丁文为“Sarachouua subterior”，即下萨尔高（Saargau）。——译者注

⑫ 此处拉丁文为“Blesitchouua”，即以萨尔河右岸支流布利斯河（Blies）流域为主的地区，位于今天德国西南部毗邻德法边界的萨尔兰州东部。——译者注

努瓦（the Saulnois）[1]、阿尔伯高（Albegau）[2]、桑图瓦（the Saintois）[3]、绍蒙（Chaumont）[4]、上萨尔高（Upper Saargau）[5]、伯纳德拥有的奥尔努瓦（the Ornois）[6]、苏洛苏瓦（the Soulossois）[7]、巴西尼（the Bassigny）[8]、埃尔茨高（Elzgau）[9]、瓦赖（the Varais）[10]、埃斯科昂（Escoens）[11]、阿穆（Amous）[12]、巴塞尔高（Baselgau）[13]、位于阿尔萨斯的两个伯爵区、罗退尔在弗里西亚拥有的疆土的三分之二[14]。除了这一份额之外，为了维持和平与亲善，我还附加了额外的一部分，即梅斯城、圣彼得和圣马丁修道院、摩泽尔伯爵区及其附属各庄园，无论是自营的庄园还是（授予）封臣的庄园，而后从阿登[15]，沿

---

① 此处拉丁文为“Seline”，《法兰克诸王条令集》的拉丁文编者标注为“Salingowe”，由此转向梅斯南边。——译者注

② 此处拉丁文为“Albechouua”，分界线随后转向该地区的东边。

③ 此处拉丁文为“Suentisium”，分界线随后转向图勒地区的南边。

④ 此处拉丁文为“Calmontis”。

⑤ 此处拉丁文为“Sarachouua superior”。

⑥ 此处拉丁文为“Odornense”。这位伯纳德很可能是塞普提马尼亚的伯纳德的儿子伯纳德。本年代记有关上一年，即869年的史事中提到，秃头查理在年底“快速行进到阿尔萨斯，去笼络留特弗里德的儿子于格和伯纳德的儿子伯纳德”。罗退尔二世很可能在868年或869年将奥尔努瓦授予这位伯纳德，以便笼络后者，使其扶植自己的私生子于格。——参考了英译者注

⑦ 此处拉丁文为“Solocense”。

⑧ 此处拉丁文为“Basiniacum”，巴西尼地区，位于今天法国上马恩省朗格勒区波旁莱班县。——译者注

⑨ 此处拉丁文为“Elischouue”。

⑩ 此处拉丁文为“Vuarasch”。

⑪ 此处拉丁文为“Scudingum”。

⑫ 此处拉丁文为“Emaus”。

⑬ 此处拉丁文为“Basalchouua”。

⑭ 此处拉丁文为“de Frisia duas partes de regno quod Hlotharius habuit”，字面意思似乎应该是“罗退尔在弗里西亚拥有的疆土中的两部分”，结合后面秃头查理分得了罗退尔在弗里西亚的疆土的“第三部分”，因此英译者和德译者均将此理解为“罗退尔在弗里西亚拥有的疆土中的三分之二”。——译者注

⑮ 从此处“阿登”到本段结束的这一条款，引起了疆界划分的困难，秃头查理和日耳曼人路易不得不在后来继续解决在这一问题上的分歧。——参考了英译者注

着发源于贝兰（Bellaing）[1]和托门（Thommen）[2]之间并汇入默兹河的乌尔特河（Ourthe），然后沿着直道通往比特高（Bitgau）。根据我们两位国王的使者们共同作出的尽可能公平的决定，这些疆土不包括乌尔特河对岸孔德罗兹（Condroz）伯爵区[3]的东部，普吕姆修道院和斯塔沃洛（Stavelot）[4]修道院以及它们附属的各庄园，无论自营的庄园还是（授予）封臣的庄园。

（秃头）查理从罗退尔的王国中得到的份额如下：里昂、贝桑松、维埃
纳、通格雷、图勒、凡尔登、康布雷、维维耶（Viviers）[5]、于泽（Uzès）[6]；
蒙福孔（Montfaucon）修道院[7]、圣米耶（St-Michiel）修道院[8]、卡尔穆提埃
174 （Calmoustier）修道院[9]、位于贝桑松的圣玛利亚（St-Mary）修道院、同样在
贝桑松的圣马丁（St-Martin）修道院、圣尤金（St-Eugendus）修道院、圣马
塞尔（St-Marcel）修道院、位于列日的圣劳伦斯（St-Laurence）修道院、塞
诺纳（Senone）修道院、尼维勒（Nivelles）修道院、莫伯日（Maubeuge）

---

① 拉丁文为“Bislanc”，它位于法国北部—加来海峡大区诺尔省。——译者注

② 拉丁文为“Tumbae”，它在今天比利时瓦隆大区列日省。——译者注

③ 该伯爵区包括今天比利时瓦隆大区列日省、那慕尔（Namur）省和埃诺省交界处的区域。——译者注

④ 拉丁文为“Stabolau”，它在今天比利时瓦隆大区列日省东部。该修道院是 7 世纪中期由墨洛温国王希吉伯特（Sigebert）三世推动建立的。

⑤ 拉丁文为“Viuariae”，位于今天法国东南部奥弗涅—罗讷—阿尔卑斯大区阿尔代什省，罗讷河畔，为主教座堂所在地。该主教区属于维埃纳大主教区。——译者注

⑥ 拉丁文为“Vcecia”，位于今天法国南部朗格多克—鲁西永（Languedoc-Roussillon）大区加尔（Gard）省尼姆（Nîmes）区。当时于泽为主教座堂所在地，属于阿尔勒大主教区管辖。——译者注

⑦ 拉丁文为“Montemfalconis”，在今天法国默兹省凡尔登区，凡尔登西北方向。——译者注

⑧ 位于今天法国洛林大区默兹省圣米耶市。该修道院始建于 8 世纪初期，在 9 世纪初从虔诚者路易手中获得很多特权，因而兴盛起来。当时的院长斯马拉格（Smaragdus）是加洛林时期的重要学者之一。——译者注

⑨ 拉丁文为“Gillini monasterium”，位于今天法国东部上索恩省。——译者注

修道院、洛贝(Lobbes)修道院、圣热里(St-Géry)[1]、圣索尔夫(St-Saulve)[2]、克雷斯宾(Crespin)[3]、福斯(Fosse)修道院[4]、马鲁瓦耶(Maroilles)修道院[5]、翁纳库尔(Honnecourt)修道院[6]、圣塞尔瓦提乌斯(St-Servatius)修道院[7]、马林(Malines)修道院[8]、利耶尔(Lierre)修道院[9]、苏瓦尼(Soigny)修道院[10]、昂图万(Antoing)修道院[11]、孔代(Condé)修道院[12]、梅尔贝奇(Meerbeck)修道院、迪克尔文内(Dickelvenne)修道院[13]、勒兹(Leuze)修道院[14]、绍蒙(Chaumont)[15]、位于迪南(Dinant)[16]的圣玛利亚修道院、阿尔德奈克(Aldeneik)修道院[17]、昂代讷(Andenne)修道院[18]、沃勒(Walers)

① 拉丁文为“Sanctus Gaugericus”。圣热里是5世纪末、6世纪初康布雷主教。——译者注

② 拉丁文为“Sanctus Saluius”。该修道院当时属于康布雷主教区，位于今天法国最北端的诺尔（Nord）省。

③ 拉丁文为“Crispinno”。圣克雷斯宾是3世纪末期在罗马皇帝戴克里先对基督徒的迫害中殉难的。该修道院建于7世纪，位于今天法国最北端的诺尔省。它在870年便遭到了维京人的破坏。——译者注

④ 拉丁文为“Fossas”，位于今天法国法兰西岛大区的瓦尔德瓦兹省。——译者注

⑤ 拉丁文为“Marilias”，位于今天法国北部的诺尔省。该修道院建立于650年。——译者注

⑥ 拉丁文为“Hunulfcuit”，位于法国北部的诺尔省。该修道院建于660年。——译者注

⑦ 拉丁文为“Sanctus Seruassius”，圣塞尔瓦提乌斯是4世纪后期的通格雷主教，殉难于384年。这所为纪念他而修建的修道院位于马斯特里赫特。查理·马特将自己732年对付萨拉森人时取得的胜利归功于圣塞尔瓦提乌斯，并给予了该修道院很多捐赠。——译者注

⑧ 拉丁文为“Maalinas”，该修道院位于今天比利时弗拉芒区安特卫普省。——译者注

⑨ 拉丁文为“Ledi”，同样位于今天比利时弗拉芒区安特卫普省。——译者注

⑩ 拉丁文为“Sunniacum”，位于今天法国马恩省。——译者注

⑪ 拉丁文为“Antonium”，位于今天比利时瓦隆大区埃诺省。——译者注

⑫ 拉丁文为“Condatum”，位于今天法国北部的诺尔省。——译者注

⑬ 拉丁文为“Ticliuinni”，位于今天比利时的东佛兰德尔省。——译者注

⑭ 拉丁文为“Luttosa”，位于今天比利时瓦隆大区埃诺省。——译者注

⑮ 拉丁文为“Calmontis”，拉丁文编者注释称它位于Leodiensis主教区。——译者注

⑯ 拉丁文为“Deonant”，位于今天比利时瓦隆大区的纳慕尔省。——译者注

⑰ 拉丁文为“Echa”，该修道院建于8世纪初，位于今天比利时林堡省。——译者注

⑱ 拉丁文为“Andana”，位于今天比利时纳慕尔省。——译者注

修道院[①]和奥蒙(Hautmont)修道院[②]；托克桑德里亚(Toxandria)[③]伯爵区、布拉邦特(Brabant)[④]的四个伯爵区、康布雷西(Cambrésis)伯爵区[⑤]、埃诺(Hainaut)伯爵区[⑥]；伯爵区有洛姆(Lomme)伯爵区[⑦]、埃斯拜(Hesbaye)[⑧]地区的四个伯爵区、默兹河这一侧的上马斯高伯爵区、默兹河这一侧的下马斯高伯爵区、位于默兹河这一侧并延伸到维塞（Viset）[⑨]的列日伯爵区、斯卡尔蓬纳（Scarponne）伯爵区[⑩]、凡尔登伯爵区、多尔穆瓦（Dormois）[⑪]、阿尔隆（Arlon）伯爵区[⑫]、位于沃埃福尔（Woëvre）[⑬]的两个伯爵区、穆宗(Mouzon）伯爵区[⑭]、梅济耶尔（Mézières）伯爵区[⑮]、孔德罗兹(Condroz)

---

① 拉丁文为“Vuasloi”，魏茨在其所编的拉丁文本中注释说该地“in Frania sylva (la Faigne) prope Melbodium”。

② 拉丁文为“Altum-montem”，意思是“高高的山冈”，其现代地名“Hautmont”也是同样的意思。该修道院始建于 7 世纪中期，位于今天法国北部的诺尔省。——译者注

③ 拉丁文为“Texandrum”，位于莱茵河下游地区，今天的比利时。该地区也是罗马帝国晚期萨利克（法兰克）人进入罗马帝国疆域内之后最初定居的地方。——译者注

④ 拉丁文为“Bracbanto”，当时的布拉邦特地区除了包括今天比利时的瓦隆布拉邦特省之外，还包括其西边的一些地区，当时该地区属于康布雷主教区。——译者注

⑤ 拉丁文为“comitatus Cameracensis”，意思是“康布雷所在的伯爵区”。——译者注

⑥ 拉丁文为“comitatus Hainous”。

⑦ 拉丁文为“comitatus Lomensis”，位于今天比利时的诺尔省，当时属于图尔奈主教区。——译者注

⑧ 拉丁文为“Hasbanium”，该地区大致包括今天比利时的列日、林堡和纳慕尔三个省。——译者注

⑨ 拉丁文为“Veosatum”，魏茨在其拉丁文中注释说该地是“Viset inter Traiectum et Leodium”。——译者注

⑩ 拉丁文为“Scarponinse”，位于谢尔（Chiers）河畔，得名于其附近的城堡“Scarponna”，位于今天默尔特省的斯卡尔蓬纳。——译者注

⑪ 拉丁文为“Dulmense”，属于兰斯教区。——译者注

⑫ 拉丁文同样为“Arlon”，位于比利时东南部卢森堡省的东南端。——译者注

⑬ 拉丁文为“Waurense”，位于今天法国东北部与比利时和卢森堡接壤的地区，大致包括今天法国洛林大区的默兹省、默尔特—摩泽尔省和孚日省的部分地区。——译者注

⑭ 拉丁文为“Mosminse”，位于今天法国北部的阿登省。——译者注

⑮ 拉丁文为“Castricium”，位于今天法国北部的阿登省，曾经是阿登省的省府。——译者注

伯爵区[1]，而后从阿登，沿着发源于贝兰和托门之间并汇入默兹河的乌尔特河，沿着这一线以西通往比特高的直道，根据我们的使者们所作出的更为公正的决定，图勒伯爵区、条特马尔（Theutmar）[2]曾占有的奥尔努瓦的另一部分、巴勒迪克山(Bar-le-Duc）伯爵区[3]、波尔图瓦(Portois）伯爵区[4]、塞尔莫朗（Sermorens）地区[5]、里昂、维埃纳、维维耶、于泽；以及弗里西亚的三分之一。

次日，即该月（8月）10日，他们（秃头查理和日耳曼人路易）刚一 175
会面，便互道祝福，各奔东西：路易回到亚琛，查理一边指示妻子到莱斯坦内（Lestinnes）[6]与己会面，一边在那里将他如愿获得的罗退尔的疆土分封出去。他从那里（莱斯坦内）经由圣康坦修道院前往塞尔韦（Servais）[7]，继而经由基耶尔济去贡比涅，在屈伊塞林苑举行了秋季围猎。

（日耳曼人）路易在遭受了如前所述从阁楼跌落造成的骨肉损伤之后，等不及医生们的必要治疗[8]，便让他们将溃烂的皮肉切除，导致他在亚琛卧床的时间比预想得更久。他在那里几近绝望，（料想自己）难逃一死。

在那里（亚琛），（日耳曼人）路易接待了来自教宗哈德良的使者，即约

---

① 拉丁文为“Condrust”，位于今天比利时中部地区，包括埃诺省、纳慕尔省和列日省的部分地区。——译者注

② 这位条特马尔或许就是865年站在罗退尔二世的立场上对提奥贝尔嘉宣誓的那位伯爵。参见本年代记有关865年的史事记载。——据英译者注

③ 拉丁文为“Barrense”，位于今天法国的默兹省。——译者注

④ 拉丁文为“Portense”，位于今天法国的默尔特—摩泽尔省。——译者注

⑤ 拉丁文为“Salmoringum”，位于法国东南部接近意大利的地区，当时属于维埃纳教区的最边缘。——译者注

⑥ 拉丁文为“Liptinis”，位于今天比利时埃诺省的洛贝（Lobbes）修道院附近。743年矮子丕平的兄长卡洛曼曾在此地召集宗教会议，并发布了条令，该条令全文见 *MGH, Capit*.I, no.11, pp.26–28。——译者注

⑦ 拉丁文为“Siluacum”，位于今天法国北部皮卡第大区埃纳省。——译者注

⑧ 此处拉丁文为“minus necessario curari a medicis sustines”，字面意思是“难以承受医生们的必要治疗”，根据下面的语句来看，并非他忍受不了治疗的痛苦，而是他没有足够的治疗时间。——译者注

翰和彼得（两位）枢机主教、罗马教会的司铎约翰以及皇帝路易（二世）的使者主教维博德（Wibod）① 和伯爵伯纳德。他们要求他不得霸占他的侄子罗退尔（二世）的王国，因为它应该属于罗退尔的兄长皇帝路易（二世）。②（日耳曼人路易）很快遣送这些使者，让他们前往他的弟弟（秃头）查理那里，而他自己则在略微康复之后立即前往雷根斯堡。文德人的小王③ 拉斯蒂茨被
176 自己的侄子用诡计出卖，被卡洛曼擒获并囚禁了一段时间。在他被判死刑之后，（日耳曼人）路易下令将他弄瞎，关进修道院。④ 他（路易）还下令儿子

① 维博德是帕尔马主教，857 年到 895 年在任。英译者詹尼特·尼尔森认为他是皇帝路易二世主要的谋臣之一。勒维延等法国学者在所编的拉丁文本中注释说，根据教宗 6 月 27 日写给秃头查理和日耳曼人路易以及他们的主教们的信函判断，维博德是教宗哈德良的使者而非皇帝路易二世的使者。这些信件全文见 *MGH, Epp*.VI, nos.21, 22, pp.724–727。——译者注

② 伯纳德是维罗纳伯爵。这是一个来自教宗哈德良和皇帝路易二世的联合使团。哈德良支持路易二世对罗退尔的王国的继承主张。这里提到的主教约翰和彼得的辖区不详。值得注意的是，本年代记 869 年史事的末尾曾提到教宗和皇帝联手派出一个使团，阻止秃头查理对罗塔林吉亚的侵占。——译者注

③ 此处拉丁文为“regulus”，它是“rex”（国王）一词的小词。“小王”并非指国王年龄小。加洛林时期文献中使用“小王”有两种情况。其一，指帝国内部具有加洛林家族血亲或姻亲关系，拥兵一方，并自称国王的人。这些人被称为“小王”是强调他们缺乏称王的合法性。其二，“小王”一词也被用于指称加洛林帝国之外，在帝国边疆地区时而归顺、时而叛乱的异邦异族的国王或首领们。——译者注

④ 《富尔达年代记》有关 870 年的史事中记载：“拉斯蒂茨的侄子茨温蒂巴尔德考虑到自身的利益，将自己以及自己所拥有的疆土交给了卡洛曼。拉斯蒂茨对此非常恼怒，为他的侄子秘密设下了陷阱，趁他对自己的恶意毫无戒备，决定在一场宴会中将他捆绑。但是承蒙神恩，茨温蒂巴尔德从死亡的危险中得救。在那些意欲杀他的人进入房子之前，一个知晓拉斯蒂茨诡计的人向他告了密。他于是佯装操练和把玩猎鹰，从宴会之处起身溜走，从而躲过了已经为他设下的陷阱。当拉斯蒂茨发觉自己的计谋被揭穿时，率军追踪自己的侄子，意欲将其捉拿。但是，在天主的公正裁断下，拉斯蒂茨陷入了自己设置的陷阱中，反被他的侄子捉拿，被捆绑着送交给卡洛曼。卡洛曼命令士兵对其严加看管，以防逃跑，并将其送到巴伐利亚，投入监牢看管，等待国王亲临。卡洛曼则进入拉斯蒂茨的王国，无人阻挡。他接受了所有城市和要塞的投降。他在妥当处置了这个王国，安排部下治理它之后，满载王室珍宝返回。”拉斯蒂茨是在 11 月的巴伐利亚会议上被判死刑的。——译者注

（小）路易和（胖子）查理来见他。但是，他们在母亲的鼓动下，觉得父亲喜欢卡洛曼甚于他们自己[①]，因此拒绝前来见他。在大斋节开始前，（日耳曼人）路易到法兰克福参加他（此前）通告召开的会议。[②] 经过使者们在他和他的儿子们之间的奔忙，双方确认，在来年 5 月之前，他们（儿子们）可以从父亲一方得到安全保证，但他们应当停止已经着手的破坏王国的行为，在该（来年 5 月）会议前保持和平。[③] 当此事就此解决后，（日耳曼人）路易回到雷根斯堡。

在结束秋季狩猎之后，（秃头）查理前往圣德尼修道院庆祝这位圣徒的瞻礼日（10 月 9 日）。那一天，当弥撒正在进行时，教宗的前述使者们到来。他们带着（教宗）写给他（秃头查理）和王国内众主教的信函，信函用可怕的诅咒禁止他（秃头查理）占有已故罗退尔的王国，（因为）该王国应该属于他（罗退尔）的兄长皇帝（路易二世）。查理心怀怒气地接待了这些使者。在使者们和他自己一些忠诚者的请求下，他释放了被囚禁在桑利的儿子卡洛曼，（但是）命令他跟自己留在一起。[④] 他派人护送教宗和皇帝的使者们行至兰斯，并命令他的许多忠诚者从各地前去那里。当他在那里滞留了 8 天并 177

① 这个句子的拉丁文为“Qui (Hludouuicus et Karolus) sentientes, satagente matre, inclinatiorem esse uoluntatem patris erga Karlomannum quam erga se, ad illum uenire detrecauerunt”。有学者将这句话理解为：“他们觉得父亲在母亲的鼓动下喜欢卡洛曼甚于他们自己，便拒绝前来见他。”此处的疑问是，王后埃玛究竟是支持长子卡洛曼还是他的两个弟弟小路易和胖子查理。我们的译文采用了英译者和德译者的共同理解。——译者注

② 根据《富尔达年代记》的记载，此次会议是在 871 年 2 月举行的。辛克马显然是在 871 年年中的时候才将这一段有关东法兰克王国的事情补充记载到 870 年的史事中。——译者注

③ 这一时期小路易会同弟弟胖子查理反对父亲日耳曼人路易。小路易的重要目标是夺取东法兰克王国分得的那部分罗塔林吉亚疆土。这与西法兰克王国秃头查理的次子卡洛曼这一年反叛父亲具有类似的原因。——译者注

④ 教宗哈德良二世之所以支持秃头查理的儿子卡洛曼，同样也是接受了皇帝路易二世的请求，见 *MGH, Epp.* VI, no.31, pp.735–736。本年代记作者辛克马并未提及，他在秃头查理和卡洛曼之间也充当着调停者的角色。秃头查理禁止儿子卡洛曼离开自己身边，是为了对他严加看管，防止他外出勾结地方显贵，以免他再次反叛。——译者注

遣返这些使者之后，他派遣自己的使者，即圣米耶尔（St-Mihiel）修道院的院长安塞吉（Ansegis）和平信徒埃塔里乌斯（Etharius）① 带着他写给教宗的
178 信函去罗马。他还送去一块用他自己的镶金服饰制成的布和两顶用黄金制成并用宝石装饰的冠冕，献给圣彼得祭坛。（秃头）查理自己来到里昂。在那里，卡洛曼在一天夜里逃离他的父亲，进入比利时省。② 在他的很多亲信以及贝利阿（Belial）的儿子们汇聚到他身边之后，他在撒旦的鼓动下，犯下了许多暴行，并造成了许多破坏。若非亲眼看到和切身受害的人，对此无法相信。（秃头）查理对此愤怒之极，但他并未打断自己的行程，而是尽快赶去围攻维埃纳，当时杰拉尔德的妻子贝尔塔（Bertha）在维埃纳，杰拉尔德则滞留在另一要塞。③ 在这次围攻期间，周围地区遭到了严重的破坏。不过，查理想出了妙计，拉拢了维埃纳的大部分人。贝尔塔在觉察此事后，派人告知杰拉尔德，后者前来维埃纳，将该城献给了（秃头）查理。国王于圣诞节前夜进入该城，并在那里欢度了圣诞节。

---

① 安塞吉原本是兰斯教区的一名修士。他在 869 年或 870 年被秃头查理安排为罗塔林吉亚的圣米耶尔修道院（位于默兹省）院长。871 年，当桑斯大主教维尼罗去世时，他又被任命为桑斯大主教。这里提到的埃塔里乌斯应该是秃头查理的助理宫廷伯爵。——据英译者注

② 当时的比利时省，要比今天的比利时这个国家大很多，包括特里尔大主教辖区的穆宗和图勒地区。870 年史事的最后这一片段，应该是辛克马在 871 年年初才补充记载下来的。辛克马在 871 年 2 月写给里昂大主教的一封信中，也提到了卡洛曼的活动。——参考了英译者注

③ 关于杰拉尔德对普罗旺斯的查理的支持，参见本年代记有关 856 年史事的注释。关于维埃纳其他显贵邀请秃头查理打击杰拉尔德，参见本年代记 861 年的史事注释。861 年之后杰拉尔德与秃头查理关系良好，直到 870 年 7 月他依旧受宠。秃头查理将杰拉尔德革职的原因不详。不过，野心勃勃的博索很可能是劝说秃头查理将杰拉尔德革职的人。杰拉尔德和贝尔塔死后未能留下子嗣。——参考了英译者注

871 年

（秃头）查理在掌控维埃纳之后，迫使杰拉尔德向自己提供人质，（保证）将其他要塞交给自己的钦差们。他给了杰拉尔德三艘船，允许杰拉尔 179
德携带妻子贝尔塔和动产，沿着罗讷河离开[1]，并将维埃纳这座城市交托于自己（秃头查理）妻子的兄弟博索[2]，而他（秃头查理）自己则尽可能快速地经由欧塞尔和桑斯赴圣德尼修道院。卡洛曼闻听此事，率其同党到达穆宗，蹂躏了该要塞及其附近的庄园。随后，他派遣四个使者见父亲，假意说他坚信父亲的信义[3]，（即使）没有（得到）采邑，他（也）愿意来见他（父亲），并就自己所犯之事向天主和他（父亲）作出补偿，而这仅仅是为了让他（父亲）宽厚对待那些追随自己（卡洛曼）的人，保全他们的性命。不过，卡洛曼丝毫没有停止已经着手进行的恶行。国王（秃头）查理将他（卡洛曼）的两个使者扣留在身边，遣送修道院院长高兹林[4]和卡洛曼的姐夫伯爵巴尔德温[5]随另外两位使者回到儿子卡洛曼那里，让他告诉自己一个合适的时间，以便他可以安全地来见他的父亲，如果他愿意来见的话。然而，卡洛曼心怀诡计，一边装作自己将前来见父亲，一边却派遣另外一些使者们到

---

① 此后再无有关杰拉尔德的信息。——据英译者注

② 参见本年代记 869 年和 870 年的史事中有关秃头查理在前妻亡故后迅速迎娶博索的妹妹里希尔蒂的记载。——译者注

③ 此处拉丁文为“(Karlomannus) fidei suae credens”，考虑到这里的反身形容词“suae”，其意思似乎也可以理解为“（卡洛曼）坚信自己（对父亲）的忠诚”，德译者将其翻译为“（卡洛曼）zu ihm im Vertrauen auf seine Treue kommen”应该就是出于这种考虑。不过，鉴于下半句话说卡洛曼愿意“就自己所犯之事向天主和他（父亲）作出补偿”，因此这里应该指的是卡洛曼相信父亲的信义，这也是英译者的理解。——译者注

④ 关于高兹林，参见本年代记有关 858 年的史事记载及注释。卡洛曼在 870 年丧失的圣阿曼德修道院院长职位，正是归于高兹林，而且高兹林还是巴黎近郊圣热尔曼修道院的院长。——译者注

⑤ 关于巴尔德温和秃头查理的女儿朱迪斯的私奔和成婚，参见本年代记 862 年和 863 年的史事记载及注释。——译者注

他（父亲）那里，提出毫无可能的要求，自己则到了图勒地区。

180 查理已经将儿子（卡洛曼）献给天主，使之成为助祭，成为神圣教会的教士，但一些人却将这位儿子夺走，并在他的王国内犯下如此这般的诸多暴行、破坏和大罪。[①] 他设法审判这些人。[②] 查理在作出死刑判决之后，下令没收他们的一切财产，部署兵马将卡洛曼和他的同党逐出王国，并设法让主教们审判他们，因为使徒命令，“这样的人，就是与他吃饭都不可”[③]。这些人在哪些主教区犯下此等罪行，哪些主教就应该根据神圣的教会法规剥夺他们的圣餐，并遵照神圣规章的要求，写信给其他主教，报告他们（对这些反叛者们）所做的一切。

卡洛曼两次发下誓言，（但是）正如他的父亲特意向在场众人公开通告的那样，他背弃这些誓言，对父亲犯下此等忤逆和不忠的事，在父亲的王国施行了此等罪行。鉴于他是桑斯（大）主教区的助祭[④]，（秃头）查理命令该
181 教省的主教们审判他。而后，查理于大斋节之初（3月1日）回到圣德尼修道院，打算在那里住到复活节（4月15日）。他在那里欢度了该节日。

卡洛曼遭到父亲派出的兵马追击，便翻越汝拉山。就像他在比利时各地和高卢各地所做的一样，他并未停止施行这些已经开始的恶行。

辛克马仅在名义上是拉昂主教，他是一个特别傲慢的人。他违背福音书的真理，违背教宗和教会的权威，反叛国王。他无论是对身边近臣还是对（天主）托付给他的民众，无论是对教士还是对俗人，都毫无尊重，凶狠野

① 值得注意的是，辛克马在此处再次将王室内部冲突归咎于显贵们的挑唆。——译者注

② 卡洛曼的支持者包括高兹林和康拉德两位伯爵。870年末和871年初，辛克马写信给伯爵恩格拉姆、高兹林和阿达莱姆，传达国王召集兵马镇压卡洛曼的指令，但是同时提议，共同致力于调解秃头查理和卡洛曼的矛盾。秃头查理旨在利用这些伯爵作为中间人与儿子卡洛曼和谈。但是恩格拉姆于871年或872年初失去了国王的信任，这很可能是因为他倒戈到了卡洛曼一边。辛克马自己更倾向于调解秃头查理和卡洛曼的父子矛盾。他显然知晓恩格拉姆的倒戈，但在此处的记载中，他隐去了这些重要的信息。——参考了英译者注

③ 圣经《哥林多前书》第5章第11节。

④ 卡洛曼此前已经被莫城主教希尔德加任命为桑斯的助祭。——据英译者注

蛮。他蔑视依据规章向自己提出劝诫的大主教①，不予服从，因而激怒了他的国王、他的大主教以及整个王国内的众主教，致使国王宣布将于 8 月在杜济召开宗教会议，以便在那里依据教规审判他(辛克马）的恶行。②国王(秃头）查理自己则应侄子们，即他的兄长（日耳曼人）路易的儿子（小）路易和（胖子）查理的请求，经由凡尔登去跟他们会面和商谈。③而后，他返回杜济，参加宗教会议。

其间，由于北方人在卢瓦尔河上的一个岛屿拥有营地，圣马丁修道院的院长于格和高兹弗里德④会同其他塞纳河外侧（北侧）的人，冒然向该岛发起攻击。结果遭受惨重损失，且许多人被杀，随后他们侥幸脱逃。

（拉昂主教）辛克马（虽然）最终来参加宗教大会，却极为傲慢。会上，国王（秃头）查理依据教会法规提出请求，依据合法的程序，以确凿无疑的 182
案由控诉他（辛克马），并将他定罪，依法判处将他革职，就像在此次宗教会议的纪要中所写的那样。此次宗教会议还派遣与会的可敬主教阿克塔尔德（Actard）将此（纪要）送往使徒之座。⑤

国王（秃头查理）的上述侄子们（小路易和胖子查理）来杜济见他，请求他调解他们与父亲的关系。不过，他的兄长（日耳曼人）路易的使者们也来见他，请求他前往马斯特里赫特镇附近与其会谈。查理（应约）前往，带着侄子们的使者们，让他们亲口阐明侄子们对父亲有何诉求。在那里，国王（秃头）查理在兄长（日耳曼人）路易的调解下，召见了自己的儿子卡洛曼

① 指作为兰斯大主教的辛克马。——译者注

② 关于拉昂主教辛克马的恶行，参见本年代记有关 866 年和 870 年的史事记载及注释。——译者注

③ 小路易和胖子查理认为父亲日耳曼人路易偏爱兄长卡洛曼，因而联手反叛父亲。秃头查理与他们会面，很可能旨在支持他们反叛，以削弱日耳曼人路易的力量。同样，日耳曼人路易也支持了秃头查理的三子卡洛曼对父亲的反叛。——译者注

④ 关于于格和高兹弗里德，参见本年代记有关 869 年的史事记载。——译者注

⑤ 有 8 位大主教和 21 位主教参加了在杜济召开的这次宗教会议。本年代记的作者兰斯大主教辛克马与这次会议的召开以及会议纪要的撰写有很大的关系。关于阿克塔尔德，参见本年代记有关 868 年史事的注释。——据英译者注

派来的使者们。[①] 像此前一样，（秃头）查理邀请儿子只要能改过自新便可回到自己身边，（但是）这份邀请毫无成效。（日耳曼人）路易和（秃头）查理商讨了一段时间，但成效甚微，或者说一无所成。于是，他们在9月初分开，匆忙启程返回自己的疆土。路易前往雷根斯堡，因为拉斯蒂茨的侄子在继承拉斯蒂茨成为文德人的首领之后，给他（日耳曼人路易）带来了惨重损失，致使他（日耳曼人路易）的边疆伯爵和许多民众丧生，使他前些年所赢得的疆土灾难性地丧失。[②]

（秃头）查理则启程经由莱斯坦内前往奥维尔庄园狩猎。在旅途之后，他接见了许多意大利人派来的使者。他们邀请他进入意大利，因为他的侄子皇帝路易（二世）与妻子、女儿一起在贝内文托或许已经被贝内文托人杀死了。[③] 查理（于是）经由兰斯城行至贝桑松城。[④]（秃头查理的儿子）卡洛曼

① 《富尔达年代记》在871年的史事中也提到了马斯特里赫特会谈："8月，国王路易与他的弟弟查理在默兹河会谈，但他（日耳曼人路易）无法使两个儿子与己和解。因为他拖延给予他们那些他承诺给他们的采邑，因此他们不愿前来与他会谈。"这段时期，秃头查理和日耳曼人路易都在利用对方父子失和的局面，拉拢侄子们，彼此制衡。——译者注

② 《富尔达年代记》在871年的史事中记载了日耳曼人路易的长子卡洛曼和巴伐利亚人被茨温蒂巴尔德重创的事情。"其间，鉴于无人能够证实茨温蒂巴尔德所受的指控，卡洛曼便将其释放，并以王室厚礼使其得到尊荣。茨温蒂巴尔德带着卡洛曼的兵马返回疆土，假意要攻打斯科拉夏马尔。其实，他阴险地向卡洛曼许诺说，若允许他返回故土（patria），他将如此这般。但是，耻辱一贯追踪那些粗心大意和骄傲自大的人，这支军队就遭到了这样的事情，因为茨温蒂巴尔德让其他人修筑营垒，自己进入昔日拉斯蒂茨的一座城中。他以斯拉夫人惯常的方式，丢弃忠诚，忘却誓言，不是驱赶斯科拉夏马尔，而是倾其心力报复他在卡洛曼那里遭受的羞辱。当巴伐利亚人毫无防备、放松警惕的时候，茨温蒂巴尔德率强大的兵马攻入他们的营垒。营垒中的许多人被活捉，除事先警觉并离开营垒的人以外，其他人几乎都被杀死。所有诺里库人从以前多次胜利中获得的喜悦都变成了悲痛和哭泣。卡洛曼听闻其兵马被杀戮的消息，极度惊慌，迫于危情，下令将其王国内的所有人质都集中起来，交给茨温蒂巴尔德，却只从后者那里收回一个名叫拉德伯德（Radbod）的半死之人。"——译者注

③ 辛克马在此处的表述表明，这个流言是虚假的，而辛克马自己是在知道事情的后续发展之后才记载这些事情的。——译者注

④ 贝桑松在兰斯南部偏东方向，这意味着秃头查理有进入意大利的意图。——译者注

听说父亲在追击自己，便在部下的怂恿下，假装谦卑，去见他（父亲）。不 183
过，父亲还是接待了他，命令他留在身边，以待自己回到比利时地区时，与封臣们商议应该如何封赐他（卡洛曼）。日耳曼之王路易也闻听侄子皇帝路易（二世）的死讯，便派遣儿子（胖子）查理进入他（日耳曼人路易）在汝拉山外侧(南侧）拥有的疆土[①]，意在拉拢尽可能多的人向他宣誓效忠。(胖子）查理依令行事。[②]

当（秃头）查理滞留在贝桑松的时候，受他派遣先行进入意大利的使者们向他禀报说，皇帝路易（二世）本人还活着，而且身体健康。其实，阿达尔吉斯（Adalgis）与其他贝内文托人阴谋反对皇帝，因为皇帝在妻子的挑唆下谋划着将阿达尔吉斯永久放逐。[③]于是，阿达尔吉斯决定夜袭这位皇帝，皇帝和他的妻子以及身边的人登上一座防范极其森严的高塔，并在那里与部

---

① 汝拉山呈东南—西北走向，它分割了莱茵河流域和罗讷河流域，今天的瑞士就在山脉的东南侧。胖子查理进入汝拉山南侧，是为南下意大利做准备。——译者注

② 《富尔达年代记》并没有提到日耳曼人路易将胖子查理派遣到奥尔布地区一事。——译者注

③ 阿达尔吉斯的父亲是贝内文托公爵拉达尔吉斯（Radelgis 或 Radelchis, 839—851 年在位）。拉达尔吉斯 851 年去世后，他的长子拉达尔加尔（Radelgar）继任为公爵。当拉达尔加尔 854 年去世时，其子年幼，阿达尔吉斯作为他的弟弟继承了贝内文托公爵位。作为伦巴德人，他以维持贝内文托公爵国的传统独立地位为己任。然而，这并非易事。公爵国受到三股力量的威胁：萨拉森人从南方攻击他们，皇帝路易二世则从北方设法将自己的权力渗透到贝内文托，而拜占庭帝国则从东方欲恢复对意大利的干预。阿达尔吉斯在 860 年进攻驻留在巴里的穆斯林，遭受败绩。866 年，他请求皇帝路易二世给予援助，结果皇帝路易二世在攻陷巴里，驱逐萨拉森人之后，却率兵进驻贝内文托，欲将公爵国控制在自己手中。阿达尔吉斯在 871 年 8 月围攻皇帝路易二世，就是要铲除法兰克人在贝内文托的势力。后来，他接受贝内文托主教的斡旋，同意释放皇帝路易二世，其中一个重要原因是，当时萨拉森人向贝内文托发起了新一轮攻击。不过，他与皇帝路易二世由此结下仇怨，不得不向另一股威胁着贝内文托的力量，即拜占庭求援。阿达尔吉斯在 878 年遇刺身亡。据埃尔香伯特在其所著《贝内文托伦巴德人史》（*Historia Langobardorum Beneventarnorum*）中记载，贝内文托人之所以反叛，是因为“高卢人（此前）已经开始打击他们”。Erchampert of Monte Cassino, *Historia Langobardorum Beneventanorum*, cc.20, 29–38, in G. Waitz ed., *MGH, Scriptores rerum Langobardicarum et Italicarum saec. VI-IX,* Hannover: Hahn, 1878, pp. 242, 245–249.——译者注

下一起抵御了三天。最终该城（贝内文托）主教促使贝内文托人同意，在他们从皇帝那里得到誓言（保证）之后，允许他（皇帝）活着并安全离开。皇帝、他的妻子和女儿以及所有跟随他的人发誓，他们在任何情况下都不会为此事报仇，既不亲自也不通过其他人设法为此事而报复他们，亦不率兵进犯贝内文托的土地。就这样，他（皇帝路易二世）得以脱身，经由斯波莱托前往拉文纳，同时指示教宗哈德良在他（皇帝路易二世）的行程中前来相见，
184 意在（让教宗）解除他和他的部下（对阿达尔吉斯）所发的誓言。与此同时，兰伯特和另一位兰伯特觉得皇帝会因他所遭遇的事情向他们问罪，便离他而去，进入贝内文托，因为上述阿达尔吉斯已经与他们勾结在一起。① 皇帝一边追击他们，一边派遣妻子去拉文纳，因为他已经宣布在那里举行会议。他还命令意大利王国的所有显贵们都去见她（皇后），商讨他所命令的事情，以待他自己从讨伐行动中归来。② 不过，皇帝未能追捕到他所追捕的这（两位）兰伯特，便赶紧按计划返回那里（拉文纳）。

（秃头）查理闻听人们推测皇帝路易（二世）死亡的缘由所在，并得知他还活着，便离开贝桑松，径直经由庞蒂厄和阿蒂尼到达塞尔韦。在那里，他同他的谋臣们举行了会议，在他们的建议下再次将卡洛曼囚禁在桑利，并下令用效忠誓言将他（卡洛曼）的同党束缚在各个伯爵区。③ 就这样，他（秃头查理）允许他们（卡洛曼的同党）居住在自己的王国，条件是他们（必须）从他的忠诚者们中任选一位自己中意的人作为封君，并且愿意安宁生活。④

---

① 前一个兰伯特在 860 年到 879 年是斯波莱托边疆伯爵（相当于公爵），他的祖父兰伯特曾是皇帝路易二世的父亲皇帝罗退尔一世的坚定支持者，参见本年代记有关 834 年史事的注释。这里提到的“另一个兰伯特”是秃头兰伯特，他是卡梅里诺（Camerino）的伯爵。——据英译者注

② 皇帝路易二世的妻子恩格尔贝尔嘉是否像本年代记此处所记载的那样，能代替皇帝主持大会议，学术界有不同的看法。——参考了英译者注

③ 这里指的是，皇帝迫使他们发誓效忠，把他们分散安置到各个伯爵区，由所在伯爵区的伯爵充当他们的封君，以封君封臣关系管控和监督他们。——译者注

④ 这次会议所形成的条令并没有流传下来，但是 873 年的基耶尔济条令援引了它的一些条款。参见本年代记有关 873 年史事的记载及注释。——参考了英译者注

而后，他从塞尔韦前往贡比涅，并在那里欢度了圣诞节。

872 年

1 月 19 日，（秃头）查理离开贡比涅，前往……修道院[①]与北方人罗里克[②]和鲁道尔夫[③]会谈。[④]他在大斋节(2 月 13 日）初回到贡比涅，在圣枝主日前的星期六(3 月 22 日）到达圣德尼修道院，在那里欢度了复活节(3 月 30 日)。复活节过后，他出发去圣莫里斯(St-Maurice)(修道院)[⑤]会见(路易二世的）皇后恩格尔贝尔嘉，这正是他（此前）派遣使者向她提议的。不过，他从可靠的信使那里得知，恩格尔贝尔嘉将于 5 月赴特伦特（Trento）[⑥]与日耳曼之王路易会谈，于是便从计划好的行程折返，回到塞尔韦。阿达拉尔德[⑦]代表他（秃头查理）的兄长（日耳曼人）路易，前来见他，请求他前 185

① 此处的拉丁文本并未提到修道院的具体名字。后世学者将该修道院确定为桑布尔河畔的穆斯捷（Moustier-sur-Sambre）修道院。——译者注

② 关于这位罗里克，参见本年代记有关 850 年、855 年、863 年和 870 年的史事记载及注释。——译者注

③ 关于这位鲁道尔夫，参见本年代记有关 864 年的史事记载及注释。——译者注

④ 秃头查理这样做，很可能是未雨绸缪，预防这些北方人的首领与自己的儿子卡洛曼勾结在一起。——参考了英译者注

⑤ 圣莫里斯修道院位于瑞士的瓦莱区，是从法国经过日内瓦，到达日内瓦湖的另一端，然后南下翻越阿尔卑斯山进入意大利前的重要途经点，因此这是秃头查理从西法兰克王国到接近意大利的边境地区，与恩格尔贝尔嘉会谈的一个合适的地点。该修道院在 9 世纪中期属于罗退尔二世的妻兄胡伯特。864 年胡伯特被杀后，欧塞尔伯爵康拉德成为该修道院的世俗院长。秃头查理的妻兄博索在大约 870 年获得了该修道院。——译者注

⑥ 特伦特是意大利北部，阿尔卑斯山南麓的一个著名城镇。它位于特伦蒂诺—上阿迪杰大区，是特伦特省的首府。中世纪时，从阿尔卑斯山北边的巴伐利亚，经今天的因斯布鲁克，翻越布伦纳隘口，沿着向南奔流的阿迪杰河谷地，经过特伦特后到达维罗纳，这是东法兰克王国和意大利之间最重要的通道。特伦特还是多次重要宗教会议的举行地。——译者注

⑦ 对这个阿达拉尔德的身份，学界有三种不同的观点。一种观点认为他是虔诚者路易统治时期那位宫廷侍应官阿达拉尔德本人，这种观点存在的问题是，侍应官阿达拉尔德在 831

往马斯特里赫特附近跟他的兄长（日耳曼人）路易会谈，而那时（日耳曼人）
路易已经派遣儿子卡洛曼率军对付文德人，随后从雷根斯堡返回了亚琛。(秃
头）查理则安排妻子的兄弟博索担任儿子（口吃者）路易的宫廷总管和护
186 卫长[1]，将布尔日伯爵杰拉尔德[2]的采邑授予他(博索)，派他会同伯纳德以
及担任边疆伯爵的另一位伯纳德进入阿奎丹，将该王国（阿奎丹）的事务交
托给他(博索）处理。[3]至于图卢兹伯爵伯纳德，在他发下(效忠）誓言之后，
(秃头）查理将卡尔卡松（Carcassonne）[4]和拉泽斯（Razès）[5]授予他，并将
他遣回到图卢兹。[6]

年已经身居高位，他不大可能在 872 年仍然担任要职。第二种观点认为，此处提到的这个阿达拉尔德是侍应官阿达拉尔德的儿子。第三种观点认为，他是侍应官阿达拉尔德的弟弟梅斯伯爵留塔尔德的儿子，即侍应官的侄子。不过可以肯定的是，这个阿达拉尔德在 865 年已被秃头查理剥夺了他在西法兰克王国拥有的采邑，并回到了中法兰克王国的摩泽尔地区。根据 870 年的梅尔森协议，该地区成为日耳曼人路易的疆土，因此这位阿达拉尔德最晚在梅尔森协议订立后就成为日耳曼人路易的人。——参考了格兰特等拉丁文编者注和英译者注

① 此处拉丁文为“ostiariorum magister”，意思是“各个守门人的长官”。由于守门人负责看护王廷府邸的各个大门，他们的长官应该是负责保卫主人安全的人，因此这里将其翻译为“护卫长”。不过，国王安插自己的亲信担任王子的宫廷总管和护卫长，既有辅佐和保卫王子的功能，也有监督和约束王子的用意。——译者注

② 关于这位杰拉尔德，参见本年代记有关 868 年的史事记载及注释。此后再没有关于这位杰拉尔德的信息。——据英译者注

③ 有学者认为，博索被任命为整个西法兰克王国的宫廷总管和护卫长，不过从本年代记此处的文辞来看，他只是被任命为阿奎丹分王国的宫廷总管和护卫长。——参考了格兰特等拉丁文编者注

④ 卡尔卡松是一个重要的军事要塞，位于今天法国南部朗格多克—鲁西永大区的奥德省。该地位置重要，处在从地中海经陆路去往大西洋的通道上。——译者注

⑤ 拉泽斯也是一个重要的军事要塞，位于卡尔卡松地区的南部。拉泽斯伯爵区建于 781 年，是查理曼在征服阿奎丹之后，安排儿子虔诚者路易统治该地区时设立的伯爵区。在 850 年左右，拉泽斯伯爵区合并到了卡尔卡松伯爵区。——译者注

⑥ 秃头查理通过上述措施，调整了阿奎丹分王国的权力结构。这也表明，长子口吃者路易已经顺服于父亲的权威。博索被安插到口吃者路易身边，这无疑具有监督口吃者路易的用意，因为秃头查理担心长子口吃者路易会支持三子卡洛曼。这里提到的图卢兹伯爵伯纳德在本年代记有关 868 年史事的注释中有所涉及。当时的其他文献并不像辛克马在此

前述日耳曼之王路易则召集儿子（小）路易和（胖子）查理到自己身边，让（长子）卡洛曼假意向他们发誓，意在使他们与（兄长）卡洛曼和好。但是，这两个儿子以及他们的部下对（日耳曼人）路易的宣誓同样毫不真诚。（日耳曼人）路易作为父亲，希望这两个儿子与（他们的）兄长卡洛曼一起出发去征讨文德人，但是未能成功。不过，他派遣卡洛曼率领了一支尽可能多的兵马，而他自己则如前所述，去特伦特与恩格尔贝尔嘉会谈。他将自己与（秃头）查理在疆土分割中所获得的那部分罗退尔（二世）的王国疆土，不顾他们之间发下的誓言，未经已故罗退尔（二世）的那些已经委身于己的部下的知情和同意，就秘密地归还（给恩格尔贝尔嘉）。① 于是，双方（日耳曼人路易和恩格尔贝尔嘉）结下了誓言，而该誓言不同于并且违背了他（日耳曼人路易）已经与弟弟（秃头查理）互发的誓言。② 这些事情办完之后，恩格尔贝尔嘉派出一位使者见（秃头）查理，请他像他此前所提议 187
的那样，到圣莫里斯会见她。③ 但是，（秃头）查理在知晓她跟他的兄长（日耳曼人路易）所做的事情后，不愿前往那里，而是向她派出了使者们，这些使者们并未从她那里给他带回任何可靠消息。

教宗哈德良（二世）遵照他的前任尼古拉（一世）的决定，派遣奥斯提

处一样，将这位戈西亚伯爵伯纳德称为“边疆伯爵”。这里提到的“另一位伯纳德”并没有头衔，他很可能是塞普提马尼亚的伯纳德的儿子伯纳德。辛克马的表述还暗示，这位伯纳德当时在秃头查理的王国并没有重新得到任何伯爵职位。不过，这位伯纳德可能在这一时期或不久之后，就被秃头查理授予了空缺的奥弗涅伯爵职位。——据英译者注

① 在罗退尔二世 869 年去世后，他的兄长皇帝路易二世坚决主张对弟弟疆土的继承权，但是两位叔父日耳曼人路易和秃头查理却瓜分了罗退尔二世的疆土。从此处表述所用的“归还”一词来推断，辛克马默认意大利皇帝路易二世拥有继承罗退尔疆土的优先权。——译者注

② 《富尔达年代记》中并没有提到日耳曼人路易和恩格尔贝尔嘉在特伦特举行的这次重要会谈，其他文献中对此也没有记载。——据英译者注

③ 显然，恩格尔贝尔嘉旨在使日耳曼人路易和秃头查理相互制衡和竞争，从而维护意大利王国的安全，争取分得罗塔林吉亚的部分疆土。——译者注

亚（Ostia）主教多纳图斯（Donatus）、内皮（Nepi）[1] 主教斯蒂芬（Stephen）、神圣罗马教会的助祭马里努斯（Marinus）作为自己的使者，去君士坦丁堡见皇帝巴塞尔（一世）和他的儿子们，即君士坦丁（Constantine）和利奥（Leo）两位奥古斯都。[2] 与他们同去的还有罗马主教区的图书档案馆馆长，即精通希腊和拉丁两门语言的阿纳斯塔修斯。[3] 与会者将此次宗教会议称为第八次大公会议。会议召开之后，他们（参会者们）平息了那些围绕伊格内修斯的罢黜和佛提乌斯的任命而产生的分歧，佛提乌斯被处以绝罚，伊格内修斯则得以复职。在此次宗教会议上，他们制定了关于偶像崇拜的教令，而这些教令不同于此前正统教父们[4] 的规定。为了赢得赞同偶像崇拜的教宗的支持，他们违背了古老的教会法规，也违背了他们自己的宗教会议的决议。任何人只要读到那次宗教会议的纪要，都会清楚地发现这一点。[5]

皇帝路易（二世）则在圣灵降临节前夕来到罗马，并在次日（5 月 18 日）被教宗哈德良（二世）加冕。[6] 在举行弥撒之后，路易戴着冠冕，与教
188 宗一起在庄严的气氛中骑马来到拉特兰宫。随后，他结集兵马，离开罗马，

① 内皮位于今天意大利中部拉齐奥大区维泰博（Viterbo）省。——译者注

② 巴塞尔此时已经从拜占庭帝国的共治皇帝变为独一的皇帝。关于他对皇帝米哈伊尔的谋杀，参见本年代记有关 869 年的史事记载及注释。哈德良二世派遣使团远赴君士坦丁堡的目的在于敦请拜占庭皇帝协助意大利的皇帝路易二世对付入侵意大利南部的萨拉森人，或许也有阻止拜占庭支持贝内文托公爵阿达尔吉斯的用意。——参考了英译者注

③ 关于阿纳斯塔修斯，参见本年代记有关 855 年和 868 年的史事和注释。阿纳斯塔修斯在 869 年重新得到了教宗哈德良二世的青睐。——参考了英译者注

④ 此处拉丁文为“ortodoxi doctores”。——译者注

⑤ 第八次大公会议在 870 年 2 月就已结束。辛克马应该是在 872 年 11 月才首次在贡德勒维尔从教宗的特使那里获悉了此次会议的召开并读到会议的纪要。他将此次会议记载到 872 年而非 870 年的史事中，这一年份错误的根源在于他获取信息不可避免地存在滞后性。参见 Marlene Meyer-Gebel, “Zur annalistischen Arbeitsweise Hinkmars von Reims”, S.81.——参考了英译者注

⑥ 皇帝路易二世在此前早已加冕过了。不过，他在上一年被阿达尔吉斯扣押，被迫发誓之后才获得释放，因此他的名誉和权威需要重新树立。这里教宗哈德良二世为他举行的加冕仪式，具有重新确认他统治权威的用意和功能。——译者注

再度进军贝内文托地区。意大利的显贵们因恩格尔贝尔嘉的专横而对她心生怨恨，将维尼吉（Winigis）① 的女儿给予皇帝，以取代她（恩格尔贝尔嘉），并成功让他同意派一位使者去见恩格尔贝尔嘉，让她留在意大利等待他（皇帝）返回而非随他同行。但是，恩格尔贝尔嘉不听从他(皇帝）的这个指令，而是在他之后随行。② 她（误）以为（秃头）查理不知道她与日耳曼之王路易之间订立的协议，于是派主教维博德③ 去见查理，表面上是获取友谊。维博德来到蓬塔耶（Pontailler）④ 见查理，因为查理到那里处理勃艮第的一些事务。在那里，他（秃头查理）获悉，绰号为“牛犊”的伯纳德已经被伯纳德之子伯纳德的部下所杀，其采邑也被授予后者。⑤ 不过，查理从勃艮第回

① 维尼吉是锡耶纳伯爵。辛克马此处的记载是有关这一事件的唯一史料。——据英译者注

② 此处辛克马强调，意大利的显贵们对恩格尔贝尔嘉心怀怨恨，欲用另一女子取而代之，是因为恩格尔贝尔嘉“专横”。这似乎包含着贬斥恩格尔贝尔嘉并为意大利显贵们开脱的用意。考虑到辛克马在罗退尔离婚案中坚持教会婚姻法的立场，他在此处的不同立场表明，他是根据政治利益的考虑来判断一桩婚姻是否应该解除的。此外，意大利显贵们这一行动也许还有其他的用意。恩格尔贝尔嘉未能给皇帝路易二世带来子嗣，而这是日耳曼人路易和秃头查理这一时期激烈争夺意大利的重要原因。意大利显贵们让路易二世迎娶另一女子，很可能指望他能有子嗣，以确保意大利王国不被吞并或分割。我们无法判断路易二世接受显贵们的建议并向恩格尔贝尔嘉下达指令是自愿的还是被迫的。——译者注

③ 关于帕尔马主教维博德，参见本年代记 870 年的史事记载和注释。——译者注

④ 此处拉丁文为“pons Liadi”。有学者将其确定为今天法国科多尔省的蓬塔耶。——参考了英译者注

⑤ 这位“牛犊”（Vittelus）伯纳德究竟是何人，学界存在分歧。一种观点认为，他是图卢兹伯爵伯纳德。不过，从此处的上下文来推断，这位伯纳德的采邑应该在勃艮第，而非图卢兹所在的阿奎丹。因此，另一些学者认为，这位“牛犊”伯纳德应该是辛克马在《圣伯丁年代记》中此前尚未提及的一位伯纳德，很可能是欧坦伯爵埃卡尔德（Eccard）的兄弟，这位伯纳德在埃卡尔德去世时所留的遗嘱中曾被提及。塞普提马尼亚的伯纳德的儿子伯纳德有位兄长威廉，威廉曾经在勃艮第拥有采邑，因此前者可能对兄长威廉的采邑拥有继承的权益。由于“牛犊”伯纳德与塞普提马尼亚的伯纳德的儿子伯纳德是近亲，因此 872 年“牛犊”伯纳德被谋杀很可能是家庭内部遗产争夺的结果。——参考了英译者注

到贡德勒维尔，举行他此前宣布于9月初在那里召开的会议。① 他在那里滞留了一小段时间，处理了自己觉得需要处理的事情，随后前往阿登狩猎。10月，他乘船顺着默兹河而下，到达马斯特里赫特，与逆河而上前来会见的北方人罗里克和鲁道尔夫进行了会谈。他盛情地接纳了忠于自己的罗里克，让心怀不忠、漫天要价的鲁道尔夫空手而归，并安排忠诚者们准备防范后者的诡诈之计。② 而后，他策马经由阿蒂尼返回，并在圣梅达德修道院欢度了圣诞节。

189 教宗哈德良（二世）辞世，罗马教会的助祭长（archidiaconus）约翰（John）于12月14日继任其位。③

873年

鉴于（秃头）查理的王国内有许多人期待卡洛曼重新为非作歹，他（秃头查理）在天主神圣的教会内，在他履行君王职责的其他王国内，在忠诚者们的建议下，根据先祖和父辈们的习惯，发布了有利于维护教会安宁和巩固王国的法律，并下令所有人都必须服从这些法律。④ 他还下令召集王国内的众主教到羁押着卡洛曼的桑利城，以便他们依据神圣的教规，履行主教职守，并惩处他（卡洛曼），因为正如（教宗）利奥（一世）所说，“任何人不

---

① 9月9日，秃头查理接受了众主教和世俗权贵们的誓言，他们发誓帮助他“获得天主今后将要授予你的一切”，这很可能是秃头查理谋求教俗显贵们支持他争夺意大利王国。这一誓言的文本内容见 *MGH, Capit*.II, no.277, pp.341–342。——据英译者注

② 秃头查理这一策略意在分化瓦解北方人两位首领之间关系，从而坐收渔利。“诡诈”指的是鲁道尔夫与秃头查理的儿子卡洛曼的秘密勾结。——译者注

③ 约翰八世872—882年在任。他倾向于支持秃头查理获得皇帝的名号。——据英译者注

④ 秃头查理于873年1月4日在基耶尔济发布了条令。该条令规定，只要叛乱分子作出赔偿并在今后保持忠诚，他将宽恕他们；犯罪者将受到没收采邑，甚至没收自有地（世袭祖产）的威胁；伯爵们应逮捕并审判那些被控告施行巫术的男女，等等。该条令全文见 *MGH, Capit*.II, no.278, pp.342–347。——参考了英译者注

得因疏忽或放肆而背离这些神圣的教规”[①]。众主教依令行事，依据神圣的规章，革除了卡洛曼在教会内的所有品级，仅给他留下平信徒的圣餐。尽管如此，老奸巨猾的敌对者们却用另外的说辞，鼓动卡洛曼及其支持者们：既然他（卡洛曼）不再拥有任何教会（人士）的身份，便可以更加自由地争取国王的名号和权力；既然经过众主教的判决，他已丧失了其教会的品级，便可 190
以更为容易地抛弃教会对自己的剃度。于是，在他被革职之后，他此前的支持者们变得更加热切，开始再次聚集到他身边，拉拢他们所能拉拢的人与他联手，一旦能找到机会，便要将他从羁押之中救出，立他为他们自己的国王。因此，有必要再次讨论主教们尚未对他（卡洛曼）作出审判的那些事情（罪行）。根据神圣法律的规定[②]，他（卡洛曼）因自己所供认的罪行而被判处死刑。不过，为了使他有悔罪的时间和空间，同时为了避免他有能力像他所谋划的那样，施行更为严重的罪行，在所有到场者的呼喊（赞同）下，他被判处更为温和的惩罚，被剥夺（双眼的）光明。[③]这样做是为了让那些厌恶和平的人寄托在他身上的险恶希望落空，也是为了使他（秃头查理）的王国内天主的教会和基督的信徒免遭致命分裂和异教徒祸害的扰乱。

日耳曼之王路易在圣诞节前到达法兰克福王宫，在那里欢度了圣诞节，宣布将于 2 月初在那里召开会议[④]，并命令儿子（小）路易和（胖子）查理、

① 引语出自教宗利奥一世（440—461 年在位）在 446 年给帖撒罗尼迦主教阿纳斯塔修斯的敕答，敕答信拉丁文本见 Leo I, Ep. 14, *PL,* tome 54, col. 672。桑利宗教会议的纪要未能流传下来，不过此次会议的五条决议同样是为了处理秃头查理对儿子卡洛曼的控诉。——参考了英译者注

② 这里提到的“神圣法律”（*Sacrae leges*），指的是用死刑惩罚叛国罪的罗马法律。——据英译者注

③ 将双眼弄瞎意味着剥夺受刑者的政治潜能，宣判受刑者的政治死亡。与直接的死刑相比，这是惩处叛国罪的一种温和措施。同样的例子有 818 年虔诚者路易对侄子意大利王伯纳德的惩处、870 年日耳曼人路易对拉斯蒂茨的惩处（《富尔达年代记》870 年的史事记载）。——译者注

④ 《富尔达年代记》在 873 年史事的一开始便记载了日耳曼人路易在法兰克福召开会议，并在随后记载了胖子查理在会上出现的异常状况。——译者注

他的其他忠诚者们以及已故罗退尔的王国内那些投靠他的人前来参加（会议）。当（日耳曼人）路易留住在那里的时候，魔鬼化身为光明的天使，来见他的儿子（胖子）查理，并对他（胖子查理）说，他的父亲为了他的兄长卡洛曼，正在竭力谋害他，因此他的父亲已经冒犯了天主，很快将丧失王
191 国，而天主已经安排好让他得到该王国，因此他将很快得到它。(胖子）查理胆战心惊，因为魔鬼藏身的屋子就在隔壁。他走进一座教堂，魔鬼亦随他进去，并再次对他说："你为何害怕，为何逃跑？如果不是来自天主，我怎能前来向你禀告将要发生的事情？我怎能随你走进天主的这座殿堂。"通过如此这般的圆滑论证，魔鬼说服了他（胖子查理），使他从他（魔鬼）手中接过天主送给他（胖子查理）的圣餐。(胖子）查理照做了，撒旦随着这一小口（食物）进入他（的身体）里面。[①] 他（胖子查理）随后来见父亲，坐着与他（父亲）商讨，(在场的）还有他的兄长（卡洛曼）和其他忠诚者们[②]，既有主教，也有平信徒。突然，他像着了魔似的跳起来，并说自己愿意抛弃这个世界，将不再与他的妻子肉体交合，还从剑鞘里拔出剑，丢在地上。当他试图解下剑带、脱掉袍服时，癫痫开始发作。不过，主教们和其他壮士[③] 将他摁住，带入一座教堂。他的父亲受到了困扰，所有在场者也极度沮丧。大主教留特伯特 (Liutbert)[④] 穿上自己的司铎制服，开始唱颂弥撒。当他唱到福音书的时候，(胖子）查理开始用他的母语呼喊："哇哎！"[⑤] 而且他连续用"哇哎"这一声音呼喊，直到弥撒结束。父亲将他交给众主教和其他封臣们，下令让人带他依次去圣徒们的各个圣所，以便凭借圣徒们的功德

---

① 英译者詹尼特·尼尔森曾撰文讨论了这一年的史事，她对此处这一描述的神学意义的讨论，参见 Janet L. Nelson, "A Tale of Two Princes: Politics, Text and Ideology in a Carolingian Annal", in *Studies in Medieval and Renaissance History*, vol. 10, 1988, pp.129–130.——译者注

② 卡洛曼并未参加此次王国大会。——译者注

③ 此处拉丁文为"ab aliis viris"，这里特别强调"其他男子汉"。——译者注

④ 他在 863 年到 889 年任美因茨大主教，是日耳曼人路易的一个坚定支持者。——译者注

⑤ 此处拉丁文为象声词"vae"，这里亦音译为"哇哎"。——译者注

和祈祷，能够把他从恶魔那里解救出来，并在天主的怜悯下使他恢复神志。 192
随后，他（日耳曼人路易）决定将他（胖子查理）送到罗马，但是因一些事情的干扰，他（日耳曼人路易）放弃了这次行程。①

---

① 对胖子查理的这次异常举动，当时三种独立撰写的年代记均有记载，即《圣伯丁年代记》、《富尔达年代记》、《克桑滕年代记》。不过，它们的记载既有相似之处，也有差异之处。据《克桑滕年代记》记载："（法兰克）国王（日耳曼人）路易召集了众主教和世俗（显贵）到法兰克福举行大会。他的两个儿子即（与他）同名的（小）路易和（胖子）查理也为反对他而到了那里（法兰克福）。他们满怀着极不公道的计谋，欲做僭越者，抛却先前的誓言，夺走父亲的王国，并将父亲关押。然而，神作为公正而宽容的审判者，在那里当众显示了极大的奇迹。而且，恶灵在众人的目睹下进入（胖子）查理（的身体），并用骇人的杂乱声音刺激他。不过，就在这一（用于）祈祷的日子，经过众位司铎（向天主）恳请和宣誓，恶灵被逐出了（查理的体内）。（查理的）兄长（小）路易目睹此等惊骇之事，匍匐到父亲的脚上，承认（自己）犯下了大逆之事，恳请（父亲的）饶恕。父亲则宽厚而审慎地、顾全大局地处理了这些事情。"见 *Annales Xantenses*, pp.31–32。据《富尔达年代记》记载："1 月，他（日耳曼人路易）决定与从各地前来的部下在上述地方（法兰克福）举行会议，讨论他的王国的现状和利益。会上，蒙天主眷顾，他的善良得以充分展现，那些谋害他的人的邪恶则得以暴露。1 月 26 日，当他进入会场时，当着他和他的显贵们即主教们和伯爵们的面，一个恶灵侵入他的儿子（胖子）查理的心中，严重地折磨他，以致六位最强壮的人才勉强压制住他。这种压制是完全公正的。任何人若企图欺骗天主所选立的王，他自己就已经被欺骗了；任何人若阴险地为父亲设下陷阱，他自己就已经掉入了恶魔的陷阱。只有从恶魔的这种折磨中，他才能认识到任何计谋都不能针对天主。不过，国王和他身边的所有人都极其悲痛，潸然泪下。他（胖子查理）被带入教堂，以便主教们为他的康复向天主祈祷。那时，他呼喊着，声音时而虚弱，时而高昂，还张开嘴巴竭力撕咬那些摁着他的人。国王转向与他同名的儿子（小路易），对他说：'儿啊，当你和你的弟弟策划邪恶之事谋害我的时候，你不知道你们接受了谁的主宰吗？纵然你以前不愿想明白，现在应该能够明白了，依据真理之言，凡是掩盖的事，没有不被揭露出来的。因此，坦白自己的罪行，进行忏悔，谦卑地恳请天主的宽恕吧。而我，哪怕这些是针对我的，仍然将会宽恕你。'在恶魔的侵扰被平息之后，（胖子）查理对许多听众大声说，他每一次阴谋对抗国王，都是因为被敌对力量所操控。"对胖子查理的这一异常行为，目前学术界有三种观点。一种观点认为，胖子查理患有癫痫这一家族遗传疾病。英国学者詹尼特·尼尔森，即本年代记的英译者认为，胖子查理早年接受了基督教的熏陶，心中怀有典范基督徒的理想，但是俗世对他的引导和压力又迫使他反叛父亲，加之西法兰克王国的王子卡洛曼因反叛父亲秃头查理而被弄瞎，这些都使胖子查理处于极大的压力和心理崩溃的边缘，而他在法兰克福大会议上突发异常状况，就是这种内心纠葛和精神崩溃的体现。最近，英国学者西蒙·麦克里安提出，胖子查理未经事先准备，突然在

意大利皇帝路易（二世）住在卡普亚（Capua）[①]。秃头兰伯特[②]已经去世，希腊人皇帝的大将军（*patricius*）率军进入被人称为希德伦图斯（Hydrontus）的城市[③]，援助贝内文托人，因为贝内文托人承诺将此前付给法兰西诸位皇帝[④]的贡赋付给他（拜占庭皇帝）。路易（二世）由于无法用其他办法控制阿达尔吉斯，便请阿达尔吉斯的儿子的代父教宗约翰（八世）[⑤]到坎帕尼亚（Campagna）[⑥]见他（阿达尔吉斯），意在使阿达尔吉斯与自己和解。他想表现得他好像是在圣彼得的代理人（教宗）的介入下才接纳阿达尔吉斯的。他曾宣誓说不生擒阿达尔吉斯决不离开那些地方，但实际上他无法凭借武力制服他（阿达尔吉斯）。

（秃头）查理宣布率军征讨布列塔尼，目的在于让占领了昂热城的北方

大会上表现出了悔罪的行为和仪式，只是由于事发突然，观察者们（各种年代记的作者们）未能正确理解胖子查理的悔罪仪式，而是将其解释为恶灵缠身。笔者尝试提出第四种可能：大会前胖子查理和二哥小路易谋划联手反叛父亲和大哥卡洛曼，但是日耳曼人路易成功策反了胖子查理，并安排他在大会议上演了一出恶灵缠身的戏剧，这一方面将胖子查理反叛的罪责推给了“恶灵”，使其成为无辜的受害者，另一方面又孤立了小路易，迫使其向父亲俯首认错。参见Janet L. Nelson, “Monks, Secular Men and Masculinity, c.900”, in Dawn M. Hadley ed., *Masculinity in Medieval Europe*, London: Longman, 1999, pp.121–142. Simon MacLean, “Ritual, Misunderstanding, and the Contest for Meaning, Representations of the Disrupted Royal Assembly at Frankfurt (873)”, in Bjoern Weiler and Simon MacLean ed., *International Medieval Research*, vol. 16, Turnhout: Brepols, 2006, pp.97–119.——译者注

① 卡普亚位于今天意大利南部那不勒斯北边二十多公里处。在 8、9 世纪，它属于贝内文托公爵国。——译者注

② 此处的拉丁文本就给出了兰伯特的绰号“Calvus”。关于秃头兰伯特，参见本年代记有关 871 年的史事记载。——译者注

③ 希德伦图斯就是今天意大利的奥特朗托（Otranto），它是位于意大利南部萨莱诺半岛的东端的海港城市，该半岛是亚得里亚海和爱奥尼亚海的分界线。——译者注

④ 辛克马在此处亦将路易二世这位“意大利皇帝”视为“法兰西的诸位皇帝”之一。——译者注

⑤ 此处拉丁文称教宗约翰八世为阿达尔吉斯的“compater”，即教宗约翰曾为阿达尔吉斯的儿子施洗，充当他的代父。——译者注

⑥ 坎帕尼亚位于今天意大利南部萨莱诺省的北部。卡普亚就是坎帕尼亚地区的重要城市。——译者注

人无法确定他去那里是为了攻击他们，以免他们逃窜到其他地方后难以围困他们。不过，他尚在奔赴布列塔尼征途中的时候，便得到消息，由于他的兄长日耳曼之王路易的挑唆，他已经失明的（儿子）卡洛曼在两名伪修士[1]的同意下，被他（卡洛曼）的一些部下从科尔比（Corbie）修道院[2]带走，到达(日耳曼人）路易那里。(尽管）阿达拉尔德[3]（出面）干涉和阻止，他(卡 193
洛曼）还是受人诱导，意欲反对他（秃头查理)。(秃头）查理并未因此有多大的担忧[4]，而是继续他已经开始的行程，率领结集起来的兵马围攻昂热城。在那里，北方人已经劫掠了一些城市，夷平了一些堡垒，焚烧了教堂和修道院，使得田地荒无人烟，但却长久驻留在那里。(秃头）查理用非常坚固的工事将他们围困，而布列塔尼公爵萨洛蒙率领布列塔尼人组成的兵马驻扎在马耶讷河(Mayenne)[5]对岸支援他。[6]当国王(秃头）查理忙于此事的时候，萨洛蒙派他名叫维孔（Wicon）的儿子与布列塔尼的显贵们一起去见他（秃头查理)。他的这位儿子（维孔）委身于查理，当着自己的（维孔的）忠诚

① 此处拉丁文为“pseudomanochi”，应该是因为他们背弃服从院长的誓言，协助卡洛曼逃跑。——译者注

② 科尔比修道院位于今天法国北部皮卡第大区的索姆省。该修道院始建于7世纪中后期，从建立之初便与王室有着密切的联系，不仅享有很多特权，而且曾有几位墨洛温王族或加洛林王族成员担任院长。该修道院在9世纪不仅规模大，而且是一个重要的文化教育和文书抄写中心。值得注意的是，该修道院有一所附属修道院，名为科尔维（Korvey)，位于萨克森，属日耳曼人路易统治的地区，因此极有可能是这两所修道院之间密切的人员往来为卡洛曼的逃脱创造了条件。——译者注

③ 这是阿达拉尔德最后一次出现在文献中。——据英译者注

④ 辛克马在此处暗示，秃头查理弄瞎儿子的双眼，成功地解除了心腹大患，责罚虽然严酷，却并不过分。辛克马此处似乎有意为秃头查理辩解。——译者注

⑤ 马耶讷河是法国西北部的一条河流，是马恩河的支流，而马恩河是卢瓦尔河的支流。——译者注

⑥ 根据雷吉诺在其《编年史》(pp.105–107）中的记述，萨洛蒙向秃头查理提出了改变马耶讷河的河道，迫使维京人投降的建议。有的学者认为，873年雷吉诺就住在昂热城，因此他的记述较为可信。也有学者认为雷吉诺撰写《编年史》是在此事之后多年，因此他所提供的这一详细信息未必可靠。——参考了英译者注

者们（封臣们）的面，向他（秃头查理）发下了效忠誓言。①

其间，北方人鲁道尔夫在（秃头）查理的王国内大肆为非作歹。他与自己的500名甚或更多的部下在（日耳曼人）路易的王国内一起被杀。②当（秃头）查理尚驻留在昂热城附近的时候，他就得到了确切消息，知道了这件事。众多蝗虫在日耳曼、高卢，尤其是西班牙肆虐，可以与埃及的瘟疫相比。③

194 日耳曼之王路易已经决定在梅斯召开会议，（但）他得知消息，若自己不以最快速度赶到边疆区支援他的儿子卡洛曼对付文德人，那就再也见不到他了。（日耳曼人）路易立即折返，前往雷根斯堡。④他将失明的卡洛曼托付给（美因茨）大主教留特伯特，养在美因茨的圣阿尔班（St-Alban）修道院。卡洛曼无论何时、无论何地，一有机会便为非作歹，反对天主的神圣教会、基督的民众和自己的父亲，而他（日耳曼人路易）也明确表明了自己对卡洛曼的这些恶行是何等不满。他（日耳曼人路易）在到达雷根斯堡的时候，派遣使者们尽其所能地与处于不同首领之下的文德人和谈。被人称为波西米

---

① 维孔接受了秃头查理的宗主地位，这体现了当时萨洛蒙在布列塔尼面临的困境。另一方面，对秃头查理而言，除了西法兰克王国的原有疆土外，他已经通过梅尔森协议得到了罗退尔王国的一部分疆土，现在又将布列塔尼降服为藩属地，这体现了秃头查理争夺帝国和皇帝名号的野心和理想。皇帝应该拥有多个（至少两个）王国，皇帝应是王中之王，这不仅是一种非常古老的帝国观念，也是一种在9世纪加洛林王朝颇为流行的帝国观念。当869年秃头查理在梅斯城戴上冠冕的时候，《富尔达年代记》就指责秃头查理“以他将拥有两个王国为由，命令人们称他为皇帝和奥古斯都”。Janet L.Nelson, “Kingship and Empire in the Carolingian World”, in Rosamond McKitterick ed., *Carolingian Culture: Emulation and Innovation*, Cambridge: Cambridge University Press, 1994, p.69.——译者注

② 关于鲁道尔夫与秃头查理的交恶，参见本年代记有关872年的史事记载和注释。《富尔达年代记》详细描述了这一事件。据其记载，鲁道尔夫是在这一年的6月对弗里西亚发起攻击并勒索贡品的。他遭受败绩和被杀是在多克姆（Dokkum）附近。——译者注

③ 这次天灾在《富尔达年代记》、《克桑滕年代记》（p.33）、《圣瓦斯特年代记》（p.40）以及雷吉诺的《编年史》（p.105）中皆有记载，可见危害之重，影响之广。“可以与埃及的瘟疫相比”，应该是指圣经旧约中所描述的埃及十大天灾。——参考了英译者注

④ 据《富尔达年代记》记载，梅斯会议是在8月召开的。不过《富尔达年代记》并没有记载日耳曼人路易这一年11月之前在雷根斯堡驻留过。他很可能是9月中旬的时候去过雷根斯堡。——参考了英译者注

亚人（Bohemians）[1] 的人们派来了心怀诡计的使者们，他（日耳曼人路易）接待了这些使者，并把他们关押起来。

（秃头）查理勇武而坚毅地继续在昂热城附近围困北方人。他制服了他们，迫使他们的显贵们前来见他，委身于他，遵照他的命令发下誓言，按照他所要求的数量和（身份）等级提交了人质[2]，且他们应在指定的日子离开昂热，在有生之年不得在查理的王国内劫掠，亦不得同意他人劫掠。[3] 他们（北方人）则请求他允许他们在卢瓦尔河上的一个小岛住到（来年）2 月，并在那里做买卖[4]；在 2 月时，他们中凡是已经受洗的人，以及愿意真正信守基督教的人，都将投奔于他（秃头查理）；那些尚为异教徒但愿意成为基 195
督徒的人应在他（秃头查理）的安排下受洗；而其他的人则应离开他的王国，如前所述，不再回来祸害该王国。在此之后，他（秃头查理）与众主教和民众一起，心怀极其强烈的宗教热情，将此前因担心北方人（的劫掠）而从坟墓中挖出的圣阿尔比努斯（St-Albinus）和圣李锡尼（St-Licinius）的遗骸放回妥当之处，并捐赠了丰厚的礼物。就这样，在将北方人赶出昂热城并接受了人质之后，（秃头）查理于 10 月经由勒芒城、埃夫勒镇（Évreux）[5]、皮特

---

① 此处拉丁文为“Behim”。波西米亚人是指生活在大致今天捷克疆域内的一批人。早在塔西佗所写的《日耳曼尼亚志》（c.28）中就提到了“Boiohaemum”一词，意思是“波西（Boii）人的故乡”。这一时期波西米亚人是摩拉维亚人的藩属之民。——译者注

② 身份地位越高的人，用作人质时越有利于保障和平。——译者注

③ 英译者詹尼特·尼尔森根据辛克马在此处的文辞，推断辛克马很可能跟随秃头查理一起参加了在昂热对北方人的围攻。《圣瓦斯特年代记》（p.40）也记载了秃头查理接受人质一事，但是批评了秃头查理在获胜之后选择与北方人和谈。雷吉诺在其《编年史》（p.106）中记载，维京人还给了秃头查理大笔钱。——据英译者注

④ 这说明，维京人并非单纯的劫掠者，他们也从事商品买卖，即他们一方面贩卖北方的物产给法兰克人，另一方面用劫掠的钱财换取法兰克人的物产带回北方。现在也有一些学者强调维京人劫掠对加洛林帝国所产生的积极作用。Simon Coupland, “The Frankish Tribute Payments to the Vikings and their Consequences”, *Francia*, Band 26, no.1, 1999, S.57–75.——译者注

⑤ 此处拉丁文称该镇为“Ebrocense oppidum”。该地如今是法国北部厄尔省的省府。——译者注

雷（Pîtres）的新城堡附近，于 11 月到达亚眠。从那里，他到奥维尔庄园及其附近地区狩猎，随后到了圣瓦斯特修道院，并在那里欢度了圣诞节。

874 年

冬季漫长而严寒，雪很大，没有人记得曾见过此等大雪。[1]

（秃头）查理于圣母行洁净礼日（2 月 2 日）在圣康坦修道院与他的谋
196 臣们举行了会议，在圣德尼修道院度过了大斋节，并在那里欢度了复活节(4 月 11 日)。他还于 6 月 13 日在杜济召开了大会议，收取了他的岁贡。他从那里经由阿蒂尼和其他惯常的住宿地[2]到达贡比涅。

漫长的夏季致使杂草枯萎，庄稼歉收。

其间，据一些可疑的消息，布列塔尼人的首领萨洛蒙得了病，甚或已经离世。(秃头）查理在贡比涅得到了确切消息，他（萨洛蒙）已经亡故。[3]实情是：他(萨洛蒙）受到了布列塔尼人的显贵帕斯韦唐[4]、居奥尔旺(Guorhwant）[5]、吕伊林（Ruilin）的儿子维孔以及萨洛蒙竭力压制的一些法兰克人的追击。[6]在他们擒获了萨洛蒙的儿子维孔并将其关押起来之后，萨

---

① 《富尔达年代记》在 874 年史事的一开始，也记载了这一年的大雪和严寒："冬天极其寒冷，且比通常年份更漫长。从（上一年）11 月 1 日到（这一年的）春分（3 月 21 日），大雪不停降下，给去树林里砍柴的人们造成了极大的不便。因此，不仅大量动物，而且众多的人都死于严寒。莱茵河与美因河上坚冰封冻，很长时间都承受得了行人的踩踏。"——译者注

② 此处拉丁文为"consuetos mansionaticos"，这表明国王在行旅中有惯常的歇脚地。有学者认为，这些歇脚地依然分布在旧时的罗马大道上，且每隔一定的距离（大约 20 公里）便设有一处歇脚住宿的地方。——参考了英译者注

③ 萨洛蒙死于这一年的 6 月 28 日。——据英译者注

④ 此人是萨洛蒙的女婿，曾经是萨洛蒙的亲信，参见本年代记有关 867 年和 868 年的史事记载及注释。——译者注

⑤ 他的拉丁文名字是"Vurhanat"，他可能是埃里斯波埃的女婿。——译者注

⑥ 这里提到的"法兰克人"（*Franci homines*）是指被加洛林统治者们迁移和安置到布列塔尼与法兰西亚边境地区的法兰克人。他们在这些地方被授予土地，同时承担兵役，负责

洛蒙逃往波埃尔（Poher）[1]，进入一座小修道院，欲在此自救，(却）被自己的部下包围。鉴于任何布列塔尼人都不应该侵害萨洛蒙[2]，于是他们便把他转交给了富尔克瓦尔德（Fulcoald）[3]等法兰克人。萨洛蒙被他们弄瞎眼，次日人们就发现他已经死去。他所遭受的乃是应得的报应，因为他曾在祭坛上杀死自己的主人埃里斯波埃[4]，而那时后者正在自己的教堂中躲避他的追击，且正在向天主呼救。[5]

日耳曼之王路易派遣儿子（胖子）查理以及自己的其他使者们去见弟弟（秃头）查理，提议立即在摩泽尔河附近举行会谈。(秃头）查理前去参加这次会谈时突患痢疾，被耽搁，未能依约到会。于是，他们，即（日耳曼人） 197
路易和(秃头）查理的会谈到12月初(才）在默兹河附近的赫斯塔尔召开。[6]会谈之后，秃头查理经由圣康坦返回，在贡比涅欢度了圣诞节，而（日耳曼人）路易则在亚琛欢度了这一节日，并从那里渡过莱茵河，返回法兰克福的王宫。

防御或对付布列塔尼人，相当于我国古代的屯田（民）兵。在867年秃头查理与布列塔尼首领萨洛蒙订立的条约中，这些地区被授予萨洛蒙，由此产生了这些法兰克移民与萨洛蒙的矛盾，因为他们被迫转而向萨洛蒙服兵役。布列塔尼人的显贵和这些法兰克人的联合反叛，对萨洛蒙可谓致命的打击。——参考了英译者注

① 此处拉丁文为“Paucherum”。波埃尔位于布列塔尼中部偏西的地方。——译者注

② 这很可能是因为布列塔尼人曾经对萨洛蒙宣誓效忠，侵害萨洛蒙意味着背弃誓言。——译者注

③ 从名字上推测，这位富尔克瓦尔德有可能是昂热伯爵英格尔戈（Ingelger）的亲属。——参考了英译者注

④ 关于萨洛蒙和埃里斯波埃的关系，参见本年代记有关857年的史事记载。——译者注

⑤ 教堂乃圣所，教堂拥有对逃难者的庇护权，在教堂中使用暴力乃渎神之举，教会法规和加洛林诸王条令对此有明确的规定。——译者注

⑥ 胖子查理的出使以及随后日耳曼人路易和秃头查理的会谈，都是为了解决意大利的继承问题。根据《富尔达年代记》有关874年的史事记载，日耳曼人路易和秃头查理的这次会谈是在列日的圣兰伯特修道院进行的。——据英译者注

875 年

大概在大斋节之初（2 月 9 日），（秃头）查理来到圣德尼修道院，在那里庆祝了复活节（3 月 27 日）。此前的 3 月 22 日夜里，他的妻子里希尔蒂早产，生下一子。该子刚受洗礼不久便夭亡。她（里希尔蒂）留在该修道院等待产后的洁净（礼）[1]，（秃头）查理则到了贝聚圣埃卢瓦（Bezu-Saint-Éloi）[2]，并在耶稣升天节（5 月 5 日）[3] 之前返回圣德尼修道院举行连祷，而后在圣灵降临节（5 月 14 日）前夕到达贡比涅。

日耳曼之王路易 5 月在特里布尔举行了会议。不过，由于他未能在会上
198 办成所想之事，他通告 8 月在同一地方再次举行会议。[4]

（秃头）查理 8 月来到阿登附近的杜济。他在那里得到确切的消息，他的侄子意大利皇帝路易（二世）已经去世。[5] 于是，他（秃头查理）迅速从那里行至庞蒂厄，尽其所能地命令附近地区的谋臣们前来相见，并在路途中尽可能多地接受人们的增援。他从那里行至朗格勒，等待那些由他挑选出来

---

① 指妇女产后四十日的洁净礼。——译者注

② 此处拉丁文为“Basivum”。据英译者注释，该地在今天法国的厄尔省，位于博韦西南方向约 35 公里的地方。秃头查理在 876 年再次光临了该王宫。但是据格兰特等拉丁文编者索引，该地是拜齐厄，即位于法国皮卡第大区索姆省亚眠区科尔比县。——译者注

③ 此处拉丁文为“ascensio Domini”，即耶稣升天节（Ascension Day），旨在纪念耶稣基督在复活四十日后（星期四）的升天。——译者注

④ 《富尔达年代记》中有关 875 年的史事也提到了这两次会议，但是将前一次会议记载为 6 月 1 日左右的事情。大会议往往是精心安排和布置的，国王们往往通过大会议将自己和谋臣们会前已经做出的决定公之于众。很少有国王在大会议上才形成决策，在大会议上“未能办成所想之事”的情况更是少有。鉴于日耳曼人路易曾与皇帝路易二世的皇后会晤，曾接受来自拜占庭的使者，皇帝路易二世死后日耳曼人路易提出皇帝将意大利王国传承给了他的长子卡洛曼，由此推断，讨论意大利王国的归属，讨论卡洛曼得到意大利王国后如何重新平衡三个儿子的权力和疆土，很可能是日耳曼人路易召开这两次会议的目的。——译者注

⑤ 皇帝路易二世是当年的 8 月 12 日在布雷西亚去世的。《富尔达年代记》还提到，路易二世被埋葬在米兰的圣安布罗斯教堂。——据英译者注

并欲带入意大利的人。他将妻子里希尔蒂经由兰斯城遣送回塞尔韦，并派儿子（口吃者）路易进入在他的侄子罗退尔（二世）死后他通过与兄长（日耳曼人）路易的协议而获得的那部分疆土。① 而后，他于 9 月初启程，经由圣莫里斯修道院，翻越朱庇特山口（the Mons Iovis pass）②，进入意大利。

他（秃头查理）的兄长日耳曼之王路易派遣儿子（胖子）查理进入意大利，以对抗他（日耳曼人路易）的弟弟。国王（秃头）查理迫使他（胖子查理）逃跑并离开意大利。不过，日耳曼之王路易派遣了另一个儿子卡洛曼率领他所能召集起来的人马进入意大利，以对抗他(日耳曼人路易）的弟弟。③ 国王（秃头）查理得知此事，率领一支更强的兵马去迎击他（卡洛曼）。卡洛曼自知无力抵挡叔父，便请求和平，与之会谈，相互发下了誓言，随后返回自己的疆土。④

① 秃头查理实际上安排妻子里希尔蒂作为他离开王国之后的摄政。他并没有安排自己的长子和继承人口吃者路易充当自己留在王国内的摄政。相反，他将口吃者路易派到罗塔林吉亚的西部地区，一方面意在让他防范来自东法兰克王国日耳曼人路易的入侵，另一方面也使口吃者路易远离了西法兰克王国的政治核心。——译者注

② 此处拉丁文为“mons Juvis”。此山口又名小圣伯纳德山口（Little Saint-Bernard Pass），是从法国萨瓦省（Savoie）进入意大利瓦莱达奥斯塔的隘口。因该隘口自罗马帝国时代就建有献给朱庇特的神庙，又被称为朱庇特山口。——译者注

③ 在东法兰克王国的疆土治理中，卡洛曼治理卡林西亚和潘诺尼亚边疆区，将来还被安排继承巴伐利亚，胖子查理治理阿勒曼尼，他们的疆土都与意大利接壤。日耳曼人路易先后派遣三子胖子查理和长子卡洛曼进入意大利，也迎合了两位王子吞并意大利的政治野心。有学者认为，皇帝路易二世生前可能与日耳曼人路易达成了协议，安排日耳曼人路易的儿子卡洛曼来继承路易二世的（意大利）王位，卡洛曼也宣称自己被路易二世指定为继承者。不过，辛克马在这里的叙述暗示，秃头查理在意大利也得到了很多人的支持。需要说明的是，秃头查理的外甥贝伦加尔（Berengar），即他的亲生姐妹吉塞拉（Gisalla）和弗留里边疆公爵埃伯哈德（Eberhard）所生的儿子，当时已经继承父亲担任弗留里边疆公爵。他支持卡洛曼。而贝伦加尔于 887 年成为意大利国王，915 年成为皇帝，924 年被杀死。——参考了英译者注

④ 据《富尔达年代记》记载，秃头查理采用诡计诱惑卡洛曼离开意大利：“当（秃头）查理听说卡洛曼要进入意大利时，首先试图在阿尔卑斯山的隘口防御，可是并未成功，因为卡洛曼和他的部下已经占据了（秃头查理）难以进入的位置。然而，(秃头）查理害怕通过兵戈一决胜负——因为他比野兔还要胆怯——便转向他一贯的诡诈伎俩。他送给卡洛

199 国王（秃头）查理曾听信王后里希尔蒂的谗言，剥夺了以前内廷总管[①]恩格拉姆的采邑，将其逐出亲信之列。[②]在恩格拉姆的说服下，（日耳曼人）路易带着与自己同名的儿子（小）路易，率军行至阿蒂尼。[③]（秃头）查理王国内的显贵们在王后里希尔蒂的命令下[④]，宣誓确认将会围攻他（日耳曼人路易）。但是，他们没有信守誓言，而是出于私利，以敌人的行径，祸害和蹂躏了（秃头）查理的王国。（日耳曼人）路易也率军以同样的方式蹂躏了该王国。就这样，（日耳曼人）路易在阿蒂尼度过了圣诞节。[⑤]他通过讨好显贵们，劫掠了（秃头）查理的王国，带领着一些从（秃头）查理的王国来投靠他的伯爵们返回。他经由特里尔，到达莱茵河对岸的法兰克福王宫，

曼不可胜数的黄金、白银和宝石，意在使其与己和解，背弃对其父（日耳曼人路易）的忠诚。他还发誓说，如果卡洛曼撤退，他自己亦将迅速撤离意大利，并将意大利的事宜交由他的兄长（日耳曼人）路易处理。当卡洛曼相信他的誓言并从那里撤走时，他（秃头查理）却背弃他所承诺的一切，尽最快速度奔赴罗马。”——译者注

① 此处拉丁文为“domesticus”，英译者翻译为“administrator of the fisc”，即掌管王室庄园经营管理以及王宫物资收纳的官员。——译者注

② 本年代记868年的史事中将恩格拉姆称为“内廷总管兼侍卫长，最亲信的谋臣”。关于恩格拉姆的失宠，参见本年代记有关871年史事的注释。——译者注

③ 阿蒂尼是西法兰克王国的重要王宫。根据《富尔达年代记》875年史事的记载，日耳曼人路易这一行动意在围魏救赵，“他自己则跟他的同名者（儿子小路易）会合，率领一支大军侵入（秃头）查理的王国，意在迫使（秃头）查理退出意大利”。——译者注

④ 这再次表明了王后里希尔蒂的摄政地位。——译者注

⑤ 辛克马在这一段中并未直抒胸臆。这一年，他曾给该兰斯教省的各位主教和平信徒们写了一封公开信，名为“论坚守信仰”（*De Fide Servanda*）。在这封信中，他记述了秃头查理的谋臣们虚情假意的效忠誓言和其他人对秃头查理的严厉批评，事实上为日耳曼人路易侵入秃头查理的王国提供了借口。辛克马在这一年的史事记载中并未提及，他自己与秃头查理的关系颇为紧张。秃头查理带着桑斯大主教安塞吉进入意大利，打算让教宗任命安塞吉为教宗在阿尔卑斯山以北的代牧，这对兰斯大主教辛克马在西法兰克王国的宗教权威是明显的打压。另外，兰斯教会在875—876年之交的冬天损失惨重。一方面，日耳曼人路易的部下入侵西法兰克王国，“蹂躏了他们所能找到的一切”（《富尔达年代记》875年的记载）。另一方面，秃头查理刚刚把讷伊（Neuilly）庄园归还兰斯教会，里希尔蒂和口吃者路易就将其转而封授给了当地的权贵。当秃头查理于876年从意大利返回之后，才将该庄园归还兰斯教会。——参考了英译者注

并在那里度过了大斋节，庆祝了复活节（4月15日）。在那里，他从可靠的信使那里得知，圣诞节之后不久，自己的妻子埃玛在雷根斯堡王宫去世。①

（虽然）意大利一些显贵没有前来见（秃头）查理，但是他（秃头查理）接纳了许多人②，并在教宗约翰的邀请下到达罗马。③12月14日，他在圣彼得教堂受到了教宗的隆重接待。

876年

圣诞节，他（秃头查理）在向圣彼得进献了大量贵重的礼物之后，被涂 200
油、加冕为皇帝，并被称呼为罗马人的皇帝。④他于1月5日离开罗马，回到帕维亚。他在那里举行了会议。⑤他的妻子（里希尔蒂）的兄弟博索被他

---

① 埃玛死于876年的1月31日。她被埋葬在雷根斯堡的圣埃梅兰（St-Emmeram）修道院。埃玛是秃头查理的姨母，虔诚者路易的皇后朱迪斯的姐妹。——译者注

② 在没有投靠秃头查理的意大利显贵中，弗留里边疆伯爵贝伦加尔是重要的一个。据贝加莫的安德烈（Andreas of Bergamo）记载，贝伦加尔是日耳曼人路易的儿子胖子查理的支持者。关于其他可能反对秃头查理的人，参见本年代记有关878年的史事及其注释。皇后恩格尔贝尔嘉的表兄弟苏伯（Suppo）和阿丁（Arding）则是秃头查理的支持者。——据英译者注

③ 据《圣伯丁年代记》在875年的史事之后记载，秃头查理"以朱古达那样的手段，以金钱收买了罗马人民的整个元老院，将他们笼络到自己一边，就连教宗约翰也同意了他的意愿，将冠冕戴在他的头上，命人称他为皇帝和奥古斯都"。贝加莫的安德烈在其著作中并没有提到秃头查理贿赂罗马权贵和教宗。——参考了英译者注

④ 秃头查理选择在圣诞节加冕，是为了使民众将他的加冕与75年前他的祖父查理（曼）的加冕联系起来，以突显其获得皇帝名号的合法性和权威性。——译者注

⑤ 帕维亚曾是伦巴德王国的都城。查理曼在774年征服伦巴德王国之后成为伦巴德国王。加洛林帝国的意大利王国，就是从伦巴德王国发展而来的。秃头查理在帕维亚举行会议，在会上被推选为意大利王，意大利的追随者们则对他宣誓效忠。这些都具有政治象征的意义。关于他被推选为意大利国王以及意大利追随者们的誓言，参见 *MGH, Capit*.II, nos.220, 221, pp.98–104。意大利王国出席帕维亚会议的显贵有米兰大主教、17个主教和12个伯爵。辛克马在《圣伯丁年代记》中并未提及的是，教宗约翰八世于876年1月2日任命桑斯大主教安塞吉担任教宗在阿尔卑斯山以北的代牧。——译者注

立为那片土地的公爵，戴上了公爵的冠冕。[①] 而后，（秃头）查理将博索以及由博索自己选任的臣属[②]留在意大利，经由朱庇特山口和圣莫里斯修道院返回，而且他为了能够在圣德尼修道院庆祝复活节而快马加鞭。留守在塞尔韦的里希尔蒂听闻这些，于3月6日赶去与他（丈夫秃头查理）会面。她以最快的速度，经由兰斯、沙隆和朗格勒，于3月16日到达贝桑松外（南边）一个名叫韦尔涅尔丰坦（Vernierfontaine）的地方。[③] 皇帝（秃头查理）随后同她（里希尔蒂）经由贝桑松、朗格勒、沙隆、兰斯和贡比涅王宫，到达圣德尼修道院，并在那里庆祝了复活节（4月15日）。在那里，他召集了教宗的（三位）特使，即图斯卡尼亚（Toscanella）主教约翰（John）、阿雷佐
201 （Arezzo）主教约翰（John）和桑斯大主教安塞吉[④]，并根据教宗的授意、特使们的建议和他（秃头查理）自己的敕令，昭告将于即将到来的6月在庞蒂厄举行宗教大会。他经由兰斯[⑤]和沙隆前往那里。

在皇帝（秃头查理）离开意大利返回法兰西亚之后，博索采用了埃伯哈

---

① 此处拉丁文为“Bosone...corona ducali ornato”。公爵的冠冕，这是博索所特有的，还是一般公爵都有的，我们不得而知。在上一注释所提到的条令中，博索被称为“神圣宫廷的总管和皇帝的特使”（inclitus dux et sacri palatii archiminiter atque imperialis missus），参见*MGH, Capit*.II, no.220, p.99。也就是说，他被秃头查理安排为在意大利代表国王行使权力的副王（viceroy）。也有学者认为，博索之所以能迎娶皇帝路易二世的独生女，得益于秃头查理的安排。据《富尔达年代记》878年的史事记载，博索在诱拐路易二世的女儿之前毒杀了自己的第一任妻子。雷吉诺在其《编年史》中则记载，秃头查理授予博索国王的称号，目的在于自己能“像前任皇帝那样被视为国王们的宗主”。皇帝应该统摄若干国王和王国，这是当时有关皇帝和帝国的核心观念之一。——参考了英译者注

② 这再次凸显了博索在意大利拥有的全权。——译者注

③ 此处拉丁文为“Warnarii-Fontana”，韦尔涅尔丰坦就是从该拉丁文演化而来的。它位于今天法国东部的杜省，在贝桑松和蓬塔尔利耶（Pontarlier）之间。——译者注

④ 安塞吉是871年继承维尼罗成为桑斯大主教的。参见有关本年代记870年史事记载的注释。——译者注

⑤ 秃头查理很可能在这次光临兰斯的时候举行了一次会议，并在权贵们的同意下，安排他的儿子口吃者路易继承西法兰克王国的疆土。辛克马自己所写的其他著述中提到了这次会议，而且他本人也参与了会议，但是他在《圣伯丁年代记》中并未提到这次会议。——据英译者注

德的儿子贝伦加尔的计谋①，娶了已故皇帝路易（二世）的女儿，即已经与自己（博索）同居的埃尔蒙嘉德。②

小纪第8年6月20日，众主教和其他教士们身着教会服饰，（庞蒂厄教堂）大厅的内部和座位上覆盖着上好的布料，神圣的福音书安放在诵经台上，位于宗教会议会场的最中心，恰在王座的视野之内。（秃头）查理穿着镀金长袍和法兰克人的服装，跟随罗马教宗的特使们前来参加宗教会议。唱诗班轮流吟唱着圣歌“耶和华啊！求你听我们说”、圣经章句以及“赞美诗”。在他们唱诵完“求怜经”，且图斯卡尼亚主教约翰进行了祷告之后，皇帝在宗教会议上入座。③ 图斯卡尼亚主教约翰朗读了教宗（约翰八世）写来的几封信。其中，他还读了一封有关桑斯（大）主教安塞吉首席主教地位（primacy）④ 的信，（信中规定）只要符合教会的利益，无论是召集宗教会议还是执行其他事务，他（安塞吉）将在高卢和日耳曼各地充当教宗的代理；

---

① 贝伦加尔原本是日耳曼人路易的儿子胖子查理的支持者。此处博索采用了贝伦加尔的计谋，表明他已经成功地将贝伦加尔拉拢到自己身边，使之成为自己的谋臣。据《富尔达年代记》878年的史事记载：“伯爵博索曾经在毒杀自己的妻子后，从意大利暴力抢夺了皇帝路易（二世）的女儿。”——译者注

② 辛克马的措辞似乎在刻意突出，博索迎娶埃尔蒙嘉德并没有经过秃头查理的同意。与此不同，雷吉诺在《编年史》中记述，博索的婚姻是秃头查理的主动安排。——参考了英译者注

③ 关于庞蒂厄宗教会议的具体进程，见会议形成的决议文本，即 *MGH, Capit*.II, no.279, pp.347–453。在此次宗教会议上，法兰西亚、勃艮第、阿奎丹、塞普提马尼亚、纽斯特里亚和普罗旺斯等象征着秃头查理所统治的帝国内部的各个分王国。这些地区的显贵们逐一重复了他们在帕维亚对秃头查理所发的誓言。不过，在庞蒂厄举行的仪式中，秃头查理本人并没有发誓。辛克马虽然在《圣伯丁年代记》中并未批评秃头查理在这样一种仪式之后没有发誓，但是他却写了一封专门的信，抗议秃头查理没有发下任何誓言。出席庞蒂厄宗教会议的有7位大主教、42位主教和5位修道院院长，这还不包括没有列出姓名但肯定参加了会议的一些世俗人士。在此次会议之后，秃头查理开始使用刻有“罗马帝国和法兰克人的革新”（Renovatio imperii Romani et Francorum）字样的印章。——参考了英译者注

④ 此处拉丁文为“primatus”，英译者翻译为“primacy”。此信规定了安塞吉在法兰克众主教中的优先地位。——译者注

由他（安塞吉）本人传达使徒之座的谕令给众主教；若有需要，众主教所做
202 之事也应通过他（安塞吉）的陈述向使徒之座汇报；他应根据自己的判断，就重大和疑难的事情询问使徒之座，以求处理或解释。① 当众主教请求阅读这份（教宗）写给他们的信时，皇帝（秃头查理）并未应允②，而是转而追问他们将如何对待教宗的命令。他们的答复是：除了保留各位都主教（大主教）的特权外③，他们将遵守神圣的教会法规，依据罗马教宗遵循那些同样神圣的宗教法规而发布的谕令，服从教宗约翰（八世）的命令。皇帝和教宗的特使们极力使大主教们答应在安塞吉的首席主教地位问题上予以服从，如同教宗信中所写的那样。不过，除了上述答复之外，皇帝无法迫使众主教答应其他事情。只有波尔多（大）主教弗罗塔尔阿谀奉承，给出了据他所知皇帝定会满意的答复，因为他正是凭借君王④的恩惠，（才）违背教会法规，从波尔多移任普瓦提埃，又从那里移任布尔日。⑤ 于是，皇帝恼怒地说，主上教宗已经托付他在宗教会议充当教宗的代理人，而他也将致力于执行教宗的命令。他与图斯卡尼亚的（主教）约翰和阿雷佐的（主

---

① 这里辛克马的记述清楚地揭示了安塞吉作为教宗代牧的具体职权。教宗设置代牧有两种情况。一种情况是在尚未建立教会组织的地方设置代牧，比如 8 世纪中期圣卜尼法斯在法兰克王国的东部和北部边疆地区担任教宗特使，一个重要的原因就是这些地区属于传教的前沿地区，教会组织处于初创之中。另一种情况是，教宗为了便于与某一王国整个教会或某一地区若干大主教和主教们沟通，选任其中一位大主教为自己的代牧。安塞吉在这里担任“高卢和日耳曼各地”的教宗代牧，就属于这种情况。——译者注

② 辛克马在此暗含了他本人以及其他一些主教对这封信真实性的怀疑。——译者注

③ 876 年 6 月，辛克马写了一篇短论《论都主教的权益》（*De Iure Metropolitanorum*），该短论的全文见 *PL*, tome 126, cols.189–210。——据英译者注

④ 此处拉丁文为“favore principis”，指凭借秃头查理的恩惠。——译者注

⑤ 参见本年代记有关 868 年的史事及其注释。弗罗塔尔在 859 年成为波尔多大主教，因 870 年维京人的占领，他逃离大主教区。876 年之前的某个时候，他已经成为普瓦提埃主教。而在 876 年，他刚刚得到罗马教宗的特别许可，被任命为布尔日大主教，以接替伍尔法。——据英译者注

教）约翰一起接过了这封卷起来的信函[1]，转交给安塞吉。而后，他下令将
一把可折叠的椅子放在坐于他右边[2]的图斯卡尼亚的（主教）约翰的旁边，
也就是比他的王国疆域内阿尔卑斯山这边（北边）的所有主教更高的地方，
并命令安塞吉居于所有那些先于他被任命（为主教）的人之上，入座那把
椅子。兰斯大主教（辛克马）当着所有与会者的面抗议说这一安排违反了
神圣的戒律。[3]但是，皇帝依然坚持他的决定。主教们乞求（皇帝查理）允
许他们至少抄录一份写给他们的信件，但是他们完全未能如愿。当日的宗 203
教会议就此散会。

就在同月21日[4]，主教们再度聚集起来。在这次会议上，教宗(约翰八世）写给平信徒们的信件得以宣读；同样被宣读的还有由意大利王国疆域内众主教和其他人推选（秃头查理为）皇帝的正式声明，以及（秃头）查理在提契诺（Ticino）王宫[5]发布并要求所有人遵循、现在又命令阿尔卑斯山脉这边（北边）的众主教加以确认的敕令。当日的宗教会议就此散会。

7月4日，主教们在皇帝缺席的情况下聚集开会，他们听取了多个教区的司铎们向教宗的特使们提出的申诉。[6]当日的宗教会议就此散会。

在同月的5日[7]，主教们再度聚集开会，而皇帝（秃头查理）坐在宗教会议中，倾听了他的兄弟（日耳曼人）路易的使者们，即科隆大主教维利伯

① 通过“卷起来的信函”这一用语，辛克马再次强调信函并未被众主教公开目睹和传阅。——译者注

② 在中世纪西欧的礼仪之中，也有类似中国古代右侧为上的观念。——译者注

③ 座次安排体现了资历高低，座位越是靠近国王，资历便越高；越是较早被任命为主教的人，资历便越高，越应该坐到离国王较近的位置。这是辛克马所表达的原则。安塞吉是较晚才被任命为主教的，因此资历与其他主教相比较低，但却居于更高的位置。这是辛克马愤怒和抗议的原因。——译者注

④ 即上述庞蒂厄宗教会议的次日。——译者注

⑤ 这一王宫是指在帕维亚的王宫。——译者注

⑥ 其中一位名叫阿德尔高德（Adelgaud）的教士所作的申诉文本得以保留下来，参见 *Capit*. II, no.279, p.350。——据英译者注

⑦ 即上句话所说会议的次日。——译者注

特（Willibert）① 以及阿达拉尔德和美因高德（Meingaud）两位伯爵 ②。（日耳曼人）路易通过（三位）使者，要求得到他们的兄长罗退尔（一世）的儿子皇帝路易（二世）的部分疆土，因为依据继承权，凭借他得到的誓言保证，这些疆土乃是他所应得的。③ 而后，图斯卡尼亚的约翰宣读了教宗约翰（八世）写给（日耳曼人）疆域内众主教的一封信，而且他给了（科隆）大主教维利伯特一份抄件，供主教们传阅。当日的宗教会议就此散会。

204 7 月 10 日，主教们聚集开会。在大概（下午）三点 ④，教宗的使者们，

① 维利伯特是在 870 年被日耳曼人路易安排为科隆大主教的。秃头查理与西法兰克王国的主教们一直不承认对维利伯特的选举和任命。据《富尔达年代记》870 年的史事记载：“美因茨大主教留特伯特和他的一些下属主教们来到科隆。他们在国王（日耳曼人）路易的命令下，经过全体教士和民众的推举，任命教士维利伯特取代贡特尔为（大）主教，尽管（秃头）查理对此并不乐意。”——译者注

② 阿达拉尔德是梅斯的伯爵，参见本年代记有关 872 年史事的注释。美因高德是沃尔姆斯高和美因高的伯爵，他有两位儿子。一位也叫美因高德，另一位叫罗伯特。在雷吉诺所著《编年史》有关 882 年的史事中，在《圣瓦斯特年代记》有关 892 年的史事中，都提到这位小美因高德是强人罗伯特的儿子奥多的堂兄弟。以此判断，这位老美因高德应该是强人罗伯特的兄弟。阿达拉尔德和美因高德在秃头查理的王国内皆有亲属，这应该是他们充任日耳曼人路易使者的重要原因。——译者注

③ 《富尔达年代记》的英译者提莫太·罗伊特认为，皇帝路易二世生前可能与日耳曼人路易达成了协议，安排日耳曼人路易的儿子卡洛曼来继承路易二世的（意大利）王位，卡洛曼也在自己发布的文书中宣称自己被路易二世指定为继承者。当卡洛曼率军进入意大利的时候，他得到了弗留利总督贝伦加尔和其他意大利显贵们的支持，这也可以从侧面印证日耳曼人路易及其长子卡洛曼对意大利的主张有一定的依据。除了罗伊特提到的这些理由外，我们还可以找到一些其他的理由：日耳曼人路易长于秃头查理，按照长幼之序应该处于优先地位；卡洛曼是日耳曼人路易的长子，由他继承意大利王国也体现了长子的优势地位，而且卡洛曼在东法兰克王国分得的巴伐利亚是与意大利王国毗邻的，易于归一治理；《富尔达年代记》两度提到拜占庭使者在意大利皇帝路易二世去世之前造访日耳曼人路易，可能意味着他们承认了日耳曼人路易在继承意大利王国和皇帝名号上的优先地位。——译者注

④ 此处拉丁文为“circa horam nonam”，本意为“第九小时”，即大约下午三四点。——译者注

即（萨比纳）主教[①]兼教宗的特使（*apocrisiarius*）[②]和侄子利奥（Leo）以及福松布罗内（Fossombrone）[③]主教彼得（Peter），向主教们带来了皇帝、皇后和教宗的问候。当日的宗教会议就此散会。

7月11日，当众主教到会时，会议宣读了一封来自教宗的信。该信谴责了主教福尔摩苏斯[④]、教宗的司仪（*nomencolator*）[⑤]格里高利（Gregory）及他们的支持者。[⑥]由教宗送来的礼物被呈递给皇帝。其中尤为特殊的礼物是一柄权杖和一根金棒。教宗送给皇后（里希尔蒂）的礼物则是用宝石装饰着的长袍和手链。当日的宗教会议就此散会。

7月14日，主教们到会，皇帝（秃头查理）派遣教宗的特使们更为严厉地谴责了上一日未依令到会的诸位大主教和其他主教们。不过，他们（大主教和主教们）向他（皇帝秃头查理）提出了合情合理的解释，堵住了（皇帝的）责难。而后，在皇帝的命令下，图斯卡尼亚的（主教）约翰再次宣读了有关安塞吉首席主教职位的信件。而后，他（皇帝）再次要求主教们做出答复。大主教们逐个回答说，他们将服从他的（教宗的）命令，就像他们的前任们依据规章服从他（教宗约翰八世）的前任们一样。与在皇帝面前相比，他们（在教宗的特使们面前）更容易地给出了答复。在多个教区的司铎们向教宗的特使们做了许多申诉之后，会议宣读了波尔多大主教弗罗塔尔的

---

① 萨比纳（Sabina）位于罗马城郊，得名于居住于该地的萨宾人。该地主教在8、9世纪是枢机主教之一。——译者注

② 此处拉丁文为“apocrisiarius”，参见本年代记有关864年的史事记载及注释。——译者注

③ 福松布罗内位于今天意大利中部马尔凯大区（Marche）佩萨罗—乌尔比诺省（Pesaro-Urbino）。在中世纪早期，该地位于斯波莱托公爵国。——译者注

④ 福尔摩苏斯曾担任教宗哈德良的使者，参见本年代记有关869年史事的注释。——译者注

⑤ “nomenclator”本义是指“呼喊姓名者”。该头衔用于指在公开会议或仪式上负责宣读参加者名字的官员，相当于会议的传令官或主持人，故而这里翻译为“司仪”。——译者注

⑥ 876年2月，教宗的特使们在帕维亚指控福尔摩苏斯与一批罗马贵族密谋反对约翰八世。福尔摩苏斯和他的支持者们在876年4月的罗马宗教会议上遭到谴责。教宗约翰八世对福尔摩苏斯私人生活上的不轨行为作了耸人听闻的谴责，该谴责信文本见*MGH, Epp.* VII, pp. 326–329。——据英译者注

声明。他（弗罗塔尔）宣称，由于异教徒们围攻他的城市（波尔多），他无法坚守在城内，便请求允许他进占布尔日大主教职位，不过他的请求并未得
205 到众主教的一致同意。① 教宗的特使们命令主教们于7月16日(再次）聚议。

那天清晨9时许②，皇帝以希腊（拜占庭）的习俗穿戴整齐，戴着皇冠③，在穿着罗马人服装的教宗特使们和身着教士服装的主教们的引领下，达到会场。其他一切也都安排得像宗教会议召开的首日。就像原先（会议首日）一样，(唱诗班）轮流吟唱圣歌“耶和华啊！求你听我们说”、“荣耀赞美诗”以及“求怜经”之后的诗篇。在主教利奥作了祷告之后，所有人（才）坐下来。随后，阿雷佐的(主教）约翰宣读一份毫无道理且缺乏权威的文件。接着，博韦主教奥多宣读了由教宗特使们、安塞吉和奥多自己所口述的某种条规（capitula)。它未经宗教会议的同意，自相矛盾，毫无用益，不合道理，缺乏权威，因而不必抄录于此。④ 而后，众主教再次被询问对安塞吉首席主教地位的态度。尽管皇帝和教宗的特使们对众主教多有抱怨，但安塞吉在宗教大会的最后（一天）所获得的并不比他在第一天所获得的多。⑤

---

① 辛克马的意思是有人不同意弗罗塔尔的移任，暗示实际是他对此有异议。不过，弗罗塔尔移任布尔日大主教职位的提议还是在会议上获得了通过。——据英译者注

② 此处拉丁文为“mane circa horam nonam”，按照这一表述，应当指的是上午9点左右。——译者注

③ 秃头查理竭力通过效仿拜占庭皇帝的服饰和仪式来宣示他的皇权，辛克马此处强调秃头查理所遵循的是“希腊的习俗”，表达了一种批评。而《富尔达年代记》在876年的史事记载中所作的批评更为尖锐：“国王查理从意大利返回高卢时，穿着新奇而古怪的服饰。他在主日（周日）和节庆日前往教堂时常常穿着齐踝的袍服，系着从头垂到脚的绶带，头上披着丝绸面纱，面纱上则戴着冠冕。他轻视法兰克诸王的所有风习，将希腊式的荣耀视为最佳的荣耀，抛却国王的名号，命人称其为（地中）海这一侧（西侧）所有国王中的皇帝和奥古斯都。”——译者注

④ 奥多所提出的条规被作为大会的条令发布，该条令全文见 *MGH, Capit*.II, no.279, pp.351–352。辛克马所反对的主要是其中的第7条，即对安塞吉的首席主教权力的确认。——据英译者注

⑤ 辛克马此处强调，安塞吉的首席主教地位未能在庞蒂厄宗教会议上最终得到确认。此乃虚妄之言。虽然辛克马本人反对，但是参加宗教会议的其他主教们还是接受了皇帝和教

在此之后，福松布罗内（主教）彼得和图斯卡尼亚（主教）约翰到皇帝的寝宫，将戴着王冠的皇后里希尔蒂带到宗教会议。当她站到皇帝身旁的时候，每个人都起身，依据自己的身份站在适当的位置。而后，主教利奥和图斯卡尼亚主教约翰开始致颂词（*laudes*）。当这些对教宗、皇帝、皇后[①]和其他人的赞颂结束，且萨比纳主教利奥按照惯例作了祷告之后，宗教会议解散。

在此之后，皇帝赠予教宗的特使利奥和彼得礼物，并送他们回罗马，与 206
他们同行的还有桑斯（大）主教安塞吉和欧坦主教阿达尔加尔。[②]

其间，一批北方人接受了修道院院长兼边疆伯爵于格[③]的洗礼。为此，他们被带到皇帝面前，得到礼物封赏，然后返回故土。（但是）此后他们一如从前，作为北方人以异教徒的习俗生活。

7 月 28 日，皇帝从庞蒂厄启程，7 月 30 日到达夏龙，在那里因身患某种疾病，一直耽搁到 8 月 13 日。他于 8 月行至兰斯，从那里径直到达塞尔韦。8 月 28 日，他派遣教宗的特使约翰、另一个约翰以及主教奥多，与他自己的使者们一起，去见他的兄长（日耳曼人）路易、他（路易）的儿子们、他（路易）的疆域内的众主教和权贵们。当使者们启程之后，皇帝在基耶尔

宗的决定，承认了安塞吉的特殊地位。——据英译者注

① 在这一系列的仪式中，里希尔蒂作为皇后的地位得到了特别的强调。当时她已经怀有身孕，秃头查理旨在通过这些仪式保障里希尔蒂将来生育的儿子成为自己的合法继承人。在 876 年，秃头查理与首任妻子安斯嘉德所生的长子口吃者路易已经 30 岁，是早已成年且合法的继承人。但是，秃头查理对这位曾经背叛过自己的儿子多有防范，很有可能放弃了把疆土和权力传承给口吃者路易一人的计划，竭力为里希尔蒂可能生育的儿子铺路。即使里希尔蒂为他生育了儿子，当时已经 53 岁的秃头查理未必有足够长久的时日来扶植这位幼儿成为实际的继承人。这是秃头查理在其统治最后一两年解决继承问题时面临的困难。——译者注

② 阿达尔加尔早先时候担任秃头查理王宫文秘署的文书员。他在 875 年到 876 年曾陪同秃头查理远赴罗马。他刚刚成为欧坦的主教（877—893 年在任），在不久之后又兼任附近的弗拉维尼（Flavigny）修道院的院长。阿达尔加尔与辛克马有良好的私人关系。辛克马曾托付阿达尔加尔照料兰斯教会在阿奎丹的田产。——译者注

③ 关于这位于格，参见本年代记有关 864 年和 866 年的史事记载及注释。——译者注

济获悉，上述国王（日耳曼人）路易已于8月28日在法兰克福王宫去世，并于8月29日被埋葬在圣纳扎里（St-Nazarius）修道院。①于是，皇帝派遣他的使者们去见他已故兄长（日耳曼人路易）的疆域内的显贵们，随后从基
207 耶尔济②行至斯特奈（Stenay）庄园。③他计划去梅斯，接待从已故兄长疆域内前去见他的主教和显贵们，但他突然改变了主意，去了亚琛，并从那里到了科隆④。教宗的特使们也与他同行。他的随行人员则大肆劫掠，对天主

---

① 圣纳扎里是戴克里先统治时期的殉道者。据说他的遗骸在8世纪中期被梅斯主教克洛德冈（Chrodegang）迁至梅斯教区，尤其是洛尔施（Lorsch）修道院。这里所说的圣纳扎里修道院，指的就是洛尔施修道院。洛尔施位于今天德国黑森州达姆施塔特行政区，向西距离沃尔姆斯十多公里，向北距离达姆施塔特约30公里，距离法兰克福约60公里。该城以洛尔施修道院著称。该修道院在764年由阿勒曼尼伯爵，罗伯特家族的康克尔（Cancor）所建立。首任院长为梅斯主教克洛德冈，而克洛德冈也是康克尔夫妇的亲属，国王丕平的信臣和宗教事务的领导者，还是教宗的特使。在该修道院建立的次年，克洛德冈就设法向教宗保罗一世请求，从罗马迁来了圣纳扎里的遗骸，该修道院的教堂也因此被称为圣纳扎里教堂。771年后，该修道院直接恩庇于查理曼。此后它不仅得到了大量的地产捐赠而富甲一方，得到皇帝和教宗的双重庇护而香客众多，它还因收藏和抄写古典的书籍、撰写许多新的书籍而成为加洛林帝国的重要文化中心之一。如今，它也是世界文化遗产之一。至于小路易为何将其父的遗体葬于洛尔施修道院，学界有不同的看法。有的学者认为这主要是因为日耳曼人路易生前曾给予该修道院大量捐赠；也有的学者认为，洛尔施修道院在小路易分得的疆土之内，他此举意在确保和证明自己继承父亲权位和疆土的合法性。——译者注

② 秃头查理9月4日仍然在基耶尔济，因为他这一天还在那里签发了状书。*Recueil des actes de Charles le Chauve*, vol. II, no.412, p.421.——据格兰特等拉丁文编者注

③ 斯特奈拉丁名为“Satanacum”，位于法国西北部洛林大区默兹省，在兰斯和梅斯两地中间。——译者注

④ 根据《富尔达年代记》有关876年的史事记载：“查理听闻路易的死讯后，为贪念所驱策，侵入路易的王国，极力将其置于他自己的统治之下。正如传言所说，他料想自己不仅能够强行占有罗退尔（二世）的疆土中由路易所占有并传承给儿子们的那部分疆土，而且能够把路易的疆土中坐落在莱茵河西岸的所有城市，即美因茨、沃尔姆斯和施派尔吞并到自己的王国，并凭借武力制服兄长（路易）的儿子们，使他们不敢抵制或反抗他。”秃头查理的目标是夺取日耳曼人路易在莱茵河西岸拥有的疆土。这块疆土位于法兰西亚的核心地区，含有许多重要的王室庄园。虔诚者路易曾在几次疆土分割方案中，为了拉拢次子日耳曼人路易制约长子罗退尔一世，将这一地区划分给日耳曼人路易。虔诚者路易

毫无敬畏。北方人乘坐大约100艘被我们称为“巴尔戈”(*bargae*)[①]的大船，于9月16日驶入塞纳河。身在科隆的皇帝获悉此事，丝毫未改变他已经着手的事情。他的侄子小路易率萨克森人和图林根人沿着莱茵河对岸冲他（秃头查理）而来，派遣使者们见叔父皇帝（秃头查理），恳求他的善待，却未得到这种善待。[②]当他（小路易）和自己的伯爵们随后以斋戒和连祷祈求天主的怜悯[③]时，遭到了皇帝一方的人们的嘲笑。[④]

国王（日耳曼人）路易的儿子（小）路易当着身边众人的面，执行了（神的）审判，10人被处以热水审，10人被处以热铁审，10人被处以冷水审。众人请求天主通过裁断做出昭示[⑤]，他（小路易）是否理应拥有他父亲留给他的那部分疆土，即他父亲在弟弟（秃头）查理的同意和庄严誓言下所获得的那部分疆土。[⑥]所有受审者都安然无恙。于是，（小）路易率领部下渡

死后在840年到843年的兄弟纷争中，这一地区是日耳曼人路易坚决捍卫的地区，因为它拥有丰富的政治资源和重要的象征意义。在870年争夺科隆大主教任命权的过程中，秃头查理已经显示出了他对这一地区的高度重视。——参考了英译者注

① 现代英语“barge”（驳船）一词便源自巴尔戈（Bargae）。——译者注

② 这几句话体现了年代记作者辛克马对秃头查理的批评：不顾外患，忙于内斗；不顾亲情，缺乏长者风范。——译者注

③ 《富尔达年代记》在这一年的史事记载中以直接引语的方式记叙了小路易对秃头查理的和平请求，记叙了秃头查理的狂妄自大，以及小路易“完全寄望于天主”。——译者注

④ 这里的用语表明，辛克马是在知晓了随后安德纳赫战役的结果之后记述这些内容的。——译者注

⑤ 辛克马此处的记述是有关这一审判的唯一记载。在热水审或热铁审中，受审者被沸水或炽热的铁块灼伤或烫伤，若其能在一定的时间内痊愈，则被推定为受到了天主的保护，因而是清白的。在冷水审中，受审者被抛入洁净的湖水或河水中，若其下沉，则表示纯洁的水接受他，因此他也是清白的。不过，不同时期和不同地区的神明裁判方式有很大的差异。辛克马此处记载的神明裁判并非受审者受到了指控，三种不同类型的审判、每组整齐的10人受审，都表明这是一种为了王国利益的神明裁判。小路易的目的是通过神明裁判凝聚力量，增强部下的信心，向秃头查理宣示自己的诉求符合天主的意旨。关于中世纪神明裁判的更多信息，参见［英］罗伯特·巴特莱特著：《中世纪神判》，徐昕、喻中胜、徐昀译，杭州：浙江人民出版社2007年版。——译者注

⑥ 这指的是870年在第二次梅尔森协议中日耳曼人路易所分得的疆土，即罗塔林吉亚的东部地区。参见本年代记有关870年的史事记载。——译者注

过莱茵河，到达安德纳赫堡垒。① 皇帝（秃头查理）获悉此事之后，让修道
院院长希尔杜因②和(列日）主教佛朗哥③护送怀有身孕的皇后里希尔蒂去赫
208 斯塔尔。他自己则率军在莱茵河沿岸对付他的侄子，同时预先派出使者们，
（提出）派遣自己的一些谋臣会见他（小路易）的谋臣们，让他们（双方谋
臣们）商讨双方应有的和平。（小）路易谦逊而恭顺地接受了这一建议，他
依然安心，因为（他觉得）会谈结束之前无须开战。④

10 月 7 日，皇帝在部署好各路兵马后，夜间起床，挥舞旗帜，沿着狭窄而崎岖，甚至称不上道路的道路，试图对他的侄子及其追随者发起突然攻击。当他到达安德纳赫附近的时候，因行军艰难，夜雨滂沱，他们人困马乏。现在，（小）路易和他的部下突然听闻皇帝率大军向他们袭来。⑤ 他

---

① 安德纳赫在莱茵河的西岸，科隆上游大约 60 公里、科布伦茨下游大约 10 公里的地方。——译者注

② 希尔杜因，又称小希尔杜因。他是老希尔杜因，即圣德尼修道院的院长兼虔诚者路易的宫廷教长希尔杜因的姻亲。小希尔杜因是罗退尔二世王国内的重要宗教人物，是前任科隆大主教贡特尔的侄子（也有观点认为是堂兄弟）。小希尔杜因在 862 年到 866 年间是康布雷主教的人选，但是因兰斯大主教辛克马的阻挠，未能得偿所愿。他在 866 年由罗退尔二世转投秃头查理，当年 6 月 19 日成为圣伯丁修道院院长，后于 869 年被列日主教佛朗哥任命为教士。次年，秃头查理欲安排其接任被革职的科隆大主教贡特尔，但是当小希尔杜因在列日主教佛朗哥的陪同下到达科隆的时候，日耳曼人路易安排的人选维利伯特已经捷足先登，占据了大主教职位。他后来于 874 年担任秃头查理的图书档案馆馆长，并于 875 年获得圣米耶尔修道院院长职位。他死于 877 年 6 月 7 日。——译者注

③ 佛朗哥早年在秃头查理的宫廷学校接受了良好的教育，后来成为洛贝（Lobbes，今天比利时南部）的圣彼得修道院的一名修士和院长，而该修道院是当时加洛林帝国重要的文化中心之一。他在 856 年成为列日主教，直到 901 年去世。佛朗哥在 859 年的萨沃尼埃会议上支持秃头查理惩处叛投日耳曼人路易的桑斯大主教维尼罗。他在 868 年支持了罗退尔二世的离婚诉求。在此期间，他积极率领列日民众修筑营垒，抗击维京人。他与小希尔杜因是关系密切的好友。关于这位佛朗哥，另见本年代记 865 年和 869 年的史事记载及注释。——译者注

④ 《富尔达年代记》也记载了秃头查理佯装和谈，诡诈夜袭的策略。——译者注

⑤ 据雷吉诺在其《编年史》中（p.112）记载，秃头查理的优势在于兵马数量居多，而且骑兵占有优势。——译者注

和那些与他在一起的人在对面坚守阵地。[1] 皇帝的大军发起冲击，（小）路
易的兵马则英勇抵抗。皇帝的大军转而逃跑，冲向皇帝（自己）。他（皇 209
帝）和少数人侥幸逃脱。由于皇帝的车马辎重以及跟随着他和他的军队的
商贩、卖盾牌者逃入狭窄的道路，许多本可逃离的人被堵塞。在这场交战
中被杀死的有拉格纳尔（Raganar）[2] 和哲罗姆（Jerome）两位伯爵以及其
他很多人。在战场上和附近森林中被俘虏的有（特鲁瓦）主教奥图尔夫
(Ottulf)[3]、修道院院长高兹林[4]、伯爵阿勒德朗[5]、伯爵阿达拉尔德[6]、伯爵伯

---

① 据《富尔达年代记》记载：“科隆主教维利伯特觉察了（秃头）查理的诡计，不顾其他人的担惊受怕，大胆地去见查理，急切地劝诫他，不能如此残忍而野蛮地对待他的侄子，因为他的侄子寻求的是有利于和平的事。鉴于他（维利伯特）无法使他（查理）放弃恶念，便派遣了他的一位名叫哈特维希（Hartwig）的教士抄捷径去见（小）路易，向路易透露了查理设下的圈套和查理的到达。”维利伯特是日耳曼人路易在 870 年不顾秃头查理的反对，抢先一步安排到科隆大主教位置上的，自然是秃头查理的敌手并忠于日耳曼人路易及其儿子小路易。维利伯特显然不愿秃头查理击败小路易并占据莱茵河以西的东法兰克王国疆土，因为科隆大主教辖区就在这一地区。小路易事先得到秃头查理夜袭的情报并有所防备，这是秃头查理偷袭策略失败的重要原因。——译者注

② 据雷吉诺在其《编年史》中记载，拉格纳尔是秃头查理的旗手。关于旗手在中世纪早期战争中的重要作用，参见 Guy Halsall, *Warfare and Society in the Barbarian West: 450–900* London: Taylor & Francis Ltd., 2003, pp. 199–200.

③ 奥图尔夫至少从 870 年开始就担任特鲁瓦主教。——据格兰特等拉丁文编者注

④ 高兹林还兼任秃头查理的文秘总长，参见本年代记有关 858 年和 871 年史事的注释。——译者注

⑤ 这位阿勒德朗的父亲也叫阿勒德朗。老阿勒德朗可谓加洛林王朝的三朝元老。早在 813 年，老阿勒德朗就曾受查理曼的指令归还一所修道院的地产。他在 820 年担任了虔诚者路易的钦差，并在同一时期成为特鲁瓦伯爵。虔诚者路易去世后，老阿勒德朗成为秃头查理的支持者，于 848 年成为塞普提马尼亚的边疆伯爵，以对抗在这一地区长久以来势力强大的威廉及其儿子伯纳德。他在 849 年参加了秃头查理讨伐图卢兹的战事，后又竭力为秃头查理打击阿奎丹王丕平二世。老阿勒德朗在 852 年去世后，很可能他的儿子小阿勒德朗就继承了父亲的特鲁瓦伯爵职位，这就是本年代记此处提到的这位阿勒德朗，又称特鲁瓦伯爵阿勒德朗二世。——译者注

⑥ 阿达拉尔德大约生于 830 年，死于 890 年。阿达拉尔德的父亲是巴黎伯爵乌尔法（Wulfard），母亲名叫苏珊娜（Susanna），苏珊娜的外祖母是虔诚者路易的一位私生女。也就是说，阿达拉尔德是虔诚者路易的曾外孙。阿达拉尔德到 875 年为止经常担任秃头查理的

纳德①、伯爵埃维温(Everwin)②和许多其他人。(小）路易的兵马则收获了一切车马辎重和商贩们载着的货物。这就应验了先知所说的："你这掠夺人的，自己倒不被掠夺吗?"③跟随着皇帝的那些掠夺者们所得到的一切，甚至掠夺者们自己，现在都成了（他人的）掠夺物，以至于凭借马匹得以逃脱者在失去战利品后只剩下一条性命。其他人则遭受山野农夫的抢夺，靠枝叶和杂草遮羞，裸身而逃，连他们的追击者都不愿杀死他们。掠夺的众
210 人"于是受到巨大的打击"。④里希尔蒂于10月9日得知皇帝的军队以及皇帝本人的溃逃之后，离开赫斯塔尔。就在随后的夜里鸡鸣之后，她逃跑途中产下一子。⑤她的男仆抱着新生的婴儿在她之前逃跑，将他带到昂泰奈（Anthénay)。⑥10月9日傍晚，皇帝到达（列日的）圣兰伯特修道院。在那里，(列日主教）佛朗哥和（圣伯丁）修道院院长希尔杜因离开里希尔蒂之后，于10月10日回到（秃头）查理身边，并与他待在一起，直到在里希尔蒂之后他也到达昂泰奈。他（秃头查理）随后去了杜济，继而返回昂泰奈，并通告将于圣马丁节(11月11日）之后的第15天(即11月27日）在萨穆西（Samoussy）召开他的会议。

已故国王（日耳曼人）路易的儿子（小）路易离开安德纳赫，经由辛齐希回到亚琛，并在那里待了三天，而后前往科布伦茨会见他的弟弟（胖子)

钦差，在876年或877年成为秃头查理的宫廷伯爵。在882年到890年则是巴黎伯爵。当秃头查理的长子口吃者路易在875年前的某个时候与妻子安斯嘉德分居后，便与阿达拉尔德的女儿阿德莱德生活在一起。他们在875方才正式成婚。这桩婚姻是阿达拉尔德在875年以后权势日隆的重要原因。——译者注

① 这位伯纳德可能是戈西亚伯爵伯纳德，也可能是奥弗涅伯爵伯纳德，参见本年代记有关872年史事的注释。但是，他不可能是图卢兹伯爵伯纳德，因为后者在876年之前已经去世。——据英译者注

② 关于这位埃维温，学界无从考据。——译者注

③ 语出《以撒亚书》第33章第1节。

④ 语出《列王纪・上》第4章第10节。

⑤ 这个婴儿一定早产了两个月。——英译者注

⑥ 昂泰奈位于兰斯西南约25公里的地方。——英译者注

查理。在那里会谈刚结束，患病的（胖子）查理便离开，去往梅斯方向，从那里进入阿勒曼尼，而（小）路易则（回）到了莱茵河外侧（东侧）。他们的兄长卡洛曼既没有见他们，也没有遵照他的叔父皇帝（秃头）查理的命令去见他（秃头查理），而是忙于讨伐文德人的战事。①

皇帝（秃头）查理派遣康拉德②和其他显贵们会见那些进入塞纳河的北方人，千方百计与他们订立和约，并在预定召开的会议上向他禀报。③ 211

皇帝（秃头）查理像他所通告的那样到达萨穆西举行他的会议。在会上，他接待了一些在他从安德纳赫逃跑之后前来投奔他的人，他们来自他的兄长（日耳曼人）路易通过与他的协定所分得的已故罗退尔（二世）的疆土。他给予其中一些人完整的修道院，并将马尔谢讷（Marchiennes）修道院的土地分割开来，作为采邑分给另外一些人，然后让他们离他而去。④他

① 辛克马此处记载卡洛曼未与两位弟弟会面，这并不准确。根据《富尔达年代记》876年的史事记载，他们三个兄弟于11月“相聚于里斯伯爵区（位于法兰克尼亚，即小路易当时控制的疆土）。他们相互分割了父亲的王国，承诺将会相互忠诚，并发誓予以确认。该誓词的文本用条顿语写出，保存在不少地方”。雷吉诺在其《编年史》有关876年的史事中则详细记载了他们三兄弟的疆土分割方案：“卡洛曼得到了巴伐利亚、潘诺尼亚和在俗语中被称为Carantanum的Carnutum（即卡林西亚），还有斯拉夫人、波西米亚人和摩拉维亚人的疆土。（小）路易得到东法兰西亚、图林根、萨克森、弗里西亚和一部分罗退尔（二世）的疆土。阿勒曼尼和罗退尔（二世）疆土内的一些城市则归于（胖子）查理。”这一疆土分割大体是日耳曼人路易生前的安排。辛克马提到了小路易和胖子查理的会面，却没有提及卡洛曼的参与。这是因为他不知情，他得到的消息有误，还是他别有用意，我们不得而知。——译者注

② 这位康拉德是秃头查理的舅父鲁道尔夫（参见本年代记866年的史事记载及注释）的长子，因此是秃头查理的表兄弟。他很可能在871年支持秃头查理的三子卡洛曼反叛父亲（参见本年代记有关871年的史事记载及注释）。或许因为这样的原因，辛克马在此处并没有将康拉德称为伯爵，而事实上康拉德已经是巴黎和桑斯的伯爵。康拉德死于882年。——译者注

③ 这表明秃头查理在安德纳赫惨败之后，需要重整旗鼓，不愿分心与北方人开战，而是要着力对付三位侄子。——译者注

④ 马尔谢讷位于法国北部的诺尔省，马尔谢讷修道院由圣科伦班的一位弟子和杜埃（Douai）公爵阿达尔鲍德（Adalbaud）创立于630年左右，随后成为一所混合修道院，既有修士也有修女。这里辛克马所记载的“将马尔谢讷修道院的土地分割开来”，有两层含义。其

还部署多支兵马在塞纳河两岸附近防御北方人。他自己到了维尔齐尼亚克（Virziniacum）庄园①，在那里他发烧严重，因而病倒，甚至料想难以活命。②他在那里度过了圣诞节。

877 年

他（秃头查理）在康复后经由基耶尔济到达贡比涅。在他留住在那里时，里希尔蒂在去往昂泰奈的路上为他所生的那个儿子得了病。他（男婴）由舅父博索从洗礼池中扶起③，取名查理。他夭亡了，被带到圣德尼修道院安葬。④

212 皇帝查理则在贡比涅度过了大斋节，庆祝了复活节（4 月 7 日），并在那里接待了教宗约翰（八世）的使者福松布罗内主教彼得和塞内加利亚（Senigaglia）主教⑤彼得。通过这（两位）使者，教宗约翰口头和书面方式并用，召唤（秃头）查理去罗马，让他像他（秃头查理）所承诺的那样，将

一是指将修道院的土地分为两部分，一部分留给修士和修女们自用，另一部分由作为修道院世俗院长的秃头查理处理。其二是指秃头查理将他作为世俗院长可以支配的土地，作为采邑分给年代记中所说的这些人。直到 877 年 7 月 11 日，秃头查理才在庞蒂厄签发了专门的状书（Diploma），对这一土地分割予以确认。该状书全文见 *Recueil des actes de Charles II le Chauve roi de France*, tome II, no.435, pp.471–475.——译者注

① 这一庄园的具体位置不详，既可能是兰斯附近的韦尔泽奈（Verzenay），也可能是拉昂附近的韦尔西尼（Versigny）。——译者注

② 如前所述，秃头查理在这一年 8 月初曾因病滞留夏龙近半个月。有学者认为，秃头查理是在875年至876年出征意大利期间感染了疟疾。不过，秃头查理在874年就曾得过重病。参见本年代记有关 874 年的史事记载。——据英译者注

③ 博索并没有参加安德纳赫战役，有证据表明 10 月中旬他在普罗旺斯。不过，秃头查理将博索安排为幼子的代父，可见秃头查理对他依然非常器重。——据英译者注

④ 抄本 A 在这一段之后，包含着一段很长的有关巴黎近郊圣热尔曼修道院的状书。这一状书文本显然不属于本年代记的一部分。该状书文本可以参见格兰特等拉丁文编者注（pp.211–212）。——译者注

⑤ 塞内加利亚位于意大利中部亚得里亚海岸，属今天的安科纳（Ancona）省。——译者注

神圣罗马教会从围困着它的异教徒手中解救出来，并予以保卫。①

5月初，（秃头）查理召集兰斯教省和其他教省的主教们到贡比涅，让他们当着他自己和教宗的使者们的面，隆重地为他所建的小礼拜堂祝圣。②

从那里，他于6月③来到基耶尔济召开他的大会议。在那里，他制定条 213
令，规定在自己从罗马返回之前，儿子（口吃者）路易应该如何与他（秃头查理）的忠诚者们④以及王国的显贵们一起统治法兰西亚王国。⑤他还安排

---

① 教宗约翰八世再次尝试借助秃头查理加强对萨拉森人的防御。——据英译者注

② 秃头查理在这一年的5月5日签发了专门的状书，向在贡比涅新建的圣玛利亚教堂作了丰厚的捐赠。这一捐赠异常丰厚，使贡比涅成为一个可以与亚琛媲美的都城。在遭受安德纳赫战役的失败，无法从侄子小路易手中夺得亚琛的情况下，秃头查理打算以贡比涅取代亚琛作为“帝国”的政治中心。该状书全文见 *Recueil des actes de Charles II le Chauve roi de France*, tome II, no.425, pp.448–454。英译本在注释中将该状书标注为no.415，疑为笔误。两年以后，口吃者路易死后被安葬到了该修道院，参见本年代记有关879年的史事记载。——参考了英译者注

③ 年代记此处对时间的记载并不精确，仅记载“Kalendis Iulii”，即6月14日到7月1日之间的任何一天。此次会议所形成的条令在其抬头中明言，该条令发布于“XVIII Kalendas Iulias”，即6月14日。——译者注

④ 此处拉丁文为“cum fidelibus eius”，无论从语法还是语境判断，指的都是秃头查理的忠诚者们，而不是口吃者路易自己的忠诚者们。这一点很重要。——译者注

⑤ 此次会议所形成的《基耶尔济条令》全文收于 *MGH, Capit*.II, no.281, pp.355–361。辛克马在本年代记此处的概括完全符合条令的主旨，即限制口吃者路易的权力，防止其专擅独断。在该条令第15条中，秃头查理列举了自己不在国内时哪些显贵应当在口吃者路易身边“操劳”，实际是确保对口吃者路易的监督；第25条指令三位主教随时联系秃头查理，报告国内情况；第32、33两条严格限制了口吃者路易在王宫的居住及其在周边猎苑的捕猎，严防口吃者路易召集会议、拉拢显贵；此外，口吃者路易不得侵害秃头查理给里希尔蒂所安排的养老之地。更为重要的是，条令第13条规定，秃头查理从意大利安全返回之后，口吃者路易将被派往意大利，并在那里加冕为王。这很可能意味着秃头查理打算安排唯一成年的儿子口吃者路易为意大利国王。这表面上是让口吃者路易拥有了可以直接统治的王国，实际上排斥了他对法兰克王国核心地区的继承。这一方面可以保证秃头查理在年事渐高之时依然掌握着法兰克王国的核心地区，另一方面也体现了他对里希尔蒂未来生育男婴寄予厚望。关于这一条令所体现出来的秃头查理的继承安排，参见 Carlrichard Brühl, “Karolingische Miszellen I: Die Vorgänge in Westfranken beim Thronwechsel des Jahres 877”, *Deutsches Archiv für Erforschung des Mittelalters*, Band 44, no.2, 1988,

好了应该如何从他在罗退尔（二世）去世前①拥有的法兰西亚的疆土和勃艮第的疆土上征收贡赋，即从每一领主自营的份地②征收 1 索尔第；就每一自由人的份地，从领主的地租中征收 4 第纳尔，从自由人的收入中征收 4 第纳尔；就每一依附农的份地，从领主的地租收入中征收 2 第纳尔，从依附农的收入中征收 2 第纳尔；每位主教应向其辖区内每位教士，依据每位教士的财力，最多征收 5 索尔第，最少征收 4 第纳尔，并将其交给皇帝的钦差。（各个）教堂亦应依据其圣库财物的多寡交纳这样的贡赋。贡赋总额称量起来为
214 5 000 磅白银。③居住在塞纳河对岸纽斯特里亚的众主教和其他人应根据卢瓦尔河上的北方人向他们提出的要求，尽其所能，竭力交纳。

皇帝则从基耶尔济到了贡比涅，并从那里经由苏瓦松到达兰斯。而后，他经由夏龙、庞蒂厄和朗格勒行进，带着妻子、大量金银、马匹和大批其他财物，离开法兰西亚，前往意大利。当翻越汝拉山抵达奥尔布的时候，他在那里见到了（欧坦）主教阿达尔加尔，后者是（上一年）2 月④被他派往罗马参加由教宗约翰（八世）召集的宗教大会的。阿达尔加尔献给皇帝一

S.355–389; Brigitte Kasten, *Königssöhne und Königsherrschaft: Untersuchungen zur Teilhabe am Reich in der Merowinger- und Karolingerzeit*, Hannover: Hahn, 1997, S.456–466. 此外，该条令规定，假如追随秃头查理出征意大利的显贵在征途中亡故，他们的儿子可以继承父亲的荣职和采邑。冈绍夫在其所著的《何为封建主义》一书中据此判断当时荣职和采邑已经沦为显贵们的世袭权益，提出了封土的世袭化问题。不过，现在学者们对这种观点多有批判。参见弗朗索瓦·冈绍夫著：《何为封建主义》，张绪山、卢兆瑜译，北京：商务印书馆 2016 年版，第 72 页。——译者注

① 这意味着秃头查理并未向自己从罗塔林吉亚分得的疆土征税，这说明他对这一新近获得的疆土统治仍然不够扎实巩固。——译者注

② 关于份地，参见本年代记有关 860 年史事的注释。——译者注

③ 1 索尔第等于 12 第纳尔。与 866 年的赋税征收（参见本年代记有关 866 年的史事记载）相比，877 年的征收范围更广，包括了除罗塔林吉亚西部之外的整个法兰西亚和勃艮第，而且各级教俗领主被要求承担更大的税负。877 年的 5 月 7 日，秃头查理就在贡比涅发布了关于赋税征收的条令，这一条令在本年代记此处所记载的基耶尔济会议上作了重申、调整，并重新发布。参见 *Capit*.II, no.280, p.354。——据英译者注

④ 上一年 2 月而非这一年 2 月，参见本年代记有关 876 年的史事记载。——译者注

份（宗教会议决议的）抄本作为厚礼。这次宗教会议除了对皇帝（秃头查理）各种各样的颂扬之外，要旨在于：去年（秃头查理）在罗马举行的皇位推举和擢升，从那时起，到现在，乃至永远，都将稳固不变。倘若有人企图扰乱或打破它，无论他属于何种地位、等级和职业，他都将一直受到绝罚的 215
惩处，除非他为此做出补赎；而且这种意图的制定者或挑唆者，若为神职人员，当被革职，若为平信徒或修士，则将永受绝罚；鉴于去年在庞蒂厄举行的宗教会议未给安德纳赫附近（的战事）带来任何助益①，这些规定应当永远有效。此外，阿达尔加尔向皇帝禀明，教宗约翰（八世）将会到帕维亚会见他（秃头查理）。因此，他（秃头查理）派遣他的第二文秘室的文书员奥达塞尔（Odacer）②、伯爵瓜朗（Goiramn）以及丕平和赫伯特（Herbert）③去尽力照应这位教宗。他（秃头查理）自己则赶到韦尔切利（Vercelli）④会见教宗。他在受到最隆重的接待之后，当即与教宗一同前往帕维亚。在那里，他听到了确凿的消息，他已故兄长（日耳曼人）路易的儿子卡洛曼正率领着一支极强大的兵马来攻打他们(秃头查理和教宗)。⑤因此，他们离开帕维亚，

---

① 辛克马在此处回顾了上一年安德纳赫战役中秃头查理的败绩。——译者注

② 奥达塞尔在 871 年到 877 年之间担任秃头查理的文书员。有学者认为，辛克马此处所说的“第二文秘署”（Secundum Scrinium）表明秃头查理对当时的文秘署作过重新调整。参见 *Recueil des actes de Charles II le Chauve roi de France*, tome III, pp. 85–87.

③ 丕平和赫伯特是 818 年去世的意大利国王伯纳德的儿子丕平的儿子。他们两位在此之前并没有在文献中被提及。秃头查理此次派遣他们两位作为代表去恭迎教宗，一方面是因为他们两位是家族成员，另一方面是因为他们的父亲和祖父都是意大利王，所以这种安排能体现对教宗的敬重。辛克马并没有将丕平和赫伯特两人称为伯爵。此后有文献提到这位丕平是桑利伯爵，赫伯特是旺多姆伯爵。——据格兰特等拉丁文编者注和英译者注

④ 韦尔切利位于意大利北部波河流域，米兰和都灵之间。——译者注

⑤ 据《富尔达年代记》877 年的史事记载：“夏季，高卢暴君查理率军赴意大利，居住在帕维亚，并千方百计阻止行进中的卡洛曼进入这一地区。不过，卡洛曼率领一支由巴伐利亚人和斯拉夫各部族组成的大军进入意大利，欲向查理开战。查理获悉此事，立即逃跑。此乃其一贯习性，因为在他的一生中，无论何时，只要他必须御敌，他要么公然逃跑，要么撇下自己的士卒偷偷溜走。”

216 去往托尔托纳（Tortona）①。在那里，里希尔蒂被教宗约翰（八世）祝圣为皇后。而后不久，她便带着珍宝朝着莫列讷（Maurienne）② 方向往回逃跑。皇帝与教宗约翰在那些地方待了一段时间，同时等待其疆土内的显贵们到来。他们是修道院院长于格、博索、奥弗涅伯爵伯纳德以及另一个伯纳德，即戈西亚边疆伯爵。他（此前）已命令他们与他同行（去意大利），（但）他们却联手王国内的其他显贵和主教们，结盟密谋反对他，仅少数显贵例外。③ 当（秃头查理和教宗约翰）得知这些人不会前来，而且（日耳曼人路易的长子）卡洛曼正在逼近的时候，皇帝步里希尔蒂的后尘逃跑，而教宗约翰则尽快赶回罗马。皇帝查理托付教宗将一尊救世主塑像带给使徒圣彼，这种塑像固定在十字架上，由很多磅黄金制成，而且装饰着宝石。

卡洛曼听到虚假的消息，称皇帝（秃头查理）和教宗约翰（八世）正率领大军冲他而来，便也沿着来时的路逃跑了。④ 就这样，天主以他一贯的仁

① 拉丁文为“Tardunam”，位于今天意大利北部皮埃蒙特大区亚历山德里亚省，坐落在波河右岸支流斯克里维亚（Scrivia）河的右岸。——译者注

② 莫列讷位于意大利西北部的萨伏伊（Savoy）省，翻越阿尔卑斯山的重要隘口塞尼斯山口（Mons Cenis pass）南侧，是从里昂翻越阿尔卑斯山进入意大利都灵的重要通道。——译者注

③ 辛克马此处的记载是这一阴谋的唯一信息来源。他对这一阴谋的记载过于言简意赅。博索是秃头查理的妻兄，但是秃头查理在这一年迫使他的儿子口吃者路易迎娶来自勃艮第的显贵阿达拉尔德的女儿阿德莱德，而阿达拉尔德是秃头查理的另一信臣。秃头查理在 6 月的基耶尔济会议上就安排阿达拉尔德在口吃者路易身边执掌印章。也就是说，秃头查理对阿达拉尔德的重用和阿达拉尔德成为未来国王口吃者路易的外戚，这很可能是引发博索反叛的原因。关于秃头查理这一年的继承安排以及不同显贵的权力沉浮，参见 Carlrichard Brühl, “Karolingische Miszellen I: Die Vorgänge in Westfranken beim Thronwechsel des Jahres 877” , *Deutsches Archiv für Erforschung des Mittelalters*, Band 44, no. 2, 1988, S.355–389.——译者注

④ 只有辛克马在此处的记载提到了卡洛曼的逃跑。据《富尔达年代记》877 年的史事记载，“卡洛曼接纳了那些前来投奔他的意大利显贵们，依照自己的意愿安排了该地区的事务，随后返回巴伐利亚”，并没有提到卡洛曼是从意大利“逃跑”回去的。此外，教宗约翰八世是秃头查理加冕称帝的重要支持者，而长期侵扰教宗国的斯波莱托和托斯卡尼边疆伯爵则似乎支持日耳曼人路易的长子卡洛曼（参见《富尔达年代记》有关 878 年的史事记载）。

慈化解了这场会战。(秃头)查理则被热病缠身[①]，喝下了用以解除烧热的药粉，而这种粉药是他过于喜欢和信任的犹太医生泽德奇亚斯(Zedechias)给他的。在他喝下这没有解药的毒药之后，他被轿夫抬着，翻过塞尼斯山口。 217
当他到达一个名叫布里奥(Brios)[②]的地方的时候，他派人去莫列讷叫住在那里的里希尔蒂，让她来见自己。她依令到来。10月6日，即在喝下毒药之后的第11天，他死在一个极其简陋的茅屋内。他的随从们将他(的尸体)剖开，取出内脏，灌入他们带着的葡萄酒和芳香剂中，将尸体放入小箱子[③]中，随后出发将他抬往圣德尼修道院，即他定下的埋葬地。[④]由于恶臭，他们无法抬他，便将他放入一个用兽皮包裹起来且里外都涂了油漆的箱子里，但是依然无法去除臭味。他们最后勉强到达了里昂(大)主教的一所名叫南蒂阿(Nantua)的修道院，并将他的尸体连同箱子埋入土中。[⑤]

辛克马此处的记载刻意贬斥卡洛曼，应该属于事后回顾，因为卡洛曼这一年11月罹患重病，撤出意大利，这让辛克马在写作时不必顾忌。——参考了英译者注

① 据《富尔达年代记》记载，这一年意大利发生了严重的疫病："这一年，意大利的热病和眼疾严重困扰了日耳曼民众，尤其是莱茵河畔的居民；而且从意大利返回的卡洛曼士卒感染了严重的疫病，许多人在咳嗽中断气身亡。"也就是说，秃头查理和卡洛曼都是这场传染病的受害者。——译者注

② 可能是位于今天法国东南部的上阿尔卑斯省的布里昂松(Briançon)。——参考了英译者注

③ 此处拉丁文为"locello"，指小的箱子。——译者注

④ 《富尔达年代记》在877年的史事中同样强调，秃头查理此前已经在圣德尼修道院为自己修建了墓室。早在862年9月19日，秃头查理就已经签发给圣德尼修道院两种状书，这两种状书都提到"如果天主允许，我决定把祭坛前的地方作为我的墓室"。在875年3月27日签发的状书中，秃头查理规定要在圣德尼修道院的圣三一祭坛前安放7个烛台，并要求在他死后将他安葬在烛台之后(祭坛之前)。*Recueil des actes de Charles II le Chauve roi de France*, tome II, nos.240, 247, 379, pp.53, 56, 347. 据雷吉诺在其《编年史》中记载，秃头查理的遗体是"几年后"才移葬到圣德尼修道院的。12世纪的时候，圣德尼修道院院长苏热(Suger)记述了自己任职期间的所作所为，其中提到了秃头查理的遗体在两个祭坛(圣德尼的祭坛和圣三一祭坛)之间。Suger, *Liber de Rebus in Administratione Sua Gestis*, Chapter 33, in Lecoy de la Marche edited, *Oeuvres Complètes de Suger*, p.202.——据格兰特等拉丁文编者注

⑤ 南蒂阿在法国东部的安省(Ain)，日内瓦以西约40公里。《圣伯丁年代记》的抄本A在

218 卡洛曼病得几乎殒命，被人用轿椅抬回其疆土，卧病整整一年，以致许多人对他（能否活命）感到绝望。①

（口吃者）路易在奥维尔庄园②获悉父亲的死亡，将所能拉拢的人拉拢到身边，应他们各自的请求，授予他们修道院、伯爵区和庄园。随后，他经由基耶尔济和贡比涅到达韦尔，旨在赶往圣德尼修道院安葬他的父亲。在那里，他听说父亲已经被安葬，而且王国内的显贵们，无论是修道院院长还是伯爵们，都因他未经他们同意便将采邑和职位（*honores*）授予一些人而感到愤慨，还为此密谋反对他。于是，他便返回贡比涅。③这些显贵们与里希尔蒂一起到达阿弗奈修女院（Avenay）④，并劫掠沿路的一切。他们将埃麦山（Mont-Aimé）⑤定为会面地点，并派遣使者们见（口吃者）路易，（让他到那

此处记载："他们将他埋葬在韦尔切利城的圣尤西比乌斯教堂，他在那里安息了7年。不过后来，他的遗体被送到法兰西亚，隆重地安葬在巴黎的圣徒圣德尼的教堂中。"除《圣伯丁年代记》外，《富尔达年代记》、《圣瓦斯特年代记》以及雷吉诺的《编年史》都记载了秃头查理的死亡和安葬。——据法国拉丁版编者注

① 卡洛曼也是在此次意大利远征中染病的。9月中旬到10月中旬他一直待在帕维亚。到12月初，他已经回到巴伐利亚。——据英译者注和格兰特等拉丁文编者注

② 此地应该在基耶尔济附近，很可能是瓦兹河畔的奥维尔。秃头查理在这一年6月的基耶尔济会议上制定了《基耶尔济条令》，其中第32条规定，在他离开法兰西亚期间，口吃者路易不得在奥维尔猎苑"取用家猪和捕猎野兽，只能行经此地"。*Capit.*II, no.281, p.361.——译者注

③ 口吃者路易将圣德尼修道院院长职位授予高兹林，很可能将巴黎伯爵职位授予鲁道尔夫的儿子康拉德（见上一年史事的注释）。提奥德里克很可能成为口吃者路易的宫廷教长，参见下一年的史事注释。辛克马为了博得新王口吃者路易的信赖，恢复自己的影响力，在这一年的11月写信（*Instructio, PL*, tome 125, cols.983–990）给口吃者路易，建议他息事宁人，尽快选派好的谋臣，"与修道院院长于格、修道院院长高兹林、博索、康拉德、（奥弗涅的）伯纳德和（戈西亚的）伯纳德"等人会谈。不过，这些人各怀鬼胎，并未联手反对口吃者路易，而是分裂为两派，一派以于格为首，一派以高兹林为首。——据英译者注

④ 秃头查理曾在864年将该修女院交给妻子提奥贝尔嘉。参见本年代记有关864年的史事记载及注释。而提奥贝尔嘉是里希尔蒂的姨母。这可以解释为何里希尔蒂及其支持者们会选择这里作为其居住地。——据格兰特等拉丁文编者注

⑤ 在今天法国东北部马恩省。——译者注

里会谈。）（口吃者）路易则派遣自己的使者去见他们，经过双方使者们往来奔走，达成了如下协议，即里希尔蒂和那些显贵们应到贡比涅会见他；他们则把会谈地点定在谢纳埃尔伯洛（Le Chêne-Herbelot）的屈伊斯（Cuise）林苑。① 在圣安德鲁（St Andrew）节（11 月 30 日），里希尔蒂到贡比涅见（口吃者）路易，并给他带来他的父亲在临死前作出的，将王国传承给他的诏令；她还带来了人们所说的圣彼得之剑，并将借助于这把剑，将王国交给 219
他；她还带来了国王的长袍、王冠以及一把由黄金和宝石制成的权杖。② 经过使者们在（口吃者）路易和王国显贵们之间往来奔走，当显贵们谋求的职位逐一得到应允之后，在 12 月 8 日，经所有的人，即主教、修道院院长以及与会的其他显贵们的同意，（口吃者）路易被兰斯（大）主教辛克马祝圣并加冕为国王。③ 众主教为了得到应有的保护，为了让他（口吃者路易）维护教士们的特权，将自己和各自的教堂交托于他，同时承诺将尽其所知、尽其所能地忠诚于他，依据各自的职责为他出谋划策，向他提供援助。众修道院院长、王国的显贵们以及国王的忠诚者们也委身于他，并按照惯例向他宣誓效忠。④

当皇帝（秃头）查理的儿子国王（口吃者）路易在贡比涅加冕之后，众

---

① 此处拉丁文为“ad Casnum in Cotia”，位于法国瓦兹省贡比涅区贡比涅县圣萨沃（Saint-Sauveur）社区。——译者注

② 秃头查理很可能是在临死前会见里希尔蒂的时候将这些象征着王权的器物交给她的。秃头查理将这些东西交给里希尔蒂而非口吃者路易，有助于确保里希尔蒂的安全以及她在秃头查理去世后的这段时间的政治影响力。秃头查理将“圣彼得之剑”交给长子口吃者路易，意味着他不仅将法兰克王国传承给他，而且也将皇帝的名号传给了他。——参考了英译者注

③ 辛克马为主持这场加冕仪式，撰写了加冕叙文，其全文见 *MGH, Capit.*II, no.303, pp.461–462。这篇加冕叙文对后世国王的加冕仪式具有重要的影响，英译者尼尔森对此有专门论述，参见 Janet L. Nelson, “National Synods, Kingship as Office and Royal Anointing: An Early Medieval Syndrome”, *Studies in Church History*, vol.7, 1971, pp.41–59.——据英译者注

④ 主教们的委身誓词和平信徒的宣誓效忠具有明显的差异。详细的论述参见 Janet. L.Nelson, “Kingship, Law and Liturgy in the Political Thought of Hincmar of Rheims”, *The English Historical Review*, vol.92, no.363, 1977, pp.241–279.——据英译者注

主教向他提出了下述请愿①：

最近，皇帝即您的父亲在基耶尔济，在他自己的忠诚者们、您的忠诚者们以及教宗的特使们的同意下，经高兹林的宣读，公布了条令，该条是他自己和您都应当遵守的。依据该条令的第一条②，我们请求您答应我们，对我们每个人以及（天主）交托于我们的教会，您将维护教士的特权、应有的法律和正义，为之提供保护，就像一位国王在他的王国内理应向每位主教和（天主）交付于他（国王）的教会所提供的那样。

路易则向这些主教们作出了这样的承诺：

220 我③承诺并答应你们，依据最近皇帝即我的父亲在基耶尔济所公布的，在他自己的忠诚者们、我的忠诚者们以及教宗的特使们的同意下，由高兹林所宣读的，而且他自己会遵守的条令的第一条，对你们每个人以及（天主）交托于你们的教会，我将维护教士的特权和应有的法律和正义，在天主的襄助下，尽我所能地为之提供保护，就像一位国王在他的王国内理应向每位主教和（天主）交付于他（国王）的教会所提供的那样。

这里所提到的条文（capitulum）是：

兹就天主的以及由造物主置于我（秃头查理）的权力和保护之下的神圣教堂的荣耀和尊崇，我在天主的介入下决定，就像我深刻缅怀的父亲（虔诚者路易）在世时所尊崇、光耀并用财物增益的那样，就像我心甘情愿地尊崇和增益的那样，她们（各教堂）今后将完全受到维护，天主的教士和仆人将

---

① 先由众主教提出“请愿”（*petitio*），然后由国王作出“承诺”（*promissio*），这构成了以后国王加冕仪式的重要环节。关于这种“请愿”和“承诺”的措辞，见 *MGH, Capit*.II, no.283, pp.363–365。这种礼制在后世国王加冕仪式中被沿袭下来。秃头查理在 843 年 11 月的库兰（Coulaines）会议上曾向王国的教俗显贵们作出过正式的、公开的承诺。参见有关本年代记 843 史事的注释。——据英译者注

② 这指的是秃头查理于这一年的 6 月 16 日让人在基耶尔济会议上宣读的条令的第一条。下一段将引用这一条文。该条令全文见 *Capit*.II, no.282, pp.361–362。

③ 在辛克马的笔下，口吃者路易用了第一人称单数，而不是更威严的第一人称复数。——译者注

> 依据应当尊奉的权威，享有教会的力量和应有的特权，享有权力的君王、富有勇力的卓越之人（显贵）以及国家（res publica）的职官们将给她们（各教堂）一切合理而正当的帮助，以便能够恪尽各自的职守，而且我的儿子（口吃者路易）亦将在天主的襄助下遵守上述这些（规定）。

安塞吉[①]和其他在贡比涅的主教们在向皇帝（秃头）查理的儿子（口吃者）路易祝福的时候所发的效忠誓词是：

> 我现在将自己和（天主）交托于我的教会托付给您，以便您维护其应有的法律和正义，施与其保护，就像一位国王理应向其主教和教会维护和施与的那样。

他们的声明如下： 221

> 我，某某，声明如下：从今以后，我将尽我所知、尽我所能，遵照我的职责，以我的信仰和我的教士身份，向我的封君和国王路易，即查理和埃尔蒙特鲁德的儿子提供援助，出谋划策，做他的忠诚者和援助者，就像一位主教理应向其封君所做的那样。

吾主诞生的877年11月30日，在贡比涅，为了回应众主教的上述请愿，国王（口吃者）路易向主教们作了如下承诺，并亲手写下这一恩赐状书，交给他们：[②]

> 我，路易，蒙天主之爱怜，承民众之推举而被确立为国王。在天主教会的见证下，我向主教、教士、修士、教士团成员和修女等一切等级的人承诺，从此以后，我将自觉地为他们维护那些由（历代）教父们书写并经（历

---

① 如本年代记在876年的史事中所记载的，桑斯大主教安塞吉是教宗在阿尔卑斯山以北的全权代表。——译者注

② 此处拉丁文日期为“II kal.decembris”，即11月30日。格兰特等拉丁文编者注释说，在11月30日前，里希尔蒂尚未到达贡比涅，尚未将象征着王权的器物交给口吃者路易，而且口吃者路易要到12月8日才被祝圣加冕。而主教们的“请愿”和国王的“承诺”都发生在祝圣加冕之后，因此辛克马此处标注的日期应该有误。格兰特等拉丁文编者将此处的拉丁文勘误为“ II idus decembris”，即“12月12日”。不过，詹尼特·尼尔森认为，这份国王的承诺的确是在11月30日就作出了。——译者注

任）教宗们证明和强化的规章。另外，我向天主出于爱怜交托于我统治的民众承诺，我将接受我的忠诚者们的共同意见，遵守法律和决议，（因为）这些法律和决议是我的先辈，即诸位皇帝和国王们在（他们的）行动中所遵守的，也是他们规定（民众）应毫不违背地秉持和遵守的。因此，我，路易，作为公平正义的爱好者，逐字逐句宣读了这一自愿作出的承诺，并亲手（签名）予以确认。

878 年

222 国王（口吃者）路易在苏瓦松的圣梅达德修道院欢度了圣诞节，随后从那里到达奥维尔庄园，然后在圣德尼修道院欢度了复活节。而后，他在修道院院长兼边疆伯爵于格[①]的说服下，到达了塞纳河外（西边）。这既是为了支援于格对付北方人，也是因为高兹弗里德的儿子们[②]夺取了已故伯爵奥多的儿子们[③]的要塞和采邑，而且（戈西亚）边疆伯爵伯纳德的兄弟伊米诺（Imino）[④]夺取了埃夫勒并在那些地区周围大肆劫掠，甚至竟敢以北方人那

① 关于秃头查理的表兄弟，他的舅父康拉德的儿子于格，参见本年代记有关 864 年、866 年、871 年、876 年和 877 年的史事记载及注释。在秃头查理去世后，这位于格具有举足轻重的政治地位，直到他在 888 年去世。——译者注

② 关于曼恩伯爵和纽斯特里亚边疆伯爵高兹弗里德，参见本年代记有关 861 年、866 年、869 年和 871 年的史事记载及注释。他有两位儿子，分别是高兹林和高兹伯特。——译者注

③ 这位奥多是哈尔杜因（Harduin）的儿子，口吃者路易第一任妻子安斯嘉德的兄弟。口吃者路易在 875 年出于父亲的强迫和显贵集团的压力，离弃了他的第一任妻子安斯嘉德，迎娶了勃艮第显贵阿达拉尔德的女儿阿德莱德。奥多作为安斯嘉德的兄弟，受到排挤而失势，这是高兹弗里德的儿子们夺取奥多的儿子们要塞和采邑的重要条件。——据英译者注

④ 关于戈西亚边疆伯爵伯纳德，参见本年代记有关 872 年史事的注释。这里提到的他的兄弟伊米诺应该就是在 870 年之初担任秃头查理的宫廷伯爵的“Emeno”。戈西亚边疆伯爵伯纳德的父亲在卢瓦尔下游地区拥有官职和采邑，而他的外祖父则是曼恩伯爵罗尔戈（参见本年代记有关 865 年的史事及其注释）。——据英译者注

样的方式，劫掠了埃里库斯（Eiricus）。①

（口吃者）路易行至图尔，因为病得太重，几乎性命不保，但是承蒙天主怜悯，他稍稍有所康复。他的谋臣中有些人是高兹弗里德的好友。高兹弗里德在他们的敦促下，带着儿子们来见他（口吃者路易），其条件是，他们（高兹弗里德及其儿子们）应将自己夺取的要塞和职位归还国王（口吃者）路易，随后他们将通过（口吃者）路易的封授拥有这些（要塞和职位）。于是，高兹弗里德就带着一批布列塔尼人转而向国王效忠。②

教宗约翰（八世）气愤不已，因为兰伯特（二世）和阿达尔伯特（两位）伯爵洗劫了他的（一些）庄园和城市。③他以令人惊骇的革除教籍，惩处了 223
他们，随后离开罗马去往阿尔勒，并在圣灵降临节（5 月 11 日）到达那里。他派遣使者们去见伯爵博索④，并在他（博索）的帮助下到达里昂。他从那

① 这里所说的“Eiricus”，学界有两种不同的观点。格兰特等拉丁文编者注释说，此处的“Eiricum”应为“Uticum”，即位于法国奥恩省（Orne）埃夫勒西南约 55 公里的圣埃夫鲁尔（St-Evroult）修道院。不过英译者采用了卡尔·费迪南·维纳的观点，认为这里的“Eiricum”指的是一个名叫埃里库斯的人所控制的地方，很可能在德勒（Dreux）伯爵区，而这位埃里库斯应该是提奥德里克的亲戚。——据格兰特等拉丁文编者注和英译者注

② 这显然是谈判后的妥协方案。高兹弗里德和他的儿子们在事实上得到了他们所夺得的权力和采邑，口吃者路易经过名义上的封授，确认了自己作为封君的权益，获得了他们的宣誓效忠。——译者注

③ 兰伯特二世是斯波莱托公爵，参见有关本年代记 871 年史事的注释。托斯卡尼的边疆伯爵阿达尔伯特（834 年至 886 年）娶了兰伯特二世的姐姐或妹妹。兰伯特是意大利中南部的地方实力派，多次对抗皇帝路易二世。当秃头查理继路易二世成为皇帝之后，他重新起用了兰伯特二世为斯波莱托公爵，并任命兰伯特的弟弟维多担任卡梅里诺边疆伯爵。秃头查理去世后，兰伯特并没有支持秃头查理的长子口吃者路易成为意大利国王和加洛林帝国的皇帝，而是支持日耳曼人路易的长子卡洛曼。兰伯特在 877 年兵进罗马，欲夺取意大利王位，但是遭到了教宗约翰八世的反对。不过，兰伯特和阿达尔伯特迫使意大利民众拥立卡洛曼为意大利国王，这正是约翰八世被迫出逃法兰西亚的原因。《富尔达年代记》在这一年的史事中同样记载了他们两位在罗马的暴行。——译者注

④ 德国学者约翰内斯·弗里德（Johnnes Fried）以教宗约翰八世写给博索的信函为证据，论证教宗计划让博索登上帝位。不过，英译者詹尼特·尼尔森认为，教宗一贯支持口吃者路易，他之所以给博索写信而不是直接给口吃者路易写信，是因为博索的职权范围在意大利，与教宗有着密切的联系，而且博索也控制着罗讷河谷地，即从意大利进入法兰西

里派遣使者们去图尔见国王（口吃者）路易，请求到国王（认为）合适的地方会见。（口吃者）路易则派遣若干主教去见教宗，请他行至特鲁瓦，并让王国内的主教们将粮草物资送到那里。（口吃者）路易于9月1日到达特鲁瓦会见教宗。他无法更早地到达，只是因为患病。其间，教宗约翰（八世）与高卢和比利时各教省的主教们召开了宗教大会。他让人在大会上宣读了一份声明，（阐述）了他是怎样将兰伯特、阿达尔伯特、福尔摩苏斯和司仪格
224 里高利逐出教会的，并寻求主教们同意他的这一革除教籍的命令。因此，与会的主教们请求他（教宗）在宗教大会上让人以朗读书面文件的方式，重申他已经作出的革除教籍的命令。他（教宗）为了让他们向自己提供书面的同意，便答应了他们（的请求）。在教宗约翰同意如此行事的情况下，主教们在次日的宗教大会上向他呈交了如下文书：①

主上，至圣至尊的众父之父，普世的和使徒的教会即神圣罗马第一教座的教宗约翰啊！我们作为您的权柄的仆人和门徒，高卢和比利时教省的众主教，对邪恶之人和魔鬼之仆违背神圣的母亲教会和一切教会的教母在您的伤痛之处所施加的伤害感同身受，对您的伤痛落泪痛心。而且，您已经凭借圣彼得和使徒之座的特权，依据由圣灵所确立的，由全世界敬重的人所祝圣的神圣教规，遵照这一神圣罗马教座的牧首即您的诸位前任们的教令，针对他
225 们(邪恶之人）以及他们的支持者们作出了裁断。我们从心底里，从言语上，凭借我们的一致意愿和将我们祝圣到主教之列的圣灵的权威，现在就手持圣灵之剑即天主之言，追杀他们，也就是说，我们现在就将您如上所述已经革除教籍的人视为已被革除教籍的人；您所弃绝的人，我们现在就弃绝；你处以绝罚的人，我们现在就认定他们已经遭受了绝罚；那些作出补赎的人，

亚核心地区的通道。参见 Johnnes Fried, “Boso von Vienne oder Ludwig der Stammler? Der Kaiserkandidat Johannes VIII”, *Deutsches Archiv für die Erforschung des Mittelalters*, vol.32, 1976, S.193–208.——据英译者注

① 主教们的这一文书就是本年代记的作者辛克马本人所写的。——据格兰特等拉丁文编者注和英译者注

只有将来被权威的您和使徒之座按照教规接纳，我们才会予以接纳。但是，正如我们在神圣的历史中读到的天主合情合理地为埃及人降下天灾的故事，“无一家不死一个人的”[①]，无人安慰他人，因为每个人在自己家里都有悲伤之事，因此我们满怀谦卑，求您用您的权柄扶助我们，请您用您的权威发布命令，（告诉我们）该怎样对付那些侵害我们的教会的人，以便在使徒之座的裁断的保护下，在天主的援助下，我们和我们的继任者们今后能够更强力地、更迅速地、齐心协力地，对付那些侵害、抢夺和破坏教会财物和收入的人[②]以及藐视主教们神圣职责的人，以便因循杰出的先知们的话语和您的权威声明，那些已被交给撒旦的人能在吾主耶稣基督的日子得到拯救。

针对那些侵夺教会财产的人，教宗约翰和其他在特鲁瓦出席（宗教会议）的主教们的革除教籍令（如下）：[③]

由天主的圣灵所确立并因全世界的敬畏而具有神圣性的神圣教规和使徒之座的敕令已经规定，将那些侵夺教会财产的人置于革除教籍（的惩罚）之 226
下，直至他们作出符合规章的补赎。作为基督的传话者，使徒明言，那些（教会财产的）劫掠者不可享有天主的国，只要他们继续他们的罪行，就绝不能以任何方式与真正的基督徒一起进食。对这些侵夺者和劫掠者，我们借助基督的力量，并按照圣灵的裁断，作出决定，倘若侵夺者们在来年 11 月 1 日之前，没有按照规定作出补救，没有将他们不正当地侵夺的财物归还他们的教会，那么他们应被剥夺（由）基督的血和肉（所组成）的圣餐，直到他们归还教会的财产并作出补赎。

那些蔑视神圣的主教职守和教会的驱逐令的人，依据福音书和使徒的权

---

① 《出埃及记》第 12 章第 30 节。

② 侵夺教会财产和收入是多年来主教们不断抱怨的问题。本年代记的作者辛克马就在这一年的不久前写了一封信给图卢兹伯爵伯纳德，抱怨后者对兰斯教会财产的侵夺。Flodoard, *Historia Remensis Ecclesiae*, Liber III, chapter 26, in Ed.I.Heller and G.Waitz eds., *MGH*, *Scriptores*, tomus XIII, Hannover: Hahn, 1881, p.543.——据英译者注

③ 在抄本 O 中，这一抬头是用红色大写字母写的。——据法国拉丁版编者注

威，已受到负责此事的主教们的警告。如果他们没有幡然醒悟，按照规章作出补赎，他们将在作出补赎之前一直受到绝罚枷锁的束缚。如果他们在顽固不改中死去，任何人不得在埋葬他们的躯体时唱诵圣歌和赞美诗，不得将他们的名字列入忠诚的死者中，不得置于神圣的祭坛旁。正如福音书的作者[1]使徒约翰所说的："这是至于死的罪吗？我不说当为此罪祈求。"[2]因为"至于死的罪"指的是固执于罪恶，至死不更改。古代教父们的神圣教规针对那些甘愿自取灭亡并因罪受罚的人，根据圣灵的启迪，规定他们的遗体在下葬时不得伴随着灵歌和颂词。[3]遵循他们的敕令，我们凭借圣灵的裁决，针对那
227 些侵害和抢夺教会财物和收入而不知悔改的人作出（上述）规定，正如蒙福的格里高利在敕令的规定中所说的："那些被我和所有正直的[4]主教，甚至被整个教会处以绝罚的人，并不是基督徒。"再见。

教宗约翰让人草拟了这份革除教籍的文书，亲手（签名）确认，并让参加宗教大会的所有主教们签名。随后，他令人在宗教大会上宣读了撒尔底迦（Sardica）大公会议[5]的教规、教宗利奥针对那些改变自己教座的主教的敕令，还有非洲（宗教会议）的教规，目的在于杜绝主教的移任，就像不能

---

① 此处拉丁文为"euangelista Iohannes"。福音书作者（evangelist）指的是"新约圣经"中四部福音书的作者，即马太、马可、路加和约翰。——译者注

② 《约翰一书》第5章第16节。和合本中文圣经用的是陈述句而非这里的疑问句："有至于死的罪，我不说当为这罪祈求。"考虑到这一时期平信徒也比较重视死后通过宗教仪式留存对死者的记忆，因此剥夺那些教会财产劫掠者的这一权利可以说是一种相当严重的威胁。——参考了英译者注

③ 早在563年，第二次布拉加（Braga）大公会议决议的第16条就规定，自杀者不得享有基督教葬礼。本年代记此处的记载表明，教宗和主教们将上述规定拓展到了教会财产的掠夺者。——参考了英译者注

④ 此处拉丁文为"catholici episopi"。当近代新教涌现后，"catholic"这个词指信守罗马教会法规、教义和典仪的"天主教会"。但是在中世纪，尤其是中世纪早期，该词不宜翻译为"天主教的"。结合 *Glossarium Mediae et Infimae Latinitatis*（vol.2, pp.228–229）中给出的该词的第4、第5义项，当指"端正"、"守信"、"正直"等意思。——译者注

⑤ 撒尔底迦现为保加利亚的首都索菲亚。撒尔底迦大公会议由君士坦丁大帝的两个儿子康斯坦斯一世和君士坦提乌斯二世联合召集，举行于343年。——译者注

有重新洗礼和重新授任圣职一样。这是针对波尔多主教弗罗塔尔的，（因为）据说他（先后）脱离波尔多和普瓦提埃，到了布尔日城（任职）。①

9月7日，（口吃者）路易被教宗约翰（八世）加冕。② 他邀请教宗到自己的宫殿，奢华地宴请他，与妻子一起用厚礼尊崇他，并送他回特鲁瓦城。此后，他（口吃者路易）派遣信使请求教宗将他的妻子加冕为王后，但是未能成功（博得教宗的同意）。③ 在众主教的会议上，主教弗罗塔尔和阿达尔加尔向教宗约翰呈上了（口吃者）路易的父亲将王国传承给他（口吃者路易）的命令，他们还代表他（口吃者路易），请求教宗利用自己的特权对这 228
一命令予以确认。于是，教宗约翰出示了一份（文件的）抄本，声称它是皇帝（秃头）查理的命令，（内容是）将圣德尼修道院赠予罗马教会。许多人认为，它是依照上述那些主教及国王（口吃者）路易的其他谋臣们的意见而写成的，目的在于为他（教宗）从高兹林手中夺取该修道院④ 并据为己有提供理由；教宗约翰还声明，如果国王（口吃者）路易希望他（教宗约翰）为

---

① 参见本年代记有关868年和876年史事的注释。——译者注

② 关于教宗约翰在此次加冕仪式中所采用的叙文（ordo），参见 P.E.Schramm, "Die Krönung bei den Westfranken", *Zeitschrift für Rechtsgeschichte*, *Kanonistische Abteilung*, Band 54, 1934, S.142–143。口吃者路易上一年已经在贡比涅加冕为国王，因此这里教宗为其加冕，只是以更高的权威确认了他此前已经接受的加冕礼。——参考了英译者注

③ 口吃者路易与第一任妻子安斯嘉德生了两个儿子，其中长子路易生于863年，次子卡洛曼生于866年。他很可能在875年之前便离弃了安斯嘉德，并娶了第二任妻子阿德莱德。阿德莱德在875年就为他生育了一个女儿埃尔蒙特鲁德。口吃者路易竭力让教宗将自己的第二任妻子加冕为王后，隐含着阿德莱德以后可能生育的儿子具有继承权的用意。教宗之所以拒绝这一安排，一方面是因为口吃者路易离弃前妻的行为有违教会婚姻法，另一方面是因为教宗更愿意支持口吃者路易与前妻所生的两个儿子，即快要成年的长子路易和已经12岁的次子卡洛曼。辛克马此处的记载或许表明，他自己也倾向于支持这两位年龄较大的王子，而不是阿德莱德未来可能生育的王子。——译者注

④ 在高兹林的同父异母兄弟路易于867年去世之后，圣德尼修道院院长职位一直空缺，秃头查理直接掌握着该修道院。在877年秃头查理去世后，口吃者路易很可能当年就将该修道院授予了高兹林。关于高兹林和路易的出生及被捕，参见本年代记858年的史事记载。关于高兹林的其他事迹，参见本年代记871年、876年和877年的史事记载及注释。——译者注

（确认）上述他（皇帝秃头查理）的命令而发布专门的敕令，就应该（首先）自己发布命令，确认自己父亲的后一命令（将圣德尼赠予罗马教会的命令）。这一说辞是间离而非情理[1]，因而未能得逞。[2]

而后，在该月（9月）10日，国王（口吃者）路易在一些显贵们的敦请下，被迫来到教宗的住所，与他友好会谈，并与他一起回到教宗住所附近的大厅，参加主教们的会议。在一些主教施加的压力下，经国王(口吃者路易)的同意，罗退尔（二世）的儿子于格[3]、伊米诺以及他们的支持者们被逐出了教会。在此之后，教宗约翰（八世）说，赫德努尔夫（Hedenulf）是在他（教宗约翰）的权威下被任命为（拉昂）主教的，因此应拥有其教座并履行
229 主教的职守，而如果失明的辛克马[4]愿意的话，可以诵唱弥撒曲，享有拉昂主教区的部分收入。赫德努尔夫说自己患有疾病，打算进入修道院，并请求教宗让其脱离这一教座，（但）他未能如愿以偿。相反，教宗给他的命令是，既然国王和支持（小）辛克马的主教们都同意，他（赫德努尔夫）就应该执掌其教座，履行其主教职守。[5]（小）辛克马的支持者们听到教宗约翰所说

---

① 此处拉丁文为“factio et non ratio”，颇有修辞成分。——译者注

② 除了阿达尔加尔和弗罗塔尔外，反对高兹林占有圣德尼修道院这一肥缺的人还包括圣马丁修道院院长于格以及里希尔蒂的兄长博索。辛克马在此处的记述似乎表明他支持高兹林。——参考了英译者注

③ 于格是罗退尔二世和瓦尔德拉达所生的儿子，参见本年代记有关 869 年的史事记载及注释。在父亲 869 年去世后，于格就未在文献中被提及，不过他显然有自己的支持者。——参考了英译者注

④ 据《圣瓦斯特年代记》878 年的史事记载：“随后，被博索弄瞎的拉昂主教辛克马在教宗（约翰八世）和高卢所有主教们面前，洗雪了自己曾经受到的谴责，重新成为并无过错的人，并在教宗的命令下主持了弥撒。”拉昂主教辛克马曾向教宗约翰八世和宗教会议提交了一封《申诉状》(*Libellus Reclamationis*)，控诉本年代记的作者兰斯大主教辛克马。他在该《申诉状》中谈了他自己在 871 年杜济宗教会议上被革职，随后他说：“此后我被放逐。在流放之中，我有两年依然健康，但在某个时间，我被铁链捆绑，遭到囚禁。又过了两年之后，我又被人弄瞎。”（*PL*, tome 124, col.1071.）这表明，拉昂主教辛克马是在 875 年末或 876 年初被弄瞎的。——据格兰特等拉丁文编者注

⑤ 赫德努尔夫是拉昂主教辛克马的继任者，参见本年代记有关 873 年史事的注释。本年代

的话，即失明的（小）辛克马如果愿意，便可诵唱弥撒曲，且国王同意他拥有拉昂主教区的部分收入，其他教省的主教们和其他地区的大主教们，未经教宗的指令，便出乎意料地将身着教士袍服的（小）辛克马带到教宗面前，接受他们一边诵唱，一边将他带离那里，领入教堂，让他做出祝福民众的手势。至此，宗教会议散会。

次日，国王（口吃者）路易在博索的邀请下，带着一些充当其谋臣的显贵，来到博索的府邸。他在受到博索以及博索妻子的宴请和款待之后，让博索的女儿与自己的儿子卡洛曼订了婚。① 他在自己的那些谋臣们的建议下，将戈西亚边疆伯爵伯纳德的采邑和职位分给了宫廷总管（camerarius）提奥德里克（Theoderic）②、奥弗涅伯爵伯纳德③ 以及他秘密安排的其他人。 230

教宗约翰从特鲁瓦启程，到达夏龙，并从那里经由莫列讷行进，在博索夫妻的护送下，由塞尼斯山口进入意大利。

记的作者兰斯大主教辛克马与其侄子拉昂主教辛克马有着尖锐的矛盾，自然支持赫德努尔夫继续任职。——参考了英译者注

① 博索是在876年才迎娶了皇帝路易二世的女儿埃尔蒙嘉德（见本年代记有关876年的史事记载）。如果这里所说的是他们的女儿，那么这个女儿一定很小。而且，由于埃尔蒙嘉德是加洛林家族的成员，因此她所生的女儿与口吃者路易的次子卡洛曼存在较近的血缘关系，结婚不符合教会婚姻规则。更何况，卡洛曼出生于866年，当时已经至少12岁，因此他不可能会等待十多年才真正迎娶博索的这位女儿并开始生育后代，这将使他在权力继承中处于不利的地位。因此，这里与卡洛曼订婚的应该是博索与被他毒杀的前妻所生的女儿。无论如何，这一订婚体现了口吃者路易拉拢博索的愿望以及博索夫妻强烈的政治野心。——译者注

② 提奥德里克是秃头查理的忠诚者之一。877年秃头查理在去往意大利的时候曾经把他留在法兰西亚，让他辅佐或监督口吃者路易，参见当年基耶尔济条令第15条的规定（*Capit.* II, no.281, c.15, p.359）。提奥德里克很可能是在口吃者路易登基时被任命为宫廷总管的，不过也有可能他在秃头查理统治时期就已经占据了该职位。他很可能是欧坦伯爵埃卡尔德(Eccard，死于876年至877年之间）的兄弟，并被口吃者路易授予欧坦伯爵的职位(见本年代记有关下一年史事的记载）。戈西亚边疆伯爵伯纳德之所以受到惩罚，是因为参加了兄弟伊米诺的反叛，失去了一些采邑，并为复仇而夺取了欧坦。详见这一年以及下一年的史事记载。——参考了英译者注

③ 参见本年代记有关872年和876年的史事及其注释。——译者注

国王（口吃者）路易从特鲁瓦回到贡比涅。他为保持彼此的和平，已经派遣使者们去见自己的堂兄弟（小）路易。他在那里听取了这些使者们的禀报，然后与自己的谋臣们抵达赫斯塔尔。他们（口吃者路易和小路易）11月1日在梅尔森会面，双方相互保证了和平，确定在（来年的）圣母行洁净礼日（2月2日）再次相聚会谈；（秃头）查理的儿子（口吃者）路易将到贡德勒维尔，（日耳曼人）路易的儿子（小）路易则将到某个自己认为合适的地方。在这次会面中，他们在其忠诚者们的同意下，达成了如下协议：①

皇帝（秃头）查理的儿子（口吃者）路易和国王（日耳曼人）路易的儿
231 子（小）路易两位荣耀的国王相互订立了协议。这是在吾主诞生第878年，小纪第11年的11月1日，在名叫富鲁的地方，在他们自己以及他们双方的忠诚者们的赞赏和同意下进行的。

（秃头）查理的儿子国王（口吃者）路易声明：

“我们希望维持我的父亲（秃头）查理和你的父亲（日耳曼人）路易对罗退尔（二世）的王国所作的分割。倘若我的忠诚者中有人私自霸占该王国的任何疆土，他都将在我的命令下失去（所霸占的）土地。至于意大利皇帝路易（二世）曾经拥有的疆土，鉴于他自己从未作出任何分割（计划），因此任何一方可以继续保有他现在所保有的（土地），直到我们凭借天主意愿再次相聚，并与我们双方的忠诚者们找出并确定如何对我们更好、更公平。

---

① 该协议全文收入 *MGH, Capit*.II, no.246, p.168 中。此次会谈是在梅尔森附近的富鲁（Fouron）举行的。富鲁在今天比利时的列日省，位于亚琛和赫斯塔尔之间。双方到会谈地点的路途距离相近。会谈形成的协议很可能就是由本年代记的作者辛克马草拟的。本年代记此处的抄录是有关这一协议的唯一文献。辛克马对该协议的第7条尤为强调。小路易和口吃者路易都竭力保证自己对意大利的继承，而日耳曼人路易的另外两个儿子，长子卡洛曼和三子胖子查理则被排除在外。关于小路易在这一年的事迹，参见《富尔达年代记》的记载。约翰内斯·弗里德认为，双方的这一协议标志着加洛林不同统治者之间的关系发生了变化，每一位国王所统治的都是一个独立的政治体，他们之间的“统一”不再是一种法兰克帝国的统一，而只是一种教会的统一。Johannes Fried, “König Ludwig der Jüngere in seiner Zeit.Zum 1100.Todesjahr des Königs”, *Geschichtsblätter Kreis Bergstraße*, vol. 16, 1983, S.19.——参考了英译者注

至于意大利王国，现在尚无任何合理（的方案），因此要让所有人都知道，我过去主张得到该王国的一部分，现在依然主张，将来也要在天主的襄助下主张。”①

次日，他们决定了（下列）事项：

第一条：由于某些事由的羁绊，我们尚无稳固的友好和团结。我们已经决定尽快相聚会谈，以便在天主的帮助下，维持我们之间的友好关系和纯洁内心，满怀良善、坚守信义，任何一方不得谋求或侵犯其同侪的性命、疆土、忠诚者以及关乎王国安危、兴衰和尊严的其他东西。

第二条：若我们任何一方的王国内有异教徒或伪基督徒叛乱起事，只要 232
其有需要，另一方都要依据自己合理的能力，亲自或派遣其忠诚者们，竭尽全力，真心地支援其同侪，为其出谋划策，提供援助。

第三条：倘若我比你活得长久，我将尽我所能，援助你尚年幼的儿子路易以及天主将来赐给你的其他儿子们，为他们出谋划策，向他们提供援助，使他们能依据继承的权益，平静地保有父亲的疆土。倘若你比我活得更长久，我请求你同样应尽你所能，援助我的儿子路易和卡洛曼以及其他天主将来愿意赐给我的其他儿子们，为他们出谋划策，向他们提供援助，使他们能平静地保有父亲的疆土。

第四条：若有任何离间者和诽谤者不愿看到我们保持和平，无法接受王国的安宁，想要在我们之间滋生争执、冲突、不和，我们均不接受这样的事，不主动接纳这样的人，除非他想要在我们以及我们双方的忠诚者们面前对此等事情作出解释。若他不愿这样做，则我们任何一方都不会与他有任何

① 在秃头查理去世后，皇帝名号空缺，这成为一个重大的问题。日耳曼人路易留下的三个儿子卡洛曼、小路易和胖子查理以及秃头查理留下的口吃者路易四人构成了皇帝名号的竞争者。控制意大利对于他们夺取皇帝的名号至关重要。在 878 年和 879 年，卡洛曼事实上被接受为意大利的统治者，他在这一时期签发的很多状书都是签发给意大利接收人的（DD Carloman, nos.12–13, 16–17, 22–28）。小路易和口吃者路易之所以联手，主要就是为了针对他们四位堂兄弟中年龄最长、优势最大的卡洛曼。——译者注

接洽，相反，我们双方都会把他作为撒谎者、欺诈者、想要在兄弟间滋生不和的人，共同将他从我们身边驱逐，以免今后有人胆敢将此等谎言传入我们耳中。

第五条：我们尽快共同派遣使者们去见（两位）荣耀的国王卡洛曼和（胖子）查理，邀请他们参加我们定于2月6日召开的会谈，敦促他们不要拖延到会；倘若他们愿意应我们的请求到会，我们将遵循天主的意愿，为了神圣
233 教会的安宁，为了我们共同的尊严，为了天主交托于我们的全体基督教民众的利益和幸福，共同联合起来，以便我们今后在唯一者（天主）中成为一体，并自觉保持一体。我们都要遵照使徒所言，说同样的话，做同样的事，不让我们之间有任何分歧。

第六条：但是，倘若他们（卡洛曼和胖子查理）和他们的使者在受到我们的迫切呼唤、邀请之后，拒绝前来参加上述会谈，那么我们也要依据我们所做的决定，务必到会，并依据天主的意愿团结起来，除非发生了无可回避的急务，致使无法成行。倘若如此，任何一方都要及时告知其同侪，勿使我们的友好因此而受损或改变，以待我们遵照天主的意愿，在适当的时候充分巩固我们的友好。

第七条：至于教会财产，无论是主教辖区还是修道院，也无论其主要的教堂① 位于谁的王国，这些教堂的住持们② 都将毫无异议地拥有这些财产。倘若有人对此予以侵害，无论这些财产位于谁的王国，都要为此将他绳之以法。

第八条：鉴于流民和不知敬畏的人常常以暴徒般的恶俗扰乱王国的和平安宁，我们希望，这样的人为躲避其行为应受的赔偿和罪责，无论逃亡到我

---

① 此处拉丁文为“caput”，意思是“头”、“首”。无论是主教还是修道院院长，除了其主教座堂所在地或修道院教堂所在地之外，往往在其他主教区或其他地方也拥有分散的地产。——译者注

② 此处拉丁文为“rectores”，指管理和住持（除主教座堂和修道院主教堂之外的）普通教堂的神职人员。——译者注

们任何一方那里，我们任何一方都不得以任何目的接纳或容留他，除非是为了将他诉诸合法的审判和应有的赔偿。倘若他逃避合法的审判，其所到之国的所有人都应追捕他，直至将其付诸审判，逐出王国。

第九条：我们希望，那些在我们的王国合法地丧失其财产的人，应查明 234
（他们）在我们的父祖们时代的（财产占有）情况，据此予以审理，那些宣称自己因不公正而丧失财产的人，应到我们面前，遵照正义得到审理，重获自己的财物。

说完这些，（日耳曼人）路易的儿子（小）路易返回自己的疆土，（秃头）查理的儿子（口吃者）路易经由阿登（接下一年的史事记载）

879 年

（接上一年的史事记载）去往隆涅尔（Longlier）①，并在那里庆祝了圣诞节。他在阿登住了一段时间后，从那里启程，在圣母行洁净礼日（2 月 2 日）前后到达庞蒂厄。② 他打算进入欧坦讨伐叛乱的边疆伯爵伯纳德，于是行至特鲁瓦。③ 但是，他的病情加重。据说，他被人投了毒，无法继续行进，于是他将（与自己）同名的儿子路易（三世）④ 托付给奥弗涅伯爵伯纳德监护。他派遣修道院院长于格、博索和前述（奥弗涅伯爵）伯纳德与自己的儿子（路易），连同提奥德里克及其（提奥德里克的）部下，一起去欧坦，以便

① 拉丁文为“Longlarum”，在今天比利时东南部接近卢森堡的地方。——译者注

② 口吃者路易和小路易曾在上一年的协议中商定于这一年的 2 月 2 日圣母行洁净礼日再次相聚商议，而且口吃者路易原定去贡德勒维尔等待小路易。——译者注

③ 欧坦伯爵伯纳德同时也担任戈西亚边疆伯爵，参见本年代记有关 878 年史事的注释。——译者注

④ 对于西法兰克王国而言，虔诚者路易是第一位叫路易的统治者，随后是秃头查理的儿子口吃者路易，口吃者路易的儿子是西法兰克王国第三位叫路易的统治者，故学界通常将其称为（西法兰克王国的）路易三世。路易三世出生于 863 年到 865 年之间，此时尚未成年，但是已经接近成年。——译者注

夺回那个他此前已经授予提奥德里克的伯爵区，让提奥德里克享有它。① 国王（口吃者）路易自己则经由茹阿尔（Jouarre）修女院② 行进，十分艰难地到达贡比涅。他意识到自己难逃一死，便派遣博韦主教奥多和伯爵阿尔布温
235 （Albuin）带着王冠、宝剑和其他国王的权标去见他的儿子路易（三世），并命令在他（路易三世）身边的人为他祝圣加冕，立他为王。③4 月 14 日即耶稣受难日的傍晚，（口吃者）路易离世，并在次日即复活节前一日被埋葬在圣玛利亚教堂。④ 奥多和阿尔比翁得知国王已死，便将他们带着的权标交给了宫廷总管提奥德里克，并匆忙返回。但是，跟国王的儿子（路易三世）在一起的那些人听闻这位孩童（路易三世）的父亲已经去世，便通告那些地区的显贵们聚集到莫城见他们，并在那里商讨今后当如何行事。在修道院院长于格的介入下，博索和提奥德里克达成了协议，博索将得到欧坦伯爵区，而作为交换，提奥德里克将得到博索在那些地区拥有的（一些）修道院。⑤

随后，修道院院长高兹林对以前⑥ 自己从对手们那里遭受的陷害和不公

---

① 据本年代记上一年的史事记载，口吃者路易在博索的府邸为要臣们分配了荣职和采邑。——译者注

② 拉丁文为“Iodrum”。茹阿尔位于今天法国中北部的塞纳—马恩省。该修女院创立于 7 世纪初，在莫城主教辖区。——译者注

③ 关于博韦主教奥多，参见有关本年代记 870 年史事的注释。阿尔比翁可能在年轻的时候是口吃者路易的三弟阿奎丹王查理的支持者之一，参见有关本年代记 864 年史事的注释。从 864 年到 879 年，我们没有关于此人的信息。值得注意的是，口吃者路易并未将国王的权标交给王后阿德莱德保管，这可能是因为口吃者路易与她的婚姻受到不少人的质疑。与此不同，秃头查理在临死前将国王的权标器物交给了妻子里希尔蒂，后来口吃者路易通过谈判才从里希尔蒂那里得到这些器物。——参考了英译者注

④ 该教堂是秃头查理在贡比涅的宫廷礼拜堂，参见本年代记有关 877 年史事的注释。迈耶尔·戈培尔认为，辛克马是在一次记述中就写完了口吃者路易从 877 年加冕到 879 年去世的整个统治时期的史事。M.Meyer-Gebel, “Zur annalistischen Arbeitsweise Hinkmars von Reims”, *Francia*, Band 15, 1987, S.102.——译者注

⑤ 在 877 年，博索是欧坦的圣马丁修道院的庇护人。——据英译者注

⑥ 此处拉丁文为“tempore praecedenti”，格兰特等拉丁文编者注释说，它指的是“在先王统治的时期”。——译者注

怀恨在心①。当他在安德纳赫战役中被俘并被带过莱茵河（以东）的时候，他与日耳曼的国王（小）路易、他（小路易）的妻子②以及该地（日耳曼）的显贵们建立了密切的关系。③他仰赖这种密切关系，开始盘算如何报复他 236
的对手们。他引诱巴黎伯爵康拉德④，给他以赢得巨大权力的虚假希望，告诉他应该如何利用计谋实现这一希望，从而将他拉拢到自己身边。他们在国王的儿子（路易三世）身边的人奔赴定于莫城召开的会议之前，迅速召集他们所能召集的主教、修道院院长以及权势之人到泰兰河（Thérain）汇入瓦兹河的地方举行会议。他们的借口是，鉴于国王（口吃者路易）离世，他们必须齐心协力，商讨王国的和平和利益。他们说服前来参会的人，他们应呼唤日耳曼的国王（小）路易进入该（口吃者路易的）王国，这样他们便可在他（小路易）的慷慨之下，无可争议地得到此前他们无法获得的职位和采邑。他们派遣信使到前述（小）路易和他的妻子那里，请他们尽快赶赴梅斯⑤，而他们（高兹林和康拉德）能将该（口吃者路易的）王国的所有主教、修道院院长以及显贵们带到那里见他（小路易）。为此，他们经由塞尔韦，在埃纳河沿岸犯下许多抢夺和劫掠的罪行，直到他们抵达凡尔登。当（小）路易到达梅斯的时候，他们再次派遣信使见他，请求他来到凡尔登，以便他们能

---

① 在 878 年，辛克马与高兹林依然持有共同的立场，参见本年代记上一年的史事记载及注释。但是，从此处和随后的记载来看，二者已经不再是合作关系。——据英译者注

② 指小路易的妻子留特嘉德（Liutgarde）。据雷吉诺在其《编年史》有关 882 年的史事中记载："国王（小）路易将留特嘉德娶为王后，与她只生育了一个儿子，取名路易。"留特嘉德的祖父布伦（Brun）、父亲留道尔夫（Liudolf）和兄长布伦都是萨克森公爵。据《富尔达年代记》有关 880 年的史事记载，留特嘉德的兄长布伦 880 年 2 月 2 日在抵御北方人的战事中丧生。——译者注

③ 关于高兹林在安德纳赫战役中的作用，参见本年代记有关 876 年的史事记载及注释。——译者注

④ 康拉德很可能在此之前已经与小路易的宫廷建立了联系。关于康拉德，参见本年代记有关 871 年、875 年和 876 年的史事及其注释。——据英译者注

⑤ 梅斯是加洛林家族的发祥地，也是诸位加洛林国王的加冕地和安葬地。他们选择这一具有象征意义和家族传统的地方作为会面地点，并邀请小路易的妻子留特嘉德与小路易同行，说明他们所谋划的是在梅斯为小路易和留特嘉德祝圣加冕。——参考了英译者注

更方便地带该王国的民众来见他。不过，在（小）路易去往凡尔登的时候，
他的兵马无恶不作，其诸多恶行似乎超过了异教徒们所犯的恶行。当于格、
博索、提奥德里克以及他们的部下听闻高兹林、康拉德以及他们的支持者们
237 所谋划的事情之后，派奥尔良主教瓦尔特、瓜朗和安斯吉尔（Ansger）两位
伯爵[①]去凡尔登见（小）路易，意在把（秃头）查理在与他（小路易）的父
亲（日耳曼人）路易的协议中所分得的那部分小罗退尔（即罗退尔二世）的
疆土献给他（小路易），而他在得到这部分疆土之后应返回自己的疆土，并
同意（口吃者）路易的儿子们拥有（口吃者）路易曾经拥有的父亲（秃头）
238 查理的其他疆土。[②]（小）路易和他的部下接受了这一进献，轻蔑地拒绝了
高兹林、康拉德以及他们的支持者们。（小）路易在接受了这部分疆土之后，
返回自己在法兰克福的王宫。但是他的妻子闻听此事，十分恼怒，说倘若自
己与他同行，他可以得到整个（口吃者路易的）王国。高兹林和康拉德陷于
困境，逃往该王后（留特嘉德）那里，抱怨说他们被人骗了。[③]他们接到了

① 瓦尔特从868年或869年开始成为奥尔良主教，直到891年左右离世。他是圣德尼修道院院长于格的支持者，参见《圣瓦斯特年代记》有关879年史事的记载。关于瓜朗，参见本年代记有关877年史事的记载。格兰特等拉丁文编者认为，安斯吉尔是蒙蒂耶拉梅（Montiéramey）修道院（位于今天法国奥布省）的庇护人。——参考了英译者注

② 《圣瓦斯特年代记》在879年的史事中记载："修道院院长于格派出奥尔良主教瓦尔特，向国王（小）路易提出，他可以得到他的父亲（日耳曼人路易）在与（秃头）查理的分割协议中所得到的那部分罗退尔（二世）的疆土，然后撤回自己的王国，并与他的侄子们保持和平。他（小路易）听说此事后，接管了这部分疆土，撤回自己的王国。"雷吉诺在其《编年史》有关879年的史事中记载："两位即将成年的人（口吃者路易的儿子路易三世和卡洛曼）为了让（小）路易与他们缔结协议之后撤离，主动将他们的祖父（秃头查理）和父亲（口吃者路易）所拥有的那部分罗退尔（二世）的疆土让给他（小路易），并将阿尔勒的圣瓦斯特修道院也让给他。"有学者认为，雷吉诺此处记载的圣瓦斯特修道院的让与是错误的。不过，《富尔达年代记》对小路易这一重大收获却只字未提。这一协议于880年2月在里布蒙（Ribemont）得到了重新确认，参见本年代记随后有关880年的史事记载。——译者注

③ 辛克马此处的记载是高兹林和康拉德求助于王后留特嘉德的唯一记载。正是应他们的请求，小路易在880年初再次入侵西法兰克王国。参见本年代记下一年的史事记载。——据法国版编者注和英译者注

（小）路易派来的使者们，后者向他们作了保证，并送来一些人质，于是他们（高兹林和康拉德）返回，并在所能到达的地方大肆抢夺、劫掠。他们向自己的部下透露，（小）路易将很快率领大军前来。但是，他（小路易）无法立即到来，因为他得到可靠的禀报，得知兄长卡洛曼被麻痹缠身，濒临死亡，而他（卡洛曼）与姘妇所生的名叫阿努尔夫的儿子已经执掌了父亲的部分疆土①。因此，（小）路易应该迅速前往那里，他确实如此做了。他尽其所能地平息了那些地区的异动，随后返回妻子身边。

修道院院长于格和其他站在已故封君（口吃者）路易的两个儿子路易（三
世）和卡洛曼（二世）②一方的显贵们听说，（小）路易与他的妻子将要进入 239
那些地区（西法兰克王国），便派遣一些主教，即桑斯的安塞吉和其他人去费里埃尔（Ferrières）修道院，并在那里将他们（路易三世和卡洛曼二世）祝圣并加冕为国王。③

其间，博索的妻子说，自己是意大利皇帝（路易二世）的女儿，又曾与希腊皇帝订婚，如果不能使丈夫成为国王，她就不愿活了。博索在她的这番唆使下，对那些地区的主教们一方面通过威胁恐吓，另一方面通过激发他们

---

① 如前面所记载的，卡洛曼在 877 年就患了病，且未能好转。他早在 850 年左右便与留特斯温（Liutswind）生了儿子阿努尔夫。留特斯温是巴伐利亚北方高（Nordgau）伯爵埃尔恩斯特（Ernst）的妹妹。根据来自西法兰克王国的一些文献，卡洛曼在 861 年正式迎娶了前述埃尔恩斯特的女儿留特斯温，后者在 879 年去世之前未能给他生育儿子；由于后一桩婚姻，卡洛曼与前一位留特斯温的结合属于姘居，阿努尔夫为非婚生子。不过，很可能两位留特斯温是同一人，卡洛曼在 861 年只是通过正式婚姻确认了他此前与留特斯温的结合，同时也确认了阿努尔夫的合法地位。在 879 年之前，阿努尔夫已经被父亲安排为卡林西亚公爵，并在父亲患病期间开始了对巴伐利亚的统治，并开始以父亲的名义发布状书。他在 887 年成为东法兰克王国的国王，在 894 年成为意大利国王，在 896 年成为皇帝，死于 899 年。——译者注

② 卡洛曼是口吃者路易和安斯嘉德所生的次子，大约生于 866 年。在查理曼的弟弟卡洛曼之后，他是西法兰克王国第二位名叫卡洛曼的国王，故而学界将其称为卡洛曼二世。他在 884 年 12 月 12 日狩猎时死亡，来自东法兰克王国的胖子查理继承了他的王国。——译者注

③ 此事发生在 9 月。——参考了英译者注

的贪欲，向他们许诺并在随后（确实）给了他们修道院和庄园，说服他们为其涂抹膏油，将其加冕为王。[①] 罗退尔（二世）和瓦尔德拉达所生的儿子于格纠集大批匪徒，竭力闯入其父（曾经拥有的）的疆土。[②]

240 日耳曼已故国王路易的儿子（胖子）查理进入伦巴德，夺取了该王国。在他翻越朱庇特山口之前，路易（三世）和卡洛曼（二世）前往奥尔布与他举行了会谈。[③] 当他（胖子查理）向伦巴德行进的时候，他们（路易三世和

① 根据雷吉诺在其《编年史》有关 879 年的史事中记载，博索贬低口吃者路易的儿子们，说他们“出身不正”(degeneres)。以此判断，博索的野心并不只是得到西法兰克王国的部分疆土，而是要完全排斥口吃者路易的儿子们，从而得到整个西法兰克王国。雷吉诺在其《编年史》中记载，博索称王分为两步，即在 10 月 15 日维埃纳附近的芒泰勒会议上他被推举为国王，随后又在里昂被大主教奥勒良（Aurelian）予以祝圣。博索是加洛林帝国晚期第一位非加洛林家族却加冕称王的人，由此开启了异姓称王的先例。辛克马在此处应该是有意不交代博索在哪一教堂中，被哪位大主教祝圣。关于博索如何通过与加洛林家族的多重姻亲关系扩展自己的权力，参见 Constance B.Bouchard, “The Bosonids or Rising to Power in the Late Carolingian Age”, *French Historical Studies*, vol.15, no.3, 1988, pp.407–431.——参考了格兰特等拉丁文编者注和英译者注

② 据《富尔达年代记》879 年的史事记载，于格“在高卢僭称君主。国王（小路易）派遣了一些亲信去对付他，旨在将他逐出那里。他们到达后，将他（于格）的一些部下包围在凡尔登附近的一个要塞。他们在夺取该要塞后，杀死一些人，放逐一些人，通过削发剥皮，对另一些人大加羞辱，随后将他们从那里赶走，并拆毁了该要塞”。辛克马此处将于格的支持者们称为“匪徒”，并称他进入罗塔林吉亚为“闯入”或“侵入”(inuadere)，显示了他对于格的批判立场。不过，于格无疑拥有大批支持者。根据《圣瓦斯特年代记》有关这一年的史事记载，于格有大量追随者在布拉邦特抵御维京人。——参考了格兰特等拉丁文编者注和英译者注

③ 路易三世和卡洛曼二世为讨好胖子查理，放弃了他们对于罗塔林吉亚西部地区的主张，参见本年代记有关 882 年史事的记载和注释。他们也可能放弃了父亲对意大利的主张。实际上，从口吃者路易去世到他的两位儿子加冕称王，西法兰克王国处于混乱之中。为了应对高兹林和康拉德邀请东法兰克王国小路易的方案，辛克马曾写信给东法兰克王国阿勒曼尼和意大利的国王胖子查理三世，向他提议，鉴于胖子查理自己并没有儿子，因此他可以从口吃者路易的两位儿子中选择一位，收为养子，对其加以监护和养育。辛克马也将此信送给了修道院院长于格，请于格为了两位少年国王和王国的利益斟酌定夺。辛克马的提议旨在利用胖子查理三世来制衡他的兄长（小）路易。辛克马的这一方案可以确保口吃者路易的两位儿子中至少有一位可以长久地保持父亲的疆土，而且他在信中

卡洛曼二世）已经返回来。他们获悉，卢瓦尔河上的北方人登上了陆地，对那个地区大肆劫掠，于是他们立即赶赴那些地区，并在圣安德鲁日（11月30日）[1]与他们（北方人）遭遇，杀死了其中许多人，将许多人淹死在维埃纳河中。承蒙天主的意愿，法兰克人的军队安然无恙，胜利而归。

880年

日耳曼国王（小）路易和他的妻子一起从亚琛进入那些地区，行至杜济。高兹林和康拉德去那里见他，但是他们的许多支持者已经脱离了他们的朋党。（小）路易和他的妻子继而到达阿蒂尼，又从那里到了埃尔克里 241
(Ercry)[2]，最后到达里布蒙(Ribemont)[3]。他们发现高兹林和康拉德无法兑现他们所承诺的事情，他和他妻子的期望无法实现，于是便与（口吃者）路易的儿子们订立友好协议，确定（随后的）6月在贡德勒维尔举行会谈，然后返回自己的王国。[4]（小）路易在行程（返程）中发现了北方人，他的兵

将两位王子称为“小王”(reguli)，也意在强调他们继承父亲疆土的合法性。辛克马特别强调，只是提议胖子查理从路易和卡洛曼两位王子中选择一位作为养子，而不是将两人同时收养，这很可能是为了保证西法兰克王国的完整性。此外，辛克马的方案并没有确定路易和卡洛曼中谁应该被胖子查理收养，这就给胖子查理和博索等人留下余地，比如博索可以争取让胖子查理收养已经与其女儿订婚的卡洛曼。辛克马的方案既可以实现先王口吃者路易的遗愿，也有助于保证东法兰克王国和西法兰克王国的和平。而且，从长远来讲，倘若这位被收养者将来继承了胖子查理的疆土，则可以说是西法兰克王国利益的拓展。因此，辛克马的提议是一个颇为出色的构想。不过，辛克马在《圣伯丁年代记》中并没有提及他的这一方案。——译者注

① 圣安德鲁日为每年11月30日。——译者注

② 此处拉丁文为“Ercuriacum”。此地今天称为阿斯费尔德（Asfeld），在法国北部阿登省，拉昂城东南方约35公里的地方。在中世纪早期，此地为一要塞。“Ercry”乃此地旧名，源自其拉丁文地名。——译者注

③ 里布蒙位于法国北部埃纳省，圣康坦附近。——译者注

④ 这一协议被称为里布蒙协议。它确认将秃头查理于870年分得的罗塔林吉亚西部地区割让给小路易。该协议是在880年2月订立的。据《富尔达年代记》记载，小路易“赴高

马在主的襄助下，杀死了其中的一大部分①，不过他在萨克森征讨北方人的时候损失了大量忠诚者。②

已故国王（口吃者）路易的儿子们回到亚眠，遵照他们的忠诚者们的意见，分割了父亲的王国，路易（三世）将拥有父亲的王国中法兰西亚的剩余部分③和纽斯特里亚及其诸边疆区，而卡洛曼（二世）将拥有勃艮第、阿奎
242 丹以及它们的边疆区。④每位显贵都依据便利（的原则），即根据其拥有的职位和采邑位于哪位（国王）的疆土份额中，便委身于哪位国王。他们（两位国王）回到贡比涅，在那里庆祝了复活节（4 月 3 日），而后经由兰斯和夏龙去参加定于6月月中在贡德勒维尔与他们的堂叔们⑤召开的会谈。（小）

卢接纳了（口吃者）路易的儿子们的投靠，将罗退尔的整个王国置于自己的统治下。”据《圣瓦斯特年代记》记载，修道院院长于格作为西法兰克王国两位国王的主要辅佐者，率一支大军进驻圣康坦，并主导了与小路易的会谈。该年代记还明确提及，于格和高兹林之间存在对立。胖子查理也将参加在贡德勒维尔举行的会谈，参见本年代记稍后的记载。——据英译者注

① 这场战役发生在蒂默翁（Thiméon），该地位于今天比利时的埃诺省。据《富尔达年代记》记载：“他（小路易）从那里调集军队，以对付长期盘踞在斯海尔德河的北方人。开战之后，他们（北方人）中五千余人丧生。国王（小路易）的儿子于格也在此役中阵亡。”《圣瓦斯特年代记》则记载了西法兰克王国的辅政大臣，修道院院长于格在此次战役中的重要作用。由此来看，这场战役并非小路易返回东法兰克王国的行程中的一场遭遇战。这支北方人早在 879 年便从英格兰来到法兰西亚。辛克马在记载本年代记最后几年的史事时，所记颇为简略，缺乏细节，多有遗漏。迈耶尔—戈培尔据此认为，辛克马是 882 年在埃佩尔奈根据自己的记忆补写这几年的事件的，而不是像此前那样逐年记述，甚至一年多次记述。——译者注

② 这场战斗发生在 2 月 2 日，地点则不详。据《富尔达年代记》记载，这是一场“惨烈的”的战斗，北方人取得了胜利，小路易则损失了两位主教、12 位伯爵和 18 位封臣，其中包括王后留特嘉德的兄长萨克森公爵布伦。——译者注

③ 即除去了在里布蒙协议中规定割让给小路易的疆土，即罗塔林吉亚的西部地区。——译者注

④ 《圣瓦斯特年代记》对亚眠疆土分割方案的记载与此类似，但有更多细节。有学者认为，在这次疆土分割的过程中，于格支持卡洛曼二世，而高兹林支持路易三世。——据英译者注

⑤ 此处拉丁语为“suis sobrinis”，指的是会见小路易和胖子查理，即他们的堂叔们。——译者注

路易困于疾病，无法参加此次会议，但是派遣了他的使者们参加。(胖子)查理则从伦巴德返回，并到达那里。① 在此次会议上，他们一致同意，决定让这（两位）国王，即已故的（口吃者）路易的儿子们，率领日耳曼国王（小）路易的一支兵马，返回阿蒂尼，讨伐小罗退尔（二世）的儿子于格。他们到达那里后没有找到于格，于是攻打了他（于格）的妹夫提奥巴尔德(Theutbald)，杀死了许多人，并迫使他逃跑。② 他们部署了兵马驻扎在根特，防范北方人，保卫他们的王国，从那里率领各自王国的兵马，会同上述日耳曼国王（小）路易的那支兵马，在七月份离开特鲁瓦城，进入勃艮第，攻打博索 ③，而国王（胖子）查理亦将率军前来。他们之前留下一支军队驻扎在 243
根特（Ghent），以守卫这个王国免受北方人袭击。④ 在此次征伐中，他们将博索的部下逐出了马孔要塞，夺取了该要塞，将其与该伯爵区一起交给绰号

---

① 辛克马曾在这个时候写信给胖子查理，请求他为其年轻的侄子路易（三世）和卡洛曼（二世）挑选合适的辅佐者。参见 *PL*, tome 125, cols.989–994。英译者在此处的注释中将路易三世和卡洛曼二世称为胖子查理的堂兄弟，存在辈分错误。——参考了英译者注

② 据《富尔达年代记》记载，这次战役发生在 8 月月中，小路易不仅提供了兵马，还派出了诸多大将，而且在战役中发挥决定性作用的正是这些大将而非西法兰克王国的两位年轻国王。“8 月月中，(小）路易与他的部下在沃尔姆斯举行了会议，派遣了一批忠诚者到贡德勒维尔，会见他的侄子们的使者。他还派遣了一些人，去对付在高卢僭称君王的于格。亨利（Henry)、阿达拉尔德以及他们的部下，与于格的大将即执掌高卢兵权的提奥巴尔德开战，双方皆有许多人负伤而死。在这场战争中，亨利获得了血腥的胜利。”在这场战役中，日耳曼人路易和秃头查理瓜分了罗退尔二世疆土的国王的后代，联手打击罗退尔二世继承人。提奥巴尔德是博索家族的成员，他是阿尔勒伯爵胡伯特的儿子，而胡伯特的妹妹正是罗退尔二世的第一任妻子提奥贝尔嘉。罗退尔二世强行离弃提奥贝尔嘉，并与姘妇瓦尔德拉达生育了于格和贝尔塔。胡伯特是罗退尔二世离婚诉求的坚决反对者。但是，他的儿子提奥巴尔德却迎娶了贝尔塔。这桩婚姻说明，提奥贝尔嘉和瓦尔德拉达的支持者们为了保障自身利益，实现了和解。——译者注

③ 关于博索自称为王，参见上一年的史事记载及注释。——译者注

④ 据《圣瓦斯特年代记》记载（p.48），国王路易三世将这支军队置于修道院院长高兹林的领导之下，去征讨维京人，10 月初双方发生了一场战役，高兹林未能取胜。——据英译者注

为“绒毛爪子”(Hairy-paws)的伯纳德。[①] 而后(胖子)查理、路易(三世)和卡洛曼(二世)迅速前去包围维埃纳,(因为)博索将妻子、一位女儿以及大批部下留在那里,自己则逃入山地。[②](胖子)查理承诺与(两位)侄子一起围攻维埃纳,却很快与他们相互发下某种誓言,撤出围攻,进入意大利。[③] 他随后到达罗马,在圣诞节获得教宗约翰的祝圣,成为皇帝。[④]

881 年

244 当卡洛曼(二世)率领其部下对付博索的分裂之时,他的兄长路易(三世)返回其疆土,去讨伐北方人[⑤]。这些北方人在行进中毁坏了沿途的一

---

① 这个绰号意味着狐狸般的狡猾。这位“绒毛爪子”伯纳德究竟是谁,学界有不同的观点。一种观点认为他就是奥弗涅伯爵伯纳德,即残暴的伯纳德的儿子伯纳德。本年代记上一年的史事记载中曾提到,奥弗涅伯爵伯纳德被任命为年轻的路易三世的顾命大臣。这无疑对他在勃艮第拓展自己的利益大有益处。在他 886 年去世后,马孔也正是被他的儿子继续执掌着。《富尔达年代记》在这一年的史事中也记载了一位伯纳德受博索的命令守卫马孔,并在该城遭受攻击的时候投降。不过,另一些学者认为,“绒毛爪子”伯纳德是戈西亚边疆伯爵伯纳德,且《圣伯丁年代记》和《富尔达年代记》在 880 年史事中提到的伯纳德并非同一个人。英译者詹尼特・尼尔森认为,《圣伯丁年代记》上一次提到戈西亚边疆伯爵伯纳德的时候,他是在反叛口吃者路易(参见本年代记有关 878 年的史事记载)。他很可能在 879 年博索称王之后就与博索达成了协议,离开欧坦,换得马孔。也就是说,戈西亚伯爵边疆伯纳德在 880 年很可能站在博索一方,反对口吃者路易的继承人路易三世和卡洛曼二世,因此他不可能在事败之后还得到马孔。因此,尼尔森认为,本年代记此处的“绒毛爪子”伯纳德就是奥弗涅伯爵伯纳德。——参考了英译者注

② 《圣瓦斯特年代记》的记载(p.47)与此有所不同,“博索在城内顽强自卫”。——据英译者注

③ 据《圣瓦斯特年代记》记载:“胖子查理在夜里起来,趁着路易(三世)和卡洛曼(二世)尚未觉察,火烧了自己的营地,返回自己的疆土。”随着胖子查理的撤离,路易三世和卡洛曼二世不得不解除了对维埃纳的围攻。虽然辛克马遗漏了这点,但是他在此后确实对胖子查理不再热心。——据格兰特等拉丁文编者注和英译者注

④ 辛克马此处的记载有误。胖子查理是在 881 年 2 月 12 日被祝圣的。——据格兰特等拉丁文编者注和英译者注

⑤ 《圣瓦斯特年代记》还记载说,路易三世“在贡比涅庆祝了(880 年的)圣诞节”。事实上,

切，占据了科尔比修道院、亚眠城和其他一些圣所。① 许多北方人被杀死，
另一些人则逃窜，但是路易（三世）自己和他的部下也在无人追击的情况
下掉头逃跑。此乃神圣裁断的显现，因为北方人做到此事不是依靠人的力
量，而是依靠神的力量。② 当北方人再次袭击他王国的疆土时，这位路易 245
（三世）再次率领他所能召集起来的兵马迎战他们。他在一些谋臣的敦请
下，在一个名叫埃特兰（Étrun）的地方建造了一座木制的堡垒，它的修建
为异教徒提供的防护多于为基督徒提供的帮助，因为这位国王路易（三世）
根本找不到一个可以派去守卫这一堡垒的人。③ 他从那里返回，（接续下一
年的史事记载）

尽管胖子查理和路易三世先后撤走，但对维埃纳的围攻并未放弃，而是一直延续到了 882 年。——据格兰特等拉丁文编者注和英译者注

① 《圣瓦斯特年代记》对这次北方人的侵扰记载更为详细，而且提到这一战事发生于 2 月。——据格兰特等拉丁文编者注和英译者注

② 辛克马这里所记载的是著名的索库尔（Saucourt-en-Vimeu）战役。索库尔位于今天法国北部的索姆省。这场战役发生在 881 年 8 月 3 日。据《富尔达年代记》记载：“他（小路易）的侄子（路易三世）向北方人开战，获得了荣耀的胜利；因为据说他杀死了北方人的九千骑兵。”据《圣瓦斯特年代记》记载，国王路易三世“取得了极其荣耀的胜利”。雷吉诺所写的《编年史》在记载 883 年路易三世的去世时说：“他是一位勇敢的人，他强悍地保卫了（天主）置于其统治之下的王国，使其免于异教徒的侵凌。在他所成就的众多事情之中，最值得一提的是他在一个被称为索库尔的地方，倾尽全力与北方人所打的一场杰出的战役。据说在这场战役中，他用剑砍死了 8 000 敌兵。”基于索库尔战役的重大胜利，产生了后来古高地德语武功歌《路德维希之歌》（*Ludwigslied*）。怪异的是，尽管当时众多的文献都记述了这场战役中路易三世的凯旋，但是辛克马在此处却把它描述成诡异的逃跑和失败。——译者注

③ 该堡垒位于今天法国诺尔省，康布雷附近。它的修建是为了阻塞维京人通过斯海尔德河进入内陆。《圣瓦斯特年代记》也同样记载了该堡垒的修建，但是并无批评之意。根据里布蒙协议，康布雷属于东法兰克王国小路易的疆土。西法兰克王国的路易三世在此修建军事设施表明，小路易并不打算直接统治这一地区，而是满足于秃头查理所树立的那种作为最高统治者实施间接统治的原则。路易三世在罗塔林吉亚西部的统治权，类似于小路易委派到当地的官吏的权力。——参考了英译者注

882年

（接续上一年的史事记载）在贡比涅欢度了圣诞节以及复活节（4月8日）。他在那里获悉，他堂叔（小）路易，即日耳曼国王路易的儿子，活着于自己、于教会、于王国皆无益，便离世而去。[1] 该（小路易）王国中的一些显贵们将一些疆土作为租借地[2] 交给了这位（西法兰克王国的）路易（三世）。他们来见路易（三世），欲委身于他，以便使他同意他们保有其父亲和祖父所拥有的土地。但是，路易（三世）在显贵们的建议下，基于他自己和
246 （胖子）查理相互所发的誓言[3]，并未接受他们的委身。不过，他派遣了一支兵马，在提奥德里克[4] 的率领下，前去支援他们对付北方人。国王自己渡过塞纳河，行至图尔，打算接纳布列塔尼人的诸位首领并向北方人开战。[5]（但是）在那里他的身体患了病，被人用轿椅抬到了圣德尼修道院。他8月离

---

① 小路易死于这一年的1月20日，死后被安葬在洛尔施修道院，他的父亲的墓室旁。他的死讯肯定在复活节之前就已传到路易三世那里。辛克马将此事记述在复活节之后，存在时间错乱的问题。小路易早在855年到860年之间，就与一位姘妇生育了私生子于格，于格在880年的蒂默翁战役中丧生。小路易在865年之前曾与其父日耳曼人路易的宫廷侍应官阿达拉尔德的女儿在一起，但是迫于父亲的压力，小路易结束了与这位女子的关系。他在874年将近40岁的时候，迎娶了留特嘉德。留特嘉德在877年左右的时候为他生了儿子路易，但是这位儿子在879年11月两岁左右的时候就从窗户上掉落而亡。也就是说，小路易死后未能留下子嗣。事实上，小路易在父亲日耳曼人路易和叔父秃头查理先后去世的情况下，展现出了卓越的军事才能和维护家族利益的宽广胸怀。他与西法兰克王国的路易三世和卡洛曼二世缔约，派兵共同围剿博索，打击罗退尔二世的儿子于格，支援西法兰克王国对付北方人。不过，此处辛克马却对他尖锐批评。——译者注

② 通过里布蒙协议，东法兰克王国的小路易得到了罗塔林吉亚的西部地区。这里的记述表明，在协议订立之后，西法兰克王国的路易三世以某种形式租回了这片疆土。这可以解释为何上一年路易三世可以在这一地区营建木质的要塞。——译者注

③ 关于路易三世与胖子查理之间的誓言，参见本年代记有关879年的史事记载及注释。——译者注

④ 关于提奥德里克，参见本年代记有关878年和879年的史事记载。——译者注

⑤ 据《圣瓦斯特年代记》记载，这些北方人的首领名叫“Alstingus”，实际上就是著名的维京人首领哈斯丁。他向路易三世承诺离开卢瓦尔河。——据英译者注

世，并被埋葬在那里。[1]

王国的显贵们派遣一位信使疾驰到卡洛曼（二世）那里，请求他留下兵马围攻维埃纳并镇压叛乱的博索[2]，（自己）尽快与他们会合，因为他们已经准备好了抗击北方人。[3] 那些北方人已经焚烧了科隆、特里尔和他们下属的修道院，控制了位于列日、普吕姆和因登（Inden）[4] 的圣兰伯特的诸多修道院、亚琛王宫，以及通格雷、阿拉斯（Arras）、康布雷等附近的主教区和部 247
分兰斯主教区的修道院，焚烧了穆宗堡垒的一部分。梅斯主教瓦拉违背神圣的权威和主教的职守，披盔戴甲作战。北方人杀死了他，并迫使他的同伴逃跑。[5] 王国的显贵们已经准备好接受卡洛曼（二世），委身于他，他们也的确这样做了。当 9 月卡洛曼忙于备战之时，他从可靠的信使那里得知，（他的兵马）攻取了维埃纳，但博索的弟弟理查德将博索的妻子和女儿带到了他

---

① 根据《圣瓦斯特年代记》记载，路易三世死于 8 月 5 日，死因是遭受了内伤，“他年轻气盛，追逐一位女孩，即一位名叫热尔蒙德（Germund）的人的女儿。她躲进了父亲的房子，国王骑着马戏弄并追逐她，肩膀重重撞在门梁上，胸部撞在马鞍上，遭受了重创。他由此生了病，被带到圣德尼修道院，于 8 月 5 日离世，并被安葬在圣德尼的教堂之中。这给法兰克人留下了巨大的悲痛”。——译者注

② 880 年小路易、路易三世、卡洛曼二世联合围攻维埃纳，随着小路易撤离，路易三世和卡洛曼二世也撤离，但随后卡洛曼在 881 年重新开始围攻维埃纳。参见本年代记有关 880 年和 881 年的史事记载。——据格兰特等拉丁文编者注

③ 这里，辛克马将 881 年和 882 年的事件糅合起来了。据《富尔达年代记》和雷吉诺的《编年史》记载，北方人焚烧科隆、洗劫修道院和亚琛的时间是 881 年，而他们焚烧特里尔是在 882 年 4 月 5 日。——据格兰特等拉丁文编者注

④ 因登位于今天德国西部，北莱茵—普法尔茨州科隆区迪伦（Düren）县。——译者注

⑤ 瓦拉是一位伯爵的儿子，在 876 年成为梅斯主教。他在 878 年的特里尔宗教会议上被教宗约翰八世擢升为大主教。瓦拉曾与特里尔大主教贝尔图尔夫发生过矛盾，因为后者不准作为自己下属主教的瓦拉佩戴大主教的披肩。不过，后来瓦拉作了让步，与贝尔图尔夫和解。据《富尔达年代记》第二组抄本记载，“梅斯主教瓦拉草率地率领一小队兵马抵御他们，结果被杀”，即瓦拉失败的原因是兵马不多，行动草率。辛克马在此处将瓦拉战死疆场归因于违背教会守则。不过，在当时的东法兰克王国，教士和修士统兵或参军作战的情况很常见。据《富尔达年代记》美因茨续篇的记载，在北方人从特里尔向梅斯转移的时候，不仅梅斯主教瓦拉，而且特里尔大主教贝尔图尔夫和梅斯伯爵阿达拉尔德都率军抵抗。北方人是在击败他们之后才洗劫了梅斯的。——参考了英译者注

自己的欧坦伯爵区。①（卡洛曼还得知），哈斯丁（Astingus）和追随他的北方人已经离开卢瓦尔河，去往沿海地区。②

名号为皇帝的（胖子）查理率领大军前去讨伐北方人，行至他们的堡
248 垒。当到达那里时，他就丧失了决心。他在一些人的调停下，与戈德弗里德及其部下达成了协议，即戈德弗里德应接受洗礼，然后可获得罗里克曾经拥有的弗里西亚和其他采邑。③他（胖子查理）将自己从梅斯的圣斯蒂芬（教堂）的圣库和其他圣徒们的圣所夺得的数千磅金银交给希吉弗里德（Sigfrid）、戈姆（Gorm）以及他们的追随者们，并允许他们居住下来，意在让他们像以前那样破坏他的堂侄（卡洛曼二世）的疆土。④他将梅斯主教的教会收入，

---

① 理查德生于858年，死于921年。他又被称为勃艮第的理查德、欧坦的理查德，或政法官（Justiciar）理查德。在875年，理查德与兄长博索一起参加了秃头查理的意大利远征和加冕。在877年秃头查理去世后，博索忙于争夺宫廷权力，安排弟弟理查德作为国王口吃者路易的钦差，执掌意大利和普罗旺斯公爵区。当879年博索称王之后，弟弟理查德并没有支持。相反，他选择忠于加洛林家族，站在国王卡洛曼二世一方，进占欧坦伯爵区，并于次年被卡洛曼确认为欧坦伯爵。他参与了对马孔的围攻，并随后驻扎在那里。随后，他又参与了胖子查理、路易三世和卡洛曼二世对维埃纳的联合围攻。理查德带走兄长的妻子和女儿，不是为了保护她们，而是将她们囚禁在欧坦。理查德和博索虽然是兄弟，但持有大为不同的政治立场。——译者注

② 参见这一年前述史事的注释。辛克马所说的"沿海地区"应该指的是当时其他维京人相当活跃的弗里西亚和塞纳河之间的法兰西亚海岸地区。哈斯丁的名字在不同文献中有不同的拼写，诸如Anstignus、Hæstenus、Hæstennus、Hæstingus、Alstingus和此处的Astingus等等。他是9世纪中后期著名的维京人首领，大概出生于9世纪30年代，死于900年左右。他曾先后劫掠了英吉利海峡两岸以及地中海沿岸的数十个城市。他和他的部下长期盘踞在卢瓦尔河上。——译者注

③ 这位戈德弗里德是本年代记853年史事中提到的那位与秃头查理达成协议的戈德弗里德的亲属，很可能是后者的儿子。参见本年代记有关853年和877年的记载。据《富尔达年代记》记载，戈德弗里德先是假意谈判，而后狡诈地杀死了许多法兰克人。胖子查理不知羞耻地为戈德弗里德举行洗礼，还将戈德弗里德立为王国的参治者。《圣瓦斯特年代记》和雷吉诺的《编年史》都在882年的史事中提到，胖子查理将罗退尔二世和瓦尔德拉达所生的女儿吉塞拉（Gisela）许配给了这位戈德弗里德。——据英译者注

④ 据《富尔达年代记》的《雷根斯堡续编》记载，胖子查理在对希吉弗里德长期围困之后，因兵马疲惫和伤病，才无奈和谈。希吉弗里德此后还在886年率军攻打了巴黎。——译者注

即神圣教规规定应该留给未来主教的收入，交给小罗退尔（二世）的儿子于
格滥用。[①] 皇帝已经将意大利国王路易（二世）的妻子恩格尔贝尔嘉带入阿 249
尔卑斯山这一边的阿勒曼尼。他应她的请求，派遣韦尔切利主教留特瓦尔
德（Liutward）护送她返回罗马，去到教宗约翰那里。[②]（胖子）查理从北方
人那里撤离，返往沃尔姆斯，计划于 11 月 1 日在那里举行会议。修道院院
长于格带领着他的同伴来参加这次会议，请求查理按照自己所作的承诺，将
卡洛曼（二世）的兄长路易（三世）从他（胖子查理）那里租回来的那部分
疆土还给卡洛曼。对此，于格未能得到确切的答复。不过，他（胖子查理）
未亲临这一地区也给这个王国带来了极大的损害，因为卡洛曼在王国的一些
显贵们撤销了对他援助的情况下，无力抵抗北方人。[③] 正因如此，北方人行 250
至拉昂要塞的附近，劫掠并焚烧了该要塞附近的地区。他们打算到达兰斯，
从那里经由苏瓦松和努瓦永，迂回攻打该要塞，进而控制该王国。（兰斯
大）主教辛克马确切地听说了此事，（但由于）处于兰斯主教权力之下的士
卒在卡洛曼的身边（不在兰斯），他将教士、修士和修女们遣散到各地，带
着圣雷米的遗体和兰斯教堂的饰物（珍宝），因身体的病弱不得不让人用轿
椅抬着，趁着黑夜逃走，渡过马恩河，侥幸逃入一个名叫埃佩尔奈的庄园。
一批北方人走在他们的大部队前面，到达了兰斯城门下。他们洗劫了城外
他们所能找到的一切，焚烧了一些田庄[④]。虽然该城既无城墙又无人力可以

① 这很可能是胖子查理为了让于格同意将妹妹嫁给戈德弗里德而付出的代价。据《富尔达年代记》的《梅因哈德续编》在 883 年的史事中记载：“上一年受洗的那个北方人戈德弗里德，与罗退尔（二世）的儿子于格结成联盟，还迎娶了他（于格）的妹妹为妻。于格因此变得更加跋扈，并谋划着要将其父的王国置于自己的统治之下。”这里并没有提到胖子查理参与这种盟友关系。——据法国版编者注和英译者注

② 胖子查理之所以将她从意大利俘虏到阿勒曼尼，是为了阻止她帮助她的女婿博索。恩格尔贝尔嘉曾呼吁教宗约翰八世营救她。胖子查理此时释放她，一方面是因为博索的威胁在维埃纳被攻陷后已有所缓解，另一方面是为了回应教宗约翰八世的调节和干预。——译者注

③ 拒绝支持卡洛曼的显贵很可能有高兹林和康拉德。——据英译者注

④ 此处拉丁文为“villulas”，指小庄园。——译者注

防御，但天主的权力和圣徒们的功德却保护着它，使他们（北方人）未能进入城内。卡洛曼听闻北方人到来，便率领他所能召集起来的兵马攻打他们。一大部分带着战利品的北方人被杀死，一部分则被淹死在埃纳河中。不过最重要的是，一批北方人来到兰斯并打算返回其同伙那里，卡洛曼从他们身上缴获了战利品。更大且更强的一部分北方人则躲入一个名叫阿沃（Avaux）的庄园①。卡洛曼所率领的兵马不能在攻击他们的时候（确保）自
251 己免受危险，便在傍晚掉头，步行撤退，驻扎在附近的一些庄园。北方人则趁着月光撤离了那个庄园（阿沃），沿着来时的路返回。②

① 阿沃庄园位于今天法国的阿登省。——译者注

② 据《圣瓦斯特年代记》记载，虽然没有击败北方人，但法兰克人依然取得了胜利。北方人在返回位于孔代的战船上的途中，遭到了卡洛曼和修道院院长于格的袭击。不过，“通过这场战斗，他（卡洛曼）未能使他们（北方人）有丝毫驯服。”辛克马可能于 12 月 23 日在埃佩尔奈去世，因此他在去世前并未听闻法兰克王国的胜利，自然不可能将其写到此处的记载中。——参考了格兰特等拉丁文编者注

索　引

本索引完全根据格兰特等法国学者在1964年的拉丁文编印本后所附的索引译出。为了便于读者深入研究，该索引包含了拉丁文人名、地名及其不同的拼写形式，对其中的地名还标出了现代法语形式，并将其现代法语形式作为单独的索引项，标出该地名所属的现代国别和行政区。索引项的页码是该拉丁文编印本的页码，即中译本正文页边侧所标注的页码。正体表示拉丁文拼写，斜体表示法语拼写。

A

---

① Waitz proposait de corriger en *Antennacum*. L.Levillain, dans sa traduction, a maintenu Andernach.

B

C

① Voir Paul Marichal, *Dictionnaire topographique du department des Vosges*, p. xxxiii.

D

E

F

H

J

K

L

M

N

O

P

Q

R

S

① Cf.S.Laurent et F.Claudon，*Abbayes et prieurés de l'ancienne France*，t.XII，*Province ecclésiastique de Lyon*，p.279. Voir aussi p.281，n.3.

T

U

V